面向21世纪课程教材

刑事诉讼法学

SCIENCE OF CRIMINAL PROCEDURE LAW

孙洪坤／著

法律出版社
LAW PRESS·CHINA

内 容 提 要

本教材的主要内容有:刑事诉讼和刑事诉讼法的概念、研究对象与研究方法、目的与任务、历史发展、基本理论范畴、诉讼原则、管辖、回避、辩护与代理、证据、强制措施、附带民事诉讼、期间与送达,立案、侦查和提起公诉,审判组织、一审、二审、死刑复核和审判监督程序以及执行程序、特别程序等。本教材的特色和创新之处在于:(1)以2012年《刑事诉讼法》和《人民法院刑事诉讼法司法解释》、《人民检察院刑事诉讼规则》、《公安机关办理刑事案件程序规定》和《六部门规定》等修改为依据,系统地阐释了我国的刑事诉讼制度和原理;(2)理论紧密结合实践,能满足学生司法考试、考研以及刑事司法实务的需要;(3)融法谚法语、现实案例与深度阅读、司考真题于一体,理论性与实践性相映成趣,形而上与形而下相得益彰。

本书可以作为普通高等学校法学专业的教科书,也可以供法学双学位、司考生选用和社会读者阅读。

Abstract

The main contents of the book include: concept of criminal procedure and Criminal Procedure Law, research subject and research methods, aims and tasks, history, basic theory of categories, action principle, jurisdiction, challenge, defence and representative, evidence, coercive measures, incidental civil actions, time limits and service; criminal proceedings including filing, investigation and prosecution; judicial organization, trial, appeal, death penalty review, supervision proceeding, execution procedure and special procedure. The characteristics and innovations of the book are as follows: (1) based on the modification of 2012 "Criminal Procedure Law", judicial interpretation of the People's Court on Criminal Procedure Law, rules of criminal procedure of People's Procuratorate, provisions of procedure in criminal cases that handled by public security organs and six departments' requirements, to outline Chinese system and principle of criminal procedure systematically; (2) combine theory with practice, meeting the need for judicial examination, postgraduate entrance exams and the criminal justice in practice; (3) combine legal proverbs, realistic case, depth reading and judicial examination, theoreticalness with each other with practicalness powerfully; metaphysics and physics reinforce each other.

The book can be used as the textbook for law specialty in colleges and universities also can be used by students on double degree in law, judicial examinations and social readers.

本书法律文件全称简称对照表

中国法律文件

全称	简称
1.《中华人民共和国宪法》	《宪法》
2.《中华人民共和国刑事诉讼法》(1979年)	1979年《刑事诉讼法》
3.《中华人民共和国刑事诉讼法》(1996年)	1996年《刑事诉讼法》
4.《中华人民共和国刑事诉讼法》(2012年)	2012年《刑事诉讼法》或《刑事诉讼法》
5.《中华人民共和国刑法》	《刑法》
6.《中华人民共和国律师法》	《律师法》
7.《中华人民共和国人民警察法》	《人民警察法》
8.《中华人民共和国国家安全法》	《国家安全法》
9.《中华人民共和国人民法院组织法》	《人民法院组织法》
10.《中华人民共和国人民检察院组织法》	《人民检察院组织法》
11. 最高人民法院、最高人民检察院、公安部、国家安全部、司法部、全国人大常委会法制工作委员会《关于实施刑事诉讼法若干问题的规定》	六部门《规定》

续表

全称	简称
12. 最高人民法院、最高人家检察院、公安部、国家安全部、司法部《关于办理死刑案件审查判断证据若干问题的规定》	两院三部《办理死刑案件证据规定》
13. 最高人民法院、最高人家检察院、公安部、国家安全部、司法部《关于办理刑事案件排除非法证据若干问题的规定》	两院三部《非法证据排除规定》
14. 最高人民法院、最高人家检察院、公安部、国家安全部、司法部《关于进一步严格依法办案确保办理死刑案件质量的意见》	两院三部《办理死刑案件意见》
15. 最高人民法院、最高人民检察院、公安部、司法部《关于刑事诉讼法律援助工作的规定》	两院二部《法律援助规定》
16. 全国人大常委会《关于司法鉴定管理问题的决定》	人大常委会《司法鉴定管理决定》
17. 最高人民法院《关于适用〈中华人民共和国刑事诉讼法〉的解释》	最高法《解释》
18. 最高人民检察院《人民检察院刑事诉讼规则(试行)》	最高检《规则》
19. 公安部《公安机关办理刑事案件程序规定》	公安部《规定》
20.《中华人民共和国监狱法》	《监狱法》
21.《中华人民共和国国家赔偿法》	《国家赔偿法》
22. 全国人民代表大会常务委员会《关于完善人民陪审员制度的决定》	《关于完善人民陪审员制度的规定》

续表

全称	简称
23.《中华人民共和国未成年人保护法》	《未成年人保护法》
24.《中华人民共和国预防未成年人犯罪法》	《预防未成年人犯罪法》
25.最高人民法院《关于审理未成年人刑事案件具体应用法律若干问题的解释》	最高法《未成年解释》
26.最高人民检察院《人民检察院办理未成年人刑事案件的规定》	最高检《未成年规定》
27.公安部《公安机关办理未成年人违法犯罪案件的规定》	公安部《未成年规定》
28.全国人民代表大会常务委员会关于《中华人民共和国刑事诉讼法》的解释	全国人大常委会《刑事诉讼法》解释 2014年4月24日

目　　录

第一编　刑事诉讼基本理论

第二编　刑事诉讼制度

第三编　立案、侦查和提起公诉

第四编 审判程序

第五编　执行程序

第六编　特别程序

第一编
刑事诉讼基本理论

第一章　概　　述

本章要点

刑事诉讼
刑事诉讼法
刑事诉讼法学研究对象
刑事诉讼法学研究方法
刑事诉讼法的立法目的
刑事诉讼法的任务

天与水违行,讼;君子以作事谋始。

——《易经·讼卦》

如果将法律理解为社会生活的形式,那么作为"形式的法律"的程序法,则是这种形式的形式,它如同桅杆顶尖,对船身最轻微的运动也会作出强烈的摆动。

——[德]拉德布鲁赫

2003年2月13日,河南省高级人民法院作出刑事裁定,被告人赵作海持刀杀人,手段残忍后果严重,应予严惩。赵作海虽翻供,但一审当庭出示的证据来源清楚,收集程序合法,证据之间能相互印证,其否认犯罪的理由不能成立。鉴于被害人在案发原因上有一定的过错,对被告人赵作海可判处死刑,不立即执行。2010年4月30日,本已被赵作海"杀死"的"被害人"赵振晌"复活",出现在赵楼村。5月8日,河南省高级人民法院宣告赵作海无罪。2010年5月,赵作海以11年的冤狱再次唤起人们对刑事司法正当程序的极大关注。像此前的相关案件一样,该案包含了冤假错案的一贯特征:刑讯逼供、以口供为中心的证据判断、多家司法机关“协调配合”。在冤案形成的背后，是司法理念的错位、程序正义的缺失、人权保障的空乏、责任追究的无奈。面对冤案的发生，不仅学术界、司法界，整个社会都在对赵作海冤案所展现的法治问题表示极大的关注。赵作海冤案掀起了人们对刑事司法制度变革和刑事司法理念革新期盼的又一高潮，引起了对刑事诉讼法律更深层次的思考。

第一节　刑事诉讼与刑事诉讼法

一、刑事诉讼的概念

在法治社会中，人类解决社会纠纷和冲突的合法方式，包括诉讼、和解、调解、仲裁等。其中，诉讼是解决社会纠纷和冲突的最终方式，它以国家强制力为后盾来解决争端。诉讼，从词义上来说，“诉”是告诉、告发、控告之意；“讼”是争论，将纠纷情形言之于公。在中国古代，刑事案件称“狱”，办理刑事案件称“断狱”，《唐律》中就有《断狱》篇。元代刑律《大元通制》开始以《诉讼》作为篇名，但其内容规定的是控告犯罪的有关问题，与现代意义上的诉讼不完全相同。我国法律中采用“诉讼法”的名称，一是由于历史上曾用“诉讼”作为刑律的篇名，二是由于清末维新变法，深受日本影响，而日本明治维新时学习欧美资本主义法制，这也是我国使用“诉讼法”这个名称的由来之一。

在西方，诉讼是指法庭处理案件与纠纷的活动或程序。“诉讼”一词，英语为 Procedure、德语为 Prozess、法语为 Proces，都由拉丁语 Procedere 转变而来，意思是向前推进、过程、程序的意思。原词并无争讼之意，诉讼法(Procedural law)可直译为程序法。因此，“诉讼”可以从两个层面上来理解，一是由原告、被告和裁判者构成基本诉讼主体的活动；二是一系列不断向前推进的程序化活动。

刑事诉讼是国家为了追究犯罪而进行的专门活动，是实现国家职能的表现形式，由一系列的诉讼活动构成。完整的刑事诉讼包括侦查机关的侦查活动、检察机关的起诉和监督活动、法院的审判活动，还包括犯罪嫌疑人、被告人自始至终进行的防御活动，其中的当事人，是刑事诉讼中的积极力量。刑事诉讼过程的展开与进行,必须有当事人的积极参与。现代刑事诉讼理论的一个突出特点即是强调充分尊重当事人的诉讼权利,强调当事人的参与性。为此,在强调刑事诉讼为国家活动的同时,应当充分重视当事人的活动,特别应尊重犯罪嫌疑人、被告人作为诉讼的一方当事人的诉讼主体地位。必须强调,刑事诉讼除包括国家追究犯罪的活动外,还包括犯罪嫌疑人、被告人的辩护活动,而且这些活动的重要性随着人权保障法治化、国际化趋势的加强而越发凸显。因此,对刑事诉讼的认识,应当强调当事人的突出地位,彰显其重要性,而不应仅仅强调国家的追诉活动,这是增强诉讼民主性的要求。

我国刑事诉讼是指国家专门机关在当事人及其他诉讼参与人的参加下,依照法律规定的程序,追诉犯罪,解决被追诉人刑事责任的活动。我国的刑事诉讼有如下特征:

1. 刑事诉讼由国家专门机关主持进行,是属于国家的司法活动

国家专门机关主要指人民法院、人民检察院和公安机关(包括安全机关,下同),它们在刑事诉讼中分别行使一定的专门职权,其中人民法院行使审判权,人民检察院行使公诉权、审查批准逮捕权、部分案件侦查权以及法律监督权,公安机关行使侦查权。根据《宪法》和有关法律规定,公安机关是国家的行政机关,人民检察院、人民法院是司法机关,公安机关、人民检察院、人民法院可以简称为公安司法机关。

2. 刑事诉讼是严格依照法律规定的程序进行的活动

刑事诉讼不但其结果直接关系到公民的生命、人身自由和财产权利的被剥夺,而且诉讼过程也与公民的人身自由和财产权利密切相关。因此公安司法机关追诉犯罪的活动,应当由法律规定的程序和规则严格加以规范和制约,以防止其滥用权力,侵犯人权。当事人和其他诉讼参与人也只有严格遵循程序的要求进行诉讼活动,才能有效地维护自己合法的诉讼权利,更好地发挥在诉讼中的作用,确保刑事诉讼的顺利进行。刑事诉讼的严格程序化,体现正当程序的要求,这是诉讼民主、法治的基本要求。

3. 刑事诉讼是公安司法机关行使国家刑罚权的活动

国家刑罚权就是国家对实施了犯罪行为的人加以刑事处罚的权力。刑事诉讼的具体内容就是依法查明犯罪事实是否已经发生,谁实施了犯罪及其有关情节并正确适用法律加以惩罚,也就是如何追诉犯罪,解决犯罪嫌疑人、被告人的刑事责任问题。

4. 刑事诉讼是在当事人和其他诉讼参与人的参加下进行的活动

任何诉讼都是由原告、被告、裁判机构三方作为基本的参与主体而形成，在我国刑事诉讼中，除了公安机关、人民检察院、人民法院外，还必须由作为诉讼当事人的犯罪嫌疑人、被告人、被害人、自诉人、附带民事诉讼原告人和被告人参加；为了在诉讼中证明案件事实，维护当事人的合法权益，保证实现刑事诉讼任务，还有作为其他诉讼参与人的辩护人、诉讼代理人、证人、鉴定人等参加诉讼。为了保证司法的公正，一切诉讼参与人都应当依法积极参加诉讼，以保证诉讼顺利进行。

二、刑事诉讼法

（一）刑事诉讼法的概念和性质

刑事诉讼法是指国家制定或认可的调整刑事诉讼活动的法律规范的总称。它调整的对象是公安机关、检察机关和自诉人为揭露、证实犯罪而实施的追诉活动，被追诉者实施的辩护与防御活动，法院的审理、裁判活动以及其他诉讼参与人参加刑事诉讼的活动。它的内容包括刑事诉讼法的基本原则与制度，人民法院、检察机关、公安机关在刑事诉讼中的职权和相互关系，当事人及其他诉讼参与人的权利、义务，以及如何进行刑事诉讼的具体程序等。刑事诉讼法有狭义和广义之分。狭义的刑事诉讼法，是指国家立法机关制定的成文的刑事诉讼法典，在我国是指 1979 年 7 月 1 日第五届全国人民代表大会第二次会议通过，经 1996 年 3 月 17 日第八届全国人民代表大会第四次会议和 2012 年 3 月 14 日第十一届全国人民代表大会第五次会议两次修正的《中华人民共和国刑事诉讼法》。广义的刑事诉讼法，是指一切与刑事诉讼有关的法律规范。

刑事诉讼法和其他部门法一样，按其赖以存在的社会经济基础和国家性质的不同，其历史发展曾先后出现了奴隶制、封建制、资本主义和社会主义四种不同性质的类型。我国的刑事诉讼法，与我国其他部门法一样，属于社会主义类型的法。

刑事诉讼法，按照法从不同角度的分类，其性质为：

1. 刑事诉讼法是公法

公法是配置、调整公权力的法。具体包括调整公权力之间关系的公法和调配公权力与私权利之间关系的公法。公法可以延伸到对私权利的干涉的层面，而不限于调整国家机关间权力行使的层面。刑事诉讼法作为规定国家刑罚实现方式和程序的法律，涉及国家刑事司法权力的具体配置、运行方式与公民个人权利的法律保障,因此刑事程序正当化与理性化的制度安排十分关键,公共权力与公民权利的协调平衡则为刑事诉讼法需要解决的重要内容。

2. 刑事诉讼法是基本法

刑事诉讼法是我国法律体系中具有重要地位的基本法。基本法是仅次于宪法的,调整国家和社会基本问题的法律。由于刑事诉讼制度涉及国家刑事司法权的配置与行使,刑事诉讼活动涉及公民人身、财产、民主、自由等基本权利,直接影响国家、社会及公民个人的根本利益。因此,我国刑事诉讼法的制定和修改都必须经过全国人民代表大会讨论通过。

3. 刑事诉讼法是程序法

根据法律的内容分类,国家的法律大体上可以分为实体法与程序法两大类。实体法是规定实质内容(如权利与义务、罪与刑等)的法律,程序法是规定司法机关司法的程序或者行政机关行政执法程序的法律。刑事诉讼法是刑事程序法,规定刑事案件发生后刑事司法行为如何启动,侦查、起诉、审判、执行如何进行的法律,是规定公安司法机关在刑事诉讼中的职能分工和当事人、其他诉讼参与人的诉讼权利义务的法律。刑事程序法和刑事实体法是互相配套的法律,两者具有同等重要性。

(二)刑事诉讼法的渊源

刑事诉讼法的渊源是指刑事诉讼法的表现形式,是刑事诉讼法律规范的存在形式或载体。我国刑事诉讼法的法律渊源有以下几种:

1. 宪法。宪法是其他法律、法规赖以产生、存在、发展和变更的基础与前提条件,是一个国家法律制度的基石,是公民权利的保障书,是依法治国的前提和基础。同样,刑事诉讼法的制定和修改,也必须以宪法为根据。我国《刑事诉讼法》第1条规定:根据宪法,制定本法。通过制定和修改刑事诉讼法,将宪法中有关刑事诉讼程序抽象的法律规范变为可操作的、具体的刑事诉讼法律条文,使宪法精神得到具体化。《宪法》中规定的如"被告人有权获得辩护"(第125条)等内容,在刑事诉讼法中得到了充分体现。

2. 刑事诉讼法典。我国现行的刑事诉讼法典是《中华人民共和国刑事诉讼法》(以下简称《刑事诉讼法》),它于1979年7月1日由第五届全国人民代表大会第二次会议通过,经1996年3月17日第八届全国人民代表大会第四次会议和2012年3月14日第十一届全国人民代表大会第五次会议两次修正。它是基本法,是我国刑事诉讼法的主要法律渊源。

3. 有关法律规定。指全国人民代表大会及其常务委员会制定的有关刑事诉讼的法律规定。它分为两类:一类是全国人民代表大会及其常务委员会制定的法律中涉及刑事诉讼的规定,如《刑法》、《人民法院组织法》、《人民检察院组织法》、《国家安全法》、《监狱法》、《法官法》、《检察官法》、《律师法》、《未成年人保护法》、《预防未成年人犯罪法》等。另一类是全国人民代表大会及其常务委员会就刑事诉讼有关问题所作的专门规定,如 1983 年 9 月 2 日第六届全国人民代表大会常务委员会通过的《关于国家安全机关行使公安机关的侦查、拘留、预审和执行逮捕的职权的决定》;2014 年 4 月 24 日第十二届全国人民代表常务委员会通过的关于《刑事诉讼法》有关规定的解释等。

4. 有关司法解释。指被授权作司法解释的最高人民法院、最高人民检察院就审判工作和检察工作中如何具体运用刑事诉讼法所作的解释、通知、批复等。如最高法《解释》、最高检《规定》等。

5. 有关行政法规、部门规定。指国务院制定的法规和主管部门制定的规章中有关刑事诉讼的规定,如国务院制定的《看守所条例》、公安部《规定》等。

6. 有关国际条约。我国目前加入的与刑事诉讼有关的国际条约有《禁止酷刑和其他残忍、不人道或有辱人格的待遇和处罚公约》、《联合国少年司法最低限度标准规则》(又称《北京规则》),以及我国政府已签署、尚待批准的《公民权利和政治权利国际公约》。当然,依据相关司法解释,“中华人民共和国缔结或者参加的国际条约中有关刑事诉讼程序具体规定的,适用该国际条约的规定。但是,我国声明保留的条款除外”。

三、刑事诉讼法与宪法及有关部门法的关系

(一)刑事诉讼法与宪法

宪法是一国母法、根本大法;刑事诉讼法是部门法,是基本法。宪法与刑事诉讼法关系密切:宪法是刑事诉讼法的根据,有的国家将刑事诉讼法的规定上升到宪法的高度。因为宪法规定了公民权利和政治权利,而刑事诉讼法则是政府追诉犯罪的具体法律规范,涉及公民权利和政治权利的限制或剥夺。刑事诉讼法关涉公民的自由等基本权利,与宪法规定的人身自由、财产权利等基本权利的实现有紧密联系。因此,在现代法治国家,刑事诉讼法被称作“宪法的适用法”、“应用宪法”、“国家基本法之测震器”,从而把刑事诉讼中的人权保障提升到宪法的高度。在我国,这方面的研究比较薄弱,对通过刑事诉讼实施宪法这一环节重视不够。应当加强从宪法、宪政的高度来关

注刑事诉讼法的完善,关注刑事司法实践。

(二)刑事诉讼法与刑法

尝考各国法律发达之迹,程序法常先实体法而发生,故民事诉讼法之发生先于民法,而刑事诉讼法之发生亦先于刑法。盖国家组织既经成立,虽文化幼稚,法制未备,而人民间之争端纠葛,不得不仰求国家以为之理;国家依其公力而匡正之,是则诉讼之所由起焉。因诉讼审理及裁判之惯性,形成程序法;因裁判之结果,处分之惯行,则形成实体法。是法律发达之自然途径,程序法常先实体法而发生。[1]

刑法规定了犯罪与刑罚的问题;而刑事诉讼法则规定追诉犯罪的程序,当事人以及诉讼参与人的诉讼权利和相互的法律关系。刑法是实体法,刑事诉讼法是程序法。实体法的实现取决于程序法的运行状况,而程序法本身具有独立的品格。刑事诉讼法规范涉及国家权力与个人权利的分配关系,直接关系到公民的人身自由、财产权利等各项权利的实现程度。伴随着诉讼民主化的发展历程,刑事诉讼程序发生的变化很大,承担不同诉讼职能的国家机关之间也存在职责分配的变化。刑事诉讼法所规定的程序内容是在不断地变化中走向程序正义,引导刑事程序法治的实现。我国刑事诉讼法的内容在科学化、民主化方面仍有待发展,以适应不断提升的人权保障的需要。

(三)刑事诉讼法与民事诉讼法、行政诉讼法

既有共性也有各自的特殊性。其共性表现为三者都是程序法,都是为正确实施实体法而制定的,它们有着许多共同的原则、制度和程序,如司法机关依法独立行使职权,以事实为根据、以法律为准绳,审判公开,以本民族语言文字进行诉讼,合议制,在程序上实行二审终审制,有一审程序、二审程序以及对已生效裁判的审判监督程序等。但是由于这三类诉讼法所要解决的实体问题不同,因而它们在诉讼主体、原则、制度、举证责任、证明标准和具体程序上均各自具有特点。刑事诉讼法保证刑法的正确实施,所要解决的问题是追诉犯罪和犯罪嫌疑人、被告人的刑事责任问题;民事诉讼法保证民商法、经济法的正确实施,所要解决的问题是双方当事人之间的权利、义务的争议纠纷问题;行政诉讼法保证行政法的正确实施,所要解决的问题是公民、法人和其他组织与行政机关之间因具体行政行为发生的争议纠纷问题。由于刑事

---

〔1〕 徐朝阳著:《中国古代诉讼法·中国诉讼法溯源》,中国政法大学出版社 2012 年版,第 127 页。

诉讼法、民事诉讼法和行政诉讼法所解决的实体内容不同,决定它们的诉讼原则、制度、程序上有以下几点主要的区别:

1. 诉讼主体。刑事诉讼法规定的国家专门机关为人民法院、人民检察院和公安机关,而民事诉讼法、行政诉讼法主要为人民法院。当事人在刑事诉讼法中为被害人、自诉人和犯罪嫌疑人、被告人以及附带民事诉讼的原告人、被告人;在民事诉讼和行政诉讼中为原告、被告以及第三人。

2. 诉讼原则。刑事诉讼法特有的原则为:未经人民法院依法判决对任何人都不得确定有罪,犯罪嫌疑人、被告人有权获得辩护;民事诉讼法特有原则为:当事人平等,调解原则,处分原则;行政诉讼法特有原则为:对具体行政行为进行合法性审查原则,不适用调解原则。

3. 证据制度。在举证责任上刑事诉讼法实行控诉方负举证责任,被告方不负举证责任;民事诉讼法实行谁主张谁举证,原告、被告都负有举证责任;行政诉讼法实行被告负举证责任。在证明标准上,刑事诉讼法为:犯罪事实清楚,证据确实充分;民事诉讼法为:明显证据优势;行政诉讼法为:事实清楚,证据确凿。

4. 强制措施。刑事诉讼法规定对犯罪嫌疑人、被告人采取的强制措施有:拘传、取保候审、监视居住、拘留和逮捕;民事诉讼和行政诉讼,对诉讼参与人和其他人可采取训诫、罚款、拘留,行政诉讼还有责令具结悔过。

5. 诉讼程序。民事诉讼、行政诉讼的程序分为第一审、第二审、审判监督程序和执行程序;而刑事诉讼则复杂得多,审判前有立案、侦查和起诉程序,审判程序中另有死刑复核程序。

第二节 刑事诉讼法学的研究对象和研究方法

一、刑事诉讼法学的研究对象

刑事诉讼法学,是研究刑事诉讼现象和刑事诉讼规范的法学学科。我国刑事诉讼法学,是我国法学体系中的一个重要部门学科,同其他任何独立的学科一样,有其特定的研究对象,概括地说,主要是研究具有中国特色的刑事诉讼法律构造和相应的刑事司法实践两个方面。对于其他国家有关刑事诉讼法学的各种理论流派也应进行研究,并适当加以借鉴,这对于建设中国特色的社会主义刑事诉讼制度和刑事诉讼理论，具有重要意义。

（一）刑事诉讼法律规范

刑事诉讼法学将广义的刑事诉讼法作为自己的研究对象，其中我国《刑事诉讼法》是刑事诉讼法学的首要研究对象。除了刑事诉讼法典以外的其他法律、法规、规章中有关刑事诉讼的制度、程序的规定，以及最高人民法院、最高人民检察院就审判、检察业务中具体应用法律所作的司法解释，都属于刑事诉讼法学的研究对象。

研究刑事诉讼法，要准确解读刑事诉讼法条文的字义、词义及其内容含义，同时还要研究刑事诉讼法律规范的结构，把握刑事诉讼法典各个部分之间的关系、条文之间的关系以及法典与其他有关刑事诉讼法律规范之间的关系，这是对刑事诉讼法本身进行研究的基础。另外，要准确了解和适用刑事诉讼法法律规范，不能只知其形而不知其神，即不能仅仅局限于对法律规范的外在形式进行研究，还必须对其内在的精神进行研究，这主要包括立法背景、立法的指导思想及其所反映的法律价值选择等。

另外，随着我国签署加入的联合国人权公约逐渐增多，特别是《公民权利和政治权利国际公约》的签署，使联合国文件中有关刑事司法准则的规定对我国刑事诉讼的影响逐渐增加，因而必须对之加强研究。

（二）刑事诉讼实践

司法实践是刑事诉讼立法的依据，也是刑事诉讼理论的源泉；研究刑事诉讼法学，归根结底，是为了指导和改善我国的刑事诉讼制度。作为一门实践性很强的应用型学科，刑事诉讼法学的研究脱离了司法实践，便成为苍白、空洞的教条，无法发挥其为实践服务的作用。刑事诉讼法学只有植根于司法实践之中，不断总结实践、服务实践、促进实践，才能使自己获得不断繁荣和发展。

（三）刑事诉讼基本理论

由于直接关系到公民基本权利的保障，刑事诉讼的立法以及司法实践尤其需要法治理论的指导，而且随着社会的发展，对刑事诉讼法律进行改革也不断需要理论的创新。刑事诉讼法学基本理论是刑事诉讼法学理论的基石，是刑事诉讼法哲学，包括诉讼价值、诉讼目的、诉讼构造、诉讼职能、诉讼主体、诉讼客体、诉讼理念、诉讼文化等理论。正是刑事诉讼基本理论支撑起刑事诉讼法学体系的大厦。我国学者自20世纪90年代初期开始关注刑事诉讼基本理论的研究，目前已出版了一系列的研究著作，但距离建构完整的刑事诉讼法哲学体系和坚实的刑事诉讼法学基本理论还比较远，还需要进一步努力。

（四）其他国家的刑事诉讼法

世界各国刑事诉讼的状况不尽相同，各有所长。两大法系主要国家的刑事诉讼制度发展时间长，诉讼制度与程序相对成型。大陆法系国家的刑事诉讼法典的条文数量多，通常有四五百条甚至七八百条，立法较为完备。但各国的刑事诉讼法仍在不断发展变化之中。我国刑事诉讼基本原则已确立，但诉讼制度与程序尚有空白，需要进一步发展完善，因此，我们应该比较研究各国的刑事诉讼法规定，以取长补短。

二、刑事诉讼法学的研究方法

在阐述具体研究方法之前，首先应当明确研究刑事诉讼法学必须坚持以马克思主义为指导，坚持以辩证唯物主义和历史唯物主义为理论基础。当然，学习、运用马克思主义，不能搞教条主义，拘泥于某些具体的论断，而应当着重于其原理和精神实质的运用，并结合国际和中国的实际加以发展。

刑事诉讼法学的研究应当注重方法论的指导。刑事诉讼法学主要有以下几种研究方法：

1. 价值分析方法

在许多情况下，价值判断就像在茫茫大海中指引船只方向的指南针，正确的价值判断会使裁判活动导向正确的方向，而错误的价值判断就可能使裁判结果偏离公正的方向，出现所谓形式合法、实质不公的局面。[1] 在刑事诉讼法学中，运用价值分析方法，是通过分析刑事诉讼的利益、价值和目的，来研究刑事诉讼制度及程序模式。刑事诉讼诸多制度涉及价值冲突与选择，刑事诉讼制度、原则、程序的设定，往往体现立法者的价值判断与选择。英美法系代表国家——美国、英国注重个人自由、权利的保护；与之相比，大陆法系代表国家——德国、法国则注重社会整体利益的维护。长期以来，我国在刑事司法中，过于强调社会安全价值，忽视了个体自由价值，在诉讼结构的设计、立法模式的选择以及司法实践的运作中都体现了这种价值观。我国在今后的司法改革过程中，应考虑个人价值与社会整体价值之间的协调与平衡，寻求程序的公平与公正。

---

〔1〕 王利明著：《法学方法论》，中国人民大学出版社2012年版，第558页。

2. 历史分析方法

研究刑事诉讼的历史，是为了研究刑事诉讼的现在和未来。"以史为镜，可见兴替"。各个国家的刑事诉讼都因其历史发展情况和文化背景不同而有各自的特色，但世界各国刑事诉讼的发展也有一些带有规律性的东西是共同的，特别是制度构造的主要机理具有很多的共同性。世界上许多国家诉讼制度的发展历程都给今人留下了可供借鉴的经验和教训。研究刑事诉讼历史的目的，就是要从丰富的历史文明中去发掘、总结、提炼和借鉴有益于现代诉讼文明建设的宝贵经验，用以启迪我们构建更加科学合理的现代刑事诉讼制度，使之成为惩罚犯罪的有力武器和维护公民合法权益的坚强屏障。

3. 比较研究方法

比较的方法是法学研究的重要方法，使用得也较多。在现代各国，各种刑事诉讼制度与程序之间存在很大差异，进行优劣比较，有利于取长补短，完善本国的刑事诉讼制度，发展本国的刑事诉讼法学。目前，两大法系国家之间刑事诉讼制度的融合是一个趋势，尤其是大陆法系国家越来越多地借鉴英美法系国家的刑事诉讼制度的合理因素。我国刑事诉讼法更多地具有大陆法系的特点，但从 1996 年《刑事诉讼法》开始，也在不断吸收英美法系国家对抗式诉讼的成分，这是比较后选择的结果。比较的目的是借鉴，借鉴的目的是发展，切不可盲目排外，过于强调本国的特性而无视人类诉讼制度的共性；亦不可盲目移植他国的制度，要避免南橘北枳。

4. 经济分析方法

经济分析方法，主要是运用经济学的方法和理论，考察、研究法律和法律制度的形成、结构、过程、效果、效率以及未来发展等。刑事诉讼同样是一种资源投入的活动，产出的产品是处理刑事案件的质量与数量。在刑事诉讼法学研究中，应从立法和司法成本的角度对刑事诉讼法进行分析，以最小可能的资源花费来实现刑事诉讼的预期目的。目前，司法资源的有限性与案件大量增加之间发生的尖锐矛盾，催生了现代简易程序、速决程序，如美国的辩诉交易制度，处理了 90% 的案件，大大提高了诉讼效率。1996 年《刑事诉讼法》增加了简易程序，而 2012 年《刑事诉讼法》又对其予以进一步完善，无不体现了对诉讼效率的追求。运用经济学的方法研究刑事诉讼，还必须正确处理公正与效率的关系。公正与效率是诉讼的双重价值目标，两者的关系表现为两个方面：公正以效率为保障，无效率就无公正；效率以公正为前提，提高效率不能牺牲公正。

5. 实证分析方法

法律是社会实践的产物，对于法律实施的实际效果以及存在的问题，都应当进行调查研究，取得第一手资料，进行定量分析。这也是理论联系实际的基本要求。刑事诉讼法作为程序法，是实践中的法，其实施贯穿于刑事诉讼的全过程。丰富的、活生生的刑事诉讼实践是刑事诉讼法学研究的重要素材。一切诉讼制度、诉讼程序是否科学、可行，有无问题与缺陷，都需要实践来检验。我国刑事司法实践中存在的如刑讯逼供、超期羁押以及证人不出庭等问题，一直比较突出，这就要求研究者深入实践，了解实践中存在的问题，分析成因，寻求解决之策，而不可脱离实践、纸上谈兵。

第三节　刑事诉讼法的立法目的与任务

一、刑事诉讼法的立法目的

国家制定任何一部法律，都为了达到一定的预期目标，取得某种预期的结果，这种目标或结果被称为制定该项法律的目的或宗旨。我国《刑事诉讼法》第 1 条规定："为了保证刑法的正确实施，惩罚犯罪，保护人民，保障国家安全和社会公共安全，维护社会主义社会秩序，根据宪法，制定本法。"这就是我国刑事诉讼法的立法目的。刑事诉讼法的立法目的包含三个方面：其一，保障刑法的正确实施；其二，惩罚犯罪，保护人民；其三，保障国家安全和社会公共安全，维护社会主义社会秩序。

我国目前还处于社会主义初级阶段，还存在形形色色的犯罪现象，随着社会改革的逐步深入，由于种种复杂的原因，犯罪率呈上升的趋势。犯罪是对国家和社会危害最大的违法行为，它侵犯公民的人身权利、财产权利和其他权利，危害国家安全，破坏社会秩序，严重损害国家和人民的根本利益。为了有效地追究犯罪、惩罚犯罪，国家通过制定和实施刑事诉讼法以保证有效行使刑罚权，惩罚犯罪，保护公民的合法权利不受犯罪分子的侵害，保障国家安全和社会公共安全，维护社会主义社会秩序。

我国刑事诉讼法的立法目的与任务是紧密联系的：刑事诉讼法的立法目的从宏观角度着眼，构建了刑事诉讼法的使命；刑事诉讼法的任务则从微观角度建构了具体应完成的任务。

二、刑事诉讼法的任务

刑事诉讼法的任务即刑事诉讼法承担的实际责任与所要达到的具体要求。我国《刑事诉讼法》第2条规定："中华人民共和国刑事诉讼法的任务，是保证准确、及时地查明犯罪事实，正确应用法律，惩罚犯罪分子，保障无罪的人不受刑事追究，教育公民自觉遵守法律，积极同犯罪行为作斗争，维护社会主义法制，尊重和保障人权，保护公民的人身权利、财产权利、民主权利和其他权利，保障社会主义建设事业的顺利进行。"根据这一规定，刑事诉讼法的任务，包括以下两个方面：

1. 保证准确、及时地查明犯罪事实，正确应用法律，惩罚犯罪分子，保障无罪的人不受刑事追究

这是刑事诉讼法的直接任务。任何案件诉讼过程的内容，都可以分解为两个部分：调查案件事实和应用法律。案件的正确处理必须由查明案件事实和正确应用法律两个要件构成。

办理刑事案件，查明案件事实是关键。可以说，整个刑事诉讼过程是围绕着这一中心任务而展开的。所以刑事诉讼法的首要任务，就是保证准确、及时地查明案件事实。查明案件事实首先要查明犯罪事实是否已经发生，如果犯罪事实确已发生，则应查明谁实施了犯罪以及犯罪的动机、目的、情节、手段、后果等一切与定罪量刑有关的事实。为了在刑事诉讼中准确认定犯罪事实，公安司法机关的工作人员必须遵循认识论的客观规律和刑事证据规则，依法客观全面地收集证据，科学地审查判断证据，准确地认定案件事实。查明犯罪事实不仅要准确，还要及时，尽量在较短的时间内查明犯罪人及犯罪情况。只有及时查明犯罪事实，才能及时惩罚犯罪分子，实现国家刑罚权，这对于有效打击犯罪、预防犯罪具有重要的意义。

要实现刑事诉讼法的惩罚犯罪分子的任务，还需要在准确、及时地查明犯罪事实的基础上，正确应用法律。正确应用法律是指在查明案件事实的基础上，分清罪与非罪的界限，准确认定罪名，正确适用刑法，同时也包括在诉讼过程中，严格遵守刑事诉讼法，依法处理诉讼中出现的各种程序性问题。

在准确认定犯罪事实的基础上正确应用法律，才能在惩罚犯罪分子的同时，保障无罪的人不受刑事追究。在刑事诉讼中不冤枉无辜，这是古今中外公正司法的一个根本性标志，更是我们依法治国、建设社会主义法治国家在刑事司法方面的必然要求。有罪不罚、放纵犯罪固然会给国家、社会和人民带来严重危害，但错罚无罪、冤枉无辜，不仅侵犯人权、破坏法制，还会使冤枉

受罚的无罪者及社会公众丧失对公安司法机关的信任，由此造成的后果比放纵一个罪犯要严重得多。正因如此，我国刑事诉讼法特别强调“尊重和保障人权”，并规定了一系列原则和程序，以保证无罪的人不受刑事追究，一旦发现错捕错判，应当及时纠正，并赔偿损失。

惩罚犯罪，保障无辜，是刑事诉讼法任务中对立统一的两个方面。一方面，只要真正做到准确惩罚犯罪，就不会伤害无辜；另一方面，在刑事诉讼中谨慎执法，注意保护无罪的人，就必然能更准确地惩罚犯罪分子。片面地强调惩罚犯罪而使无罪的人受到刑事追究，或者片面强调保护而放纵犯罪，这两种倾向都是错误的。只有在刑事诉讼中坚持以事实为根据，以法律为准绳，真正查明案件事实，正确应用法律，对案件作出正确的处理，才能实现惩罚与保护相结合的要求。

2. 教育公民自觉遵守法律，积极同犯罪行为作斗争

教育公民遵守法律，积极同各种犯罪行为作斗争，是刑事诉讼法的重要任务。人民法院、人民检察院、公安机关正确处理刑事案件，惩罚犯罪分子，对公民有很大的教育作用。为了有效地实现刑事诉讼法的这一任务，必须注意以下三个方面：

第一，必须使一切犯罪行为都得到应有的追究。因为刑罚的防范作用，绝不在于刑罚的残酷，而在于有罪必究；重要的不是对犯罪行为处以重刑，而是把每一桩罪行都揭发出来。

第二，必须做到正确、及时、合法地惩罚犯罪，保障无罪的人不受刑事追究。正确、及时、合法地对犯罪行为进行追究，是通过刑事诉讼活动对公民进行教育的基础和前提。如果在刑事诉讼活动中有违法的表现，裁判结论是错误的，那么根本就不可能得到人民群众的赞成和支持，更不用说对人民群众进行教育了。

第三，在整个刑事诉讼活动中，积极依靠和发动群众，充分调动人民群众同犯罪作斗争的积极性。在进行刑事诉讼的过程中，应当采取适当的方式、方法，开展法制宣传教育，培养人民群众的法制意识，使人民群众了解与犯罪行为作斗争同人民群众的直接利害关系，使他们了解刑事诉讼法规定的内容和作用，以动员人民群众监督公安司法机关的工作，支持和协助公安司法人员的工作。在刑事诉讼活动中，还应该注意保障证人的安全和其他合法权益，以保护人民群众同犯罪作斗争的积极性。

3. 维护社会主义法制，保护公民的人身权利、财产权利、民主权利和其他权利，保障社会主义建设事业的顺利进行

这是刑事诉讼法的根本任务。刑事诉讼法是我国社会主义法制的重要组成部分，它肩负着发挥自身的功能以维护社会主义法制的任务。维护社会主义法制是指维护社会主义法制的权威和尊严，做到有法必依、执法必严、违法必究、有罪必罚。刑事诉讼法正是通过保证刑罚权的正确行使、保障刑事诉讼法本身的严格遵守，以使社会主义法制的尊严得到维护。保护公民的人身权利、财产权利、民主权利和其他权利，可以概括为保障人权，包括两方面的含义：一方面保护公民的一切权利不受犯罪分子的侵犯；另一方面保护公民的正当权利在公安司法机关追究犯罪过程中不受到非法的侵犯。刑事诉讼法通过规范国家权力运用的限度，约束公安司法人员不致滥用权力，从而保护公民人身权利、财产权利、民主权利和其他权利，防止来自国家权力的非法侵犯。刑事诉讼法保证正确地行使刑罚权，有效地维护人权，才能保障社会主义建设事业的顺利进行。

刑事诉讼法通过自己的具体任务的实现，归根结底是为了构建社会主义和谐社会，保障社会主义建设事业的顺利进行。社会主义建设事业包括政治、经济、文化等多方面的发展内容，刑事诉讼法主要为上述各个方面的发展提供良好的环境。只有刑事诉讼法本身不断完善并能够切实发挥自身的功能，才能有效地完成这一根本任务。

【深度阅读】

孙洪坤著：《刑事诉讼法的时代精神》，法律出版社2009年版。

【课后思考】

1. 我国刑事诉讼法所调整的对象有（多选题）：

A. 公安司法机关进行刑事诉讼的活动

B. 律师协会的工作和活动

C. 当事人参加刑事诉讼的活动

D. 辩护人、诉讼代理人及其他诉讼参与人进行刑事诉讼的活动

2. 简答题：什么是刑事诉讼，它有何特征？

第二章　刑事诉讼法的历史发展

本章要点

外国古代刑事诉讼制度
中世纪纠问式诉讼制度
外国近现代刑事诉讼制度
中国刑事诉讼法的历史发展

徒善不足以为政，徒法不足以自行。

——孟子

刑事程序的历史，清楚地反映出国家观念从封建国家经过专制国家，直到宪政国家的发展转变过程。

——[德]拉德布鲁赫

1612 年 11 月 10 日，一个星期天上午，应坎特伯雷大主教的奏请，英国国王詹姆士一世召见了英格兰的法官们，这就是著名的“星期日上午会议”。事情的起因是，教会法院不依任何既定法律和成规，不遵从任何控诉便对案件进行审判。但是它在一个案件中仅凭一份世俗性质的诉状而派其随员进入被告人的住宅并对其实施拘捕时，高等民事法庭颁发了禁令，取缔其有关诉讼行为。一些人建议国王按照自己的意图收回部分案件的审判权，由国王对这些案件进行亲自审理和判决。为了证明这一行为的合理性，坎特伯雷大主教在会议上宣扬王权至上，提出：法官只是国王的代表，国王在认为有必要时，把本应由自己审理的案件交给法官审理。大法官爱德华·柯克代表法官进行了反驳，指出：根据英格兰法律，国王无权审理任何案件，所有刑事和民事案件，皆应交由法院裁决。国王听罢说：“陛下以为法律以理性为本，陛下

和其他人与法官一样有理性。"柯克回答："上帝恩赐陛下以丰富的知识和非凡的天资，但微臣认为陛下对英王国的法律并不熟悉，而这些涉及臣民的生命、继承权、财产等的案件并不是按天赋理性来决断的，而是按照人为理性和法律判决的。法律是一门艺术，它需经长期的学习和实践才能掌握，在未达到这一水平之前，任何人都不能从事案件的审判工作。"詹姆士一世恼羞成怒，质问道："按照这种说法，国王将被置于法律之下，这是大逆不道的犯上行为。"柯克引用布莱克斯通的名言说："国王不应服从任何人，但应服从上帝和法律。"类似发生激烈辩论的会议经过了几次，柯克最终被免去大法官职务。

第一节　外国刑事诉讼法的历史发展

一、外国古代刑事诉讼制度的历史沿革

（一）外国古代弹劾式诉讼制度与神示证据制度

在原始社会，不存在现代意义的法律，调整氏族成员行为的规范是风俗习惯。当时的风俗习惯既有实体性的也有程序性的。部落成员自觉遵守这些习惯并以公众舆论、与神明惩罚相联系的恐惧心理、集体情感维系着习惯的权威性。部落社会没有严格意义的司法。司法是随着国家的产生而产生出来的，在司法产生过程中，基于惩罚、遏制犯罪的需要而产生了刑事程序法。学者们常把中世纪以前的欧洲刑事诉讼制度称为"弹劾式"制度，而将13世纪至16世纪（即中世纪）欧洲大陆各国的刑事诉讼制度称为"纠问式"制度。

在诉讼理论上，根据欧洲早期国家诉讼结构的类型，认为当时实行的是一种弹劾式诉讼制度。所谓弹劾式诉讼制度，就是个人享有控告犯罪的绝对权利，国家审判机关不主动追究犯罪，而是以居中仲裁者的身份处理刑事案件。据考察，古巴比伦、古希腊、古罗马共和时期以及日耳曼法前期时代和英国的封建时代，大体上都实行这种弹劾式诉讼制度。这种诉讼制度是人类摒弃原始血亲复仇制度后采用的第一种诉讼形态，其产生在很大程度上受当时生产力极端低下的初级生产关系的制约和原始氏族社会解决纠纷的传统方式的影响。其主要特征是：

1. 国家没有专门的追诉犯罪的机关，对犯罪的控诉由公民个人承担。通常，被害人或其代理人作为原告向法院直接提起控诉，只有当原告起诉后，法院才受理并进行审判。没有原告，法院不主动追究。按古罗马时期的表述，“无原告即无法官”，也就是实行“不告不理”原则。传唤被告及证人的义务由原告承担。例如，《萨利克法典》第 3 条规定：“凡传唤别人到法庭者，应偕同证人，一同到被传唤人家，如本人不在，应使其妻子或其他家属通知他本人，前赴法庭。”

2. 原告和被告的诉讼地位平等，他们享有同等权利，承担同等义务。案件审理程序通常是由原告提出控诉的理由和证据，再由被告提出反对的理由和证据，然后由法官作出判断。在古雅典，案件在审判时先宣读原告的控诉书，再宣读被告的反驳书，然后由双方当事人发言和进行辩论，当事人也可以请懂法律的人为自己辩解，最后由法官作出判决。这种诉讼明显保留了氏族部落原始民主平等的痕迹。但是，奴隶制国家的法律不仅公开维护奴隶主阶级对奴隶的剥削和统治，也公开地确立自由民之间的不平等，如适用刑罚不是根据罪行的轻重，而是依犯罪人和受害人社会地位的高低而规定不同的刑罚。

3. 法院或其他裁判机构在诉讼中处于消极的仲裁地位。法官在接到被害人或其代理人的控诉后，不进行专门的调查，不主动收集证据，只是在开庭审理时听取原被告双方的陈述和辩论，以原被告双方提供的证据为依据作出裁判。

4. 对争议的解决往往带有浓厚的宗教色彩。在弹劾式诉讼中，利害相对的诉讼双方各执一词，互不相让，是非曲直难以判断，法官遂求助于神，期冀神灵给予一定的启示来甄别某些争议事实的真伪和双方主张的曲直。

与弹劾式的诉讼模式相适应，当时实行神示证据制度。所谓神示证据制度，是指法官根据神的启示、借助神的力量来判断是非曲直，确定诉讼争议。由于当时生产力发展水平极其落后，人们对客观世界的认识能力极其有限，因此，人们将神奉为生灵万象的创造者，是自然界和人世间万事万物的主宰者，认为神无所不知，无所不能，神的意志是公正和正义的象征，是判断是非解决纷争的标准。对于诉讼中难以查明的事实或不易决断的争端，便以各种方式诉诸于神，凭借神的力量来确定争议事项的真伪，判断诉讼双方的是非。

神示证据制度的证明方式是形形色色、多种多样的，与不同国家、不同地区的宗教信仰和图腾崇拜有密切关系。诅誓、水审、火审、决斗、卜筮、十字形证明等,是神示证据制度中经常采用的一些证明方法。

诅誓,即当事人或证人对神盟誓,保证陈述的内容是真实的。由于他们笃信神的力量,认为欺骗了神就必定要受到神的惩罚,确认诅誓具有证明的效力。例如,著名的古巴比伦王国的《汉穆拉比法典》第131条规定:"倘自由民之妻被其夫发誓诬陷,而她并未被破获有与其他男人同寝之事,则她应对神宣誓,并得回其家。"

水审,水审是用水来检验当事人的陈述是否真实或者被控告的人是否有罪的神示证明方法,又分为冷水审和热水审两种方法。冷水审是将被控告的人投入河水中来检验其是否有罪的方法,例如,《汉穆拉比法典》第2条规定:"设若某人控他人行妖术,而又不能证实这事,则被控行妖术的人应走近河边,投入河中。如果他被河水制服,则揭发者可以取得他的房屋;反之,如果河水为这人剖白,使之安然无恙,则控他行妖术的人应处死,而投河者取得揭发者的房屋。"沸水审是以在沸水中放置物件令被控告的人用手取出来验证其是否有罪的方法。检验标准通常是,烫伤后并经向神祷告或发咒语,在一定时间内如果烫伤痊愈或有即将痊愈的迹象,则认定无罪;脓肿溃烂,则认定有罪。

火审,火审是用火或烧热的金属考验被控告的人是否有罪的方法。例如,9世纪法兰克人的《麦玛威法》中规定:"凡犯盗窃罪,必须交付神判。如在神判中为火所灼伤,即认为不能经受火审的考验,处以死刑。反之,如不为火所灼伤,则可允许其主人代付罚金,免处死刑。"

决斗,是由当事人双方使用武器对打以决胜负,决斗中获胜的一方被认为是无罪的,失败的一方则被认为是有罪的。

卜筮,是就当事人争议的事实向神祷告,然后进行占卜,法官根据卦象的内容判断谁为胜者。

十字形证明,是当事人双方相对而立,手臂左右伸直,使身体呈十字形,保持这一姿势时间最长久者胜诉。这为信奉基督教的民族所采用。

神示证据制度在生产力水平低下的社会为利用神的无形力量解决难以裁决的案件提供了便利,但作为一种调查案件事实的方法,显然是不科学的,也是与理性相悖的。以神示的方法如果发现了案件的客观真实也是偶然的,在通常情况下既不能发现案件的客观真实,也不可能保障当事人的合法权益。

神明裁判尽管受到激烈的反对,但是,法国迟至路易九世(1226~1270)、英国迟至亨利二世时才予以废除。

（二）中世纪纠问式诉讼制度和法定证据制度

公元476年西罗马帝国灭亡后，欧洲逐步进入封建时代，史称“中世纪”。中世纪后期，为巩固中央集权君主专制统治，加强对农民起义和异己力量的镇压，欧洲大陆国家普遍实行纠问式诉讼制度。纠问制最初的含义就是调查（“inquiry”、“investigation”），其词源是古典拉丁语“quaero”（seek）。在刑事程序的语境中，inquisitio 这个词语的核心观念就是：法官自己可以依职权（ex officio）行动，对犯罪的情况开展调查并收集指向可能的罪犯的证据。[1] 所谓纠问式诉讼制度，是指国家司法机关对犯罪行为，不论是否有被害人控告，均依职权主动进行追究和审判的诉讼制度。德意志帝国1532年颁布的《加洛林纳法典》所规定的刑事诉讼程序就是典型的纠问式诉讼。英国在君主专制时期的星座法庭，实行的也是纠问式诉讼。纠问式诉讼的主要特征是：

1. 对刑事案件的追究不再取决于被害人或其近亲属的控告，而是由司法机关主动调查和起诉。也就是说，握有司法权力的官员一旦发现犯罪，无论被害人是否提出控告，都可以依职权主动追究并进行审判，不实行不告不理的原则。只要能够揭发和惩治犯罪，权力怎样使用都可以。由于没有专门的侦查起诉机关，控诉职能与审判功能集于法官一身，也使得司法官员权力极度膨胀。

2. 对被告人实行有罪推定，被告人为诉讼客体，成为刑讯逼供的对象，不具有诉讼主体地位。在纠问式诉讼中，对被告人实行有罪推定制度，某个人一旦被指控或怀疑犯罪，在没有确实证据或依诉讼程序证明犯罪之前，先假定其有罪并将其作为罪犯对待。在有罪推定的情况下，被告人不是诉讼主体，而是诉讼的客体，是被追究的对象。被告人口供是定罪的主要依据，为了逼取口供，对被告人广泛使用刑讯逼供。刑讯逼供制度化、合法化，是纠问式诉讼的显著特点。例如，在法兰克王国的纠问式程序中，对被告人要进行两次拷打。第一次是在侦查期间，逼使他承认犯罪；第二次是在判刑以后，逼使他供出共犯。

3. 侦查和审判都秘密进行，实行间接的书面审理方式。纠问式诉讼的审理不允许当事人在法庭上辩论，审讯通常又不公开进行，判决主要以审讯被

---

〔1〕 侣化强著：《形式与神韵：基督教良心与宪政、刑事诉讼》，上海三联书店2012年版，第174页。

告人的书面记录或被告人的服输供词为根据。审判就变成了对卷宗的书面、间接和秘密的审查,而非弹劾式诉讼中所保持的直接、言词和公开的形式。

在欧洲大陆中世纪封建国家实行纠问式诉讼时,在证据方面采用法定证据制度,又称形式证据制度。法定证据制度,是中世纪欧洲各封建制国家所实行的一种证据制度,它是随着纠问式诉讼制度的出现而出现的。法定证据制度的主要内容为:一切证据证明力的大小,以及对它们的取舍和运用,均由法律事先加以明确规定,法官在审理案件时无权按照自己的判断来分析评价证据。法官在审理案件中运用证据查证案件情况,只需符合法律形式规定的各项规则,并不要求符合案件的客观真实情况。代表性的法典如1532年德国的《加洛林纳法典》。直到19世纪中叶,欧洲有些国家的诉讼法仍保留有法定证据制度的重要内容,如1853年的《奥地利刑事诉讼法》和1857年的《俄罗斯帝国法规全书》。

法定证据制度及其理论是随着封建集权制国家的建立而逐步发展起来的。用法律的形式,具体规定各种诉讼制度的证明力和运用的规则,有利于消除各地在诉讼中运用证据的混乱状态。法定证据制度的内容突出体现在法律对各种证据的证明力所作的预先规定上,主要表现在以下几个方面:

1. 关于证据分类

根据欧洲中世纪后期各国法典的有关规定,证据可以分为完善的和不完善的,或完全的和不完全的。不完全的证据又区分为不太完全的、多一半完全的和少一半完全的。在1857年的《俄罗斯帝国法规全书》中,列入完全证据的有:(1)受审人的坦白是所有证据中最好的证据;(2)书面证据;(3)亲自勘验;(4)具有专门知识的人的证明;(5)与案件无关的人的证明。列入不完全证据的有:(1)受审人相互间的攀供;(2)询问四邻得知的犯罪嫌疑人的个人情况和行为;(3)实施犯罪行为的要件;(4)表白自己的宣誓。

2. 关于收集和判断某些具体证据

在所有证据中,被告人的自白被认为是最有价值和最完善的证据,即"证据之王",它对案件的判决和被告人的命运起决定性的作用。对如何取得和运用被告人口供,有具体而详尽的规定。由于法律过于强调被告人口供的证据价值,侦查人员和审判人员便千方百计采取一切办法来获取这种"证据之王",刑讯逼供成为封建时期各国刑事诉讼中普遍采用的方法,成为纠问式诉讼和法定证据制度的重要特征。对口供证据能力的过分推崇,导致了刑讯逼供的盛行和合法化。

对于证人证言,法律规定也很详细。两个典型的证人的证言,应当被认作是完全的和完善的证据。一个可靠证人的证言,算作半个证据,只能提供高度的盖然性。当几个可靠证人的证言相互矛盾的时候,按多数证人的证言判断案情。如果提供不同情况的证人彼此人数相等,按以下规则评定:男子的证言优于女子的证言;学者的证言优于非学者的证言;显要者的证言优于普通人的证言;僧侣、牧师的证言优于世俗人的证言。

3. 关于运用证据认定某些特定案件

有些国家对于运用证据认定某些特定案件作出了具体规定,例如,《俄罗斯帝国法规全书》第312条规定:审理强奸案件必须具备下列情况才能定罪量刑:(1)切实证明确有强暴行为;(2)证人证明被害人曾呼喊救助;(3)她的身上或被告人身上,或者两个人身上,显露血迹、青斑或衣服被撕破,能够证明有过抗拒;(4)立即或在当日报告。

4. 关于运用证据的总的定案标准

按照法律规定,在办理刑事案件过程中,一经收集到完善的证据,法官必须形成确信,认定被告人罪行属实;而收集到不完善的证据,这些证据虽有几分可信但不足以证实被告人有罪的,则可以认定被告人有犯罪嫌疑而对他进行刑讯。如果经过刑讯仍然收集不到完善的证据,德、法等国法律规定,法院可以据此作出“存疑判决”。

在证据制度的发展史上,法定证据制度与神示证据制度相比是一大进步,这种制度否定了中世纪欧洲刑事诉讼中神意的作用,更多地体现了人的作用,其中一个重要的诉讼功能是在一定程度上限制法官个人的专横武断。但是,法定证据制度搞形而上学,将证据的内容与形式割裂,把审理个案中运用证据的局部经验当做适用于一切案件的普遍规律,把某些证据形式上、表面上的一些特征作为评价这类证据证明力的绝对标准,以法律的形式预先规定法官断案必须遵守的死板规则,从而束缚了法官的手脚,使他们在办案过程中不能从实际情况出发去运用证据查明案件事实真相。

二、外国近现代刑事诉讼制度的历史沿革

资产阶级革命开创了人类历史的新篇章,也把法制包括诉讼制度的发展推进到了一个新的历史阶段。主张民主、自由、人权的资产阶级在夺取政权的斗争中对封建纠问式诉讼的专制和黑暗进行了猛烈的抨击,在夺取政权后对原有的刑事诉讼程序加以扬弃和改造,建立起新的诉讼制度。

以罗马法为传统的大陆法系国家大力加强刑事诉讼的立法工作,相继制定出专门的刑事诉讼法典。例如,1808 年法国制定的《法国刑事诉讼法》,是资产阶级国家第一部成文的刑事诉讼法典,确立了具有大陆法系鲜明特点的职权主义诉讼模式。在这部法典中,自由心证原则、无罪推定原则以及非职业审判官参与行使审判权等制度均得到了确立。同时,与纠问式诉讼制度相比,这部法典还体现了以下变化:第一,控诉职能与审判职能在国家追诉原则的基础上实现了分离;第二,不告不理原则重新得到了确立;第三,刑事诉讼程序被划为两大阶段:预审调查阶段和法庭审判阶段;第四,被告人的主体地位得以确立,被告人拥有辩护权和获得律师帮助的权利;第五,被告人的人格尊严和自愿陈述得到认可,刑讯被废止等。

其他欧洲大陆国家,如德国、奥地利、意大利以及远东的一些国家,如日本,也纷纷制定了刑事诉讼法典。其中,德国于 1877 年制定了《德国刑事诉讼法》,1879 年生效;日本于 1880 年制定了《治罪法》,1882 年实施,1890 年又改定为《刑事诉讼法》,1922 年又作了修改。日本的刑事诉讼法主要参照德国制定。在这些国家的刑事诉讼法中,确立起了一系列现代刑事诉讼原则,主要有司法独立、无罪推定、法律面前人人平等、控审分离、审判公开、辩护、陪审、平等对抗、直接言词审理等,并据此建构起近现代刑事诉讼的具体程序和制度。

随着英国海外殖民地的扩张,英国的刑事诉讼制度也得以传播和确立。但英国没有成文的刑事诉讼法典,所谓刑事诉讼法,不过是习惯、判例和法规的总称。英国关于刑事诉讼的法规比较零散,早期的单行刑事诉讼法规主要有 1679 年的《人身保护法》、1879 年的《犯罪检举法》、1898 年的《刑事证据法》和 1907 年的《刑事上诉法》等。第二次世界大战后,英国加强了刑事诉讼法律的成文化,先后制定了一批重要的刑事诉讼单行法规,主要有 1948 年的《刑事审判法》,1952 年的《治安法院法》,1965 年的《刑事证据法》,1965 年的《刑事诉讼程序(证人出庭)法》,1967 年的《刑事审判法》,1968 年的《刑事上诉法》,1974 年的《陪审团法》,1985 年的《刑事起诉法》等。

美国原来是英国的殖民地,独立后基本上仍沿用英国的法律制度,包括诉讼制度。美国至今没有一部统一的成文的刑事诉讼法典,联邦司法系统主要适用 1945 年颁布的《联邦刑事诉讼规则》、1967 年的《联邦上诉审规则》、1975 年的《联邦证据规则》等。部分州,如纽约、加利福尼亚等,有自己的刑事诉讼法典。美国刑事诉讼制度的最大特点,是把刑事程序中一些重要的诉讼权利和诉讼原则直接规定在宪法中,由国家根本大法为公民在诉讼中的民主权利、人身权利提供保障。《美国权利法案》规定了一系列刑事诉讼原则,概括起来为:人身、住宅、文件和财产不受无理逮捕、搜查与扣押;由犯罪发生地的公正陪审团予以迅速和公开审理;不得因同一犯罪行为而遭受两次生命或身体的危险;不得在任何刑事案件中被迫自证其罪;获得律师帮助为其辩护;被告知指控性质和理由;以强制手段取得于被告人有利的证据;与对方证人对质;不得被科以过多保释金和过重罚金;不得被科以残酷刑罚;获得平等法律保护等。

特别是《美国宪法》第十四修正案所谓的“正当程序”条款,将现代刑事诉讼一些基本的人权保障和诉讼原则融会在“正当法律程序”的概念之中,强调非经“正当法律程序”不得剥夺任何人的生命、自由或财产,为其他各国在宪法性文件中对刑事诉讼提出基本要求和对公民自由和人权提供基本保障作出了典范。

除美国外,其他一些原先为英国殖民地的国家,如加拿大、澳大利亚等,也基本沿用英国的刑事诉讼制度。但加拿大的情况有些特殊:首先,它拥有一部全国统一适用的刑事法典,该法典自 1892 年问世以来,已历经百余年,虽不断地进行局部更新,但整体上仍维系旧的框架和格局;其次,该法典融刑事实体法与程序法为一体,是一部综合性的刑事法典,这显然与其他成文法国家刑法与刑事诉讼法分立的情况不同;最后,该法典虽然构成加拿大刑事立法的主干,但在适用时又直接受制于宪法,特别是《加拿大权利与自由宪章》,由此又有别于那些在刑事司法中不直接适用宪法规定的国家所施行的制度。

在自由资本主义时期,大陆法系各国的刑事诉讼法相对稳定。直至第二次世界大战结束前,一些实行军国主义的国家,如德国、意大利、日本等,对外实行军事扩张,对内实行法西斯统治,任意破坏资产阶级民主,践踏资产阶级法制,使体现资本主义民主的刑事诉讼原则与程序遭到严重破坏。第二次世界大战结束后,随着国际性人权保障运动的蓬勃发展,西方各国总结法西斯专制的惨痛教训并适应新的政治经济形势需要,相继开展刑事司法改革运动,纷纷修改或重新制定刑事诉讼法典。其中,德国于 1950 年彻底废除了纳粹时期颁布的法律,恢复了 1877 年《德国刑事诉讼法》的效力,1965 年又作了重要修改。法国从 20 世纪 50 年代以来,对《刑事诉讼法》先后进行了十多次修改,其中以 1958 年的修改幅度最大。法、德两国修订后的刑事诉讼法,仍保持大陆法系职权主义诉讼的特点,但增添了许多加强诉讼民主、注重人权保障的内容。日本于1948年制定了新的《刑事诉讼法》。该法典受美国影响很大,使日本的刑事诉讼制度在传统职权主义背景上糅合了强烈的当事人主义色彩。意大利在战后也对1930年颁布的《刑事诉讼法》进行过数次大的修改,彻底废除了带有法西斯色彩的糟粕。

随着诉讼制度的发展和诉讼文明程度的提高,现代意义上的刑事诉讼,无论是在英美法系国家,还是在大陆法系国家,都呈现出一些共同的特征:

第一,在诉讼结构上,起诉职能与审判职能分开,控诉、辩护、审判三足鼎立,实行不告不理。近代国家一方面认为犯罪不只是侵犯了被害人个人的利益,也直接侵犯了国家或社会的利益,应由国家主动干预,进行追究;另一方面认为,起诉必须与审判分开,才能保证审判客观、公正,因此,普遍建立检察机关专门代表国家对犯罪人提出公诉。刑事案件的侦查由警察机关或者由检察机关指挥警察进行,侦查终结后对犯罪嫌疑人的起诉由检察机关或者由检察机关委派公职律师进行。法院不再承担控诉犯罪的职责,而是专门负责对刑事案件进行审判。在起诉与审判的关系上实行不告不理原则。侦查是起诉的准备,起诉是审判的前提。只有经合法有效的起诉,法院才能开始审判活动,而且审理不能超出起诉书指控的范围。从而克服了纠问式诉讼中起诉、审判合为一体的弊端,保证了审判的客观公正。

第二,实行审判独立,法官独立行使刑事司法权。立法、行政、司法三种权力分立并相互制衡,即"三权分立"的学说和制度,构成了审判独立的政治基础。审判独立作为刑事诉讼中的一项基本诉讼原则,在各国的宪法和刑事诉讼法中得到肯定,即要求审判权由法院独立行使,法院的审判活动只服从于宪法和法律,不受立法机关和行政机关的干涉。为了贯彻司法独立,相应采取了一系列保障,如从最高法院到基层法院,其组织自成系统,与立法、行政机关分开;实行法官专职制、高薪制、审理案件时不可更换制、身份保障及退休保障制等,以便从制度上消除法官在执行职务时的顾虑,从而保障审理的公正性。

第三,实行无罪推定原则,被告人享有广泛的诉讼权利。在被告人未经法庭审判正式确定为有罪之前,先假定其无罪;肯定被告人的主体地位和辩护人的能动作用,确认和保障被告人的辩护权;被告人不再是诉讼的客体,而是诉讼主体,被告人有权获得律师的帮助,有权保持沉默;刑讯逼供被禁止,被告人的人格尊严和诉讼权利得到法律的确认和维护。

第四,实行公开审判,肯定言词原则和直接原则。近现代刑事诉讼强调

"公平的"、"公正的"审判,因此,在审判活动中要求贯彻一系列保证"程序公正"的制度与原则。如实行公开审判,在诉讼中实行言词诉讼原则以及法官直接接触证据的直接审理原则,从而区别于纠问式诉讼中的秘密审判、书证主义和间接审理主义。

由于法律传统和法律文化的差异,欧洲大陆国家与英美等国在具有资本主义刑事诉讼基本结构共性的基础上,在历史演变的进程中各自发展形成了具有自身特点的诉讼制度。在诉讼理论上,称大陆法系国家的诉讼模式为"职权主义诉讼",又称"审问制",其主要特点是注重发挥侦查机关、检察机关、法院在刑事诉讼中的职权作用,特别是法官在审判中的主导指挥作用。称英美法系国家的诉讼模式为"当事人主义诉讼",又称"对抗制",其主要强调双方当事人在诉讼中的主体地位,使其在诉讼中积极主动、互相争辩对抗,审判机关相对消极,形式上只起居中公断的作用。

具体说来,大陆法系职权主义诉讼程序的基本特征为:

1. 警察、检察官和其他有侦查权的官员依职权主动追究犯罪。在大陆法系国家,对犯罪的侦查通常由检察机关进行,或者由检察机关指挥司法警察或刑事警察进行。《法国刑事诉讼法》第一编"负责公诉与预审的机关"明确规定,共和国检察官受理申诉和告发并作出相应的评价和处理,应采取或使他人采取一切追查违法犯罪的活动,为此有权指挥辖区内的司法警察的一切活动,有权决定采取拘留的措施;司法警察在得知发生现行重罪时,应立即报告共和国检察官,并不迟延地到达犯罪发生地点,进行一切必要的查证工作;所有官员和公务人员在履行职责中知晓任何重罪、轻罪,都应毫不迟疑地通知共和国检察官,并向检察官移送有关情报、笔录和文件。

2. 侦查和预审在刑事诉讼程序中居重要地位,侦查、预审不公开进行。法律授权一切负责公诉和预审的机关,包括司法警察、共和国检察官、预审法官以及其他辅助人员,为查明犯罪可以进行一切必要的调查、预侦、搜查、扣押等措施,可以询问证人、讯问犯罪嫌疑人、被告人。

3. 在刑事案件的追诉上,一般采用公诉为主、自诉为辅的方式。德国、奥地利等国均实行公诉与自诉并存的追诉机制。公诉由检察机关代表国家提起。对于某些轻微的刑事案件,被害人可以直接向法院提起自诉,要求追究加害人的刑事责任。为保障自诉权的顺利行使,保护被害人的合法权益,检察机关必要时可以对自诉案件提起公诉。法国规定,旨在适用刑罚的公诉,应由法官或者法律授权的行政官员(主要指共和国检察官)进行。任何遭受重罪、轻罪或违警罪直接损害者，有权提起损害赔偿的民事诉讼。符合刑事诉讼法规定的条件时，被害人也可以提起刑事诉讼。

4. 法官起主导、指挥作用的审判程序。大陆法系国家刑事诉讼中的职权主义，集中体现在审判阶段。法官在庭审中起主导作用，可以依职权主动讯问被告人，询问证人；可以采取足以证明一切事实真相的证据，决定采取必要的一切证明方法；有权对当事人及其他诉讼参与人的申请作出决定。当事人则处于相对被动地接受指挥的地位。例如，《法国刑事诉讼法》规定，讯问中，审判长有责任维持秩序，并指导审判。

5. 大陆法系国家通常实行三审终审制。第二审从事实上进行复审，称事实审；第三审从法律适用上进行审查，称法律审。为纠正已生效裁判可能存在的错误，大陆法系国家一般规定有两种特殊的法律救济程序，即发生新事实的再审程序和审查适用法律错误的监督审程序。

6. 在起诉活动中实行卷宗移送主义。在法、德等大陆法系国家，法官要指挥审判、亲自调查证据，所以需要在审判前对案件进行实质性审查，完全了解案件事实及其细节。为了满足法官的需要，检察官必须向法院移送全部案件笔录和证据材料，法官只有在充分阅读了这些材料和证据之后，才能开始审判。

英美法系当事人主义诉讼程序的基本特征为：

1. 侦查主要由警察机关进行。在英美法系国家，刑事诉讼通常从逮捕或传讯犯罪嫌疑人开始，但刑事立法和传统理论一般不把警察的侦查活动纳入刑事诉讼程序。英美当事人主义的诉讼程序在侦查中注重对犯罪嫌疑人权利的保障，使犯罪嫌疑人具有对抗侦查机关的手段。凡采取限制或剥夺人身自由的强制措施，或者搜查、扣押犯罪嫌疑人的财产，必须取得法官签署的许可令状。执行逮捕后应无不必要迟延地将被告人带至签发逮捕证的法官面前接受聆讯，除法律有明确规定的以外，应当允许被告人交付保释。被告人有权保持沉默，被告人有权自被传讯或逮捕始即获得律师的帮助。

2. 在起诉方式上，英国历史上检察官、警察、政府机关、商号及公民个人都有起诉权，实际上，绝大部分案件由警察部门负责起诉。1985 年《刑事起诉法》在英格兰和威尔士设立统一的刑事起诉机构，从而改变了过去警察集侦查与起诉权力于一身的传统做法。美国不存在自诉，全部刑事案件或者以检察官起诉书提出控诉，或者经大陪审团审查后以大陪审团公诉书提起公诉。

3. 诉讼双方当事人的抗辩集中体现在审判程序中。法庭审判活动以控、辩双方的积极活动为核心内容,他们在平等地位的基础上按交叉的方式对证人进行询问、质证、争辩,然后双方作终结性辩论。法官的职权活动仅限于补充性事务,主要任务是对控、辩双方的主张及证据进行评判和取舍。

4. 对上诉程序和再审程序限制较多。英美法系的刑事诉讼大体上采用两审终审或者三审终审制。由于英美法院的体系比较复杂,上诉的程序相对不太明确,同时法律关于对未生效判决裁定的上诉限制较多。传统上,由于受"禁止双重危险"原则的制约,控诉一方的上诉权非常有限。此外,如果第一审系陪审团审判,对陪审团关于被告人是否犯有指控罪行的裁决通常不允许上诉。但被告人可以一审适用法律错误或者违反法律程序为由提请上级法院审查。对已生效的裁判,同样因贯彻"禁止双重危险"原则,一般不允许进行再审,为被告人利益的少数情况例外。

在证据制度方面,资产阶级废除了纠问式诉讼时期的法定证据制度,代之以自由心证制度。自由心证证据制度又称"内心确信证据制度",是指证据的证明力不由法律事先加以规定,而是由法官或陪审员依靠自己的"良知"去进行自由判断,判断过程中不受任何来自外界的影响。自由心证证据制度的特征是,法律不预先规定各种证据的证明力和判断运用证据的规则。

最早提出在立法上废除法定证据制度并建立自由心证制度的是法国的资产阶级代表杜波尔。1791 年 1 月,法国制宪会议通过杜波尔提出的法案,发布训令,明确宣布:法官必须以自己的自由心证作为裁判的唯一根据。继法国之后,德国也规定了自由心证制度,1877 年《德国刑事诉讼法典》第 260 条规定:"法院应根据从全部法庭审理中所得出的自由心证来确定调查证据的结果。"日本于明治九年采行自由心证制度。日本现行《刑事诉讼法》第 318 条规定:"证据的证明力由审判官自由判断。"

自由心证制度使审判人员在办案时可以按照自己的理性自由地判断证据,不受法定条条框框的束缚,有可能从案件实际情况出发运用证据认定事实真相。这与法定证据相比是历史的进步。诉讼的过程既是一个发现、收集、运用证据的客观活动过程,也是一个判断证据、认识与案件有关的事实的主观活动过程,在这一主观活动过程中,对于法官如何判断证据的证明力以及在作出判决时应处于何种认识状态,都是不应回避的问题。自由心证证据则把法官从法定证据制度的束缚下解放出来,使他们能够根据自己的理智和信念来判断证据和认定事实,从而为发现案件的客观真实创造了条件。

第二节　中国刑事诉讼法的历史发展

一、中国古代刑事诉讼法制度的概况

中国古代是指从公元前2600年左右中国出现早期奴隶制国家时起，直到1840年清王朝走向崩溃时止这一漫长的历史时期，经历了奴隶制时期、封建制时期两个发展阶段。

中国古代刑事诉讼法制究竟起源于何时，因史料甚少，无法准确认定。但是，从现有史料来看，可能在帝舜时期已有某些刑事诉讼制度的存在。在我国禹舜时代，《尚书》记载有“皋陶”作为刑官，可见当时已有刑事诉讼。关于诉讼规则，周代实行两造审理、五听等诉讼制度并采用人证、书证等证据种类，在先秦的典籍中，特别是儒家《周礼》等典籍中有许多记述，影响深远。

至于编纂成法典，则始于公元前536年郑国的子产将刑法铸在铁鼎上，史称“铸刑书”。战国时魏国的李悝编纂了《法经》，这是我国古代第一部比较系统的刑事法典，该法分为6篇，其中的囚法、捕法两篇属于刑事诉讼法的规定。

汉承秦制，在保留囚法、捕法等6篇的同时增设3篇，共9篇，改“法”为“律”，称《九章律》，但仍只有囚律、捕律为与诉讼法有关的内容。魏时定魏法，共计18篇，晋更增为20篇，均含捕律、告劾律、系讯律、断狱律。南北朝删定律书，《梁律》改“捕”为“讨捕”；《齐律》设斗讼、捕亡两篇，北周改“告劾”为“告言”。隋《大业律》分告劾、捕亡、断狱诸篇，将“斗讼”改为“斗”。

隋朝时期，以《北齐律》为蓝本所制定的《开皇律》第八卷“斗讼”、第十一卷“捕亡”、第十二卷“断狱”都是诉讼程序方面的内容，明确规定了刑讯、听审等程序，为《唐律疏义》所继承，并为以后的宋、元、明、清等历代的律令所沿袭。

唐朝制定的《唐律》为中华法系的代表作，唐朝以隋代法律为蓝本，先后形成《武德律》、《贞观律》、《永徽律》和《开元律》，现仅有永徽律完整保存下来，永徽律是我国最早最完整的封建刑律，产生在我国封建社会的鼎盛时期，总结了封建法律和司法实践的经验，分12篇，共502条，其斗讼律规定如何

控告犯罪，捕亡律规定追捕罪人之事，断狱律则集中规定审讯和决断案件。唐朝除“律”以外，还包括“令”、“格”、“式”三种，其中捕亡令等也含有刑事诉讼法的内容。唐代律令为后代法律树立了典范，影响远及日本、越南等东亚、东南亚诸国。

五代、宋、金都在唐律的基础上进行增减，与唐律大同小异。元代纂定新律，与唐宋有了一定的差异，称《至元新格》，共20篇，其第13篇为诉讼（与前代告劾律相同）、第18篇为捕亡，第20篇为平反（与前代断狱律相同），并改“斗讼”为“斗殴”，后又修订为《大元通制》。诉讼篇着重规定如何控诉犯罪，但其篇名“诉讼”后来演变为近现代诉讼法典的名称。

明律、清律集中国古代法律之大成，也设诉讼、捕亡、断狱诸篇，都是由唐律发展而来的。总的来说，中国封建刑事诉讼法制是随着社会进步始终向前发展的，其完善程度和先进性，在公元15世纪前一直处于世界领先地位。中国古代的刑事诉讼制度，从夏商至于明清，内容丰富，精华与糟粕并存，反映了以儒家为主导的古代思想的影响，中国古代刑事诉讼法的特点主要有：

第一，司法与行政不分，行政机关兼理司法。中国古代没有形成司法权独立于行政权的局面。中央司法机关主要职责是办理狱讼案件，但需要绝对服从于君主的命令，并一般受制于冢宰、丞相、三省等中央行政中枢。地方司法机关则与行政机关往往为同一机关，司法官同为行政官。司法只不过被看做行政事务的一部分，这种君主专制制度下权力一体化的权力结构，有利于君主对司法权的控制，发挥着为封建统治服务的功能。

第二，刑讯逼供被合法化。历代有“断案必取输服供词”，“无供不录案”的规定。鉴于口供对定案具有决定性作用，而被告又不供认，刑讯逼供便成了刑事诉讼中重要而且合法的环节。将刑讯逼供作为合法的手段，是建立在重口供、重实体、轻程序、轻人权这些理念基础上的。“捶楚之下，何求而不得?”在严刑拷打下，冤案、错案比比皆是。刑讯逼供制度反映了中国古代刑事诉讼制度的专制和野蛮。

第三，实体法与程序法不分，刑事诉讼法与民事诉讼法基本不分。中国古代法典，诸法合一，实体法与程序法没有分开，即使户婚纠纷也以刑罚为解决手段，因此严格地说，诸法合为刑法。

第四，建立起了多种监督程序。中国古代的统治者大都重视操生杀予夺大权的刑狱的重要性，这是“明德慎刑”儒家思想的体现。儒家反对严刑峻法，认为治狱与治国一样，要“德主刑辅”。如秦始皇“专任刑罚，躬操文墨，昼断狱,夜理书”。后来的历代皇帝也都强调:“狱,重事也,用法一致,则民无所措手足。”为了保证适用刑罚的公允,防止冤假错案,还建立了一系列的监督程序,如司法官吏责任制度、御史监察制度、会审制度、直诉制度、死刑复核复奏制度等,以防刑罚的滥用。

二、中国近现代刑事诉讼法制度的发展

(一)清朝末年的刑事诉讼法制

我国近代是指自鸦片战争至北洋军阀时期。1840 年鸦片战争以后,中国古代法律近乎封闭式的发展局面才被彻底打破。中国近代社会之所以称为半封建半殖民地社会,在司法制度上的最重要标志就是领事裁判权的出现。领事裁判权是侵华的帝国主义列强在中国享有的特权之一,始于 1843 年的中英《虎门条约》和 1844 年的中美《望厦条约》。

中国引进西方诉讼理论和诉讼制度是从“戊戌变法”以后开始的。1900 年,清政府任命沈家本为修订法律大臣,主持编订了一批以德、日等大陆法系国家的法典为模式的法律。清末改制立法的一系列活动,虽然有其历史局限性,并且大部分法律都未曾颁布实施,但是,这次改制对以后的立法产生了深远的影响。通过这次改制,第一次将程序法与实体法分开;确认了一些体现资产阶级民主、自由和平等观念的诉讼原则和制度;初步确立了大陆法系职权主义的诉讼结构,这种模式为后来的刑事诉讼制度的改革和发展奠定了基础。

(二)北洋军阀政府时期的刑事诉讼法制

孙中山领导的辛亥革命推翻了清政府的统治,但革命成果随即被北洋军阀所窃取。北洋政府时期,一方面,大量沿用清末颁布的法律;另一方面,基于维护其反动统治的需要,颁布了一些有关诉讼程序和司法组织的单行法规。例如,对于清末没有来得及颁行的《各级审判厅试办章程》和《法院编制法》等法律,北洋政府只略加修改,即予以通令施行。对于清末未及颁行的《刑事诉讼律草案》,北洋政府先是分别援引其中的某些编、章,1921 年将该草案予以修改,更名为《刑事诉讼条例》,予以公布,先在“东省特别法院”区域施行,并明令自 1922 年起在全国法院统一施行,实际上只施行于北洋政府统治下的地区。

北洋政府时期,近现代的司法体系逐步建立:法院系统设大理院、高等审判厅、地方审判厅和初级审判厅,除普通法院外,还设有军事法院;检察机构设置在各级审判衙门内,分为总检察厅、高等检察厅、初级检察厅,负责侦查、公诉并监督判决的执行。1923 年的《中华民国宪法》确立了审判公开原则和司法独立原则,规定:"法官独立审判,无论何人,不得干涉之",并规定了法官职务保障。此外,北洋军阀政府还模仿英美法系国家的做法,大量援用法院审判中的判例作为处理案件的依据。

(三)国民党政府时期刑事诉讼制度的沿革

1927 年,以蒋介石为首的国民党政府代替了北洋军阀政府的统治。1928 年,国民党政府公布了《刑事诉讼法》,该法共 9 编 513 条。1935 年,国民党政府又重新修订公布了这部《刑事诉讼法》,它与修改前的《刑事诉讼法》相比增加了 3 条。这部《刑事诉讼法》是在北洋军阀政府的《刑事诉讼条例》的基础上修订而成的。1932 年,国民党政府公布了《法院组织法》,共 15 章 91 条。该法规定"检察官对于法院,独立行使其职权"。

北洋政府就诉讼活动作出规定,规定了管辖、诉状的程式和讼费等;确立了对于符合起诉条件的犯罪行为检察官必须起诉的法定起诉原则;规定了简易程序;同时确立了辩护制度,规定法政学校毕业并经考试合格者才能充任律师;保留了旧法曾经有过的"职官为原告时"可以不到庭,"得委诸他人代诉"。

国民党政府的刑事诉讼法引进了许多西方资本主义国家的先进的诉讼原则、制度和程序,如"被告人有辩护权"、"禁止刑讯逼供"、"公开审判"、"上诉不加刑"、"自由心证"等。

三、中华人民共和国刑事诉讼法的发展

(1)新民主主义革命时期刑事诉讼法制的产生

1919 年的"五四"运动,揭开了中国新民主主义革命的序幕。新民主主义阶段的刑事诉讼法,又可划分为土地革命战争时期的刑事诉讼法、抗日战争时期的刑事诉讼法和解放战争时期的刑事诉讼法。第二次国内革命时期,中国共产党领导人民建立了十几个红色根据地,于 1931 年 11 月成立了中华苏维埃共和国中央工农民主政府,于 1931 年 12 月发布了《处理反革命案件和建立司法程序的训令》(第六号),又于次年发布了《裁判部暂行组织及裁判条例》,这是中国共产党最早制定的两个有关刑事诉讼程序的法规,是社会主义刑事诉讼法的萌芽。

抗日战争时期,各根据地如陕甘宁边区、晋察冀边区、晋冀鲁豫边区等,都根据党中央的路线、方针和政策,结合本边区的实际情况,颁布了为数不少的有关司法组织和诉讼程序的法律、法令,规定了根据地司法机关审判案件的主要程序和制度。

解放战争时期,各解放区基本上沿用抗日战争时期行之有效的诉讼制度,同时也根据客观情况的变化和实际情况的需要,确立了一些新的刑事诉讼的原则和制度,如合法的传讯、拘捕和搜查程序,以及禁止使用肉刑和乱打乱杀,平反已决案件,便利群众的原则和制度。1949 年 2 月,中共中央发布《关于废除国民党的六法全书与确定解放区的司法原则的指示》,这一文件的发布标志着新中国的法律制度包括刑事诉讼制度的发展进入了一个新时期。

(2)《中华人民共和国刑事诉讼法》的制定

《中华人民共和国刑事诉讼法》的制定可谓步履维艰,早在 1954 年,全国人大法工委即着手进行刑事诉讼法的起草工作,并曾拟出了草案和初稿。1957 年 5 月,由最高人民法院主持起草的《中华人民共和国刑事诉讼法草案(草稿)》完成,共 7 篇 325 条。1963 年 4 月,由中央政法小组主持完成了《中华人民共和国刑事诉讼法草案(初稿)》,共 200 条,但一直未能成为法律。

1979 年 2 月,在全国人大常委会法制委员会主持下,重新组织力量对 1963 年起草的草案进行修改,并于 1979 年 6 月完成"修正二稿",提请全国人大审议。1979 年 7 月 1 日,第五届全国人民代表大会第二次会议通过了我国第一部社会主义性质的刑事诉讼法典,即《中华人民共和国刑事诉讼法》。这部刑事诉讼法分为总则和分则两大部分,共 4 编 17 章 164 条。它是我国新民主主义革命时期,特别是新中国成立以来刑事诉讼实践经验和刑事诉讼立法经验的科学总结,是我国刑事诉讼法逐步走向完善的重要里程碑。

(3)《中华人民共和国刑事诉讼法》的修改

刑事诉讼法颁行后,全国人大常委会陆续颁布了一系列单行法规和决定,对陪审制度、审判组织、审判程序、办案期限、死刑复核权等问题作了一些补充和修改。其中影响较大的是 1983 年 9 月 2 日颁布的《关于迅速审判严重危害社会治安的犯罪分子的程序的决定》和 1984 年 7 月 7 日颁布的《关于刑事案件办案期限的补充规定》。

1993 年,全国人大常委会法制工作委员会正式将修改《刑事诉讼法》列入其立法议事日程,并委托刑事诉讼法学方面的专家组织起草《刑事诉讼法》修改建议稿。1995 年 10 月,全国人大法工委拟定了《中华人民共和国刑事诉讼法(修改草案)》(征求意见稿)并印发全国各有关部门征求意见。在此基础上,全国人大法工委对征求意见稿进行了补充、修改,于 1995 年 12 月草拟出《中华人民共和国刑事诉讼法修正案（草案）》，并经委员长会议决定，提交第八届全国人大常委会第十七次会议审议。1996 年 2 月，第八届全国人大常委会第十七次会议对修改后的《中华人民共和国刑事诉讼法修正案（草案）》进行第二次审议，决定提请第八届全国人大第四次会议审议。

1996 年 3 月 17 日，修正案草案被通过，并于当天以全国人民代表大会《关于修改〈中华人民共和国刑事诉讼法〉的决定》的形式予以公布。修正后的《刑事诉讼法》共 4 编 17 章 225 条，于 1997 年 1 月 1 日起施行。

1998 年 1 月 19 日，针对贯彻新修正的刑事诉讼法中出现的问题，最高人民法院等六机关联合发布了《关于刑事诉讼法实施中若干问题的规定》，保障了刑事诉讼法的正确实施。

2012 年 3 月全国人大常委会向十一届全国人民代表大会提出了修改刑事诉讼法的议案，并在当年的第五次全会上获得通过。这次修改刑事诉讼法，是进一步加强惩治犯罪、保障人权的需要，进一步加强和创新社会管理的需要，进一步深化司法体制和工作体制改革，推进我们国家民主法制进步的一大举措。

对《刑事诉讼法》的修改顺应了改革开放的历史潮流，显示了依法治国的时代特征，初步体现了实体法和程序法并重的理念，是我国民主法制进程的一大里程碑。

【深度阅读】

1. 徐朝阳著：《中国古代诉讼法. 中国诉讼法溯源》，中国政法大学出版社 2012 年版。

2. 佀化强著：《形式与神韵：基督教良心与宪政、刑事诉讼》，上海三联书店 2012 年版。

【课后思考】

1. 外国古代刑事诉讼制度的类型及特征是什么？

2. 中国古代刑事诉讼法的特征是什么？

第三章　刑事诉讼理论基本范畴

本章要点

诉讼价值
诉讼目的
诉讼结构
诉讼职能
诉讼主体
诉讼客体

讼,天水讼,乾上坎下。

——《易经·讼卦》

某些法律和制度,不管它们如何有效率和有条理,只要它们不正义,就必须加以改造或废除。

——[美]约翰·罗尔斯

上海市第二中级人民法院2014年2月18日对“复旦投毒案”依法公开一审宣判,被告人林森浩犯故意杀人罪被判死刑,剥夺政治权利终身。2013年4月,复旦大学研究生黄洋因室友投毒死亡,年仅28岁。

2013年4月15日,复旦大学校方深夜发布官方微博,该校医学院一名医科在读研究生因身体不适入院,后病情严重,学校多次组织专家会诊,未发现病因。校方遂请警方介入。4月16日,复旦大学投毒事件受害者黄洋去世。

警方经现场勘察和调查走访,锁定黄洋同寝室同学林森浩有重大作案嫌疑。当月19日,上海警方以涉嫌故意杀人罪向检察机关提请逮捕复旦大学“4·1”案犯罪嫌疑人林森浩。

11月27日,该案在上海市第二中级人民法院开庭审理。检方指控,林森浩与黄洋居住在同一寝室内。林森浩因琐事与黄洋不和,逐渐对黄怀恨在心。2013年3月底,林森浩决意采取投毒的方法杀害黄洋。3月31日下午,林森浩从其实习过的复旦大学附属中山医院影像医学实验室取得装有剧毒化学品二甲基亚硝胺的试剂瓶和注射器,当日17时50分许,林森浩将剧毒化学品全部注入宿舍内的饮水机中。次日上午,黄洋从饮水机中接取并喝下已被注入了剧毒化学品的饮用水。之后,黄洋即发生呕吐,赴医院治疗。

4月16日,黄洋经抢救无效死亡。经鉴定,黄洋符合生前因二甲基亚硝胺中毒致肝脏、肾脏等多器官损伤、功能衰竭而死亡。4月12日,林森浩经警方传唤到案后,供述了上述犯罪事实。

林森浩投毒的动机以及是否蓄意杀害室友,成为当日庭上控辩焦点。林森浩当庭供认了起诉书指控其采用投毒的方法致黄洋死亡的事实,但对作案动机、目的和犯罪故意进行了辩解。

法庭上,说及投毒缘起,林森浩表示,黄洋曾戏称欲在即将到来的愚人节"整人",便产生整黄洋的念头,并由此实施投毒行为。他说,自己和黄洋关系一般,且无直接矛盾,只是彼此间"有些看不惯"。在他看来,黄洋聪明,勤奋好学,很优秀,但有点自以为是。

根据林森浩的表述,他曾用"二甲基亚硝酸胺"做动物研究,且基于相关实验撰写并发表过学术论文。林森浩承认,黄洋饮用被投毒水的全程,他并未制止,且在黄洋就医接受治疗期间,亦未讲出真相。言及原因,林森浩说,黄洋喝下的被投毒的水并不多,且实验中被注射了二甲基亚硝酸胺的大鼠并未完全死亡,也让他以为黄洋能够"熬过去"。

第一节　刑事诉讼价值

"价值"是对主客体相互关系的一种主体性描述,它代表着客体主体化过程的性质和程度,即客体的存在、属性和合乎规律的变化与主体尺度相一致、相符合或相接近的性质和程度。[1] 刑事诉讼法的价值是刑事诉讼法的

---

〔1〕 李德顺著:《价值论》,中国人民大学出版社2013年版,第53页。

灵魂和精神。刑事诉讼法作为一部程序法,其价值是指刑事诉讼法本身固有的、不依赖于刑事诉讼主体及其需要而独立存在的、能够通过刑事诉讼活动满足国家、社会和公民个人的合理需要和要求的一种特性。正义与理性、自由与秩序、惩罚犯罪与保障人权、公正与效率等,这些都是由刑事诉讼法内在属性和基于刑事诉讼的需要而产生的法律价值。然而,众善不可兼得,这就注定了要从中进行选择,而任何选择都必然伴随着令人痛心的善的损失。我国应当根据刑事诉讼发展变化的原理,视时而动、视事而变,在合理化解价值冲突的基础上朝着寻求价值目标和谐统一的方向平衡和谐发展。简言之,即应在总体上寻求多元价值的平衡。

一、正义与理性

正义是人类普遍追求的崇高价值,法律的设计除了维护阶级统治外,存在的最大意义便是伸张正义。什么是正义?正义看得见吗?关于正义的理论或观点从古至今林林总总,令人眼花缭乱,学者对正义有不同见解,一般民众对正义也有自己的看法和标准。美国学者博登海默对正义的描述被视为经典,"正义有着一张普洛透斯(希腊神话中善变的海神)似的脸,变幻无常、随时可呈不同形状并具有极不相同的面貌"。[1] 可以说,正义是一个最为崇高但又最为混乱的概念,是一个最缺意义又最易引起误导和感情用事的词语。因为没有明确的定义和判断标准,说某个事物是"正义的"或"不正义的"就没有任何意义。但这并不意味着正义只是一种纯粹的理想,尽管正义对于穷人和富人、宗教信徒和无神论者在某些方面有截然不同的内涵,但他们都希望正义成为衡量法律之善的尺度,成为法律与其相协调的一个标准。当然这里的正义带有很强的主观向度,是每个人各自的内心标准。如刘涌案中的二审法院改判死刑立即执行为死刑缓期二年执行就曾使群情激愤,普遍认为司法不公,最高人民法院最终通过刑事审判监督程序维持原判——死刑立即执行。在他们心中,对黑社会性质犯罪组织的主要犯罪嫌疑人,即使实施刑讯逼供也是绝对能认可的,因为警察此时代表的就是正义。

也正因为正义在很大程度上是人们的一种主观理念,故往往与非理性画等号。凯尔森和阿尔夫·罗斯就有"正义观念必须被视为是非理性的理

〔1〕［美］E·博登海默著:《法理学:法律哲学与法律方法》,邓正来译,中国政法大学出版社1999年版,第252页。

想"[1]的观点,显然这是不具有说服力的,正义与理性之间并不是绝然对立的关系。正义之中不乏理性的因素,如在惩罚犯罪与保障人权这对典型的矛盾中,惩罚犯罪对受害人及其亲属而言就是正义的体现,而法律在给予犯罪人惩罚时并没有剥夺其所有的权利,同时又赋予了其一些保障人身、言论自由的权利,如辩护权、陈述权、获得律师帮助权等,这就是理性的反映,不因为一个人的某一次错误而将其彻底否定。同时理性之中也含有正义的成分,也即常说的"法不外乎人情"。比如,在多起妻子因不堪长期忍受丈夫虐待而杀死丈夫的案件中,妻子往往会得到法官的同情,在量刑时得以从轻处罚,通常是刑罚的最低起点。

非理性正义和不正义理性是两种比较极端的状况,古时为了使被告人认罪伏法而使刑讯逼供具有合法性就是其代表,现在绝大多数可行的法律制度都避免了这两种极端形式。理性正义(理性思维下的正义)和正义理性(以正义为思考前提的理性)则是与之相对应的正义与理性互为前提完美结合的最理想状态。但美好事物的获取往往有极其艰难的过程,正义与理性在法治化进程中不断发生冲突,先天的心理特性或占支配地位的文化传统使人们或倾向于正义或倾向于理性成为现实中理性与正义的常态。我国刑事诉讼法尽管避免了极端的非理性正义和不正义理性,但仍不可避免地存在两者的不平衡。比如在证人作证问题上,《刑事诉讼法》第 60 条第 1 款规定:"凡是知道案件情况的人,都有作证的义务。"将作证规定为证人的义务,其实就是强迫证人作证,也就是要证人承担举证和证明的责任,强行将公诉人或自诉人应当承担的法律义务转嫁给了证人。从某种意义上讲,这是公权力对私权利即言论自由的侵犯,是不正义的。再从权利与义务具有相对性的角度看,要求证人履行作证义务却不赋予其有效的安全保障权和经济补偿权,这不成了"既要马儿跑,又要马儿不吃草"吗?这对证人来说丝毫无正义可言。倘若把作证定位为证人的权利将能更好地弥补这种权利与义务失衡带来的不正义。再如《刑事诉讼法》第 118 条规定的"犯罪嫌疑人对侦查人员的提问,应当如实回答,"就没有在深层次上作理性分析,忽略了犯罪嫌疑人应享有的陈述的自由。如果将"应当如实回答"改为"可以回答,也可以拒绝回答"则比《刑事诉讼法》中"不得强迫任何人证实自己有罪"的口号式规定更为合理,

[1]　[美]E·博登海默著:《法理学:法律哲学与法律方法》,邓正来译,中国政法大学出版社 1999 年版,第 264 页。

也才能符合国际刑事司法准则对沉默权制度肯定的趋势。沉默权是平衡刑事诉讼中的政府权力与个人权利、维持程序公正的重要条件,有利于防止滥用国家权力,保障无罪的人不受刑事追究,因而,确立沉默权是我国刑事诉讼立法不能回避的问题。但鉴于沉默权对于打击犯罪确实有不容忽视的消极作用,在确立沉默权的同时也应对其进行必要的限制,规定在某些情况下,犯罪嫌疑人不得拒绝陈述,否则将承担不利的后果。这样的制度设计较之简单强制犯罪嫌疑人自证其罪就更具有理性。

刑事诉讼法自然应该向一种更加理想的状态迈进,然而不得不承认,需要在终极价值之间进行选择或对其先后排序时,非理性的、不正义的残余影响在人们作最终决定时往往无法被完全排除。同时,不论是自由与秩序、公正与效率、实体公正与程序公正还是惩罚犯罪与保障人权,在本质上都可以看做正义与理性这对价值的衍生物。如果说秩序、公正、实体公正与惩罚犯罪是正义应有的内涵,那么自由、效率、程序公正与保障人权则是在追求正义之时必须予以理性对待的。所以,要使理性与正义完全和谐平衡,实现刑事诉讼法的最高价值目标——理性正义与正义理性的进程将是漫长且无比艰难的。

二、自由与秩序

自由是人类根深蒂固的一个愿望,植根于人的自然倾向之中,没有任何人愿意被奴役。自由作为一个基本的价值目标,其合理性和生命力就在于它事实上几乎能被所有人理解并欣然领受。但是,任何自由都容易被肆无忌惮的个人和群体所滥用,因此自由必须受到某些限制,否则任何人都会成为滥用自由的潜在受害者。相对于自由,秩序作为一种有序的规范和准则,更具有理性而客观的特质,是一种更可能在人类社会中获得实现的法律价值,因而,顺理成章地成为对自由的限制。但这种限制不是束缚,不是套在自由上的枷锁,而是自由实现的前提和基础,是使刑事诉讼法价值体系维持其无限多样性的动态和谐,避免价值之间的冲突而导致整个价值体系崩溃的有力支柱。多数人对于这样的秩序总是愿意在其忍耐限度内接受并遵守,以此实现获得自由的强烈意向。

但自由与秩序之间的冲突更明显。“若加强了某一价值的保护,则对另一价值的关注程度大为降低,由此必然导致价值实现过程中的冲突。”[1]一

〔1〕 左卫民著:《价值与结构——刑事程序的双重分析》,法律出版社2003年版,第57页。

项旨在保护社会秩序的法律必然会削弱自由,而一项旨在无限扩大个人自由的法律必然会导致个人对社会秩序的蔑视。现代刑事诉讼法的运行正是处于自由与秩序相矛盾的两难境地。刑事诉讼法本身就是基于控制犯罪、保障社会秩序而产生的,但其在实现秩序的过程中,又不能不涉及某些社会成员的自由和个人权利。司法人员常常会以秩序的名义侵犯个人的权利,对个人自由进行干预和限制。然而为了控制秩序就任意侵犯个人自由、权利,显然是与现代刑事司法理念相左的。中国传统的司法文化在价值取向上积极追求秩序,在刑事诉讼实践中,对秩序的追求倾向更是强烈,漠视自由、轻视公民权利在目前刑事诉讼中仍有诸多表现,如刑事诉讼法虽规定"严禁刑讯逼供和以其他非法方法收集证据",但却没有禁止采用此类非法方法收集的证据。这样所造成的最严重的后果就是刑讯逼供的非法取证行为被默认了、合法化了,成了侦查机关侦查取证的重要手段,对犯罪嫌疑人的人身自由的践踏也就不足为奇了。2010 年"两院三部"《非法证据排除规定》虽然对于刑讯逼供获取的口供予以绝对排除,但实践中由于传统观念和司法体制的制约,该规定在实施中仍然步履维艰。再者就是犯罪嫌疑人的辩护权长期无法有效行使,因为立法上没有将保障犯罪嫌疑人获得辩护也规定为侦查机关、检察机关的义务,所以侦查机关对犯罪嫌疑人或其家属提出的聘请律师的请求拖延答复,限制律师会见犯罪嫌疑人的次数与时间等;检察机关在审查起诉中不注重听取犯罪嫌疑人所委托的辩护人的意见等。

对自由与秩序两种价值目标冲突的解决,应遵循价值选择的一般原则,即追求最好的价值。随着整个社会"以人为本"理念的倡导,刑事诉讼中的价值取舍也应体现这一理念,但取舍不意味着一成不变地肯定谁否定谁。我们应改变思维习惯,对于秩序,应将其定性为以人为中心而非以国家为中心、符合现代刑事程序要求的秩序,那种传统的过分追求国家秩序价值的诉讼观念理应被彻底地抛弃。所谓以人为中心,即是指该种秩序的存在是为了保障个体自由的实现,并对个体自由的范围作出规定;对国家司法权力予以必要限制,而不是国家为实现公权力用以压制个体的工具。这种以人为中心的秩序与秩序规定范围内的自由是刑事诉讼法应坚持的并行不悖的价值取向,两者原本就是一致的,只是需要缩小各自的外延以便更好地协调在司法实践中的矛盾而已。

三、惩罚犯罪与保障人权

惩罚犯罪、控制犯罪,这是任何一个国家、政府履行公共管理职能、保护公众利益的需要。现代国家均认为犯罪是对社会公共秩序的严重破坏,而不主要是对被害人个人利益的侵犯;国家既然是社会公共秩序的代表者,就有责任保护社会成员不受犯罪行为侵害,在发生犯罪时,国家有义务采取法律允许的手段及时查获犯罪人,并使之受到应得的惩罚,以恢复法律秩序,预防社会再次受到犯罪的侵害,同时满足被害人和社会公众的泄愤心理。在这方面,2012 年《刑事诉讼法》规定的技术侦查措施、秘密侦查措施、控制下交付收集的材料可以作为证据使用以及犯罪嫌疑人、被告人逃匿、死亡案件违法所得的没收程序等明显强化了对犯罪的打击力度。

尊重人权、保障人权、发展人权已成为衡量一个国家文明程度、法治水平的重要标志。"人权,依其本意,是指每个人都应该享有的权利。这包括两层意思:第一层指权利,即是某某权利,第二层指观念或原则,即每个人都享有或都应该享有的权利。"[1]没有对人权的保障,徒有一千部、一万部周密的法律也绝不能实现法治,法律始终只会是一些人收拾另一些人的工具。因此,保障人权已成为 2012 年《刑事诉讼法》的基本价值取向,成为约束国家刑事司法权力的"关键词"。《刑事诉讼法》对非法证据排除制度的完善、讯问过程的录音录像制度、证人保护制度等的规定提高了人权保障的水平。

在我国司法历史中具有"重打击、轻保护"的传统,如《刑事诉讼法》第 1 条规定:"为了保证刑法的正确实施,惩罚犯罪,保护人民……制定本法。"这当中"惩罚犯罪,保护人民"就充分说明了在目前的刑事诉讼中,惩罚犯罪是首位的,保护人民似乎成了其副产品。并且,此处的"保护人民"与"保障人权"是有区别的。人民作为一个政治上的术语,在此处明显的把犯罪嫌疑人、被告人的人权排除在外,而这显然是不符合现代刑事司法理念的。因此,《刑事诉讼法》除在总则中规定"尊重和保障人权"外,还应将这一宪法性权利具体化。

要对惩罚犯罪与保障人权有正确的价值取向,首先应对二者的关系有正确的认识。刑事诉讼的历史进程表明,当今的刑事诉讼理论强调保障人权,其宗旨不是损害、否定打击犯罪,主张程序公正也不是为了影响实体公正,而是为了使刑事诉讼进一步从野蛮走向文明、从愚昧走向科学、从恣意走向规范。[2] 随着法治进一步民主化,将二者定位为主次关系显然已不符合时代

---

〔1〕 夏勇著:《人权概念起源——权利的历史哲学》,中国政法大学出版社 2001 年版,第 9 页。

〔2〕 王敏远:"刑事诉讼法学研究的转型",载《法学研究》2011 年第 5 期。

进步的要求,将二者定位为手段与目的的关系更为科学,也更接近刑事诉讼法的创设本意,毕竟刑事程序不是司法权力实施打击的流程表,而是为了实现最广大潜在刑事诉讼主体的最低限度权利的保障。保障人权是惩罚犯罪的最终目的,惩罚犯罪是保障人权的手段。保障人权必须贯彻惩罚犯罪的始终,但在各个阶段侧重点不同。犯罪发生前,社会处于和谐有序状态,保障的是国家及全体社会公众的利益;一旦有犯罪发生及追究犯罪过程中,对国家、社会及受害者的权利保障自不待言,但犯罪嫌疑人、被告人的权利应成为该阶段的保障重点。因为进入刑事程序的被追诉者未必是真正的犯罪人,就算是真正的犯罪人,作为人,他也享有基本的权利,谁也无权剥夺他作为人的权利,故保障人权也是无可置疑的。从一定意义上讲,刑事诉讼法的时代精神就在于在惩罚犯罪的过程中注重人权保障,人权保障水平是衡量一国刑事诉讼法是否完善和正当的重要考量因素。在我国,随着社会主义市场经济高度、快速发展,市场主体对参与市场竞争的保障要求更高;法治社会建设进程的加快,要求社会生活各方面均须纳入法律的轨道;人权入宪要求刑事诉讼法与之配套,在人权保障方面有所加强;以及为进行国际人权斗争的需要,刑事诉讼人权保障方面的缺陷必须加以完善。

从理念上说,笔者主张惩罚犯罪与保障人权相结合,保障被告人权利和被害人权利相平衡,从而使二者在价值取向上得以理性的整合。不同刑事诉讼模式的本质区别就在于对社会秩序和社会主体利益及被告人利益与被害人利益的倾斜与保护程度的差异。刑事诉讼制度关于权利义务的分配和倾斜归根结底是由掌握国家政权的阶级根据自己维护统治和秩序的需要决定的。即使是我国这样一个人民当家做主的社会主义国家,企图根据“均衡”理论的假设,建立一种对各方刑事诉讼主体的利益进行均衡保护的刑事诉讼模式,仍是不现实的。人性的弱点决定:任何保护无辜的规定和程序都必然会被真正的犯罪分子所利用;而任何为强化追究犯罪而赋予司法机关的职权也可能被司法权的掌握者因其才智能力的局限,或因其道德品性的缺陷而被滥用。所以,立法者必须在有效控制犯罪和有效保障人权之间作出选择,在有倾斜度的前提下寻求一个最佳结合点(如图3-1所示)。

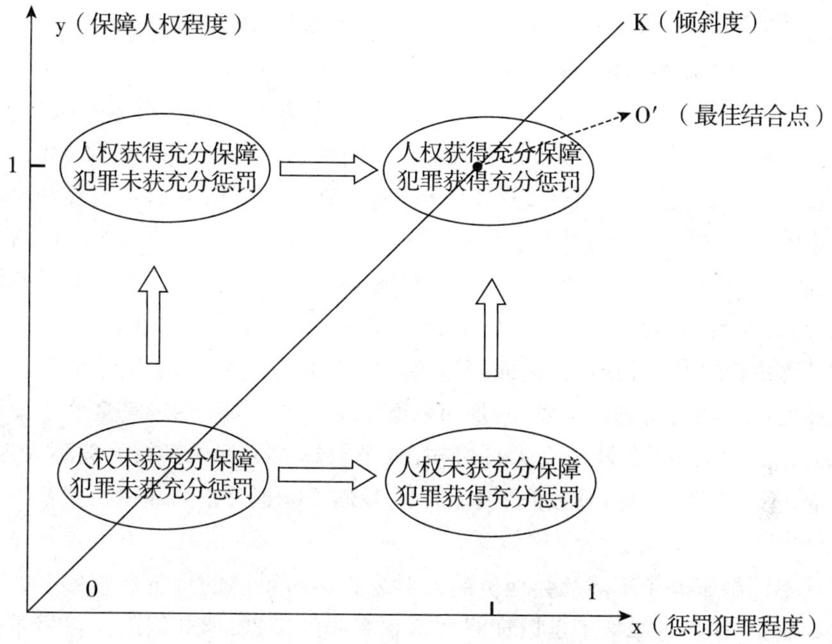

图 3-1　刑事诉讼中惩罚犯罪与保障人权的最佳结合点

四、公正与效率

公正是刑事诉讼活动的古老价值命题，是刑事诉讼价值的核心目标，是刑事诉讼的灵魂和永恒主题。没有公正，一切刑事诉讼活动都将失去存在的价值。“某些法律和制度，不管它们如何有效率和有条理，只要它们不正义，就必须加以改造或废除。”〔1〕而效率则是时代赋予刑事诉讼的新使命，在现代社会中已被作为衡量公正与否的一个必要条件，因为“迟来的正义为非正义”，与其让被告人被关押数年后才得到一个无罪的判决，还不如早早就判他个一年半载的短期自由刑。同时获得公正与效率是刑事司法机关与当事人的共同理想，然而现实是我国处于社会主义初级阶段，司法资源及其获取手段极为有限，如果将这些资源和手段用以满足某一价值，则对另一价值的保障程度就可能被削弱，由此必然导致公正与效率这两种价值在实现过程中发生冲突。

关于此两者的冲突，理论界长期认为这是一个“二律背反”的矛盾，两者

〔1〕［美］约翰·罗尔斯著：《正义论》，何怀宏、何包刚、廖申白译，中国社会科学出版社 1988 年版，第 1 页。

在相互博弈的过程中，必然是此消彼长的。有人从经济角度考虑，认为诉讼活动应当是“效率优先、兼顾公正”。也就是说，在市场经济条件下，提高诉讼效率，尽量降低诉讼成本应该是最合乎潮流的选择。而从司法角度考虑，绝大多数学者坚持“公正优先、兼顾效率”，不能为了效率过分牺牲公正。理由是：司法的灵魂或者说核心在于公正，公正是司法的生命线，司法离开公正就不能称其为司法。同时不公正也不利于实现效率。对于错判的案件当事人会上诉，对二审判决不服会申诉，直到错案纠正过来为止，而且还涉及赔偿问题，这样实体不公正，效率会更差，所以，必须两者结合且公正优先。[1] 这样的理由似乎很有说服力，然而以当前理论界大为称道、司法实务部门广为实践的刑事和解为例就会发现，刑事和解只是一种形式正义，完全谈不上程序公正，实体的公正性也会大打折扣，可是它却成了诉讼高效的典型表现。因而，不公正并不必然导致低效率，所以，我们不能把公正与效率的关系绝对化。

不同国家处于不同社会地位的人对公正会有不同的理解和情感。如辛普森案中，检控方掌握了足以证明辛普森有罪的证据，但却因取证程序不合法而被否定所得证据的证明能力，最终导致败诉。因为，在英美法系中，由其当事人主义诉讼模式所决定，人们更为关注程序上体现出来的公正，尽管该案判决结果对控辩双方及社会公众而言未得到一致认同，但人们却不质疑其过程的公正性。并且，所处立场不同，对效率的要求程度也不同。案件当事人通常只关注自身，并不考虑司法机关众多的繁重案件，所以他们对效率的要求往往弱于司法机关，毕竟普通百姓去法院的初衷是为了讨个公正的说法，而非为了图快。而司法机关却不得不面对司法资源有限、刑事程序时空局限、社会舆论以及限期破案等压力，对效率的要求就要高许多，这往往也是错案冤案的诱因。举国震惊的“佘祥林冤案”、“赵作海冤案”、“张氏叔侄案”就是侦查机关片面追求破案效率的牺牲品。这只是被披露出来的性质极其恶劣的冤案之一，尚有许多未被曝光的类似冤假错案。因而，公正与效率之间的矛盾形态不应该是这样的，它们之间的矛盾并不是选取一方舍弃另一方的抉择问题，而是如何在保证公正的前提下，尽量以最小的司法资源投入获得最大比重的公正。其实，公正与效率本无必要摆在同一水平上，也没必要

〔1〕 陈光中：“刑事诉讼法再修改之基本理念——兼及若干基本原则之修改”，载《政法论坛》2004 年第 3 期。

将两者在诉讼价值取向中的比值作固定安排,人们对于诉讼必然有公正与效率的双重价值追求。任何一种只关注单一价值的刑事诉讼模式,其社会成本必然很高,将某一特定价值绝对化,不仅另一价值无法满足,就连该特定价值本身的实现程度也会受到限制。“司法无疑就像一块钱币,一面印刻的是公民个体的追求价值,另一面印刻的却是国家、集体和社会的追求价值。”[1]两者平衡的最佳状态应当是效率提高而公正仍存,或者公正加强而效率依旧。此时两者均未被削弱,且总有一方呈现进步态势。另外,应当注意的是,对效率的追求应该尊重被告人的意思自治权利,增加被告人对各种程序和制度的选择机制,而不能因为案件轻微就剥夺被告人的这一权利,否则同样是不公正的。简易程序的扩大适用尤其要注意这一点。

如前所述,我们应避免将价值目标推向绝对化或片面化,应建立公正与效率两套紧密相联的标准和尺度,使公正与效率同生共长。“任何利益间的冲突,都存在选择的一般性原则。当发生利益之间的矛盾冲突及由此产生的权衡与选择问题时,为获得某种利益或者肯定某种事物、行为的价值,就要放弃或否定与之对立的另一些权益或价值。”[2]但无论选择什么,或牺牲什么,只要能选准一个“度”,则从整体而言,既无损于公正,又无损于效率。这个“度”,就是在公正的基础上实现诉讼效益的最大化,换言之,追求以公正为前提的诉讼效益最大化是把握公正与效率两者关系的最佳平衡点。

五、实体公正与程序公正

公正是刑事诉讼的灵魂和生命,只有诉讼公正才能体现社会正义和保障实现社会正义。刑事诉讼公正包括程序公正和实体公正两方面的内容,这已成为法学界的共识。程序公正和实体公正总体上来说是统一的,但有时难免发生矛盾。在两者发生冲突时,如何处理呢?英国思想家边沁认为“程序法的唯一正当目的,则为最大限度地实现实体法;程序法的最终有用性要取决于实体法的有用性。”L. M. 弗里德曼也指出:“检验法律制度的最终标准是它做些什么,而不是如何做和由谁去做,换言之,是实体,而不是程序或形式。”[3]这些观点的论述无疑是诉讼结果本位主义的典型,即只看重实体公正,而将程序公正作为实现实体公正的一种工具,其本身不具有独立性。美国前联邦最高法院大法官杰克逊曾说过:“程序的公平性和稳定性是自由的

---

〔1〕 谭世贵著:《司法改革的理论探索》,法律出版社 2003 年版,第 4 页。

〔2〕 宋英辉著:《刑事诉讼原理导读》,法律出版社 2003 年版,第 118 页。

〔3〕 转引自陈瑞华著:《刑事审判原理论》,北京大学出版社 1997 年版,第 28 ~ 29 页。

不可或缺的要素。只要程序适用公平，不偏不倚，严厉的实体法也可以忍受。事实上，如果要选择的话，人们宁愿生活在忠实适用我们英美法程序的苏联实体法制度下，而不是由苏联程序所实施的我们的实体法制度下。”[1]就是说，如果在程序和实体发生冲突时，人们宁可选择宽容的程序和暴戾的实体法，而不是相反。因此，“在刑事诉讼领域，为达目的不择手段的马基雅维里的信条已遭摒弃，正当程序的理念产生了前所未有的影响力，手段的正当性得到极大尊重”。[2]

实际上，实体公正和程序公正各有其独立的内涵和要求，两者不能混淆和代替。对实体公正的追求是人们对刑事诉讼制度寄予的一种美好愿望，是人们心中期盼的一种最理想的结果，即对事实真相的查明，做到重罪重罚、轻罪轻罚、无罪不罚，也即我们常说的“实事求是”、“不枉不纵”。但是，由于已经发生的事实具有不可恢复性，而任何社会对刑事诉讼资源的投入又是有限的，所以，对实体公正的追求就显得颇具理想性而缺乏足够的理性。程序的价值首先在于保证实体价值的实现。如果程序的设计和实施是公正的，那么大多数情况下得出的实体结论也会是公正的。但程序同时还具有独立性，即程序公正本身直接体现出来的民主、法治、人道和文明的精神，它不依赖于实现实体而存在，其本身就是司法公正和社会正义的重要组成部分。

我国刑事诉讼向来有重实体轻程序的传统，当事人上法庭的目的是为了讨个公道，或作出一个有利于自己的判决，而不是为了经历“设计完善、执行严格”的程序以致结果无论如何都无所谓，否则无异于买椟还珠。司法实践中，当事人反复上诉、上访及申诉的动因绝大多数是为了纠正对自己不利的实体处理，这就是有力的证明。况且，不论程序设计得多么完善，执行程序多么严格，实体公正也未必能完全实现。正如罗尔斯所言：“关键的是有一个决定什么结果是正义的独立标准，和一种保证达到这一结果的程序”。[3] 可见，由程序公正就推定实体公正的说法也是难以成立的。

我国社会关系的现实变迁客观上促进了人们观念的转变，尤其是个体权

---

〔1〕［日］谷口安平：“程序公正”，载宋冰编：《程序正义与现代化——外国法学家在华演讲录》，中国政法大学出版社1998年版，第375页。

〔2〕卞建林、谭世贵主编：《证据法学》（第2版），中国政法大学出版社2010年版，第74页。

〔3〕［美］约翰·罗尔斯著：《正义论》，何怀宏、何包刚、廖申白译，中国社会科学出版社1988年版，第81页。

利意识进一步增强，程序价值在刑事诉讼制度和刑事诉讼活动中有了一定的提升，但刑事诉讼制度中与之冲突的基本原则与价值选择仍存在，刑事诉讼活动中轻程序价值、重实体价值的倾向仍存在。面对现实，究竟谁先谁后，孰重孰轻？不妨换个角度思考，理想的价值观应当具备弹性，那么也就没有必要将二者在诉讼价值取向中的次序作固定安排，原则上实体、程序并重；但在具体适用时又不乏灵活性，有时采取程序优先，如适用对刑讯逼供及其他非法方式严重侵犯人权的取证行为等；有时采取实体优先，如对冤假错案的平反不受申诉时效和终裁程序的限制等。在这种意义上，我们也可以把这种现实性很强的公正定义为现实正义。正义具有理想性，它包含了人们众多的善意期望与追求。理想化的正义固然圣洁，更具有吸引力，但理性告诉我们，理想性应当有一定的限度，超越现实过多的正义往往会因为脱离了现实的基础而无法实现，从而损害刑事司法实践活动。例如实体真实主义，它要求正确认定事实并给予准确的裁判与处罚，既不能使一个犯罪人逃脱，也不能使一个无辜者受到处罚。但实体真实主义太过理想化了，用它作为刑事诉讼活动的导向根本无法达到预定目标，相反，却在我国刑事司法实践中带来了重实体轻程序、重打击轻保障的弊病，极大地损伤了刑事诉讼制度自身的科学性与合理性。因而，刑事诉讼对正义的追求应当是一种对现实正义的追求，是在充分考虑现实条件的基础上所达到的最大限度，而不是对实体公正的片面追求或对程序公正的盲从。

第二节　刑事诉讼目的

刑事诉讼目的，是指国家制定刑事诉讼法、进行刑事诉讼活动所期望达到的目标，是立法者根据国家和社会的需要并基于对刑事诉讼固有属性的认识，预先设计的关于刑事诉讼结果的理想模式。

刑事诉讼目的是一个较为宽泛的表述方法，本身包含以下三个要素：

一是指刑事诉讼活动的目的，即刑事诉讼活动所要达到的目标。刑事诉讼活动是一个动态的概念，即刑事诉讼实践活动或刑事诉讼行为。刑事诉讼活动所要达到的根本目标是保障刑法的正确实施，从刑法角度讲，“徒法不足以自行”，刑法需要通过刑事诉讼活动确保自身得以实现。

二是指刑事诉讼法的目的，即制定刑事诉讼法所要达到的目标。制定刑事诉讼法的直接目标是确保一套力求科学的刑事诉讼程序。所谓力求科学的刑事诉讼程序，是指适合本国现实情况的刑事诉讼程序，主要考虑的是刑事诉讼公正与效率的协调问题。不同国家的刑事诉讼制度的区别，归根结底是公正与效率的关系问题，这也是刑事诉讼立法最难把握的地方。如果一个国家强调对犯罪的控制，体现在刑事诉讼立法上必然更多地考虑效率因素；反之，如果一个国家强调对人权的保护，体现在刑事诉讼立法上必然更多地考虑公正因素。仅在刑事诉讼立法总体上体现公平优于效率是一条不容动摇的原则。刑事司法如果失掉了效率，还可以认为是刑事司法；但如果失掉了公正，则失去了刑事司法的生命。研究刑事诉讼法的目的，其意义主要在于在限制国家公权力和保护人权之间寻找平衡点，最终实现公正与效率的调和。追求公正与效率的最优化结合是刑事诉讼的本质。

三是指刑事诉讼程序的目的，即刑事诉讼程序本身所要实现的目标。刑事诉讼程序以直接追求程序公正为目标。刑事诉讼程序的目标与刑事诉讼法的目标的区别在于，刑事诉讼程序本质上只追求公正，并不考虑效率，而刑事诉讼法则要兼顾效率，或者说刑事诉讼程序关注的是通过实现程序公正确保实体公正，刑事诉讼法则要在兼顾效率的同时对刑事诉讼程序进行必要的限制或削减。刑事诉讼程序直接追求程序公正，刑事诉讼法直接追求程序正义。

刑事诉讼目的可分为刑事诉讼的根本目的和直接目的两个层次。刑事诉讼的根本目的，与法律的一般目的是一致的。任何国家进行刑事诉讼，均期望达到维护社会秩序的目的。

刑事诉讼的直接目的表现为两方面，即惩罚犯罪与保障人权。具体表现为：一方面，国家通过刑事诉讼活动，在准确、及时地查明案件事实真相的基础上对构成犯罪的被告人正确适用刑法，惩罚犯罪，实现国家刑罚权，在刑事诉讼活动上体现为"犯罪控制"模式；另一方面，国家在进行刑事诉讼过程中保障诉讼参与人的合法权益不受侵犯，特别是保障与案件结果有直接利害关系的犯罪嫌疑人、被告人和被害人的诉讼权利得到充分行使。在刑事诉讼活动中主要体现在"正当程序"模式。"正当程序模式主要防止无辜者被宣告有罪，犯罪控制模式则基于对犯罪行为的控制，强调有效地追究犯罪分子，避免其逍遥法外。”[1]

刑事诉讼目的是整个刑事程序的灵魂，目的不同，表明在刑事诉讼中保护的利益侧重点不同，体现在国家与个人之间法律上的相互关系不同。早期的刑事诉讼以被害人的意志决定是否提起，诉讼结果宣布对犯罪的处罚几乎以补偿被害人为唯一目的，反映了当时人们对于犯罪的危害性的认识仍停留在原始的阶段，认为犯罪主要是对被害人个人利益的侵犯，补偿被害人的诉讼目的反映了对于被害人利益的重点保护。在封建专制制度下，以君主为核心的国家利益占据绝对优势地位，其他所有社会成员在与国家的关系上都是君主的臣民和奴仆，任何触犯封建君主利益的行为，必然要受到严惩。处于这种价值观念支配之下的纠问式刑事诉讼自然以惩罚犯罪为唯一目的，诉讼中被告人只是被追究、被拷问的对象，谈不上什么权利。

资产阶级革命胜利后，以三权分立和人民主权原则为基础，建立了分权制衡的民主宪政体制，国家与个人之间的关系发生了质的变化。从国家方面来看，既有依据宪法和法律管理社会、惩罚犯罪的权力，又有尊重法治和个人基本人权的义务；从个人方面来看，既是国家管理的对象，有遵守国家法律的义务，又是相对于国家而存在的社会生活的主体，依法享有不受国家权力侵犯的各项权利和自由。这种基于政治国家与市民社会的分离而产生的国家与个人之间的必经程序，同时也是保障个人基本人权的正当程序，刑事诉讼的目的由纠问式刑事程序惩罚犯罪的单一目的，转变为惩罚犯罪与保障人权并行的双重目的。

这种双重性要求国家司法机关在公正地惩罚犯罪的同时，还应当注意遵守正当、合法的程序，防止公民的权利和自由受到非法或不当的侵害。刑事诉讼目的集中体现了立法者的刑事诉讼价值观。刑事诉讼目的一般被确立或体现在刑事诉讼法典之中，是设计刑事诉讼程序的直接根据；而刑事诉讼价值则居于更高的层次，是刑事诉讼目的赖以形成的根据。立法机关对刑事诉讼目的的确立必须考虑刑事诉讼价值的要求，否则它将不具备伦理学上的正当性和合理性。同时，立法者对刑事诉讼目的的确立不是任意的，它要受当时社会的经济、政治、文化等条件的影响和制约。刑事诉讼目的的实现依靠国家强制力作保障，这凸出地表现在国家权力在主动开始和推动刑事诉讼

---

〔1〕［美］爱伦·豪切斯泰勒·斯黛丽、南希·弗兰克著：《美国刑事法院诉讼程序》，陈卫东、徐美君译，中国人民大学出版社 2002 年版，第 22 页。

进行方面处于一种积极状态。

在美国的诉讼理论中，将体现不同价值观的刑事诉讼的直接目的归纳为犯罪控制模式和正当程序模式。前者认为，惩罚犯罪是刑事诉讼最主要的目的。刑事程序运作的方式和取向，应当遵循惩罚犯罪的目标进行；在刑事程序中，被告人的权利虽然也应当予以保障和尊重，但并非以此为首要目标。后者认为，尊重个人自由和保障个人人权是刑事诉讼的首要目标，在惩罚犯罪与保障人权的关系上，保障人权处于优越地位。此外，在美国的诉讼理论中，还有家庭模式的诉讼目的观，即认为刑事诉讼程序追求犯罪人能够自我控制，而不是报应或预防未来的错误，尊重、关怀和教育犯罪人是刑事司法的重要目的。

在德国诉讼理论中，有实体真实主义的学说，认为刑事程序是为寻求实体真实服务的。日本诉讼法理论在借鉴美国和德国刑事诉讼学说的基础上，提出了实体真实主义、正当程序主义及实体真实与正当程序相统一的诉讼目的观。实体真实主义主张刑事诉讼旨在发现案件的实体真实，准确适用刑法。实体真实主义可以分为积极实体真实主义和消极实体真实主义：传统的实体真实主义仅指前者，认为凡是出现了犯罪，就应当毫无遗漏地加以发现、认定并予以处罚；消极实体真实主义认为刑事诉讼目的在于发现实体真实，本身应包含力求避免处罚无罪者的意思，而不单纯是无遗漏地处罚任何一个犯罪者。正当程序主义认为程序具有至上性，刑事诉讼旨在维护程序的正当性。实体真实与正当程序相统一的目的观认为，在坚持程序正义的同时，实现发现实体真实的要求，是刑事诉讼的目的。

设置国家刑罚权。从理论上讲，刑法的特有缺陷所引起的刑法实施上的困难与纷争直接促成了立法者用立法的形式确立国家刑罚权，直接把收集证据、认定事实和确立刑罚的权力交给国家的司法机关统一行使，企图用权力来消除纷争与偏见，即由司法机关在争论不休时，作出终极和权威的判定。

在我国的诉讼法理论中，也存在关于刑事诉讼直接目的的争论。一种观点认为，惩罚犯罪和实现国家的刑罚权是刑事诉讼的目的，即认为刑事诉讼法的首要任务是揭露犯罪，基本目标是有效控制犯罪。另一种观点认为，以正当程序保障人权是刑事诉讼的唯一目的。

与上述两种“一元目的说”不同，目前关于我国刑事诉讼直接目的的通说是“二元目的说”，即认为实体公正与程序公正、控制犯罪与保障人权两个方面应当并重，不宜在直接目的的两个方面中确立一个绝对优越的价值标准。因为只强调追究犯罪,忽视保障人权,势必导致蔑视法制、违反程序、刑讯逼供、滥捕滥判,造成较高的错案率,最终既不能保障人权,也不能准确有效地惩罚犯罪;反之,只强调保障人权,忽视追究犯罪,势必放纵犯罪,社会秩序的稳定难以实现,社会成员的人权也得不到保障,同样不利于实现刑事诉讼的根本目的。只有将两者结合起来,才符合刑事诉讼的内在规律,才能使刑事诉讼真正符合国家、社会及一般社会成员的需要,也才能正确指导司法工作人员进行刑事诉讼活动,维护国家的长治久安。坚持实体公正与程序公正、惩罚犯罪与保障人权两个方面并重,符合我国刑事诉讼法的要求。

惩罚犯罪与保障人权既有统一的一面,也有矛盾、冲突的一面。如疑难案件的处理,非法获得的证据材料是否应予排除,律师对其获知的职业秘密是否应当保密等,都涉及惩罚犯罪与保障人权两方面利益的冲突。当惩罚犯罪和保障人权发生冲突而无法兼顾时,应当采取权衡原则,综合考虑国家利益、社会利益和个人利益,权衡利弊得失,作出有利于实现刑事诉讼根本目的的选择。国家基于特定时期社会经济、政治的需要,在一定时期一定问题上对惩罚犯罪与保障人权利益的追求可以有所侧重,各国刑事诉讼制度就是在不断协调两者的矛盾中得到完善发展的。刑事诉讼法既然以惩罚犯罪和保障人权为双重目的,就应当将它们统一起来,在各个制度和程序之中加以贯彻。如果只注重追究犯罪,忽视人权保障,势必导致司法专横,这是一个实行民主、崇尚法治的社会所不能容忍的,而且从长远的效果看,也达不到使国家和社会长治久安的目的。同样,如果只注重人权保障,忽视惩罚犯罪,势必导致犯罪猖獗,民众失去安全感,社会动荡,社会秩序紊乱,同样不符合刑事诉讼法的根本宗旨。惩罚犯罪与保障人权的双重目的在许多案件中可以和谐一致,不发生矛盾,但在一些具体案件中有时却会发生直接的冲突,出现此消彼长、此存彼亡的状态,因此,需要加以选择和协调。

要将惩罚犯罪和保障人权的双重目的统一起来,当前最重要的是在刑事司法程序的基本精神层面确立“正当程序”观念。要使人们认识到刑事司法程序并不限于维护秩序、惩罚犯罪这一功能,它也发挥着保障人权的独立作用。通过对犯罪人的及时惩处保护公民的人身、财产、生命等合法权利,在打击犯罪的同时保障无罪的人不受刑事追究,这只是权利保障的一个方面;更为重要的是,公民的财产乃至生命等权利不仅可能受到犯罪行为的侵害,也可能因为国家权力的滥用而遭受损害,这就需要由刑事诉讼法等法律承担起限制和规范国家权力的作用。刑事诉讼法是以刑事诉讼的主体及其职权的配置和范围，刑事诉讼主体的诉讼权利的赋予、诉讼义务的设定，以及刑事诉讼的活动原则、规则、程序等为内容的，这些内容的设定有两大功能：一是保障发现案件的客观真实，使犯罪人受到应有的惩罚，并保障无罪的人不受刑事追究，它体现了国家维护安全和秩序的意志；二是保障涉及公民个人的人身权利、财产权利以及其他权利不受国家权力的恣意侵犯，保证对上述权利的限制和剥夺应维持在程序正当的范围内，它所体现的是对人及其尊严的尊重。

第三节　刑事诉讼结构

刑事诉讼结构也称作诉讼程序结构，是指刑事诉讼法所确立的进行刑事诉讼的基本方式以及专门机关、诉讼参与人在刑事诉讼中形成的法律关系的基本格局，它集中体现为控诉、辩护、裁判三方在刑事诉讼中的地位及其相互间的法律关系。它是诉讼程序的具体化，反映的是诉讼主体的组合方式。诉讼程序的科学性决定于诉讼结构中诉讼主体组合方式的合理性。刑事诉讼结构又称为刑事诉讼形式或刑事诉讼构造。

刑事诉讼结构可划分为纵向结构与横向结构，刑事诉讼纵向结构乃指公、检、法三机关在刑事诉讼中的地位及其相互关系，刑事诉讼横向结构是指控、辩、审三方在刑事诉讼中的地位及其相互关系。[1] 刑事诉讼结构与刑事司法体制关系十分密切，外部司法体制是指公安司法机关之间的相互关系，立法上表述为公安机关、人民检察院和人民法院办理刑事案件应当“分工负责，互相配合，互相制约”；内部司法体制则指公安司法机关内部的组织体制，是参与司法活动的各个国家专门机关在机构设置、组织隶属关系和管理权限等方面的体系、制度、方法、形式等的总称。[2]

立法者总是基于实现一定刑事诉讼目的的需要，诉讼结构的设计立足于该目的的实现。但另一方面，刑事诉讼目的的提出与实现，也必须以刑事诉讼结构本身所具有的功能为前提。很显然，不能靠行政程序的结构来实现刑

---

〔1〕 樊崇义、张中：“论刑事司法体制改革与诉讼结构之调整”，载《环球法律评论》2006 年第 5 期。

〔2〕 张建伟著：《刑事司法体制原理》，中国人民公安大学出版社 2002 年版，第 4 页。

事诉讼目的,也不能基于不具备人权保障功能或人权保障功能极为弱化的刑事程序来实现保障人权的诉讼目的。一个国家特定时期的刑事诉讼目的与结构有其内在的一致性,它们都受到当时占主导地位的关于刑事诉讼的法律价值观的深刻影响。刑事诉讼结构的构成要素主要为:承担着控诉职能的追诉者,也就是控诉权主体;承担着辩护职能的被追诉者,也就是辩护权主体;以及承担着裁判职能的裁判者。这里的控诉、辩护、裁判均应作广义的理解。所谓控诉是指对犯罪嫌疑人、被告人的追诉活动,不是单纯指在法院启动诉讼程序、指控犯罪,还包括侦查及起诉活动。所谓辩护是指犯罪嫌疑人、被告人及其辩护人为犯罪嫌疑人、被告人的利益进行的防御性诉讼活动,这些防御性诉讼活动存在于审前程序及审判程序当中,而非单纯的审判阶段中的辩护活动。所谓裁判是指对案件有关问题的处理,即对案件实体问题及程序问题作出具有裁判性质的处理。这里的裁判也不仅仅包括在审理过程中对案件实体问题与程序问题作出的裁判,而且包括审前程序中的裁判。

诉讼理论通说认为,人类历史上曾出现过弹劾式诉讼和纠问式诉讼两种诉讼结构,现代西方国家的刑事诉讼结构主要有大陆法系的职权主义诉讼和英美法系的当事人主义诉讼两种模式。

弹劾式诉讼结构主要实行于古罗马共和时期,欧洲日耳曼法(法兰克王国)前期以及英国的封建时期。古罗马弹劾式诉讼的典型特征之一是:控诉与审判职能分离,实行不告不理原则。控告由私人提起,传唤证人到庭由私人执行,当事人有完全的举证责任。弹劾式诉讼以言词辩论的方式进行,诉讼中注重发挥争讼双方的作用,他们在法庭上地位平等、权利对等,可以相互对质和辩论。在古罗马时代,法律顾问阶层已经出现,诉讼中律师有充分地发挥作用的空间。罗马的辩护者一般属于有地位、有财产的人,他们起初在法律诉讼中无偿地为朋友或者被保护人贡献才智,后来在案件审理结束时允许给予辩护者一定的酬金。古代弹劾式诉讼的另一典型特征是司法克制。在古罗马,法官处于消极仲裁者的地位,只负责听取双方当事人提供的情况,审查他们提供的证据,认定案件事实和作出裁决。早在古罗马时已实行陪审制度。在日耳曼帝国时期,早期没有审判官,审判职能由民众大会行使,但有一些熟悉法律的智者(又称"宣法者"、"判决发现者")参加,运用其掌握的习惯法知识对争议的解决提出意见。陪审制度本为分散、制约职业法官权力而设,同时也有利于塑造法官消极、中立的形象。对于疑难案件,实行神明裁判。弹劾式诉讼结构是刑事诉讼的早期形式。

纠问式诉讼结构主要特征是,法官集侦查、控诉、审判职能于一身,即使没有被害人或其他人的控告,法官也可以依职权主动追究犯罪;法官负责调查事实、收集证据,侦查和审判秘密进行;刑讯合法化、制度化,对被告人广泛采用刑讯,对原告和证人也可以刑讯。在这种诉讼结构中,无论是原告还是被告都不具有现代意义上的当事人的诉讼地位,被害人只是提供线索、引起诉讼的人,被告人处于诉讼客体的地位,是被拷问、被追究的对象。在证据制度方面,欧洲君主专制制度的国家实行法定证据制度,此种诉讼结构主要盛行于中世纪欧洲大陆国家君主专制时期和我国封建时期。例如我国实行的主要是由法官个人决断的"五声听狱讼"。纠问式诉讼结构是国家权力强化在诉讼中的反映,适应了封建专制统治的需要。

现代西方国家,以法国、德国为代表的大陆法系国家实行职权主义(非对抗式)诉讼结构,以英国、美国为代表的英美法系国家实行当事人主义(对抗式)诉讼结构。职权主义诉讼结构是在对纠问式诉讼进行根本改革,并在吸收弹劾式诉讼某些因素的基础上形成的。其主要特点是,在侦查阶段,控、辩双方处于不平等的地位,特别强调侦查机关主动追究犯罪。职权主义诉讼是人们将公正、理性、人权等观念融入纠问式制度,同时摒弃其野蛮、落后的诉讼因素并在此基础上加以改造的结果。与传统纠问式诉讼有所不同的是,在职权主义诉讼中,国家的刑事追诉权分由两个各自独立的机关行使。职权主义体现了国家在处理刑事诉讼案件方面的主动干预原则。这一原则一方面体现为法官有权主动调查证据,另一方面是检察制度的形成和与之同时出现的公诉职能的分立。职权主义诉讼中,控诉、辩护、审判职能分立,互相制约,以保障实现诉讼过程的公正性和诉讼结果的公正性。职权主义的机理是:发挥法官的主观能动性,有利于防止诉讼受控辩双方法庭技巧甚至伎俩的影响而难以发现案件的客观真实,法官主动依职权调查才是发现案件真实情况的法宝。在职权主义诉讼结构模式中,法官掌握着庭审活动的全部控制权,他们在证据调查中起着积极和主导参与的作用,在大陆法系国家,这被认为是发现案件真实情况的最佳方式。

尽管大陆法系国家现均已允许律师参与侦查程序,确认了沉默权,但辩护一方在侦查中的诉讼权利仍受到较多限制,难以与追诉机关相抗衡。在审判阶段,一方面实行控诉和辩护双方辩论,另一方面强调法官在审理案件时的主导作用。为查明案件事实真相,法官可以依职权主动讯问被告人、询问证人,并可以采取必要的调查措施,当事人处于相对被动的地位。当事人主义诉讼结构的主要特点是，在侦查阶段，侦查机关和犯罪嫌疑人都属于平等的当事人，辩护一方享有较多的诉讼权利，侦查活动的公开性较强。在审判阶段，强调控、辩双方的平等地位和相互对抗，控、辩双方通过自行举证和交叉讯问推动诉讼程序的进行，法官处于消极仲裁者的地位，在双方充分举证、质证和辩论的基础上进行裁断。

我国诉讼法学界关于诉讼结构的研究，主要提出了"等腰三角形"、"正三角结构"、"倒三角结构"、"线形结构"、"双重结构"等学说。"等腰三角形"是一个以控辩均衡对抗为底边，以法官居中裁判为顶点的结构形式。"正三角结构"的特征是，作为双方当事人的原、被告平等对立，法官作为第三方居于其中，踞于其上，公正裁判，解决纠纷。"倒三角结构"的特征是，控诉、裁判职能居于倒三角形的两个顶端，被告人居于倒三角形的底端，处于被追诉、被审判的地位。"线形结构"的特征是，将诉讼视为一种"双方组合"，一方作为整体的国家专门机关，另一方为犯罪嫌疑人、被告人，诉讼活动由国家专门机关积极推动进行。在线形结构下，侦、诉、审三机关虽然职能不同，但目标一致，彼此协作，使整个刑事诉讼程序为流水作业，而呈现为"线形"。"双重结构"的特征是，现代刑事诉讼中，控诉、辩护、审判三方组合，构成刑事诉讼的基本支点。原告与被告之间控辩对抗、法官居间裁判，形成一个正三角结构。同时，刑事案件按特定程序由侦查、起诉到审判传递，在三机关之间实际存在着一种"工序关系"，即线形关系。〔1〕

在我国诉讼法学界开展对刑事诉讼结构研究的早期，一般都把注意力集中到侦查、起诉和审判三个诉讼阶段中横断面上的刑事诉讼结构特征，即横向结构。随着研究的深入，对刑事诉讼结构的研究也开始关注纵向结构，即侦查、起诉和裁判机构在整个刑事诉讼过程中的法律关系。刑事诉讼的纵向结构可以分为侦控结构和控审结构。所谓侦控结构，就是刑事程序中侦查主体与公诉主体的关系。根据各国刑事诉讼的立法及实践，侦查主体与公诉主体关系的不同类型，构成了侦控结构的以下三种模式：(1)侦控结合模式，即为了有利于检察机关行使控诉职能，检察机关与司法警察紧密结合，检察官有权指挥司法警察侦查工作的模式。大陆法系国家的刑事诉讼侦控结构为该模式。(2)侦控分立模式，即指侦查与起诉分别由警察机关和检察机关独立行使，两者之间相对独立，互不隶属，检察机关无权指挥警察机关侦查工作

〔1〕 宋英辉、甄贞主编：《刑事诉讼法学》，中国人民大学出版社2013年版，第23页。

的模式。英美法系国家一般采用这一模式。(3)混合模式,即侦控分立与侦控结合两种模式相互融合的产物。该模式以日本的侦控关系为代表。

所谓控审结构,就是刑事程序中控诉主体与审判主体之间的关系。根据起诉与审判之间的关系,刑事程序结构可以分为非案卷移送式结构与案卷移送式结构。所谓非案卷移送式,是指检察机关在提起公诉时只向法院移送起诉书,有关案件的其他证据材料留待法庭审判时由控辩双方向法官展示。法官负责法庭审判,控审职能完全分离的一种程序结构。该结构的表现形式,在日本称为"起诉状一本主义"。非案卷移送式主要实行于英美法系国家。所谓案卷移送式,是指检察机关在提起公诉时不仅递交起诉书,而且同时向法院移送证据材料和全部卷宗,法官在对案卷材料进行审查的基础上开庭审判,控诉职能与审判职能部分重叠的一种程序结构。案卷移送式主要适用于大陆法系国家。

关于我国刑事诉讼结构的类型,诉讼理论界一般认为,我国刑事诉讼结构既与英美法系的当事人主义诉讼有较大差异,也不同于大陆法系的职权主义诉讼,而是具有自己的特点,如强调人民法院、人民检察院、公安机关的分工负责、互相配合、互相制约,人民检察院作为公诉机关不是一方当事人,侦查机关有权实施强制性处分,等等。

我国刑事诉讼结构,总体上由控诉、辩护、裁判三方构成。刑事诉讼结构包括纵向结构与横向结构。纵向结构指的是立案、侦查、起诉、审判、执行的流程,反映的是案件传递关系或工序关系,它以国家机关的权力运作为主线或标志。纵向结构反映出侦查的基础性。强调纵向结构的优点是有利于提高诉讼效率,缺点是未突出审判中心和辩护作用。横向结构主要反映控、辩、审三方权力(利)互动的基本格局,即控辩均衡对抗与法官居中裁判的宏观关系;同时,控、辩、审各方的内部关系或微观关系也要予以设置,如法官与陪审员的关系、公诉人与被害人的关系、侦查员与检察官的关系,以及辩护人与被告人的关系。在我国,人民检察院负有客观义务,在审判前的侦查、起诉程序中履行某些裁判职能,所以,我国审前程序也存在三方结构。不过,我国刑事诉讼结构还有不够完善之处,如我国证人出庭作证率很低,而这又是法庭审判中控、辩对抗的重要前提条件,又如我国侦查、起诉程序的结构有待进一步理顺,辩护权的保障应当进一步加强,等等。

总之,我国刑事诉讼结构尚有待进一步完善。完善我国刑事诉讼结构,既要考虑刑事诉讼的特点和我国的实际,又要贯彻"诉讼"结构本身所必然要求的原则，其中包括辩护与控诉平等对抗原则，控诉、审判分离原则，以及确立审判职能的相对中立性和权威性，以便使我国刑事诉讼结构更充分地发挥其实现刑事诉讼目的的功能。

第四节　刑事诉讼职能

刑事诉讼的职能是指根据法律规定，国家专门机关和诉讼参与人在刑事诉讼中所承担的职责、具有的作用和功能。刑事诉讼主体为了实现特定的目的，在刑事诉讼过程中所具有的功能和作用。根据诉讼主体的不同，在我国刑事诉讼中，刑事诉讼职能可以分为以下几类：公安机关的侦查职能；人民检察院的起诉职能和法律监督职能；人民法院的审判职能；犯罪嫌疑人、被告人及其辩护人的辩护职能；被害人的控告职能；自诉人的起诉职能；其他诉讼参与人的协助诉讼职能；执行机关的执行职能等。

刑事诉讼参与者所承担的职能，与其在诉讼中的法律地位和参与诉讼的目的密切相关。为了使诉讼的参与者履行或实现法律规定的诉讼职能，法律相应赋予其一定的权限和诉讼权利。区分不同的刑事诉讼职能是现代刑事诉讼区别于纠问式刑事诉讼的重要特征，诉讼职能的分化是现代刑事诉讼程序得以建构的基础之一。

在现代刑事诉讼中，由于控诉与审判的分离，被告人获得为自己辩护的权利，形成了控、辩、审三方组合的“三角结构”，所以，在上述诉讼职能中，控诉职能、辩护职能和审判职能构成三种基本诉讼职能共存的格局，离开这三项职能，诉讼活动就无法进行，其他的职能则是非基本诉讼职能，是为基本职能服务的。

刑事诉讼职能与刑事诉讼结构这两个基本范畴具有密切的关系。刑事诉讼职能是刑事诉讼结构的组成要素。刑事诉讼职能之间并非随意组合在一起，而是需要根据为实现一定诉讼目的的诉讼结构的整体需要来安排和组织。组成一定诉讼结构的职能要素发生变化，就会导致结构的变化，职能越多，诉讼结构也就越复杂；同时，即使构成诉讼结构的职能要素不变，只是各职能的地位和职能之间联系的方式、时空关系的变化，也会导致结构的变化。诉讼结构的整体功能大于组成它的各个职能要素简单相加之和；诉讼结构对其内部的各项诉讼职能具有统摄作用，职能只有纳入一定的诉讼结构的统一格局，才能发挥其作用。

刑事诉讼职能不同于刑事诉讼功能，后者指的是刑事诉讼对国家、社会及社会成员所具有的功效和发挥的作用。但刑事诉讼职能与刑事诉讼功能并非毫不相关，刑事诉讼职能是刑事诉讼结构的重要组成部分，刑事诉讼职能的变化必然影响到刑事诉讼功能的发挥。

1. 三职能说

主张刑事诉讼由三种基本职能，即控诉、辩护和审判构成。控诉职能是向法院起诉并出庭支持控诉，要求追究被告人因其犯罪行为所应承担的刑事责任，由国家追诉机关和被害人行使；辩护职能相对于控诉职能，是指提出对被控诉人有利的事实和理由，维护被控诉人的合法权益，由犯罪嫌疑人、被告人行使，辩护人协助其行使；审判职能则是指通过审理确定被告人是否犯有被指控的罪行和应否处以刑罚以及处以何种刑罚，由法院行使。控诉、辩护、审判三种基本职能相互联系、彼此制约，构成了刑事诉讼活动的主要内容。

"三职能说"认为，由于侦查是公诉的必要准备，是追诉活动的组成部分，因而从广义上可以将侦查视为行使控诉职能。控诉、辩护、审判三种基本职能互相联系、彼此制约，构成刑事诉讼活动的主要内容。控诉、辩护、审判三种基本诉讼职能的划分以及为保障这种划分而确立的控审分离。控辩诉讼地位平等原则，已成为现代刑事诉讼的基本特征。由于历史传统和社会现实需要的不同，不同国家的法律关于各基本职能承担者的诉讼地位、相互关系及不同诉讼职能的发挥程度的规定可能会有所差异，从而形成了不同模式的诉讼结构。因此，三种基本诉讼职能之间的相互关系，是研究不同刑事诉讼结构的基本着眼点。

三职能说是传统诉讼理论的通说，根据这种观点，由于侦查是公诉的必要准备，是诉讼活动的组成部分，非经侦查，便无从确定应否起诉，因此从广义上可以将侦查视为行使控诉职能。据此，侦查职能是从属于控诉职能的，本身并不具有独立性。三职能说是审判中心主义理念的体现，其对诉讼构造的考察、分析，主要是站在审判中心主义的立场上，从审判程序这一角度对诉讼构造进行横向考察的结果。

2. 四职能说

有学者在传统的三职能说的基础上，提出刑事诉讼职能应当区分为控诉、辩护、审判和监督四项职能，俗称四职能说。

3. 五职能说

有学者在传统的三职能说的基础上，将监督和协助司法也作为刑事诉讼的职能之一，从而形成五职能说。

4. 七职能说

该观点认为，刑事诉讼职能应当包括侦查、控诉、辩护、审判、执行、协助司法、诉讼监督。该观点认为，传统的“三职能说”是以狭义刑事诉讼为基础的，有其理论缺陷，对刑事诉讼职能的确定与划分应当考虑以下几个方面的因素：(1)由于司法领域分工越来越细，分权学说的影响、人权思想的发达以及适应同犯罪作斗争的需要，诉讼职能在不断分化、发展并不断整合，传统的审判中心主义已为诉讼阶段论所取代，刑事诉讼的程序、阶段增多，向前延伸，因此诉讼职能的划分应当反映和展现从立案到执行各个阶段程序中所有主持或参加诉讼活动的主体的全部诉讼活动，而不能仅从刑事诉讼系统中的一个或几个阶段的诉讼活动来进行职能的划分。(2)某一机关或者诉讼参与人的活动能否归纳为一种独立的职能，应当从其担负的功能、作用、独立的权利义务及相应的程序保障综合进行考察，如果他们的功能是特定的，无法为其他职能所包容、替代，就应当认定为一种独立的职能。(3)我国司法制度的重要特点之一就在于检察机关不仅仅是公诉机关，而且还要对刑事诉讼活动是否合法进行监督。因此，刑事诉讼职能应当包括诉讼监督、执行、协助司法等职能。

三职能说是以审判中心论为背景的，由于刑事司法领域分工的日趋细化、分权学说的影响、人权思想的发展以及适应同犯罪作斗争的需要，诉讼职能不断分化、发展并不断整合，传统审判中心论已经为诉讼阶段论所代替。在我国，侦查阶段及侦查职能的独立已经明确；执行程序具有诉讼性质，并且是一个独立的诉讼阶段，故此，执行应当作为独立的诉讼职能；根据法律规定，我国检察机关不仅仅是公诉机关，还是法律监督机关，依法对刑事诉讼活动进行监督，因此，诉讼监督职能是我国刑事诉讼的特点之一；与诉讼结果无利害关系的诉讼参与人站在客观公正的立场协助公安司法机关进行刑事诉讼，这种协助诉讼的功能是特定的，是其他职能所代替不了的，所以，也应成为一种独立的诉讼职能。控诉、辩护和审判三大职能的划分，不仅具有形式上的意义，更具有实质上的意义。如果徒有诉讼职能划分的形式却无实质上的制约关系，各职能间界限模糊、互有交叉，则刑事诉讼活动与行政管理活动在某些方面就难以泾渭分明，所进行的审判活动也就只有诉讼之名而无诉讼之实了。三大诉讼职能的关系是既互相依赖、存在共生现象,又互相对立、相互排斥。其中,控诉职能由检察机关、被害人、自诉人等处于诉讼原告地位的机关和诉讼参与人行使,公安机关的侦查在本质上属于控诉职能的范畴;辩护职能由被告人、辩护人等处于被告地位的诉讼参与人行使;审判职能由法院(法官)行使。

这三大职能划分的实质意义表现在,三者构成了分权结构,在这种结构中存在着制约关系。这就好像检察官对于"真实"情况,从右边致以亮光,而辩护人则从左边致以亮光,使审判官看清了"真实"情况。并且为了防止检察官、审判官滥用他们手中所拿捏的权力(侵犯被告人的人权,不仅是被告人本人不允许的,而且由于进行侵犯人权的违法搜查、违法调查证据,势必造成错判),也赋予了律师在这方面所应起的制约作用。将控诉职能与审判职能分立,可以使法官保持中立的品格,并使诉讼中有了来自控诉一方的有力制约,防止由于控诉权与审判权集于一身造成法官专权擅断、任意出入人罪。法官主持审判活动,对于控诉、辩护两方都具有有效的约束力,可以使控诉和辩护双方都尽其所能而又不逾矩。从长远观点来看,采取这样的基本结构,可以将错判控制在最小限度之内,而且也可以防止滥用权力。

第五节　刑事诉讼主体

刑事诉讼的主体是所有参与刑事诉讼活动,在刑事诉讼中享有一定权利(力),承担一定义务的国家专门机关和诉讼参与人。其中承担基本诉讼职能的专门机关和当事人是主要的诉讼主体,其他诉讼参与人是一般诉讼主体。

刑事诉讼主体的研究,在刑事诉讼法学基本理论中居于重要的地位。它对于明确各专门机关和诉讼参与人的诉讼地位及各自的权利(力)和义务,完善诉讼结构,正确解决诉讼客体,均有重要意义。研究诉讼主体的主要目的,在于把犯罪嫌疑人、被告人作为独立的、与法官和检察官平等的人格实体对待,他们拥有与法官、检察官、警察同等的人格尊严,没有身份、地位上的高低贵贱之分;他们在诉讼中拥有独立的实体权益和诉讼目标,并拥有为实现这一目标而进行积极、有效防御的能力与机会。[1]

根据《刑事诉讼法》的规定，我国刑事诉讼主体包括三大类：一是代表国家行使侦查权、起诉权、审判权、刑罚执行权的国家专门机关，即公安机关、国家安全机关、人民检察院、人民法院、军队保卫部门、监狱和社区矫正机构等；二是直接影响诉讼的进程并且与诉讼结果有直接利害关系的当事人，包括犯罪嫌疑人、被告人、被害人、自诉人、附带民事诉讼的原告人和被告人；三是协助国家专门机关和诉讼当事人进行诉讼活动的其他诉讼参与人，包括法定代理人、诉讼代理人、辩护人、证人、鉴定人和翻译人员，他们也是进行刑事诉讼所必不可少的主体。

一般认为，刑事诉讼主体作为一种学说和理论，是与十八九世纪欧洲大陆法系国家的刑事司法改革相伴而生的。在原来实行的纠问式诉讼中，被告人不仅不享有基本的辩护权，而且还是司法官员刑讯的对象，承担着自证其罪的义务，被告人充其量是诉讼的客体，只能被动地接受国家的追究，消极等待国家的处理。而通过十八九世纪的宪政改革和司法改革，司法与行政实现了分离，成为一项具有独立自主性的国家权力；检警机构也从法院中分离出来，完成了关键的"控审职能的分离"。与此同时，被告人也拥有了基本的辩护权，不再承担自证其罪的义务。包括不告不理、审判公开、直接言词审理、一事不再理在内的一系列诉讼原则在法律中得到确立。在此背景下，被告人逐渐拥有了与控诉方和裁判方进行理性交涉、协商、抗辩、说服的能力，能够在一定程度上决定和影响诉讼的进程和结局。这标志着被告人的诉讼地位较之过去发生了根本的变化：由诉讼的"客体"变为诉讼的"主体"。根据诉讼主体说，犯罪嫌疑人、被告人在刑事诉讼中是享有法定诉讼权利的诉讼主体，而不能被当做诉讼客体，不能单纯地被当做国家追究犯罪的对象，对其实施刑讯逼供。作为诉讼主体，犯罪嫌疑人、被告人应拥有诉讼程序上的基本人权；在刑事诉讼中，国家应当尊重和保障犯罪嫌疑人、被告人的各项权利，并为这些权利的实现提供必要的条件。

刑事诉讼具有三大基本职能即控诉职能、辩护职能、审判职能。刑事诉讼职能决定刑事诉讼主体，也就是说只有三大诉讼职能的基本承担者才被确立为刑事诉讼主体，其他均为非诉讼主体。另一方面诉讼主体的确立又反作用于诉讼职能，只有三大诉讼职能的基本承担者才能决定、影响刑事诉讼职

---

〔1〕 徐静村主编：《刑事诉讼法学》，法律出版社2012年版，第50页。

能的实现。按照这种观点，刑事诉讼主体主要由三组人员组成：(1)包括法院、检察院、公安等国家机关；(2)刑事诉讼的参加人，包括犯罪嫌疑人、被告人及其辩护人、受害人、民事原告人和民事被告人以及他们的代理人；(3)其他参加诉讼的人，即证人、鉴定人、专家、翻译、见证人等。

各国家专门机关和诉讼当事人依法承担控诉、辩护、裁判三种基本诉讼职能，彼此制约，共同推动诉讼程序的进行，是主要诉讼主体；其他诉讼参与人协助国家专门机关和诉讼当事人进行诉讼活动，是一般诉讼主体。根据我国《刑事诉讼法》规定，我国刑事诉讼主体包括三大类，第一类是直接影响诉讼的进程并且与诉讼结果有直接利害关系的诉讼当事人，包括被害人、自诉人、犯罪嫌疑人、被告人、附带民事诉讼的原告人和被告人；第二类是代表国家行使侦查权、起诉权、审判权、刑罚执行权的国家专门机关，即公安机关、人民检察院、人民法院、国家安全机关、军队保卫部门、监狱；第三类是协助国家专门机关和诉讼当事人进行诉讼活动的其他诉讼参与人，包括法定代理人、诉讼代理人、辩护人、证人、鉴定人和翻译人员，他们也是进行刑事诉讼所必不可少的主体。

第六节 刑事诉讼客体

刑事诉讼客体是指刑事诉讼主体实施诉讼行为、进行刑事诉讼活动所指向的对象。刑事诉讼主体的活动围绕一定的诉讼客体进行，离开诉讼客体，诉讼主体的活动也就失去了目标和对象。

关于刑事诉讼客体的具体内容，学术界存在不同的观点：(1)“刑罚权说”，即认为刑事诉讼客体是国家对于特定被告的刑罚权；(2)“刑事责任说”，即认为刑事诉讼客体是国家通过刑事诉讼活动所要确定的被告人的刑事责任；(3)“犯罪事实说”，即认为刑事诉讼客体是国家专门机关所要查明的犯罪事实；(4)“案件事实、刑事责任二元说”，即认为刑事诉讼客体包括刑事诉讼中所要查明的案件事实及通过刑事诉讼活动所要确定的犯罪嫌疑人、被告人的刑事责任；(5)“案件说”，即认为刑事诉讼客体是指刑事案件。

刑事诉讼客体作为刑事诉讼理论的基本范畴，在刑事诉讼中具有以下功能：首先，在起诉以前，诉讼客体可以成为确定第一审法院级别管辖的根据；

其次,在诉讼系属于法院之后,诉讼客体可以界定法院的审理范围,当事人可以在此范围内进行攻击和防御,如果控方提出法院审理范围以外的指控要求,必须通过追加起诉或者变更起诉的程序来进行;再次,处于系属中的诉讼客体可以排斥就相同诉讼客体再次提起的诉讼,使之因重复诉讼而被法院驳回;最后,一旦法院对诉讼客体作出终审判决,即产生既判力。

在刑事司法实践中,可能出现刑事诉讼法律关系的主体违反法律规定、超越诉讼权利、滥用诉讼手段、推卸诉讼义务等现象,从而导致诉讼行为的错误。例如:司法机关因主客观原因出现的认识错误、判断失误、结论偏差;证人隐匿、伪造证据、逃避作证义务;被告人隐瞒事实真相、虚构事实情节;鉴定结论失真;被告人陈述真假参半;等等。这些都使诉讼权利义务关系处于不正常状态。但是,我们应当看到,这些错误的诉讼行为,归根结底也都是围绕案件事实和被告人刑事责任而进行的;诉讼法律关系主体滥用诉讼权利或推卸诉讼义务所指向的,仍然是案件事实和被告人刑事责任,即客体。

围绕刑事诉讼客体这一基本范畴,有两个非常重要的原理,即刑事诉讼客体的单一性和同一性。所谓单一性,是指刑事诉讼中进行起诉和审判的案件,为单纯的一个不可分割的案件。对此案件,只能行使一个刑罚权,进行一次裁判,如经判决确定后,不能重新作为诉讼客体。所谓同一性,是指在不同诉讼中,被告同一和犯罪事实同一。根据一事不再理的原则,对于同一案件,应当确保其不受重复起诉和二重判决。法院受理刑事案件后,应对案件是否具有同一性进行审查。在同一诉讼中,起诉之效力及审判之范围如何,应视案件是否具有单一性而定;在不同诉讼中,因诉讼关系先后发生,该案件是否已被起诉、是否已经判决确定,应视案件是否具有同一性而定。

刑事诉讼客体的单一性与同一性之间,既有区别又有密切的关系。区别主要体现在以下三个方面:首先,单一性涉及对诉讼客体个数的判断;同一性则涉及不同诉讼客体之间的比较。其次,单一性既是一个诉讼法上的问题,同时又是一个与实体法紧密相关的问题;而同一性主要是一个诉讼上的问题。最后,单一性是从横向的、静态的角度去观察诉讼客体,而同一性则是从纵向的、动态的角度去观察诉讼客体。两者的联系主要表现在:判断诉讼客体是否具有同一性有时需以单一性为基础。在诉讼发展的前后阶段,如果起诉事实与审判对象完全一致,那么,此时无须借助于是否存在单一性的判断,可以直接认定两者间为同一的关系。然而,如果起诉事实与审判对象不同,那么判断二者之间是否具有同一性就需要首先对是否存在单一性加以判断。

关于刑事诉讼客体的单一性和同一性还有一个重要的问题，即单一性和同一性的识别标准。关于单一性的识别标准一般有两种做法："事实上无法分割"与"法律上无法分割"。前者为德国所采用，即判断作为刑事诉讼客体的"行为"是否具有单一性，并不考察实体法上对该"事实经过"作何评价，不考虑该事实经过具有何种性质，是一罪还是数罪，只要从其表面特征，如实施的时间、地点、方式等方面来看，在时空上具有一定的关联性，依据常识和经验能够确定该事实经过是一个整体、不可分割，即可认定单一性的存在。后者为日本和我国台湾地区所采用，即判断作为刑事诉讼客体的案件是否具有单一性，必须以实体刑法的规定为依据，如果该行为事实在实体法上构成一罪，存在一个刑罚权，那么，案件即具有单一性；如果该行为事实在实体法上构成数罪，存在数个刑罚权，那么，案件即不具有单一性。

刑事诉讼客体、刑事诉讼主体、刑事诉讼职能三个基本范畴之间有着紧密的联系。在刑事诉讼中，诉讼主体承担着相应的诉讼职能，诉讼主体交互作用，共同解决诉讼客体。研究诉讼客体，不仅可以深化刑事诉讼基本原理的探讨，而且对于明确起诉效力和审判范围，稳定生效裁判确定的法律关系，维护当事人的合法权益，实现刑事诉讼的公正、秩序、效益价值，都有十分重要的意义。

【深度阅读】

孙洪坤著：《刑事诉讼法的时代精神》，法律出版社 2009 年版。

【课后思考】

论述刑事诉讼的价值和目的。

第二编
刑事诉讼制度

第一章 原 则

本章要点

刑事诉讼原则的概念和特点

国际通行的刑事诉讼原则

侦查权、检察权、审判权由专门机关依法行使原则

人民法院、人民检察院依法独立行使职权原则

审判公开原则

饮食必有讼,故受之以讼。

——《易经·序卦传》

司法,就其本质而言,就是平等:越缺乏平等条件的地方,我就越难看出在刑罚平等上有什么司法。

——[法]皮埃尔·勒鲁

2013 年 7 月 25 日,薄熙来涉嫌受贿、贪污、滥用职权犯罪一案,经依法指定管辖,由山东省济南市人民检察院向济南市中级人民法院提起公诉。检察机关在审查起诉阶段依法告知了被告人薄熙来享有的诉讼权利,并讯问了被告人,听取了其委托的辩护人的意见。济南市人民检察院起诉书指控,被告人薄熙来身为国家机关工作人员,利用职务上的便利,为他人谋取利益,非法收受他人财物,数额特别巨大;贪污公款,数额巨大;滥用职权,致使国家和人民利益遭受重大损失,情节特别严重,依法应当以受贿罪、贪污罪、滥用职权罪追究刑事责任,并予以数罪并罚。

被告人薄熙来受贿、贪污、滥用职权案2013年9月22日上午10时5分在济南市中级人民法院第五法庭一审公开宣判。审判长王旭光宣读一审判决。法庭对被告人薄熙来以受贿罪、贪污罪、滥用职权罪依法判处刑罚，数罪并罚，决定执行无期徒刑，剥夺政治权利终身。闭庭后，在上诉期限内，薄熙来不服一审判决，通过山东省济南市中级人民法院向山东省高级人民法院递交上诉状。2013年10月8日上诉期满后，山东省高级人民法院经审查，依法决定予以受理。

第一节　概　　述

一、刑事诉讼原则的概念和特点

我国刑事诉讼的原则是指由刑事诉讼法规定的，贯穿于刑事诉讼的全过程或主要诉讼阶段，公安机关、人民检察院和人民法院、诉讼参与人在进行刑事诉讼活动时必须遵守的基本行为准则或基本行为规范。确定我国刑事诉讼基本原则的法律依据有《宪法》、《刑事诉讼法》、《人民法院组织法》和《人民检察院组织法》的有关规定等。

作为刑事诉讼法确立的基本行为准则，刑事诉讼基本原则具有以下特点：

1. 普遍性

刑事诉讼基本原则一般贯穿于刑事诉讼全过程，具有普遍的指导意义。刑事诉讼基本原则是规范和调整整个刑事诉讼程序的原则，它适用于刑事诉讼的各个阶段，国家专门机关、工作人员和各诉讼参与人都应当遵守。刑事诉讼基本原则的这种普遍性主要表现在以下两个方面：一是刑事诉讼基本原则一经确立，便要求在其适用的范围之内（不论是适用于整个刑事诉讼过程，还是适用于某一特定的诉讼阶段），都应当坚决贯彻执行，普遍适用于各种情况，除非是“法定的例外情形”。二是有些刑事诉讼的基本原则已超出了其本国的适用范围，而在全世界大多数国家中得到普遍确立和贯彻。这些原则不仅超越了各个社会在政治、经济、文化等方面的差异，也超越了社会文化的多样性和特殊性，从而成为评价和判断各国刑事诉讼程序的价值标准。

2. 规范性

刑事诉讼基本原则是由《刑事诉讼法》明确规定的法律原则，只要《刑事诉讼法》没有明确作出规定，就不属于刑事诉讼的原则。我国《刑事诉讼法》规定的基本原则包括两大类：一类是刑事诉讼和其他性质的诉讼必须共同遵守的原则，即一般原则，如以事实为根据，以法律为准绳原则；公民在法律面前一律平等原则；各民族公民有权使用本民族语言文字进行诉讼原则；审判公开原则；保障诉讼参与人的诉讼权利原则等。另一类是刑事诉讼的特有原则，如侦查权、检察权、审判权由专门机关依法行使原则；人民法院、人民检察院依法独立行使职权原则；分工负责、互相配合、互相制约原则；犯罪嫌疑人、被告人有权获得辩护原则等。

3. 指导性

刑事诉讼基本原则对于立法、司法都有一定的指导作用。在立法上，基本原则对于享有国家立法权及司法解释权的各类机关均具有指导意义。它不仅在基本法制定方面具有指导意义，而且还指导着所有与刑事诉讼活动相关的法律法规。在制定或解释与刑事诉讼相关的各项法律法规，甚至办案人员的工作原则、章程时，各级立法机关、行政机关以及司法机关都必须以刑事诉讼基本原则为指导，并不得与各项基本原则相违背。因而从立法的角度而言，刑事诉讼基本原则的指导意义体现在它是制定或派生各种刑事诉讼法规的逻辑起点。

在司法上，刑事诉讼基本原则对于处理或参与具体刑事案件的各类诉讼主体均具有指导意义。这里的诉讼主体包括人民法院、人民检察院、公安机关以及所有诉讼参与人。由于案件所具有的复杂性、特殊性及多样性，在具体的刑事诉讼活动中，法律法规不可能为每一诉讼冲突提供现成的答案。对于依法享有国家诉讼职能的公安司法机关而言，刑事诉讼基本原则的指导意义在于，它为办案人员正确地理解法律，合理地行使自己的自由裁量权，以及处理复杂的刑事案件提供了一种恒定的、统一的司法准则。而对于诉讼参与人而言，刑事诉讼基本原则为诉讼当事人及其他诉讼参与人正当地实施自己的法定权利与义务，有效地监督各类诉讼行为提供了合理、合法的依据。因而从司法的角度而言，刑事诉讼基本原则的指导意义在于它是规范或调整刑事诉讼法律在司法实践中适用的重要依据。

4. 约束性

刑事诉讼基本原则具有法律约束力。刑事诉讼基本原则是刑事诉讼法的“纲”,起着牵头和挂帅的作用。刑事诉讼基本原则的精神实质及其法律意蕴只有还原成具体的诉讼规则、制度或程序,才能完整而有效地实现,这说明刑事诉讼基本原则带有抽象性和概括性。虽然刑事诉讼基本原则较为抽象,但是各项具体的的诉讼制度和程序都必须与之相符合。这些刑事诉讼制度、程序是刑事诉讼基本原则的制度化、法律化,如果违背了这些基本原则,就会违反这些制度和程序,因而就必须承担一定的法律后果。

刑事诉讼基本原则反映了刑事诉讼的客观规律和基本要求,对于我国刑事诉讼的立法和司法都具有重要意义。刑事诉讼基本原则是我国刑事诉讼法最基本的内容,是司法实践经验的总结和概括,集中体现了我国刑事诉讼法的性质和主要特点。首先,它可以促进我国刑事立法的科学化,推动建立科学的刑事诉讼法体系;其次,可以指导司法人员保障办案质量,实现刑事诉讼法的目的和任务。指导司法人员准确理解《刑事诉讼法》关于各项具体程序的规定,提高他们依法办案的自觉性,解决执行刑事诉讼法过程中遇到的具体的法律适用等问题,确保刑事诉讼活动合法、及时进行。

二、国际通行的刑事诉讼原则

要具体考察我国的刑事诉讼原则,我们有必要先对国际通行的刑事诉讼原则有所了解。虽然大多数国家对于刑事诉讼的基本原则在刑事诉讼法中并未作出明确规定,但这些原则却在刑事诉讼程序规定的字里行间有所体现,如体现在基本法、人权法及其他相关法规中。国际通行的刑事诉讼原则往往是各国长期的刑事诉讼立法和司法实践经验的总结,揭示了刑事诉讼的一些规律性的东西,表征着人类刑事诉讼制度的民主与文明化进程,能够推动我国刑事诉讼法制的完善。

(一)程序法定原则

程序法定原则也称为法制国家程序原则、程序法制原则,其基本含义是指国家刑事司法机关的职权及其追究犯罪、惩罚犯罪的程序,都只能由立法机关制定的法律加以明确规定,司法机关进行刑事诉讼活动必须严格依照法律规定的职权和程序进行。也就是说,刑事诉讼法没有明确赋予的职权,司法机关不得行使;司法机关也不得违背刑事诉讼法明确设定的程序规则而任意决定诉讼的进程。根据程序法定原则的要求,为了保障犯罪嫌疑人、被告人的权利,抑制司法机关刑事司法权的膨胀,凡是涉及国家司法机关的职权及犯罪嫌疑人、被告人重大权益保障的事项,都应由立法机关通过法律形式加以明确规定,其他任何机关、团体和个人都不得以任何形式作出规定。

在大陆法系国家，程序法定原则是法定原则的一个组成部分，该原则与刑事实体法上的“罪刑法定原则”遥相对应，成为刑事程序的指导性原则。在英美法系国家，程序法定原则具体表现为“正当程序”原则，其基本含义是指：除非事先经过依据调整司法程序的既定规则进行的审判，任何人不得被剥夺生命、自由、财产以及法律赋予的其他权利。

程序法定原则主要包括两层含义：一是刑事诉讼的具体程序必须事先经过法律的明确规定，否则不能予以适用，以防止司法机关滥用职权、专权擅断，侵害公民的人身自由权利，这也是法律可预见性的内在要求；二是刑事诉讼的具体程序必须依据已经明确规定的法律进行，国家机关违反法律的诉讼行为应当被认定为无效。同时法律还必须明确规定犯罪嫌疑人、被告人在刑事诉讼中的基本权利，以有利于限制国家刑事司法权力、保障公民的个人权利。

程序法定原则是现代程序法的基石，被视为刑事诉讼的首要原则，它不仅为多数国家所遵循，而且得到了国际社会的认可。《公民权利和政治权利国际公约》第 9 条第 1 款规定：“人人有权享有人身自由和安全。任何人不得加以任意逮捕或拘禁。除非依照法律所确定的根据和程序，任何人不得被剥夺自由。”这说明程序法定原则已成为国际刑事司法准则中的一项重要内容。

（二）无罪推定原则

无罪推定原则，是指在刑事诉讼中，任何被怀疑犯罪或者受到刑事控告的人在未经司法程序最终确认有罪之前，在法律上应假定或推定其无罪。无罪推定原则是一项为现代法治国家普遍承认和确立的重要刑事诉讼原则，是国际公约确认和保护的一项基本人权，也是联合国在刑事司法领域制定和推行的最低限度标准之一。它可以确保多元的刑事诉讼程序价值目标的实现。

无罪推定原则最早渊源于古代罗马法的“有疑，为被告人之利益”的原则，其基本内容是对有疑问的案件，应作出有利于被告人的判决，即无罪判决。但是作为一种政治法律思想，它最先由 18 世纪意大利启蒙思想家贝卡利亚提出。贝卡利亚指出：“在法官判决之前，一个人是不能被称为罪犯的。只要还不能断定他已经侵犯了给予他公共保护的契约，社会就不能取消对他的公共保护”；“如果犯罪是不肯定的，就不应折磨一个无辜者，因为，在法律看来，他的罪行并没有得到证实。”最早从法律上确定无罪推定原则的是 1789 年法国的《人权宣言》，其第 9 条规定：“任何人在未经判罪前均应假定其无罪，如非拘禁不可，法律应规定对他采取的严厉措施。”此后，欧洲大陆各国纷纷效仿法国,相继在宪法或法律中对无罪推定作出规定。“二战”以后,联合国通过的许多人权保障公约或其他法律文件均确立了这一原则。如1966年联合国《公民权利和政治权利国际公约》第14条规定:“凡受刑事控告者,在未依法证实有罪之前,应有权视为无罪。”

无罪推定原则的核心意义在于保护被告人的合法利益,其内容包括:

1. 无论任何人,哪怕是现行犯,在未经法院依法审判确认有罪之前都应当被认定为无罪;

2. 由控诉方承担证明被告人有罪的责任,被告人没有义务来证明自己无罪,主要包括:(1)提供证据证明被告人有罪的责任由控诉方承担,禁止其采用刑讯逼供和其他非法方法来收集证据;(2)履行证明责任的控诉方的证明必须达到使案件事实清楚,证据确实充分的效果,否则控诉一方就要承担败诉的风险,法庭就应认定被告人无罪;(3)被告人有辩护的权利,却没有证明自己有罪或无罪的义务,不能因为被告人不能或没有证明自己无罪就认定其有罪。

3. 法院应当依据法定程序和证据认定被告人是否犯所指控罪行。因为只有法院才拥有法律意义上的定罪权,其他任何机关都无权行使此权;法院只有经过合法、公正、理性的审判程序,才能最终认定被告人有罪。

无罪推定原则符合刑事诉讼的客观规律和现代文明国家司法程序的实际需要,是我国民主与法治建设的重要里程碑,因而具有重要意义。它有利于划清犯罪嫌疑人、被告人与罪犯的界限,切实克服先入为主和主观臆断的错误倾向和做法,有效地保障人权;有利于保障犯罪嫌疑人、被告人的以辩护权为核心的诉讼权利,充分发挥辩护制度的作用。也有利于进一步明确证明责任的合理分配和疑难案件的正确解决。如果控方不能证明被告人有罪,被告人就应当被认为是无罪的,被羁押的被告人要无罪释放,并按照《国家赔偿法》赔偿损失,恢复其名誉。

(三)控审分离原则

控审分离,是指刑事诉讼中国家的起诉权和审判权必须由两个不同的机关分别行使,而不能把这两种职能集中由一个机关或个人来承担。其中起诉权由人民检察院行使,人民法院则专门行使审判权。

控审分离主要包括三个方面的内容:(1)控诉职能和审判职能应分别由不同的主体承担。警察、检察机关承担刑事控诉职能,对符合法定条件的案件展开侦查、提起公诉;而法院则专门承担审理和裁判职责,维护法律的公平与正义。(2)法院审判程序的启动必须以检察机关提起诉讼为前提。没有诉讼就没有审判,在开启审判程序方面法院完全是被动的,在检察机关提出正式的诉讼请求之前,法院不得对任何刑事案件进行审判。(3)审判的对象和范围必须与起诉的对象和范围相一致,法院不得审理任何未经起诉的被告人,不得随意更改诉因和被诉对象。

控审分离原则是针对古代纠问式“控审不分”的诉讼模式而提出的,这是刑事司法制度的进步。控审分离有利于强化国家追诉犯罪的能力和水平,维护社会秩序;有利于防止法官先入为主,确保法官的中立性、超然性和被动性,保证审判机关能够客观公正地审理、裁判案件;也有利于保障犯罪嫌疑人、被告人人权的价值取向,使被告人有明确、具体的防御对象,便于被告人积极准备诉讼活动,维护自己的合法权益。

(四)司法独立原则

司法独立原则,是指在刑事诉讼过程中司法机构依据法律的规定独立行使司法权,在适用法律的过程中司法机构应当排除一切外来干预。司法独立原则是现代法治国家普遍承认和确认的一项基本原则,是现代民主政治在刑事诉讼领域的体现,其根本目的在于对其他国家机关的权力进行有效的监督,通过权力制约权力的方式,防止国家权力的专制和滥用。

在国外,司法特指审判活动,因此,司法独立主要是指审判活动中法院尤其是法官的独立。这一原则最早是 18 世纪法国启蒙思想家孟德斯鸠提出的。孟德斯鸠在《论法的精神》一书中指出,“如果司法权不与立法权和行政权分立,自由也就不存在了,如果司法权与立法权合而为一,则将对公民的生命和自由施行专断的权力,因为法官就是立法者。如果司法权同行政权合而为一,法官便将握有压迫者的权力。”这说明在刑事司法活动中,立法、行政、司法这三种权力必须分立,以确保政治自由,防止权力滥用,增强司法者自身的责任感。

司法独立原则已在许多国家法律中有所体现。《美国联邦宪法》第 3 条第 1 款规定:“合众国的司法权属于一个最高法院以及由国会随时下令设立的下级法院”,联合国相关国际公约和条约中也确认了司法独立原则。如《公民权利和政治权利国际公约》第 14 条第 1 款规定:“在判定对任何人提出的任何刑事指控或确定他在一件诉讼案中的权利和义务时,人人有资格由一个依法设立的合格的、独立的和无偏倚的法庭进行公正的和公开的审讯。”我国法律中也有关于司法独立原则的体现,《刑事诉讼法》第 5 条规定:“人民法院依照法律规定独立行使审判权，人民检察院依照法律规定独立行使检察权，不受行政机关、社会团体和个人的干涉。”这一规定确立了人民法院、人民检察院依法独立行使职权的原则。

（五）控辩平等原则

“控”，即控方，狭义的控方仅指检察机关；广义的控方除了检察机关外，还包括侦查机关和被害人。“辩”，即辩方，指犯罪嫌疑人、被告人及其辩护人。控辩平等原则，是指在刑事诉讼过程中，对刑事被告人和刑事追诉机关应当给予平等的对待。确立控辩平等原则的目的在于准确定位控辩双方在诉讼中的地位和作用，使法官中立由可能变成现实。控辩平等原则是现代刑事诉讼的基本理念，是现代刑事诉讼结构的内在需求。控辩平等不仅要求作为应诉个人的犯罪嫌疑人、被告人与国家追诉机关在地位平等、权利平等的基础上展开对抗求证活动，而且还要求辩护方通过积极行使辩护权利对国家权力的运用实行有效的制约和监督。

控辩平等原则主要包括以下内容：

1. 在立法上要赋予控辩双方平等的诉讼权利（力）和攻防手段，以保障双方能够平等的参与诉讼。这就要求刑事诉讼法要赋予侦控机关和被追诉人平等的诉讼权利（力）和义务，以使控辩双方能够真正平等地参与诉讼，促进纠纷的解决。双方都有获得诉讼证据的机会，控方可以利用司法资源获取证据，而辩方可以通过调查、阅卷等方式获得证据。

2. 法官在诉讼中要保持客观中立，不偏不倚地对待控辩双方，对控辩双方要平等的加以保护。法官应当给予控辩双方参与诉讼的同等机会，对于控辩双方所出示的证据和提供的意见，法官应当给予同等的关注，而且要在充分考虑控辩双方意见的基础上形成最后的判决。

控辩平等原则在英美法系的刑事诉讼法中体现得尤为明显，英美法系对抗制的诉讼结构就是建立在控辩平等的基础上。大陆法系国家奉行职权主义诉讼结构，控辩平等的实现程度远不如英美法系，但这一现象已逐渐得到改善。

控辩平等原则显示了在现代刑事诉讼中国家追诉权和公民权利的良好互动，有利于构建合理的诉讼结构。控辩平等的实现，必然会提高辩护人在诉讼中的地位，扩大其行使辩护权的范围，使被告人的应诉权得以充分行使。同时控辩平等原则也可以有效地遏制国家追诉权的膨胀，便于充分尊重和保障人权，促使追诉方增强办案能力，提高公诉水平，以保证追诉活动的有效进行。

（六）及时性原则

及时性原则，是指为有力地追究犯罪，查明事实真相，保障被告人的利益，刑事诉讼活动应当尽可能避免一切不必要的延误，保证刑事诉讼活动能够及时得到处理。现代刑事诉讼的目的是正当、迅速地解决刑事案件，这就不仅要求查明案件的事实真相，而且要求迅速、及时地执行刑事程序，使案件能够在合理的时间内得到解决，实现诉讼的高效化。

及时性原则作为国际司法准则之一，在促进司法效率的实现上发挥着重要作用。及时性原则有两方面的要求：一方面，诉讼及时原则反对拖延，要求诉讼应当在合理的时间内终结，参与诉讼的各方应积极推进刑事程序，不得无故拖延。另一方面，诉讼及时原则也反对草率，强调诉讼的及时性，并非一味求快，因为人们都不希望在无充分时间收集信息并思考其意义的情况下草率作出判决。迅速及时与公正之间必须协调一致，两者应该是矛盾统一体中的两种价值选择，其最佳选择是既要快又要公正，即迅速审判与案件的质量保证是一致的，是否能正确处理这一矛盾，是权衡刑事诉讼立法成败的标准之一。

在具体的刑事案件中，为确保案件得到迅速、及时的处理，主要应注意以下几个方面。

1. 要严格控制审前行为的期间，保证被告人被及时地带到审判官面前。

2. 要严格限定羁押的期间。人权委员会在对《公民权利和政治权利国际公约》所作的评论中确认："审前羁押应该是一种例外，并尽可能短暂。"《保护羁押或监禁人的原则》第 39 条规定："除了在由法律规定的特殊案件中，由司法或其他机关司法利益而决定，被告人应有权被释放等待审判。"《非拘禁措施最低限度标准》（东京规则）则指出要避免审前拘留，审前拘留应作为刑事诉讼程序的最后手段加以使用，并适当考虑对被指控犯法行为的调查。应尽量在早期阶段采用替代审前拘留的措施，审前拘留的期限不应超过"规则"所设定的时间，并应该在以合乎人道的方式和尊重人的固有尊严的基础上实施此种拘留。为了缩短对被追诉者的羁押期限，除了明确期间的规定外，还应当从程序的角度予以限制。

3. 提升诉讼节奏。诉讼程序的推进节奏与诉讼效率成正比，诉讼程序推进的节奏越快，案件就越能及时解决，诉讼就越有效率。要提升诉讼节奏，一方面要加强侦查、起诉与审判之间的衔接，使刑事诉讼在侦、控、审的纵向结构上保持顺畅;另一方面要加强每一诉讼环节内的各个诉讼行为的衔接,其最典型的就是集中审理原则的确立。根据集中审理原则的要求,法院在开庭审判过程中应当尽可能的不中断,同时审判行为与判决行为之间也应紧密衔接,在审判结束后应当尽快进行评议,评议结束后应尽快进行宣判。

4. 简化诉讼程序,广泛建立简易程序,加速刑事案件的处理。现代刑事诉讼的程序越来越繁琐,必然导致程序运转的低效率,因而必须要谋求程序的简化。在诉讼过程中,要避免相同程序重复开启和运作,对相同程序要合并处理。尽量减少不必要的程序,对一些案情比较轻微、事实比较清楚的案件可以采用简易程序审理,以加速诉讼进程,缩短诉讼周期,避免因程序的过于繁复而阻碍诉讼程序的及时终结。从世界各国的规定来看,以简便易结的刑事简易程序来处理案件已成为现代各国刑事司法制度效仿的方式和改革的方向,如德国设立了处罚令程序和简易程序。但是对刑事诉讼程序的简化应当有一个限度,这是因为刑事诉讼程序实际上是犯罪嫌疑人、被告人的一种权利保障机制,简化刑事诉讼程序将会侵犯犯罪嫌疑人、被告人的人权。

(七)比例原则

比例原则,这里指的是广义的比例原则或者相当性原则,它是指国家干预人民基本权利时所必须遵守的基本原则,以使国家行使权力、干预人民基本权利所使用的"手段"与所欲达到的"目的"具有正当性关系。从世界范围看,比例原则已经得到现代各国刑事诉讼法的普遍认可与尊重,成为现代各国刑事诉讼法的一项法治原则。

一般来说,比例原则的具体内涵包括适当性原则、必要性原则和均衡性原则。适当性原则,是指刑事追究措施的种类应当与犯罪行为的社会危害性相适应。每一手段的运用都必须有利于法定目的的实现,适当性原则要求任何国家权力的行使都必须以特定的事实状态的存在为前提,只有特定的事实出现使国家和社会公益受到损害的现实危险时,国家才有正当的理由对公民个人的权利和自由进行限制和剥夺,当社会运行处于有序状态时,国家对公民个人的权利和自由进行限制或剥夺即是国家权力的滥用。

必要性原则,是指国家机关在能够达到相同有效目的的手段中,必须选择对公民权利限制或侵害最小的手段。只有在国家机关无法采取其他更加适合的手段时,方能采用预先设定的手段以实现特定目的。必要性原则要求公安机关、检察院、法院在同样能实现诉讼目的的手段中,选择采用对公民权利损害最小的手段。具体而言,在同样能达到诉讼目的的前提下,就强制措施与非强制措施而言,应选择非强制性的措施。采用拘传、取保候审、监视居住、逮捕、拘留五种强制措施分别都能达到同样目的的情况下,应选择强制力度较轻的手段。羁押作为刑事诉讼中对公民权利损害最大的强制手段,只能在其他手段都无法达到目的的情况下才可采用,否则就违背了刑事诉讼的必要性要求。

均衡性原则,是指国家司法机关对犯罪嫌疑人、被告人所采取的强制措施强度,不得与达成目的所需的程度不成比例,且因该强制手段所造成的侵害程度,不得逾越其所欲追求的效果。也就是说,公民个人权利所造成的损害与其所保护的社会利益之间应保持一定的比例关系,权力的行使必须审慎、必要,即使国家机关采取了合适且在当时条件下对公民权利损害最小的手段,但如果行使权力的手段对公民个人权利造成的损害与其所保护的国家和社会公益显然不成比例,那么该手段仍然是违反比例原则的基本要求的。

对于刑事诉讼法律关系的处理,"适度"、"平衡"、"相称"以及"符合比例"的理念和思想,在我国刑事诉讼立法和刑事政策中也早有体现。如根据公安部《规定》第77条规定,公安机关对具有下列情形之一的犯罪嫌疑人,可以取保候审:(1)可能判处管制、拘役或者独立适用附加刑的;(2)可能判处有期徒刑以上刑罚,采取取保候审不致发生社会危险性的;(3)患有严重疾病、生活不能自理,怀孕或者正在哺乳自己婴儿的妇女,采取取保候审不致发生社会危险性的;(4)羁押期限届满,案件尚未办结,需要继续侦查的。这就是说对于不具有社会危害性,可以不采取羁押措施的,应当尽量不采取羁押措施,这体现了我国刑事诉讼的比例原则。

(八)禁止强迫自证其罪原则

禁止强迫自证其罪是公民的一项基本宪法权利,它起源于英国。禁止强迫自证其罪,又被称为任何人不得被强迫自证其罪、反对强迫自我归罪、禁止自我归罪等。在大多数法治国家的宪法中,禁止强迫自证其罪原则被确立为公民的基本权利,成为公民自由、生命、财产等权利免受公共权力机构任意剥夺的基本法律保障。

不得强迫自证其罪一般是指在刑事诉讼中,犯罪嫌疑人、被告人所享有的不被强迫证明自己有罪或作不利于其本人的证言的权利,它主要包含三个方面的含义:一是被追诉人没有义务为追诉方向法庭提出任何可能使自己陷入不利境地的陈述,追诉方不得采取任何非人道或有损被告人人格尊严的方法强迫其就某一案件事实作出供述或提供证据。二是被追诉人有权拒绝回答追诉官员或法官的讯问,其在讯问过程中享有沉默权。司法警察、检察官或法官应及时告知犯罪嫌疑人、被告人享有此权利,法官不得因被告人的沉默而使其处于不利的境地或作出对其不利的裁判。三是被追诉人有权就案件事实作出有利或不利于自己的陈述,但这种选择必须基于被追诉人自己的意愿,法院不得把迫于外部强制或压力而作出的陈述作为定案根据。

禁止强迫自证其罪原则是国家刑事司法制度的重要内容,其目的在于尊重、承认和保障犯罪嫌疑人、被告人的人格尊严和诉讼主体地位,使控辩双方成为平等的参与者,保障犯罪嫌疑人、被告人的辩护权能够得到有效行使,从而彰显刑事诉讼文明、民主与人权保障的理念。不得强迫自证其罪权利本身是一种程序正义的精神体现,是一种对犯罪嫌疑人、被告人人格尊严尊重的表现,是犯罪嫌疑人、被告人获得公正对待的基本条件。同时,禁止强迫自证其罪原则是保障犯罪嫌疑人、被告人人权的根本要求,这是强调尊重个人价值的必然结果,符合人道主义的精神。禁止强迫自证其罪原则能够起到遏制非法取证、刑讯逼供的作用。

我国《刑事诉讼法》第50条规定:"审判人员、检察人员、侦查人员必须依照法定程序,收集能够证实犯罪嫌疑人、被告人有罪或者无罪、犯罪情节轻重的各种证据。严禁刑讯逼供和以威胁、引诱、欺骗以及其他非法方法收集证据,不得强迫任何人证实自己有罪。必须保证一切与案件有关或者了解案情的公民,有客观地充分地提供证据的条件,除特殊情况外,可以吸收他们协助调查。"这说明禁止强迫自证其罪原则已被纳入我国法律中,这有利于维护我国犯罪嫌疑人、被告人的诉讼主体地位,保障其合法权益,防止刑讯逼供等违法行为的出现,这也是我国实行对外开放、与国际接轨的必然要求。禁止强迫自证其罪原则是中国构建社会主义法治社会进程中吸收、借鉴西方先进法治文明成果的体现,其对于侦查过程中通过非法手段取得证据的否定体现了《刑事诉讼法》作为"小宪法"在实现程序正义和人权保障上的进步,有利于我国树立良好的国家形象,是中国走向法治国家的坚实一步。

（九）禁止双重危险原则

禁止双重危险原则,是指对被追究者的行为,一旦作出有罪或者无罪的确定判决,便不得再对同一行为予以刑事追究,任何人都不得因同一犯罪行为而遭受两次以上的起诉、审判和科刑。禁止双重危险原则的主要目的是防止国家机关滥用追诉权,保障刑事被追究者的基本人权,维护司法的确定性。

禁止双重危险原则的渊源可以追溯到古罗马,目前在各国法律和联合国司法文件中均有体现。《美国联邦宪法》修正案第5条规定："任何人不得因同一罪行而遭受两次危险。"美国联邦最高法院在1957年"格林诉美国"一案中对双重危险进行了解释。美国联邦最高法院在就这个案件所写的意见中指出要强调的观点是，国家具有各种资源和权力，不应当允许重复地就某个行为对个人加以定罪，这样将使其处于尴尬、付出和痛苦之中，并强迫他生活在生命和安全的持续焦虑之中，同时，增加了使无罪的人被定罪的可能性。1982年《加拿大宪法》第11条规定："被指控者如果已经终局性被认定为有罪而且为了该犯罪而受处罚，不得因该罪再次受审理或者被处罚。"联合国《公民权利和政治权利国际公约》第14条第7款规定："任何人已依一国的法律及刑事诉讼程序被最后定罪或宣告无罪者，不得就同一罪名再受审判或惩罚。"通过上述法律我们可以看出，禁止双重危险原则能够保障被追诉人的利益，避免其反复遭受刑事程序所带来的痛苦，防止追诉和审判的恣意无度，降低错误定罪的风险，实现诉讼的公正、效率和人权保障的价值。

禁止双重危险原则主要被英美法系国家所采用，大陆法系国家将这一原则称为"一事不再理"，虽然称呼不一样，但其所体现的精神实质是相同的。一事不再理原则主要包括两个方面的含义：一是对于已经起诉的案件，原告不得在诉讼系属中再行起诉；二是在判决确定后，当事人不得就已经判决的同一案件再行起诉。禁止双重危险原则和一事不再理原则在很多方面还是有很大不同的：

1. 禁止双重危险原则的主要功能是防止国家滥用追诉权，保障公民的合法权益；而一事不再理原则的主要功能不是防止国家滥用追诉权，而是通过防止法院对同一事实作出前后矛盾的裁判，以维护司法的威信，保证司法秩序的安定性。

2. 一事不再理原则只对那些已经生效的法律判决才具有既判力，才会发生一事不再理的效果。而在法院判决生效之前，只要控辩双方依法提出上诉，案件都会进入第二审程序甚至第三审程序，从而接受上级法院重新审判。与此不同的是，禁止双重危险原则强调的是任何人不得因同一行为受到"双重危险"，即任何一个已经接受过审判的被告人不得再受到第二次起诉和审判。

三、我国刑事诉讼原则的体系

刑事诉讼原则既是刑事诉讼指导思想、目的和任务的体现，也是设立具体的刑事诉讼制度和程序的基础和前提。我国刑事诉讼的原则是由我国《刑事诉讼法》明确规定的。我国《刑事诉讼法》规定的基本原则形成了一个规范的法律体系，这些原则相辅相成、缺一不可，任一原则的实现均以其他原则的正确执行为前提。违背其中任何一项原则，都是对刑事诉讼程序的严重违反，都是对刑事诉讼法制的严重破坏。具体来说，我国刑事诉讼的原则主要有以下十四项：

(1)侦查权、检察权、审判权由专门机关依法行使原则；

(2)人民法院、人民检察院依法独立行使职权原则；

(3)以事实为依据、以法律为准绳原则；

(4)公民在适用法律上一律平等原则；

(5)分工负责、互相配合、互相制约原则；

(6)人民检察院依法对刑事诉讼实行法律监督原则；

(7)各民族公民有权使用本民族语言文字进行诉讼原则；

(8)审判公开原则；

(9)犯罪嫌疑人、被告人有权获得辩护原则；

(10)未经人民法院依法判决不得确定有罪原则；

(11)保障诉讼参与人的诉讼权利原则；

(12)具有法定情形不予追究刑事责任原则；

(13)追究外国人刑事责任适用我国刑事诉讼法原则；

(14)刑事司法协助原则。

我国《刑事诉讼法》规定的基本原则，是我国《刑事诉讼法》长期的经验总结。反映了我国刑事诉讼的基本特点，体现了刑事诉讼的社会主义性质，有利于保证刑事案件质量，完成刑事诉讼任务。因而对于刑事诉讼的各项基本原则，都必须准确的加以理解，并认真贯彻执行。

第二节　侦查权、检察权、审判权由专门机关依法行使原则

由于我国对权利受到损害的公民提供公力救济，因而在犯罪行为发生后，应由国家专门机关遵循《刑事诉讼法》的规定，适用刑法对被告人定罪量刑。在这样的背景下，侦查权、检察权和审判权就不应该由公民自己行使，而

应由国家专门机关依法行使。《刑事诉讼法》第3条规定:"对刑事案件的侦查、拘留、执行逮捕、预审,由公安机关负责。检察、批准逮捕、检察机关直接受理的案件的侦查、提起公诉,由人民检察院负责。审判由人民法院负责。除法律特别规定的以外,其他任何机关、团体和个人都无权行使这些权力。人民法院、人民检察院和公安机关进行刑事诉讼,必须严格遵守本法和其他法律的有关规定。"该原则的基本含义是:人民法院、人民检察院和公安机关在进行刑事诉讼活动时,必须严格遵守《刑事诉讼法》和其他有关法律的规定,不得违反法律规定的程序和规则,更不得侵害各方当事人和其他诉讼参与人的合法权益。这里所说的"其他法律",是指所有与刑事诉讼程序有关的法律,如《刑法》、《人民法院组织法》、《法官法》、《人民检察院组织法》、《检察官法》、《律师法》、《人民警察法》等。正确理解这一原则需要注意以下几个问题:

1. 对刑事案件的侦查权、检察权和审判权只能由公安机关、人民检察院和人民法院行使,其他任何机关、团体和个人都无权行使。这是因为刑事诉讼事关公民的自由、生命,侦查权、检察权、审判权是国家权力的重要组成部分,它关系着政权的巩固和社会秩序的安定,是国家实现刑罚权的重要保障。如果允许其他机关、团体和个人行使这些权力,则很容易出现滥用私刑和私设公堂的现象,侵害公民的人身权利、民主权利和其他权利。

但是法律上也存在一些例外情形,所谓"法律特别规定的"是指在法律有特别规定的情况下,公、检、法以外的机关有权行使侦查权、检察权和审判权。《刑事诉讼法》第4条规定:"国家安全机关依照法律规定,办理危害国家安全的刑事案件,行使与公安机关相同的职权。"这说明国家安全机关对危害国家安全的刑事案件行使侦查权。此外,军队保卫部门对军队内部发生的案件行使刑事侦查权;监狱也可对监狱内犯罪的案件进行侦查;海关走私犯罪侦查部门负责走私犯罪的侦查。

2. 公安机关、人民检察院、人民法院只能在法律规定的范围内行使各自的职权,不能相互混淆或者替代。侦查权主要由公安机关行使,检察权由人民检察院行使,审判权由人民法院行使。具体而言,作为国家的治安保卫机关,公安机关负责对大多数刑事案件的侦查,并在侦查过程中享有拘留、执行逮捕和预审的权力。作为国家的法律监督机关,人民检察院在刑事诉讼中享有法律监督权,对公安机关的立案、侦查活动、法院的审判活动和执行机关的执行活动进行法律监督;检察机关有权对其直接受理的案件进行侦查,有权对刑事案件提起公诉。作为国家的司法裁判机关，法院行使审判权，有权对刑事案件进行审理，并作出裁判。该原则不仅要防止其他机关、社会团体和个人对刑事司法权的干预，而且也要防止公安司法机关混淆刑事诉讼的职能分工。这一原则本身就包含诉讼职能分工的精神，是人类刑事司法制度的一大进步，改变了封建社会司法官员集侦查、起诉和审判职能于一身的现象。当然，三机关依法行使各自的职权，并不意味着他们可以各行其是，还需要他们在刑事诉讼活动中互相配合、互相制约、互相协作。

侦查权、检察权、审判权由专门机关依法行使，是我国刑事诉讼法科学化、民主化的重要表现之一。该原则有利于打击犯罪，提高刑事诉讼的效率，减少冤假错案的发生，保障公民的合法权利。

第三节　人民法院、人民检察院依法独立行使职权原则

我国《宪法》第 126 条和《人民法院组织法》第 4 条规定："人民法院依照法律规定独立行使审判权，不受行政机关、社会团体和个人的干涉。"《宪法》第 131 条和《人民检察院组织法》第 9 条规定："人民检察院依照法律规定独立行使检察权，不受行政机关、社会团体和个人的干涉。"《刑事诉讼法》第 5 条规定："人民法院依照法律规定独立行使审判权，人民检察院依照法律规定独立行使检察权，不受行政机关、社会团体和个人的干涉。"我国刑事诉讼的此原则是《宪法》有关规定在《刑事诉讼法》中的体现和落实。具体而言，人民法院、人民检察院依法独立行使职权原则主要包括以下含义：

1. 人民法院、人民检察院依法独立行使审判权、检察权，不受行政机关、社会团体和个人的干涉。行政机关、社会团体和个人不得以任何理由、任何方式对人民法院、人民检察院进行的刑事诉讼活动加以干涉。这里所讲的"干涉"，是指没有法律依据的干预活动，如以权代法、以言代法、强令人民法院、人民检察院服从等方式影响司法机关的正常工作，而不是指正常的工作建议、意见。社会舆论依然能对人民法院和人民检察院的工作进行监督，这是因为社会舆论和人民群众对司法的监督是保证司法公正、防止司法腐败的重要条件，听取社会各方面对检察、审判工作的意见、建议是人民检察院和人

民法院日常工作的重要内容。人民检察院和人民法院应当及时听取社会各方面的意见、建议,并对工作中的疏漏、不足进行改进,以保证我国诉讼活动的合法有序进行。

2. 人民法院、人民检察院依法独立行使职权是指人民法院、人民检察院作为一个组织整体,集体行使独立的审判权和检察权。审判委员会和检察委员会的设立就具体体现了这一点。审判委员会和检察委员会是对审判工作和检察工作实行集体领导的组织形式,他们对具体案件的审判、检察工作提出意见或作出决定,对于审判委员会和检察委员会的决定,法院的合议庭和检察院的职能部门必须服从。但这并不意味着审判委员会和检察委员会干涉独立行使审判权、检察权,而是贯彻民主集中制的体现,是保证审判权、检察权依法行使的必要条件。人民法院、人民检察院依法独立行使职权与法官、检察官个体的独立也并不矛盾,我们在强调整体独立性的前提下也要通过种种改革措施切实保障法官、检察官依法独立行使职权。

但是由于人民法院和人民检察院实行不同的领导体制,因此它们独立行使职权的主体范围有所不同。人民法院上下级之间的关系是监督关系,而不是领导关系。每个人民法院的审判活动各自独立,上级人民法院对下级人民法院的监督只能通过第二审程序、死刑复核程序以及审判监督程序来进行,上级法院不能直接指示下级法院如何办理具体案件。就每个人民法院内部而言,独任法官和合议庭成员对一般刑事案件有独立判决权,但是疑难、复杂、重大的案件,合议庭认为难以作出决定的,由合议庭提请院长决定提交审判委员会讨论决定。与人民法院不同的是,人民检察院的上下级之间是领导关系,全国检察机关作为一个整体独立行使检察权。在刑事诉讼中,上级人民检察院有权对下级人民检察院的办案工作作出指示,下级人民检察院应当服从。就每个人民检察院内部而言,批准逮捕、提起公诉和抗诉,均由检察长决定,重大、复杂、疑难的案件由检察委员会讨论决定。

3. 人民法院、人民检察院在依法独立行使职权过程中,必须接受中国共产党的领导,必须接受各级人民代表大会的监督并向其报告工作。在我国,要坚持社会主义方向和司法工作的人民民主专政性质就必须坚持中国共产党的领导。这是因为中国共产党是执政党,共产党的领导是人民法院独立行使审判权的根本保证,坚持党对司法机关的领导,是人民法院、人民检察院依法独立行使职权的根本保证。党的方针、政策是制定法律的依据,因而人民法院、人民检察院在司法工作中必须自觉贯彻党的路线、方针、政策,接受党的领导和监督。但是党的领导主要是政治、组织上的领导,党委在通常情况下不应对个案的处理作具体指示,不应干涉人民法院、人民检察院正常行使职权的活动,否则势必会妨碍司法工作的正常进行,削弱党对司法工作的领导。

4. 我国法律规定的独立行使审判权、检察权,与西方国家的司法独立有原则区别。西方资本主义的司法独立,主要是指司法权的独立,它是相对于立法权、行政权而言的,是资本主义国家“三权分立”原则的组成部分,也是资本主义国家政治制度的主要内容。而我国法律规定的依法独立行使审判权、检察权,主要是指人民法院、人民检察院行使审判权、检察权时不受非法干涉,而不是指审判权、检察权与立法权、行政权相鼎立。此外,我国人民法院行使审判权只独立于行政机关、社会团体和公民个人,而不独立于中国共产党以及权力机关。

第四节 以事实为依据、以法律为准绳原则

《刑事诉讼法》第6条规定:“人民法院、人民检察院和公安机关进行刑事诉讼,必须依靠群众,必须以事实为根据,以法律为准绳。”这一规定充分体现了我国刑事诉讼法以事实为依据、以法律为准绳的原则。

以事实为依据是指公安司法机关在办理案件的过程中,对于被告人行为的性质及刑事责任必须以已经查明的案件事实为基础,以客观存在的案件事实作为处理问题的根本依据。它要求公安司法机关在办理案件的过程中必须有确实充分的证据,而不能凭借主观臆断、怀疑或者查无实证的设想、议论来处理问题。以事实为依据主要就是要重证据,重调查研究,以业已查明的证据为判定案件事实的唯一手段。如果没有确实充分的证据来证明案件事实,就不能对被告人定罪量刑。

以法律为准绳,一方面指公安司法机关在查明案件事实的基础上,以法律为尺度来衡量案件的具体事实和情节,并对其作出正确处理,在办案过程中,公安司法机关不能凭借自己的喜恶及其他因素来定罪;另一方面也指公安司法机关及其工作人员必须按照《刑事诉讼法》以及其他相关法律的规定进行各种诉讼活动,包括依照《刑事诉讼法》的规定作出立案、侦查终结、撤

销案件、提起公诉、不起诉和采取有关强制措施的决定;依照《刑法》的规定来定罪量刑,确定被告人的行为是否构成犯罪,应否处以刑罚及处以何种刑罚等。总之,只有法律才是公安司法机关进行诉讼活动和定罪量刑的唯一依据。

以事实为依据,以法律为准绳,两者是相互依存、紧密联系的,不能忽视其中的任一方面。以事实为依据,以法律为准绳在我国刑事诉讼基本原则中处于核心地位,是对公安司法机关和其他诉讼参与人进行刑事诉讼的基本要求,是贯彻执行其他诉讼原则的根本保证。如果忽视了以事实为依据,就不能准确查明案件的真实情况,不能准确适用法律,从而对案件作出不正确的处理。而如果忽视了以法律为准绳,立案、侦查、起诉就没有严格的标准,诉讼活动就难以进行。不论哪种情况出现,都会给刑事诉讼活动造成严重后果,阻碍诉讼活动的正常进行,导致冤假错案的发生。因而只有将两者有机结合,才能既惩罚犯罪,又保障人权,全面实现刑事诉讼法的任务。

第五节 公民在适用法律上一律平等原则

《刑事诉讼法》第 6 条规定:“人民法院、人民检察院和公安机关进行刑事诉讼,必须依靠群众,必须以事实为根据,以法律为准绳。对于一切公民,在适用法律上一律平等,在法律面前,不允许有任何特权。”这一规定确立了一切公民在适用法律上一律平等的原则。

这一原则的基本含义是指刑事诉讼法对于全体公民同等适用,中华人民共和国公民在参与刑事诉讼活动时不论其民族、种族、性别、职业、家庭出身、宗教信仰、教育程度、财产状况、社会地位等,在法律上一律平等,不允许任何人有超越法律的特权,也不允许存在任何歧视。它主要包括两方面的意思:一是指公安司法机关在进行刑事诉讼活动时,对一切公民(包括犯罪嫌疑人、被告人以及被执行刑罚的犯罪分子)的合法权益都要予以保护。不得以任何形式、任何理由限制或者剥夺诉讼参与人的合法权益,侵犯公民的合法利益。另一方面是指公安司法机关在进行刑事诉讼活动时,对于任何犯罪嫌疑人、被告人,不论其身份地位、家庭出身、教育程度如何,都一律应当依照法定程序处理,不允许任何人有超越法律的特权。

贯彻公民在适用法律上一律平等的原则,还包括对某些经济困难或者特殊案件当事人的区别对待,其目的仍是为了更好地实现刑罚的作用,故仍然符合平等原则。例如,《刑事诉讼法》第34条规定:“犯罪嫌疑人、被告人因经济困难或者其他原因没有委托辩护人的,本人及其近亲属可以向法律援助机构提出申请。对符合法律援助条件的,法律援助机构应当指派律师为其提供辩护。”此规定体现了对经济困难当事人的司法援助,是在辩护环节对一切公民在适用法律上一律平等原则的贯彻和落实。

贯彻公民在适用法律上一律平等的原则,对于正确进行刑事诉讼有着极其重要的意义。首先,实行这一原则,有利于广泛调动人民群众建设社会主义民主和法治的积极性,维护社会主义法治的尊严;其次,实行这一原则,有利于防止特权行为的发生,减少一些领导干部的特权思想、特权行为;最后,实行这一原则,还可以密切党和人民群众的关系。

第六节　分工负责、互相配合、互相制约原则

《刑事诉讼法》第7条规定:“人民法院、人民检察院和公安机关进行刑事诉讼,应当分工负责,互相配合,互相制约,以保证准确有效地执行法律。”这是调整人民法院、人民检察院和公安机关在刑事诉讼中的相互关系,确立我国国家专门机关追究刑事犯罪机制的重要原则。

分工负责,是指公安机关、人民检察院、人民法院在刑事诉讼中应按照法律的规定各负其责、各司其职,不允许互相代替、互相混淆,更不允许超越各自职责权限的行为。根据刑事诉讼法的规定,公安机关负责对刑事案件的侦查、拘留、执行逮捕和预审,人民检察院负责检察、批准逮捕、检察机关直接受理案件的侦查和提起公诉,人民法院负责审判。分工负责要求公安司法机关在法定范围内行使职权,对属于自己分工范围内的活动不能推诿。

互相配合,是指公安机关、人民检察院和人民法院应该在分工负责的基础上通力合作、协调一致,使刑事诉讼活动顺利进行,共同完成揭露犯罪事实、证实犯罪、惩罚犯罪的任务,保证人民的合法利益。对于公安机关提请逮捕移送审查起诉的案件,检察机关要认真的审查并作出相关的决定;对于检察机关提起的诉讼案件,人民法院应当依法审理;对于人民检察院依法批准、

决定逮捕和人民法院决定逮捕的案件，公安机关应当执行，各机关要全力合作、互相支持。

互相制约，是指公安机关、人民检察院、人民法院在刑事诉讼中应当互相监督、互相约束，公安司法机关不仅应认真履行自己的职责，而且还应对其他机关发生的偏差和错误予以纠正，正确执行法律，防止司法腐败。制约是一项诉讼运行机制，它要求职权的行使必须互相协调一致，某一诉讼职权的行使必须要考虑到另一职权的存在，各机关在法律规定的范围内各自履行自己的职责，并对其他机关是否依法履行了自己的职责进行监督。

分工负责、互相配合、互相制约是一个完整的、统一的整体，三者相辅相成，缺一不可。其中"分工负责"是前提，"互相配合、互相制约"是三机关依法行使职权、顺利进行诉讼的保证。贯彻这一原则，有利于协调三机关的工作，有效地同犯罪作斗争；有利于保证案件的正确处理，使法律得到准确有效的执行，保证刑事诉讼的正常进行；也有利于防止和减少错案，防止任何一个司法机关滥用司法权。

第七节　人民检察院依法对刑事诉讼实行法律监督原则

《刑事诉讼法》第 8 条规定："人民检察院依法对刑事诉讼实行法律监督。"这是此原则的直接法律依据。

人民检察院是国家的法律监督机关，其中心职责就是监督国家法律的正确实施，这是由人民检察院的性质以及人民检察院在国家机关中的地位和作用决定的。由检察机关对先行公安机关的侦查活动和后续人民法院的审判活动进行法律监督，是刑事诉讼活动顺利进行的重要保证。由人民检察院对刑事诉讼活动实行法律监督，一方面可以制约、监督公安机关侦查权的行使，人民法院审判权的行使，保证刑事案件得到公正、正确的处理；另一方面可以纠正公安机关、人民法院可能出现的程序违法，实体适用法律错误，促进司法机制的不断完善。

人民检察院对刑事诉讼的法律监督主要体现在以下几个方面：

1. 立案监督

人民检察院认为公安机关对应当立案侦查的案件而不立案侦查的，或者被害人认为公安机关对应当立案侦查的案件而不立案侦查的，人民检察院有权要求公安机关说明不立案的理由。人民检察院认为公安机关不立案理由不能成立的，应当通知公安机关立案，公安机关接到通知后应当立案。

2. 侦查监督

人民检察院有权对公安机关的侦查活动是否合法进行监督。检察机关对于公安机关侦查活动的监督主要体现在审查批捕、监督逮捕执行、审查起诉等方面。检察机关对于公安机关提请批准逮捕犯罪嫌疑人，经过审查如果不符合逮捕条件的，应当作出不批准逮捕的决定。人民检察院在审查批准逮捕工作中，如果发现公安机关的侦查活动有违法情况，应当通知公安机关予以纠正，公安机关应当将纠正情况通知人民检察院。同时，检察机关对于公安机关移送的案件进行审查，决定是否起诉，这本身也是人民检察院法律监督权的行使。

3. 审判监督

人民检察院有权在审判阶段对人民法院的审判工作进行监督。人民法院审理公诉案件，人民检察院应当派人出庭支持公诉，并对审判活动是否合法进行监督。人民检察院对审判工作的监督主要体现在两个方面：一是公诉人在出庭支持公诉的过程中，发现人民法院审理案件违反法律规定的诉讼程序，有权向人民法院提出纠正意见。二是地方各级人民检察院认为本级人民法院第一审的判决、裁定确有错误的时候，应当向上一级人民法院提出抗诉。对于已经发生法律效力的判决和裁定，人民检察院如果发现确有错误，有权按照审判监督程序提出抗诉。人民检察院抗诉的案件，接受抗诉的人民法院应当组成合议庭重新审理。

4. 执行监督

即人民检察院对执行机关执行刑罚的活动是否合法实行监督，如果发现有违法的情况，应当通知执行机关纠正。人民检察院有权对执行过程中的减刑、假释、监外执行活动实行监督。人民检察院认为人民法院减刑、假释的裁定不当，有权在收到裁定书副本后 20 日以内，向人民法院提出书面纠正意见。人民法院应当在收到纠正意见后 1 个月内重新组成合议庭进行审理，作出最终裁定。批准暂予监外执行的机关应当将批准的决定抄送人民检察院。人民检察院认为暂予监外执行不当的，有权以书面意见送交批准暂予监外执行的机关，批准暂予监外执行的机关接到人民检察院的书面意见后，应当立即对该决定进行重新核查。另外，在执行阶段，人民法院在交付执行死刑前，应当通知同级人民检察院派员临场监督。

作为法律监督机关，检察机关参与刑事诉讼的目的是维护法律的统一实施和公正司法，因而既要承担追诉犯罪的诉讼职责，也要承担维护人权、保障诉讼活动顺利进行的监督职责。也就是说，检察机关除了要行使追诉犯罪的公诉权外，还要监督有关执法部门和司法机关的执法、司法活动。这种监督主要是一种事后的、程序性的、专门的法律监督，集中在法律规定的特定机关（侦查机关、审判机关等）、特定人员（国家工作人员、国家机关工作人员等）严重违反法律方面。[1]

第八节　各民族公民有权使用本民族语言文字进行诉讼原则

《刑事诉讼法》第9条规定："各民族公民都有用本民族语言文字进行诉讼的权利。人民法院、人民检察院和公安机关对于不通晓当地通用的语言文字的诉讼参与人，应当为他们翻译。在少数民族聚居或者多民族杂居的地区，应当用当地通用的语言进行审讯，用当地通用的文字发布判决书、布告和其他文件。"这一规定确立了各民族公民有权使用本民族语言文字进行诉讼原则。这一原则主要包括以下含义：

1. 各民族公民在刑事诉讼活动中，不论当事人，还是辩护人、证人、鉴定人，都有权使用本民族的语言进行陈述、辩论，有权使用本民族文字书写有关诉讼文书，有权使用本民族的语言接受公安司法机关的讯（询）问或在法庭上发表意见。

2. 如果诉讼参与人不通晓当地的语言文字，公、检、法机关有义务为其指派或聘请翻译人员进行翻译。这一规定不仅适用于我国的少数民族公民，而且适用于在少数民族地区参加诉讼的汉族公民，也适用于在我国参加诉讼的

---

〔1〕 孙谦主编：《人民检察院刑事诉讼规则（试行）理解与适用》，中国检察出版社2012年版，第9～10页。

外国人和无国籍人。同时,翻译人员的劳务报酬应由国家支付。

3. 公、检、法机关在少数民族聚居或多民族杂居的地区,要用当地通用的语言进行侦查、起诉和审判,用当地通用的文字发布判决书、公告、布告和其他文件。

刑事诉讼是查明案件事实,适用刑法定罪量刑的过程。为保证在刑事诉讼过程中不侵犯诉讼参与人,特别是被告人的合法权益,法律应保障各诉讼参与人有权了解与自己有关的诉讼活动的内容,保障被告有权知道自己所受指控,并在诉讼过程中发表意见,进行辩护。如果不使用本民族语言文字进行诉讼,诉讼参与人就很难了解案情,无法有效行使诉讼权利。具体而言,实现这一原则具有重大的政治和诉讼意义:(1)有利于贯彻宪法规定的民族平等原则,保护各民族公民,特别是少数民族公民在刑事诉讼中享有平等的诉讼权利,进而保护他们相应的实体权利,加强民族团结和合作,促进各民族人民积极参与社会主义建设事业。(2)保证刑事诉讼的顺利进行和刑事诉讼目的的实现。法律允许各民族公民使用本民族语言文字进行诉讼,陈述案情,提供证据和进行辩论,有利于公、检、法机关准确及时地查明案件真实情况,对案件作出正确处理。(3)有利于当地群众及时了解诉讼进程,对公安司法机关的行为进行监督,也有利于对当地群众进行法制宣传教育,从而加强公民的法制观念,提高他们同犯罪作斗争的积极性。

第九节 审判公开原则

我国《宪法》第 125 条规定:“人民法院审理案件,除法律规定的特别情况外,一律公开进行。被告人有权获得辩护。”根据《宪法》的精神,《刑事诉讼法》第 11 条规定:“人民法院审判案件,除本法另有规定的以外,一律公开进行。被告人有权获得辩护,人民法院有义务保证被告人获得辩护。”所谓审判公开,是指除法定情形外,人民法院审理案件和宣告判决都必须公开,既要允许公民到法庭旁听,又要允许记者采访和报道。

人民法院审理刑事案件原则上应当公开进行,但也存在一些例外情形,根据《刑事诉讼法》第 183 条的规定,在下列情况下,不公开审理:(1)涉及国家秘密的案件。这是为了防止泄露国家秘密,危害国家安全和人民利益。

(2)有关个人隐私的案件。这是为了保护当事人的名誉,防止对社会造成不良影响。(3)涉及商业秘密的案件,当事人申请不公开审理的,可以不公开审理。这是为了保障当事人的商业秘密,维护正常的生产经营活动。(4)开庭审理时被告人不满十八周岁的案件,一律不公开审理。这是因为未成年人的身心发育尚不健全,为了不对未成年人的精神造成创伤,影响他们的健康成长,也为了保障和维护他们的合法权益,此类案件不公开审理。

审判公开主要包括三个方面的内容:一是审判信息的公开,即在开庭前的一定时间内,要以法庭公告的形式向公众公布案由、审判时间和地点等。二是审判过程的公开,法庭审理案件的全过程,除了合议庭评议之外都应当公开进行。三是审判结果的公开,人民法院要公开宣告判决,向社会详细的宣告判决结果。

审判公开是民主政治的必然要求,是保障诉讼的民主性、公正性的关键措施,在刑事诉讼中贯彻审判公开原则具有重要意义:首先,通过审判公开,有利于将审判过程置于社会监督之下,增加诉讼过程的透明度,促使公安司法机关工作人员不断提高业务水平,增强工作责任心,严格依法办案,避免冤假错案的发生。其次,审判公开体现了诉讼的科学性,有利于推动各项诉讼原则的贯彻执行,保证办案质量,促使公安司法机关客观公正地查明案件情况,正确地适用刑法。再次,审判公开也是法制宣传和教育的有效途径。通过公开审判,社会公众可以从具体的审判案例中受到法制教育,增强法制观念,从而自觉地遵守法律,敢于同违法犯罪行为作斗争。最后,审判公开也会对社会上潜在的危险分子产生威慑作用,预防犯罪的发生。

第十节　犯罪嫌疑人、被告人有权获得辩护原则

我国《宪法》第125条规定:“被告人有权获得辩护。”《刑事诉讼法》第11条规定:“被告人有权获得辩护,人民法院有义务保证被告人获得辩护。”这说明犯罪嫌疑人、被告人有权获得辩护是我国《宪法》和《刑事诉讼法》都明确规定的重要原则。所谓“辩护”,是指在刑事诉讼中,犯罪嫌疑人、被告人及其辩护人有权从事实和法律上反驳控诉,提出有利于自己的材料和意见的

诉讼活动。

我国法律赋予犯罪嫌疑人、被告人辩护权,同时公安机关、人民法院、人民检察院有义务保证犯罪嫌疑人、被告人获得辩护,在诉讼过程中保障犯罪嫌疑人、被告人的辩护权能够行使。在任何情况下,对任何犯罪嫌疑人、被告人,都不得以任何理由限制或者剥夺其辩护权。在各个诉讼阶段,犯罪嫌疑人、被告人都有权进行辩护。犯罪嫌疑人、被告人有权获得辩护原则主要包括以下含义:

1. 犯罪嫌疑人、被告人在整个刑事诉讼过程中都有权为自己辩护,他们在刑事诉讼过程中享有辩护权。辩护权作为犯罪嫌疑人、被告人的一项诉讼权利,贯穿于整个诉讼阶段中,不受诉讼阶段的限制。任何人从被确定为犯罪嫌疑人开始就享有辩护权,在侦查阶段,犯罪嫌疑人、被告人可以自行行使这项权利。根据《刑事诉讼法》第 33 条第 1 款规定,犯罪嫌疑人自被侦查机关第一次讯问或者采取强制措施之日起,有权委托辩护人;在侦查期间,只能委托律师作为辩护人。被告人有权随时委托辩护人。

2. 公安司法机关负有保障犯罪嫌疑人、被告人辩护权的义务。公安、检察机关在侦查、起诉阶段,应当允许犯罪嫌疑人、被告人进行申辩和解释,并应认真听取;从传讯犯罪嫌疑人时起,就应当告知其享有辩护等诉讼权利;从案件移送审查起诉之日起,人民检察院应当在法定期限内,告知犯罪嫌疑人有权委托辩护人。人民法院在审判程序中,应当及时告知未委托辩护人的被告人有权委托辩护人,并在法定情形下指定承担法律援助义务的律师为被告人进行辩护。在法庭审判中,人民法院应当保障被告人及其辩护人的依法辩护行为不受干扰。

《刑事诉讼法》第 35 条规定:"辩护人的责任是根据事实和法律,提出犯罪嫌疑人、被告人无罪、罪轻或者减轻、免除其刑事责任的材料和意见,维护犯罪嫌疑人、被告人的诉讼权利和其他合法权益。"这说明辩护人具有双重责任,一是围绕犯罪嫌疑人、被告人定罪量刑等实体问题而展开的实体辩护责任;二是在诉讼过程中要维护犯罪嫌疑人、被告人的诉讼权利和其他合法权益的程序辩护责任。

保护犯罪嫌疑人、被告人获得辩护权,其目的在于公安司法机关客观公正地查明案件真相,正确适用刑罚,保障无罪的人不受刑事追究。具体来说,在刑事诉讼过程中贯彻执行犯罪嫌疑人、被告人有权获得辩护原则,具有以下几个方面的积极意义:

1. 可以促使公安机关、人民检察院和人民法院严格依法进行刑事诉讼活动，避免犯罪嫌疑人、被告人的自由和权益受到无理的限制和剥夺，保护犯罪嫌疑人、被告人的合法权益。这是因为被告人在刑事诉讼中处于被追究刑事责任的特殊地位，案件处理结果直接与他相关，出于种种原因他可能不愿或者不能为自己辩解，但是法律明确规定被告人有权获得辩护，就可以使犯罪嫌疑人、被告人在诉讼过程中有理、有据地进行反驳，使被告人不致受到错误的处罚和追究，保障被告人的合法权益。

2. 有利于确保犯罪嫌疑人、被告人充分参与刑事诉讼活动，有效地对抗公安机关和检察机关的刑事追诉活动，并对法院的司法裁判产生影响。这是因为在法律上被告人并没有被确定为罪犯，因而在惩罚犯罪的同时，必须切实保护被告人的合法权益，允许被告人在刑事诉讼中为自己辩解，有利于被告人充分参与刑事诉讼活动，防止公安司法机关的主观片面性，减少和避免错误的发生。

3. 有利于进行法制宣传和教育。在法庭辩论过程中，可以使旁听群众充分了解案情，知道什么行为违法、什么行为合法，对违法行为坚决抵制，明辨是非曲直。这样就有利于增强广大人民群众的法制观念，提高同违法犯罪行为作斗争的自觉性和积极性。

第十一节　未经人民法院依法判决不得确定有罪原则

《刑事诉讼法》第12条规定："未经人民法院依法判决，对任何人都不得确定有罪。"该法条确立了未经人民法院依法判决不得确定有罪原则，这是我国1996年《刑事诉讼法》就确立的一项原则，该原则主要包括以下两层含义：

1. 在刑事诉讼中，确定被告人有罪的权力只能由人民法院统一行使。在刑事诉讼中，除人民法院外，其他任何机关、团体和个人都无权行使审判权。审判权包括定罪权与量刑权，人民法院是唯一有权确定被告人有罪和判处刑罚的机关。在刑事案件的侦查和审查起诉程序中，公安机关和人民检察院根据已经查明的事实和证据，虽然也可以在立案、侦查、审查起诉阶段认定犯罪嫌疑人有罪，但对嫌疑人有罪的认定，只会带来诉讼程序意义上的效果，而不是终局的有罪判定。只有人民法院依法所作的判决，才是国家对被告人有罪结论的权威宣告。

2. 人民法院的判决必须依法作出。在刑事诉讼中要确定被告人有罪，人民法院必须按照《刑法》和《刑事诉讼法》的规定，经过开庭审理查明事实，以法律为依据作出有罪判决，并且将其结果公开宣告。没有经过法律规定的诉讼程序，人民法院不得确定任何人有罪。

为贯彻执行这一原则，《刑事诉讼法》规定了一系列的措施：(1)废除了人民检察院原来曾长期拥有的以免予起诉为名义的定罪权，规定定罪权由人民法院专门行使，以防止人民检察院对人民法院定罪权的分割。(2)区分"犯罪嫌疑人"与"被告人"的概念。被追诉人自侦查机关立案到提起公诉前这段期间称为"犯罪嫌疑人"，在人民检察院向人民法院提起公诉后称为"被告人"，这样区分有利于未在起诉前就对犯罪嫌疑人产生有罪推定。(3)明确由控诉方承担举证责任，被告人不负承担自己无罪的义务，《刑事诉讼法》第49条规定："公诉案件中被告人有罪的举证责任由人民检察院承担，自诉案件中被告人有罪的举证责任由自诉人承担。"这说明控诉方有责任和义务提出证据证明被告人有罪，不能因被告人不能证明自己无罪便推定其有罪。(4)确立了疑罪从无的原则。当控诉方不能提供证据证明被告人有罪的，或者提供的证据不足、不能排除合理怀疑的，应当认定被告人无罪。根据《刑事诉讼法》的规定，检察机关对于补充侦查的案件，认为证据不足，不符合起诉条件的，有权作出不起诉的决定；合议庭经过开庭审理，认为案件事实不清、证据不足，不能认定被告人有罪的，应当作出证据不足、指控的犯罪不能成立的无罪判决。

第十二节　保障诉讼参与人的诉讼权利原则

《刑事诉讼法》第14条规定："人民法院、人民检察院和公安机关应当保障犯罪嫌疑人、被告人和其他诉讼参与人依法享有的辩护权和其他诉讼权利。诉讼参与人对于审判人员、检察人员和侦查人员侵犯公民诉讼权利和人身侮辱的行为，有权提出控告。"此规定保障了诉讼参与人的诉讼权利，主要包括以下含义：

1. 诉讼权利是诉讼参与人享有的法定权利，法律应当予以保护，公安司法机关不得以任何方式加以剥夺。不仅如此，公安司法机关还有义务保障诉讼参与人充分行使诉讼权利，对于刑事诉讼中妨碍诉讼参与人行使诉讼权利的各种行为，公安司法机关有义务采取措施排除他们行使诉讼权利中的各种障碍。

2. 诉讼参与人在其诉讼权利受到侵害时，有权采用法律手段依法保护自己的诉讼权利，有关机关对于侵犯公民诉讼权利的行为应当认真查处。

3. 诉讼参与人的诉讼权利应当得到保护，并不意味着诉讼参与人可以放弃其应承担的诉讼义务。公安司法机关有义务保障诉讼参与人的诉讼权利，也有权力要求诉讼参与人履行相应的诉讼义务，否则，刑事诉讼就无法顺利进行。

依法保障公民的诉讼权利，是我国刑事诉讼的一贯原则，是我国刑事诉讼民主、公正和文明的标志。在刑事诉讼中，诉讼参与人以不同的方式参与刑事诉讼活动，只有切实保障诉讼参与人的诉讼权利，才能使诉讼参与人的合法权益不受侵犯，才能使诉讼参与人积极参加诉讼，保证刑事诉讼顺利进行，保证刑事诉讼的任务和目的得以实现。同时，保障诉讼参与人的诉讼权利，还有利于促进公、检、法机关不断改进和完善自己的工作，对犯罪分子准确适用法律，减少或者避免办案过程中可能出现的错误，有效查处和打击犯罪，保障刑事诉讼活动的顺利合法进行。

第十三节　具有法定情形不予追究刑事责任原则

《刑事诉讼法》第15条规定："有下列情形之一的，不追究刑事责任，已经追究的，应当撤销案件，或者不起诉，或者终止审理，或者宣告无罪：（一）情节显著轻微、危害不大，不认为是犯罪的；（二）犯罪已过追诉时效期限的；（三）经特赦令免除刑罚的；（四）依照刑法告诉才处理的犯罪，没有告诉或者撤回告诉的；（五）犯罪嫌疑人、被告人死亡的；（六）其他法律规定免予追究刑事责任的。"这是我国依照法律规定不予追究刑事责任的直接法律依据。根据该条规定，具有上述情形之一的，不予追究刑事责任；已经追究

的,应当撤销案件,或者不起诉,或者终止审理,或者宣告无罪。具体来说,依法不予追究刑事责任的情形主要有以下六种:

1. 情节显著轻微、危害不大,根据《刑法》不认为是犯罪的。根据《刑法》规定,任何行为只有具有社会危害性且危害性达到一定程度才能构成犯罪,不认为是犯罪即不构成犯罪,当然不能追究刑事责任。

2. 犯罪已过追诉时效期限的。超过《刑法》规定的追诉时效期限的,就不能再对其追究刑事责任。《刑法》规定了对于刑事犯罪的追诉期限:法定最高刑为不满5年有期徒刑的,经过5年;法定最高刑为5年以上不满10年有期徒刑的,经过10年;法定最高刑为10年以上有期徒刑的,经过15年;法定最高刑为无期徒刑、死刑的,经过20年。但是法定刑为无期徒刑、死刑的,如果20年以后认为必须追诉的,须报请最高人民检察院核准。但是在人民检察院、公安机关、国家安全机关立案侦查或者在人民法院受理案件后,逃避侦查或者审判的,不受追诉时效的限制;被害人在追诉期限内提出控告,人民法院、人民检察院、公安机关应当立案而不予立案的,不受追诉期限的限制。

3. 经特赦令免除刑罚的。在我国,特赦是一种恩赦制度,全国人民代表大会常务委员会有权决定特赦。这种特赦命令具有终止刑事追究的法律效力,对经特赦令免除刑罚的犯罪分子,就不能再追究刑事责任。

4. 依照刑法告诉才处理的犯罪,没有告诉或者撤回告诉的。告诉才处理的案件以被害人提出告诉为前提。根据我国《刑法》规定,侮辱罪、诽谤罪、暴力干涉婚姻自由罪、虐待罪和侵占罪都是属于告诉才处理的犯罪。被害人没有提出告诉或者撤回告诉的,对这类案件的追究就失去了法律基础。

5. 犯罪嫌疑人、被告人死亡的。我国《刑法》实行罪责自负的原则,如果犯罪嫌疑人、被告人死亡的,就失去了适用刑罚的对象,追究刑事责任已经没有意义,因此应终结诉讼,不予追究。

6. 其他法律规定免予追究刑事责任的。如果一个人的行为根据《刑法》规定构成犯罪,但由于其具有某些情节或特殊情况,其他法律规定免除刑事责任的,可以不予追究其刑事责任。

对于上述法定不追究刑事责任的情形,《刑事诉讼法》和最高法《解释》规定了不同的处理方式。具体说来,在立案阶段,人民法院发现自诉案件有上述情形之一的,应当不予受理。公诉案件有上述情形之一的,公安机关和人民检察院应作出不立案的决定。在侦查阶段,侦查机关遇有上述情形之一的,应当撤销案件。撤销案件是指撤销原来的立案决定和对犯罪嫌疑人采取的强制措施，终止案件的侦查程序。在审查起诉阶段，人民检察院遇有上述情形之一的，应作出不起诉的决定。在审判阶段，对于上述第一种情形，人民法院应当以判决宣告无罪。对于其他几种情形，一般应以裁定终止审理。不过，根据已经查明的案件事实和认定的证据材料，能够确认已经死亡的被告人无罪的，人民法院应当判决宣告被告人无罪。

第十四节　追究外国人刑事责任适用我国刑事诉讼法原则

《刑事诉讼法》第16条规定："对于外国人犯罪应当追究刑事责任的，适用本法的规定。对于享有外交特权和豁免权的外国人犯罪应当追究刑事责任的，通过外交途径解决。"该原则确立了我国刑事诉讼法对外国人的效力，是国家主权原则在刑事诉讼中的具体体现。我国是一个独立主权的国家，外国人犯罪也应当被追究刑事责任，这一原则主要有两层含义：

1. 对于外国人犯罪应当追究刑事责任的，适用我国《刑法》和《刑事诉讼法》的规定。这里的"外国人"包括具有外国国籍的人、无国籍人以及国籍不明的人。我国作为一个主权独立的国家，在我国司法管辖权范围内，外国人应与中国人一样遵守中国法律。当外国人的行为触犯刑法，应当受到刑事追究时，公安司法机关应当按照我国《刑事诉讼法》的规定进行立案、侦查、起诉和审判。外国人在我国刑事诉讼中享有同我国公民一样的诉讼权利，也承担同我国公民一样的诉讼义务，不应对外国人差别对待。

2. 依据国际惯例，享有外交特权和豁免权的外国人犯罪，应当追究刑事责任的，依据外交途径解决。依据1986年9月5日第六届全国人大常委会通过的《中华人民共和国外交特权与豁免条例》，享有外交特权和豁免权的外国人包括：外国驻中国使馆的外交代表以及与他们共同生活的配偶和未成年子女；来中国访问的外国国家元首、政府首脑、外交部长及其他具有同等身份的官员；途经中国的外国驻第三国的外交代表和与其共同生活的配偶及未成年子女；持有中国外交签证或者持有外交护照来中国的外交官员；经中国政府同意给予外交特权和豁免的其他来中国访问的外国人。上述人员在中国犯罪的，不受我国刑事法律管辖，而是通过外交途径解决。所谓"通过外交途径解决”，主要包括三种方式：建议派遣国将其召回依法予以处理；宣布为不受欢迎的人；令其限期出境以及由我国政府宣布将其驱逐出境。

确立追究外国人的刑事责任适用我国《刑事诉讼法》的原则，有利于维护我国的国家主权和民族尊严，保护我们国家和公民的利益，维护我国法律的尊严。同时，适用这一原则也符合国际惯例和国与国之间平等互利的原则，有利于妥善处理我国与外国的关系，促使国与国之间的平等正常的交往。

第十五节　刑事司法协助原则

《刑事诉讼法》第 17 条规定：“根据中华人民共和国缔结或者参加的国际条约，或者按照互惠原则，我国司法机关和外国司法机关可以相互请求刑事司法协助。”这一规定确立了我国的刑事司法协助原则。适用这一原则的前提条件是适用我国参加或者缔结的国际条约规定。刑事诉讼中的司法协助，是指我国司法机关与外国司法机关之间，根据相互缔结的条约或者参加的国际条约以及互惠原则，互相协助，代为进行某些刑事诉讼行为的活动。

刑事司法协助的主体是我国司法机关和外国司法机关。这里的司法机关是广义的，包括双方法院和检察机关。我国于 1984 年加入了国际刑警组织，因此我国公安机关与外国警察机关的协作通常通过国际刑警组织进行。司法部司法协助局作为我国对外进行司法协助的中央机关负责对外联系。

刑事司法协助的法律依据包括我国与外国缔结的条约或者协定、我国参加的载有司法协助内容的国际条约以及国际公认的互惠原则。

根据法律规定，刑事司法协助的内容主要包括：

1. 代为送达文书，包括司法文书与非司法文书。所谓司法文书，是指侦查、检察、审判、公证等司法机关在处理各类案件的各个环节、步骤上形成与使用的专用文书。非司法文书是指与刑事诉讼有关的除司法文书以外的其他文书和文件，如身份证明文件。

2. 代为调查取证，包括互相委托进行鉴定、勘验、检查、搜查和扣押，互相代为通知证人、鉴定人出庭，互相移交物证、书证等证据。

3. 刑事司法协助还包括引渡这一重要的内容。所谓引渡，是指一国将当时在其境内而被他国指控犯有罪行或者判过刑的人，根据他国的请求，移送该国进行审判或者处罚的制度。我国与外国的引渡以与外国签订的引渡条约为依据。

【深度阅读】

1. 刘广三:“从刑事诉讼法修正案看刑事诉讼法基本原则新走向”,载《法治研究》2012 年第 7 期。

2. 孙洪坤:“刑事司法职权优化配置的模式”,载《法治研究》2014 年第 3 期。

【课后思考】

1. 在刑事司法实践中坚持不偏不倚、不枉不纵、秉公执法原则,反映了我国刑事诉讼“惩罚犯罪与保障人权并重”的理论观点。如果有观点认为“司法机关注重发现案件真相的立足点是防止无辜者被错误定罪”,该观点属于下列哪一种学说?(单选题)

A. 正当程序主义

B. 形式真实发现主义

C. 积极实体真实主义

D. 消极实体真实主义

2. 社会主义法治的公平正义,要通过法治的一系列基本原则加以体现。“未经法院依法判决,对任何人都不得确定有罪”是《刑事诉讼法》确立的一项基本原则。关于这一原则,下列哪些说法是正确的?(多选题)

A. 明确了定罪权的专属性,法院以外任何机关、团体和个人都无权行使这一权力

B. 确定被告人有罪需要严格依照法定程序进行

C. 表明我国刑事诉讼法已经全面认同和确立无罪推定原则

D. 按照该规定,可以得出疑罪从无的结论

3. 关于《刑事诉讼法》“尊重和保障人权,保护公民的人身权利、财产权利、民主权利和其他权利”的规定,下列哪一选项是正确的?(单选题)

A. 体现了以人为本、保障和维护公民基本权利和自由的理念

B. 体现了犯罪嫌疑人、被告人权利至上的理念

C. 体现了实体公正与程序公正并重的理念

D. 体现了公正优先、兼顾效率的理念

4. 二审法院发现一审法院的审理违反《刑事诉讼法》关于公开审判、回避等规定的，应当裁定撤销原判、发回原审法院重新审判。关于该规定，下列哪些说法是正确的？（多选题）

A. 体现了分工负责、互相配合、互相制约的原则

B. 体现了严格遵守法定程序原则的要求

C. 表明违反法定程序严重的，应当承担相应法律后果

D. 表明程序公正具有独立的价值

5. 被告人马某，男，42岁，捕前系某市物资公司经理。2011年6月，某市物资公司成立“华秋”公司，并允许公司有关人员集资入股。此间，华秋公司负责人刘某曾与马某讨论集资之事，马某表示家中负担重，手头紧，无钱集资，刘某当即提出为其支付1万元集资款，马某稍作推脱后表示同意。随后，刘某从其经手的华秋公司账上开具转账支票一张，票面金额1万元整，由公司会计兑付现金后交给马某。马某将此款以个人名义集资入股。后集资款返还给马某，马某即将该笔款项存入银行据为己有。后经群众举报，某区人民检察院着手对该案进行了调查。

某市人民检察院对该案侦查终结后，以贪污罪向某区人民法院提起公诉。在某区人民法院办理该案的过程中，该区区委书记由于与马某有亲戚关系，出面干涉，提出此案不构成贪污罪，并多次打电话给法院有关负责人以及承办人员，要求法院作无罪判决。

问：

在本案中，某区区委书记的做法违背了我国刑事诉讼法的哪项基本原则？

6. 被告人孙某，某市出租车司机。2013年1月，被害人彭某搭乘孙某驾驶的出租车从城郊返回。由于当天天降大雪，路面打滑，车辆行驶缓慢，且多次堵车，行了近两个小时，还未到达目的地。因而彭某很是不满，多次埋怨驾驶员驾驶技术。于是孙某与彭某发生冲突，随后，孙从驾驶座上取出两用螺丝刀一把，这时，彭某也从车上下来，站在孙某身后，准备袭击孙某。孙某见此情况，遂用手中螺丝刀向着彭某猛刺一下。后接到报警的110民警赶到现场，经法医鉴定，被害人彭某肺脏破裂，导致急性大出血。

案发后，公安机关对该案进行了侦查。通过讯问犯罪嫌疑人、询问当时在场的几位证人以及对现场进行勘验，公安机关认为，犯罪嫌疑人孙某构成故意伤害罪。侦查终结后，将该案移送某区人民检察院审查起诉。检察院对

该案进行了审查,认为该案事实基本清楚,但证据中尚缺乏犯罪嫌疑人伤害被害人的螺丝刀,遂要求公安机关提供该项物证。公安机关经过进一步侦查,终于找到该螺丝刀,并将之提交给人民检察院。人民检察院经过进一步审查认为,该案犯罪嫌疑人的犯罪事实清楚,证据确实充分,应当依法追究刑事责任,遂以故意伤害罪向某区人民法院提起公诉,某区人民法院依法对该案进行了审判。

问:

怎样理解在本案中所体现的"人民法院、人民检察院和公安机关进行刑事诉讼,应当分工负责、互相配合、互相制约"这一原则?

第二章　管　　辖

本章要点

立案管辖
审判管辖
级别管辖
地区管辖
指定管辖

设官分职，以为民极。

——《周礼》

在一个秩序良好的国家中，司法部门应得到人民的信任和支持，从这个意义出发，公信力的丧失就意味着司法权的丧失。

——［英］马丁

被告人江某，男，40岁，原任吉林省某国际经济贸易开发公司副总经理兼下属凯达经贸有限公司经理。2011年5月12日，有群众向吉林省人民检察院举报江某挪用下属凯达公司的10万元人民币进行炒股。吉林省人民检察院受理此案后，派侦查人员向江某进行了讯问。在随后的侦查过程中，检察院的侦查人员顺藤摸瓜，发现：2009年，江某利用给公司说情的机会，收受9.3万美元，购买了两辆豪华轿车；2010年2月，江某将丰达公司账内20余万美元转到长春某房地产公司，随即再转到自己名下，购买住宅一套；2010年8月，江某在代理和龙集成材料厂进口设备的过程中，将应付给A国某公司的150万美元合同款中的70万美元支付到与自己来往密切的香港某公司经理刘某的手中，从中收取60万元人民币的介绍费。

自2009年以来，江某利用职务之便，共涉嫌贪污1200余万元，受贿224万元，挪用公款310万元——涉嫌犯罪总额多达1734万元。在法定的期间内，长春市人民检察院向长春市中级人民法院提起了公诉。长春市中级人民法院对江某一案进行了审理。查明被告人贪污公款、收受贿赂、挪用公款总计犯罪金额合人民币1540万元。法院认为：江某系国有公司从事公务的人员，利用职务上的便利侵吞、骗取公款，接受他人贿赂，情节特别严重；挪用公款情节严重，应依法惩处。依照刑法有关规定，判决被告人江某犯贪污罪判处死刑，剥夺政治权利终身，并处没收个人全部财产；犯受贿罪判处死刑，剥夺政治权利终身，并处没收个人全部财产；犯挪用公款罪判处有期徒刑15年。决定执行死刑，剥夺政治权利终身，并处没收个人全部财产。

第一节　概　　述

一、管辖的概念

管辖是进行刑事诉讼必须首先要解决的问题。刑事诉讼中的管辖，是指公安机关、检察机关和审判机关等在直接受理刑事案件上的权限划分以及审判机关系统内部在审理第一审刑事案件上的权限划分。任何刑事诉讼程序都要从立案活动开始，公安司法机关中的哪一个机关立案受理哪类刑事案件，以及哪一地区、哪一级的法院对此类案件有管辖权是立案最先要解决的问题。

刑事诉讼中的管辖，通常是根据刑事案件性质、情节轻重、复杂程度、发生地点等特点及公安司法机关在刑事诉讼中的职责所确立。根据我国现行刑事诉讼法及诉讼原理，一般将管辖分为立案管辖和审判管辖。而审判管辖又可进一步分为级别管辖、地区管辖、指定管辖和专门管辖。与民事诉讼、行政诉讼中的管辖相比较，刑事诉讼中的管辖显得颇为不同。民事诉讼、行政诉讼中的管辖仅涉及人民法院系统内部分工。而刑事诉讼有公诉和自诉之分，对于占刑事诉讼绝大多数的公诉案件，进行起诉和审判必须要经过侦查。而对于自诉案件，人民法院的立案管辖与审判管辖要合二为一，是审判权的具体落实。因此，刑事管辖不仅涉及人民法院系统内部受理刑事案件的分工，而且涉及公安机关、人民检察院、人民法院的立案管辖问题。

二、管辖的意义

管辖制度作为刑事诉讼中一项重要的诉讼制度，其确立具有十分重要的意义，具体表现为：

1. 明确刑事案件的管辖权，有利于公、检、法机关明确各自的权限与职责，依法行使自己的职权，使刑事诉讼得以顺利地进行，防止公、检、法机关因权限或职责不明而出现的互争管辖或互相推诿的现象；也有利于调动三机关处理刑事案件的积极性、主动性，增强它们的责任感，使公、检、法机关各司其职，各尽其责，保证客观、及时、准确地处理刑事案件。

2. 明确刑事案件的管辖权，有利于机关、团体、企事业单位和公民个人向有管辖权的公安司法机关报案、检举、起诉。这有利于单位或者公民个人直接向有管辖权的机关行使报案、检举、起诉的权利，充分发挥人民群众同违法犯罪行为作斗争的积极性。

3. 明确刑事案件的管辖权，有利于避免或减少不必要的移送环节，使刑事诉讼活动迅速展开，便于公民参加诉讼，也便于公、检、法机关及时调查取证。

三、管辖确立的依据与分类

由于管辖关系到刑事诉讼活动能否顺利开展，因此，具体案件管辖权的确立是案件进行必须解决的首要问题。刑事诉讼中的管辖，一般要依据公、检、法机关在刑事诉讼中的权限与职责来确定，同时要考虑刑事案件的复杂程度、案件的性质、社会影响力的大小以及案件发生的地点、方式等因素。

管辖的分类是指从管辖的不同角度对管辖进行划分。依据我国《刑事诉讼法》的规定，刑事诉讼中的管辖一般可以分为两大类，一是公、检、法机关在直接受理刑事案件上的权限分工，即立案管辖；二是人民法院之间在审理第一审刑事案件上的权限分工，即审判管辖。审判管辖可以分为普通管辖和专门管辖，而普通管辖又可进一步划分为级别管辖、地区管辖和指定管辖。这样就形成了一套科学合理的管辖体系，避免浪费不必要的人力、物力、财力。

第二节　立案管辖

立案管辖，又称职能管辖或者部门管辖，是指公安机关、人民检察院、人民法院在直接受理案件上的权限分工。具体而言，立案管辖要解决的是某一刑事案件由哪一国家专门机关立案受理的问题。确立立案管辖的依据主要是以下几点：

1. 公、检、法机关在刑事案件中的权限与职能。我国受理刑事案件的国家专门机关主要有三类，但其权限和职能有所不同。具体而言，公安机关是国家的治安保卫机关，人民检察院是国家的法律监督机关，人民法院是国家的审判机关，管辖的确立应与它们各自的权限和职能相适应，以便公、检、法机关各司其职、各尽其责，互相配合、互相制约，保证诉讼的顺利进行。

2. 刑事案件的性质、案情的轻重及复杂程度。每起案件的性质、难易程度各不相同，有的不需要侦查即能作出审判，而需要侦查的案件也有难易之分。因此，基于案件的不同性质和复杂程度，法律上明确规定不同的案件由不同机关管辖，明确各个国家专门机关对刑事案件的管辖范围，保证办案质量。

一、由公安机关立案管辖的案件

《刑事诉讼法》第 18 条第 1 款规定："刑事案件的侦查由公安机关进行，法律另有规定的除外。"这说明刑事案件的侦查一般都由公安机关进行，但是也存在法律上的例外情况。公安部《规定》第 14 条："根据刑事诉讼法的规定，刑事案件由公安机关管辖，但下列刑事案件除外：(一)贪污贿赂犯罪，国家工作人员的渎职犯罪，国家机关工作人员利用职权实施的非法拘禁、刑讯逼供、报复陷害、非法搜查的侵犯公民人身权利的犯罪以及侵犯公民民主权利的犯罪案件，经省级以上人民检察院决定立案侦查的国家机关工作人员利用职权实施的其他重大的犯罪案件；(二)自诉案件，但对人民法院直接受理的被害人有证据证明的轻微刑事案件，因证据不足驳回起诉，人民法院移送公安机关或者被害人向公安机关控告的，公安机关应当受理；被害人直接向公安机关控告的，公安机关应当受理；(三)军人违反职责的犯罪和军队内部发生的刑事案件；(四)罪犯在监狱内犯罪的刑事案件；(五)其他依照法律和规定应当由其他机关管辖的刑事案件。"在司法实践中，上述案件仅占刑事案件的一小部分，大多数案件的立案侦查任务仍由公安机关承担，这是因为公安机关是国家的治安保卫机关，拥有严密的组织系统、良好的侦查设备和人员配备，由公安机关承担立案侦查的任务是与其自身的性质、权限和职能相适应的，同时也符合同违法犯罪行为作斗争的需要。

公安部《规定》第 15 条第 1 款规定："刑事案件由犯罪地的公安机关管辖。如果由犯罪嫌疑人居住地的公安机关管辖更为适宜的，可以由犯罪嫌疑人居住地的公安机关管辖。"所谓犯罪地包括犯罪行为发生地和犯罪结果发生地。确立由犯罪地的公安机关管辖,有利于公安机关及时调查取证,了解案件相关情况,抓获嫌疑人。而规定如果由犯罪嫌疑人居住地的公安机关管辖更为适宜的,可以由犯罪嫌疑人居住地的公安机关管辖,这体现了法律原则性与灵活性的统一。

刑事案件由犯罪地的公安机关管辖也存在一些特殊情况,例如流窜犯罪存在多个犯罪地时如何解决? 对此,公安部《规定》第 18 条规定:"几个公安机关都有权管辖的刑事案件,由最初受理的公安机关管辖。必要时,可以由主要犯罪地的公安机关管辖。"而所谓"主要犯罪地",是指一个犯罪嫌疑人在多个不同地区实施同一犯罪行为时,其主要犯罪行为的实施地;一个犯罪嫌疑人在多个不同地区实施不同犯罪行为时,其最严重犯罪行为的实施地。

在司法实践中,也可能会遇到一些管辖不明或者管辖权有异议的情况,对此,公安部《规定》第 19 条规定:"对管辖不明确或者有争议的刑事案件,可以由有关公安机关协商。协商不成的,由共同的上级公安机关指定管辖。对情况特殊的刑事案件,可以由共同的上级公安机关指定管辖。"

二、由人民检察院管辖的案件

《刑事诉讼法》第 18 条第 2 款规定:"贪污贿赂犯罪,国家工作人员的渎职犯罪,国家机关工作人员利用职权实施的非法拘禁、刑讯逼供、报复陷害、非法搜查的侵犯公民人身权利的犯罪以及侵犯公民民主权利的犯罪,由人民检察院立案侦查。对于国家机关工作人员利用职权实施的其他重大的犯罪案件,需要由人民检察院直接受理的时候,经省级以上人民检察院决定,可以由人民检察院立案侦查。"根据这一规定,人民检察院立案侦查的案件可以分为以下几类:

1. 贪污贿赂犯罪案件。此类案件是指修订后的刑法分则第八章规定的贪污贿赂罪和其他章节中明确规定按照刑法分则第八章贪污贿赂罪的规定定罪处罚的犯罪。具体有:(1)贪污案;(2)挪用公款案;(3)受贿案;(4)单位受贿案;(5)行贿案;(6)对单位行贿案;(7)介绍贿赂案;(8)单位行贿案;(9)巨额财产来源不明案;(10)隐瞒境外存款案;(11)私分国有资产案;(12)私分罚没财物案。

2. 国家工作人员的渎职犯罪案件。修订后的《刑法》已将渎职罪的主体修改为国家机关工作人员,人民检察院管辖的"渎职犯罪",是指刑法分则第九章规定的渎职罪。具体有:(1)滥用职权案;(2)玩忽职守案;(3)国家机关工作人员徇私舞弊案(根据自 2002 年 3 月 26 日起施行的最高人民法院、最高人民检察院《关于执行〈中华人民共和国刑法〉确定罪名的补充规定》之规定，此罪名已被取消）；（4）故意泄露国家秘密案；（5）过失泄露国家秘密案；（6）徇私枉法案；（7）民事、行政枉法裁判案：（8）私放在押人员案：（9）失职致使在押人员脱逃案；（10）徇私舞弊减刑、假释、暂予监外执行案；（11）徇私舞弊不移交刑事案件案；（12）滥用管理公司、证券职权案；（13）徇私舞弊不征、少征税款案；（14）徇私舞弊发售发票、抵扣税款、出口退税案；（15）违法提供出口退税凭证案；（16）国家机关工作人员签订、履行合同失职被骗案；（17）违法发放林木采伐许可证案；（18）环境监管失职案；（19）传染病防治失职案；（20）非法批准征用、占用土地案；（21）非法低价出让国有土地使用权案；（22）放纵走私案；（23）商检徇私舞弊案；（24）商检失职案；（25）动植物检疫徇私舞弊案；（26）动植物检疫失职案；（27）放纵制售伪劣商品犯罪行为案；（28）办理偷越国（边）境人员出入境证件案；（29）放行偷越国（边）境人员案；（30）不解救被拐卖、绑架妇女、儿童案；（31）阻碍解救被拐卖、绑架妇女、儿童案；（32）帮助犯罪分子逃避处罚案；（33）招收公务员、学生徇私舞弊案；（34）失职造成珍贵文物损毁、流失案等。

3. 国家机关工作人员利用职权实施的侵犯公民人身权利和民主权利的案件。具体包括：（1）非法拘禁案；（2）非法搜查案；（3）刑讯逼供案；（4）暴力取证案；（5）虐待被监管人案；（6）报复陷害案；（7）破坏选举案。

4. 其他由人民检察院直接立案侦查的案件。此类案件必须符合以下条件：（1）必须由国家机关工作人员利用职权实施；（2）规定由人民检察院直接受理；（3）经省级以上人民检察院决定。

三、由人民法院管辖的案件

《刑事诉讼法》第 18 条第 3 款规定：“自诉案件，由人民法院直接受理。”所谓自诉案件，是指被害人及其法定代理人、近亲属，为追究被告人的刑事责任，而直接向人民法院提起诉讼的案件，人民法院立案后直接进入审理程序，不需要经过公安机关或人民检察院立案侦查，也不需要人民检察院提起公诉。根据《刑事诉讼法》第 204 条的规定，自诉案件主要包括以下三类：

1. 告诉才处理的案件。所谓告诉才处理，是指被害人及其法定代理人提出控告和起诉，人民法院才予以受理，如果被害人不起诉，人民法院将无权直接受理。但是被害人不起诉必须是其真实意志的表现，如果被害人是因受强制、胁迫等原因而无法起诉，其法定代理人、近亲属代为起诉的，仍属于自诉案件，人民法院应该受理。根据我国《刑法》有关条款的规定，告诉才处理的案件主要包括四类：(1)侮辱、诽谤案(《刑法》第246条规定，但是严重危害社会秩序和国家利益的除外)；(2)暴力干涉婚姻自由案(《刑法》第257条第1款)；(3)虐待案(《刑法》第260条第1款)；(4)侵占案(《刑法》第270条)。

2. 被害人有证据证明的轻微刑事案件。这类案件必须符合两个条件：一是必须是轻微刑事案件。所谓轻微刑事案件，是指案件事实清楚、犯罪性质不太严重，不需要运用专门技术和手段进行侦查的案件。二是被害人必须自己承担举证责任，提出相应证据证明被告人有罪。主要包括以下几类：(1)故意伤害案(《刑法》第234条第1款)；(2)非法侵入住宅案(《刑法》第245条)；(3)侵犯通信自由案(《刑法》第252条)；(4)重婚案(《刑法》第258条)；(5)遗弃案(《刑法》第261条)；(6)生产、销售伪劣商品案(刑法分则第3章第1节规定的，但是严重危害社会秩序和国家利益的除外)；(7)侵犯知识产权案(刑法分则第3章第7节规定的，但是严重危害社会秩序和国家利益的除外)；(8)属于刑法分则第4章、第5章规定的，对被告人可能判处三年有期徒刑以下刑罚的案件。对以上八类案件，被害人直接向人民法院起诉的，人民法院应当依法受理。对于其中证据不足、可由公安机关受理的，或者认为对被告人可能判处三年有期徒刑以上刑罚的，应当移送公安机关立案侦查。

3. 被害人有证据证明对被告人侵犯自己人身、财产权利的行为应当依法追究刑事责任，而公安机关或者人民检察院不予追究被告人刑事责任的案件。构成这类犯罪的案件必须符合下列条件：(1)被害人的人身权利、财产权利受到实际侵害。(2)被害人能够提供其人身、财产权利被被告人侵害的相应证据。被害人不提供或者不能提供相应证据的，人民法院应不予受理。(3)被告人的行为触犯了刑法，应当依法被追究刑事责任。(4)案件本属于公安机关或者人民检察院管辖，但是公安机关或者人民检察院作出不予追究被告人刑事责任的决定。明确此类案件由人民法院管辖，一方面有利于保障被害人的合法权益，维护被害人的诉讼地位，防止告状无门现象的发生；另一方面可以督促公安机关、人民检察院及时行使自己的职责，追诉犯罪行为，避免有案不立现象的发生。

四、公、检、法机关管辖权竞合的处理

1. 六部门《规定》第1条规定："公安机关侦查刑事案件涉及人民检察院的贪污贿赂案件时，应当将贪污贿赂案件移送人民检察院；人民检察院侦查贪污贿赂案件涉及公安机关管辖的刑事案件，应当将属于公安机关管辖的刑事案件移送公安机关。在上述情况中,如果涉嫌主罪属于公安机关管辖,由公安机关为主侦查,人民检察院予以配合;如果涉嫌主罪属于人民检察院管辖,由人民检察院为主侦查,公安机关予以配合。”主罪与次罪的划分,应当以犯罪嫌疑人涉嫌的犯罪可能判处的刑罚轻重为标准。

2. 人民法院在审理自诉案件的过程中,如果发现被告人还涉嫌实施了应当由人民检察院提起公诉的案件,应当将新发现的案件另案移送有管辖权的公安机关或者人民检察院处理。

3. 公安机关或者人民检察院在侦查过程中,如果发现被告人还涉嫌实施了属于人民法院直接受理的案件范围的犯罪时,应当分情况处理。对于属于告诉才处理的案件,可以告知被害人向人民法院直接提起诉讼;对于属于人民法院可以受理的其他类型的自诉案件的,可以立案侦查,然后在人民检察院提起公诉时,和公诉案件一并移送到人民法院,由人民法院合并审理。侦查终结后不提起公诉的,则应直接移送人民法院处理。

第三节 审判管辖

审判管辖,是指人民法院在审判第一审刑事案件上的职权分工,包括各级人民法院之间、普通人民法院与专门人民法院之间以及同级人民法院之间在审理第一审案件上的分工。从刑事诉讼的角度上讲,审判管辖所要解决的是某一刑事案件由哪个人民法院进行第一审审判的问题。依照我国《刑事诉讼法》的规定,审判管辖可以分为普通管辖和专门管辖,而普通管辖又可进一步划分为级别管辖、地区管辖和指定管辖。

一、级别管辖

级别管辖,是指各级人民法院在审理第一审案件时的权限分工。级别管辖的划分主要考虑了以下因素:(1)各级人民法院的职权负担。级别越高的人民法院工作内容越广泛,所以,不宜审理过多的第一审案件,故一审案件多由基层、中级人民法院管辖。(2)案件的性质和可能判处刑罚的轻重。通常来说,性质越严重,可能判处的刑罚也越重,就越应该由相应级别较高的法院来审理。(3)案件的社会影响力大小。管辖法院的级别一般应与案件的社会影响成正比。(4)不同级别法院的工作重点和工作量多少。根据我国《刑

事诉讼法》的规定,级别管辖可以具体划分为:

(一)基层人民法院管辖的第一审案件

《刑事诉讼法》第19条规定:“基层人民法院管辖第一审普通刑事案件,但是依照本法由上级人民法院管辖的除外。”基层人民法院距犯罪地或当事人的住所地最近,与人民群众的联系最密切,而且基层人民法院在人民法院组织体系中的数量最多,规定大多数普通刑事案件由基层人民法院管辖,更有利于搜集证据,进行审判,便于群众诉讼,更好地发挥法制工作的教育作用。

(二)中级人民法院管辖的第一审案件

根据《刑事诉讼法》第20条规定,中级人民法院管辖下列第一审刑事案件:(1)危害国家安全、恐怖活动案件。确立恐怖活动案件由中级人民法院管辖,第一,这是由“恐怖活动案件”的特殊性决定的,由于“恐怖活动案件”是一种严重的暴力犯罪案件,世界各国立法均规定由较高级别的法院或者是设在较高级别法院内部的特殊裁判机关行使第一审管辖权。第二,这是我国反恐怖活动犯罪立法发展的需要。(2)可能判处无期徒刑、死刑的案件。这是以可能判处刑罚的轻重为标准进行的界定。

我国划分级别管辖主要是根据案件的性质、罪行的轻重、可能判处的刑罚、社会影响的大小以及各级人民法院的职责来确定。危害国家安全、恐怖活动犯罪以及可能判处无期徒刑、死刑的案件,涉案人员众多,涉案面广,社会危害性大,可能判处的刑罚较重,由中级人民法院作为一审法院,更加有利于保证对这些案件的一审质量,实现司法公正。

(三)高级人民法院管辖的第一审案件

《刑事诉讼法》第21条规定:“高级人民法院管辖的第一审刑事案件,是全省(自治区、直辖市)性的重大刑事案件。”高级人民法院的职责主要有:对本辖区内中级人民法院和基层人民法院的审判活动进行指导和监督,审理不服中级人民法院判决、裁定的上诉案件;依法审判法律规定由高级人民法院管辖的刑事、民事、行政、海事等第二审案件;依法核准死刑缓期二年执行的案件;审理死刑缓期二年执行、无期徒刑的减刑案件和依法应由高级人民法院审理的假释案件;依法对下级人民法院行使指定管辖权;监督下级人民法院的审判工作等等。高级人民法院所管辖的第一审刑事案件不宜过宽,以适应其所处的位置,因而立法上要求高级人民法院审理的第一审刑事案件为全省(自治区、直辖市)的重大刑事案件,这样的范围是合适的。

(四)最高人民法院管辖的第一审案件

《刑事诉讼法》第22条规定:“最高人民法院管辖的第一审刑事案件,是全国性的重大刑事案件。”但是对于全国性的重大刑事案件,立法上并没有明确的规定,主要由最高人民法院自己把握。最高人民法院是中华人民共和国最高审判机关,负责审理各类案件,制定司法解释,监督地方各级人民法院和专门人民法院的审判工作,并依照法律确定的职责范围,管理全国法院的司法行政工作。由最高人民法院审判的第一审案件十分罕见(审判林彪、江青反革命集团案件),只有这样,才能保证最高人民法院集中主要精力监督、指导各级人民法院和专门人民法院的审判工作。

由于刑事案件的情况十分复杂,人民法院的审判工作受主、客观因素的影响,难免会遇到难以解决的问题,因而级别管辖必须要有一定的灵活性。除了上述级别管辖的情形外,级别管辖还有一些特殊情形,如《刑事诉讼法》第23条规定:“上级人民法院在必要的时候,可以审判下级人民法院管辖的第一审刑事案件;下级人民法院认为案情重大、复杂需要由上级人民法院审判的第一审刑事案件,可以请求移送上一级人民法院审判。”这说明上级人民法院可以审理下级人民法院管辖的一审刑事案件,但必须是在必要的时候,所谓必要,是指案情复杂、重大或者发生基层人民法院难以解决的问题。但上级人民法院的提审必须要在下级人民法院宣判之前,而下级人民法院的移送也必须经过上级人民法院的同意。

二、地区管辖

地区管辖,是指同级人民法院在审理第一审刑事案件上的权限划分。级别管辖解决的是纵向的审判管辖关系,而地区管辖则从横向方面解决了案件的管辖问题。我国《刑事诉讼法》规定了地区管辖的两个原则:

(一)犯罪地人民法院管辖为主,被告人居住地法院管辖为辅的原则

《刑事诉讼法》第24条规定:“刑事案件由犯罪地的人民法院管辖。如果由被告人居住地的人民法院审判更为适宜的,可以由被告人居住地的人民法院管辖。”这说明我国在确定地区管辖的原则有两个,即犯罪地和被告人居住地。但两者在地区管辖中的地位并不是相等的,在确定地区管辖时,应该首先考虑的是犯罪地人民法院。这里所说的犯罪地,一般包括犯罪预备地、犯罪行为实施地、犯罪结果地和销赃地等,法律上之所以规定刑事案件原则上由犯罪地人民法院管辖的理由主要有:(1)犯罪地往往是罪证最集中的地方,确立由犯罪地人民法院管辖更有利于证据的搜集,便于案情的迅速查明;

(2)诉讼参与人多集中在犯罪地,由犯罪地的人民法院管辖,便于他们就近参加诉讼活动,提高诉讼效率;(3)由犯罪地人民法院管辖,有利于当地群众及时了解案件的处理情况,发挥审判的法制教育作用,加强社会治安的综合治理,预防和减少犯罪的发生。

在考虑犯罪地人民法院管辖的同时,如果由被告人居住地法院管辖更为适宜时,也可以由被告人居住地的人民法院管辖。被告人居住地,是指被告人犯罪前、犯罪时以及起诉时的实际生活地、户籍所在地以及工作、学习的地方,司法实践中被告人的居住地要根据实际情况而定。所谓"更为适宜",主要考虑这些因素:(1)被告人的行为在其住所地引起较大民愤,当地人民群众强烈要求在当地审判的;(2)被告人流窜作案,其犯罪地难以确定,由被告人居住地的人民法院管辖更有利于案件的顺利进行;(3)由被告人居住地的人民法院管辖有利于保护和勘验现场,搜集和查对核实证据,迅速查明案情,正确地处理案件,也有利于刑罚的执行,实现法律的威慑、教育作用。

(二)由最初受理的人民法院管辖为主、主要犯罪地人民法院管辖为辅的原则

《刑事诉讼法》第25条规定:"几个同级人民法院都有权管辖的案件,由最初受理的人民法院审判。在必要的时候,可以移送主要犯罪地的人民法院审判。"按照上述原则,有时并不能确定某一刑事案件由哪一个人民法院管辖,如一个犯罪涉及几个犯罪地点,依照犯罪地管辖原则,几个人民法院都对此有管辖权,而依被告人居住地原则也可能出现多个人民法院有管辖权的情况,针对这种情况,由最初受理的人民法院管辖,因为其对案件的基本情况有一定的了解,由其管辖更有利于案件的顺利进行,只有在必要的时候,可以由主要犯罪地人民法院管辖。所谓主要犯罪地,一般是指数个罪行中的主要罪行的犯罪地。但是同时它也应包括一种罪行的某个主要事实情节的犯罪地,比如犯罪行为的实施地,或者犯罪行为所造成的结果所在地等。当主要犯罪地人民法院管辖更有利于全面查清案件事实、正确处理案件、威慑犯罪分子和进行法制宣传教育,就可将案件移送主要犯罪地的人民法院审理。

三、指定管辖

指定管辖,是指当管辖不明或者有管辖权的法院不宜行使管辖权时,由上级人民法院以指定的方式确定案件的管辖。《刑事诉讼法》第26条规定:"上级人民法院可以指定下级人民法院审判管辖不明的案件,也可以指定下级人民法院将案件移送其他人民法院审判。"因此,指定管辖一般适用于两类

刑事案件：

1. 地区管辖不明的刑事案件由上级人民法院指定。在现实中，地区管辖不明的案件时有发生，如刑事案件发生在两个或两个以上法院管辖范围的交界处，案件由哪个人民法院管辖不能确定，容易形成互争管辖或互相推诿的现象。在这种情况下，应该由各级法院在审理权限内协商解决；协商不成的，由争议的人民法院分别逐级报请共同的上一级人民法院指定管辖。

2. 上级人民法院以指定的方式改变管辖权。在现实生活中，往往会出现原来有管辖权的法院由于各种原因不适宜或者不能审判刑事案件，如案件受到严重干扰，审判活动不能顺利进行。在这种情况下，上级人民法院可以指定下一级人民法院将其管辖的某一案件移送给其他人民法院，以保证审判活动可以及时、顺利地进行。

四、专门管辖

专门管辖，是指各专门法院之间、专门人民法院与普通人民法院之间在审判第一审刑事案件上的权限分工。它解决的是哪些刑事案件由哪一专门人民法院审判的问题。目前我国的专门人民法院主要有军事法院和铁路运输法院等。

（一）军事法院管辖的案件

最高法《解释》第22条规定："军队和地方互涉刑事案件，按照有关规定确定管辖。"实践中，关于军事法院的管辖问题应注意以下几点：

1. 管辖案件范围：(1)军人犯罪的；(2)军人在入伍前实施犯罪，需要与服役期内实施的犯罪一并审理的；(3)退役军人在服役期内实施军人违反职责罪的（含退役后又在地方实施犯罪，需要一并审理的）。军人和地方人员共同犯罪的，分别由军事法院和地方人民法院或者其他专门法院管辖；涉及军事秘密的，全案由军事法院管辖。

2. 军人的范围及按照军人管辖的人员范围。根据刑法和最高人民法院、最高人民检察院、公安部、国家安全部、司法部、解放军总政治部2009年发布的《办理军队和地方互涉刑事案件规定》的规定，军人，包括中国人民解放军和中国人民武装警察部队的现役军（警）官、文职干部、士兵以及具有军籍的学员。军队的文职人员、非现役公勤人员、在编职工、由军队管理的离退休人员，以及执行军事任务的预备役人员和其他人员，按照军人确定管辖。列入中国人民武装警察部队序列的公安边防、消防、警卫部队人员，按照地方人员确定管辖。

3. 管辖争议的处理。对于军地互涉案件管辖不明确的，由军队军区级以上军事法院与有关高级人民法院协商确定管辖；管辖有争议或者情况特殊的案件，报请最高人民法院指定管辖。[1]

（二）铁路运输法院管辖的刑事案件

铁路运输系统公安机关负责侦破的刑事案件，以及与铁路运输有关的经济犯罪等案件。在国际列车上发生的刑事案件，按照我国与相关国家签订的有关管辖协定执行。没有协定的，由犯罪发生后列车最初停靠的中国车站所在地或者目的地的铁路运输法院管辖。铁路运输法院与地方人民法院因管辖不明而发生争议的，一般由地方人民法院管辖。

五、几种特殊案件的审判管辖

刑事案件错综复杂，关于审判管辖存在一些特殊情况，对此，有关司法解释对这类案件的审判管辖作出了明确规定。

（一）在中国领域外的我国交通工具上的管辖

1. 在中华人民共和国领域外的中国船舶内的犯罪，由该船舶最初停泊的中国口岸所在地的人民法院管辖（最高法《解释》第 4 条）。

2. 在中华人民共和国领域外的中国航空器内的犯罪，由该航空器在中国最初降落地的人民法院管辖（最高法《解释》第 5 条）。

3. 在国际列车上的犯罪，根据我国与相关国家签订的协定确定管辖；没有协定的，由该列车最初停靠的中国车站所在地或者目的地的铁路运输法院管辖（最高法《解释》第 6 条）。

（二）中国公民在国外犯罪的管辖

1. 中国公民在中国驻外使、领馆内的犯罪，由其主管单位所在地或者原户籍地的人民法院管辖（最高法《解释》第 7 条）。

2. 中国公民在中华人民共和国领域外的犯罪，由其入境地或者离境前居住地的人民法院管辖；被害人是中国公民的，也可由被害人离境前居住地的人民法院管辖（最高法《解释》第 8 条）。

（三）正在服刑的罪犯的犯罪案件管辖

1. 正在服刑的罪犯在判决宣告前还有其他罪没有判决的，由原审地人民法院管辖；由罪犯服刑地或者犯罪地的人民法院审判更为适宜的，可以由罪

---

〔1〕 张军、江必新主编：《新刑事诉讼法及司法解释适用解答》，人民法院出版社 2013 年版，第 24 ~ 26 页。

犯服刑地或者犯罪地的人民法院管辖。

2. 罪犯在服刑期间又犯罪的，由服刑地的人民法院管辖。

3. 罪犯在脱逃期间犯罪的，由服刑地的人民法院管辖。但是，在犯罪地抓获罪犯并发现其在脱逃期间的犯罪的，由犯罪地的人民法院管辖（最高法《解释》第11条）。

（四）其他特殊犯罪案件的管辖

1. 外国人在中华人民共和国领域外对中华人民共和国国家或者公民犯罪，根据《中华人民共和国刑法》应当受处罚的，由该外国人入境地、入境后居住地或者被害中国公民离境前居住地的人民法院管辖（最高法《解释》第9条）。

2. 对中华人民共和国缔结或者参加的国际条约所规定的罪行，中华人民共和国在所承担条约义务的范围内，行使刑事管辖权的，由被告人被抓获地的人民法院管辖（最高法《解释》第10条）。

【深度阅读】

1. 龙宗智："刑事诉讼指定管辖制度之完善"，载《法学研究》2012年第4期。

2. 孙洪坤著：《刑事诉讼法的时代精神》，法律出版社2009年版。

【课后思考】

1. 赵某因绑架罪被甲省A市中级法院判处死刑缓期两年执行，后交付甲省B市监狱执行。死刑缓期执行期间，赵某脱逃至乙省C市实施抢劫被抓获，C市中级法院一审以抢劫罪判处无期徒刑。赵某不服判决，向乙省高级法院上诉。乙省高级法院二审维持一审判决。此案最终经最高法院核准死刑立即执行。关于执行赵某死刑的法院，下列哪一选项是正确的？（单选题）

A. A市中级法院

B. B市中级法院

C. C市中级法院

D. 乙省高级法院

2. 法院审理过程中，被告人赵某在最后陈述时，以审判长数次打断其发言为理由申请更换审判长。对于这一申请，下列哪一说法是正确的？（单选题）

A. 赵某的申请理由不符合法律规定，法院院长应当驳回申请

B. 赵某在法庭调查前没有申请回避,法院院长应当驳回申请

C. 如法院作出驳回申请的决定,赵某可以在决定作出后五日内向上级法院提出上诉

D. 如法院作出驳回申请的决定,赵某可以向上级法院申请复议一次

3. 周某采用向计算机植入木马程序的方法窃取齐某的网络游戏账号、密码等信息,将窃取到的相关数据存放在其租用的服务器中,并利用这些数据将齐某游戏账户内的金币、点券等虚拟商品放在第三方网络交易平台上进行售卖,获利5000元。下列哪些地区的法院对本案具有管辖权?(多选题)

A. 周某计算机所在地

B. 齐某计算机所在地

C. 周某租用的服务器所在地

D. 经营该网络游戏的公司所在地

4. 2008年初,湖北省武汉市A公司总经理王甲以介绍高息存款为名,将徐州市B信用联社1700万元人民币以A公司的名义存入原中国投资银行湖北省分行C区办事处。次日,王甲又以此存款为担保,为武汉市D有限公司贷款1360万元,贷款期11个月,而B信用联社对此并不知情。贷款期满后,D有限公司未能按期偿还贷款,C办事处只好于2009年4月向武汉市中级人民法院起诉A公司、D有限公司。同年11月,B信用联社向湖北省高级人民法院起诉C区办事处和A公司。但两法院的结果迟迟未下,B信用联社怕拿不回钱,便决定采取其他"便捷"的手段。

2010年10月3日,徐州市公安局秘密将C区办事处主任吴某强行带离武汉市,并对其"监视居住",声称拿钱赎人。吴某及其家属向武汉市中级人民法院提起行政诉讼,状告徐州市公安局限制人身自由。就在武汉市中院要求放人的正式函到达徐州的前一天,徐州市检察院以涉嫌诈骗罪,批准逮捕了吴某。徐州市某区检察院随即以涉嫌诈骗罪,正式起诉王甲、王乙(D有限公司财务总监)、吴某三人。被告人吴某的辩护人代表吴某向法院提出了管辖权异议,而徐州市某区法院在出示了徐州市中级人民法院指定其管辖的裁定后,继续开庭审理,被告人吴某的律师当庭退庭拒绝辩护,三被告人保持沉默,拒绝回答任何问题。

问:

(1)我国刑事诉讼法对地域管辖是如何规定的?

(2)本案在程序上出现了何种违法现象?

第三章　回　　避

本章要点

回避的概念
回避的人员范围
回避的种类
回避的理由
回避的程序

诸鞫狱官与被鞫人有五服内亲及大功以上婚姻之家，并受业师，经为本部都督、刺史、县令，及有仇嫌者，皆须听换。

——《唐律疏议》

任何人都不能充当自己案件的法官。

——西方法谚

犯罪嫌疑人曾某，男，50岁，某建筑材料厂保卫科夜间巡逻员。2013年5月9日凌晨，犯罪嫌疑人曾某巡逻时听到仓库内有响声，并见仓库内有个黑影。曾某便放下电筒，右手拔出随身携带的尖刀向仓库内的黑影走去，那人突然跃出，向迎面走来的曾某脸部猛击一拳，曾某情急之下，不及招架，便举刀向对方刺了两刀。然后便奔出仓库，跑向宿舍去找人。人们闻讯赶来，发现盗窃分子被刺后已倒地身亡。曾某见罪犯已死，便携刀去公安机关自首。

当日，公安机关立案侦查并将曾某刑事拘留，指派侦查员甲、乙二人负责此案的侦查工作。犯罪嫌疑人曾某在经侦查机关批准后，于当日聘请本市某律师事务所周律师为其提供法律咨询，代为申诉、控告。第二天，周律师经与曾某会谈了解到昨天讯问曾某的侦查员甲与曾某有“宿仇”，并一直在找机会报复，这次讯问时，就打了他两耳光。当即，周律师和犯罪嫌疑人曾某以侦查员甲有法定回避理由，向侦查机关提出回避申请，但被侦查机关当场驳回并不允许其申请复议。

第一节　概　　述

一、回避的概念

刑事诉讼中的回避，是指侦查人员、检察人员或者审判人员等与案件有某种利害关系或者其他特殊关系可能影响案件的公正处理的，依法不得参与该案诉讼活动的一种制度。

根据西方国家的诉讼理论，回避制度的确立是为了保证法官、陪审员在诉讼过程中保持中立的地位，以确保当事人能够获得公正的审判。而无论在哪一种诉讼制度中，法院、法官都必须保持中立，以保证法院公正地行使裁判权。

回避制度是一项古老的诉讼制度，也是一项诉讼民主制度。回避制度是国家司法活动中一项非常重要的制度。属于案件当事人、与案件有利害关系或者与案件有其他关系可能影响案件公正处理的，有关工作人员应当自行回避，即不再参与办理这一案件，当事人也有权申请回避。根据我国《刑事诉讼法》的规定，我国的回避制度不仅适用于审判人员，而且也适用于检察人员、侦查人员以及书记员、翻译人员、鉴定人等。上述各类人员在诉讼过程中如果有法定妨碍诉讼公正进行的情形的，都不能再参与该诉讼活动。

二、回避的意义

回避制度是现代世界各国刑事诉讼法所普遍适用的一项制度，它可以保证上述诉讼主体在诉讼中恪守诉讼义务、保持中立，对于保证刑事诉讼的顺利进行具有重要意义：

（1）有利于刑事案件得到客观公正地处理，实现司法公正

如果办案人员同案件有利害关系或者其他特殊关系，办案人员就可能不自觉地偏袒一方，容易出现弄虚作假、徇私舞弊的现象。而回避制度的存在，可以有效地避免这些不公正的因素，当发现参与诉讼的人员在侦查、起诉、审判的各个阶段有法定的妨碍诉讼进行的情形时，就应当被排除在诉讼之外，

从而保障案件得到客观、公正的处理,防止误判的发生。

(2)有利于确保司法机关的公信力,维护司法机关的权威

回避制度的建立和运作,有利于保证公安司法机关及其工作人员在刑事诉讼中处于公正的中立地位,消除当事人对于审判工作的疑虑,使得当事人对案件的处理过程和结果产生信赖,提升整个社会对司法的信心,从而在社会上产生普遍的社会公信力,维护公安司法机关在诉讼中的权威地位,保证刑事诉讼在文明、公正的环境下进行。

(3)有利于当事人在诉讼过程中受到公正对待,诉讼权利得以行使

在诉讼过程中,办案人员往往对大多数犯罪嫌疑人、被告人有一种成见,认为他们有可能是有罪的,在这种情况下,办案人员对案情的判断甚至是案件的最终处理结果会受到影响,难以做到公平地对待当事人。而回避制度的确立,有利于将这些偏见排除在诉讼之外,保证诉讼活动的纯洁性,使得当事人能够积极参加诉讼活动,充分行使诉讼权利,消除当事人及其法定代理人的思想顾虑,推动诉讼活动的顺利进行。

第二节　回避的人员范围、种类和理由

一、回避的人员范围

回避的人员范围,即回避制度对哪些人适用,法律上对此作出了明确规定。我国《刑事诉讼法》第28条、第31条规定了六种适用回避的情形,分别是审判人员、检察人员、侦查人员、书记员、翻译人员及鉴定人。

(一)审判人员

这里所说的审判人员应当是广义的,它不仅包括直接负责审判本案的审判员、助理审判员和人民陪审员,也包括对本案有权参与讨论和作出处理决定的法院院长、副院长、庭长、副庭长和审判委员会的所有成员。

(二)检察人员

既包括直接负责本案的审查批准逮捕、审查决定起诉、出庭支持公诉的检察员和助理检察员,也包括对本案有权参与讨论和作出处理决定的检察长、副检察长和检察委员会的所有成员。

(三)侦查人员

既包括直接负责本案侦查工作的公安机关和检察机关的侦查人员,也包

括对本案有权参与讨论和作出处理决定的检察长、副检察长、检察委员会委员、检察机关相应内设机构的负责人以及公安机关负责人。

（四）书记员

包括在起诉或审判阶段担任记录工作的书记员。书记员从事与诉讼有关的记录、送达和其他案件的辅助性工作，虽然这些工作对诉讼结果不起决定性作用，但书记员的不公正行为也会对案件的顺利进行产生影响。书记员不仅参与审判阶段的活动，也参与执行阶段的活动，其也应当是回避制度适用的对象。

（五）翻译人员

翻译人员，是指在刑事诉讼中为诉讼参与人提供语言、文字翻译的工作人员，它既包括在法庭审判时担任翻译工作的人员，也包括在侦查、起诉阶段讯问被告人和询问证人、被害人时担任翻译工作的人员。

（六）鉴定人

鉴定人，是指在刑事诉讼中受公安机关、人民检察院、人民法院的聘请或者指派，就案件中的某些专门问题进行鉴定并提供鉴定意见的工作人员。凡担任本案某个专门问题的鉴定工作并提供鉴定意见的人，都应包括在内。

（七）司法警察

司法警察俗称“法警”，即分别配置在人民检察院和人民法院，执行押解、警戒、强制执行以及维护法庭秩序等任务，其职能对于司法行为具有辅助性。最高检《规则》第 33 条将回避人员的范围扩展到司法警察。

（八）记录人

记录人，是在侦查工作中承担讯问笔录、询问笔录的记录工作的人员。公安部《规定》第 38 条规定，记录人也适用有关回避的规定。

二、回避的种类

依照我国《刑事诉讼法》及有关司法解释的规定，我国回避的种类可以分为自行回避、申请回避和指令回避三种类型。这是以提出回避的主体和方式为标准进行划分的。

自行回避，是指审判人员、检察人员、侦查人员等在诉讼过程中遇到法定回避情形时，主动要求退出刑事诉讼活动。这种回避应当是参与诉讼的人员主动提出的，在刑事诉讼的过程中，审判人员、检察人员、侦查人员等自身清楚回避事由，在这种情况下他们应当主动放弃参与该案的诉讼活动，以避免使诉讼活动归于无效，同时也体现了公安司法机关工作人员良好的法制素养。

申请回避，是指案件当事人及其法定代理人认为审判人员、检察人员、侦查人员等具有法定回避的情形之一时，而向他们所在的机关提出申请，要求他们回避，不得在诉讼中履行相应的职责。申请回避是案件当事人一项重要的诉讼权利，当事人及其法定代理人可以在刑事诉讼的任何阶段提出，依法应当回避的，应当坚决作出回避的决定，以便于将回避制度落到实处。

指令回避，是指审判人员、检察人员、侦查人员等遇到法定的回避情形没有自行回避，当事人及其法定代理人也没有申请其回避，院长或者审判委员会、检察长或者检察委员会、公安机关负责人有权作出决定，令其退出诉讼活动。指令回避是回避制度的重要组成部分，是对自行回避和申请回避的必要补充，也是一种监督。

三、回避的理由

回避的理由是指哪些情形下可以适用回避制度，根据《刑事诉讼法》第28条、第29条的规定，回避的理由主要有：

1. 是本案的当事人或者是当事人的近亲属的。这种情形是指审判人员、检察人员、侦查人员是本案的被害人、自诉人、犯罪嫌疑人、被告人、附带民事诉讼的原告人、被告人或者是他们的夫、妻、父、母、子、女、同胞兄弟姊妹等。如果审判人员是本案的当事人，那么他就很有可能为了自身利益而使诉讼失去本应有的公正性，而且检察人员、侦查人员等也会因失去客观立场而使案件的处理产生偏差，容易造成妨碍诉讼公正现象的发生。而如果办案人员是当事人的近亲属，那么他就可能偏袒该当事人，影响案件处理结果的公正性，因而成为回避的理由。

2. 本人或者他的近亲属和本案有利害关系的。这是指审判人员、检察人员、侦查人员或者他们的近亲属虽然不是本案的当事人，但本案的处理涉及他们的重大利益。在这种情况下，办案人员不宜也不应该参与案件的处理。

3. 担任过本案的证人、鉴定人、辩护人、诉讼代理人的。这是指在本案中担任过证人、鉴定人、辩护人、诉讼代理人的人，既不能同时，也不能在以后的办案阶段再担任审判人员、检察人员、侦查人员，以避免出现不公正办案的情况。曾担任过本案证人、鉴定人、辩护人和诉讼代理人的，对案件事实有一定自己的看法，难以客观地从事诉讼活动，因此遇到这些情形应当回避。

4. 与本案当事人有其他关系，可能影响公正处理案件的。这里所说的与本案当事人有其他关系，法律上并没有作出具体的规定。如办案人员与本案当事人曾经或者现在是邻居、同事、师生等关系，或者他们之间存在个人恩怨等，这些关系的存在可能会影响案件的客观、全面、公正的处理，因而应当回避。

5. 审判人员、检察人员、侦查人员等接受当事人及其委托的人的请客送礼或者违反规定会见当事人及其委托的人。公安司法人员是代表国家进行诉讼的，应当严格按照法律的规定办事，严禁与任何一方当事人存在不正当关系。这是因为审判人员、检察人员、侦查人员等享有法律上赋予的一定权力，他们的工作关系到对犯罪嫌疑人、被告人能否公正地追诉和审判，如果案件双方的当事人私下约见办案人员，或者请客送礼等，就可能导致徇私枉法现象的发生，影响公安司法机关的威信。而法律上规定这些人员的回避，可以有效地维护国家法制的统一、法律的尊严，增加办案人员以及诉讼参与人员的反腐倡廉意识，确保案件能够得到公正地处理。

最高法《解释》第 24 条还规定，审判人员违反规定，具有下列情形之一的，当事人及其法定代理人有权申请其回避：

（1）违反规定会见本案当事人、辩护人、诉讼代理人的；

（2）为本案当事人推荐、介绍辩护人、诉讼代理人，或者为律师、其他人员介绍办理本案的；

（3）索取、接受本案当事人及其委托人的财物或者其他利益的；

（4）接受本案当事人及其委托人的宴请，或者参加由其支付费用的活动的；

（5）向本案当事人及其委托人借用款物的；

（6）有其他不正当行为，可能影响公正审判的。

此外，也存在一些其他的构成回避的情形，如《刑事诉讼法》第 228 条规定："原审人民法院对于发回重新审判的案件，应当另行组成合议庭，依照第一审程序进行审判。"《刑事诉讼法》第 245 条规定："人民法院按照审判监督程序重新审判的案件，由原审人民法院审理的，应当另行组成合议庭进行。"也就是说，审判人员曾作为裁判者参加过某一案件的审判活动，而后这一案件又被同一人民法院重新审判的，则有关案件的全体审判人员都应当回避。而且根据有关司法解释，曾经担任过本案侦查工作的人员不得再承担本案的起诉、审判工作，曾经担任过本案起诉工作的人员也不得再承担本案的审判工作。

第三节　回避的程序

一、回避权的告知

使当事人知晓自己的回避权利是他们行使这一权利的前提。为了保障当事人诉讼行为的合法有效,参与诉讼活动各个阶段的机关有义务告知当事人、诉讼代理人和辩护人有申请回避的权利,以保证诉讼活动的顺利进行,使当事人的回避权利得到行使。

《刑事诉讼法》第 185 条规定:"开庭的时候,审判长查明当事人是否到庭,宣布案由;宣布合议庭的组成人员、书记员、公诉人、辩护人、诉讼代理人、鉴定人和翻译人员的名单;告知当事人有权对合议庭组成人员、书记员、公诉人、鉴定人和翻译人员申请回避;告知被告人享有辩护权利。"根据《刑事诉讼法》第 227 条规定,二审人民法院发现一审人民法院的审理有违反回避制度的,应当裁定撤销原判,发回原审人民法院重新审判。这说明我国从法律上保障公民的回避权利。

二、回避的提出

回避的提出,是指在刑事诉讼中,回避由谁、在什么时间、通过何种方式提出。根据我国《刑事诉讼法》及有关司法解释,回避的提出可以分为自行回避,也可以是申请回避或指令回避。自行回避,是指审判人员、检察人员、侦查人员等在诉讼过程中遇到法定回避情形时,主动要求退出刑事诉讼活动。属于回避人员范围内的人员自行回避的,可以口头提出,也可以书面提出,并要说明理由。口头提出申请的,应当记录在案。

申请回避,是指案件当事人及其法定代理人认为审判人员、检察人员、侦查人员等具有法定回避的情形之一时,而向他们所在的机关提出申请,要求他们回避,不得在诉讼中履行相应的职责。根据《刑事诉讼法》的立法精神,在侦查、起诉、审判的任一阶段,侦查人员、检察人员、审判人员都应当告知当事人及其法定代理人有权申请回避。提出申请回避的,应当提供有关证明材料。

属于回避范围的人员,应当在了解具有法定应当回避的情形后立即提出自行回避的申请;当事人及其法定代理人自他们了解有关人员具备应当回避的情形后即可以行使自己的诉讼权利;有权决定回避的人员或者组织自了解本机关的办案人员有应当回避的情形后或者自接到办案人员的自行申请、当事人及其法定代理人的请求时,应迅速加以审核,尽快作出决定,以利于案件进入正常的程序,提高诉讼效率,保障诉讼当事人的权利。

三、回避的期间

回避的期间,是指回避适用的诉讼阶段范围。根据《刑事诉讼法》的规定,在刑事诉讼中的各个阶段,如侦查、起诉和审判等阶段,有关组织或个人可以启动回避程序,使相关人员退出侦查、起诉和审判等程序。

1. 侦查、起诉阶段的回避。我国《刑事诉讼法》对侦查、起诉阶段回避程序并没有作出明确的规定。在司法实践中,为确保回避制度在这两个诉讼阶段得到切实的贯彻实施,侦查人员、检察人员应当在相应的诉讼阶段中告知当事人有申请回避权。检察机关在审查批捕或者审查起诉时也应当对侦查机关的活动进行监督,如果侦查人员应该回避而没有回避时,检察机关应当以程序违法为由,将案件退回侦查机关补充侦查。检察人员应该回避而没有回避时,检察长或者检察委员会可以指令其回避,当事人及其法定代理人也可申请其回避。

2. 审判阶段的回避。在审查起诉阶段,审判人员如果有法定回避情形的,应自行主动回避。最高法《解释》第 27 条第 1 款规定:“审判人员自行申请回避,或者当事人及其法定代理人申请审判人员回避的,可以口头或者书面提出,并说明理由,由院长决定。”第 2 款又规定:“院长自行申请回避,或者当事人及其法定代理人申请院长回避的,由审判委员会讨论决定。审判委员会讨论时,由副院长主持,院长不得参加。”《刑事诉讼法》有关审判阶段适用回避的规定,既适用于第一审程序,也适用于第二审程序、死刑复核程序和审判监督程序。

四、回避的审查决定

回避决定应当由法律规定的某个特定的人或组织作出。《刑事诉讼法》第 30 条规定:“审判人员、检察人员、侦查人员的回避,应当分别由院长、检察长、公安机关负责人决定;院长的回避,由本院审判委员会决定;检察长和公安机关负责人的回避,由同级人民检察院检察委员会决定。”这说明:(1)审判人员的回避,由本法院的院长决定。(2)检察人员的回避,由本检察院检察长决定。(3)侦查人员的回避,由公安机关负责人决定。(4)法院院长的回避,应当由本院审判委员会讨论决定,并将结果告知申请人。审判委员会讨论院长回避问题时，由副院长主持，院长不得参加。（5）检察长和公安机关负责人的回避，由同级人民检察院检察委员会决定。检察委员会讨论检察长回避问题时，由副检察长主持，检察长不得参加。

《刑事诉讼法》第31条规定："本章关于回避的规定也适用于书记员、翻译人员和鉴定人。辩护人、诉讼代理人可以依照本章的规定要求回避、申请复议。"这说明：（1）书记员的回避应根据其所属机关的不同，由本机关负责人决定是否回避。如由检察院检察长决定本院书记员是否回避，法院院长决定本法院的书记员是否回避。（2）翻译人员、鉴定人的回避，应根据其所处的不同诉讼阶段，由该阶段主持进行诉讼活动的机关负责人决定。

通常来说，在当事人提出回避申请后，有关人员和组织作出回避申请前，需要回避的人员应当暂停职务，以保证诉讼活动的公正进行。但是，在对侦查人员作出是否回避的决定前，侦查人员不应停止对案件的侦查，这是由侦查工作的性质决定的。根据公安部《规定》第37条规定："被决定回避的公安机关负责人、侦查人员在回避决定作出以前所进行的诉讼活动是否有效，由作出决定的机关根据案件情况决定。"有关组织和人员无论是否同意申请回避，都应当将其决定告知当事人或其法定代理人、辩护人，不同意申请回避的，还应当告知其有权申请复议。

五、对驳回申请回避的复议

《刑事诉讼法》第30条第3款规定："对驳回申请回避的决定，当事人及其法定代理人可以申请复议一次。"这说明对于特定的个人和组织所作的驳回申请回避的决定，当事人及其法定代理人、辩护人有权向作出这一决定的个人或者组织申请复议一次。有权对驳回申请回避的决定作出复议的是原作出该决定的特定个人和组织。允许当事人申请复议，既可以防止当事人滥用回避权妨碍案件的及时处理，也可以保障当事人申请回避的合法权利。

公安部《规定》第35条规定："当事人及其法定代理人对驳回申请回避的决定不服的，可以在收到驳回申请回避决定书后五日以内向作出决定的公安机关申请复议。公安机关应当在收到复议申请后五日以内作出复议决定并书面通知申请人。"

最高检《规则》第27条规定："人民检察院作出驳回申请回避的决定后，应当告知当事人及其法定代理人如不服本决定，有权在收到驳回申请回避的决定书后五日以内向原决定机关申请复议一次。"第28条规定："当事人及其法定代理人对驳回申请回避的决定不服申请复议的，决定机关应当在三日以内作出复议决定并书面通知申请人。”

根据我国《刑事诉讼法》的规定，被决定回避的人员对决定有异议的，可以在恢复庭审前申请复议一次；被驳回回避申请的当事人及其法定代理人对决定有异议的，可以当庭申请复议一次。如果申请回避人当庭申请复议，合议庭应当宣布休庭，待作出复议决定后，决定是否继续法庭审理。而对于不属于《刑事诉讼法》第28条、第29条规定情形的，由法庭当庭驳回，并不得申请复议。而对于复议的最终结果，有关组织和个人应及时告知申请复议的当事人及其法定代理人。

六、违反回避规定的法律责任

回避决定一经作出即发生效力，违反回避规定将承担法律责任。违反回避规定的法律责任是指公安司法机关及其工作人员不遵守有关回避制度的规定，依法应当承担的法律后果。由于我国《刑事诉讼法》并没有对违反回避制度的后果作出明确的法律规定，这显然不利于司法实践中回避制度的执行。

第二审法院发现或者根据当事人、诉讼代理人、辩护人的举报，认为第一审人民法院违反回避制度规定的，经查证属实，应当裁定撤销原判，发回原审人民法院重新审判。

审判人员明知应当回避，故意不依法自行回避，或者符合回避条件的申请故意不作出回避决定的，依照《人民法院审判纪律处分办法（试行）》的规定予以处分。

审判人员明知诉讼代理人、辩护人不能在本案中担任诉讼代理人、辩护人，故意不作出正确决定的参照《人民法院审判纪律处分方法（试行）》第24条的规定予以处分。

第四节　我国刑事回避制度立法缺陷

我国现行刑事回避制度的规定在其结构体系上相当完善，但由于其在设计理念上的偏颇，用西方法治发达国家的立法标准过高地估计了中国司法人员的素质和公民的法律意识，依此设计的具体制度忽视了中国的现实国情，实践中导致了诸多问题。

（一）回避理由的设定不合理

《刑事诉讼法》中规定了五种回避的理由：(1)是本案的当事人或者是当事人的近亲属的；(2)本人或者他的近亲属和本案有利害关系的；(3)担任过本案的证人、鉴定人、辩护人、诉讼代理人的；(4)与本案当事人有其他关系，可能影响公正处理案件的；(5)审判人员、检察人员、侦查人员等接受当事人及其委托的人的请客送礼或者违反规定会见当事人及其委托的人。以下对(1)(2)(4)(5)四种回避理由的设定不合理进行阐述：

第一种理由规定的必须回避的近亲属范围过窄，按《刑事诉讼法》的规定，回避制度中的近亲属仅包括当事人的配偶、父母、子女、同胞兄弟姐妹。那么所谓近亲属实际是指部分直系血亲、旁系血亲和配偶，其中并不包括祖父母、外祖父母、孙子女、外孙子女等直系血亲及除兄弟姐妹之外的旁系血亲，如堂兄弟姐妹；也不包括直系姻亲关系，如公婆与儿媳；更不包括旁系姻亲，如姐夫和舅母。由此可见，回避制度中所指的近亲属只占亲属中很少的一部分，人们通常认为很亲近的一些亲属如叔伯、舅姨、公婆等则未纳入必须回避的亲属范围。但由于在我国古代家庭本位社会，人们极其重视亲情，表现在司法中就是重情轻法，形成陋习并影响至今。在当代中国社会司法实践中"情大于法"、"以情代法"、"以情乱法"的现象仍然十分严重。具体就是：当事人打官司去找熟人、拉关系。社会上广为流传的"以事实为依据，以法律为准绳，以关系为关键"和"案子一进门，两边都托人"的顺口溜，就是这种情况的真实写照。基于亲情是最容易导致法官审判不公的常见原因之一，而我国刑事诉讼法却把必须回避的近亲属限定在十分狭小的范围内，这与我国上述社会现实极其不符。从而使那些在近亲属以外的实际上十分亲近又十分为人们所看重的亲属在诉讼中可能不回避。这就可能导致诉讼程序上的某种不公正，当然更可能导致判决结果的不公平。

第二种理由采用的是模糊立法的形式。何谓"利害关系"并无相关司法解释，学理上认识也不相同，既可能指司法人员的物质利益，也可能指其法律上或道德上利害关系。而且"利益"又不能量化，其含义外延很多，不同的人处于不同的位置就会有不同的解释，实践中难免产生争执。因此把与本案有利害关系作为必须回避的情形就显得不妥；这不仅会因为太富弹性而弱化其适用效力，而且可操作性也同样会被弱化。同时这种规定对于整体素质不是很高的法官和法律意识相对较低的公民来说，想让他们了解并十分准确的运用似乎有点勉为其难。

第四种理由采用的是模糊立法的形式。尽管法律对这一回避情形限制条件,即如果有关人员与本案当事人有“其他关系”,经法院确定可能影响案件公正处理,才会被决定回避,但“其他关系”范围多大仍然是模糊的。这种模糊立法的最大弊端在于:要么造成权利人滥用权利,要么给司法机关过大的自由裁量权。虽然当事人和法官对此有不同的理解,但最后“可能”与否的决定权在法官手中。这就为法官在案件审理过程中作出违背程序的裁判提供了可能。

第五种理由虽然规定了法官违反规定会见当事人及其委托的人时,当事人及其法定代理人有权要求他们回避。但如果审判人员在庭审之前会见当事人是否属于“违反规定”却没有明确界定。“事实上如果审判人员在庭审之前单方会见当事人,充分听取他的陈述、申辩,往往就会先入为主,案件尚未开庭审理,是非已在心中形成定论,就有可能导致裁判出现偏差。”〔1〕

（二）刑事回避制度的举证责任不明

对刑事回避制度规定的几种情形的举证,法律没有明确规定由谁负责;但根据“谁主张,谁举证”的一般诉讼原则,举证责任应在当事人。而在实践中法院在组成合议庭之前,并不听取控辩双方对于法官是否具有裁判者资格的意见,而是要求当事人对业已组成的合议庭的成员提出回避要求。试想一下在当事人对法官的基本情况不甚清楚和中国现实司法人际关系错综复杂的情况下,当事人仅凭一张合议庭组成名单怎么可能提出充分的证据证明法官符合回避的条件呢?这样即使当事人怀疑审判人员有明显的偏袒一方的情形时,由于无法说明具体理由或提供有关材料证明审判人员具有法律规定的应当回避的情形,而不能依法申请审判人员回避。试想在当事人对法官的中立性保持高度怀疑的情况下,法官的判决怎能得到社会的尊重和信任呢?

（三）刑事回避制度未规定“全体回避”,仅规定了法官的个人回避

现行回避制度维护的是单个法官中立性和无偏私性。但是一旦案件因社会舆论的影响而导致一个法院的任何法官都难以维护公正的审判,一旦因为权势或高官的干预而导致整个法院无法独立的审判,或者一旦因为法院院长就是案件的有关当事人,那么由法院的任何法官主持审判,都无法保持中立性,法院的审判过程和裁判结论也很难产生公信力。在中国目前的制度背

〔1〕　陈卫东主编:《刑事诉讼法实施问题调研报告》,中国方正出版社2001年版,第159页。

景下，法院还不能完全做到独立，任何权势部门或者高官的干预都可能对审判工作产生影响，尤其是在法院院长成为当事人的情况下。因为法院院长不仅是一家法院的最高行政负责人，而且还是该法院的首席法官，是该法院审判委员会的主持人。在具有高度行政氛围的法院内部，指望某一法官在审判中作出与院长意见相左的判决，这是违背人性的苛求。在这种情况下，只有整个法院都回避才能保持审判的公正，而我国刑事诉讼法却只就法官个人回避作出了规定，并没有就法院回避（即整体回避）作出规定，不能不说是一大遗憾。

（四）没有明确法官违反回避的法律责任

刑事诉讼法虽然就当事人申请回避和就司法人员自行回避作了规定，却未就司法人员应当回避而没有回避应承担什么责任作出规定。虽然《刑事诉讼法》第227条规定二审法院在审理过程中如果发现一审过程中审判人员应该回避而没有回避的情况应该撤销原判、发回重审；但此项规定只对案件本身进行约束，对法官个人承担什么样的后果仍未涉及。而中国古代立法却早就有关于法官违反回避制度应承担相应的规定。如《明律·刑律·诉讼》中规定：“凡官吏于诉讼人有服亲及婚姻之家，若得授业师及旧有仇嫌之人，并听移文回避，违者笞四十，若罪有增减者，以出入罪论”。

【深度阅读】

1. 孙洪坤著：《刑事诉讼法的时代精神》，法律出版社2009年版。

2. 王淑华：“刑事回避制度的缺陷剖析及重构”，载《学术探索》2013年第5期。

【课后思考】

1. 法院审理过程中，被告人赵某在最后陈述时，以审判长数次打断其发言为理由申请更换审判长。对于这一申请，下列哪一说法是正确的？（单选题）

A. 赵某的申请理由不符合法律规定，法院院长应当驳回申请

B. 赵某在法庭调查前没有申请回避，法院院长应当驳回申请

C. 如法院作出驳回申请的决定，赵某可以在决定作出后五日内向上级法院提出上诉

D. 如法院作出驳回申请的决定，赵某可以向上级法院申请复议一次

2. 案情：被告人曹某于2012年2月承租一家音像制品店，由于听人说倒卖盗版唱片十分赚钱，于是曹某在6月至10月间从不法分子黄某、孙某等人处购进盗版唱片9万余张。深圳市工商行政管理机关接到群众举报后，查证属实后对曹某予以制止和警告，责令其停止侵权行为。但曹某不思悔改，于2013年5月再次销售盗版唱片。市场管理人员立即通知了深圳市工商行政管理机关，执法人员将其拘留，并当即缴获盗版唱片3万余张。由于此案涉及刑事犯罪，深圳市公安机关以销售侵权复制品罪移送深圳市人民检察院审查起诉，由深圳市人民检察院潮海分院依法向深圳市潮海区人民法院提起公诉。潮海区人民法院受理后，组成了合议庭开庭审理。在审理过程中，合议庭认为本案属于新型案件，难以把握罪与非罪的界限，且组成合议庭对案件性质认识不一，于是合议庭提请院长提交审判委员会讨论决定。在院长主持审判委员会会议讨论本案时，被告人曹某是委员张某的小舅子，应申请回避，不参加会议。但院长认为刑事诉讼中规定的应该回避的人员是审判人员、检察人员、侦查人员、书记员、翻译人员和鉴定人，并没有审判委员会委员，况且张某与被告人曹某的关系不属于刑事诉讼法规定的“近亲属”范围，所以无须回避。

问：

本案中的审判委员会委员是否属于应回避人员的范围？

第四章　辩护与代理

本章要点

辩护人
委托辩护
指定辩护
刑事法律援助
诉讼代理人

不永所事，讼不可长也。虽小有言，其辩明也。

——《易经·讼卦》

一国是否真的自由，试金石之一是它对那些为有罪之人、为世人不耻之徒辩护的人的态度。

——［美］阿伦·德肖薇茨

被告人郑某，男，30岁，农民。被告人郑某因故意伤害致人重伤并导致抢救无效死亡。由于郑某犯罪手段特别残忍，在当地民愤极大。某市中级人民法院受理了这起案件，为了扩大办案效果，决定在发案地进行大型的公开审判。被告人郑某认为自己的罪行十分严重，而且证据确凿，辩护也不能免于一死，因而未委托辩护人为自己辩护。市中级人民法院认为，这种大型的公开审判，都应当有辩护人，否则诉讼程序就不健全，会影响公开审判的效果。然而尽管审判人员再三地向被告人郑某解释说明我国的辩护制度，郑某却仍坚持不委托辩护人，也不同意法院为他指定辩护人。该中级人民法院执意为被告人指定了辩护人。在开庭审理时，被告人郑某又当庭提出不要辩护人为他辩护，但是审判长却引用刑事诉讼法的有关规定，当庭裁定驳回被告

人的这一请求，决定辩护人继续为被告人进行辩护。

第一节　辩　护

一、辩护人的概念和范围

辩护人，是指接受犯罪嫌疑人、被告人的委托或人民法院的指定，帮助犯罪嫌疑人、被告人行使辩护权，以维护其合法权益的人。根据《刑事诉讼法》第32条规定，犯罪嫌疑人、被告人除自己行使辩护权以外，还可以委托一至二人作为辩护人。下列的人可以被委托为辩护人：

（一）律师。律师是指依照法定程序取得律师资格，并且经过登记注册，为社会提供法律服务的执业人员。虽然取得律师资格但未登记注册的，仍不得以律师身份接受委托担任辩护人。另外，《律师法》第11条规定："公务员不得兼任执业律师。律师担任各级人民代表大会常务委员会组成人员的，任职期间不得从事诉讼代理或者辩护业务。"同时最高法《解释》第36条规定："审判人员和人民法院其他工作人员从人民法院离任后二年内，不得以律师身份担任辩护人。"

（二）人民团体或者犯罪嫌疑人、被告人所在单位推荐的人。由于我国当前的律师队伍尚不能完全满足实际需要，为了有效地维护犯罪嫌疑人、被告人的合法权益，工会、妇联、共青团、学联等群众性团体以及犯罪嫌疑人、被告人所在单位，可以推荐公民担任刑事案件辩护人。

（三）犯罪嫌疑人、被告人的监护人、亲友。2012年《刑事诉讼法》实际上扩大了犯罪嫌疑人、被告人委托辩护人的选择范围，因为除了监护人，亲戚朋友都可接受犯罪嫌疑人、被告人及其法定代理人的委托担任辩护人。这对犯罪嫌疑人、被告人能够及时委托到辩护人，解决请律师难的问题和及时有效地维护其合法权益是十分有利的。

根据《刑事诉讼法》第32条第2款、最高法《解释》第35条、最高检《规则》第38条第1款、六部门《规定》的规定："下列人员不得担任辩护人：（一）正在被执行处罚或者处于缓刑、假释考验期间的人；（二）依法被剥夺、限制人身自由的人；（三）无行为能力或者限制行为能力的人；（四）人民法院、人民检察院、公安机关、国家安全机关、监狱的现职人员；（五）人民陪审员;(六)与本案审理结果有利害关系的人;(七)外国人或者无国籍人。对于上述第4项至第7项规定的人员,如果是被告人的监护人、近亲属,由被告人委托担任辩护人的,可以准许。"

《刑事诉讼法》第32条和最高检《规则》第40条对辩护人的数额做了明确的规定,犯罪嫌疑人、被告人除自己行使辩护权以外,还可以委托一至二人作为辩护人。根据最高法《解释》第38条和六部门《规定》的规定:"一名被告人可以委托一至二人作为辩护人。一名辩护人不得为两名以上的同案被告人,或者未同案处理但犯罪事实存在关联的被告人辩护。"

二、辩护人的诉讼地位

辩护人特别是辩护律师,在诉讼中处于专门维护犯罪嫌疑人、被告人合法权益的地位。辩护人的这种诉讼地位包含两种意思:一是辩护人是犯罪嫌疑人、被告人合法权益的维护者,即他维护的只是在诉讼中依照法律应当维护的犯罪嫌疑人、被告人的权益,而不是犯罪嫌疑人、被告人的所有的利益,更不是法律规定应限制或者剥夺的利益。二是辩护人是犯罪嫌疑人、被告人合法权益的专门维护者,这是辩护人不同于公诉人以及审判人员的主要方面。

辩护人与公诉人以及审判人员的不同表现在:虽然公诉人和审判人员也有维护犯罪嫌疑人、被告人合法权益的义务,但是他们并不是专门的维护者,他们是国家控诉权、审判权的行使者,是在行使国家控诉权、审判权的过程中,同时维护犯罪嫌疑人、被告人的合法权益。辩护人的诉讼职能就是依法为犯罪嫌疑人、被告人辩护,维护其合法权益,除此之外,没有别的职能。所以说在刑事诉讼中,只有辩护人是犯罪嫌疑人、被告人合法权益的专门维护者。

辩护人的诉讼地位,同公诉人的控诉地位是相对应而存在的,没有控诉就没有辩护,两者诉讼职能各不相同,不能互相混淆。辩护人依职能依法为犯罪嫌疑人、被告人辩护,陈述对犯罪嫌疑人、被告人有利的事实情节和理由,不能对犯罪嫌疑人、被告人进行控诉。辩护人和公诉人的诉讼地位是平等的,都是依法执行职务,都要对案件事实和法律负责,他们进行诉讼活动的目的都是为了使案件得到正确的处理。

辩护人对审判人员来讲,是一种协助与配合的关系。这种协助与配合,是通过辩护来实现的,也就是通过辩护人陈述有利于被告人的事实和理由来实现的。

因此,辩护人既不从属于人民检察院、人民法院,也不从属于犯罪嫌疑人、被告人,而是具有独立诉讼地位的诉讼参与人。

三、辩护人的责任

辩护人,在刑事诉讼中的法律地位是独立的诉讼参与人,是犯罪嫌疑人、被告人合法权益的专门维护者。

辩护人的责任就是辩护人参加刑事诉讼应当承担的职责。辩护人的责任与辩护人的诉讼地位密不可分,辩护人的责任是辩护人地位的体现,辩护人的地位决定着辩护人的责任。

《刑事诉讼法》第 35 条规定:"辩护人的责任是根据事实和法律,提出犯罪嫌疑人、被告人无罪、罪轻或者减轻、免除其刑事责任的材料和意见,维护犯罪嫌疑人、被告人的诉讼权利和其他合法权益。"由此可见,辩护人的责任具体包括以下几个方面:

1. 只能依据事实和法律进行辩护,不得捏造事实和歪曲法律。辩护人在刑事诉讼中必须始终坚持以事实为依据,以法律为准绳这一基本原则,在任何情况下都不得帮助犯罪嫌疑人、被告人编造口供、串供、伪造、毁灭证据或者威胁、引诱证人提供不实证据。

2. 提出证明犯罪嫌疑人、被告人无罪、罪轻或者减轻、免除其刑事责任的材料和意见。辩护人作无罪辩护时,应当根据事实和法律,重点查明和证实犯罪嫌疑人、被告人被控事实不是其所为或系诬告、陷害或是错告、举报失实,因而犯罪嫌疑人、被告人根本没有犯罪;犯罪嫌疑人、被告人的行为,情节显著轻微、危害不大,依照法律规定不认为是犯罪;对于犯罪情节轻微,依照刑法规定不需要判处刑罚或者可以免除刑罚,人民检察院可以作出不起诉决定;对于负责侦查的机关经过两次补充侦查的案件,仍然证据不足,不符合起诉条件,人民检察院可以作出不起诉决定;行为虽然在客观上造成了损害结果,但不是出于故意或者过失,而是由不能抗拒或者不能预见的原因所引起的正当防卫行为或紧急避险行为;无刑事责任能力的人,包括不满 14 周岁的人、精神病人、在不能辨认或者是不能控制自己行为的时候造成危害结果的;我国公民在我国领域外的某些犯罪,按照当地的法律不受处罚的等。

3. 依法只维护犯罪嫌疑人、被告人的合法权益。辩护人在刑事诉讼中只维护犯罪嫌疑人、被告人的合法权益,并不是维护犯罪嫌疑人、被告人的所有利益,更不是维护依法予以限制或剥夺的权益。

4. 辩护人只有辩护的职责,没有控诉的义务。辩护律师在履行辩护职责的过程中，如果获悉犯罪嫌疑人、被告人还犯有未被指控的其他犯罪行为，耐心教育要求其坦白而犯罪嫌疑人、被告人并不听从辩护人的意见，辩护人在这种情形下该怎么办？一种观点认为辩护人应当拒绝为其辩护，同时向公安司法机关进行举报；另一种观点认为，辩护律师在履行职责的过程中知悉了不利于被告人的情形，一般情况下有责任保密，而没有举报的义务。但是，一旦涉及严重危害国家安全、社会公共安全和公民人身权利的案件事实，在动员犯罪嫌疑人、被告人坦白无效的情况下，应当告知公安司法机关。目前，后一种观点被广泛接受。因为这有助于维护辩护律师的执业形象和人格尊严，从长远来看更有利于辩护制度的健康发展。但应当进一步完善刑事诉讼法，如确立律师作证豁免权制度等。

由此可见，辩护权是宪法赋予公民的一项诉讼权利，辩护制度是刑事诉讼法的一项重要制度。在实践中，犯罪嫌疑人、被告人主要是通过辩护人来行使辩护权的，因此，对辩护人的责任作出明确规定和要求，保证辩护人依法履行职责，对于辩护制度的完善和发展，保证诉讼的正常进行，保障犯罪嫌疑人、被告人的诉讼权利和其他合法权益具有重要的作用。

四、辩护人的权利和义务

（一）辩护人的权利

辩护人是刑事诉讼中重要的诉讼参与人，为了保证他们能顺利完成辩护任务，法律赋予了他们一系列的诉讼权利。

根据《刑事诉讼法》和《律师法》的规定，我国辩护人的权利主要有：

1.辩护人在侦查期间的权利。《刑事诉讼法》第36条规定："辩护律师在侦查期间可以为犯罪嫌疑人提供法律帮助；代理申诉、控告；申请变更强制措施；向侦查机关了解犯罪嫌疑人涉嫌的罪名和案件有关情况，提出意见。"六部门《规定》第6条对此的解释："辩护律师在侦查期间可以向侦查机关了解犯罪嫌疑人涉嫌的罪名及当时已查明的该罪的主要事实，犯罪嫌疑人被采取、变更、解除强制措施的情况，侦查机关延长侦查羁押期限等情况。"

本条可以从以下4个方面来理解辩护律师在侦查期间的职责：第一，辩护律师在侦查期间可以为犯罪嫌疑人提供法律帮助。这里的"辩护律师"，指的是犯罪嫌疑人自被侦查机关第一次讯问或者采取强制措施之日起委托作为辩护人的律师。根据《刑事诉讼法》第33条规定，犯罪嫌疑人在侦查期间，只能委托律师作为辩护人。辩护律师在侦查期间为犯罪嫌疑人提供法律帮助，主要是包括可以为犯罪嫌疑人提供法律咨询，了解有关法律规定，解释法律问题，对犯罪嫌疑人进行法制教育，如实供述，争取从轻处理。第二，辩护律师可以代理申诉、控告。具体指的是以犯罪嫌疑人的名义代为行使申诉、控告的权利，这不是律师本身的权利。第三，辩护律师可以申请变更强制措施。根据《刑事诉讼法》第95条规定，辩护人在其他诉讼阶段，也有权申请变更强制措施。同时，辩护律师在侦查期间申请变更强制措施的，公安机关收到申请后，应当在3日内作出决定；不同意变更强制措施的，应当告知申请人，并说明不同意的理由。第四，辩护律师可以向侦查机关了解犯罪嫌疑人涉嫌的罪名和案件有关情况，提出意见。公安部《规定》第47条规定："辩护律师向公安机关了解案件有关情况的，公安机关应当依法将犯罪嫌疑人涉嫌的罪名以及当时已查明的该罪的主要事实，犯罪嫌疑人被采取、变更、解除强制措施，延长侦查羁押期限等案件有关情况，告知接受委托或者指派的辩护律师，并记录在案。"

2. 会见通信权。根据《刑事诉讼法》第37条规定，第一，辩护律师可以同在押的犯罪嫌疑人、被告人会见和通信。其他辩护人经人民法院、人民检察院许可，也可以同在押的犯罪嫌疑人、被告人会见和通信。根据公安部《规定》第48条规定，辩护律师可以同在押或者被监视居住的犯罪嫌疑人会见、通信。

第二，辩护律师持律师执业证书、律师事务所证明和委托书或者法律援助公函要求会见在押的犯罪嫌疑人、被告人的，看守所应当及时安排会见，至迟不得超过四十八小时。公安部《规定》第50条规定："辩护律师要求会见在押的犯罪嫌疑人，看守所应当在查验其律师执业证书、律师事务所证明和委托书或者法律援助公函后，在四十八小时以内安排律师会见到犯罪嫌疑人，同时通知办案部门。侦查期间，辩护律师会见危害国家安全犯罪案件、恐怖活动犯罪案件、特别重大贿赂犯罪案件在押或者被监视居住的犯罪嫌疑人时，看守所或者监视居住执行机关还应当查验侦查机关的许可决定文书。"

第三，危害国家安全犯罪、恐怖活动犯罪、特别重大贿赂犯罪案件，在侦查期间辩护律师会见在押的犯罪嫌疑人，应当经侦查机关许可。上述案件，侦查机关应当事先通知看守所。根据公安部《规定》第49条规定，对危害国家安全犯罪案件、恐怖活动犯罪案件，办案部门应当在将犯罪嫌疑人送看守所羁押时书面通知看守所；犯罪嫌疑人被监视居住的，应当在送交执行时书面通知执行机关。

辩护律师在侦查期间要求会见前款规定案件的在押或者被监视居住的

犯罪嫌疑人,应当提出申请。

对辩护律师提出的会见申请,应当在收到申请后四十八小时以内,报经县级以上公安机关负责人批准,作出许可或者不许可的决定。除有碍侦查或者可能泄露国家秘密的情形外,应当作出许可的决定。

公安机关不许可会见的,应当书面通知辩护律师,并说明理由。有碍侦查或者可能泄露国家秘密的情形消失后,公安机关应当许可会见。有下列情形之一的,属于本条规定的“有碍侦查”:

(1)可能毁灭、伪造证据,干扰证人作证或者串供的;

(2)可能引起犯罪嫌疑人自残、自杀或者逃跑的;

(3)可能引起同案犯逃避、妨碍侦查的;

(4)犯罪嫌疑人的家属与犯罪有牵连的。

第四,辩护律师会见在押的犯罪嫌疑人、被告人,可以了解案件有关情况,提供法律咨询等;自案件移送审查起诉之日起,可以向犯罪嫌疑人、被告人核实有关证据。辩护律师会见犯罪嫌疑人、被告人时不被监听。辩护律师同被监视居住的犯罪嫌疑人、被告人会见、通信,适用第1款、第3款、第4款的规定。公安部《规定》第52条规定:“辩护律师会见在押或者被监视居住的犯罪嫌疑人时,看守所或者监视居住执行机关应当采取必要的管理措施,保障会见顺利进行,并告知其遵守会见的有关规定。辩护律师会见犯罪嫌疑人时,公安机关不得监听,不得派员在场。辩护律师会见在押或者被监视居住的犯罪嫌疑人时,违反法律规定或者会见的规定的,看守所或者监视居住执行机关应当制止。对于严重违反规定或者不听劝阻的,可以决定停止本次会见,并及时通报其所在的律师事务所或者所属的律师协会。”最高检《规则》第48条第2款规定:“人民检察院许可律师以外的辩护人同在押或者被监视居住的犯罪嫌疑人通信的,可以要求看守所或者公安机关将书信送交人民检察院进行检查。”

3. 查阅摘抄复制权。《刑事诉讼法》第38条规定:“辩护律师自人民检察院对案件审查起诉之日起,可以查阅、摘抄、复制本案的案卷材料。其他辩护人经人民法院、人民检察院许可,也可以查阅、摘抄、复制上述材料。”

最高法《解释》第47条规定:“辩护律师可以查阅、摘抄、复制案卷材料。其他辩护人经人民法院许可,也可以查阅、摘抄、复制案卷材料。合议庭、审判委员会的讨论记录以及其他依法不公开的材料不得查阅、摘抄、复制。辩护人查阅、摘抄、复制案卷材料的,人民法院应当提供方便,并保证必要的时间。复制案卷材料可以采用复印、拍照、扫描等方式。"

最高检《规则》第 49 条规定:"辩护律师或者经过许可的其他辩护人到人民检察院查阅、摘抄、复制本案的案卷材料,由案件管理部门及时安排,由公诉部门提供案卷材料。因公诉部门工作等原因无法及时安排的,应当向辩护人说明,并安排辩护人自即日起三个工作日以内阅卷,公诉部门应当予以配合。查阅、摘抄、复制案卷材料,应当在人民检察院设置的专门场所进行。必要时,人民检察院可以派员在场协助。辩护人复制案卷材料可以采取复印、拍照等方式,人民检察院只收取必需的工本费用。对于承办法律援助案件的辩护律师复制必要的案卷材料的费用,人民检察院应当根据具体情况予以减收或者免收。"

4. 申请调取证据权。《刑事诉讼法》第 39 条规定:"辩护人认为在侦查、审查起诉期间公安机关、人民检察院收集的证明犯罪嫌疑人、被告人无罪或者罪轻的证据材料未提交的,有权申请人民检察院、人民法院调取。"最高检《规则》第 50 条规定:"案件移送审查逮捕或者审查起诉后,辩护人认为在侦查期间公安机关收集的证明犯罪嫌疑人无罪或者罪轻的证据材料未提交,申请人民检察院向公安机关调取的,人民检察院案件管理部门应当及时将申请材料送侦查监督部门或者公诉部门办理。经审查,认为辩护人申请调取的证据已收集并且与案件事实有联系的,应当予以调取;认为辩护人申请调取的证据未收集或者与案件事实没有联系的,应当决定不予调取并向辩护人说明理由。公安机关移送相关证据材料的,人民检察院应当在三日以内告知辩护人。人民检察院办理直接立案侦查的案件,按照本条规定办理。"

最高法《解释》第 49 条规定:"辩护人认为在侦查、审查起诉期间公安机关、人民检察院收集的证明被告人无罪或者罪轻的证据材料未随案移送,申请人民法院调取的,应当以书面形式提出,并提供相关线索或者材料。人民法院接受申请后,应当向人民检察院调取。人民检察院移送相关证据材料后,人民法院应当及时通知辩护人。"其中,在六部门《规定》第 8 条规定:"对于辩护律师申请人民检察院、人民法院收集、调取证据,人民检察院、人民法院认为需要调查取证的,应当由人民检察院、人民法院收集、调取证据,不得向律师签发准许调查决定书,让律师收集、调取证据。"

5. 申诉控告权。《刑事诉讼法》第 47 条规定:"辩护人、诉讼代理人认为公安机关、人民检察院、人民法院及其工作人员阻碍其依法行使诉讼权利的,有权向同级或者上一级人民检察院申诉或者控告。人民检察院对申诉或者控告应当及时进行审查,情况属实的,通知有关机关予以纠正。”这条就是关于辩护人、诉讼代理人对公安机关、人民检察院、人民法院及其工作人员阻碍其依法行使诉讼权利的申诉控告以及处理的程序的规定。它包含了两方面的内容:一是辩护人、诉讼代理人对这些机关的申诉控告权,二是人民检察院对于申诉控告的处理程序。六部门《规定》第 10 条规定:“人民检察院受理辩护人、诉讼代理人的申诉或者控告后,应当在十日以内将处理情况书面答复提出申诉或者控告的辩护人、诉讼代理人。”

6. 参加法庭调查和法庭辩论权。《律师法》规定:“律师担任辩护人的,其辩护的权利应当依法保障。”

7. 经被告人同意,提出上诉的权利。《刑事诉讼法》第 216 条规定:“被告人的辩护人和近亲属,经被告人同意,可以提出上诉。”

8. 拒绝辩护权。根据《刑事诉讼法》和《律师法》规定,拒绝辩护的情形有两种:一种是犯罪嫌疑人、被告人拒绝辩护人继续辩护;另一种拒绝辩护是指辩护人具有法定理由不再为犯罪嫌疑人、被告人辩护的行为。《律师法》第 32 条第 2 款规定:“律师接受委托后,无正当理由的,不得拒绝辩护或者代理,但委托事项违法,委托人利用律师提供的服务从事违法活动或者委托人隐瞒事实的,律师有权拒绝辩护或者代理。”

(二)辩护人的义务

辩护人在享受诉讼权利的同时,也必须履行相应的诉讼义务,这些诉讼义务主要有:

1. 辩护人有义务根据事实和法律,提出证明犯罪嫌疑人、被告人无罪、罪轻或者减轻、免除其刑事责任的材料和意见,依法维护犯罪嫌疑人、被告人的合法权益。

2. 辩护人证据开示和告知义务。《刑事诉讼法》第 40 条规定:“辩护人收集的有关犯罪嫌疑人不在犯罪现场、未达到刑事责任年龄、属于依法不负刑事责任的精神病人的证据,应当及时告知公安机关、人民检察院。”第 46 条规定:“辩护律师对在执业活动中知悉的委托人的有关情况和信息,有权予以保密。但是,辩护律师在执业活动中知悉委托人或者其他人,准备或者正在实施危害国家安全、公共安全以及严重危害他人人身安全的犯罪的,应当及时告知司法机关。”

3. 会见在押犯罪嫌疑人、被告人时,应当遵守看管场所的规定。

4. 参加法庭审判时要遵守法庭规则。

5. 未经人民检察院或者人民法院许可，不得向被害人或被害人提供的证人收集与本案有关的材料。

6. 辩护律师和其他辩护人不得帮助犯罪嫌疑人、被告人串供、隐匿、毁灭、伪造证据，不得威胁、引诱证人改变证言或者作伪证及进行其他干扰司法机关诉讼活动的行为。否则，应当依法追究法律责任。

7. 辩护人应当向法院出示物证，让当事人辨认，对未到庭的证人证言笔录、鉴定人的鉴定结论和其他作为证据的文书，应当当庭宣读。

辩护律师在执业活动中还应当履行以下法定义务：

（1）不得私自接受委托，私自向委托人收取费用，收受委托人的财物，也不得利用提供法律服务的便利接受对方当事人的财物；

（2）不得违反规定会见法官、检察官；

（3）不得向法官、检察官以及其他有关工作人员请客送礼或者行贿，或者指使、诱导当事人行贿；

（4）不得提供虚假证据，隐瞒事实或者威胁、引诱他人提供虚假证据隐瞒事实以及妨碍对方当事人合法取得证据；

（5）不得干扰诉讼的正常进行；

（6）保守履行辩护职责中知悉的国家秘密和当事人的商业秘密，不得泄露当事人的隐私；

（7）曾担任法官、检察官的律师，从人民法院、人民检察院离任后 2 年内，不得担任辩护人；

（8）必须按照国家规定承担法律援助义务，尽职尽责，为受援人提供法律服务；

（9）无正当理由，不得拒绝辩护。

五、辩护的种类

根据《刑事诉讼法》第 33 条、第 34 条规定，我国辩护制度中的辩护种类有三种：

（一）自行辩护

自行辩护，是指犯罪嫌疑人、被告人自己针对指控进行反驳、申辩和辩解的行为。犯罪嫌疑人、被告人的自行辩护权贯穿于刑事诉讼始终。自行辩护是目前我国犯罪嫌疑人、被告人进行辩护最重要的途径。

（二）委托辩护

委托辩护，是指犯罪嫌疑人或者被告人为维护其合法权益，依法委托律师或者其他公民协助其进行辩护。《刑事诉讼法》第 33 条规定:“犯罪嫌疑人自被侦查机关第一次讯问或者采取强制措施之日起,有权委托辩护人,在侦查期间,只能委托律师作为辩护人。被告人有权随时委托辩护人。人民检察院自收到移送审查起诉的案件材料之日起三日以内,应当告知犯罪嫌疑人有权委托辩护人。人民法院自受理案件之日起三日以内,应当告知被告人有权委托辩护人。犯罪嫌疑人、被告人在押期间要求委托辩护人的,人民法院、人民检察院和公安机关应当及时转达其要求。犯罪嫌疑人、被告人在押的,也可以由其监护人、近亲属代为委托辩护人。辩护人接受犯罪嫌疑人、被告人委托后,应当及时告知办理案件的机关。”这条包含了两种意思:一是犯罪嫌疑人自被侦查机关第一次讯问或者采取强制措施之日起,有权委托辩护人,在侦查期间,只能委托律师作为辩护人;二是被告人有权随时委托辩护人,这里的“被告人”,不仅包括公诉案件的被告人,也包括自诉案件的被告人。

(三)指定辩护

指定辩护,是指人民法院、人民检察院和公安机关为因经济困难或者其他原因而无力聘请辩护人的犯罪嫌疑人、被告人指定承担法律援助义务的律师进行辩护。

《刑事诉讼法》第 34 条规定:“犯罪嫌疑人、被告人因经济困难或者其他原因没有委托辩护人的,本人及其近亲属可以向法律援助机构提出申请。对符合法律援助条件的,法律援助机构应当指派律师为其提供辩护。犯罪嫌疑人、被告人是盲、聋、哑人,或者是尚未完全丧失辨认或者控制自己行为能力的精神病人,没有委托辩护人的,人民法院、人民检察院和公安机关应当通知法律援助机构指派律师为其提供辩护。犯罪嫌疑人、被告人可能被判处无期徒刑、死刑,没有委托辩护人的,人民法院、人民检察院和公安机关应当通知法律援助机构指派律师为其提供辩护。”

根据最高法《解释》,我国的指定辩护分为“应当”指定和“可以”指定两种情形。第 42 条规定,对下列没有委托辩护人的被告人,人民法院应当通知法律援助机构指派律师为其提供辩护:

(1)盲、聋、哑人;

(2)尚未完全丧失辨认或者控制自己行为能力的精神病人;

(3)可能被判处无期徒刑、死刑的人。

高级人民法院复核死刑案件,被告人没有委托辩护人的,应当通知法律援助机构指派律师为其提供辩护。

第43条规定，具有下列情形之一，被告人没有委托辩护人的，人民法院可以通知法律援助机构指派律师为其提供辩护：

(1)共同犯罪案件中，其他被告人已经委托辩护人；

(2)有重大社会影响的案件；

(3)人民检察院抗诉的案件；

(4)被告人的行为可能不构成犯罪；

(5)有必要指派律师提供辩护的其他情形。

指定辩护也有其不可取代的重要意义。主要有以下四点：第一，指定辩护制度符合保持控辩平衡之需要，往往在诉讼的过程中，起诉方是精通法律且业务能力较强的一方，对于起诉早有所准备，而应诉方的实力明显较弱，造成了双方实力的悬殊，而指定辩护制度协调了控辩双方的平衡。第二，指定辩护制度有深刻的宪政意义。宪法规定"法律面前人人平等"，在诉讼中很多因为经济条件而请不起辩护人的一方岂不是相对于另一方并不平等，出现了指定辩护的制度，也就协调了双方在庭审中的实力，做到了"法律面前人人平等"。第三，指定辩护体现了刑诉程序的正当性。在刑诉中，辩护权是刑诉中被告人享有的最具体最关键的权利，指定辩护使该权利得到了充分的发挥。第四，指定辩护有利于刑事诉讼法的教育。通过指定辩护，协调控辩双方的实力，使双方在平等的条件下讲事实，摆道理，运用法律分析案件，区分罪与非罪，此罪与彼罪，更好地进行刑事诉讼法的教育。

但是，指定辩护制度也有相应的不足之处。

指定辩护的适用范围过于狭窄。第一，最高法《解释》规定了"应当"和"可以"指定辩护的几种情形，但从刑事诉讼法法律援助实际运作上来看，这些情形也远远无法满足现实情况的需要。那些盲聋哑以外的残疾人，法盲、文盲的那些人并不包括在内，他们也是同样需要指定辩护。第二，指定辩护的质量不高。因为很多援助资金的不到位，很多法律援助的律师都是走走过场，体现一下刑事诉讼程序的完整性而已，因此说指定辩护的质量并不高。第三，缺乏处理拒绝辩护的合理充分的程序性规范。最高法《解释》第45条规定被告人拒绝法律援助机构指派的律师为其辩护，坚持自己行使辩护权的，人民法院应当准许。但是并没有明确的规定什么情况下被告人拒绝应当同意什么情况下不应当同意，也就是在实践中，法院时而可以准许拒绝指定辩护,时而可以不予准许,那么,程序就显得很混乱。[1]

六、刑事法律援助

刑事法律援助制度,是指在进行刑事诉讼活动中,对因经济困难或者其他原因,通过一般意义上的法律救济难以保障自身权利的社会弱者,减免收费,提供法律帮助的一项法律保障制度。刑事法律援助制度是法律援助制度的重要组成部分。它对保障刑事诉讼的公正公平,有效保护人权,实现社会正义有重要的作用。

1. 定义:法律援助,是指由政府设立的法律援助机构组织法律援助人员,为经济困难或特殊案件的人无偿提供法律服务的一项法律保障制度。

适用范围:上述指定辩护中最高法《解释》第42条规定,对下列没有委托辩护人的被告人,人民法院应当通知法律援助机构指派律师为其提供辩护:

(1)盲、聋、哑人;

(2)尚未完全丧失辨认或者控制自己行为能力的精神病人;

(3)可能被判处无期徒刑、死刑的人。

高级人民法院复核死刑案件,被告人没有委托辩护人的,应当通知法律援助机构指派律师为其提供辩护。

2. 具体的程序:《法律援助条例》对法律援助的程序包括申请程序、审批程序、实施程序和申请被拒绝后的救济程序都作了具体规定。

最高法《解释》第44条规定:"人民法院通知法律援助机构指派律师提供辩护的,应当将法律援助通知书、起诉书副本或者判决书送达法律援助机构;决定开庭审理的,除适用简易程序审理的以外,应当在开庭十五日前将上述材料送达法律援助机构。法律援助通知书应当写明案由、被告人姓名、提供法律援助的理由、审判人员的姓名和联系方式;已确定开庭审理的,应当写明开庭的时间、地点。"第45条规定:"被告人拒绝法律援助机构指派的律师为其辩护,坚持自己行使辩护权的,人民法院应当准许。属于应当提供法律援助的情形,被告人拒绝指派的律师为其辩护的,人民法院应当查明原因。理由正当的,应当准许,但被告人须另行委托辩护人;被告人未另行委托辩护人的,人民法院应当在三日内书面通知法律援助机构另行指派律师为其提供辩护。"

3. 法律援助制度在我国是一项建立不久的制度。2003年9月1日《法律

---

〔1〕 孙洪坤著:《刑事诉讼法的时代精神》,法律出版社2009年版,第129页。

援助条例》公布之前，没有建立全国统一性的法律援助机构。在一些大中城市虽有法律援助工作，但是具体的做法却是各种各样的，比如有的城市的司法行政部门设立法律援助机关，并设立公职律师专门从事法律援助工作。有的城市规定律师每年必须完成一定的法律援助工作，费用由承办律师承担。有的规定律师事务所对经济困难的当事人减免收费，承办援助工作的律师由律师事务所给予适当补贴等。2003 年《法律援助条例》公布实施，该条例明确规定，法律援助是政府的责任。县级以上人民政府应当采取积极措施推动法律援助工作的开展。国务院司法行政部门监督管理全国的法律援助工作。县级以上地方各级人民政府的司法行政部门监督管理本行政区域内的法律援助工作。直辖市、设区的市或者县以上人民政府司法行政部门根据需要确定本行政区域内的法律援助机构，法律援助机构负责受理、审查法律援助申请，指派或者安排人员为符合条例规定的公民提供法律援助。此后，全国县级以上政府陆续建立法律援助机构。

4. 意义：实现"公民在法律面前人人平等"原则，健全完善社会保障体系，健全社会主义法制，保障人权等方面有着极为重要的作用。

5. 刑事法律援助存在的问题：第一，刑事法律援助提供量有限。长期以来，刑事辩护率偏低是影响公正审判的重要因素之一，而刑事法律援助提供量不足则是刑事辩护率偏低的主要原因。刑事法律援助提供量与刑事诉讼的需求之间存在较大差距，迫切要求加大刑事法律援助实施力度。第二，侦查和审查起诉阶段的法律援助极为有限。这种状况不仅不利于犯罪嫌疑人、被告人辩护权的实现，更为关键的是不利于案件的公正处理。第三，刑事法律援助的质量普遍不高。造成刑事法律援助质量不高的主要原因是，由于法律援助补贴与委托辩护差距较大，提供法律援助服务的大多是执业年限较短、资历较浅的律师，他们有的甚至无刑事辩护经验，法律援助案件中律师不会见、不阅卷、庭审走过场已经不再是个别现象。第四，可以指定实际很少指定。司法实践中，人民法院很少为应当指定辩护的三类人以外的其他被告人指定辩护。而且，刑事诉讼中的被害人、自诉人通过申请获得法律援助的比例很低。[1]

---

〔1〕 张军、陈卫东主编：《新刑事诉讼法疑难释解》，人民法院出版社 2012 年版，第 93 页。

第二节　代　　理

一、代理的概念

刑事诉讼代理，是指代理人接受公诉案件的被害人及其法定代理人或者近亲属、自诉案件的自诉人及法定代理人、附带民事诉讼的当事人及其法定代理人的委托，以被代理人名义参加诉讼，进行活动，由被代理人承担代理行为法律后果的一项法律制度。

刑事诉讼中的代理是一项重要的诉讼制度，意义重大。它有利于保障自诉人、公诉案件被害人、附带民事诉讼中的当事人的合法权益；有利于人民法院正确认定案件事实，依法公正处理案件；有利于宣传法制，提高群众的法制观念；有利于体现刑事诉讼的公平和公正。

根据《刑事诉讼法》第45条规定，委托代理人的范围适用于本法第三十二条规定：犯罪嫌疑人、被告人除自己行使辩护权以外，还可以委托一至二人作为辩护人。下列的人可以被委托为辩护人：

（1）律师；

（2）人民团体或者犯罪嫌疑人、被告人所在单位推荐的人；

（3）犯罪嫌疑人、被告人的监护人、亲友。

正在被执行刑罚或者依法被剥夺、限制人身自由的人，不得担任辩护人。

由于代理权限产生的根据不同，刑事诉讼中的代理分为法定代理和委托代理两种。法定代理是基于法律规定而产生的代理；委托代理是基于被代理人的委托授权行为而产生的代理。代理产生的根据不同，导致代理人的范围、权限，在刑事诉讼中的权利与义务等也不同。但是，代理人的共同点是必须在代理权限范围内进行代理活动。代理人在代理权限内的诉讼行为和法律行为与委托人自己的诉讼行为和法律行为具有同等效力，其法律后果由被代理人承担。

委托代理，既可以委托律师代理也可以委托其他公民代理。但是，在刑事诉讼中，委托律师代理较为重要。所谓律师代理，是指律师在刑事诉讼中，接受被代理人的委托，以被代理人的名义在代理权限内实施代理行为的诉讼制度，分为自诉案件中自诉人的代理、公诉案件中被害人的代理和附带民事诉讼当事人的代理。

委托律师代理的特点是，代理权是基于委托人委托的意思表示而产生，代理的权限范围由委托人决定；代理人参加诉讼时，必须向受诉人民法院提交授权委托书和律师事务所证明律师身份的信函。

二、代理的种类

（一）自诉案件中的代理

自诉案件中的代理，是指在刑事自诉案件中，律师接受自诉人以及其法定代理人的委托作为代理人参加诉讼。

《刑事诉讼法》第44条规定："自诉案件的自诉人及其法定代理人，附带民事诉讼的当事人及其法定代理人，有权随时委托诉讼代理人。人民检察院自收到移送审查起诉的案件材料之日起三日以内，应当告知被害人及其法定代理人或者其近亲属、附带民事诉讼的当事人及其法定代理人有权委托诉讼代理人。人民法院自受理自诉案件之日起三日以内，应当告知自诉人及其法定代理人、附带民事诉讼的当事人及其法定代理人有权委托诉讼代理人。"

自诉案件中自诉人的代理人的诉讼地位，与公诉案件中被害人的代理人的诉讼地位是不同的。前者有自己的特点，即自诉案件中自诉人是一方当事人，在诉讼中行使控诉职能。但是当被告人对其提起反诉后，自诉人又成为了被告人，享有了辩护权。与此同时，自诉人委托的代理人，也可以接受被告人的委托做他的辩护人，即由行使控诉职能转到行使辩护职能，事实上是一身二任。同样的自诉案件的被告人提起反诉，由于其诉讼地位的变化，原来委托的辩护人也可以成为自诉人的代理人，即由行使辩护职能转到行使控诉职能，也是一身二任。这种特点，公诉案件被害人的代理人是不具有的。

在司法实践中，充当自诉案件自诉人的代理人大多数是律师。律师在担任自诉人的代理人时，要做好以下工作：

第一，把好收案关。刑事自诉案件的自诉人委托代理人时，一般是在法院未受理之前。在这种情况下，是否接受自诉人的委托，首先要认真听取委托人对案件的叙述，查看有关证据，分析被告人的行为是否构成犯罪，然后根据不同情况决定接受代理或者不接受代理或者告知其到有管辖权的部门去控告或起诉。

第二，办理委托手续。接受代理的要办理委托手续。首先要签订委托合同。委托合同要注明刑事自诉委托合同。委托合同必须明确代理权限，以免在诉讼中因权限不清无法代理。

第三,代写诉状。接受委托后,承办律师要代自诉人写自诉状。

第四,调查。代理律师依照刑事诉讼法的规定,可以收集、查阅与本案有关的材料。可以到人民法院查阅检察院不起诉而被害人起诉后,人民检察院送到人民法院的有关案卷材料,了解案情。

第五,开庭前与委托人交换意见。

第六,确定代理意见,撰写代理词。确定代理意见,一般从以下几方面考虑:第一,维护起诉的事实方面;第二,维护起诉的定性方面;第三,维护自诉人其他合法权益方面。要写好代理词,代理词是对起诉书全面展开的论述,要论点明确,逻辑性强,客观全面,重点突出,通俗易懂,用词恰当,又留有余地。

第七,出庭支持控告。出庭支持控告活动,是律师代理自诉案件的关键阶段,一定要做好法庭各个阶段的工作。在法庭准备阶段,代理人要注意庭审程序是否合法。在法庭调查阶段,要代读自诉状,注意听取审判人员、辩护人的问话,回答审判人员就证据方面问题的发问,有目的性地向被告人、证人等发问,注意对庭审证据的质证等。在法庭辩论阶段,代理律师要根据案件具体情况和被告人的态度,在保护被代理人的合法权益,坚持依法办事的前提下,积极配合法院,促成和解。在宣判阶段,要认真听取裁判的内容。宣判后,要征求自诉人对裁判的意见,根据不同情况,进行不同的工作,或说服不要上诉,或讲明应当上诉的理由等。

(二)公诉案件中的代理

公诉案件中的代理,是指律师接受公诉案件中被害人以及法定代理人或者近亲属的委托,担任诉讼代理人的活动。这里的诉讼,不仅包括人民检察院提起公诉阶段的活动,而且也包括人民法院的审判活动。

《刑事诉讼法》第44条规定:"公诉案件的被害人及其法定代理人或者近亲属,附带民事诉讼的当事人及其法定代理人,自案件移送审查起诉之日起,有权委托诉讼代理人。自诉案件的自诉人及其法定代理人,附带民事诉讼的当事人及其法定代理人,有权随时委托诉讼代理人。"

律师在接受被害人委托后,首先要了解案件情况,弄清被害人有利和不利的各种情节。对于不清的事实,代理律师可以向司法人员询问或要求补充调查,弄清案情后要写代理词。代理词应从认定犯罪事实、证据、定性、犯罪行为给被害人直接造成的各种危害和损失等方面阐述,叙述要清楚,文字要简练。开庭时要代替被害人出庭,宣读代理词,代理被害人行使所委托的各种诉讼权利，保护被害人的合法权益。

（三）附带民事诉讼中的代理

附带民事诉讼中的代理，是指接受附带民事诉讼当事人以及其法定代理人的委托，以诉讼代理人的身份进行的活动，是刑事自诉案件中诉讼代理与公诉案件中诉讼代理的重要组成部分。

《刑事诉讼法》第44条规定："人民检察院自收到移送审查起诉的案件材料之日起三日以内，应当告知被害人及其法定代理人或者其近亲属、附带民事诉讼的当事人及其法定代理人有权委托诉讼代理人。人民法院自受理自诉案件之日起三日以内，应当告知自诉人及其法定代理人、附带民事诉讼的当事人及其法定代理人有权委托诉讼代理人。"

律师在附带民事诉讼中的代理，实质上是民事诉讼的代理。但附带民事诉讼代理人不同于纯民事诉讼代理人，因此，承办律师必须弄清代理的权限。

律师在附带民事诉讼代理中，要注意以下问题：

第一，代理附带民事诉讼，应当注意坚持原、被告平等的原则，平等地保护双方当事人合法的民事权益，而不能因为被告人可能是犯罪分子，就不保护他的合法民事权益。

第二，担任附带民事诉讼原告代理人的律师，要注意追究被告人的刑事和民事两种责任。

第三，担任附带民事诉讼代理人的律师，既要积极保护被代理人的合法权益，又要从实际出发，使赔偿合情合理。

（四）反诉案件的代理

在刑事自诉案件中，被告人依法可以提起反诉。反诉的当事人同样可以请代理人。

反诉案件的代理人，一般都具有双重身份，既是被告人的辩护人，又是反诉的诉讼代理人。因此，必须办理双重委托手续，明确代理权限。

接受反诉委托的律师，首先要审查反诉是否符合反诉条件。对于不符合反诉条件的，要说服其不要提出反诉或者撤诉。对于符合反诉条件的反诉案件，代理律师要代写反诉状。反诉状一般分两部分，前半部分是对自诉状的反驳，后半部分是论证反诉的事实和理由，提出反诉的根据。在审理过程中，代理律师既要维护被代理人的合法权益，也可以根据事实和法律，促成双方通过调解解决问题。对于经过调查，反诉事实不能成立的，代理律师要向反诉人讲明法律规定，劝其撤回反诉。

(五)刑事申诉的代理

根据《刑事诉讼法》规定,当事人及其法定代理人、近亲属对已发生法律效力的判决、裁定,可以向人民法院或者人民检察院提出申诉。律师作为法律工作者,接受委托人委托代为申诉,是理所当然的。律师代为申诉,可以更好地维护当事人的合法权益,可以帮助司法机关及时纠正有错误的判决或裁定。通过律师的法律宣传,还可以减少无理缠纠。

申诉的情况比较复杂,所以律师在代理时应当慎重。首先要弄清案情,了解申诉人的申诉是否有道理,毫无道理的申诉不能代理。

在接受委托后,要认真研究判决、裁定书的内容,在认定事实、适用法律和定性上有无问题,之后要向申诉人了解情况和申诉理由。必要时还可向有关人员调查。在全面弄清情况的基础上写出申诉书,送交有关司法机关。有关司法机关对申诉作出决定之后,不论是决定再审,还是驳回申诉,代理工作即告结束。

【深度阅读】

1. 孙洪坤著:《刑事诉讼法的时代精神》,法律出版社 2009 年版。

2. [美]德肖薇茨著:《最好的辩护》,唐交东译,法律出版社 2014 年版。

【课后思考】

1. 关于诉讼代理人参加刑事诉讼,下列哪一说法是正确的?(单选题)

A. 诉讼代理人的权限依据法律规定而设定

B. 除非法律有明文规定,诉讼代理人也享有被代理人享有的诉讼权利

C. 诉讼代理人应当承担被代理人依法负有的义务

D. 诉讼代理人的职责是帮助被代理人行使诉讼权利

2. 关于辩护律师在刑事诉讼中享有的权利和承担的义务,下列哪一说法是正确的?(单选题)

A. 在侦查期间可以向犯罪嫌疑人核实证据

B. 会见在押的犯罪嫌疑人、被告人,可以了解案件有关情况

C. 收集到的有利于犯罪嫌疑人的证据,均应及时告知公安机关、检察院

D. 在执业活动中知悉犯罪嫌疑人、被告人曾经实施犯罪的,应及时告知司法机关

3. 鲁某与洪某共同犯罪,洪某在逃。沈律师为鲁某担任辩护人。案件判

决生效三年后，洪某被抓获并被起诉。关于沈律师可否担任洪某辩护人，下列哪一说法是正确的？（单选题）

A. 沈律师不得担任洪某辩护人

B. 如果洪某系法律援助对象，沈律师可以担任洪某辩护人

C. 如果被告人洪某同意，沈律师可以担任洪某辩护人

D. 如果公诉人未提出异议，沈律师可以担任洪某辩护人

4. 简述辩护人的权利和义务。

第五章 证 据

本章要点

证据种类
证据分类
证据规则
刑事证明

打官司就是打证据。

——中国法律界格言

谁主张，谁举证。

——西方法谚

2013年3月8日19时05分许，被告人戴某某醉酒后无证驾驶无牌证普通二轮摩托车于某公路非机动车和行人混合道由东向西行驶。行至某路口以东路段时，被告人戴某某撞到前方某公路同向步行的被害人兰某某，造成兰某某、戴某某受伤的道路交通事故。事故发生后，被告人戴某某摔倒昏迷，被害人兰某某的丈夫王某某打电话报警，民警赶至现场将被告人戴某某抓获并抽血送检。归案后，被告人戴某某称因当时昏迷，故对事故经过无法陈述。

经南京市公安局物证鉴定所鉴定，在送检的被告人戴某某的血样中检出乙醇成分，乙醇含量为128.1mg/100ml。经南京市公安局物证鉴定所鉴定，被害人兰某某因交通事故致脾破裂等，其损伤程度属重伤。经南京市公安局交通管理局第七大队认定，被告人戴某某承担事故全部责任。

经南京市产品质量监督检验院检验，被告人戴某某所驾驶的摩托车发动机排量为104.9ml。经南京市公安局交通管理局车辆管理所检验，被告人戴某某所驾驶的摩托车前轮制动不合格。经南京市公安局栖霞分局检验,被告人戴某某所驾驶的摩托车车身前部右侧部位与包裹着纺织物的软性客体发生了碰撞,车身表面未见与其他车辆发生碰撞的痕迹。

案发后,被告人戴某某的亲属与被害人兰某某达成赔偿协议并已一次性赔偿被害人兰某某各项经济损失共计人民币11万元,被害人兰某某对被告人戴某某表示谅解。最终,被告人戴某某犯交通肇事罪,判处有期徒刑十个月。

第一节 概 述

一、证据的概述

证据,是认定案件事实的依据,是进行诉讼活动的事实基础。很大程度上,刑事诉讼活动就是围绕证据的收集、审查判断以及运用而进行的一系列活动。因此,可以说证据问题是诉讼活动的核心问题。

究竟什么是证据?在日常生活、工作和科学研究当中,人们经常广泛地运用证据,常常要举出自己知道的事实,来证明另一些事实的存在。所以,一般意义上的证据,顾名思义,就是指证明的凭证,用已知的事实,来证明未知的事实。但是,仅仅用一般证据的概念来理解诉讼证据还是很不够的,因为诉讼的特殊性决定了诉讼证据有其特殊的本质和特征。诉讼证据,是审判人员、检察人员、侦查人员等依照法定的程序收集并审查核实,能够证明案件情况的根据。关于证据的概念,我国学术界并未能达成一致意见。有"事实说"、"材料说"、"手段说"、"根据说"等。《刑事诉讼法》第48条规定:"可以用于证明案件事实的材料,都是证据。证据包括:(一)物证;(二)书证;(三)证人证言;(四)被害人陈述;(五)犯罪嫌疑人、被告人供述和辩解;(六)鉴定意见;(七)勘验、检查、辨认、侦查实验等笔录;(八)视听资料、电子数据。证据必须经过查证属实,才能作为定案的根据。"

二、证据的理解

在理解刑事证据的概念时,需要注意的是法律条文中使用"证据"一词,有时含义并不相同。例如,像物证、书证、证人证言等各个种类的"证据"在未经查证属实之前,仅仅是证据资料,或者叫做证据的原始素材。这些证据资料有可能真实,也可能不真实,需要经过审查判断才能确定。关于证据的理解需要注意以下几组相关概念。

1. 证据材料。在理解证据的概念时,对我国2012年《刑事诉讼法》第48条所使用的"证据材料"等用语和表述,要严格加以区分。我们所说的证据,应该同定案的证据加以区别,凡是未经查证属实的物证、书证、证人证言等各种证据形式,统统称为证据资料,或证据材料。这些材料,在未经查证属实之前,也可能是不真实的,当然不能直接作为定案的根据。因此,要严格区分证据材料和定案的证据。

2. 证据方法。所谓证据方法,是指诉讼中可以作为调查对象的有形物。如物证、书证、各种人证等。其实,按照辩证唯物主义的世界观和方法论,证据就是客观存在的实实在在之物,不宜把证据问题,概括为证据方法。

3. 证据能力。证据能力,是指证据在法律上可作为定案根据的资格,因此,证据能力又称为"证据的适格性"、"证据资格"。例如,证人证言的资格条件,各种证据来源的程序和运用的主体是否合法等。

4. 证明力。证据的证明力,是指证据对案件事实有无证明作用及证明作用如何,因此,又称为"证据力"。例如,直接证据的证明力往往大于间接证据的证明力。

5. 证据原因。证据原因是法官对于当事人主张的事实是否属实形成的心证的原因。证据原因来自办案人员对证据证明力(或曰证明价值)的判断。这种判断,当然和每位办案人员的认识能力紧密相连。

三、证据的特征

证据的特征,即证据的属性,指的是证据之所以成为证据的基本属性,与证据是否被采纳没有关系。通常认为证据具有三方面的特征:证据的客观性、关联性和合法性。

(一)证据的客观性

证据的客观性,是指证据事实必须是伴随着案件的发生、发展的过程而遗留下来的,不以人们的主观意志为转移而存在的事实。因为任何犯罪都是在一定的时间、地点进行的,必然遗留各种痕迹,或者进行犯罪活动时为人们所目睹和感受的。这些可以成为证据的事实,是不依赖于办案人员的意志而客观存在的。对于证据的客观性可以从以下几个方面来理解:第一,证据的内容必须具有客观实际的属性。任何犯罪在作案现场都会留下相应的证据,如犯罪分子遗留在作案现场的指纹、脚印、尸体、赃物、作案工具等都是客观存在的,不是办案人员主观想象的,只有这些客观存在的证据才能对认定案件起到证明作用,其他猜测、想象都不是事实,不能成为证据。第二,收集、审查、判断证据离不开诉讼主体主观上认识的作用。虽然证据的内容具有客观性,但是在刑事诉讼过程中还需要被办案人员所发现。同时对证据的审查、判断也离不开诉讼主体主观上认识的作用。正确认识证据的客观属性,有利于办案人员忠于事实真相,在收集、审查判断和运用每一项证据的过程中做到客观、全面。

(二)证据的关联性

证据的关联性,指证据必须同案件事实存在某种联系,并因此对证明案情产生实际意义。证据对于案件事实有无证明力,以及证明力之大小,取决于证据与案件事实有无联系,以及联系的紧密、强弱程度。也就是说,证据不仅是客观存在的事实,而且必须是与案件事实存在某种联系的事实。

证据的关联性的根据有两个:一是由于证据是伴随着刑事案件的发生过程形成的,所以,它和案件事实之间应当具有必然的客观联系。正如作案的工具,在作案后必然要遗留下与工具相吻合的痕迹一样,这是伴随着案件的发生必然要形成的后果,此类工具与痕迹,就是本案的重要物证。二是按照辩证唯物主义的世界观和方法论来认识证据的关联性,就是世界上的万事万物之间的因果联系是普遍的。当然,联系的程度不同,证据的证明力便有所不同,关联性越强,证明力就越大;反之,关联性越弱,证明力就越小。最后,证据的关联性从整体上说,包括有罪或无罪、罪轻或罪重等方面相关的证据。全面地把握证据的关联性要求公安司法机关在收集证据时摒弃主观的臆断,忠实于案件客观事实本身,全面地收集各种证据。

由此可见,证据与案件事实之间的关联性之存在,是一个颠覆不破的真理,在收集、判断证据和查明案件事实真相的过程中,必须紧紧把握住证据的关联性,才能使案情真相大白。2012 年《刑事诉讼法》强调"可以用于证明案件事实的材料,都是证据",其中的"可以用于"意味着证据与案件事实存在形式上的证明关系,至于证据实质上能否证明案件事实,只有经过审查判断以后才能确定。换言之,某些材料在形式上与案件事实毫不相关,就不可以用于证明案件事实,也不具有相关性,因此,相关性是证据的本质属性,只不过在新的定义中更强调形式意义。

(三)证据的合法性

证据的合法性,也叫证据的许可性,是指证据必须是按照法律的要求和法定程序取得的实物材料，同时其表现形式也应符合法律的要求。证据是查明案件事实的根据，所以，证据本身必须真实可靠。合法性是指证据只能由审判人员、检察人员、侦查人员依照法律规定的诉讼程序，进行收集、固定、保全和审查认定，即运用证据的主体要合法，证据来源的程序要合法。证据的合法性，是证据客观性和相关性的重要保证，也是证据具有法律效力的重要条件。我国诉讼法学界对证据是否应当具有合法性存在争议。

为了确保证据的合法性，刑事诉讼法对于收集证据，固定和保全证据，审查和判断证据，查证核实证据等，都规定了严格的程序和制度。法律规定只有司法人员才有权收集证据，审查和运用证据，就是司法人员也必须依照法律规定的诉讼程序，收集、固定、保全和审查运用证据，并且经过查证属实以后，才能作为逮捕、起诉和判决的根据。因此，我国立法规定严格禁止司法人员以刑讯逼供和暴力、威胁等非法的方法收集证据，并确立了不得强迫自证其罪原则。《刑事诉讼法》第 50 条明确规定："审判人员、检察人员、侦查人员必须依照法定程序，收集能够证实犯罪嫌疑人、被告人有罪或者无罪、犯罪情节轻重的各种证据。严禁刑讯逼供和以威胁、引诱、欺骗以及其他非法方法收集证据，不得强迫任何人证实自己有罪。"一切用严重违法的方法收取的材料，原则上都不能作为定案的证据。司法人员只有依照法定程序收集的证据，审查和运用的证据，才能具有法律效力。2012 年《刑事诉讼法》确立了非法证据排除规则，从第 54 条到第 58 条分别规定了非法证据的概念、排除非法证据的范围、排除非法证据的方法、程序等。这些规定不仅为证据的合法性提供了法律依据，更重要的是从立法上标志着我国刑事证据制度的进步与发展。

综上所述，诉讼证据的特征是由证据的客观性、关联性和合法性三个基本因素构成的。这三个因素是互相联系、缺一不可的。客观性和关联性是证据的内容，合法性是证据的形式。证据的内容需要通过诉讼程序加以审查、检验和鉴定来确定。合法性是证据真实性和相关性的法律保证。客观性、关联性和合法性正确释明了证据的基本要素，表明了证据内容和形式的统一。只有这样来理解证据的概念，才能明确什么样的事实可以作为证据，哪些人有权收集证据，审查和运用证据，应当怎样去收集和审查证据。正确认识和理解证据的概念，就为正确地运用证据查明案件事实指明了方向和途径。证据的三个基本特征，实际上就是我们收集、审查和判断每个证据的基本标准，掌握了这三项标准，判明整个案件事实真相就有了可靠的基础。否则，就会一错百错,就会发生冤、假、错案。

第二节 刑事证据的种类

证据的种类,是指刑事诉讼法规定的几种法定证据表现形式。《刑事诉讼法》第48条规定:"可以用于证明案件事实的材料,都是证据。证据包括:(一)物证;(二)书证;(三)证人证言;(四)被害人陈述;(五)犯罪嫌疑人、被告人供述和辩解;(六)鉴定意见;(七)勘验、检查、辨认、侦查实验等笔录;(八)视听资料、电子数据。"由此可见,我国刑事诉讼法将证据规定为八种类型。

一、物证

(一)物证的概念

物证,是指据以查明案件真实情况的一切物品和痕迹。物证以其本身所表现出来的形状、质量、规格、特性等外部特征来证明案件事实,这是物证与其他证据形式相区别的特征。物证包括物品和痕迹两大类,前者是指与案件真实情况有密切联系的客观实在物,如作案工具、行为所侵害的客体物等;后者包括行为过程中所遗留下来的印痕以及其他能够揭露和证明案件发生的痕迹,如脚印、指纹等。

物证在刑事诉讼过程中运用最为广泛,其存在形式是多种多样的,常见的物证主要有:

(1)犯罪使用的工具,如杀人时使用的凶器、毒药,盗窃时使用的螺丝刀、钳子,爆炸时使用的炸药等;

(2)犯罪遗留下来的物品和痕迹,是指犯罪人在实施犯罪的过程中遗留下来的物品和留在某种物体上的犯罪痕迹,前者主要有犯罪人遗留在犯罪现场的衣物、帽子、烟头、纽扣、票证、纸屑等,而后者常见的有犯罪人留下的指纹、脚印、血迹、撬压痕迹、笔迹、咬痕、枪弹痕迹、唇纹等;

(3)犯罪行为侵犯的客体,例如,被犯罪人杀害的尸体,抢劫的财物,盗窃的赃款、赃物,窃取的机密文件等;

(4)犯罪行为所产生的物品,如非法制造的枪支、弹药,非法出版的出版物,伪造的货币等;

(5)其他可能用来发现犯罪行为和查获犯罪分子的存在物,如人体的特征,物体的位置、大小、颜色、气味等。

物证具有以下几个特点:(1)物证具有较强的客观性。物证是与案件事实有联系的客观实在物,因此相对于证人证言等言词证据而言具有较强的客观性。(2)物证具有较强的稳定性。由于物证是客观存在的物品或痕迹,只要对物证及时提取并妥善加以保管,它就具有了较强的稳定性,因此物证对案件的证明作用较强。但任何一个物证都不能单独反映犯罪事实是否确实存在及犯罪人是何人等问题,不能依靠这一孤证来定案。(3)物证具有特定性。这种特定性表现在,对案件起证明作用的物品和痕迹是特定的,不能由其他同种类的实物或痕迹替代。(4)物证具有证明案情的间接性。这种间接性是指物证同案件事实之间的联系只有通过其他证据才能显示出来。强调物证的间接性,其意义在于要求司法人员办案时,必须注意分析每一个物证的证明力,防止把只能证明案件局部事实的物证作为认定全案事实的直接依据。

(二)物证的意义

物证是刑事诉讼中被广泛运用的一种证据,较之其他刑事证据,因具有更强的客观性、稳定性而更直观。

物证是验证言词证据是否真实的依据。案件中的各种言词证据,各说各有理,甚至以假代真,虚实并存,真真假假,错综复杂,难以判断。唯有物证具有较强的客观性,可以检验真假,衡量虚实。因此,许多学者近年来都纷纷指出,在证据的立法中,应把"实物验证"作为运用证据的一个规则加以规定。

物证是获取案件线索或证明案件事实的有效手段。在任何违法犯罪的实施过程中,必然要在客观外界留下各种痕迹和迹象,甚至留下各种物品。这些痕迹与物品是伴随着案件事实的发生而产生的,它同案件事实的产生必然具有一定的关联性,反过来它对于获取案件线索或证明案件事实又起到重要的证明作用。

物证是制服犯罪分子的有力武器,也是使当事人如实陈述的有力根据。在诉讼过程中,犯罪分子往往都是大事化小、小事化无,时刻都在反调查、反侦查,对抗侦查、起诉和审判。但是,在客观事实的物证面前,不仅能打消其侥幸心理,而且能从根本上制服犯罪分子,使其认罪伏法,坦白交代。

除此之外,有了物证的存在,还可以使公众了解犯罪分子作案的手段、方法、原因和结果,以充分发挥诉讼的宣传教育作用,增强公众的法制观念。

随着社会科学技术的不断发展，可以用来作为证据使用的物品和痕迹的范围也在逐步扩大。例如，在刑事诉讼中，勘验现场拍摄的照片，对某些难以移动或易于消失的物品、痕迹复制的模型或拍摄的照片，都是对物证的固定和保全。在司法实践运用时，作为物证发挥证明作用的，当然不是这些照片和模型本身，而是被拍摄的照片、复制的模型所固定和保全下来的原物品和痕迹。但是，这些照片和模型是在诉讼过程中制作出来的，能够正确地反映客观存在的事物，同样可以起到物证的作用。

二、书证

（一）书证的概念与意义

书证，是能够根据其记载的内容和表达的思想来证明案件真实情况的一切物品。刑事诉讼中的书证虽然表现方式及制作方式多种多样，但必须同时具备以下两个条件：（1）书证必须是以文字、符号、图画等记载或表达人的一定思想的物品，而且其所记载或表达的思想内容能够为人们认知和理解；（2）该项材料所记载的内容或者所表达的思想，必须与待证明的案件事实有关联，能够被用来证明案件事实。

在刑事诉讼中，常见的书证有：（1）反映行为人主体身份的书证，如出生证、工作证、身份证、护照、户口本、营业执照、任职免职的文件等；（2）反映人们各种民事经济关系的书证，如行为人之间来往的账册、票据、小金库的各种白条、收据、经济合同、书面遗嘱等；（3）诬告、陷害案件的诬告信、大字报、小字报等；（4）反映人与人之间关系的车票、船票、飞机票、个人日记、工作日志等；（5）产品质量的认证书、检验文书，乃至各种文字广告等；（6）村规、民约、各种章程、管理制度等；（7）各种红头文件、公证文书、裁判文书等。

书证都有明确的意思表示，且大多在诉讼开始以前就已经形成，一经收集并查证属实，就可以比较直观地证明案件中的一定事实，因而具有较强的证明力。所以，书证在刑事诉讼中具有重要的作用：有些书证可以直接证明案件事实的性质、作案动机和目的；可以鉴别其他证据的真伪；可以揭穿犯罪嫌疑人的狡辩和虚假的陈述；在贪污贿赂等经济犯罪案件中，书证是不可缺少的证据。

（二）书证与物证的联系与区别

在实践中，物证和书证容易被混淆。总的来说，物证和书证都要有客观物质作为必要的载体，这是它们的共性。但书证与物证之间存在着本质区别：书证以文字、符号、图画等记载的内容和表达的思想证明案件事实，物证则以其外部特征、物质属性、存在状况等证明案件事实。如果一个记载着文字、符号、图画的物品不是以所记载的内容而是以外部特征、物质属性等对案件起证明作用,它就是物证而不是书证。物证很有可能因主客观条件的变化,或随着时间推移而发生变化,其所证明的案件事实就有可能失真或失实,而书证所反映的内容或思想具有长久不变的特性,使书证证明的可靠性大大加强。书证是广义的物证,因为书证也是实物证据。如果一个物品不仅能以记载的内容来证明案件事实,也能以外观形态证明案件事实的,则该物品既可以作为书证使用,也可以作为物证使用。但在某些特殊情况下,一个物品既是书证又是物证。这在理论上被称为物证书证同体。例如,在犯罪现场收集到一封信,内容与被害人死亡原因有关,它属于书证;经鉴定字迹为被告人所写,这封信在现场存在,则为物证。

三、证人证言

证人证言,是指了解案件真实情况的人,向办案人员所作的有关案件部分或全部事实的陈述。

证人证言一般是口头陈述,以证人证言笔录加以固定,经办案人员同意由证人亲笔书写的书面证词,也是证人证言。证人证言的内容包括对查清案件真相的一切事实,而与案件无关的内容,或者是证人的估计、猜测、想象等,不能成为证言。办案人员只能要求证人陈述案件事实,而不能要求证人对这些事实作出判断。证人陈述的内容,可以是亲自看到或听到的,也可以是别人看到或听到而转告的。但转告的情况,证人必须说明来源,说不出来源的,或是道听途说的消息,不能作为证人证言使用。

证人证言具有以下特点:第一,证人证言只是证人对案件有关情况的感知向公安司法机关所作的陈述。证人证言是证人对案发当时情况的一种事后回忆,这种回忆包括证人对案发当时看到的或听到的情况的感知,而不是对于当时犯罪分子表现的推测。但是由于各种主客观因素的影响,如当时的天气、环境或证人当时的心情等,证人证言有时也会出现与案件事实不符的情况。第二,证人证言在刑事诉讼中应用广泛。不管犯罪分子多狡猾,手段怎样隐蔽,总会露出蛛丝马迹被群众所察觉。因此在刑事司法实践中证人证言是最常见的一种证据。第三,证人证言的客观性较强。由于证人通常与案件处理结果没有切身利害关系,所以证人证言较犯罪嫌疑人、被告人供述和辩解或被害人的陈述更为客观。

同诉讼中其他证据相比较,特别是同案件的其他言词证据相比较,证人证言的客观性更强。从内容上看，证人证言可能同案件的一部分或全部相联系，往往能够证明案件所涉法律关系的一部分或全部，即使证明不了，它也可以反映案件的有关线索，为公安司法机关进一步调查收集证据提供帮助；就证据运用而言，证人证言可以与本案其他证据加以对照、比较，起到印证与核实的作用，为公安司法机关提供审查判断证据的手段。

四、被害人陈述

被害人陈述，是指受犯罪行为直接侵害的人向公安机关、人民检察院或人民法院就其遭受犯罪行为侵害的事实和有关犯罪嫌疑人、被告人的情况所作的陈述。

在外国证据法中，被害人陈述一般被视为证人证言而不作为独立的证据种类。根据《刑事诉讼法》规定，被害人作为诉讼的主体，具有独立的当事人地位，正是因为考虑到被害人特殊的诉讼地位及其特殊的身份，将被害人陈述规定为一种独立的证据。凡是有被害人的案件，如果被害人能够陈述案情的，这一陈述便自然成为认定该案的依据。

被害人陈述在刑事诉讼中具有重要意义：第一，被害人陈述往往能全面、详细地反映案情的细节，从而帮助办案人员确定侦查方向，查获犯罪人。第二，被害人陈述经查证属实后可以作为认定案件的重要证据，甚至是直接证据。第三，被害人陈述是制服罪犯和鉴别其他证据真伪的有力手段。被害人，既是犯罪的直接受害者，又与犯罪嫌疑人、被告人和犯罪行为有过直接或间接的接触，因此，被害人的陈述可以为案件的侦破提供线索。在协助侦破案件，确认犯罪人，证明案件事实的过程中，被害人陈述可以鉴别真伪，排除矛盾，使案件的证据达到确实、充分的程度。与此同时，它对控诉犯罪、教育群众具有更为生动、具体、深刻的作用。

五、犯罪嫌疑人、被告人的供述和辩解

犯罪嫌疑人、被告人的供述和辩解，是指犯罪嫌疑人、被告人就有关案件情况，向侦查人员、检察人员和审判人员所作的陈述，即通常所说的口供。

犯罪嫌疑人、被告人的供述和辩解一般是口头陈述，以笔录加以固定。经犯罪嫌疑人、被告人请求或办案人员要求，也可以由犯罪嫌疑人、被告人亲笔书写供词。

犯罪嫌疑人、被告人的供述和辩解的内容主要包括三个方面：(1)供述，是指犯罪嫌疑人、被告人承认对其控告的犯罪事实，并向公安司法机关讲清其实施犯罪的全部事实和情节，表现为自首、坦白和承认。犯罪嫌疑人、被告人的供述应当是出于自愿的,完全没有外力强迫的。(2)辩解,是指犯罪嫌疑人、被告人否认自己有犯罪行为,或者虽然承认自己犯了罪,但有为依法不应追究刑事责任以及从轻、减轻或者免除处罚等所作的申辩和解释,表现为否认、申辩、反驳、提供反证等。(3)攀供,是指犯罪嫌疑人、被告人可能在承认自己犯罪以后,揭发共犯或者举报他人有犯罪行为,也可能是否认自己犯罪而举报他人犯罪。

犯罪嫌疑人、被告人供述和辩解的主要特点是:(1)犯罪嫌疑人、被告人是最了解案件情况的人,对于自己是否实施犯罪以及犯罪的具体情节,比任何人都清楚,所以其如实陈述是查明案情的有力证据。(2)由于犯罪嫌疑人、被告人与案件的处理结果有切身的利害关系,所以其供述或辩解虚假的可能性比较大。(3)犯罪嫌疑人、被告人供述和辩解往往具有反复性,同一问题由于不同时间作出的陈述差别相当大,常常出现翻供的情况。

犯罪嫌疑人、被告人是刑事诉讼活动的中心人物,他对犯罪行为是有是无、是轻是重最了解、最清楚。因此,按照法定的程序正确地讯问犯罪嫌疑人、被告人,收集其供述与辩解,对案件事实的认定有着重要的作用和意义。

第一,犯罪嫌疑人、被告人的供述有助于侦查机关确定侦查范围。犯罪嫌疑人、被告人对自己所犯罪行的如实供述,对办案人员迅速了解案情、全面收集证据,特别是对认定犯罪的动机和目的有重要作用,有利于侦查机关缩小侦查范围,收集必要的证据,提高办事效率,迅速查明案件事实。

第二,犯罪嫌疑人、被告人的辩解,可以起到兼听则明的作用。犯罪嫌疑人、被告人的辩解,可以促使办案人员重视收集能够证明犯罪嫌疑人、被告人无罪或罪轻的事实和材料,避免发生冤假错案;可以使公安司法机关人员克服主观臆断,做到兼听则明,及时发现和纠正办案中的偏差,防止无罪的人受到错误的刑事追究或有罪的人罚不当罪。

第三,犯罪嫌疑人、被告人的供述和辩解,对查明案件事实也有一定的作用。一方面,有利于审查、核实案件中的其他证据,更好地对其他证据作出正确判断,有利于发现和排除矛盾点,使案件中的证据相互印证,对案件作出正确的处理。另一方面,有利于公安司法机关衡量犯罪嫌疑人、被告人是否认罪、悔罪以及立功的表现情况,从而有利于区分不同情况,尤其被告人的认罪、悔罪态度或者立功表现是人民法院量刑酌定的法定情节。

第四,犯罪嫌疑人、被告人的检举揭发,有利于公安司法人员发现新的情况和证据线索,侦破案件,使得隐藏很深的犯罪分子受到应有的惩罚。

六、鉴定意见

（一）鉴定意见的概念

鉴定意见，是指鉴定人根据公安司法机关的指派或者聘请，运用自己的专门知识和技能对案件中需要解决的专门性问题进行鉴定后所作出的判断。2012年《刑事诉讼法》将"鉴定结论"修改为"鉴定意见"，这是一大进步。

鉴定易受鉴定人本身知识水平和经验程度等的限制，受到检材的时间、检材状况以及外界诸多因素的影响，形成的鉴定结果完全有可能出现偏差。在我国的司法实践中，常常会出现一个问题存在多个相互矛盾的"鉴定结论"的情况。一个问题有多个鉴定结论就等于没有"结论"，而且"结论"一词具有强烈的终局性和排他性，因此，将鉴定人的判断作为具有终局性和排他性的"结论"，是不妥当的。2005年，全国人大常委会《关于司法鉴定管理问题的决定》将之称为"鉴定意见"，此次《刑事诉讼法》修改采纳了这种说法。

根据我国《刑事诉讼法》规定，凡是为了查明案情需要解决的专门问题，都应当进行鉴定。在实践中，经常遇到需要鉴定解决的专门性问题主要有：(1)法医鉴定。主要用于确定死亡原因、伤害情况等。(2)司法精神病鉴定。目的在于确定犯罪嫌疑人、被告人、被害人、证人的精神状态是否正常，以便确定被鉴定人有无行为能力和责任能力。(3)痕迹鉴定。(4)化学鉴定。(5)会计鉴定。(6)文件书法鉴定。用于确定文件的书写、签名是否伪造或同一。(7)其他鉴定。比如建筑、交通运输、产品质量、物价、责任事故等方面的鉴定。随着科学技术的不断发展，需要鉴定的专门性问题日益增多，鉴定的范围也在不断扩大。

（二）鉴定意见的意义

鉴定意见是正确认识和处理案件的重要依据之一。在公安司法机关办理案件的过程中，无论是对犯罪嫌疑人的确定，还是对案件事实的认定，都依赖科学的技术鉴定。因此，鉴定意见在查明整个案件事实情节中，能起到其他证据不可代替的作用。

鉴定意见是查明案件事实，确定案件性质，明确案件责任的重要根据。现实生活中发生的刑事案件，往往都会涉及查清有争议案件事实，认定案件性质，以便分清责任的问题。这些问题的解决往往有赖于各种专门知识，而公安司法机关人员一般不可能通晓专门知识。当案件中某些专门问题不能得到解决时，就需要有关专家运用专门知识和科技手段进行鉴定。从而，司法人员可以根据鉴定意见查明案件事实，分清案件的性质和责任。

鉴定意见也是审查判断其他证据的重要手段。由于鉴定意见是对案件中的专门问题进行检测、分析、鉴别的结果，具有明显的科学性，因而成为审查案件中其他证据真实性的重要且有效的手段。

七、勘验、检查、辨认、侦查实验等笔录

勘验、检查、辨认、侦查实验等笔录，是指办案人员对与案件有关的场所、物品、人身进行勘验、检查、辨认或进行侦查实验时，所作的文字记载，并由勘验、检查人员、辨认人员、实验人员和在场见证人签名的一种书面文件。

就其性质而言，勘验、检查、辨认、侦查实验等笔录是一种固定保全证据的方法和手段，其证据作用在于它固定和保全的内容同案件事实所产生的关联性。因此，对这种证据形式的基本要求，就是要客观全面、准确地加以固定，不能有任何疏漏。

在刑事诉讼中，经常使用的勘验、检查、辨认、侦查实验等笔录主要有：(1)现场勘验笔录。对于客观准确地反映现场的实际情况，证明犯罪案件的事实情节具有重要意义。(2)尸体检验笔录。有助于查明死亡原因、时间，致死方法和手段。(3)物证检验笔录。对于查明物证的性质、特征，证实犯罪，查明犯罪嫌疑人具有重要作用。(4)人身检查笔录。有助于查明被害人、犯罪嫌疑人的某些特征、伤害情况、生理状态等。(5)侦查实验笔录。有助于查明在一定条件下某一事件或现象是否发生以及后果如何。

(一)勘验笔录

勘验笔录，是指侦查人员在对与犯罪有关的场所、物品、痕迹、尸体等勘查、检验中所作的记载，包括文字记录、绘图、照相、录像、模型等材料。勘验笔录可以分为现场勘验笔录、物证检验笔录、尸体检验笔录等。

勘验笔录是侦查人员运用一定的设备和技术手段对勘验对象情况的记载，因此其具有较强的客观性，也比较可靠。

(二)检查笔录

检查笔录，是指侦查人员为确定被害人、犯罪嫌疑人、被告人的某些特征、伤害情况或心理状态，而对他们的人身进行检验和观察后所作的记载。检查笔录以文字记载为主，也可以采取拍照等其他有利于准确、客观记录的方法。

人身检查必须严格按照法定程序进行，必要时可以指派或聘请具有专门知识的人协助侦查人员进行。

(三)辨认笔录

辨认，是指在刑事侦查活动中，根据案件侦查需要，在侦查人员或者检察人员的主持下，由证人、被害人或者犯罪嫌疑人对与案件有关的物品、无名尸体、犯罪场所或者犯罪嫌疑人进行识别、确认的一种活动。根据辨认主体的不同，辨认笔录分为证人的辨认笔录、被害人的辨认笔录和犯罪嫌疑人的辨认笔录。

辨认笔录，是指犯罪嫌疑人、被害人、证人按照法定程序对可能与案件相关的人、物品或者场所进行辨认时由公安司法人员所作的记录。

辨认笔录不是书证。从书证的形式和内容方式来看，书证是指以文字、符号、图形等方式记载的内容来证明案件事实的文件或者其他物品，是在诉讼开始之前，或者是在与诉讼活动没有关系的情况下制作的，辨认笔录是诉讼活动中所形成的书面材料，不能作为书证；从书证的举证方式看，出示书证原件即可，在传闻证据不可采的国家，辨认笔录适用传闻规则，书证则不适用；从法律行为的模式来分析，辨认笔录是由公安司法机关的人员按照法定的程序、形式要求制作而成，是要式法律行为，书证由于不是在诉讼活动中形成的，属于非要式法律行为。

（四）侦查实验笔录

侦查实验，是指侦查人员在刑事诉讼过程中按照科学的原则和方法，在模拟案件原有条件的基础上所设计、实施的，旨在查明与案件有关的事实的存在、发生的可能性或其状态、过程的活动。

侦查实验笔录，是指侦查人员按照法定格式制作，用于描述和证明实验过程中发生的具有法律意义的事实状况的书面记录，是侦查实验过程及结论的载体。

八、视听资料

视听资料，是指采用现代技术手段，将可以重现案件原始声响、形象的录音录像资料和储存于电子计算机的有关资料及其他科技设备提供的信息，用来作为证明案件真实情况的资料。这是一种更接近于案件的真实情况的证据。

视听资料是一种重要的诉讼证据，在现代刑事诉讼中的地位和作用越来越明显。其具体表现是：(1)这种证据容量大，内容丰富，直观性强，可以接连不断地播放，具有高度的连续性；(2)同其他证据相比较，由于客观性强，这种证据的准确性和可靠性就大；(3)这种证据由于体积小，重量轻，更易于保存和利用；(4)视听资料是法制宣传教育的有效手段。

由于视听资料是通过高科技手段制作而成的，它除了具有证据的共同属性，即客观性、关联性、合法性之外，其证明力还有直观、形象、准确、科学和综合性的特点。尽管视听资料有其他证据所难以比拟的特性和证明优势，但一旦被篡改、变造，有时可能更难以被识破，难以恢复，因此在运用视听资料这种证据形式定案时更应该加强审查判断。

九、电子数据

（一）电子数据的产生与概念

20世纪晚期以来，随着社会的不断发展和技术的日益进步，犯罪形态愈加多样化、复杂化、智能化，由此就造就了一个高风险的社会，也开启一个高科技证据的时代。计算机及网络技术的迅猛发展和普及，在丰富与便捷人们生活的同时，也使网络犯罪有了一定的空间，因此，电子数据以迅雷不及掩耳之势进入了刑事诉讼领域。但我国1996年《刑事诉讼法》第42条并未将电子数据列为法定证据种类之一，导致了电子数据的合法性危机。为了解决电子数据在司法实践中的现实问题，2012年《刑事诉讼法》最终以基本法律的形式将“电子数据”与“视听资料”并列，正式规定为法定证据种类之一。

电子数据即电子形式的数据信息，所强调的是记录数据的方式而非内容。以电子数据为基础的各种存在形式可以统称为电子证据。电子数据是各类电子证据的本质，是各种外在表现形式的内在属性和共同特征。电子证据在本质上是电子数据，其外在表现形式具有多样性和不确定性。具体而言，诸如BBS留言、网络聊天记录、EDI电子邮件、软件使用界面、手机短信、网页等，都属于电子数据。在类型上可以分为电子计算机存储资料和运用电子技术设备得到的信息资料。

（二）电子数据的特点

电子数据除了具有一般证据的客观性、关联性和合法性的特征外，还具备以下主要特征：

（1）无形性。电子数据的产生和重现必须依赖于特定的电子介质，不能直接为人所认知，只有通过转换、复制而显示在显示屏或者打印到其他介质上才能被肉眼所见。

（2）高科技性。电子数据以电子设备为存储介质，许多电子设备都具有智能性，在进行设定后可以自动运行程序，并且自动生成电子数据。

（3）脆弱性。电子数据依托于电子介质而存在，容易因人为或环境因素而损毁、修改、灭失。在计算机和网络技术日益进步的今天，破坏数据变得更加容易，而事后的追踪和复原变得愈发困难。

（三）电子数据的意义

电子数据是现代社会科技迅猛发展的产物，是继人证、物证之后，一种非常重要的诉讼证据，在现代刑事诉讼中的地位和作用越来越明显。首先，电子数据容量大，内容丰富，为办案人员的侦查破案和定罪量刑等司法活动提供了必要信息。其次，电子数据的高度智能性在一定程度上实现了取证自动化，弥补了传统侦查取证活动的不足，增强了办案人员的侦查能力。最后，电子数据的表现形式具有较强的直观性，使用起来方便、快捷，有利于提高诉讼效率。

第三节　刑事证据的分类

刑事证据的分类，是指在理论研究上将证据按照不同的标准划分为不同类别。分类的目的是便于研究各类证据的特点及其运用规律，提高运用证据查明真相的能力。在我国理论界，通常将刑事证据分为原始证据与传来证据，言词证据与实物证据，有罪证据与无罪证据，直接证据与间接证据。

证据的分类不同于法定的证据种类。刑事证据的种类是《刑事诉讼法》第48条所规定的八种：物证；书证；证人证言；被害人陈述；犯罪嫌疑人、被告人供述和辩解；鉴定意见；勘验、检查、辨认、侦查试验等笔录；视听资料、电子数据。法律规定的证据种类，其实也是对证据的一种区分归类，是立法者根据我国科学技术的发展水平以及证据的存在和表现形式对证据所作的法律上的区分；而此处所讲的证据分类并非是法律上的规定，而是单纯从理论上对证据进行的分门别类。证据的种类是具有法律效力的，不具备法定表现形式的证据不得作为定案的根据，而证据的分类仅仅是学理上对证据的解释；证据种类的区分标准是单一的，而证据的分类则是从多角度按照不同的标准，以两分法对证据进行分类研究。因此，证据的分类与法律上的证据种类区别是明显的。同时两种划分又是交叉的，同是一种证据，由于分类的标准和角度不同，其类属也不完全相同，具有多重性。

一、原始证据与传来证据

根据证据的来源不同，可以将证据分为原始证据与传来证据。

按照证据的来源划分，凡是直接来源于案件事实，未经复制、转述的证据是原始证据，也就是第一来源直接获得的证据；而间接来源于案件事实，经过复制、转述的证据，是传来证据。常见的原始证据有：目击证人的证言，被害人陈述，犯罪嫌疑人、被告人供述和辩解，物证的原物，书证的原件，勘验笔录等。常见的传来证据有：物证的复制品，文件的副本、影印件、抄件，非亲自感受案件事实的证人所作的证言等。

传来证据的概念与西方证据理论中的传闻证据不尽相同。在英美法系国家中，“传闻”强调以法庭审判为中心，凡在法庭审判外提供的证言，即非证人在法庭上亲自作出的口头表述，或陈述的内容非本人亲自耳闻目睹，均属于传闻证据。其范围不局限于言词，还包括文字，但并不包括实物证据。而我国的传来证据，仅以证据是否从第一来源直接获得为标准，如证人转达他人陈述的内容为传来证据，至于在法庭上宣读未出庭的证人证言，只要该证言是作证者亲自看见或听到的，便属于原始证据。

一般而言，直接来源于案件事实的原始证据比传来证据可靠。就来自同一来源的证据而言，距原始证据越近的通常越可靠，转手和复制的次数越多，距离证明对象越远，其所含信息发生减损或者扭曲的可能性就越大。传来证据的作用有：可以作为发现原始证据的线索；在特定情形下，可以作为审查原始证据是否真实的手段；在原始证据无法取得或取得确有困难时，可以代替原始证据；可以强化原始证据的证明作用。因此，在审查案件事实的过程中，办案人员应尽可能收集原始证据，虽然我国证据立法并未排除或限制传来证据在诉讼中的运用，但是对于传来证据，务必查明其来源，在运用中应当遵循以下规则：(1)没有正确的来源或者来源不明的传说、文字材料，不能作为定案的根据；(2)只有在原始证据不能取得或者取得确有困难时，才能用传来证据代替；(3)应当收集和运用距原始证据最近的传来证据；(4)如果案内只有传来证据而没有原始证据，不能认定犯罪嫌疑人、被告人有罪。

二、言词证据与实物证据

根据证据事实形成的方法、表现形式、存在状况、提供方式的不同，可以把证据分为言词证据和实物证据。

言词证据，是指以人的陈述为存在和表现形式的各种证据，因而又称为人证。它包括以人的陈述形式表现出来的各种证据，如刑事被害人陈述、犯罪嫌疑人、被告人供述和辩解、民事当事人的陈述、行政诉讼当事人陈述、证人证言、鉴定意见等。言词证据的内容，是陈述人直接或间接感知的与案件有关的事实，通过询问或讯问而取得。而陈述又往往固定于笔录（记录材料）中，如对犯罪嫌疑人、被告人的讯问笔录，对证人的询问笔录等。

鉴定意见是一种较为特殊的言词证据。鉴定意见虽然具有书面形式，但其实质是鉴定人就案件中某些专门性问题进行鉴定后作出的判断，而且在法庭审理中，当事人有权对鉴定人就鉴定意见发问，鉴定人有义务以口头方式，加以解释或补充其鉴定意见。它与当事人的陈述、证人证言等言词证据有所不同，它的内容不是陈述人对案件事实的直接或间接的感知，但这并不影响鉴定意见属于言词证据。

实物证据，是指以实物形态为存在和表现形式的各种证据，如物证、书证、音像证据、勘验笔录等，即广义上所称的物证。物证、书证、音像证据都是以实物形态存在的，自然应归属于实物证据。勘验笔录是由司法和执法人员对案件有关的场所、物品、人身、尸体进行实地查看、检验、调查后所作的记录，通常表现为一定的书面材料、照片、绘图，而且就其内容而言，它是对有关场所、物品、人身、尸体情况的客观记载，而非司法和执法人员的意见或判断，因而也应归入实物证据的范畴。

对于视听资料是否属于实物证据，学界持有不同意见。一般认为，储存有特殊信息、可供办案人员查明案件事实真相的视听资料，属于实物证据。也有人认为应当具体分析、区别对待：讯问犯罪嫌疑人、被告人、询问证人、被害人时的录音录像相当于笔录，应划归于言词证据，此外多数的视听资料属于实物证据。

言词证据的特点是具有明确的意思表示。由于言词证据属于人证的范畴，作为人的认识和反映，其优点是生动、形象、具体，因此言词证据的一个突出特点是其能够从动态上证明案件事实。它是当事人、证人等对其直接或间接感知的案件事实的复述，往往能够较为形象生动、详细具体地反映案件事实；尤其当事人是案件事实的亲历者，其陈述可以把案件发生的过程及许多具体情节复述出来，因此具有较强的证明力。但是，言词证据容易受各种主客观因素的影响而出现虚假或失真。从主观因素的影响看，陈述人与案件的利害关系有可能使陈述人有意作虚假陈述。刑事诉讼中的被害人、犯罪嫌疑人、被告人，都与诉讼的结果有利害关系，这种利害关系有可能导致他们作虚假陈述。证人虽然一般与案件没有直接的利害关系，但也会由于证人个人的品质，或受到威胁、利诱而不如实作证。鉴定人也存在同样的问题。从客观因素的影响看，言词证据的形成是一个相当复杂的过程，一般要经过感知、记忆、陈述三个阶段，在这三个阶段都可能会因各种客观因素的影响而出现失真，使言词证据与案件真实情况不符。

实物证据的特点是客观性、稳定性强，不易失真。实物证据都是客观存在的实在物，看得见、摸得着，不像言词证据那样容易受人的因素影响，且往往是伴随着案件的发生而形成的，一般难以伪造。而且实物证据往往是经司法和执法人员勘验或搜查、扣押而到案的，一经收集保全后，就可以长期保持其原有形态，成为证明案件事实的有力证据，这是实物证据的突出优点。但是，实物证据又称“哑巴证据”，自己不能主动表达案情的证明作用，且很容易被人们毁灭、伪造、顶替等。实物证据是客观存在之物，其存在离不开一定的外界条件，一旦外界条件发生了变化，实物证据就可能灭失，再也无法收集，实物证据也会因人为的毁弃而灭失。这是实物证据在收集中的不利方面。针对这一特点，在实物证据的收集中必须强调迅速、及时，否则就可能因时过境迁而丧失收集证据的最佳时机。因此，在对实物证据的运用中就要着力揭示实物证据与案件事实的关联，并注意把实物证据与言词证据结合起来使用。

关于言词证据与实物证据的运用，最佳途径和方法是把言词证据与实物证据结合起来使用，相互印证，相互补充，发挥各自的优势，避免各自的弱点。总之，在证据的运用中，一定要综合运用证据，充分发挥两种不同证据各自的优势，克服各自的弱点，从而取得最佳的证明效果。

三、有罪证据与无罪证据

根据证据对案件事实所起的证明作用是肯定还是否定犯罪嫌疑人、被告人实施了犯罪行为，可以将证据分为有罪证据与无罪证据，或者称为控诉证据与辩护证据。

凡是能够证明犯罪事实存在和犯罪行为系犯罪嫌疑人、被告人所为的证据，是有罪证据。从内容上看，有罪证据包括被告人有从重情节的证据，也包括证明被告人有从轻、减轻或者免除处罚情节的证据。当然，凡是能够证明犯罪嫌疑人、被告人未实施犯罪行为，或者否定犯罪事实发生的证据，都属于无罪证据。在立案和侦查阶段，犯罪嫌疑人尚不明确的情况下，可以证明发生了犯罪事件的证据也是有罪证据。

应当指出，有罪证据和无罪证据的分类，是根据证据的内容和作用划分的，并不是根据诉讼当事人的哪一方提供证据来划分的。例如，犯罪人自首、被告人供认自己犯罪，经过查证属于有罪证据，而不是无罪证据。

把证据分为有罪证据和无罪证据的意义，是使办案人员全面客观地收集和运用证据,防止主观片面性。《刑事诉讼法》第50条规定:“审判人员、检察人员、侦查人员必须依照法定程序,收集能够证实犯罪嫌疑人、被告人有罪或者无罪、犯罪情节轻重的各种证据。”对于每个案件,既要查明犯罪嫌疑人、被告人有罪和加重罪责的情况,又要查明犯罪嫌疑人、被告人无罪和减轻罪责的情况;既要收集对犯罪嫌疑人、被告人不利的证据,又要收集对犯罪嫌疑人、被告人有利的证据。只有全面地收集和运用证据,才能查明案件的事实真相。犯罪嫌疑人、被告人是否有罪,或罪轻、罪重是刑事诉讼中的一个核心问题,解决这一核心问题的关键还是要靠证据。有罪证据和无罪证据截然不同的区分,为办案人员认定案件的性质和适用法律提供了一个坚实的基础。但是,运用有罪证据和无罪证据认定案件事实,必须遵守运用证据的规则。

确立此种证据分类的意义在于:(1)便于控辩双方把握证据的性质和不同特点,运用证据完成其控诉犯罪的举证责任或有效地行使其辩护权;(2)有利于调动控辩双方举证的积极性,有利于案件事实的迅速查明;(3)有利于公安司法机关全面收集证据,避免先入为主和在证据收集上的片面性。因此在运用此类证据时要注意以下三点:(1)在证据的收集上,要坚持客观、全面的原则,在指导思想和具体的侦查或调查工作中,克服先入为主,既要注意收集同本案有关联的有罪证据,又要注意收集无罪证据,在两类证据的比较和鉴别之中,分清是非、划清界限,准确地认定案件事实。(2)在证明标准和要求上,要注意有罪证据和无罪证据所固有的特征,即两者是相互排斥的,不管是有罪,还是无罪,只有达到证明的要求和标准,即证据确实、充分的时候,才能否定对方。具体来说,就是只有有罪证据达到了确实、充分的程度,才能排斥无罪证据的存在;反之,只有无罪证据达到确实、充分的程度,才能排斥有罪证据的存在。(3)在证明的过程中,当有罪证据与无罪证据势均力敌,定也定不了、否也否不掉,尽了最大的努力仍不能收集到新证据来否定掉一方时,只有按照“疑罪从无”的原则,宣告无罪。

四、直接证据与间接证据

根据证据与案件主要事实的证明关系的不同,可以将证据划分为直接证据与间接证据。

所谓刑事案件的主要事实,是指犯罪行为是否系犯罪嫌疑人、被告人所实施;所谓证明关系的不同,是指某一证据是否可以单独地直接地证明案件的主要事实。区分直接证据与间接证据的意义在于,有利于揭示这两类证据各自的特征及其运用规律,帮助公安司法人员正确认识证据在证明案件事实中的不同作用,从而合理、有效地收集和审查判断证据,尤其是指导他们在缺乏直接证据的情形下,正确利用间接证据的规则认定案件事实。

直接证据与间接证据的划分同证据是否直接来源于案件事实无关,传来证据可以是直接证据,如口耳相传了多次的目击证言,原始证据也可以是间接证据,如犯罪现场的凶器。直接证据和间接证据与原始证据和传来证据是依据不同的标准对证据的划分,其关系需要辨别清楚。

直接证据是能够单独直接证明案件主要事实的证据。直接证据应具备3个条件:(1)单独一个证据;(2)能够证明案件的主要事实;(3)证明方式是直接的,无须经过推理过程,即可以直观地说明犯罪行为是不是犯罪嫌疑人、被告人所实施。例如,某犯罪嫌疑人供认他持刀将被害人杀死,某证人称他目睹犯罪嫌疑人用木棍打伤了被害人,都属于直接证据。在直接证据中有肯定性直接证据和否定性直接证据之分。肯定性直接证据必须同时能够证明发生了犯罪案件和谁是犯罪嫌疑人。而否定性直接证据则不然,只要能证明不是犯罪案件,或者犯罪事实不是犯罪嫌疑人、被告人所为中的任意一项即可。例如,证明犯罪嫌疑人不在现场的证据,就是否定性直接证据。因此,否定犯罪存在或否定犯罪嫌疑人、被告人实施犯罪的直接证据,可以是八种法定证据中的任何一种,而肯定犯罪的直接证据则往往表现为言词证据。直接证据,能够单独地、直接地证明案件主要事实,但根据"孤证不能定案"的原则,只有一个直接证据,因其本身的真实性得不到其他证据印证,不得据此认定案件事实。间接证据,是不能单独直接证明刑事案件主要事实,需要与其他证据相结合才能证明的证据。例如,案件现场有某人的指纹,只能说明该人到过案发现场,而不能说明该人就是作案人。因此,该指纹属于间接证据。

在实践中,直接证据的存在形式主要有:犯罪嫌疑人、被告人所作的有罪供述;被害人所作的能证明犯罪系何人所为的陈述;能证明某犯罪分子实施犯罪的证人证言;共同犯罪中共犯之间对彼此的犯罪行为的供述;能够直接证明犯罪分子如何犯罪的视听资料及某些书证等。

间接证据的特点是:其与案件主要事实的联系是间接的,一个间接证据只能证明案件主要事实的某个片段。间接证据都需要与其他证据相结合,才能证明案件主要事实;由于间接证据关联方式的间接性,决定了运用间接证据证明案件主要事实,必须经过推理过程。在刑事诉讼中,多数证据属于间接证据。由于运用间接证据认定案件事实要比运用直接证据困难、复杂,为了防止出现偏差和错误,在完全运用间接证据认定有罪案件犯罪事实时必须遵循下列规则:(1)应审查间接证据的客观性、相关性和合法性,只有客观存在的、与案件事实存在客观联系的情况等,都应有相应的证据证明;(2)间接证据与案件事实之间,间接证据与间接证据之间必须协调一致,没有矛盾,如有矛盾必须得到合理地排除;(3)间接证据的证明体系必须足以排除其他可能性,得出的结论必须是唯一的,确凿无疑的。

第四节　证 据 规 则

一、证据规则的概念

刑事证据规则,是指在刑事证据制度中,控辩双方收集和出示证据,法庭采纳和运用证据认定案件事实必须遵循的重要准则。在英文中,证据规则称为"rules of evidence",我国台湾地区称之为"证据法则"。在英美法系国家,证据规则是在长期的司法实践中逐步积累起来的,许多证据规则表现为习惯、案例或者司法解释等,因此证据规则是普通法的组成部分。自从英美法系国家推行法典化以来,证据规则逐步走向法典化,比如《美国联邦证据规则》便是证据规则法典化的典型代表。

证据规则是程序法中的一个相对独立的组成部分,许多内容规定在具体的程序法之中,其本身就是程序法的规范。但是证据规则作为程序法的特殊规范,具有其独立的规范体系。证据规则是确认证据的范围、调整和约束证明行为的法律规范,是证据法的集中体现。所谓证据范围,是指什么样的事实材料属于证据,什么样的事实材料又不应当作为证据使用,以及相关的划分标准是什么。从内容上看,证据规则大体包括两类:一类是调整证据能力的规则,例如传闻证据规则、非法证据排除规则、意见证据规则、最佳证据规则等;另一类是调整证明力的规则,例如关联性规则、补强证据规则等。

二、关联性规则

关联性规则,是指只有与案件事实有关的材料,才能作为证据使用。关联性是证据被采纳的首要条件。没有关联性的证据不具有可采性,但具有关联性的证据未必都具有可采性,仍有可能出于利益考虑,或者由于某种特殊规则,而不具有可采性。

《办理死刑案件证据规定》第6条第4款要求对物证、书证着重审查"物证、书证与案件事实有无关联。对现场遗留与犯罪有关的具备检验鉴定条件的血迹、指纹、毛发、体液等生物物证、痕迹、物品,是否通过 DNA 鉴定、指纹鉴定等鉴定方式与被害人的相应生物检材、生物特征、物品等作同一认定。”第 23 条第 8 款规定,“鉴定意见与案件待证事实有无关联”,第 27 条规定关于视听资料的审查判断时,对于“内容与案件事实无关联性的”不能作为定案的证据等,都体现了关联性证据规则。

一般而言,英美证据法认为下列几种证据不具关联性,不得作为认定案件事实的依据:(1)品格证据;(2)类似行为;(3)特定的诉讼行为,例如曾作有罪答辩、后来又撤回等,不得作为不利于被告人的证据采纳;(4)待定的事实行为,例如,关于事件发生后某人实施补救措施的事实等,一般情况下不得作为行为人对该事实负有责任的证据加以采用;(5)被害人过去的行为,如在性犯罪案件中,有关受害人过去性行为方面的名声或评价的证据,一律不予采纳。但是,上述证据不具关联性也并非绝对,而是存在一些例外的情况。最高法《解释》第 104 条规定:“对证据的真实性,应当综合全案证据进行审查。对证据的证明力,应当根据具体情况,从证据与待证事实的关联程度、证据之间的联系等方面进行审查判断。证据之间具有内在联系,共同指向同一待证事实,不存在无法排除的矛盾和无法解释的疑问的,才能作为定案的根据。”在该解释第 69 条、第 84 条、第 92 条、第 93 条,又分别对物证、书证、鉴定意见、视听资料和电子数据的关联性进行了规定,要求着重审查这些证据的内容与案件事实有无关联性。

三、非法证据排除规则

非法证据排除规则(Exclusionary Rule of Illegally Obtained Evidence),是指违反法定程序,以非法方法获取的证据,原则上不具有证据能力,不能为法庭采纳。即非法证据排除规则是指除非法律另有规定,司法机关不得采纳非法证据,将其作为定案的证据。对于这一规则,各国的态度不尽相同,英国采用法官权衡原则,法、德一般采取对非法取得的口供和实物区别对待原则,美国规定的较为严厉,采取一般予以排除原则,但对于“毒树之果”规定了善意的例外、最终必然发现的例外和无损害失误的例外等。非法证据排除既包括非法言词证据的排除,也包括非法实物证据的排除。

在我国,为保证证据收集的合法性,刑事诉讼法及相关司法解释对于证据的收集、固定、保全、审查判断、查证核实等,都规定了严格的程序。《刑事诉讼法》第 50 条规定:“严禁刑讯逼供和以威胁、引诱、欺骗以及其他非法方法收集证据,不得强迫任何人证实自己有罪。”

(一)非法证据排除的范围

《刑事诉讼法》第54条规定:“采用刑讯逼供等非法方法收集的犯罪嫌疑人、被告人供述和采用暴力、威胁等非法方法收集的证人证言、被害人陈述,应当予以排除。收集物证、书证不符合法定程序,可能严重影响司法公正的,应当予以补正或者作出合理解释;不能补正或者作出合理解释的,对该证据应当予以排除。在侦查、审查起诉、审判时发现有应当排除的证据的,应当依法予以排除,不得作为起诉意见、起诉决定和判决的依据。”

最高人民检察院《规则》第65条规定:“对采用刑讯逼供等非法方法收集的犯罪嫌疑人供述和采用暴力、威胁等非法方法收集的证人证言、被害人陈述,应当依法排除,不得作为报请逮捕、批准或者决定逮捕、移送审查起诉以及提起公诉的依据。刑讯逼供是指使用肉刑或者变相使用肉刑,使犯罪嫌疑人在肉体或者精神上遭受剧烈疼痛或者痛苦以逼取供述的行为。其他非法方法是指违法程度和对犯罪嫌疑人的强迫程度与刑讯逼供或者暴力、威胁相当而迫使其违背意愿供述的方法。”

最高人民检察院《规则》第66条规定:“收集物证、书证不符合法定程序,可能严重影响司法公正的,人民检察院应当及时要求侦查机关补正或者作出书面解释;不能补正或者无法作出合理解释的,对该证据应当予以排除。对侦查机关的补正或者解释,人民检察院应当予以审查。经侦查机关补正或者作出合理解释的,可以作为批准或者决定逮捕、提起公诉的依据。本条第1款中的可能严重影响司法公正是指收集物证、书证不符合法定程序的行为明显违法或者情节严重,可能对司法机关办理案件的公正性造成严重损害;补正是指对取证程序上的非实质性瑕疵进行补救;合理解释是指对取证程序的瑕疵作出符合常理及逻辑的解释。”

最高人民法院《解释》第95条规定:“使用肉刑或者变相肉刑,或者采用其他使被告人在肉体上或者精神上遭受剧烈疼痛或者痛苦的方法,迫使被告人违背意愿供述的,应当认定为刑事诉讼法第54条规定的‘刑讯逼供等非法方法’。认定《刑事诉讼法》第54条规定的‘可能严重影响司法公正’,应当综合考虑收集物证、书证违反法定程序以及所造成后果的严重程度等情况。”

(二)检察院对非法收集证据的监督

《刑事诉讼法》第55条规定:“人民检察院接到报案、控告、举报或者发现侦查人员以非法方法收集证据的,应当进行调查核实。对于确有以非法方法收集证据情形的，应当提出纠正意见；构成犯罪的，依法追究刑事责任。”

对于非法证据的调查核实，在侦查阶段由侦查监督部门负责；在审查起诉阶段由公诉部门负责。必要时，渎职侵权检察部门可以派员参加。人民检察院可以采取以下方式对非法取证行为进行调查核实：(1)讯问犯罪嫌疑人；(2)询问办案人员；(3)询问在场人员及证人；(4)听取辩护律师意见；(5)调取讯问笔录、讯问录音、录像；(6)调取、查询犯罪嫌疑人出入看守所的身体检查记录及相关材料；(7)进行伤情、病情检查或者鉴定；(8)其他调查核实方式。人民检察院调查完毕后，应当制作调查报告，根据查明的情况提出处理意见，报请检察长决定后依法处理。办案人员在审查逮捕、审查起诉中经调查核实依法排除非法证据的，应当在调查报告中予以说明。被排除的非法证据应当随案移送。对于确有以非法方法收集证据情形，尚未构成犯罪的，应当依法向被调查人所在机关提出纠正意见。对于需要补正或者作出合理解释的，应当提出明确要求。经审查，认为非法取证行为构成犯罪需要追究刑事责任的，应当依法移送立案侦查。

对于公安机关立案侦查的案件，存在下列情形之一的，人民检察院在审查逮捕、审查起诉和审判阶段，可以调取公安机关讯问犯罪嫌疑人的录音、录像，对证据收集的合法性以及犯罪嫌疑人、被告人供述的真实性进行审查：(1)认为讯问活动可能存在刑讯逼供等非法取证行为的；(2)犯罪嫌疑人、被告人或者辩护人提出犯罪嫌疑人、被告人供述系非法取得，并提供相关线索或者材料的；(3)犯罪嫌疑人、被告人对讯问活动合法性提出异议或者翻供，并提供相关线索或者材料的；(4)案情重大、疑难、复杂的。人民检察院直接受理立案侦查的案件，侦查部门移送审查逮捕、审查起诉时，应当将讯问录音、录像连同案卷材料一并移送审查。

(三)非法证据排除的程序

1. 申请排除非法证据的主体：当事人及其辩护人、诉讼代理人。

2. 申请排除非法证据的时间：人民法院向被告人及其辩护人送达起诉书副本时，应当告知其申请排除非法证据的，应当在开庭审理前提出，但在庭审期间才发现相关线索或者材料的除外。

3. 申请排除非法证据的条件：当事人及其辩护人、诉讼代理人申请人民法院排除以非法方法收集的证据的，应当提供涉嫌非法取证的人员、时间、地点、方式、内容等相关线索或者材料。

4. 法院对非法证据申请材料的处理：开庭审理前，当事人及其辩护人、诉讼代理人申请人民法院排除非法证据的，人民法院应当在开庭前及时将申请书或者申请笔录及相关线索、材料的复制件送交人民检察院。

5. 对证据收集的合法性审查和调查。开庭审理前，当事人及其辩护人、诉讼代理人申请排除非法证据，人民法院经审查，对证据收集的合法性有疑问的，应当依照《刑事诉讼法》第 182 条第 2 款的规定召开庭前会议，就非法证据排除等问题了解情况，听取意见。人民检察院可以通过出示有关证据材料等方式，对证据收集的合法性加以说明。法庭审理过程中，当事人及其辩护人、诉讼代理人申请排除非法证据的，法庭应当进行审查。经审查，对证据收集的合法性有疑问的，应当进行调查；没有疑问的，应当当庭说明情况和理由，继续法庭审理。当事人及其辩护人、诉讼代理人以相同理由再次申请排除非法证据的，法庭不再进行审查。对证据收集合法性的调查，根据具体情况，可以在当事人及其辩护人、诉讼代理人提出排除非法证据的申请后进行，也可以在法庭调查结束前一并进行。

法庭审理过程中，当事人及其辩护人、诉讼代理人申请排除非法证据，人民法院经审查，不符合最高人民法院《解释》第 97 条规定的，应当在法庭调查结束前一并进行审查，并决定是否进行证据收集合法性的调查。法庭审理过程中，审判人员认为可能存在《刑事诉讼法》第 54 条规定的以非法方法收集证据情形的，应当对证据收集的合法性进行法庭调查。在对证据收集的合法性进行法庭调查的过程中，人民检察院应当对证据收集的合法性加以证明。现有证据材料不能证明证据收集的合法性的，人民检察院可以提请人民法院通知有关侦查人员或者其他人员出庭说明情况；人民法院可以通知有关侦查人员或者其他人员出庭说明情况；有关侦查人员或者其他人员也可以要求出庭说明情况。经人民法院通知，有关人员应当出庭。法庭决定对证据收集的合法性进行调查的，可以由公诉人通过出示、宣读讯问笔录或者其他证据，有针对性地播放讯问过程的录音录像，提请法庭通知有关侦查人员或者其他人员出庭说明情况等方式，证明证据收集的合法性。

公诉人提交的取证过程合法的说明材料，应当经有关侦查人员签名，并加盖公章；未经有关侦查人员签名的，不得作为证据使用。上述说明材料不能单独作为证明取证过程合法的根据。经审理，确认或者不能排除存在《刑事诉讼法》第 54 条规定的以非法方法收集证据情形的，对有关证据应当排除。人民法院对证据收集的合法性进行调查后，应当将调查结论告知公诉人、当事人和辩护人、诉讼代理人。

6. 二审中的证据合法性调查。具有下列情形之一的，第二审人民法院应当对证据收集的合法性进行审查，并根据《刑事诉讼法》和最高法《解释》的有关规定作出处理：（1）第一审人民法院对当事人及其辩护人、诉讼代理人排除非法证据的申请没有审查，且以该证据作为定案根据的；（2）人民检察院或者被告人、自诉人及其法定代理人不服第一审人民法院作出的有关证据收集合法性的调查结论，提出抗诉、上诉的；（3）当事人及其辩护人、诉讼代理人在第一审结束后才发现相关线索或者材料，申请人民法院排除非法证据的。

四、自白任意规则

自白任意规则，又称非任意自白排除规则，是指在刑事诉讼中，只有基于被追诉人自由意志而作出的自白（即承认有罪的供述），才具有可采性；违背当事人意愿或违反法定程序而强制作出的供述不是自白，而是逼供，不具有可采性，必须予以排除。

自白有广义与狭义之分，狭义的自白是指被告人在法庭审判中对犯罪事实的自认，而广义的自白则还包括被告人在法庭审判外所作的关于犯罪的承认。自白任意原则要求自白必须不是追诉机关强迫所获得，必须纯粹出于自愿陈述才可以成为合法的证据。它与沉默权紧密相关，是英美法系的一项传统证据法则，不具有任意性的自白在法庭中将会被自动排除。在刑事诉讼中，自白作为一种证据形式，一方面，以其证明的直接性和全面性具有其他证据无法比拟的品质；另一方面，作为有罪认定的证据较其他证据具有更大的证明力度。正是基于自白在证明案件事实上具有如此的重要性，因此，自白自古以来都被中西方的刑事诉讼所重视。真实的、可靠的自白确实能使案件迅速侦破，并查清案件事实，实现实体上的公正，也就是结果公正。相反，如果自白是虚假的，那么它对案件事实的证明作用也无从谈起。然而，究竟如何保证自白的真实可靠呢？那就需要被告人作出的自白完全出于本人的意愿，即自白具有任意性。在一般情况下，自愿供述比强迫供述真实，合法证据比非法证据可靠。为此，自白任意性规则通过确保被告人自白的任意性来实现实体的公正。

《刑事诉讼法》第50条规定："严禁刑讯逼供和以威胁、引诱、欺骗以及其他非法方法收集证据，不得强迫任何人证实自己有罪。"第54条规定："采用刑讯逼供等非法方法收集的犯罪嫌疑人、被告人供述和采用暴力、威胁等非法方法收集的证人证言、被害人陈述，应当予以排除。"

五、传闻证据规则

传闻证据规则，也称传闻证据排除规则，即法庭排除传闻证据作为认定犯罪事实根据的规则。根据这一规则，如无法定理由，任何人在庭审期间以外及庭审准备期间以外的陈述，不得作为认定被告人有罪的证据。

当事人主义的诉讼常因为考虑证据的真实性而排除不可靠的证据资料，使其根本不能成为证据，其中最为重要的就是排除传闻证据。由于传闻证据的间接性和不准确性，其一般应予排除，但在被害人的临终陈述、以治疗为目的的陈述、先前的有罪判决、第三方作出的不利于自身利益的陈述和陈述人的可信度很高等情况下，传闻证据也可能予以采用。

所谓传闻证据，主要包括两种形式：一是书面传闻证据，即亲身感受了案件事实的证人在庭审期日之外所作的书面证人证言，及警察、检察人员所作的（证人）询问笔录；二是言词传闻证据，即证人并非就自己亲身感知的事实作证，而是向法庭转述他从别人那里听到的情况。

（一）排除传闻证据的理由

1. 传闻证据的不可靠性。传闻证据是由非亲身感受案件事实的人所作的陈述，因此对案件事实根本没有准确的认识，在法庭上作为证据的陈述仅仅是对他人陈述的重复。客观上，陈述的重复总是蕴含着非初始性的危险。主观上由于人的认识能力、理解能力、表达能力、知识水平的不同，听到相同的陈述，可能作出不同的转述，并可能会加进主观判断而背离案件事实。转述的中间环节越多，传来证据的可靠性越差，证明价值也就越低。

2. 传闻证据剥夺了相对方的质证权，损害了程序公正。无论是大陆法系国家还是英美法系国家，基本都赋予了控辩双方的质证权，对证人主要通过交叉询问的方式进行。而传闻证据，由于证人并不了解案件事实，对双方的询问无法作出有价值的回答，因此不能确定其所陈述内容的真实性。尤其在英美法系国家，交叉询问是控辩双方所享有的一项重要权利，未经质证的证据不能作为定案的依据。

3. 传闻证据规则是保证证人出庭制度的有效措施。允许使用传闻证据的最大隐患是证人出庭制度将受到威胁。如果间接了解案件的人可以代替直接了解案件的人出庭作证，那么有些证人就能以此来逃避作证的责任，对庭审来讲，则增加了法官认定事实的难度。证人常常会因为害怕受到打击报复或承担伪证罪而不愿意出庭作证。而传闻证据的陈述人所要面临的这类危险要小的多。因此，传闻证据规则能够迫使真正了解案情的人出庭作证，给予控辩双方充分质证的机会。

4. 传闻证据规则有利于法官作出正确的判断。传闻证据规则产生之初的目的之一是为了有效保护缺乏法律知识的陪审团，避免他们对有缺陷的传闻证据关注太多。因此，在诉讼中原则上禁止将传闻证据作为正常的证据来加以使用。传闻证据规则可以防止当事人提出大量的非直接证据，以干扰法院对案件的审理。基于直接言词原则，证据调查应当在法庭上进行，以保证裁判官能够察言观色，辨明真伪。然而对于传闻规则，由于法官未能直接听取陈述人陈述，无法根据陈述人的态度、表情等情况以综合性地判断陈述内容的真实性。

（二）传闻证据规则的例外

传闻证据规则的例外，是指在某些情况下，如果复述或者间接提出他人的言语举动而不妨碍其确实性，传闻证据也是可以采纳的。一般情况下，传闻证据规则的例外有：

1. 先前的证词。在前一诉讼程序中被提出并被证明的证人证言是传闻，但可在后一程序中适用。

2. 死者生前所作的陈述。在刑事诉讼中，临终陈述的例外只是用于谋杀案中庭外陈述者说出凶手的名字或极为详细地描述凶手的特征。此种采纳一般限制在以下三种情况：(1)对公众关心的事物所作的陈述；(2)死者生前所作的不利于自己的声明可以采纳，但必须在作出的当时对声明者本人不利，对此种不利，声明者是了解的；(3)死者在履行义务或者职责过程中的声明。

3. 对己不利的陈述。这条例外的理论根据是，人们不会说出可能不利于自己的话，除非他说的是事实。

可见，传闻证据规则的例外，应当具备两个条件：一是该证据具备高度的可信度。从综合角度来判断分析，该证据即使不经过当事人之质证，也不至于损害当事人的利益。二是具有必要性。即无法对原始证人进行询问的情况存在，只有适用传闻证据，如原始证人死亡、病重、去向不明等。

六、意见证据规则

意见证据规则，是指证人只能陈述自己亲身感受和经历的事实，而不得陈述对该事实的意见或者结论。一是判断证人的陈述是否属于“意见”，并不看证人是否使用了“我认为”、“我相信”等这类表述；二是根据该证词的内容来确定，看其是属于证人个人的观察还是从中作出的推断或结论。

意见证据规则的理论依据主要表现在：第一，证人发表意见侵犯了审理事实者的职权；第二，证人发表意见有可能对案件事实的认定产生误导；第三，普通证人缺乏发表意见所需要的专门性知识或者基本的技能训练与经验；第四，普通证人的意见证据对案件事实的认定没有价值。证人的职责只是把事实提供给法院，而不是发表对该事实的意见。

关于普通证人的意见证据，最高法《解释》第 75 条第 2 款也作了规定，即证人的猜测性、评论性、推断性的证言，不得作为证据使用，但根据一般生活经验判断符合事实的除外。英美国家将证人分为“专家证人”与“普通证人”，允许专家证人基于专业知识提供意见证据，而普通证人则只能陈述他们所知道的第一手资料，并且只能就事实提供证言，即他们不可以提供意见、推论或者结论，但也确定了一些允许普通证人提供意见证据的例外。

我国将证人和鉴定人予以区分，鉴定意见是一种独立的证据种类，作为某一方面专家的鉴定人的意见可以作为诉讼中的证据。《刑事诉讼法》第 192 条第 2 款规定：“公诉人、当事人和辩护人、诉讼代理人可以申请法庭通知有专门知识的人出庭，就鉴定人作出的鉴定意见提出意见。”《办理死刑案件证据规定》对作为专家证人的鉴定意见的审查，作了比较详细的规定；同时，关于普通证人的意见证据，《办理死刑案件证据规定》第 12 条第 3 款也作了规定，即证人的猜测性、评论性、推断性的证言，不能作为证据使用，但根据一般生活经验判断符合事实的除外。

七、补强证据规则

补强证据规则，是指为了保护被告人的权利，防止对案件事实的误认，对于被告人自白或自白以外的其他供述证据要求有其他证据予以证实，才能作为定案依据的规则。所谓“补强证据”，是指用以增强另一证据证明力的证据。一开始收集到的对证实案情有重要意义的证据，称为“主证据”；而用以印证该证据真实性的其他证据，就称之为“补强证据”。

为了防止误认事实或发生其他危险性，在运用某些证明力显然薄弱的证据认定案情时，必须有其他证据补强其证明力，才能被法庭采信为定案根据。一般来说，在刑事诉讼中需要补强的不仅包括被追诉人的供述，而且包括证人证言、被害人陈述等特定证据。

补强证据必须满足以下条件：(1)补强证据必须具有证据能力；(2)补强证据本身必须具有担保补强对象真实的能力；(3)补强证据必须具有独立的来源，即补强证据与补强对象之间不能重叠，而必须独立于补强对象，具有独立的来源，否则就无法担保补强对象的真实性。例如，被告人在审前程序中所作的供述就不能作为其当庭供述的补强证据。

我国已有一些关于补强证据的相关规定，比如《刑事诉讼法》第53条规定："对一切案件的判处都要重证据，重调查研究，不轻信口供。只有被告人供述，没有其他证据的，不能认定被告人有罪和处以刑罚；没有被告人供述，证据确实、充分的，可以认定被告人有罪和处以刑罚。"这一规定，强调了不能把被告人的供述作为定罪和处罚的唯一证据，口供必须得到其他证据的补强才具有证明力。由此可见，我国刑事诉讼法确立了口供需要补强的法则。

关于证人证言的补强，根据最高法《解释》第109条规定，下列证据应当慎重使用，有其他证据印证的，可以采信：(1)生理上、精神上有缺陷，对案件事实的认知和表达存在一定困难，但尚未丧失正确认知、表达能力的被害人、证人和被告人所作的陈述、证言和供述；(2)与被告人有亲属关系或者其他密切关系的证人所作的有利被告人的证言，或者与被告人有利害冲突的证人所作的不利被告人的证言。

八、最佳证据规则

最佳证据规则，又称原始证据规则，是指以文字、符号、图形等方式记载的内容来证明案情时，其原件才是最佳证据。该规则要求书证的提供者应尽量提供原件，如果提供副本、抄本、影印本等非原始材料，则必须提供充足理由加以说明，否则，该书证不具有可采性。最佳证据规则是普通法上的一项基本原则，以文字材料的内容证明案情时，必须提交该文字材料的原件。最佳证据规则仅适用于以其所载内容证明案情的文字材料。最佳证据规则的理论基础是当书写文件、录制品或影像被提供用以证明其内容时，原件的可靠性极有可能大于复制件的可靠性。

最佳证据规则之所以要求书证等必须提交原件，主要目的是防止证据因传播环节的增加，影响书证的真实可靠性。但是，一味要求提供文书的原件，在一些情况下可能不现实，因此，规定最佳证据规则的国家往往会规定一些例外。所以，适用最佳证据规则必须具备以下两个条件：第一，该证据属于文字材料。所谓"文字材料"，除了通常意义上的信件、电文、合同、地图、照片外，还包括通过磁脉冲、机械或电子录音或其他形式的数据汇编记载下来的内容，以及X射线胶片、录像带、唱片等现代信息载体。另外，并非所有的文字材料都写在纸上，它也可能是带编号的警徽，刻字的订婚戒指，或者是刻有文字的墓碑。第二，该文字材料是以其所载内容为证明手段的。如果该文字材料并非以所载内容为证明手段或者该文字材料所载内容虽有证明作用,但并非用以证明案件事实时,则不适用最佳证据规则。我国《刑事诉讼法》没有明确规定最佳证据规则。最高法《解释》第70条第1款规定:“据以定案的物证应当是原物。原物不便搬运,不易保存,依法应当由有关部门保管、处理,或者依法应当返还的,可以拍摄、制作足以反映原物外形和特征的照片、录像、复制品。”最高法《解释》第71条第1款规定:“据以定案的书证应当是原件。取得原件确有困难的,可以使用副本、复制件。”以上这些规定都体现了最佳证据规则的精神。

第五节　刑事证明

一、证明的概念

一般来讲,“证明”一词有两种含义:一是指“用可靠的材料来表明或者断定人或事物的真实性”;二是指“证明书”或者“证明信”。前者是该词的动词含义;后者是该词的名词含义。证明是人类所特有的认识活动。证明通过两种途径实现:一种是证明材料本身就可以表明要证明的结论,如计划书就是从事某项活动的目的和动机的证明;另一种是必须根据证明材料进行推论之后,才能得出要证明的结论。这两种途径都是人类特有的认识活动。证明这一概念在社会生活中使用极其广泛。在科学研究中,任何成果的出现都必须有相应的证明。在日常生活中,人们有时候也会为了确认一些事实的真实性进行证明活动。可以说,证明在某种程度上就是人类认识世界、获取真理的行为和过程。

证据法或者诉讼领域中的证明称为诉讼证明,诉讼证明有特定的含义,而刑事诉讼证明是指国家公诉机关和诉讼当事人在法庭审理中依照法律规定的程序和要求向审判机关提出证据,运用证据阐明纠纷事实,论证诉讼主张成立的活动。

这种证明,人们有时候又称为“司法证明”。诉讼证明有如下几个特征:

(一)证明主体的特定性

证明主体是指在诉讼中提出自己的诉讼主张,并提供证据证明其诉讼主张,而且在诉讼程序结束之际,如果案件事实处于真伪不明的状态,由其承担败诉或不利后果的一方当事人。

一个普通的诉讼主体要成为证明主体至少需要满足两个条件:一是凡属于证明主体者必须有自己的诉讼主张;二是证明主体必须实际承担证明责任。

首先,证明主体必须有自己的诉讼主张。只有提出了明确的诉讼主张,证明才能有针对性地进行,审判者才能明确审判的事项范围。

其次,证明主体必须实际承担提供证据证明自己所主张的事实成立的行为责任。这是任何一个证明主体在客观外在表现上的共性,具体体现在刑事诉讼中发现、收集和保全证据的各种诉讼行为上。

最后,证明主体有可能承担案件事实真伪不明时的结果证明责任,即证明主体未能充分履行证明责任以说服事实裁判者相信其诉讼主张时,需承担败诉或对他不利的诉讼后果。

一般认为,我国刑事诉讼中的证明主体应当限于控诉机关和负有证明责任的当事人。证明主体首先是公诉案件中的公诉人和自诉案件中的自诉人,因为只有他们才应依照法定程序承担证明犯罪事实是否发生、犯罪嫌疑人或被告人有罪、无罪以及犯罪情节轻重的责任,这是证明责任理论中"谁主张,谁举证"的古老法则在刑事诉讼中的直接体现。此外,根据"否认者不负证明责任"的古老法则和现代无罪推定原则的要求,犯罪嫌疑人、被告人不负证明自己无罪的责任。因此,从整体上看,刑事诉讼中的证明责任是一个专属于控诉方的概念。但遵循"有原则必有例外"的规律,在少数法律推定其有罪的特定案件(如巨额财产来源不明案件)中,犯罪嫌疑人和被告人也负有证明自己无罪的义务,这在各国刑法以及刑事诉讼法中大都有所规定。刑事附带民事诉讼当事人对民事赔偿部分的事实按照"谁主张,谁举证"的原则分担证明责任,附带民事原告人和被告人都有可能成为证明主体。

在我国,司法机关包括人民法院和人民检察院。人民法院是审判机关,在诉讼活动中,行使对案件事实以及相关法律责任或法律关系的最终认定职能。根据法律规定,人民法院在诉讼活动中负责主持法庭调查,主要包括举证和质证两个环节,在法庭调查之后,应当依据证据对案件事实作出认定,并在此基础上作出判决或者裁定。在必要的时候,人民法院还可以自行收集证据。人民检察院是法律监督机关,在诉讼中主要承担监督职能,即对其他司法机关的诉讼活动是否合法进行监督,这种监督主要通过抗诉(二审抗诉和再审抗诉)的方式进行。在刑事诉讼中,人民检察院还承担批捕、起诉、派员出庭支持公诉等职责。这些活动,都需要通过对证据的收集、审查和判断来完成。公安机关是行政机关,但当其参加刑事诉讼活动时,承担的则是司法职能。在刑事诉讼中,公安机关主要负责侦查,侦查就是收集证据,查明犯罪嫌疑人是否实施了犯罪活动。

当事人作为证明主体在刑事诉讼中有明确的范围。在刑事诉讼中,当事人包括被害人、自诉人、犯罪嫌疑人、被告人、附带民事诉讼的原告人和被告人,他们都有举证的义务,有权参加质证和辩论。

(二)证明对象是诉讼客体或者案件事实

诉讼客体是否等于案件事实,在学理上有争论。一种意见认为诉讼客体就是案件事实;另一种意见认为诉讼客体除案件事实以外,还应当包括法律责任,即诉讼客体包括案件事实及相关的法律责任。我们持第一种观点,即认为两者应当是一致的。

案件事实,是指法律规定司法机关为了正确作出裁判或者决定必须查明的事实,是适用法律不可缺少的基础,案件事实又称要件事实或者待证事实。如刑事诉讼中的被指控犯罪行为构成要件的事实,民事诉讼中民事法律关系构成要素的事实,行政诉讼中具体行政行为合法性的事实等。

需要注意的是,司法人员在处理案件过程中查明的所有事实并不都是案件事实。案件事实与全案事实、案情事实不同。全案事实是司法人员通过调查取证所了解到的所有情况,其中部分事实可能与本案有关,也可能与本案无关;案情事实是指司法人员通过调查取证了解到的与本案有关的一切事实;案件事实是案情事实中为法律规定必须查明的要件事实,也就是待证事实。查明案件事实并非诉讼证明的最终目的,其目的是为了正确适用法律、保护公民的合法权益。对于司法人员来说,正确适用法律是首要的职责;对于当事人来说,保护自己的合法权益不受侵犯,或者实现自己的合法权益,是参与诉讼证明的真正目的。随着审判方式改革的不断深化,当事人的诉讼主体地位也越来越明显,因此,在证明的目的中,“保护当事人合法权益”就会显得越来越突出。在多数情况下,查明案件事实与正确适用法律、保护公民的合法权益是一致的,但是,两者有时候也会发生冲突,比如,案件事实一时无法查清,但诉讼期限又将届满时,就应当在案件事实不能查明的情况下依法结案,不能无限期地将案件拖延下去。

(三)证明必须按照法定的范围、程序和标准进行

1. 证明的法律性。证据法学上的证明是一种法律活动,因此,这种活动

的进行要受到法律的严格约束,即具有法律性。证明的法律性表现在:(1)证明的主体由法律规定。谁享有证明的权利(力),承担证明的义务,由法律明确规定。由于证明是诉讼程序的主要方面和环节,所以,诉讼主体通常就是证明的主体。(2)证明的对象由法律明确规定。司法人员必须查明哪些案件事实,当事人应当证明哪些事实,由法律特别是实体法明确规定。比如,在刑事诉讼中,犯罪行为构成要件的事实是必须查明的,否则不能作出有罪判决。(3)证明的标准由法律规定。司法人员查明案件事实必须到什么程度才算合格,当事人履行证明责任到什么程度为止,都需要有一个明确的衡量标准。我国刑事诉讼法规定的标准是"案件事实清楚,证据确实、充分"。(4)证明的主要程序由法律规定。如调查收集证据的程序、法庭调查中的举证和质证程序等。(5)证明的方法和手段由法律规定。证明的方法和手段包括逻辑推理、司法认知和推定等。

2. 证明主体和证明责任。证明主体是依法承担证明义务、享受证明权利(力)的主体。证明责任与证明主体不可分离,谈到证明责任,必然涉及证明主体。证明责任解决的问题是,从事证明活动、完成证明过程的证据应当由哪方主体提供。证明责任如何分配,由实体法和程序法共同解决。实体法规范当事人的权利义务关系,因而也规范当事人证明责任的分配;程序法规定查明案件事实是司法人员的职责,但也规定了当事人的证明责任。

3. 证明标准。证明标准,是指司法人员查明案件事实、当事人证明案件事实需要达到的程度。这种程度一般被称作"案件事实清楚,证据确实、充分";"排除合理怀疑";"占优势的盖然性"。对司法人员来说,对案件事实的证明没有达到证明标准而认定的,属于违法;对承担证明责任的当事人来说,对案件事实的证明没有达到证明标准的,应当承担败诉的后果。

4. 证明方法。证明方法包括逻辑推理、司法认知、推定等。逻辑推理是最重要的证明方法。司法认知,是指司法人员对当事人不能提出争议的事实直接以裁定或者临时决定的方式予以确认,从而提高证明的效率。推定,是指法律明确规定,当确认某种事实存在时,就应当假定另一种事实存在,而这种被假定存在的事实不用再加以证明。推定和司法认知的特点是省略一般的取证、举证、质证的复杂程序,是快捷的证明方法。在证明方法中,形式逻辑具有重要的意义。运用形式逻辑的思维方法必须做到概念明确,遵守逻辑规则,了解案件事实等。具体的方法包括归纳和演绎、分析和综合、反证和排除等。

5. 证明程序。证明程序通常在诉讼法中与一般诉讼程序混合规定在一起。因为诉讼的过程就是证明的过程，诉讼与证明很难截然分开，所以，证明程序通常表现为诉讼程序。证明程序是证据法与诉讼法密切联系的集中表现。

二、证明的真理性和正当性原理

只有对案件事实的真理性认识，才能保证对法律规范的正确适用，从而作出恰如其分的判决结果。但是，受自然条件、经济条件和科学技术条件等客观因素和人的主观能动性、认识水平等因素的限制，证明的结果总是与案件事实真相存在差距，也就是说，证明的案件事实与实际上发生的事实不可能完全吻合。所以，就证明结果的真理性来说，只能达到一种相对的真实性。具体来说，这种情况的出现，有以下几个方面的原因：

1. 人的认识具有主观性和客观性，主观的认识结果必须完全符合客观情况，认识才具有绝对的真理性。但是，不管从理论上还是从经验上，我们都做不到这一点，因为主观和客观的两极对立永远无法消除。因此，作为主观的人的认识，与客观世界或者客观发生的事情，不可能完全一致，而是只能达到最大限度的一致性。从真理的绝对性与相对性看来也是如此，辩证唯物主义认为人的思维是至上的，是能够认识客观世界的，但这里的思维不是单个人的思维，而是“作为无数的过去、现在和未来的人的个人思维而存在”。这就是说，辩证唯物主义可知论是从人类在整体上、在无止境的时代更迭中所具有的对客观世界的无限认识能力或所能实现的终极认识目标上来说的，而不是每一次具体认识活动都能发现或达到绝对真理。具体到诉讼领域，一次诉讼所能查明的事实只能具有相对意义上的客观性，对案件的认识也只能达到一种“相对真理”，证明结果也只能是达到一种相对性。

2. 诉讼证明制度本身的特点决定了其结果的相对性。在诉讼领域，案件事实必须通过证据来证明，但是，证据本身的真实性不可能是先验的，它仍然要通过其他证据来证明，而其他证据的真实性还需要其他证据来证明……如此推演下去，诉讼证明从逻辑上说就是不可能完成的任务。但是，人类的理性却会在一个可以接受的水平上让这种无限推演的证明活动停止下来。这是因为人们具有共同的知识框架或背景，它们是公认的、不用证明即可接受的规则。这些作为共同知识框架或背景的东西，就是证明领域中所谓的经验规则，它们构成了证明推理中的大前提。但这些经验规则并不是绝对的，因此，关于诉讼证明的结论，也只能是相对的。

3. 法律价值的冲突和协调也造成了证明的相对性。一种诉讼程序不仅要追求对案件事实的真理性的认识,而且还要在正义、秩序、效率等价值之间作出适当协调,如果以牺牲这些法律价值为代价,则会造成物极必反的效果。比如,单纯为了发现案件的真实情况,将诉讼过程无限期地拖延下去,则对于当事人来说,未必称得上是正义的,因为,迟来的正义并非正义;同时,在案件持续期间,秩序和效率也会遭到破坏。这是任何一个正常人都无法容忍的。实际上,法律并不要求完全发现案件的客观真实情况。就刑事案件而言,只要证明达到法律规定的标准,如刑法关于犯罪构成要件的规定,主要事实或者基本事实查清,就可以定案了。如果在法定的诉讼期限内完不成证明任务,也应当依法结案。

4. 司法活动与科学研究不同。科学研究的对象是客观存在的事物,司法活动的证明对象不仅包括客观存在的事物,还包括当事人的心理活动;科学研究揭示的规律具有普遍性,因而可以轻易地进行检验,司法活动证明的对象具有不可回复性,一旦发生,根本无法将其复原;科学研究的唯一目的是为了追求真理,司法活动在此之外,还要协调各种价值;科学研究可以采取人类所能承受的各种手段,甚至不计成本,而司法活动则必须使用法律允许的手段,而且有严格的期间甚至人员限制。

总之,与科学研究相比,诉讼上的证明在客观上是不全面的,是相对的。但是,仅具有相对性的认识或者证明结果是无法具有合理的可接受性的。我们的诉讼证明如果仅仅具有这样的相对性,则会从根本上削弱司法活动的权威性和严肃性。司法活动不仅要靠国家的强制力来维护,还要靠它的理性来维护。我们认为,这种理性,一方面存在于诉讼证明的相对性之中,因为相对性蕴涵着绝对性,绝对性通过相对性表现出来;另一方面,则是靠诉讼证明过程的正当性来实现。所谓正当性,就是在伦理上具有道德性。正当性有时又称为合法性。

具体来说,诉讼证明的正当性体现在以下几个方面:

1. 证据要合法,也就是说,证据要具有证据能力或者可采性。证据合法,包括两个方面:来源合法与表现形式合法。如果一个证据是非法获得的,则不能被当做证据使用。

2. 证明的程序必须正当、合法。由于证明的程序就是诉讼程序,所以,诉讼程序必须体现一定的法律价值,遵守一定的原则,比如裁判中立、控审分离、控辩对等、直接言辞等,而且依据这些原则建立的诉讼程序必须在实际的证明过程中被遵守。就严格的法律调查和事实认定过程来说，举证、质证、辩论以及评议等必须符合法律的要求。

实际上，诉讼程序或者证明过程的正当性最典型地体现在当事人对证明的参与以及对当事人各项权利和利益的保护上。尊重公民的尊严和利益，正是法律价值或者正当性的核心意义所在。由于有了当事人的充分参与，也就是说，当事人可以充分地对证明结果施加影响，使得这种结果能够合理地为当事人和公民所接受。也就是说，证明结果仅具有相对性是不够的，还必须具有正当性，才能最终具有合理的可接受性。

三、证明的种类

根据一定的标准，可以对证明进行以下分类：

1. 行为意义上的证明和结果意义上的证明。这是以证明的表现形态为标准所作的分类。行为意义上的证明是证明行为，指证明主体根据已知事实查明案件事实的活动。结果意义上的证明（proof），是指运用已知事实查明案件事实的结果，特别是指司法人员对案件事实形成确信的心态。行为意义上的证明可以进一步分为取证、举证、质证和认证等行为，这些行为表现为连续的证明过程；而结果意义上的证明可以进一步分为严格证明与自由证明。

2. 严格证明与自由证明。根据证明对象所属领域不同，可以将证明分为严格证明和自由证明。前者是针对实体法事实的证明，证明标准较高；后者是针对程序法事实的证明，证明标准较低。严格证明和自由证明派生于证明客体的性质，体现为不同的证明标准，至于在证明责任、证明主体、证明方法等诸环节，两者在原理上没有实质性差异。但是，由于自由证明的标准不高于诉讼中的盖然性优势的标准，它几乎失去了作为证明的本来含义，所以，有学者把自由证明从证明概念中分离出来，称为“释明”或者“稀明”，与此同时，严格证明则称为“证明”。

四、证明责任

（一）证明责任的概念

证明责任，是诉讼法和证据法中的一项基本制度，是指人民检察院或某些当事人应当收集或提供证据证明应予认定的案件事实有利于自己的主张的责任；否则，将承担其主张不能成立的后果。证明责任包括对于被告人是否构成犯罪以及犯罪情节轻重的问题，应该由哪一诉讼主体提出证据并加以证实的责任。证明责任的概念包括三层含义：第一，就诉讼主张提供证据的责任，又称行为责任，也就是狭义上的举证责任。第二，用充分证据说明其诉讼主张的责任，又称说服责任。第三，当不能提供充分证据而且案件事实未能查清时承担不利后果的责任，又称结果责任。总的来看，证明责任是与诉讼主张紧密相关的，举证的目的是为了证明自己的诉讼主张的成立，其对控辩双方有决定性的影响，但举证之后还需要运用所举的证据对自己的主张进行证明。

在证据制度的发展过程中，由于诉讼性质、结构的不同，决定了证明责任的承担者有所不同，证明责任的概念也随之发生了变化，成为当今证据法理论中的难题。

从证明责任的概念来看，证明责任有如下几个特征：(1)证明责任总是与一定的法律职责和义务相联系。在刑事诉讼中，检察机关对犯罪提出指控，这是行使法律赋予的职权，也是履行法定的职责。根据权利义务相统一的原则，检察机关在行使这一职权的同时，必须承担提出证据证明指控事项的义务。(2)证明责任总是与一定的法律风险相联系。也就是说，证明责任既包括行为责任，即提出证据证明主张成立的责任；也包括结果责任，即负有证明责任的主体，如果不履行证明责任，或者在事实真伪不明时，就要承担其提出的主张不能成立的后果。比如，被害人向法院提出自诉，如果缺乏罪证又提不出补充证据，就可能不被法院受理或者被驳回诉讼请求。而对司法机关来说，如果不能按照法律的要求履行证明责任，其认定的案件事实就不能成立，其作出的有关决定就可能被否定或者撤销。

(二)证明责任的分配

根据《刑事诉讼法》第49条规定，公诉案件中被告人有罪的举证责任由人民检察院承担，自诉案件中被告人有罪的举证责任由自诉人承担。对于我国目前的证明责任，可以从如下方面来理解：

1. 人民检察院负有证明犯罪嫌疑人、被告人有罪的责任

(1)检察官在诉讼中不仅应当提供证明犯罪事实成立的证据，还应当提供有利于刑事被告人的证据，因为检察官在大陆法系国家中是客观化的“司法官”而非纯粹的当事人角色。

(2)为了贯彻无罪推定原则，检察机关在刑事诉讼中必须依照实体法的证明对象，严格证明有关犯罪构成要件，起诉时应当具有足够的证据。否则法院有权以“证据不足、指控的罪名不成立”为由作出判决。

2. 刑事被告人不负证明责任

与民事诉讼中证明责任在双方当事人间进行分配的情况不同，刑事诉讼

中的证明责任只由检察官承担(公诉案件),法院在公诉案件中不得将证明责任分配给被告人。

(1)举证对于被告人而言是权利而非义务,其不负担证明自己无罪的证明责任。但是刑事被告人可以在法庭上通过自己的举证活动来攻击检察官证据的证明力,使其证明标准达不到"犯罪事实清楚、证据确实充分"的程度,进而获得有利于己的判决。

(2)对于特定的程序事项,法院可以要求刑事被告人负有一定证明义务。对于刑事被告人非法证据排除的申请,法院可以要求刑事被告人举出"初步可信的证据"来证明司法警察存在刑讯逼供等非法取证事实,当刑事被告人举证到"初步可信"时,此时要求检察官举出证据反驳被告人证据的可信性,如果检察官对此保持沉默,法院有权推定非法取证的事实存在。如被告人在法庭上拿出一件血衣声称"是司法警察讯问时殴打所致",法院此时可以认定刑事被告人对非法证据排除申请举出了"初步可信"的证据,如果此时检察官不作任何反驳,法院可以接受被告人申请。

(3)特定案件中,被告人可能会承担提供证据的责任。巨额财产来源不明罪,犯罪嫌疑人、被告人负有说明其明显超过合法收入的那部分财产的来源的责任,如果不能说明来源是合法的,则以巨额财产来源不明罪论处。我国的"巨额财产来源不明罪",在公诉中并不要求刑事被告人负有证明此罪的责任,检察官仍然需要严格按照实体刑法上的规定来证明该罪的构成要件事实,这是法定的不可转移的,只有在被告人对财产说明不了合法来源的情况下,才能认定此罪。

3. 人民法院在诉讼证明中的地位与角色

法院应当是公平、公正的,法院在刑事诉讼中必须保持中立地位,所以其不负有证明犯罪事实成立的责任。

人民法院虽然不负举证责任,但法院有调查核实证据的权力,法庭审理过程中,合议庭对证据有疑问的,可以宣布休庭,对证据进行调查核实。人民法院调查核实证据,可以进行勘验、检查、扣押、鉴定、查封和查询、冻结。

4. 自诉人在自诉案件中承担证明责任

如果自诉人起诉,法院先要审查其是否已经达到起诉标准,在正式审理中发现"缺乏罪证",法院有权驳回起诉。在自诉案件中,我国法律规定自诉人对于其所起诉的犯罪事实承担证明责任,如果被告人在自诉案件中提起反诉,被告人对反诉的部分承担证明责任。

关于证明责任的概念，在理论界争论很大，尤其在民事诉讼领域更是研究的重点。争论的焦点，集中在如何认识证明责任与举证责任这两个概念之间的关系，影响较大的，有如下几种观点：

第一种观点，同一说，认为证明责任就是举证责任，也就是指谁负有提出证据证明案件事实的义务。

第二种观点，并列说，认为证明责任和举证责任是两个完全不同的概念。证明责任专指刑事诉讼中公、检、法机关承担的收集运用证据证明犯罪嫌疑人、被告人是否有罪的法律义务，犯罪嫌疑人、被告人及其他当事人、诉讼参与人不承担证明责任。举证责任是指当事人向司法机关提供证据的责任。

第三种观点，大小说，认为不应将证明责任等同于举证责任，而是证明责任包含了举证责任。证明责任是指司法机关或者某些当事人应当收集或提供证据证明案件事实或者有利于自己的主张的责任，不负证明责任将承担其认定或主张不得成立的后果。举证责任仅指当事人提供证据证明有利于自己的主张的责任。

第四种观点，包容说，认为举证的目的是为了证明，而证明是举证的结果，因此两者之间具有互相包容的特征。

第五种观点，前后说，认为证明责任和举证责任是两个独立的概念，但两者之间存在一种前后关系。举证责任主要是指提出和收集证据，证明责任主要是指判断和适用证据。从认识论的角度讲，前者属于感性认识，后者属于理性认识。

我们认为，证明责任和举证责任是一个概念，两者可以在同一的意义上使用。这是因为：第一，并列说和大小说将证明责任和举证责任仅从证明或者举证的主体来区别，意义并不大。虽然国家司法机关在承担证明责任方面可能具有比普通公民强大得多的能力和优势，但是，加强公民或者诉讼当事人的证明责任，弱化司法机关尤其是法院的证明责任，是包括我国在内的世界各国诉讼制度发展的潮流。第二，并列说、包容说和前后说将提出证据的责任作为举证责任，而不与其承担的诉讼风险联系在一起，则会使举证责任这一概念显得没有任何意义，因为如果举证责任与诉讼风险没有关系，当事人根本就不会理会举证一事。这样一来，收集和提供证据的责任只能落在裁判者身上，这与诉讼的根本原理是相矛盾的。

另外，关于证明责任概念的争论，还可以从另外一个角度考察，即行为责任说、结果责任说和双重责任说。

行为责任说认为，证明责任就是当事人提供证据进行诉讼的责任，至于当事人是否败诉，与证明责任没有直接关系。这种观点偏重于当事人的举证行为，而不顾及证明责任与诉讼后果之间的关系。

结果责任说认为，证明责任就是法律预先规定，在案件事实真假难以确定的情况下，由一方当事人承担不利的后果。这种观点偏重于当事人的证明后果上，而不顾及诉讼后果与举证行为之间的关系。

双重含义说认为，证明责任应当包括行为与后果两个方面，即行为意义上的证明责任与结果意义上的证明责任。前者指当事人对所主张的事实负有提供证据证明的责任；后者指在事实处于真伪不明状态时，主张该事实的人承担不利的诉讼后果。由于双重含义说比较全面地说明了证明责任的含义和诉讼意义，也比较符合司法实际情况，因而得到了多数人的赞同。

（三）公诉案件证明责任的承担

《刑事诉讼法》第49条规定："公诉案件中被告人有罪的举证责任由人民检察院承担。"第50条规定："审判人员、检察人员、侦查人员必须依照法定程序，收集能够证实犯罪嫌疑人、被告人有罪或者无罪、犯罪情节轻重的各种证据。"可见，刑事诉讼中公、检、法三机关分别行使国家赋予的权力，履行法定的职责。

1.我国刑事诉讼中的证明责任是与无罪推定原则联系在一起的。《刑事诉讼法》第12条规定："未经人民法院依法判决，对任何人都不得确定有罪。"据此，大多数学者认为该条款明确体现了无罪推定的基本精神，或者说吸收了无罪推定的合理内核。我国加入的《公民权利和政治权利国际公约》也规定，被告人未经依法确定其有罪之前，应假定其为无罪。所以，司法机关对被告人所指控的罪行要有充分的证据加以证明，否则，被告人就应当被视为无罪。

2.《刑事诉讼法》第195条规定："在被告人最后陈述后，审判长宣布休庭，合议庭进行评议，根据已经查明的事实、证据和有关的法律规定，分别作出以下判决：(1)案件事实清楚，证据确实、充分，依据法律认定被告人有罪的，应当作出有罪判决；(2)依据法律认定被告人无罪的，应当作出无罪判决；(3)证据不足，不能认定被告人有罪的，应当作出证据不足、指控的犯罪不能成立的无罪判决。"因而，在刑事诉讼中，证明责任由控诉方承担。这是刑事诉讼中关于证明责任分配和承担的核心原则。这是因为：一方面，刑事诉讼法规定在审判过程中，公诉人和当事人都可以向法庭提供证据，但是，当事人提供证据，显然不是证明责任，而是诉讼权利。同时，刑事诉讼法规定法院对证据有疑问时，可以调查核实，但并非单独提供新的证据，因此，法院也不可能承担证明责任，所以，承担证明责任的，只可能是检察机关和自诉人。另一方面，如果证据不足，法院要作出证据不足、指控的犯罪不能成立的无罪判决，这种判决结果，与检察机关或自诉人的起诉主张联系起来，非常明确地说明，在公诉案件中，由检察机关承担证明责任；在自诉案件中，由自诉人承担证明责任。

由检察机关承担证明责任，是与其承担的诉讼职能联系在一起的。在刑事诉讼中，检察机关承担控诉职能。为了使这种职能得以顺利地实现，国家赋予检察机关审查起诉的职责，同时，由公安机关负责侦查，专门收集证据，确认犯罪嫌疑人的犯罪事实。检察机关决定提起公诉，必须做到犯罪事实清楚，证据确实、充分，否则，法院将会作出无罪判决。

应当注意，公安机关也承担一定的证明责任，这种证明责任，主要涉及有关的程序法事实。比如，根据刑事诉讼法的规定，公安机关需要逮捕犯罪嫌疑人时，应当向检察机关提供证据证明有犯罪事实。这种事实，是检察机关决定是否逮捕的依据。公安机关侦查终结，将案件移送检察机关审查起诉，必须就所认定的犯罪事实提供确实、充分的证据。人民检察院审查以后，认为事实不清、证据不足的，可以退回公安机关补充侦查，也可以自行侦查。

人民法院不负有证明责任。根据《刑事诉讼法》第 50 条规定，即“审判人员、检察人员、侦查人员必须依照法定程序，收集能够证实犯罪嫌疑人、被告人有罪或者无罪、犯罪情节轻重的各种证据”，认为法院也承担证明责任，我们认为这种观点值得商榷：(1)这一条的规定，并不是关于证明责任的规定，而仅仅涉及收集证据这一环节，将收集证据的规定理解为关于证明责任的规定，并不妥当。(2)就证明责任的概念来说，它除了收集证据之外，主要包括就提出的主张提供证据，如果不能提供证据要承担不利后果等内容。这一条规定，并没有涉及证明责任最重要的内容，而且人民法院在诉讼中并不会因为不能提供证据而承担不利的后果。(3)刑事诉讼法规定的证明责任是很明确的，即由控诉方承担证明责任。(4)《刑事诉讼法》第 50 条规定的收集证据，并不一定就是为了履行证明责任而收集证据，根据刑事诉讼法的规定，法院只有在对证据有疑问时，才涉及收集证据的问题，这显然不是为了履行证明责任。因此，我们认为人民法院是不承担证明责任的。

犯罪嫌疑人、被告人一般不承担证明责任，也就是没有提出证据证明自己无罪的义务，不能因为犯罪嫌疑人、被告人不能证明自己无罪便据此得出犯罪嫌疑人、被告人有罪的结论。但是，犯罪嫌疑人并不享有沉默权。刑事诉讼法明确规定，对于侦查人员的讯问，犯罪嫌疑人应当如实回答。犯罪嫌疑人必须如实回答，与其是否承担证明责任完全没有关系。因为犯罪嫌疑人不如实回答，从法律上和逻辑上都不会因此导致其承担不利于自己的后果。确认犯罪嫌疑人和被告人无证明责任从立法与理论上否定了刑讯逼供，赋予了他们自愿陈述的权利，是对个人合法权利的有效保护。如果被告人不自愿陈述，司法机关也不得以刑讯或威胁等非法手段逼取口供。

作为犯罪嫌疑人、被告人不承担证明责任的例外，是涉及"巨额财产来源不明罪"的案件。《刑法》第 395 条第 1 款规定："国家工作人员的财产、支出明显超过合法收入，差额巨大的，可以责令该国家工作人员说明来源。不能说明来源的差额部分以非法所得论，处五年以下有期徒刑或者拘役；差额特别巨大的，处五年以上十年以下有期徒刑。财产的差额部分予以追缴。"根据这一规定，对于此类案件，首先承担证明责任的仍然是控诉方，当控诉方收集到足够的证据证明国家工作人员的财产或者支出明显超过合法收入且差额巨大时，证明责任即转移到犯罪嫌疑人或者被告人身上，他必须说明或者证明差额部分的来源是合法的，若不能说明或证明，差额部分即以非法所得论。这样规定，是为了加大打击贪污贿赂犯罪的力度，在国际上是一种惯例。

另外，犯罪嫌疑人或者被告人对于一些程序法事实，要承担证明责任。比如，被告人提出有关的司法人员应当回避，他应当就回避的事实依据提出证据进行证明。但是，这种证明责任与控诉方承担的责任相比，在证明标准上有很大不同。后者要求的证明标准很高，而前者应当比较低。对于有些程序法事实，被害人也可以提出请求，在这种情况下，被害人也负有举证责任。

（四）自诉案件证明责任的承担

自诉人负有证明责任。《刑事诉讼法》第 49 条规定："自诉案件中被告人有罪的举证责任由自诉人承担。"自诉人向法院提出控诉，必须提供证据。人民法院认为缺乏罪证，而自诉人又提不出补充证据时，法院应当说服自诉人撤回自诉，或者裁定驳回起诉。可见，自诉案件中作为控诉方的自诉人应当承担证明责任。如果自诉案件中的被告人提出反诉，则他在反诉中便成为自诉人，因此，对反诉要承担证明责任，必须提供证据来证明反诉的主张和待证事实。

五、证明对象

(一)证明对象的概念

证明对象,是证明活动中需要证明的事实,又称待证事实或者要证事实。诉讼中的证明对象,是指司法人员和诉讼当事人及其律师在诉讼中必须用证据加以证明的各种案件事实。刑事诉讼的证明对象主要是有关犯罪行为构成要件和量刑情节的事实。为了客观全面地查明和确认已经发生而又存在争议的案件事实,司法人员只能通过调查收集证据、审查判断证据的方法,即通过证明的方法加以实现。因而,查明案件事实就成了诉讼证明的首要任务,而那些与本案相关的诸项事实,就成了待证事实、要证事实,成了诉讼中的证明对象。

证明对象是作为证明的最初环节而产生的。正是在观念上首先设定了证明对象,才产生诸如证明责任、证明主体等概念。证明对象和证明标准一起,形成了证明的方向、内容和目标。因此,证明对象既是证明的出发点,又是证明的归宿,它决定着诉讼证明活动如何进行,需要什么证据,谁负举证责任,如何调查、收集证据等。至于证据是否充分,更要受本案证明对象的制约。

从司法实践的意义来说,由于证明对象问题是实现证明任务的首要问题,司法机关在办案过程中如果能够准确地确定本案所要证明的案件事实,就能保证在整个证明过程中目标始终明确,有目的、有重点地全面调查、收集有关的证据,及时查明案件事实的真相;就能做到既不疏漏案件中必须证明的事实,也不致为与案件无关或者细枝末节的事实所干扰。这就有利于正确、合法地处理案件,提高办案的质量和效率。

(二)证明对象的特征

从以上关于证明对象的定义可以看出,证明对象有以下几个特征:

1. 证明对象是与当事人的主张相联系的概念。在诉讼过程中,当事人依其诉讼地位提出自己的诉讼请求或者抗辩请求,也就是权利主张。为了使这些请求得以实现,当事人就必须主张足以支持其请求的实体事实。在学理上,这被称为当事人的主张责任。依照主张责任的分配原则,当事人应当针对各自的诉辩请求分别主张相应的事实,这是实现其诉辩请求的第一步。第二步是当事人利用证据证明所提出的事实主张,即举证、质证。这是程序法提出的要求。在这种情况下,证明便将证据和事实主张联系起来了。在这个联系当中,事实主张处于接受证据论证的被动状态,因而成了证明对象。

2. 证明对象与证明责任密切联系。证明对象在获得确实充分之前处于真假不明的未决状态,为了解决这一未决状态,有必要把证据的提供落实在特定的诉讼主体身上,这就是证明责任。可见,证明责任始终是与证明对象联系在一起的。只有对证明对象而言,才有所谓的证明责任;谈到证明责任,必定指向证明对象。两者在范围上是一致的。

3. 证明对象是指需要证据证明的要证事实。证明对象需要用证据进行论证,证明对象和证据之间存在目的和手段的关系。就这一关系而言,证明对象是未知的事实或者不确定的事实,证据是已知的、确定的事实。可见,证明对象的概念自身含有需用证据加以论证和探知的期待性,因而又称为待证事实或者要证事实。证明对象需要用证据加以证明,是证据和证明对象关系的常态。在特定情况下,一些证明对象不需要当事人举证证明,可以由司法机关直接认定,这就是免证事由或者不要证事项。

4. 证明对象是法律规定的要件事实。这里所说的法律,包括实体法和程序法。所谓要件事实,就是司法人员合法处理案件必须查明的事实。比如,在刑事诉讼中,是有关犯罪行为构成要件和量刑情节的事实。除此之外,程序法事实也是司法人员作出合法判决、裁定和决定必不可少的要件事实。如果说实体法规定的要件事实是实体要件事实,那么,程序法规定的要件事实就是程序要件事实。要件事实,总体上包括实体要件事实和程序要件事实两个方面。

(三)程序法事实、证据事实与证明对象

程序法事实,比如回避的事实、管辖的事实、审判组织组成的事实、期限是否可以延长的事实、采取强制措施的事实、申请财产保全和先予执行的事实等,能否成为证明对象,学理上有三种观点:

第一种观点持肯定态度,认为程序法事实属于证明对象,理由是:(1)诉讼法是实体法的实施法,查明程序法事实有利于监督司法机关遵守法定程序,保证实体法正确、公正的实施;(2)当事人可能对程序法事实发生争议,从而使程序法事实构成系争事实;(3)诉讼中有争议的程序法事实,有关司法机关也要在查清事实的基础上作出裁决,对其中有的裁决不服,可以申诉或者申请复议,对有的裁定甚至可以上诉或者申请再审。由于以上三个原因,故应把程序法事实作为证明对象。

第二种观点持否定态度,认为程序法事实不能成为证明对象,理由是:(1)确定证明对象的目的在于明确取证、举证、质证和认证等证明活动的方向,以利于案件事实的查明。只有将证明对象限于实体法事实,即为案件的实体处理所必不可少的事实,才有利于司法人员分清主次,集中注意力。(2)程序法事实,特别是那些据以作出决定或裁定的事实,虽然也存在查明的问题,但与证明对象不能混同。许多程序法事实不查自明或者司法人员可以认知。而且,并非每个案件都会遇到程序法事实,如果没有发生某些程序问题,就不需要对有关的事实加以证明。(3)由于程序法事实的证明标准低于盖然性优势的标准,这种证明不是严格的证明,而仅仅是"释明"或者"稀明"。所以,严格意义上的证明对象,应当限于实体法事实,不包括程序法事实。

第三种观点持折中态度,认为证明对象包含着程序法事实,但举证责任分配的问题仅与实体法有关,就这一问题而言,程序法事实不是证明对象,理由是:(1)尽管程序法事实也存在举证责任的分配问题,但相当简单,根据"谁主张,谁举证"的一般原则即可解决。(2)实体法事实是由当事人作为诉讼请求根据事实提出的,直接关系到当事人之间法律关系的产生、变更或消灭。查明这些事实是否存在,是整个刑事诉讼的中心环节。总之,程序法事实与证明责任的研究无关。

我们同意肯定说,认为程序法事实属于证明对象,理由是:首先,上述折衷说存在自相矛盾之处,既然把程序法事实作为证明对象,便不能将其与证明责任的分担相隔离,证明责任的分担在逻辑上当然适用于程序法事实。其次,我国现行诉讼法均明确规定程序违法是撤销第一审判决并且发回重审的理由,这就明确地将程序法事实纳入第二审人民法院必须查明的对象即证明对象的范围。再次,将程序法事实纳入证明对象,有助于督促司法人员遵守法定程序。因为将程序法事实纳入证明对象的范畴,实际上是将司法人员的程序行为也纳入证明或者阐明的范围,具有监督的作用。又次,对于程序法事实的证明,虽然称为"释明"或者"稀明",但是,说这种证明的标准低于盖然性优势的标准,并因此将这种证明排除在证明概念之外,是没有根据的。实际上,对于程序法事实的证明标准,即使低于盖然性优势标准,但诉讼程序仍然为各种程序法事实设定了证明的要求。比如,德国《刑事诉讼法》规定对于回避事实,当事人应当提供证据,使之具有"可信性"。因此,程序法事实仍然属于证明对象的范畴。最后,将程序法事实纳入证明对象,有助于提高对程序法的重视,摆正程序法与实体法的关系。程序法本身的作用和意义不限于实体法的实施手段,程序法具有独立的价值和地位。

证据事实,也就是证据本身所记载和反映的事实能否成为证明对象,也是一个有争议的问题。概括起来，主要有三种观点：

第一种观点是肯定说，认为证据事实是证明对象，理由是：任何证据的真实性都需要其他证据确证，而当某个证据成为其他证据验证的客体时，便成为证明对象。也就是说，在证据事实与案件事实、证据事实与证据事实之间，存在手段与目的的因果锁链，处于中间环节的证据事实，具有证据事实和证明对象的双重身份，是证明手段和证明对象的统一体。

第二种观点是否定说，认为证据事实只能是证明手段，不能列为证明对象。

第三种观点是折衷说，认为证据事实依其与案件事实的证明关系，它可以表现为直接证据，也可以表现为间接证据。直接证据是直接反映和证明案件主要事实的证据，因而它与案件主要事实重合，所以，尽管它是证明对象，但不必单独列出。相反，间接证据不能单独证明案件的主要事实，而必须与其他的间接证据相联系，方能对案件主要事实起证明作用。因为间接证据需要证明，所以便成为证明对象。

证据事实不能成为证明对象的理由是：

（1）证明对象与证明手段之间是目的与手段的关系，不能将目的与手段混同。证明对象是以证据事实来探知、认识和推导的案件事实，是未知事实，而证据是阐明或查明案件事实的手段，是已知事实，两者之间的界限十分清楚。如果把证据事实也说成证明对象，则必然会模糊这种界限，使证明理论变得混乱。

（2）证据需要查证属实，但并非需要查明的所有事实都能成为证明对象：查证属实只是证据作为证明手段的资格条件，而不是其作为证明对象的充分条件。证明对象之所以能够成为证明对象，是因为其包含着诸多确定的标准，需要查明只是其中之一。

《刑事诉讼法》第48条第3款规定："证据必须经过查证属实，才能作为定案的根据。"这并不意味着处在查证属实之中或者之前的证据是证明对象，而是说明只有经过查证属实的证据才能作为定案根据，才能作为证明案件事实的手段，否则，不享有作为定案根据或者手段的资格。因此，查证属实没有超出证据事实作为证明手段的范围。另一方面，证据事实，无论是直接证据或者间接证据，都需要成为证明手段的资格，这种资格就是法律对证据提出的采用标准即所谓的客观性、关联性和合法性。任何证据最终要成为有效的证明手段，都必须同时具备这几个属性。当某个证据因其合法性、关联性或者客观性发生争议、需要其他证据印证时，在这种印证与被印证的关系中，存在着目的与手段的关系。这种关系仍然是证明手段范围内的关系，是在本质相同的范围内形成的关系，它们在性质相异的更高层面有一个总的目的，即案件事实。对于后者来说，前两者皆为手段，是诸手段的统一体，所区别的只是层次和距离而已。

(3)将证据事实排除在证明对象之外，有助于证据法学理论揭示证据和证明对象各自的特殊规则。证据事实实际上是证据概念、采用标准和种类问题，而证明对象实际上是取证、举证、质证和认证等证明活动的目标问题，两者具有不同的规律和规则。将两者区别开来，有助于证据法学的研究，也有助于推动司法实践的科学化。

(四)刑事诉讼的证明对象

刑事诉讼的证明对象也称证明客体、待证事实或要证事实，是证明主体运用一定的证明方法所要证明的一切法律要件事实。《刑事诉讼法》第50条规定："审判人员、检察人员、侦查人员必须依照法定程序，收集能够证实犯罪嫌疑人、被告人有罪或者无罪、犯罪情节轻重的各种证据。"该条规定了刑事诉讼证明对象中的实体要件事实。根据《刑事诉讼法》第227条规定，第二审人民法院发现第一审人民法院的审理有下列违反法律规定的诉讼程序的情形之一的，应当裁定撤销原判，发回原审人民法院重新审判：(1)违反本法有关公开审判的规定的；(2)违反回避制度的；(3)剥夺或者限制了当事人的法定诉讼权利，可能影响公正审判的；(4)审判组织的组成不合法的；(5)其他违反法律规定的诉讼程序，可能影响公正审判的。"该条规定了刑事诉讼证明对象中的程序要件事实。

根据最高法《解释》第64条规定，应当运用证据证明的案件事实包括：

(1)被告人、被害人的身份；

(2)被指控的犯罪是否存在；

(3)被指控的犯罪是否为被告人所实施；

(4)被告人有无刑事责任能力，有无罪过，实施犯罪的动机、目的；

(5)实施犯罪的时间、地点、手段、后果以及案件起因等；

(6)被告人在共同犯罪中的地位、作用；

(7)被告人有无从重、从轻、减轻、免除处罚情节；

(8)有关附带民事诉讼、涉案财物处理的事实；

(9)有关管辖、回避、延期审理等的程序事实；

(10)与定罪量刑有关的其他事实。

概括起来,刑事诉讼证明对象包括实体法方面的事实和程序法方面的事实两大类。

1. 实体法事实

(1)犯罪构成的要件事实。包括犯罪客体、犯罪主体、犯罪的客观方面和犯罪的主观方面。具体是指犯罪事实是否发生,是否为犯罪嫌疑人、被告人所为,犯罪行为的实施过程,犯罪造成的危害后果,被告人的刑事责任能力、主观罪过等;在查明犯罪构成要件的事实之前,还要查明构成犯罪的具体行为是否确已发生,是否属于正当防卫、紧急避险或其他不构成犯罪的行为。

(2)量刑情节的事实。是否具有法定或者酌定的从重、从轻、减轻、免除刑事处罚的事实,以及行为人的个人情况和犯罪后的表现这些情节,特别是法定情节,对量刑轻重具有直接的影响。

根据刑法规定,累犯、主犯、教唆不满18周岁的人犯罪等,都是从重处罚的情节;预备犯、未遂犯、中止犯、从犯、胁从犯、未成年人犯罪、又聋又哑的人或者盲人犯罪等,是从轻、减轻或者免除处罚的情节。

2. 程序法事实

即对解决诉讼程序问题具有法律意义的事实,主要包括当事人申请回避的理由,当事人因不可抗拒的原因或有其他正当理由耽误法定诉讼期限而提出申请的事由,以及违反法定的刑事诉讼程序而可能影响正确判决的事由等。

3. 免证事实

免证事实,是指不需要当事人承担举证责任即可以认定的事实,法律及司法解释确立免证事实,以减轻当事人的证明负担,提高诉讼效率。在诉讼中,有些事实是显著事实,其真实性一目了然;有些已经被法院生效裁判所确认,法院可以直接认定其真实性。根据最高检《规则》第437条规定,在法庭审理中,下列事实不必提出证据进行证明:

(1)为一般人共同知晓的常识性事实;

(2)人民法院生效裁判所确认的并且未依审判监督程序重新审理的事实;

(3)法律、法规的内容以及适用等属于审判人员履行职务所应当知晓的事实;

(4)在法庭审理中不存在异议的程序事实;

(5)法律规定的推定事实;

(6)自然规律或者定律。

具体来说,刑事诉讼证明对象包括如下事实:

1. 被指控犯罪行为构成要件的事实

构成要件,是指被指控的犯罪行为成立的要件。刑法规定的各种犯罪之所以成立并且相互区别,是因为它们各自的构成要件不同。每一种犯罪行为都有自己的构成要件,使犯罪得以被确认,并且在概念上有所区别。被指控的犯罪不同,证明对象所包含的要件事实也就不同。学理认为,一般的犯罪行为的构成要件有四个:(1)犯罪客体,是指刑法所保护的,犯罪行为所侵害的具体的社会关系、政治关系、经济关系等;(2)犯罪主体,是指实施了危害社会的行为、依法应负刑事责任的人;(3)犯罪的客观方面,是指犯罪嫌疑人、被告人所实施的危害社会的行为,以及与犯罪行为有关的各项客观事实,如犯罪的时间、地点、手段、危害社会的结果等;(4)犯罪的主观方面,是指犯罪嫌疑人、被告人实施犯罪行为时所持的主观心理态度,如故意、过失。

针对上述四个方面,可形象表述为:

(1)何人——犯罪的主体要件;(2)何种动机与目的——犯罪的主观方面要件;(3)何时——犯罪的时间,属于客观方面的要件;(4)何地——犯罪的地点,属于客观方面的要件;(5)何种手段——犯罪方法,属于客观方面的要件;(6)何种行为——犯罪行为的表现形式,如杀人、盗窃等,属于客观方面的要件;(7)何种危害后果——犯罪行为造成的损害,属于客观方面的要件。以上七个方面连贯起来,可以把刑事诉讼证明对象概括为:何人基于何种动机与目的,在何时、何地,用何种方法实施了何种行为,产生了何种危害后果。当然,在这七个要件中,并不是所有因素对于每个犯罪都是不可或缺,或处在相同的重要地位。只有犯罪行为构成的四个一般要件,才是必不可少的。

2. 与犯罪行为轻重有关的各种量刑情节事实

量刑是在定罪基础上进一步产生的问题。关于量刑的事实与关于定罪的事实有不同的意义。前者是关于犯罪行为的量的规定,后者是关于犯罪行为的质的规定,前者只是在后者的基础上才对后者起补充作用。

根据我国刑法的规定,有关量刑的事实称为情节事实,分为法定情节事实和酌定情节事实,具体包括:(1)从重处罚的事实。如教唆不满18周岁的人犯罪,累犯等。(2)从轻、减轻处罚或者免除处罚的事实。如犯罪未遂、犯罪中止，在共同犯罪中起次要或者辅助作用的从犯或者系被胁迫诱骗参加犯罪的胁从犯等，犯罪人在犯罪时不满 18 周岁的，犯罪人是又聋又哑的人或者是盲人的，犯罪以后自首等其他可以从轻、减轻、免除处罚的事实或情节。

3. 排除行为的违法性、可罚性和行为人刑事责任的事实

《刑事诉讼法》第 2 条规定："中华人民共和国刑事诉讼法的任务，是保证准确、及时地查明犯罪事实，正确应用法律，惩罚犯罪分子，保障无罪的人不受刑事追究……"惩罚犯罪和保障无罪的人不受刑事追究，是我国刑事诉讼法所要完成的两大并重的任务。据此，证明行为人有罪的事实应当全面查清，排除行为人行为的可罚性的事实也应当查清。

(1)排除行为违法性的事实。某些行为在外观上类似犯罪行为，但由于客观条件和支配这些行为的目的、动机等主观意志具有正当性，刑法明确否定这类行为的犯罪性质。行为既然因排除了其中的违法性因素而不构成犯罪，当然也就排除了受刑事追究的可能性。根据刑法规定，这类行为有正当防卫、紧急避险等。

(2)排除可罚性的事实。这类事实一经发生，尽管构成犯罪，但并不产生相应的刑事处罚责任。例如，犯罪行为实施后已过多年，超出了刑法所规定的追诉时效；经特赦令免除刑罚的；依照刑法告诉才处理的犯罪，被害人没有告诉，或者告诉后又撤诉的；被告人已经死亡的等。

(3)排除或减轻刑事责任的事实。如果犯罪嫌疑人、被告人没有达到法定的刑事责任年龄，或者行为人在实施犯罪行为时，处于精神不正常状态，根据刑法的规定，行为人即属于无刑事责任的人或限制刑事责任的人。对于他们的行为所造成的危害结果，刑法规定不追究刑事责任或减轻刑事责任。根据我国刑法的有关规定，行为人不满 14 周岁，不负刑事责任；已满 14 周岁不满 16 周岁，只有在犯罪行为属于故意杀人、故意伤害致人重伤或者死亡、强奸、抢劫、贩卖毒品、放火、爆炸、投毒罪的，才负刑事责任；可判处死刑的责任年龄，必须是在实施犯罪的时候年满 18 周岁。

4. 刑事诉讼程序事实

刑事诉讼程序事实，是指有关刑事诉讼程序是否合法进行的事实，具体包括：(1)有关管辖的事实；(2)有关回避的事实；(3)有关犯罪嫌疑人、被告人采取强制措施的事实；(4)有关审判组织组成的事实；(5)有关诉讼程序的进行是否超越法定期限的事实；(6)公安司法机关侵犯犯罪嫌疑人、被告人等当事人诉讼权利的事实；(7)与执行的合法性有关的事实，如犯人"是否怀

孕”的事实;(8)其他与程序的合法性或者公正审判有关的事实,如延期审理的事实等。

六、证明标准

(一)证明标准的概念与意义

1. 证明标准的概念

证明标准又称证明要求、证明任务,是指承担证明责任的人提供证据对案件事实加以证明所要达到的程度。如果当事人提供的证据达到了证明标准,就意味着当事人履行了证明责任,他提出的主张就会成立,也就是不会因为待证事实的证明问题而受到诉讼中的不利益;相反,如果当事人提供的证据未能达到证明标准,就意味着他没有完成证明责任,他的主张将不会成立,并会因为待证事实的证明问题而受到诉讼中的不利益。

证明标准是衡量证明案件事实是否符合法律规定的证明要求的具体尺度。证明标准是与证明对象、证明责任紧密相关的概念。由于刑事诉讼较之民事诉讼、行政诉讼所涉及的公民利益更为重大,所以世界各国一般都规定刑事证明标准高于其他两种诉讼的证明标准。一般认为,当前大陆法系国家的刑事证明标准是“内心确信”,而英美法系国家的刑事证明标准是“排除合理怀疑”。然而,在我国理论界对证明标准的含义颇有争议,一种理论认为证明标准与证明要求是同一概念,两者可以混用;另一种观点认为两者含义与侧重点不同,证明要求是一种原则与抽象的目标模式,而证明标准是一种具体的尺度。有学者甚至进一步指出我国证明的目的是客观真实,而证明的标准是法律真实。需要指出的是,刑事证明标准是作出有罪认定证据要求所要达到的尺度,而作出无罪处理本身不需要达到什么证明标准。

从证明标准的概念看,证明标准和证明责任之间存在密切的联系,或者说,它们在本质上是一物两面的概念。证明责任解决的问题是,对于待证事实,谁来提供证据加以证明;证明标准解决的问题是,对于待证事实,应当证明到什么程度。从逻辑上说,证明标准是在证明责任基础上产生的概念,没有真正意义上的证明责任制度,便没有真正意义上的证明标准制度。同时,证明标准又是证明责任的方向和准绳,证明责任因为证明标准而具体化和富有可操作性。

对于案件事实能够证明到什么程度,或者说达到证明标准的事实的性质是或者应当是什么,国内外在学理上有不同的概括和争论。概括来说,有三种不同的观点:客观真实说、主观真实说和法律真实说。

客观真实说认为,诉讼中对事实的证明,应当达到客观真实的程度。查明案件的客观真实,不但是必要的,而且是完全可能的,这是因为:(1)马克思主义认识论认为,存在是第一性的,意识是第二性的,存在决定意识;人类具有认识客观世界的能力,能够通过调查研究认识案件的客观真实。查明客观真实具有科学的理论根据。(2)客观上已经发生的案件事实,必然在外界留下这样或那样的物品、痕迹,或者为某些人所感知,为查明案件客观真实提供了事实根据。(3)我国司法机关有党的坚强、统一的领导,有广大具有觉悟的群众的支持,有一支忠实于人民利益、忠实于法律、忠实于事实真相,具有比较丰富的经验,掌握一定科学技术的司法干部队伍,这是查明案件客观真实的有力的组织保证。(4)随着社会主义法制的加强,总结司法工作正反经验、反映现实需要的《刑事诉讼法》、《民事诉讼法》和《行政诉讼法》已先后颁布,提供了查明案件客观真实的法律依据。总之,司法人员只要依法正确收集和审查判断证据,完全有可能对案件事实作出符合客观实际的认定。这种观点在国外也有不少人支持。

主观真实说认为,在诉讼中证明的案件事实,实际上是一种主观事实。所谓主观事实,是指法官或者事实认定者发现的事实,并不是诉讼之前在特定时间、地点发生的"客观事实"。这是因为,事实认定者首先是从对事实预先得出的模糊结论出发,然后才寻找有关的证据支持的,如果有关的证据不支持原来的结论,就会放弃这一结论而寻找其他的结论。其次,事实认定者在运用证据对案件事实进行推理时,直觉或者预感占有非常重要的位置。最后,每个法官由于学识、经验、信仰等不同,也就是个性不同,他们的思维方式也就会不同,因此,对于同一个案件事实,即使有相同的证据,不同的法官也会得出不同的结论。

法律真实说认为,在法律世界中,没有什么"本来是"事实的东西,也没有什么"绝对的"事实,有的只是有关机关在法律程序中所确定的事实。这是因为,事实只有首先通过法律程序加以确定,才能被赋予法律上的效果。也就是说,确定事实的机关,是在"法律上"认定事实的。所以,通过法律程序确定的事实,具有一定的构成性。

2. 证明标准的意义

证明标准在诉讼过程中具有重要的意义,它是诉讼证明活动的方向和准绳,指导着当事人和事实认定者实施正确的诉讼行为。具体表现在以下几个方面:

（1）证明标准是当事人履行证明责任的灯塔，凭借证明标准的衡量，当事人知道何时应当举证，何时可以暂停举证；对方当事人也可以知道何时应当提供相反的证据进行反驳，何时可以停止举证性的反驳，而等待负有证明责任的当事人继续提供证据。

（2）证明标准是事实认定者决定具体事实能否认定的行为准则。根据当事人提供的证据，如果事实认定者认为这些证据对待证事实的证明达到了证明标准，则认定该事实为真；反之，如果证明责任承担者提供的证据未能满足证明标准，则认定该事实为伪。事实之真伪，就在于与证明标准是否吻合。

（二）刑事诉讼中的证明标准

《刑事诉讼法》第 195 条规定："在被告人最后陈述后，审判长宣布休庭，合议庭进行评议，根据已经查明的事实、证据和有关的法律规定，分别作出以下判决：（1）案件事实清楚，证据确实、充分，依据法律认定被告人有罪的，应当作出有罪判决；（2）依据法律认定被告人无罪的，应当作出无罪判决；（3）证据不足，不能认定被告人有罪的，应当作出证据不足、指控的犯罪不能成立的无罪判决。"可见，刑事诉讼中法院作出有罪判决的证明标准是案件事实清楚，证据确实、充分。关于证据的确实、充分，《刑事诉讼法》第 53 条规定应当符合三个条件：（1）定罪量刑的事实都有证据证明；（2）据以定案的证据均经法定程序查证属实；（3）综合全案证据，对所认定事实已排除合理怀疑。

在司法实践中对案件事实清楚，证据确实、充分也有以下理解：（1）据以定案的证据均已查证属实。这是指作为定案根据的每一个证据都具有证据的本质属性，即客观性、关联性和合法性。（2）案件事实均有必要的证据予以证明。这是指司法机关所认定的对解决有争议的事实均有证据作根据，没有证据证明的事实不得认定。（3）证据之间、证据与案件事实之间的矛盾得到合理的排除。办案中收集到的证据可能与其他证据或案件事实有矛盾，这时，必须进一步补充证据，有根据地排除矛盾，查明事实真相；否则，不得认定有关的事实。（4）对案件事实的证明结论是唯一的，排除了其他的可能性。以上四点必须同时具备，才能认为是达到了案件事实清楚，证据确实、充分的标准。

在刑事诉讼的各个阶段，由于诉讼行为的不同，以及实体法事实和程序法事实的不同，证明的标准也有所不同。

1. 立案时的证明标准

诉讼立案证明的要求是具有犯罪事实和需要追究刑事责任。

2. 逮捕时的证明标准

《刑事诉讼法》第79条规定："对有证据证明有犯罪事实，可能判处徒刑以上刑罚的犯罪嫌疑人、被告人，采取取保候审尚不足以防止发生下列社会危险性的，应当予以逮捕。"侦查机关在实施逮捕前，必须达到"有证据证明有犯罪事实"这一证明标准，否则属非法逮捕。

其中，有证据证明有犯罪事实是指同时具备下列情形：

(1)有证据证明发生了犯罪事实的；

(2)有证据证明犯罪事实是犯罪嫌疑人实施的；

(3)证明犯罪嫌疑人实施犯罪行为的证据已经查证属实。

3. 侦查终结、提起公诉、作出有罪判决时的证明标准

这三个阶段的诉讼证明的要求是犯罪事实清楚，证据确实、充分。

《刑事诉讼法》第160条规定："公安机关侦查终结的案件，应当做到犯罪事实清楚，证据确实、充分，并且写出起诉意见书，连同案卷材料、证据一并移送同级人民检察院审查决定；同时将案件移送情况告知犯罪嫌疑人及其辩护律师。"第172条规定："人民检察院认为犯罪嫌疑人的犯罪事实已经查清，证据确实、充分，依法应当追究刑事责任的，应当作出起诉决定，按照审判管辖的规定，向人民法院提起公诉，并将案卷材料、证据移送人民法院。"第195条规定：案件事实清楚，证据确实、充分，依据法律认定被告人有罪的，应当作出有罪判决。"但是，由于规定过于原则，对什么是"证据确实、充分"，在实践中很难把握。为此，《刑事诉讼法》第53条对此作出了规定，证据确实、充分，应当符合以下条件：(1)定罪量刑的事实都有证据证明；(2)据以定案的证据均经法定程序查证属实；(3)综合全案证据，对所认定事实已排除合理怀疑。

4. 疑罪从无的处理

如果法官审理后发现人民检察院所举出的证据不足以证明犯罪事实成立，此时既不得以主观推测来定罪，也不得主动进行取证或要求人民检察院补充，而只能径行作出无罪判决。根据证据裁判主义，法院裁判必须以诉讼证据为基础，在无证据或证明力不足以达到定罪标准时，法院此时只能作出无罪判决。

(1)人民检察院在审查起诉阶段，经过两次补充侦查，仍然认为证据不足，不符合起诉条件的，应当作出不起诉决定。

(2)人民法院在一审审判阶段,经过法庭审理。合议庭对证据不足,不能认定被告有罪的,应当作出证据不足,指控的犯罪不能成立的无罪判决。

在司法实践中,对于案件事实的证明,应当按照以上理解进行。对于司法实践中的一些提法和做法,这里有必要进行分析。

关于"案件事实清楚,证据确实、充分",有一种观点认为,就是基本事实清楚,基本证据确实、充分,这是正确的。因为在司法实践中,我们根本做不到完全发现或者证明原来客观上发生的事实,这是符合证明的相对性原理的。但是,应当注意,基本事实清楚,基本证据确实、充分,并不等于事实基本清楚,证据基本确实、充分。因为诉讼必须对于基本的事实,实际上也就是实体法规定的要件事实作出清楚的证明,但是,事实基本清楚,则是对于案件事实本身大大降低了证明的标准和要求。两者是性质不同的事实认定标准,不可同日而语。

还有一种观点认为,证据充分,就是证据越多越好,这是不准确的。案件证据再多,如果不符合上述对案件事实清楚,证据确实、充分的四点理解,则不能认为达到了证明标准。相反,如果符合上述标准,也可以定案。另外,证据确实、充分也不意味着必须对所有的证据都要收集,收集的证据只要能满足以上四个要求即可。

不一定要事无巨细,统统收集。这不但是不必要的,而且还会浪费人力、物力,降低诉讼效率。我们知道,证据确实、充分不单是对证据的量的方面的要求,更重要的是对证据总体上质的方面的要求。

还有一种观点认为,在刑事诉讼中,虽然我国刑事诉讼法规定在侦查终结、提起公诉、法院判决时都实行统一的证明标准,但是,这样规定是不正确的,证明标准应当有一种阶段性,即审判阶段的证明标准最高,依次往前,提起公诉、侦查终结、逮捕、立案的证明标准应该相应降低。我们认为,这种观点有一定的道理,但并不完全正确。实际上,决定起诉和作出有罪判决的证明标准是一致的,因为承担证明责任的主体都是检察机关,只不过判断证明是否达到标准的主体不同而已。但是,立案、逮捕、侦查终结、移送审查起诉等的证明标准应当与上述标准不同,这是因为,立案、逮捕、侦查终结、移送审查起诉时的证明,在本质上并不是对实体法事实所作的证明,而是对这些程序法事实是否成立所作的证明。实体法事实和程序法事实是两种不同性质的事实,它们的证明标准也应当不同。前者适用严格证明的标准,后者适用自由证明的标准。证明标准是否分层次问题,还涉及对"证明"这一概念的理解。狭义的证明是否包括审前程序？立案、逮捕、侦查等阶段是叫查明还是叫证明，学界的认识不一，如果审前程序不属于证明，又谈何证明标准的层次性呢？

【深度阅读】

1. 张建伟："自白任意性规则的法律价值"，载《法学研究》2012 年第 6 期。

2. 龙宗智："我国非法口供排除的'痛苦规则'及相关问题"，载《政法论坛》2013 年第 5 期。

3. 张保生："刑事错案及其纠错制度的证据分析"，载《中国法学》2013 年第 1 期。

4. 谭世贵、何叶："论我国刑事证据审查制度的完善——基于张辉、张高平等错案的分析"，载《中国司法》2013 年第 8 期。

【课后思考】

1. "证人猜测性、评论性、推断性的证言，不能作为证据使用"，系下列哪一证据规则的要求：(单选题)

A. 传闻证据规则

B. 意见证据规则

C. 补强证据规则

D. 最佳证据规则

2. 下列哪一选项体现直接言词原则的要求：(单选题)

A. 法官亲自收集证据

B. 法官亲自在法庭上听取当事人、证人及其他诉讼参与人的口头陈述

C. 法庭审理尽可能不中断地进行

D. 法庭审理应当公开进行证据调查与辩论

3. 下列哪一选项表明我国基本确立了自白任意性规则：(单选题)

A. 侦查人员在讯问犯罪嫌疑人的时候，可以对讯问过程进行录音或者录像

B. 不得强迫任何人证实自己有罪

C. 逮捕后应当立即将被逮捕人送交看守所羁押

D. 不得以连续拘传的方式变相拘禁犯罪嫌疑人、被告人

4. 在法庭审理过程中，被告人屠某、沈某和证人朱某提出在侦查期间遭到非法取证，要求确认其审前供述或证言不具备证据能力。下列哪些情形下应当根据法律规定排除上述证据：（多选题）

A. 将屠某"大"字型吊铐在窗户的铁栏杆上，双脚离地

B. 对沈某进行引诱，说"讲了就可以回去"

C. 对沈某进行威胁，说"不讲就把你老婆一起抓进来"

D. 对朱某进行威胁，说"不配合我们的工作就把你关进来"

5. 自2012年4月21日至同年6月19日，被告人刘某结伙他人，在杭州市萧山区实施盗窃三次，窃得财物共计价值人民币59533.41元。对于上述指控，杭州市萧山区人民检察院当庭出示了被告人刘某的供述、同案犯温某某的供述、辨认笔录、被害人的陈述、证人证言、扣押及发还物品清单、浙江增值税普通发票、价格鉴定结论、现场勘验检查工作记录，以及被告人刘某的户籍证明等证据予以佐证，认为被告人刘某的行为已构成盗窃罪，系共同犯罪。提请萧山区人民法院依照《中华人民共和国刑法》第25条第1款、第264条之规定予以惩处。

被告人刘某提出其未参与2012年6月19日盗窃他人46167.41元的犯罪行为。对起诉书指控的其他两起盗窃事实无异议。被告人刘某的辩护人提出：首先，起诉书指控的2012年6月19日的盗窃证据不足。其次，起诉书指控的另两起盗窃犯罪系被告人刘某自动坦白。最后，被告人刘某系初犯、偶犯。请求对被告人刘某从轻或减轻处罚。

经审理查明：

1. 2012年4月21日下午，被告人刘某伙同他人，在杭州市萧山区闻堰镇某某村某号某室租房内，窃得被害人张某的笔记本电脑1台、索尼数码相机1台，共计价值人民币3545元。

2. 2012年5月7日晚上，被告人刘某伙同温某某（另案处理）等人，在杭州市萧山区义桥镇浙江某某控股集团公司铁塔车间内，窃得电焊机龙头线等物，共计价值人民币9821元。

3. 2012年6月19日13时许，被告人刘某结伙他人，在杭州市萧山区闻堰镇某某村某号，撬门进入被害人孙某某家中，窃得苹果牌笔记本电脑1台，价值人民币8156元。后被告人刘某在销赃时被当场抓获。

综上，被告人刘某共参与盗窃三次，盗窃财物数额共计价值人民币21522元。

认定上述事实的证据经庭审质证的有：

1. 被告人刘某在侦查机关的供述及辨认笔录。被告人刘某在侦查机关供述了其结伙他人实施三次盗窃的事实，且供述了在2012年6月19日的盗窃中其分得一台苹果牌笔记本电脑，后在销售该笔录本电脑时被公安民警抓获，辨认笔录辨认出了该起盗窃地点。

2. 同案人温某某的供述。同案人温某某的供述证明了其结伙被告人刘某于2012年5月7日晚上实施盗窃的事实。

3. 被害人孙某某、张某的陈述。证明了失窃财物的时间、地点、数额、价值等情况。

4. 证人赵某某的证言。证明了浙江某某控股集团有限公司失窃财物的事实。

5. 证人刘某某的证言。证明了2012年6月20日中午，被告人刘某让其一起去杭州卖电脑，后被公安民警抓获的事实。

6. 增值税专用发票、价格鉴定结论书。证明了涉案财物的价值情况。

7. 扣押、发还物品清单。证明了涉案的苹果电脑被追回并已发还的事实。

8. 现场勘验、检查笔录。证明了部分被盗现场的情况。

9. 案发经过。证明了本案的案发情况。

10. 被告人刘某的户籍证明。证明了被告人刘某的身份情况。

上述事实清楚，证据确实、充分，足以认定。

对起诉书指控的被告人刘某于2012年6月19日盗窃人民币、金砖、美元、港币等财物的事实，经审理后认为，公诉机关在法庭上仅提供了被害人的陈述，没有其他相关的证据予以印证，上述证据达不到刑事证据所要求的确实、充分的程度，对上述指控中除苹果牌笔记本电脑外的财物，不予认定。

问：上述证据在法律上的种类与学理上的分类？

第六章　强 制 措 施

本章要点

拘传
取保候审
监视居住
拘留
逮捕

不克讼，归而逋也。自下讼上，患至掇也。

——《易经 · 讼卦》

每一个社会均须有保护本身不受犯罪分子危害的手段。社会必须有权逮捕、搜查、监禁那些不法分子。只要这种权力运用适当，这些手段都是自由的保护者。但是这种手段也可能被滥用。而假如它被人滥用，那么任何暴政都要甘败下风。

——[英]丹宁勋爵

犯罪嫌疑人马某某，女，38 岁，某村下宫村小学学前班班主任、体育老师。2013 年 5 月 10 日，犯罪嫌疑人马某某涉嫌过失致人重伤罪被县公安局立案侦查。侦查期间，犯罪嫌疑人马某某认罪态度好，积极赔偿被害人的经济损失。鉴于其表现，县公安局准备对其采取取保候审强制措施。但由于马某某找不到保证人，又不能缴纳保证金，县公安局决定对其监视居住，并交其户籍所在地的公安派出所予以执行。马某某所在地的公安派出所委托其所在地的村委会对其执行监视居住。村委会接受委托之后，即将马某某关在村委会办公地的一间 30 平方米的房间内，由村民兵连的民兵负责监视，每日三餐由其家人送给，后来又将马某某转到村委会办公楼楼梯下高1.5米，面积约为4平方米的楼梯间里。直到县人民法院一审判决马某某有期徒刑3年，缓刑4年之后，马某某才得以从村委会的楼梯间放出。

第一节 概 述

一、强制措施的概念和特点

《刑事诉讼法》中的强制措施，是指公安机关、人民检察院、人民法院为了保证刑事诉讼的顺利进行，依法对犯罪嫌疑人、被告人采取的强制性限制或剥夺人身自由的各种法定强制性方法。依照《刑事诉讼法》的规定，强制措施按照强制力度由轻到重的排列顺序为：拘传、取保候审、监视居住、拘留和逮捕。

《刑事诉讼法》中的强制措施主要具有以下特点：

1. 适用主体的特定性。根据《刑事诉讼法》规定，有权适用强制措施的主体包括公安机关（包括国家安全机关、军队保卫部门和监狱）、人民法院和人民检察院。除上述特定机关外，其他任何国家机关、团体和个人都无权采取强制措施，否则即构成对公民人身权利的侵犯，情节严重的还会构成犯罪。

2. 适用对象的唯一性。强制措施的适用对象只限于犯罪嫌疑人、被告人，包括现行犯和重大犯罪分子。对于其他诉讼参与人与案外人，即使其严重违反诉讼程序，有妨碍诉讼公正的行为，但只要其不构成犯罪，就不得对其适用强制措施。因此，公安司法机关在适用强制措施的过程中，必须严格控制强制措施的适用对象，不得任意扩大其适用范围。

3. 限制或剥夺权利上的人身性。强制措施的内容是剥夺犯罪嫌疑人、被告人的人身权利，而不包括对物的强制处分，也不包括对隐私权的干预。

4. 适用目的的特定性。刑事强制措施是一种诉讼保障措施，其目的在于保障刑事诉讼活动的顺利进行，即防止犯罪嫌疑人、被告人在侦查、起诉和审判阶段可能实施的逃跑、藏匿、毁灭证据、串供和继续犯罪等妨碍刑事诉讼的行为，否则就没有必要适用强制措施。

5. 适用程序的法定性。我国刑事诉讼法对强制措施的种类、适用条件、程序、适用机关、期限等都有具体严格的规定，适用时必须按照法定的条件和程序进行，其目的就是为了严格控制刑事诉讼的适用过程，保障公民的合法权利。

6. 适用时间的临时性。刑事诉讼强制措施的法律效果是限制或者剥夺犯罪嫌疑人、被告人的人身自由，但这种剥夺或者限制是有时间限制的，是临时性的，其目的就是为了保障诉讼的顺利进行。而诉讼是有期限的，所以强制措施就必然具有一定的期限限制。随着刑事诉讼进程的推进，强制措施应根据案件的进展情况而予以变更或解除。

二、刑事强制措施和其他相关法律措施的区别

（一）刑事强制措施与刑罚、行政处罚

刑事强制措施作为刑事诉讼制度的重要组成部分，在刑事诉讼中具有极其重要的地位。强制措施是公、检、法机关在诉讼中所采用的程序性措施，它的目的在于保证刑事诉讼的顺利进行。刑事强制措施和刑罚、行政处罚虽然都会对公民的权利加以一定程度的限制或剥夺，但他们在本质上截然不同。具体而言表现在以下七个方面：

1. 法律性质和适用目的不同。刑罚和行政处罚具有惩罚性，适用刑罚的目的是为了惩罚犯罪、改造犯罪分子和预防犯罪；行政处罚是行政制裁，是一种实体性结论，适用的目的是为了处罚有行政违法行为的人；刑事诉讼强制措施则是一种预防性措施，适用的目的是为了保证刑事诉讼的顺利进行。

2. 适用对象不同。刑罚适用于已经被人民法院的生效判决确定为有罪的罪犯；行政处罚适用于违反行政法律、法规的公民个人、法人和其他组织；刑事诉讼强制措施适用于被公、检、法机关追诉但尚未被人民法院的生效判决确定为有罪的犯罪嫌疑人、被告人。

3. 适用条件不同。刑罚适用的条件是违反《刑法》并被法院认定有罪；行政处罚的适用条件是违反有关行政法律、法规；刑事诉讼强制措施的适用条件是犯罪嫌疑人、被告人有社会危险性或者可能实施妨害刑事诉讼的行为。

4. 法律依据不同。刑罚依据《刑法》及相关法律；行政处罚依据《行政处罚法》以及有关法律、法规；刑事诉讼强制措施依据《刑事诉讼法》。

5. 有权适用的机关不同。刑罚只能由人民法院适用；行政处罚由国家行政机关依法适用；刑事诉讼强制措施由公安机关、人民检察院和人民法院依法适用。

6. 适用时间不同。刑罚适用于人民法院认定有罪判决之后；行政处罚适

用于有关行政机关依法认定行为人违反了有关行政法律、法规之后；刑事诉讼强制措施适用于自刑事立案开始到判决发生法律效力交付执行前的全过程。

7. 稳定性不同。刑罚和行政处罚相对稳定，一经作出非经法定程序不得改变；而刑事诉讼强制措施根据案件具体情况、证据掌握程度等因素的变化可以变更、解除或者撤销。

（二）刑事强制措施与民事强制措施、行政强制措施

在民事诉讼、行政诉讼中，也存在强制措施及其适用问题。无论是刑事诉讼强制措施，还是民事诉讼、行政诉讼强制措施，都是诉讼过程中适用的强制方法，其目的都是为了保证诉讼活动的顺利进行。但即使同一名称的强制措施，如拘留，虽然在三大诉讼中都可适用，但在不同性质的诉讼中，适用主体、条件、期限、适用对象等有很大不同。这是因为三种强制措施之间是有重大差别的，具体表现为：

1. 性质不同。刑事诉讼强制措施仅仅表现为预防性和保障性，适用目的是防止犯罪嫌疑人、被告人逃避侦查、起诉和审判，保证刑事诉讼顺利进行；而民事诉讼和行政诉讼强制措施不仅具有预防性，而且具有惩罚性，即只要行为人已经实施了妨害诉讼的行为，不管其将来是否还会实施，都可对其采用强制措施。

2. 适用对象不同。刑事诉讼强制措施仅仅适用于犯罪嫌疑人、被告人，适用对象特定，适用范围很窄；民事诉讼和行政诉讼强制措施适用于所有实施了妨害诉讼行为的人，不仅包括当事人，而且包括其他诉讼参与人，甚至包括案外人，适用范围很宽。

3. 适用主体不同。刑事诉讼强制措施依法由公安机关、人民检察院和人民法院适用；而民事诉讼和行政诉讼强制措施只能由人民法院适用。

4. 适用的条件不同。刑事诉讼中只要犯罪嫌疑人、被告人可能实施妨害刑事诉讼的行为即可适用强制措施；而民事诉讼和行政诉讼强制措施的适用条件比较严格，必须是行为人已经实施了妨害诉讼的行为。

5. 适用阶段不同。刑事诉讼强制措施适用于刑事案件的立案、侦查、审查起诉和审判阶段，执行阶段不适用；而民事诉讼和行政诉讼的强制措施既适用于案件的审判阶段，也适用于案件的执行阶段。

6. 种类不同。刑事诉讼强制措施有拘传、取保候审、监视居住、拘留和逮捕；而民事诉讼强制措施有拘传、训诫、责令退出法庭、罚款和拘留；行政诉讼

强制措施有训诫、责令具结悔过、罚款和拘留。

7. 与判决的关系不同。在刑事案件中，强制措施与判决有一定的关系，刑事判决作出之前先行羁押，包括拘留和逮捕的期限可以折抵刑期；而民事诉讼、行政诉讼强制措施与判决不发生任何关系。

（三）刑事强制措施与公民扭送

所谓公民扭送，是指公民将当场抓获的犯罪分子强行送至公安机关处理的行为。根据《刑事诉讼法》第82条规定，对于有下列情形的人，任何公民都可以立即扭送公安机关、人民检察院或者人民法院处理：（1）正在实行犯罪或者在犯罪后即时被发觉的；（2）通缉在案的；（3）越狱逃跑的；（4）正在被追捕的。

根据我国《刑事诉讼法》及相关理论，扭送并非刑事强制措施，它是中国法律赋予公民在紧急情况下协助公安司法机关同犯罪作斗争的一种权利。公民抓住犯罪分子后，应立即送交公安司法机关处理，不得擅自拘禁。公安司法机关对于公民扭送前来的犯罪分子，不论是否属于自己管辖的，都应当接受，并立即讯问。扭送是专门机关和群众路线相结合方针的具体体现。由此可见，扭送与刑事诉讼强制措施本质上是两种不同的行为，其区别是：

1. 性质不同。刑事诉讼强制措施是公安司法机关的诉讼行为；而公民扭送不具有诉讼性质，而是我国法律赋予公民同犯罪分子作斗争的一种权利。

2. 主体不同。刑事诉讼强制措施只能由法定的公、检、法机关适用；而扭送行为，任何公民都可以实行，在行为主体上没有任何限制。

3. 立法目的不同。刑事诉讼强制措施的目的在于保障刑事诉讼的顺利进行；而扭送是立法上赋予公民的一种同犯罪行为作斗争的权利，是公安司法机关依靠群众查获犯罪分子、及时制止和打击现行犯罪活动的重要手段，目的在于鼓励和调动公民同犯罪行为作斗争的积极性，促进社会治安状况的根本好转。

三、刑事强制措施的适用原则

强制措施的目的在于保障刑事诉讼活动的顺利进行，在客观上会不同程度地限制或者剥夺被适用对象的人身自由，潜藏着因国家专门机关滥用权力而侵犯公民权利的危险，如果适用不当势必会侵犯公民的合法权利。因而在适用强制措施时，既要对犯罪嫌疑人、被告人、现行犯和重大嫌疑分子的人身自由进行必要限制，又要注意保护公民的人身自由和其他各项合法权利；对于必须要采取强制措施的人,既应当坚决、果断地采取强制措施,又要严格按照法定程序进行,即必须要坚持惩罚犯罪与保障人权相结合的方针。强制措施的适用要遵循以下几个原则:

第一,合法性原则。即各种强制措施的采用,必须获得法律的明确授权,没有法律明文规定的强制措施,公安司法机关绝对不能采用;

第二,必要性原则。即各种强制措施,只有在为保证刑事诉讼的顺利进行而有必要时才能采取,不得随意适用强制措施,更不能将强制措施作为一种处罚予以适用;

第三,相当性原则。又称比例性原则,即适用何种强制措施,要与犯罪嫌疑人、被告人的人身危险性程度和犯罪的轻重程度成正比;

第四,变更性原则。即任何强制措施,要随着诉讼的进展和案情的变化及时进行变更或解除。

四、刑事强制措施的意义

强制措施是我国一项重要的刑事诉讼制度,对于保证刑事诉讼的顺利进行、保障公民的合法权利、规范公安司法机关的行为具有重要意义,具体来说,主要表现在以下几个方面:

1. 有利于保障刑事诉讼程序的有效运转。揭露犯罪、惩罚犯罪是刑事诉讼法的重要目的,为达到这个目的,统治阶级可以有多种选择。但是在现代法治国家,绝不允许以不择手段、不问是非、不计代价的方法来揭露犯罪、惩罚犯罪,而是必须通过制定一套符合法治理念的刑事诉讼程序来实现。这套法治程序包括立案、侦查、起诉、审判、执行几个阶段,这几个阶段相互衔接、相互制约,一层进一层,共同来完成刑事诉讼的各项任务。强制措施作为唯一贯穿于刑事诉讼活动始终的一项重要诉讼制度,从某种意义上说,它实际上就是一种诉讼程序保障方法。

2. 可以防止犯罪嫌疑人、被告人逃避侦查、起诉和审判。犯罪嫌疑人、被告人在实施犯罪行为以后,为了逃避法律的制裁,往往会躲避起来。所以当发现犯罪嫌疑人、被告人有逃跑的可能性的时候,就应当及时采取相应措施,对其人身自由加以必要限制,以保证犯罪嫌疑人、被告人及时接受侦查、起诉和审判。

3. 可以防止犯罪嫌疑人、被告人继续进行犯罪活动。一些犯罪分子在犯罪以后可能继续进行新的犯罪行为,而对他们采取强制措施,限制他们的人身自由,可以有效地防止犯罪分子再犯新罪。

4. 可以震慑犯罪分子,鼓励群众积极同犯罪行为作斗争,起到预防犯罪的作用。

5. 可以严格规范公安司法机关的诉讼行为,使他们严格按照法律规定的条件和程序对公民的人身自由进行处分,防止滥用权力、侵犯人权现象的发生。

6. 有利于实现刑事诉讼的目的和任务。刑事诉讼强制措施是一种预防性措施,适用的目的是为了保证刑事诉讼的顺利进行。发现真实、控制犯罪、保障人权、法制教育是刑事诉讼目的和任务必不可少的内容。而这几个方面的实现在很大程度上得益于强制措施的有效实行。

第二节　拘　传

一、拘传的概念、特征

拘传,是指人民法院、人民检察院、人民法院对未被羁押的犯罪嫌疑人、被告人,依法强制其到案接受讯问的一种强制措施。拘传是我国刑事诉讼强制措施体系中强制力最轻的一种,公安机关、人民检察院和人民法院在刑事诉讼过程中,均有权决定适用。《刑事诉讼法》第64条规定:"人民法院、人民检察院和公安机关根据案件情况,对犯罪嫌疑人、被告人可以拘传、取保候审或者监视居住。"

拘传的特征:

1. 拘传的对象是未被羁押的犯罪嫌疑人、被告人,对于已经被拘留、逮捕的犯罪嫌疑人,可以直接进行讯问,不需要经过拘传程序。

2. 拘传的目的是强制其到案接受讯问,而不是强制待侦、待诉、待审,因此拘传没有羁押的效力,在讯问后,应立即将被拘传人放回。

3. 拘传是强制犯罪嫌疑人、被告人到案接受讯问的强制方法。这一特征使得拘传与传唤相区别。传唤,是指人民法院、人民检察院和公安机关使用传票通知犯罪嫌疑人、被告人到案接受讯问的一种方式。拘传和传唤是两种不同性质的诉讼行为,拘传是法定的刑事强制措施的一种,拘传具有一定的强制性。而传唤就是通知,不具有强制性,这是两者的根本区别。传唤除适用于犯罪嫌疑人、被告人之外,还适用于自诉人、被害人、附带民事诉讼的原告人和被告人等。

在实践中,拘传一般是在传唤以后才采用的,即在传唤以后,犯罪嫌疑人、被告人无正当理由拒不到案时才适用拘传。所谓正当理由,是指犯罪嫌疑人、被告人出门在外、患有重病或因不可抗力被阻断交通等。此外,根据《刑事诉讼法》第64条规定,人民法院、人民检察院和公安机关也可根据案件的具体情况,不经传唤直接拘传犯罪嫌疑人、被告人。

二、拘传的程序

根据《刑事诉讼法》及相关司法解释,拘传应当按以下程序进行:

1. 由案件的经办人提出申请,填写《呈请拘传报告书》,经本部门负责人审核后,由县级以上公安机关负责人、人民检察院检察长、人民法院院长批准,签发《拘传证》(法院称为《拘传票》)。拘传证填写内容应包括被拒传人的姓名、性别、年龄、籍贯、住址、工作单位和拘传的理由等。

2. 拘传应当在被拘传人所在的市、县内进行。公、检、法机关在本辖区以外拘传犯罪嫌疑人、被告人的,应当通知当地公、检、法机关,当地机关应当予以协助。犯罪嫌疑人、被告人的工作单位与户籍地、居住地不在同一市、县的,拘传一般应在犯罪嫌疑人、被告人工作单位所在市、县进行。

3. 拘传时,应当向被拘传人出示拘传证。执行拘传的公安司法人员不得少于2人。对于抗拒拘传的,可以使用戒具,强制其到案。对在现场发现的犯罪嫌疑人,经出示工作证件,可以口头传唤,但应当在讯问笔录中注明。

4. 被拘传人到案后,应当责令其在《拘传证》上填写到案时间。讯问结束后,应当由其在《拘传证》上填写讯问结束时间。被拘传人拒绝填写的,公安司法人员应当在《拘传证》上注明。传唤、拘传持续的时间不得超过12小时;案情特别重大、复杂,需要采取拘留、逮捕措施的,传唤、拘传持续的时间不得超过24小时。

5. 讯问结束后,如果被拘传人符合其他强制措施条件的,应当依法采取其他强制措施。如果不需要则应当将其释放,恢复其人身自由。需要对被拘传人采取其他强制措施的,应当在拘传期间内作出批准或不批准的决定。

6. 不得以连续传唤、拘传的形式变相拘禁犯罪嫌疑人。传唤、拘传犯罪嫌疑人,应当保证犯罪嫌疑人的饮食和必要的休息时间。

第三节　取 保 候 审

一、取保候审的概念和适用对象

取保候审，是指在刑事诉讼中，公安机关、人民检察院和人民法院对未被逮捕或逮捕后需要变更强制措施的犯罪嫌疑人、被告人，为防止其逃避侦查、起诉和审判，责令其提出保证人或者缴纳保证金，保证不逃避或妨碍侦查、起诉和审判，并随传随到，公安司法机关决定对其不予羁押或暂时解除其羁押的一种强制措施。这种强制措施既可以不羁押犯罪嫌疑人、被告人，使其照顾家庭或者从事原来的工作和劳动，为社会做一些有益的事情，又可以使他们感到国家和社会对他们的关怀，还可以减少国家用于在押人犯的生活、管理费用等项开支，从而减轻羁押场所的工作压力。

取保候审，只是限制而不是剥夺犯罪嫌疑人、被告人的人身自由。但并不是所有的犯罪嫌疑人、被告人都可以适用取保候审，根据《刑事诉讼法》第65条规定，取保候审可以适用于下列情形：

（一）可能判处管制、拘役或者独立适用附加刑的。可能判处管制、拘役或者独立适用附加刑，说明所犯罪行较轻，犯罪嫌疑人、被告人逃避侦查、起诉和审判的可能性较小，可以采用取保候审。

（二）可能判处有期徒刑以上刑罚，采取取保候审不致发生社会危险性的。这种情况一般多适用于有可能判处缓刑的犯罪嫌疑人、被告人，以及初犯、过失犯、未成年人犯罪等案件的犯罪嫌疑人、被告人。在这些情况下如果采取取保候审不会对社会造成危险的，可以采用取保候审。

（三）患有严重疾病、生活不能自理，怀孕或者正在哺乳自己婴儿的妇女，采取取保候审不致发生社会危险性的。这种情况主要是基于人道主义考虑，同时在这些情况下犯罪嫌疑人、被告人逃避侦查、起诉和审判的可能性较小。

（四）羁押期限届满，案件尚未办结，需要采取取保候审的。这种情况主要是为了避免超期羁押现象的出现，维护法律的权威，促使公安司法机关严格执行羁押期限制度。

除了上述法律规定的有关取保候审的适用对象外，公安部《规定》和最高检《规则》还规定了不能适用取保候审的情形。公安部《规定》第78条规定:“对累犯,犯罪集团的主犯,以自伤、自残办法逃避侦查的犯罪嫌疑人,严重暴力犯罪以及其他严重犯罪的犯罪嫌疑人不得取保候审。”最高检《规则》第84条规定:“人民检察院对于严重危害社会治安的犯罪嫌疑人,以及其他犯罪性质恶劣、情节严重的犯罪嫌疑人不得取保候审。”

二、取保候审的适用方式

《刑事诉讼法》第66条规定:“人民法院、人民检察院和公安机关决定对犯罪嫌疑人、被告人取保候审,应当责令犯罪嫌疑人、被告人提出保证人或者缴纳保证金。”由此可见,取保候审的保证方式有两种,一种是保证人保证,另一种是保证金保证。但根据法律规定,对同一犯罪嫌疑人、被告人决定取保候审的,不能同时适用保证人保证和保证金保证。

(一)保证人保证,又称人保,是指公安机关、人民检察院、人民法院责令犯罪嫌疑人、被告人提供保证人并出具保证书,保证被保证人在取保候审期间不逃避和妨碍侦查、起诉和审判,并随传随到的保证方式。保证人保证的特点是以保证人的人格、名誉、信誉等特点来保证,并不涉及财物因素。也就是说,被取保候审人要提出一个符合条件的人作为自己的保证人,该保证人要承担法律规定的义务,担保被保证人能够做到随传随到,候审不误。如果被取保候审人违反规定,保证人不及时报告的,要对保证人处以罚款。构成犯罪的,依法追究刑事责任。

并不是任何人都可以成为保证人,根据《刑事诉讼法》第67条规定,保证人必须符合下列条件:(1)与本案无牵连。(2)有能力履行保证义务。所谓有能力履行保证义务,要求保证人年满18周岁且精神正常。(3)享有政治权利,人身自由未受到限制。(4)有固定的住处和收入。不符合上述法定条件就不能成为保证人。

根据《刑事诉讼法》第68条规定,保证人应当履行以下义务:(1)监督被取保候审的犯罪嫌疑人、被告人认真遵守取保候审期间的规定。(2)发现被保证人可能发生或者已经发生违反取保候审期间规定的行为的,应当及时向执行机关报告。被保证人有违反取保候审期间规定的行为,保证人未履行保证义务的,对保证人处以罚款,构成犯罪的,依法追究刑事责任。

(二)保证金保证,又称财产保,是指公安机关、人民检察院、人民法院责令犯罪嫌疑人、被告人缴纳保证金并出具保证书,保证被保证人在取保候审期间不逃避和妨碍侦查、起诉和审判,并随传随到的保证方式。保证金保证的特点是利用经济利益来约束犯罪嫌疑人、被告人,使其自觉遵守在取保候审期间的规定,履行自己在刑事诉讼中的义务,同时也使出资人对取保候审期间的犯罪嫌疑人、被告人实行有效的监督。

《刑事诉讼法》第70条第1款规定:“取保候审的决定机关应当综合考虑保证诉讼活动正常进行的需要,被取保候审人的社会危险性,案件的性质、情节,可能判处刑罚的轻重,被取保候审人的经济状况等情况,确定保证金的数额。”最高检《规则》第90条对保证金作出了下限为1000元的规定(对于未成年犯罪嫌疑人保证金的下限为500元),对上限数额则没有作出规定。提供保证金的人应当将保证金存入执行机关指定银行的专门账户。对犯罪嫌疑人、被告人在取保候审期间未违反有关规定,取保候审结束的时候,凭解除取保候审的通知或者有关法律文书到银行领取退还的保证金。保证金的收取和保管,则统一由取保候审的执行机关即公安机关负责。人民法院、人民检察院不能直接收取取保候审保证金。

这两种保证方式,都把担保被取保候审人随传随到、候审不误同保证人或者出资人一定的经济利益挂钩,有利于增强保证人的责任心,加强对被取保候审人的约束力,保证刑事诉讼活动的顺利进行。

三、取保候审的程序

取保候审应当遵循以下程序规定:

(一)取保候审的申请

根据《刑事诉讼法》规定,有权提出取保候审申请的人员包括:被羁押的犯罪嫌疑人、被告人本人及其法定代理人、近亲属和辩护人。取保候审的申请一般应以书面形式提出,但在特殊情况下允许使用口头形式。

(二)取保候审的决定

根据《刑事诉讼法》规定,公安机关、人民检察院和人民法院都有权采取取保候审。在具体程序上可分为两种:一是公安司法机关根据案件具体情况,直接主动适用取保候审;二是侦查机关根据侦查阶段犯罪嫌疑人聘请的律师的申请,或司法机关根据犯罪嫌疑人、被告人及其法定代理人的申请,决定取保候审。司法机关决定取保候审后,由办案人员填写《取保候审决定书》和《执行取保候审通知书》,经部门负责人审核,由县级以上公安机关负责人、人民检察院检察长或者人民法院院长签发。

(三)取保候审的执行

根据《刑事诉讼法》第65条规定,取保候审由公安机关执行。因而如果是人民法院和人民检察院决定的取保候审,应当将《取保候审决定书》和《执行取保候审通知书》送达公安机关,由公安机关执行。以保证人方式提供保证的,还应将保证人的《保证书》一起送达公安机关。公安部《规定》第 87 条规定:"公安机关决定取保候审的,应当及时通知被取保候审人居住地的派出所执行。必要时,办案部门可以协助执行。采取保证人担保形式的,应当同时送交有关法律文书、被取保候审人基本情况、保证人基本情况等材料。采取保证金担保形式的,应当同时送交有关法律文书、被取保候审人基本情况和保证金缴纳情况等材料。"人民法院、人民检察院决定取保候审的,负责执行的县级公安机关应当在收到法律文书和有关材料后 24 小时以内,指定被取保候审人居住地派出所核实情况后执行。

执行取保候审的派出所应当履行下列职责:(1)告知被取保候审人必须遵守的规定,及其违反规定或者在取保候审期间重新犯罪应当承担的法律后果;(2)监督、考察被取保候审人遵守有关规定,及时掌握其活动、住址、工作单位、联系方式及变动情况;(3)监督保证人履行保证义务;(4)被取保候审人违反应当遵守的规定以及保证人未履行保证义务的,应当及时制止、采取紧急措施,同时告知决定机关。执行取保候审的派出所可以责令被取保候审人定期报告有关情况并制作笔录。

公安机关在执行取保候审时,应当向取保候审的犯罪嫌疑人、被告人宣读《取保候审决定书》,由犯罪嫌疑人、被告人签名或者盖章,责令被取保候审人遵守规定,并告知其违反规定应负的法律责任。被取保候审的犯罪嫌疑人、被告人应当遵守以下规定:(1)未经执行机关批准不得离开所居住的市、县;(2)住址、工作单位和联系方式发生变动的,在 24 小时以内向执行机关报告;(3)在传讯的时候及时到案;(4)不得以任何形式干扰证人作证;(5)不得毁灭、伪造证据或者串供。

被取保候审人被判处罚金或者没收财产的,在判决生效后,依法应当解除取保候审、退还保证金的,如果保证金属于其个人财产,人民法院可以书面通知执行机关将保证金移交人民法院执行刑罚,但剩余部分应当退还被取保候审人。

(四)取保候审的期限

根据《刑事诉讼法》第 77 条规定,人民法院、人民检察院和公安机关对犯罪嫌疑人、被告人取保候审最长不得超过 12 个月。取保候审即将到期的,执行机关应当在期限届满 15 日前书面通知决定机关,由决定机关作出解除取保候审或者变更强制措施的决定，并于期限届满前书面通知执行机关。执行机关收到决定机关的《解除取保候审决定书》或者变更强制措施的通知后，应当立即执行，并将执行情况及时通知决定机关。取保候审超过期限的，犯罪嫌疑人、被告人及其法定代理人、被告人委托的律师等，有权向作出取保候审决定的公安机关、人民法院和人民检察院提出申诉，要求解除取保候审。经审查确实超过法定期限的，应当解除取保候审。

（五）取保候审的解除、撤销及变更

根据《刑事诉讼法》第77条规定，解除取保候审的原因主要有两个：一是发现犯罪嫌疑人、被告人不应当被追究刑事责任；二是取保候审期限届满。出现这两种情况，都应当及时解除取保候审，并及时通知被取保候审人和有关单位。为保证犯罪嫌疑人、被告人的合法利益，促进刑事案件的及时解决，《刑事诉讼法》规定人民法院、人民检察院和公安机关对犯罪嫌疑人、被告人取保候审最长不得超过12个月，如果期限届满，应当解除取保候审。

根据《刑事诉讼法》第94条规定，人民法院、人民检察院和公安机关如果发现对犯罪嫌疑人、被告人强制措施不当的，应当及时撤销或者变更。这里的“不当”包括不应当采取强制措施和应当采取强制措施但不应采取取保候审两种情况。对前者应当撤销取保候审；对后者则应当变更为其他更为严厉的强制措施。

所谓变更取保候审，是指因法定原因将取保候审变更为其他强制措施。根据我国《刑事诉讼法》的规定，变更取保候审的原因包括：

1. 被取保候审的犯罪嫌疑人、被告人不遵守取保候审期间的规定；

2. 采取取保候审不当，不能保证诉讼的顺利进行。另外，最高检《规则》第96条规定：“采取保证金担保方式的，被取保候审人拒绝缴纳保证金或者缴纳保证金不足决定数额时，人民检察院应当作出变更取保候审措施、变更保证方式或者变更保证金数额的决定，并将变更情况通知公安机关。”取保候审一般变更为监视居住或者逮捕。将取保候审变更为逮捕的条件是：（1）被取保候审人企图自杀、逃跑，逃避侦查、审查起诉的；（2）被取保候审人实施毁灭、伪造证据或者串供、干扰证人作证行为，足以影响侦查、审查起诉工作正常进行的；（3）被取保候审人未经批准、擅自离开所居住的市、县，造成严重后果，或者两次未经批准，擅自离开所居住的市、县的；（4）被取保候审人经传讯不到案，造成严重后果或者经两次传讯不到案的；（5）在取保候审期间故意实施新的犯罪行为；（6）应当逮捕但因患有严重疾病或正在怀孕、哺乳自己的婴儿而未逮捕,疾病痊愈或者哺乳期已满的。

在实践中,如果要解除、撤销取保候审,应当由办案人员填写《撤销取保候审通知书》,经办案部门审核后,由公安机关负责人、人民法院院长、人民检察院检察长批准签发,有保证人的,应当通知保证人解除保证义务。如果是人民法院和人民检察院决定撤销取保候审,人民法院和人民检察院还应当通知公安机关。公安机关、人民法院和人民检察院决定变更取保候审的,应当制作变更取保候审决定书,决定书中应当写明变更理由及变更后的强制措施,并应当通知执行机关和保证人。

第四节 监 视 居 住

一、监视居住的概念、适用对象和场所

监视居住,是指人民法院、人民检察院、公安机关在刑事诉讼中责令犯罪嫌疑人、被告人在规定的期限内不得擅自离开住处或者指定的居所,并对其活动加以监视、限制其人身自由的一种强制措施。

《刑事诉讼法》第72条规定:"人民法院、人民检察院和公安机关对符合逮捕条件,有下列情形之一的犯罪嫌疑人、被告人,可以监视居住:

(一)患有严重疾病、生活不能自理的;

(二)怀孕或者正在哺乳自己婴儿的妇女;

(三)系生活不能自理的人的唯一扶养人;

(四)因为案件的特殊情况或者办理案件的需要,采取监视居住措施更为适宜的;

(五)羁押期限届满,案件尚未办结,需要采取监视居住措施的。

对符合取保候审条件,但犯罪嫌疑人、被告人不能提出保证人,也不缴纳保证金的,可以监视居住。"由此可见,监视居住实际上是逮捕和取保候审的一种替代性措施。

关于监视居住的场所。《刑事诉讼法》第73条规定:"监视居住应当在犯罪嫌疑人、被告人的住处执行;无固定住处的,可以在指定的居所执行。对于涉嫌危害国家安全犯罪、恐怖活动犯罪、特别重大贿赂犯罪,在住处执行可能有碍侦查的,经上一级人民检察院或者公安机关批准,也可以在指定的居

所执行。但是,不得在羁押场所、专门的办案场所执行。”指定的居所应当符合下列条件:(1)具备正常的生活、休息条件;(2)便于监视、管理;(3)能够保证办案安全。

二、被监视居住人的义务及违反的法律责任

根据《刑事诉讼法》第75条规定,被监视居住的犯罪嫌疑人、被告人应当遵守以下规定:

(一)未经执行机关批准不得离开执行监视居住的处所;根据《刑事诉讼法》第73条规定,监视居住应当在犯罪嫌疑人、被告人的住处执行;无固定住处的,可以在指定的居所执行。对于涉嫌危害国家安全犯罪、恐怖活动犯罪、特别重大贿赂犯罪,在住处执行可能有碍侦查的,经上一级人民检察院或者公安机关批准,也可以在指定的居所执行。但是,不得在羁押场所、专门的办案场所执行。这里的“固定住处”,是指犯罪嫌疑人、被告人在办案机关所在的市、县生活的合法住处;所谓“指定的居所,”是指办案机关根据案件情况,在办案机关所在的市、县内给被监视居住人指定的生活居所。如果被监视居住人有正当理由要求离开住所或指定的居所,必须经过公安机关批准。公安司法机关不得建立专门的监视居住场所,对犯罪嫌疑人变相羁押。不得在看守所、行政拘留所、留置室或者其他工作场所执行监视居住。

(二)未经执行机关批准不得会见他人或者通信。这里的“他人”,是指与被监视居住人共同居住的家庭成员和聘请的律师以外的人。被监视居住人如果要会见他人,必须经过执行机关批准方能会见。

(三)在传讯的时候及时到案;即被监视居住人应随传随到,以保证刑事诉讼的顺利进行。

(四)不得以任何形式干扰证人作证。

(五)不得毁灭、伪造证据或者串供。

(六)将护照等出入境证件、身份证件、驾驶证件交执行机关保存。

为了保证被监视居住人严格遵守上述规定,《刑事诉讼法》第76条规定:“执行机关对被监视居住的犯罪嫌疑人、被告人,可以采取电子监控、不定期检查等监视方法对其遵守监视居住规定的情况进行监督;在侦查期间,可以对被监视居住的犯罪嫌疑人的通信进行监控。”

公安机关执行监视居住时,如果发现被监视居住的犯罪嫌疑人、被告人违反上述规定,情节严重的予以逮捕。公安部《规定》第132条规定:“被监视居住人违反监视居住规定，具有下列情形之一的，可以提请批准逮捕：

（一）涉嫌故意实施新的犯罪行为的；

（二）实施毁灭、伪造证据或者干扰证人作证、串供行为，足以影响侦查工作正常进行的；

（三）对被害人、举报人、控告人实施打击报复的；

（四）企图自杀、逃跑，逃避侦查的；

（五）未经批准，擅自离开执行监视居住的处所，情节严重的，或者两次以上未经批准，擅自离开执行监视居住的处所的；

（六）未经批准，擅自会见他人或者通信，情节严重的，或者两次以上未经批准，擅自会见他人或者通信的；

（七）经传讯无正当理由不到案，情节严重的，或者经两次以上传讯不到案的。”

三、监视居住的程序

公安机关、人民检察院和人民法院对犯罪嫌疑人、被告人采取监视居住的强制措施，应当遵守以下程序：

（一）监视居住的决定

公安机关、人民检察院、人民法院有权对犯罪嫌疑人、被告人采取监视居住的强制措施。应当由办案人员提出监视居住意见书，经办案部门负责人审核后，由公安机关负责人、人民检察院检察长、人民法院院长批准，制作《监视居住决定书》或《执行监视居住通知书》。

（二）监视居住的执行

监视居住由公安机关执行。人民法院和人民检察院决定监视居住的，人民法院和人民检察院应当将《监视居住决定书》和《执行监视居住通知书》及时送达公安机关。公安机关对犯罪嫌疑人、被告人决定监视居住的，应当向其本人宣布，并由其本人在《监视居住决定书》上签名或者盖章，并责令犯罪嫌疑人、被告人遵守法律规定的义务，告知其违反规定应负的法律责任。人民检察院、人民法院在宣布后应当立即将《监视居住决定书》、《监视居住执行通知书》送达负责执行的公安机关，并告知公安机关在执行期间要批准犯罪嫌疑人、被告人离开住处、居所或者会见其他人员的，批准前应征得决定机关同意。指定居所监视居住的，除无法通知的以外，应当在执行监视居住后24小时内，通知被监视居住人的家属。公安机关不得在羁押场所、专门的办案场所或者办公场所执行监视居住。

(三)监视居住的期限

根据《刑事诉讼法》第77条规定,人民法院、人民检察院和公安机关对犯罪嫌疑人、被告人监视居住最长不得超过6个月。在监视居住期间,不得中断对案件的侦查、起诉和审理。公安机关已经对犯罪嫌疑人监视居住的,案件移送到人民检察院后,人民检察院对于符合监视居住条件的,应当依法对犯罪嫌疑人重新办理监视居住手续。监视居住的期限重新计算。

(四)监视居住的解除

根据《刑事诉讼法》第77条规定,监视居住在两种情况下应当解除,一是在监视居住期间,发现被监视居住的人属于不应当追究刑事责任的人;二是监视居住期限届满。出现这两种情况,都应当及时解除监视居住,并及时通知被监视居住的人和有关单位。公安部《规定》第119条规定:"公安机关决定解除监视居住,应当经县级以上公安机关负责人批准,制作解除监视居住决定书,并及时通知执行的派出所或者办案部门、被监视居住人和有关单位。人民法院、人民检察院作出解除、变更监视居住决定的,公安机关应当及时解除并通知被监视居住人和有关单位。"根据最高检《规则》第126条、第127条规定,解除或者撤销监视居住,应当由办案人员提出意见,部门负责人审核,检察长决定。解除或者撤销监视居住的决定应当通知执行机关,并将解除或者撤销监视居住的决定书送达犯罪嫌疑人。

此外,最高检《规则》第112条规定:"对于特别重大贿赂犯罪案件决定指定居所监视居住的,人民检察院侦查部门应当自决定指定居所监视居住之日起每二个月对指定居所监视居住的必要性进行审查,没有必要继续指定居所监视居住或者案件已经办结的,应当解除指定居所监视居住或者变更强制措施。犯罪嫌疑人及其法定代理人、近亲属或者辩护人认为不再具备指定居所监视居住条件的,有权向人民检察院申请变更强制措施。人民检察院应当在三日以内作出决定,经审查认为不需要继续指定居所监视居住的,应当解除指定居所监视居住或者变更强制措施;认为需要继续指定居所监视居住的,应当答复申请人并说明理由。解除指定居所监视居住或者变更强制措施的,下级人民检察院侦查部门应当报送上一级人民检察院备案。"

第五节　拘　　留

一、拘留的概念和特点

拘留,是指公安机关、人民检察院在刑事案件侦查中,在紧急情况下,对现行犯或重大嫌疑分子,依法暂时采取的限制其人身自由的一种强制措施。

刑事诉讼中的拘留,称为刑事拘留。在我国司法实践中,除了刑事拘留外,还有行政拘留和司法拘留。行政拘留,是指对违反《中华人民共和国治安管理处罚法》的规定,给予的一种最严厉制裁,属于行政处罚的一种。司法拘留是指在民事、行政诉讼或法院执行过程中,对妨害诉讼的活动以及对严重违反民事法律规范应负民事责任的行为人,由人民法院给予惩罚的强制措施。但这三种拘留之间存在较大差别,主要有:

1. 有权适用的机关不同。刑事拘留依法由公安机关、人民检察院决定,并由公安机关执行;公安机关还行使治安行政拘留的决定权、执行权;司法拘留依法由人民法院决定并由人民法院司法警察执行。

2. 适用对象不同。刑事拘留适用于刑事诉讼中的现行犯或重大嫌疑分子;行政拘留的对象是违反《治安管理处罚法》,尚未构成犯罪的违法者;司法拘留的适用对象是所有在诉讼过程中实施妨害诉讼行为的人,既包括诉讼当事人和其他诉讼参与人,也包括案外人。

3. 法律根据不同。刑事拘留是根据《刑事诉讼法》的规定采用的;行政拘留是根据《治安管理处罚法》的规定采用的;司法拘留是强制措施,同时也兼有处罚性质,它的法律依据是《民事诉讼法》和《行政诉讼法》。

4. 目的和结果不同。刑事拘留的目的是为了保证刑事诉讼活动的顺利进行,防止国家和人民的生命财产造成新的损失,刑事拘留的结果,一般转为逮捕,刑事拘留的羁押期限可以折抵刑期。行政拘留的目的是对违法分子进行处罚和教育,行政拘留期满,则教育处罚结束。司法拘留的目的在于惩诫妨害诉讼秩序的行为,以保证诉讼活动的顺利进行,司法拘留与判决结果不发生联系,被拘留的人如果承认并改正错误,人民法院可以提前解除拘留。

5. 羁押期限不同。刑事拘留的羁押期限一般情况下最多为 10 日,特殊情况下最多为 14 日,对流窜作案、多次作案、结伙作案的重大嫌疑分子最多为 37 日；行政拘留的最长期限为 15 日；司法拘留的期限为 15 日以下。

根据《刑事诉讼法》规定，刑事拘留主要具有以下四大特点：

1. 拘留权由法定机关行使。拘留适用的正确与否，直接关系到公民人身自由的保护问题。根据我国法律规定，有权决定拘留的机关是公安机关、人民检察院等对刑事案件具有侦查权的机关。其他任何机关、团体或个人均无权适用拘留，否则构成对公民人身自由的严重侵犯，应依法追究责任。

2. 拘留只能依法适用于特定对象，即实施违法性并达到一定严重程度的自然人。由于拘留是涉及剥夺人的人身自由的强制措施，所以对哪些人能适用拘留立法上有严格的限制。首先，拘留是限制人身自由的强制方法，因此只能对自然人适用，而不能也无法适用于法人或其他组织；其次，拘留的适用要求违法行为达到一定的严重程度，即违法行为的社会危害性应达到依法应予拘留的程度。

3. 拘留的期限较短。拘留是一种临时性措施，随着诉讼活动的进展，拘留一定会发生变更，或者转为逮捕，或者采取取保候审或监视居住，或者释放被拘留之人。

4. 拘留是在紧急情况下采用的一种强制措施。只有在紧急情况下，来不及办理逮捕手续而又需要马上剥夺现行犯或者重大嫌疑分子的人身自由时，才能采用拘留；如果没有紧急情况，公安机关、人民检察院有时间办理逮捕手续的，就不能先行拘留。

二、拘留适用的条件

拘留的对象是现行犯或重大嫌疑分子。现行犯是指正在预备犯罪，实行犯罪或者犯罪后被即时发觉的人。重大嫌疑分子是指有一定的证据证明可能是实施犯罪行为的人。拘留必须具备两个条件：一是必须是现行犯或者重大嫌疑分子；二是必须具有法定的紧急情形。根据《刑事诉讼法》第 80 条规定，公安机关对于现行犯或者重大嫌疑分子，如果有下列情形之一的，可以先行拘留：

（1）正在预备犯罪、实行犯罪或者在犯罪后即时被发觉的。所谓预备犯罪是指为犯罪准备工具、制造条件；所谓实行犯罪是指正在进行犯罪活动。

（2）被害人或者在场亲眼看见的人指认他犯罪的。

（3）在身边或者住处发现有犯罪证据的。在身边是指犯罪嫌疑人、被告人的身体、衣服或其随身携带的物品等；而住处既包括永久性住处，也包括临时居所、办公地点等。

(4)犯罪后企图自杀、逃跑或者在逃的。

(5)有毁灭、伪造证据或者串供可能的。

(6)不讲真实姓名、住址,身份不明的。

(7)有流窜作案、多次作案、结伙作案重大嫌疑的。

根据《刑事诉讼法》第163条规定,人民检察院直接受理的案件中符合上述(4)、(5)规定情形的,需要拘留犯罪嫌疑人的,由人民检察院作出决定,由公安机关执行。

三、拘留的程序

(一)拘留的决定

根据《刑事诉讼法》规定,有权决定拘留的机关包括公安机关和人民检察院。但是人民检察院只有在犯罪嫌疑人、被告人犯罪后企图自杀、逃跑或者在逃的和有毁灭、伪造证据或者串供可能时才能作出拘留的决定,由公安机关执行。

刑事拘留的审批机关是县级以上公安机关。但各级审批机关对刑事拘留的审批是有权力界限的,包括以下几种特殊情况:(1)对不享有外交特权和豁免权的外国人和无国籍人依法应当拘留的,应当由省、自治区、直辖市公安厅、局审批。执行拘留后应及时向当地外事处办公室和有关的外国人主管部门履行通报义务,同时并报公安部备案。(2)对入伍前在地方作案的军人需要刑事拘留的,应当由地方公安机关提供犯罪证据材料,送交军队保卫部门审查,确认应依法追诉的,由该保卫部门拘留。(3)对县级以上的各级人大代表依法应予以刑事拘留的,应当立即向其所属的人民代表大会主席团或者常务委员会报告,在本级人大闭会期间经本级人大常委会许可方可审批。

人民检察院决定拘留的案件,应当由办案人员提出意见,经办案部门负责人审核后,由检察长决定。决定拘留的案件,人民检察院应当将拘留的决定书送达公安机关,由公安机关负责执行。

(二)拘留的执行

1. 公安机关办案人员认为需要拘留犯罪嫌疑人时,应填写《呈请拘留报告书》,注明有关犯罪嫌疑人的情况和拘留的理由,呈报公安机关负责人审查批准,签发《拘留证》;检察机关拘留犯罪嫌疑人,由办案人员提出意见,部门负责人审核,检察长决定,再送达公安机关执行。

2. 根据《刑事诉讼法》第81条规定,公安机关在异地执行拘留时,应当通知被拘留人所在地的公安机关,被拘留人所在地的公安机关应当予以配合。

3. 公安机关拘留人的时候,必须出示拘留证。拘留后,应当立即将被拘留人送看守所羁押,至迟不得超过24小时。除无法通知或者涉嫌危害国家安全犯罪、恐怖活动犯罪通知可能有碍侦查的情形以外,应当在拘留后24小时以内,通知被拘留人的家属。有碍侦查的情形消失以后,应当立即通知被拘留人的家属。在司法实践中,常见的有碍侦查和无法通知的情形有:(1)被拘留人可能毁灭、伪造证据,干扰证人作证或者串供的;(2)可能引起同案犯逃避、妨碍侦查的;(3)犯罪嫌疑人的家属与犯罪有牵连的;(4)被拘留人不讲真实姓名、住址,身份不明的;(5)被拘留人的家属或者工作单位其他人同本案有牵连的;(6)被拘留人没有家属的或者提供的家属联系方式无法取得联系的;(7)因自然灾害等不可抗力导致无法通知的。

4. 公安机关对被拘留的人以及人民检察院对直接受理的案件中被拘留的人,应当在拘留后的24小时以内进行讯问。在发现不应当拘留的时候,必须立即释放,发给释放证明。之所以及时进行讯问,理由主要有:(1)有利于及时搜集证据,否则被拘留人有可能形成反侦查的心理准备,不利于侦查活动的顺利进行;(2)防止可能发生的不应当拘留的情况。所谓不应当拘留,包括没有发生犯罪行为,或被拘留人的行为不构成犯罪;虽有犯罪行为发生,但依法不应当被追究刑事责任或不是拘留人所为等。

(三)拘留的期限

《刑事诉讼法》第89条规定:"公安机关对被拘留的人,认为需要逮捕的,应当在拘留后的三日以内,提请人民检察院审查批准。在特殊情况下,提请审查批准的时间可以延长一日至四日。对于流窜作案、多次作案、结伙作案的重大嫌疑分子,提请审查批准的时间可以延长至三十日。人民检察院应当自接到公安机关提请批准逮捕书后的七日以内,作出批准逮捕或者不批准逮捕的决定。人民检察院不批准逮捕的,公安机关应当在接到通知后立即释放,并且将执行情况及时通知人民检察院。对于需要继续侦查,并且符合取保候审、监视居住条件的,依法取保候审或者监视居住。"

这说明刑事拘留的时间有三种:

1. 10日内。对于被拘留的犯罪嫌疑人,经过审查认为需要逮捕的,应当在拘留后的3日内提请检察院审查批准。加上检察机关审查批捕的7日,羁押的最长时间为10日。

2. 14日。即在特殊情况下,经县级以上公安机关负责人批准,提请审查批准逮捕的时间,在原有3日基础上延长1日至4日,加上检察机关审查批捕的7日，羁押的最长时间为14日。在司法实践中特殊情况一般指犯罪嫌疑人的行为构成了犯罪的重大嫌疑，但犯罪事实尚未查明；案情复杂、证据材料的收集尚不足以提请批准逮捕的；作为认定案件事实的主要证据的鉴定结论尚未作出，影响确定案件性质的。

3. 37日。即对于流窜作案、多次作案、结伙作案的重大嫌疑分子经县级以上公安机关负责人批准，提请审查批准的时间可以延长至30日，加上检察机关审查批捕的7日，羁押的最长时间为37日。其中流窜作案是指跨市、县管辖范围连续作案，或者在居住地作案后逃跑到外市、县继续作案；多次作案是指3次以上作案；结伙作案是指两人以上共同作案。

拘留如果超过法定的羁押期限，被拘留人及其法定代理人、近亲属或者辩护人，有权要求释放被拘留人或者变更强制措施，以保护公民的合法权益，督促公安、检察机关提高办事效率。

(四)拘留的解除

根据公安部《规定》第127条规定，对被拘留的犯罪嫌疑人审查后，根据案件情况报经县级以上公安机关负责人批准，分别作出如下处理：(1)需要逮捕的，在拘留期限内，依法办理提请批准逮捕手续。(2)应当追究刑事责任，但不需要逮捕的，依法直接向人民检察院移送审查起诉，或者依法办理取保候审或者监视居住手续后，向人民检察院移送审查起诉。(3)拘留期限届满，案件尚未办结，需要继续侦查的，依法办理取保候审或者监视居住手续。(4)发现具有撤销案件的情形之一的，应当释放被拘留人，发给释放证明书；需要行政处理的，依法予以处理或者移送有关部门。这四种情况都是办案机关对刑事拘留予以解除的情形。

第六节　逮　　捕

一、逮捕的概念及意义

逮捕，是指公安机关、人民检察院、人民法院，为防止犯罪嫌疑人、被告人逃避侦查、起诉和审判，进行妨碍诉讼的行为，或者具有社会危险性，依法采取的暂时剥夺其人身自由并对其进行羁押的一种强制措施。逮捕是刑事强制措施中最为严厉的一种。

逮捕不仅剥夺了犯罪嫌疑人、被告人的人身自由，而且除了不应当追究刑事责任和变更强制措施的情形外，对被逮捕人的羁押一般要到人民法院判决生效为止。对犯罪嫌疑人、被告人实施逮捕，有利于惩罚犯罪，保障刑事诉讼活动的顺利进行，对其他社会成员产生威慑作用。也有利于防止犯罪嫌疑人、被告人串供、伪造、毁灭证据或者进行其他犯罪行为，促使被逮捕者对自己的行为有个正确认识，从而达到教育的目的，同时对其他人也起到一种警示教育作用。

二、逮捕的权限

逮捕犯罪嫌疑人、被告人，必须经过人民检察院批准或者人民法院决定，由公安机关执行。逮捕权由公、检、法机关行使，其他任何机关、团体和个人都无权行使。在公、检、法机关之间，逮捕的权限是不同的，具有一定的分工。人民检察院和人民法院有权决定逮捕，人民检察院具有批准逮捕权，公安机关对自己侦查的案件，认为需要逮捕犯罪嫌疑人的时候，应当依法提请人民检察院审查批准，它无权自行逮捕。无论是决定逮捕还是批准逮捕，都由公安机关执行。由此可见，在我国的刑事诉讼中，逮捕的批准权、决定权和执行权都是分离的，这主要是为了保证办案质量，促使公安司法机关分工合作、相互制约、相互监督，防止错捕、滥捕等侵犯公民人身权利现象的发生。

三、逮捕的条件

《刑事诉讼法》第79条规定："对有证据证明有犯罪事实，可能判处徒刑以上刑罚的犯罪嫌疑人、被告人，采取取保候审尚不足以防止发生下列社会危险性的，应当予以逮捕：(一)可能实施新的犯罪的；(二)有危害国家安全、公共安全或者社会秩序的现实危险的；(三)可能毁灭、伪造证据，干扰证人作证或者串供的；(四)可能对被害人、举报人、控告人实施打击报复的；(五)企图自杀或者逃跑的。对有证据证明有犯罪事实，可能判处十年有期徒刑以上刑罚的，或者有证据证明有犯罪事实，可能判处徒刑以上刑罚，曾经故意犯罪或者身份不明的，应当予以逮捕。被取保候审、监视居住的犯罪嫌疑人、被告人违反取保候审、监视居住规定，情节严重的，可以予以逮捕。"

依据这一规定，2012年《刑事诉讼法》将逮捕条件区分为一般逮捕条件、径行逮捕条件和转为逮捕条件三种。

一般逮捕必须同时具备三个条件：一是有证据证明有犯罪事实；二是可

能被判处有期徒刑以上刑罚；三是采取取保候审尚不足以防止发生社会危险性的。

1. 有证据证明有犯罪事实。犯罪事实既可以是单一犯罪行为的事实，也可以是数个犯罪行为中任何一个犯罪行为的事实。这一条件必须具备3个要素：(1)有证据证明发生了犯罪事实。即犯罪行为已经发生，并且有明确的证据可以证明，该犯罪事实是指实施犯罪行为过程中不可避免地留下的各种痕迹和现象，是不以人的意志为转移的客观存在。(2)有证据证明该犯罪事实是犯罪嫌疑人实施的。此时的犯罪事实是指根据犯罪嫌疑人的意志所实施的犯罪行为与客观存在的犯罪结果共同构成的犯罪事实。逮捕必须是针对具体的人实施的，所以必须要有明确的犯罪嫌疑人、被告人。(3)证明犯罪嫌疑人、被告人实施犯罪行为的证据已经查证属实的。证据只有经过查证属实，确认它的真实可靠性才能作为定案的根据。审查逮捕时对证据的审查，应着重对证据质的审查，即对证据的合法性、客观性、关联性的审查，同时联系其他证据进行综合分析。逮捕不同于定罪，逮捕的标准低于定罪的标准，不要求证明犯罪嫌疑人实施犯罪行为的所有证据都已查证属实，只要求有证据已被查证属实即可。

2. 可能被判处有期徒刑以上的刑罚。“可能判处徒刑以上刑罚”，是指适用逮捕的机关根据获得的证据所判定的事实，认为犯罪嫌疑人、被告人的行为可能会被依法判处徒刑以上刑罚。如果只可能判处管制、拘役、独立适用附加刑或者可能被免除刑罚的，就不能采用逮捕措施。在实践中对于那些可能被判处有期徒刑缓刑的犯罪分子一般也不适用逮捕。这说明逮捕主要是针对一些比较严重的犯罪，这是因为逮捕实际上剥夺了犯罪嫌疑人、被告人的人身自由，其强度已经达到了徒刑的程度，规定被判处有期徒刑以上刑罚的人才适用逮捕可以使逮捕的羁押期限折抵在刑期之内，将逮捕的负面影响降低到最低限度。所以在适用逮捕措施时不仅要注意分清罪与非罪的界限，而且还要分清罪重与罪轻的界限。

3. 采取取保候审尚不足以防止发生社会危险性的。“社会危险性”，是指犯罪嫌疑人或者被告人对公安机关、人民检察院和人民法院正常的刑事诉讼活动的一种干扰和妨碍。如逃避侦查和审判、打击报复控告人、证人、逃跑、自杀、串供、毁灭罪证等妨碍刑事诉讼的行为。只有在取保候审、监视居住尚不能防止社会危害性，有逮捕的必要时，才采取逮捕措施。对于是否足以防止发生社会危险性，应当根据案件的具体情况具体分析。在通常情况下，应当考虑犯罪嫌疑人、被告人所涉嫌的犯罪的严重程度、悔罪态度、生活环境、个人情况和其他可能对其行为产生重大影响的因素综合分析判断。

《刑事诉讼法》第79条第2款规定了径行逮捕的三种情形：一是有证据证明有犯罪事实，可能判处10年有期徒刑以上刑罚的；二是有证据证明有犯罪事实，可能判处徒刑以上刑罚，曾经故意犯罪的；三是有证据证明有犯罪事实，可能判处徒刑以上刑罚，身份不明的。这三种情形的犯罪嫌疑人、被告人，或者主观恶性较大，或者犯罪恶习较深，或者缺乏不予羁押的基本条件，均体现了较大的社会危害性，因此无需再另行审查其社会危险性条件，而应当直接予以逮捕，最高检《规则》第140条对径行逮捕的条件作出了规定。

《刑事诉讼法》第79条第3款规定了可以转为逮捕的条件：被取保候审、监视居住的犯罪嫌疑人、被告人违反取保候审、监视居住规定，情节严重的，可以予以逮捕。2014年4月24日全国人大常委会《刑事诉讼法》解释如下：

根据《刑事诉讼法》第79条第3款的规定，对于被取保候审、监视居住的可能判处徒刑以下刑罚的犯罪嫌疑人、被告人违反取保候审、监视居住规定，严重影响诉讼活动正常进行的，可以予以逮捕。

四、逮捕的程序

（一）逮捕的提请

《刑事诉讼法》第85条规定："公安机关要求逮捕犯罪嫌疑人的时候，应当写出提请批准逮捕书，连同案卷材料、证据，一并移送同级人民检察院审查批准。必要的时候，人民检察院可以派人参加公安机关对于重大案件的讨论。"这说明应由公安机关提请逮捕。公安机关认为需要逮捕时，应当向同级人民检察院报批逮捕，并移送提请批准逮捕书和案卷材料、证据。提请批准逮捕书应当写明犯罪嫌疑人的姓名、性别、年龄、籍贯、职业、民族、住址、简历、所犯罪行和主要证据，认定的罪名、逮捕的法律依据。人民检察院在必要的时候，可以派人参加公安机关对重大案件的讨论。

（二）逮捕的批准

需要提请批准逮捕犯罪嫌疑人的，应当经县级以上公安机关负责人批准，制作提请批准逮捕书，连同案卷材料、证据，一并移送同级人民检察院审查批准。人民检察院审查批准逮捕，可以讯问犯罪嫌疑人；有下列情形之一的，应当讯问犯罪嫌疑人：（1）对是否符合逮捕条件有疑问的；（2）犯罪嫌疑人要求向检察人员当面陈述的;(3)侦查活动可能有重大违法行为的。人民检察院审查批准逮捕,可以询问证人等诉讼参与人,听取辩护律师的意见;辩护律师提出要求的,应当听取辩护律师的意见。人民检察院审查批准逮捕犯罪嫌疑人由检察长决定,重大案件应当提交检察委员会讨论决定。

人民检察院对于公安机关提请批准逮捕的案件进行审查后,应当根据情况分别作出批准逮捕或者不批准逮捕的决定。对于批准逮捕的决定,公安机关应当立即执行,并且将执行情况及时通知人民检察院。对于不批准逮捕的,公安机关应当在接到通知后立即释放,并且将执行情况及时通知人民检察院。对于需要继续侦查,并且符合取保候审、监视居住条件的,依法取保候审或者监视居住。公安机关对人民检察院不批准逮捕的决定,认为有错误的时候,可以要求复议,但是必须将被拘留的人立即释放。如果意见不被接受,可以向上一级人民检察院提请复核。上级人民检察院应当立即复核,作出是否变更的决定,通知下级人民检察院和公安机关执行。

(三)逮捕的决定

人民检察院和人民法院在办理案件的过程中,对符合法定逮捕条件的犯罪嫌疑人、被告人都有权作出逮捕决定。

1. 人民检察院决定逮捕的程序

人民检察院决定逮捕犯罪嫌疑人有以下两种情况:(1)人民检察院办理直接受理的案件时,需要逮捕犯罪嫌疑人的,由侦查部门填写逮捕犯罪嫌疑人审批表,连同案卷材料一并送交本院侦查监督部门审查。侦查监督部门在接到逮捕犯罪嫌疑人审批表后,应当在法定期限内提出意见,经检察长或检察委员会决定逮捕或者不予逮捕。决定逮捕的,应当制作逮捕决定书,由公安机关执行,必要时人民检察院可以协助执行。决定不逮捕的,应当制作不予逮捕决定书,并将已被拘留的犯罪嫌疑人立即释放,需要继续侦查的,可以采取其他强制措施。(2)人民检察院办理由公安机关移送起诉但尚未逮捕犯罪嫌疑人的案件时,认为需要逮捕的,由审查起诉部门填写逮捕犯罪嫌疑人审批表,连同案卷材料和证据,移送侦查监督部门审查后,报检察长或者检察委员会决定。认为需要逮捕的,应当在十四日以内作出决定,特殊情况可以延长一日至三日。对不需要逮捕的,应当立即释放。

2. 人民法院决定逮捕的程序

人民法院决定逮捕被告人也有两种情况:(1)对于直接受理的自诉案件,认为需要逮捕被告人时,由办案人员提交法院院长决定,对于重大、疑难、复杂案件的被告人的逮捕，提交审判委员会讨论决定。（2）对于检察机关提起公诉时未予逮捕的被告人，人民法院认为符合逮捕条件应予逮捕的，也可以决定逮捕。人民法院决定逮捕的，由法院院长签发决定逮捕通知书，通知同级公安机关执行，并将逮捕决定书抄送人民检察院。逮捕被告人后，人民法院应当将逮捕的原因和羁押的处所，在24小时内通知家属；确实无法通知的，应当记录在案。应当在逮捕后的24小时内进行讯问。对不应当逮捕的，应当变更强制措施或者立即释放。

3. 逮捕几种特殊犯罪嫌疑人的程序

（1）逮捕人大代表的审批程序。最高检《规则》第146条规定："人民检察院对担任本级人民代表大会代表的犯罪嫌疑人批准或者决定逮捕，应当报请本级人民代表大会主席团或者常务委员会许可。报请许可手续的办理由侦查机关负责。对担任上级人民代表大会代表的犯罪嫌疑人批准或者决定逮捕，应当层报该代表所属的人民代表大会同级的人民检察院报请许可。对担任下级人民代表大会代表的犯罪嫌疑人批准或者决定逮捕，可以直接报请该代表所属的人民代表大会主席团或者常务委员会许可，也可以委托该代表所属的人民代表大会同级的人民检察院报请许可；对担任乡、民族乡、镇的人民代表大会代表的犯罪嫌疑人批准或者决定逮捕，由县级人民检察院报告乡、民族乡、镇的人民代表大会。对担任两级以上的人民代表大会代表的犯罪嫌疑人批准或者决定逮捕，分别依照本条第一、二、三款的规定报请许可。对担任办案单位所在省、市、县（区）以外的其他地区人民代表大会代表的犯罪嫌疑人批准或者决定逮捕，应当委托该代表所属的人民代表大会同级的人民检察院报请许可；担任两级以上人民代表大会代表的，应当分别委托该代表所属的人民代表大会同级的人民检察院报请许可。"

（2）外国人、无国籍人涉嫌危害国家安全犯罪的案件或者涉及国与国之间政治、外交关系的案件以及在适用法律上确有疑难的案件，需要逮捕犯罪嫌疑人的，由基层人民检察院或者分、州、市人民检察院审查并提出意见，层报最高人民检察院审查。最高人民检察院审查认为需要逮捕的，经征求外交部的意见后，作出批准逮捕的批复。经审查认为不需要逮捕的，作出不批准逮捕的批复。基层人民检察院或者分、州、市人民检察院根据最高人民检察院的批复，依法作出批准或者不批准逮捕的决定。层报过程中，上级人民检察院经审查认为不需要逮捕的，应当作出不批准逮捕的批复，报送的人民检察院根据批复依法作出不批准逮捕的决定。基层人民检察院或者分、州、市人民检察院经审查认为不需要逮捕的,可以直接依法作出不批准逮捕的决定。外国人、无国籍人涉嫌本条第1款规定以外的其他犯罪案件,决定批准逮捕的人民检察院应当在作出批准逮捕决定后48小时以内报上一级人民检察院备案,同时向同级人民政府外事部门通报。上一级人民检察院对备案材料经审查发现错误的,应当依法及时纠正。

(3)人民检察院审查逮捕危害国家安全的案件、涉外案件以及检察机关直接立案侦查的案件,在批准逮捕后,应当报上一级人民检察院备案。上级人民检察院对报送的备案材料应当进行审查,发现错误的,应当在10日以内将审查意见通知报请备案的下级人民检察院或者直接予以纠正。

(四)逮捕的执行

逮捕犯罪嫌疑人、被告人,不论是批准逮捕,还是决定逮捕,都由公安机关执行。公安机关执行逮捕时必须遵守下列程序:

1.公安机关逮捕人的时候,必须出示《逮捕证》。逮捕后,应当立即将被逮捕人送看守所羁押。除无法通知的以外,应当在逮捕后24小时以内,通知被逮捕人的家属。在发现不应当逮捕的时候,必须立即释放,发给释放证明。逮捕证必须由县级以上公安机关负责人签发。所谓"不应当逮捕",是指犯罪行为没有发生或者被逮捕的人不构成犯罪的;虽有犯罪行为,但罪行轻微,不可能判处有期徒刑以上刑罚或依法不予追究刑事责任的;犯罪行为虽然是被逮捕人所为,但该人没有自杀、逃跑、串供、毁灭证据或继续犯罪可能,采取取保候审、监视居住方法足以防止社会危害性,因而没有逮捕必要的等等;在遇到不应当逮捕的情形时,就应当立即释放犯罪嫌疑人,并要发给释放证明。

2.执行逮捕的人员不得少于2人。执行逮捕时,要向被逮捕人出示《逮捕证》,宣布逮捕,并责令被逮捕人在《逮捕证》上签字或捺手印,并注明时间。被逮捕人拒绝在《逮捕证》上签字或捺手印的,应在《逮捕证》上注明。逮捕犯罪嫌疑人、被告人,可以采用适当的强制方法。

3.犯罪嫌疑人、被告人被逮捕后,应当在24小时以内进行讯问。对于发现不应当逮捕的,必须立即释放,并发给释放证明。除有碍侦查或者无法通知的情形外,应将逮捕的原因和羁押的处所,通知被逮捕人的家属或所在单位。不便通知的,应将不通知的原因在案卷中注明。由此可见,除一些特殊情形外,都必须通知被逮捕人的家属或其所在单位。特殊情形包括有碍侦查和无法通知。所谓"有碍侦查",是指具有其他同伙可能逃跑、隐匿或者毁灭证据,可能互相串通,订立攻守同盟或者其他犯罪同伙有待查证等情形。所谓“无法通知”，是指具有不讲真实姓名、住址、身份不明的；没有家属的；提供的家属联系方式无法取得联系的；因自然灾害等不可抗力导致无法通知的等情形。

4. 对异地逮捕的，公安机关应当通知被逮捕人所在地的公安机关。公安机关到异地执行逮捕时，应携带《批准逮捕决定书》及其副本、《逮捕证》、介绍信以及被逮捕人犯罪的主要材料等，由当地公安机关协助执行。这一规定体现了公安机关在刑事诉讼中的通力合作。公安机关到异地执行逮捕时，被逮捕人所在地的公安机关，应当给予充分的配合。

（五）逮捕等强制措施的变更、撤销与解除

人民法院、人民检察院和公安机关在将犯罪嫌疑人、被告人逮捕后，还可能发生逮捕等的变更、撤销与解除问题。

1. 人民法院、人民检察院和公安机关如果发现对犯罪嫌疑人、被告人采取强制措施不当的，应当及时撤销或者变更。公安机关释放被逮捕的人或者变更逮捕措施的，应当通知原批准的人民检察院。根据最高法《解释》第 133 条、第 134 条规定，被逮捕的被告人具有下列情形之一的，人民法院可以变更强制措施：(1)患有严重疾病、生活不能自理的；(2)怀孕或者正在哺乳自己婴儿的；(3)系生活不能自理的人的唯一扶养人。第一审人民法院判决被告人无罪、不负刑事责任或者免除刑事处罚，被告人在押的，应当在宣判后立即释放。被逮捕的被告人具有下列情形之一的，人民法院应当变更强制措施或者予以释放：(1)第一审人民法院判处管制、宣告缓刑、单独适用附加刑，判决尚未发生法律效力的；(2)被告人被羁押的时间已到第一审人民法院对其判处的刑期期限的；(3)案件不能在法律规定的期限内审结的。

2. 犯罪嫌疑人、被告人及其法定代理人、近亲属或者辩护人有权申请变更强制措施。人民法院、人民检察院和公安机关收到申请后，应当在 3 日以内作出决定；不同意变更强制措施的，应当告知申请人，并说明不同意的理由。

3. 犯罪嫌疑人、被告人被羁押的案件，不能在本法规定的侦查羁押、审查起诉、一审、二审期限内办结的，对犯罪嫌疑人、被告人应当予以释放；需要继续查证、审理的，对犯罪嫌疑人、被告人可以取保候审或者监视居住。

4. 人民法院、人民检察院或者公安机关对被采取强制措施法定期限届满的犯罪嫌疑人、被告人，应当予以释放、解除取保候审、监视居住或者依法变更强制措施。犯罪嫌疑人、被告人及其法定代理人、近亲属或者辩护人对于人民法院、人民检察院或者公安机关采取强制措施法定期限届满的,有权要求解除强制措施。

【深度阅读】

1. 孙洪坤著:《刑事诉讼法的时代精神》,法律出版社2009年版。

2. 姚莉、邵劭:"论逮捕后羁押必要性审查",载《法律科学》2013年第5期。

3. 葛琳:"职务犯罪案件审查逮捕权'上提一级'改革研究",载《政法论坛》2013年第6期。

4. 肖中华等:"审查逮捕听证制度研究",载《法学杂志》2013年第12期。

5. 张兆松:"论指定居所监视居住适用中的若干争议问题",载《法治研究》2014年第1期。

【课后思考】

1. 关于取保候审的程序限制,下列哪一选项是正确的:(单选题)

A. 保证金应当由决定机关统一收取,存入指定银行的专门账户

B. 对于可能判处徒刑以上刑罚的,不得采取取保候审措施

C. 对同一犯罪嫌疑人不得同时使用保证金担保和保证人担保两种方式

D. 对违反取保候审规定,需要予以逮捕的,不得对犯罪嫌疑人、被告人先行拘留

2. 检察机关审查批准逮捕,下列哪些情形存在时应当讯问犯罪嫌疑人:(多选题)

A. 犯罪嫌疑人的供述前后反复且与其他证据矛盾

B. 犯罪嫌疑人要求向检察机关当面陈述

C. 侦查机关拘留犯罪嫌疑人36小时以后将其送交看守所羁押

D. 犯罪嫌疑人是聋哑人

3. 检察院审查批准逮捕时,遇有下列哪一情形依法应当讯问犯罪嫌疑人:(单选题)

A. 辩护律师提出要求的

B. 犯罪嫌疑人要求向检察人员当面陈述的

C. 犯罪嫌疑人要求会见律师的

D. 共同犯罪的

4. 甲涉嫌黑社会性质组织犯罪,10 月 5 日上午 10 时被刑事拘留。下列哪一处置是违法的:(单选题)

A. 甲于当月 6 日上午 10 时前被送至看守所羁押

B. 甲涉嫌黑社会性质组织犯罪,因考虑通知家属有碍进一步侦查,决定暂不通知

C. 甲在当月 6 日被送至看守所之前,公安机关对其进行了讯问

D. 讯问后,发现甲依法需要逮捕,当月 8 日提请检察院审批

5. 关于拘传,下列哪些说法是正确的:(多选题)

A. 对在现场发现的犯罪嫌疑人,经出示工作证件可以口头拘传,并在笔录中注明

B. 拘传持续的时间不得超过 12 小时

C. 案情特别重大、复杂,需要采取拘留、逮捕措施的,拘传持续的时间不得超过 24 小时

D. 对于被拘传的犯罪嫌疑人,可以连续讯问 24 小时

6. 在符合逮捕条件时,对下列哪些人员可以适用监视居住措施:(多选题)

A. 甲患有严重疾病、生活不能自理

B. 乙正在哺乳自己婴儿

C. 丙系生活不能自理的人的唯一扶养人

D. 丁系聋哑人

7. 李某于 2012 年 7 月毕业后到某国有企业从事财务工作。因无钱买房,单位又不分房,在同学、朋友及亲戚家里四处借住,如何弄钱买一套住房成为他的心结。2013 年 4 月,单位有一笔 80 万元现金未来得及送银行,存放于单位保险柜,李某借职务之便侵吞了全部现金并伪造外人盗窃现场。李某用该款购买了一套公寓。

李某的反常行为被单位举报到检察机关,检察机关反贪技术侦查部门当即实施技术侦查措施,查明系李某作案并予以立案。在刑事拘留期间,李某供认了全部犯罪事实。鉴于本人最终认罪并将赃物全部追回,根据本案特殊情况和办案需要,检察机关决定对其采取指定居所监视居住。2013 年 7 月该案提起公诉。李某及其辩护律师向法院提出李某在拘留期间遭受了严重的刑讯逼供,要求排除非法证据。

问:检察机关对李某采取指定居所监视居住措施是否正确?为什么?

8. 犯罪嫌疑人刘洋是某市汽配厂业务员，2012 年 10 月，其利用推销货物之机，先后采用各种非法手段，将另一厂购买汽车配件的 5 万元占为己有，被有关人员向当地人民检察院进行举报。经调查刘洋确实犯有贪污行为，因此，县人民法院依法传唤刘洋到案受审，但刘洋借口身体不适拒绝到案。经检察长签发拘传证，由该检察院工作人员执行，将犯罪嫌疑人刘洋拘传到案。讯问中刘洋在大量证据面前不得不交代贪污 5 万元人民币的犯罪事实。县人民法院经审理认定，被告人刘洋犯有贪污罪，根据我国刑法的有关规定，追究了刘洋的刑事责任。

问：拘传适用的对象、条件分别是什么？

第七章　附带民事诉讼

本章要点

附带民事诉讼
附带民事诉讼原告人
附带民事诉讼被告人
附带民事诉讼程序
附带民事诉讼赔偿

皮之不存，毛将焉附？

——《左传》

古代法律还提供了其他证据，证明最古的司法官吏模仿着私人争执中人们的可能行为。在决定赔偿损害时，他们以在该案件的情况下一个被害人可能要采取报复的程序作为他们的指南。

——[英]梅因

段锋于2012年8月与李琳相识。建立恋爱关系后不到两个月，两人即在段锋的工厂单身宿舍同居。同居后，两人常因琐事争吵。2012年11月14日晚，李与段又发生争吵。段欲外出躲避，被李拉住不放。二人争吵时，住隔壁的赵某、韩某、王某等三人前来劝架。段因李不放手，恼羞成怒，威胁李再不松手，就将其衣服扯光。李仍不松手，段把李身穿的睡衣及内衣裤全部扯掉。赵某见状扔给李一件外衣。李因穿衣而松手后，段即走出宿舍。以后，两人继续同居，并仍常因生活琐事争吵。2013年5月27日，两人争吵时，段打伤了李。李去医院诊治，县医院诊断为轻伤。李为治疗而花费了2000余元医药费。李因感到与段不能再继续维持同居关系，于2013年6月13日向

县法院提起民事诉讼。所提诉讼请求共两项，即要求段锋赔偿全部医药费，解除与段的同居关系。所提请求的主要理由，一是段锋系致伤责任人，医药费理应由其承担；二是两人经常争吵，并曾受当众扯光衣服之侮辱，两人同居无法维持。县法院受理后经审查认为，被告人段锋打伤李琳及当众扯光其衣服的侮辱行为，已构成犯罪，因此决定将本案转刑庭处理。刑庭认为，本案系自诉案件，故在决定采用独任审判后，由审判员通知李琳作为刑事诉讼自诉人，并将其民事诉状作为刑事自诉书。同时告知段有权聘请辩护律师，但段表示不请律师。法院决定于2013年7月20日公开审理本案。开庭前一天，李琳告知法院，她不愿控告段犯罪，仍只想通过法院解除与段的同居关系并让段赔偿医药费。因开庭日期已定，县法院刑庭决定如期开庭。开庭审理时，只有段锋一人到庭。法庭审理时，只对段进行了讯问。讯问后，由于事实清楚，段锋亦全部承认，故未让段锋作最后陈述，随即当庭作出判决，对其以伤害罪和侮辱罪分别判处有期徒刑一年和两年，合并执行有期徒刑两年半，并告知段锋有上诉权及上诉期限，但对附带民事诉讼部分未作出处理。

第一节 附带民事诉讼的概念和意义

一、附带民事诉讼的概念和性质

附带民事诉讼，是指公安司法机关在刑事诉讼过程中，在解决被告人刑事责任的同时，附带解决因被告人的犯罪行为所造成的物质损失的赔偿问题而进行的诉讼活动。

《刑事诉讼法》第99条规定："被害人由于被告人的犯罪行为而遭受物质损失的，在刑事诉讼过程中，有权提起附带民事诉讼。如果是国家、集体财产遭受损失的，人民检察院在提起公诉的时候，可以提起附带民事诉讼。人民法院在必要的时候，可以查封或者扣押被告人的财产。"

附带民事诉讼本质上来说是一种民事诉讼。附带民事诉讼就其解决的问题而言，是物质损失赔偿问题，与民事诉讼中的损害赔偿一样，属于民事纠纷，但它和一般的民事诉讼又有区别，有着自己的特殊之处。这表现为两个方面：从实体上说，这种赔偿是由犯罪行为所引起的；从程序上说，它是在刑事诉讼的过程中提起的，通常由审判刑事案件的审判组织一并审判。其成立和解决都与刑事诉讼密不可分,因而是一种特殊的诉讼程序。正因为如此,解决附带民事诉讼问题时所依据的法律具有复合性特点:就实体法而言,对损害事实的认定,不仅要遵循刑法关于具体案件犯罪构成的规定,而且要受民事法律规范调整;就程序法而言,除刑事诉讼法有特殊规定的以外,应当适用民事诉讼法的规定。如诉讼原则、强制措施、证据、先行给付、诉讼保全、调解、和解、撤诉、反诉等,都要遵循民事诉讼法的有关规定。

二、附带民事诉讼的意义

1. 附带民事诉讼有利于正确处理刑事案件。在审理刑事案件过程中一并解决民事赔偿问题,有利于全面查明被告人的行为到底是否构成犯罪以及应当判处何种刑罚。因为在许多刑事案件中,如破坏社会主义经济秩序罪以及侵犯财产罪的许多案件中,被告人的行为是否造成物质损害以及造成物质损害的程度,是对被告人定罪量刑的决定性因素。

2. 附带民事诉讼有利于保护被害人的合法权利。其一,实行刑事附带民事诉讼,司法机关在追究被告人刑事责任的过程中必须同时收集证明被告人应当承担民事责任的证据,这有利于减轻被害人在民事赔偿部分本应承担的举证责任,从而降低被害人获得赔偿的难度。其二,规定司法机关在解决被告人刑事责任的过程中必须一并解决其应承担的民事赔偿责任,有利于及时弥补被害人因犯罪行为遭受的物质损害。因为如果不实行附带民事诉讼制度,被害人遭受的物质损害必须等到刑事案件结束后再向民事审判庭提起诉讼,这样往往会因为时过境迁,导致有关损害事实难以查清,或因被告人将财产转移、隐匿,导致损害赔偿难以实现。

3. 附带民事诉讼有利于正确执行我国惩办与宽大相结合的刑事政策。在处理刑事案件过程中一并解决民事赔偿问题,有利于查明被告人对其犯罪行为造成的物质损害的态度,从而正确判断被告人是否悔罪及悔罪的态度,判断被告人的人身危险性,这对于在定罪量刑时正确执行我国惩办与宽大相结合的刑事政策具有非常重要的意义。

4. 附带民事诉讼有利于节约诉讼资源,便于诉讼参与人参加诉讼。对公安司法机关而言,附带民事诉讼有利于避免刑事和民事部分分别处理必然产生的调查和审理上的重复,从而大大节省人力、物力和时间。对于附带民事诉讼原告人来说,附带民事诉讼有利于其在刑事审判过程中就刑事、民事部分一并陈述和辩论,就刑事、民事部分一并提起上诉和提出申诉,从而避免分别处理时当事人参与刑事诉讼后又要参与民事诉讼的麻烦。对于刑事被告人来说,有利于通过一个法庭、一次审判同时解决应当承担的两种责任,避免因一个犯罪行为受到两个法庭、两次审判的麻烦。对于法定代理人、证人、鉴定人等其他诉讼参与人来说,也有利于避免参与两个法庭、两次审判带来的讼累。

5. 有利于维护人民法院审判工作的统一性和权威性。在处理刑事案件过程中一并解决民事赔偿问题有利于避免由刑事审判庭和民事审判庭分别处理刑事和民事问题可能出现的对同一案件作出相互矛盾的裁判的问题,从而维护法院裁判的权威。

三、附带民事诉讼的成立条件

根据有关法理以及立法和司法解释的规定,附带民事诉讼的成立必须符合以下条件:

1. 成立的前提是刑事诉讼已经成立。附带民事诉讼是由刑事诉讼所追究的犯罪行为引起的,是在追究被告人刑事责任的同时,附带追究其应承担的民事赔偿责任。因此,附带民事诉讼必须以刑事诉讼的成立为前提,如果刑事诉讼不成立,附带民事诉讼就失去了存在的基础,被害人就应当提起独立的民事诉讼,而不能提起附带民事诉讼。此外,如果刑事诉讼程序尚未启动,或者刑事诉讼程序已经结束,被害人也只能提起独立的民事诉讼,而不能提起附带民事诉讼。

2. 被害人遭受的必须是物质损失。对附带民事诉讼的赔偿范围,根据我国刑法和刑事诉讼法的规定,均限定为物质方面的损失。但法律在不同场合表述又有所不同。《刑事诉讼法》第99条第1款规定:"被害人由于被告人的犯罪行为而遭受物质损失的,在刑事诉讼过程中,有权提起附带民事诉讼。如果是国家、集体财产遭受损失的,人民检察院在提起公诉的时候,可以提起附带民事诉讼。人民法院在必要的时候,可以查封或者扣押被告人的财产。"《刑法》第316条第1款规定:"由于犯罪行为而使被害人遭受经济损失的,对犯罪分子除依法给予刑事处罚外,并应根据情况判处赔偿经济损失。"根据上述法律规定,可以理解为在附带民事诉讼赔偿范围问题上,物质损失、财产损失、经济损失三词同义,逻辑上属于同一概念。尽管在其他场合,三者的内涵并不完全相同。关于附带民事诉讼应否包括精神赔偿问题,许多国家都经历了一个由不承认到承认的发展过程。随着人们对精神损害认识观念的变化,越来越多的国家将精神损害纳入附带民事诉讼的赔偿范围内。

我国法学界对于附带民事诉讼是否应包括精神赔偿也存在不同的看法。

有人主张，按照《民法通则》的规定，附带民事诉讼应包括精神损害赔偿，理由主要是，1979 年颁布《刑法》和《刑事诉讼法》时，民事损害赔偿的理论与实践都没有扩大到精神损害赔偿，因此，刑法和刑事诉讼法将附带民事诉讼的赔偿范围限定为物质损害是有道理的。1986 年《民法通则》通过以后，我国请求民事侵权赔偿的范围也已扩大到侵害人身权。侵害人身权包括侵害公民的生命健康权、肖像权、名誉权、荣誉权等。由于附带民事诉讼在性质上属于民事诉讼，在程序上应当受民事实体法的调整，因此，《民法通则》的有关规定在附带民事诉讼中应同样适用。应该承认，这种观点是有些道理的，代表了附带民事诉讼赔偿范围的一般发展趋势。

3. 被害人的物质损失是因被告人的犯罪行为引起的。对这一条件的理解要注意两点：

（1）这里的犯罪行为是指被告人在刑事诉讼过程中被指控的犯罪行为，而不要求是人民法院以生效裁判确定构成犯罪的行为。只要行为人被公安司法机关进行刑事追诉，因其行为遭受损失的人就可以提起附带民事诉讼。即使被告人的行为最终没有被人民法院以生效裁判确定为实体意义上的犯罪行为，也不影响附带民事诉讼的提起和进行。最高法《解释》第 101 条规定："人民法院认为公诉案件被告人的行为不构成犯罪的，对已经提起的附带民事诉讼，经调解不能达成协议的，应当一并作出刑事附带民事判决。"

（2）被害人遭受的物质损失与被告人的犯罪行为之间必须存在因果关系。换言之，被害人遭受的物质损失是由被告人的犯罪行为引起的。最高人民法院《关于刑事附带民事诉讼范围问题的规定》第 2 条规定："被害人因犯罪行为遭受的物质损失是指被害人因犯罪行为已经遭受的实际损失和必然遭受的损失。"据此，犯罪行为造成的物质损失，包括犯罪行为已经给被害人造成的物质损失，例如，犯罪分子作案时破坏的门窗、车辆、物品，被害人的医疗费、营养费等，这种损失又称积极损失；此外还包括被害人将来必然遭受的物质利益的损失，例如，因伤残减少的劳动收入、今后继续医疗的费用、被毁坏的丰收在望的庄稼等，这种损失又称消极损失。但是，被害人应当获得赔偿的损失不包括今后可能得到的或通过努力才能挣得的物质利益，比如超产奖、发明奖、加班费等。至于在犯罪过程中因被害人自己的过错造成的损失，则不应由被告人承担。此外，因民事上的债权债务关系纠纷而引起的刑事犯罪，不能在刑事诉讼过程中解决，也不能就刑事犯罪之前的债权债务问题提起附带民事诉讼。

第二节 附带民事诉讼当事人

附带民事诉讼当事人,包括附带民事诉讼原告人和附带民事诉讼被告人。虽然在许多情况下,附带民事诉讼的原告人与刑事被害人、附带民事诉讼被告人与刑事被告人是重合的,但是,附带民事诉讼当事人不限于刑事被害人和刑事被告人。

一、附带民事诉讼原告人

附带民事诉讼原告人,是指以自己的名义向公安司法机关提起附带民事诉讼的人。能够以自己的名义提起附带民事诉讼的通常是被害人,但不限于被害人,也不限于自然人。因此,附带民事诉讼的原告人,可以是自然人,也可以是法人或者其他组织,还可以是人民检察院。是自然人的,一般都是直接遭受犯罪行为侵害的人。根据《刑事诉讼法》第 99 条规定,被害人由于被告人的犯罪行为而遭受物质损失的,在刑事诉讼过程中,有权提起附带民事诉讼。被害人死亡或者丧失行为能力的,被害人的法定代理人、近亲属有权提起附带民事诉讼。如果是国家财产、集体财产遭受损失的,人民检察院在提起公诉时候,可以提起附带民事诉讼。具体而言,下列自然人和单位都可以成为附带民事诉讼的原告人:

1. 刑事被害人。被害人受到犯罪行为的直接侵害,如果犯罪行为对被害人造成了物质损失,被害人有权提起附带民事诉讼,因而被害人是最为常见的附带民事诉讼原告人。

2. 被害人的法定代理人、近亲属。被害人死亡或者丧失行为能力的,被害人的法定代理人或者近亲属有权提起附带民事诉讼。最高法《解释》第 138 条规定:“被害人因人身权利受到犯罪侵犯或者财物被犯罪分子毁坏而遭受物质损失的,有权在刑事诉讼过程中提起附带民事诉讼;被害人死亡或者丧失行为能力的,其法定代理人、近亲属有权提起附带民事诉讼。因受到犯罪侵犯,提起附带民事诉讼或者单独提起民事诉讼要求赔偿精神损失的,人民法院不予受理。”

3. 因犯罪行为遭受物质损失的企业、事业单位、机关、团体等。对于此问题学术界有不同的观点。一般认为,《刑事诉讼法》第 99 条中规定的“被害人”,作为犯罪侵害的对象,应当既包括自然人,也包括单位,因为二者都是可能受到犯罪侵害的权利主体。譬如在故意伤害罪、故意杀人罪等以侵害人身权利为对象的犯罪中,被害人当然只能是自然人,但在诸如盗窃、贪污、抢劫、故意放火等犯罪活动中,被害人显然应包括企业、事业单位、机关、团体等。

4. 如果是国家财产、集体财产遭受损失的,人民检察院在提起公诉时,可以提起附带民事诉讼。这里的“可以”应理解为“应当”,即当国家财产、集体财产遭受损失,而被害单位没有提起附带民事诉讼时,人民检察院作为国家利益的维护者,有责任提起附带民事诉讼。当检察机关一并提起附带民事诉讼时,它既是公诉机关,又是附带民事诉讼原告人,享有附带民事诉讼原告人的诉讼权利。但需要强调的是,检察机关作为附带民事诉讼原告人无权同被告人就经济赔偿通过调解达成协议或自行和解。根据最高法《解释》第 142 条规定,国家财产、集体财产遭受损失,受损失的单位未提起附带民事诉讼,人民检察院在提起公诉时提起附带民事诉讼的,人民法院应当受理。人民检察院提起附带民事诉讼的,应当列为附带民事诉讼原告人。被告人非法占有、处置国家财产、集体财产的,依照本解释第 139 条的规定处理。

二、附带民事诉讼被告人

附带民事诉讼被告人,是指对犯罪行为造成的物质损失负有赔偿义务的人。在大多数情况下,附带民事诉讼的被告人限于刑事被告人本人。在有些场合,除了刑事被告人以外,其他主体也可能成为附带民事诉讼的共同被告人。未被追究刑事责任的共同加害人,也可以成为附带民事诉讼的共同被告人。刑事被告人的法定代理人,或者是对被告人的行为负有赔偿责任的机关或企事业单位,也可以成为附带民事诉讼的被告人。因单位能够成为犯罪主体,故而刑事被告人也包括单位在内。确认刑事被告人以外的其他单位和个人具有附带民事诉讼被告人的主体资格,有利于维护被害人和其他因犯罪行为而遭受物质损失的人的合法权益。

根据最高法《解释》第 143 条规定,附带民事诉讼中依法负有赔偿责任的人包括:

(1)刑事被告人以及未被追究刑事责任的其他共同侵害人;

(2)刑事被告人的监护人;

(3)死刑罪犯的遗产继承人;

(4)共同犯罪案件中,案件审结前死亡的被告人的遗产继承人;

(5)对被害人的物质损失依法应当承担赔偿责任的其他单位和个人。

附带民事诉讼被告人的亲友自愿代为赔偿的，应当准许。

1. 未成年刑事被告人的监护人。未成年人的监护人是其父母。父母死亡或者没有监护能力的，由下列人员中有监护能力的人担任监护人：祖父母、外祖父母；兄、姐；关系密切的其他亲属、朋友愿意承担监护职责，经未成年人父母的所在单位或者未成年人住所地的居民委员会、村民委员会同意后，也可以成为监护人。对担任监护人有争议的，由未成年人父母所在单位或者未成年人住所地的居民委员会、村民委员会在近亲属中指定。对指定不服提起诉讼的，由人民法院裁决。

2. 未被追究刑事责任的其他共同致害人。这种情形主要是指共同犯罪案件中，有的被告人被交付人民法院审判，有的被告人被公安机关作出行政拘留处分，有的被告人被人民检察院作出不起诉决定，在这种情况下，未被交付法院审判的同案人都可以列为附带民事诉讼被告人。因为数人共同造成他人物质损失的行为是一个不可分割的整体行为，造成物质损失结果的原因是共同的加害行为，各加害人都应对物质损害承担民事赔偿责任。

3. 已被执行死刑的罪犯的遗产继承人和共同犯罪案件中案件审结前已死亡的被告人的遗产继承人。在这两种情况下对被害人的经济赔偿应当看做是已经死亡的刑事被告人生前所负的债务，属于遗产的清偿范围。

4. 其他对刑事被告人的犯罪行为依法应当承担民事赔偿责任的单位和个人。这里的单位应作广义的理解，既可以是法人组织，也可以是非法人单位。

三、附带民事诉讼当事人的权利和义务

附带民事诉讼的当事人，是附带民事诉讼中的主要诉讼参与人。为了保证附带民事诉讼的顺利进行和对案件的正确处理，法律赋予了他们一系列的诉讼权利，同时要求他们承担相应的诉讼义务。附带民事诉讼的原告人，在附带民事诉讼中处于原告人的地位，具有民事原告的权利和义务。

附带民事诉讼原告人的权利有：

第一，在诉讼中，可以委托代理人，代理诉讼。

第二，为了保证赔偿的实现，有权要求司法机关采取保全措施，查封、扣押或者冻结被告人的财产。根据《刑事诉讼法》第100条的规定，人民法院在必要的时候，可以采取保全措施，查封、扣押或者冻结被告人的财产。附带民事诉讼原告人或者人民检察院可以申请人民法院采取保全措施。人民法院采取保全措施，适用民事诉讼法的有关规定。

第三，有权申请审判人员、书记员、翻译人员、鉴定人回避，有权参加附带民事部分审判的法庭调查和辩论。

第四，对人民法院关于附带民事诉讼部分的判决不服，有权依法提起上诉。

第五，在案件审结之前，就附带民事诉讼部分可以与被告人和解或者撤诉。

附带民事诉讼原告人的义务有：

第一，如实向司法机关反映案件情况，并应提供证据，证明自己的主张。

第二，遵守法庭纪律，听从审判人员的指挥。

附带民事诉讼的被告人，在附带民事诉讼中处于被告人的地位，具有民事被告的权利和义务。其权利主要有：

第一，有权委托代理人。

第二，在审理附带民事部分时候，依法有权要求审判人员、书记员、翻译人员、鉴定人回避。

第三，有权参加法庭调查和辩论。

第四，有权提起反诉。

第五，对法院关于附带民事部分的判决如果不服，在法定时间内，可以提起上诉。

附带民事被告人的义务，除与原告人相同以外，还有履行生效判决、裁定内容的义务。

第三节　附带民事诉讼程序

一、附带民事诉讼的提起

（一）附带民事诉讼的起诉条件

（1）起诉人符合法定条件；

（2）有明确的被告人；

（3）有请求赔偿的具体要求和事实、理由；

（4）属于人民法院受理附带民事诉讼的范围。

(二)提起附带民事诉讼的时间

最高法《解释》第147条规定:"附带民事诉讼应当在刑事案件立案后及时提起。提起附带民事诉讼应当提交附带民事起诉状。"第148条规定:"侦查、审查起诉期间,有权提起附带民事诉讼的人提出赔偿要求,经公安机关、人民检察院调解,当事人双方已经达成协议并全部履行,被害人或者其法定代理人、近亲属又提起附带民事诉讼的,人民法院不予受理,但有证据证明调解违反自愿、合法原则的除外。"

具体而言,存在以下几种情况:(1)附带民事诉讼原告人可以直接向人民法院提起附带民事诉讼;(2)在公诉案件中,也可以在侦查、起诉阶段通过侦查、起诉机关提起;(3)国家、集体财产遭受损失的,遭受损失的法人或其他组织既可以直接向人民法院提起附带民事诉讼,也可以在侦查、起诉阶段通过侦查、起诉机关提起;(4)如果遭受损失的单位未提起诉讼的,人民检察院在提起公诉的时候,可以提起附带民事诉讼。其中,在侦查、审查起诉阶段提起附带民事诉讼的,人民检察院应当记录在案,并将原告人的诉讼请求和有关材料,在提起公诉的同时,一并移送人民法院。允许在侦查、起诉阶段向侦查、起诉机关提出附带民事诉讼请求,有利于促使侦查和起诉机关在侦查、起诉的过程中注意查明与附带民事诉讼有关的事项,如被害人实际遭受的物质损失、加害人责任情况、被告人的实际支付能力等。

关于附带民事诉讼提起期限的几个问题探讨:[1]

第一,关于二审期间能否提起附带民事诉讼的问题?

由于我国规定了附带民事诉讼的告知制度,被害人及其他权利人一般会在一审判决宣告以前行使其提起附带民事诉讼的权利。部分被害人及其他权利人出于要求公安司法机关严惩被告人的需要,防止被告人通过民事赔偿从轻处罚,会在一审判决宣告前放弃行使这一权利。但如果一审判决结果不如预期,又会在二审阶段专门提出附带民事诉讼的要求。也有的公安司法机关的办案人员未能明确告知被害人及其他权利人,或有的被害人及其他权利人由于患病、自然灾害未能在一审判决宣告之前及时提出附带民事诉讼,欲在二审阶段提出。对于这些情形,应该如何处理?

对于二审期间能否提起附带民事诉讼的问题,有一种意见认为,应允许在二审阶段提起附带民事诉讼。对此,笔者认为,如果允许被害人及其他权

---

〔1〕 张军、陈卫东主编:《新刑事诉讼法疑难释解》,人民法院出版社2012版,第194页。

利人在上诉中提起附带民事诉讼，则由第二审法院直接审理刚刚提起的附带民事诉讼，必然导致案件的刑事部分是终审判决，而附带民事部分是一审判决的矛盾，进而剥夺了附带民事诉讼当事人的上诉权，造成审级上的混乱，与我国的二审终审制相抵触。但根据最高人民法院《关于适用〈中华人民共和国民事诉讼法〉若干问题的意见》第183条的规定："必须参加诉讼的当事人在一审中未参加诉讼，第二审人民法院可以根据当事人自愿的原则予以调解，调解不成的，发回重审。"第184条规定："在第二审程序中，原审原告增加独立的诉讼请求或原审被告提出反诉的，第二审人民法院可以根据当事人自愿的原则就新增加的诉讼请求或反诉进行调解，调解不成的，告知当事人另行起诉。"而在起草修改后刑事诉讼法的司法解释过程中，经研究认为，《意见》上述两条规定的精神应可参照适用于附带民事诉讼。[1]

第二，关于附带民事诉讼的时效问题。

由于《刑法》规定的追诉时效较长，而《民法通则》规定的诉讼时效较短，司法实践中，因此，经常会发生人民法院审理侵犯人身、财产权利的刑事案件时，出现对被告人的刑事追诉期限未过，但民事诉讼时效已过，而被害人又提起附带民事诉讼的矛盾。在这种情况下，对于提起的附带民事诉讼是否应当受理，即是选择适用《刑法》规定的追诉期限，还是选择适用《民法通则》规定的时效期限，现行立法及有关司法解释并未明确规定，实践中认识和做法不一。笔者认为，附带民事诉讼案件的时效，应当选择适用刑事法律的有关规定。因为附带民事诉讼，虽然本质上属于民事赔偿的性质，但它的成立是以刑事诉讼的存在为前提的，并根据《刑事诉讼法》的规定，被害人由于被告人的犯罪行为而遭受物质损失的，在刑事诉讼过程中，有权提起附带民事诉讼。只要刑事诉讼程序已开始，在第一审判决宣告之前，被害人因犯罪行为而遭受物质损失的，都可以提起附带民事诉讼，而不受民事法律时效的限制。

（三）提起附带民事诉讼的方式

《刑事诉讼法》对附带民事诉讼的提起方式没有明确的规定。实际上，附带民事诉讼提起方式与普通民事诉讼有相同之处，原则上都应当以书面形式进行，提起附带民事诉讼一般应当提交附带民事诉状，写清有关当事人的情况、案发详细经过及具体的诉讼请求，并提出相应的证据。书写诉状确实

〔1〕 张军、江必新主编：《新刑事诉讼法及司法解释适用解答》，人民法院出版社2013年版，第175页。

有困难的，可以口头起诉。审判人员应当对原告人的口头诉讼请求详细询问，并制作笔录，然后向原告人宣读；原告人确认准确无误后，应当签名或者盖章。书面起诉的，附带民事诉讼状应包括以下主要内容：(1)原告及被告的姓名、性别、年龄、民族、住址等身份情况；(2)刑事被告人涉嫌的罪行；(3)因犯罪行为遭受损害的时间、地点及损害程度；(4)具体的诉讼请求事项；(5)有关证据情况。对于上述内容的第(1)项中的被告的身份情况、第(3)项的损害程度、第(4)项中的人身伤害的请求赔偿数额，原告不知晓时，可以不予提出。但是，另一方面，不论是口头还是书面提起的附带民事诉讼，都应当说明被害人和被告人的姓名、年龄、住址、控告的罪行以及因犯罪行为遭受的损失的程度和具体的诉讼请求等内容。人民检察院提起附带民事诉讼时必须在起诉书上写明，不能用口头的方式提起附带民事诉讼。

作为一种特殊的民事诉讼，附带民事诉讼在提起方式上相较于普通的民事诉讼，又有其特殊之处：

1. 公安司法机关有告知义务。公安司法机关对是否提起附带民事诉讼虽然采取不告不理的原则，要尊重被害人及其他权利人的意志，但为了使被害人及其他权利人的合法权益得到有效保护，公安司法机关在刑事诉讼中要主动关心附带民事诉讼的提起。根据最高法《解释》第 84 条和具体司法实践，公安机关、人民检察院、人民法院在办理刑事案件时，有义务告知被害人及其他权利人在刑事诉讼中有权提起附带民事诉讼。

2. 受理附带民事诉讼的机关不限于人民法院。在刑事案件的侦查、审查起诉阶段，被告人及其他权利人也可以向公安机关、人民检察院提起赔偿请求。经公安机关、人民检察院记录在案的，刑事案件起诉后，人民法院应当按附带民事诉讼受理。

3. 附带民事诉讼的提出要件不同于普通民事诉讼，且附带民事诉讼的提出不需要缴纳诉讼费。

二、附带民事诉讼的审判

(一)附带民事诉讼的受理

附带民事诉讼的原告人或人民检察院向人民法院提起附带民事诉讼后，人民法院应当认真审查：对于符合起诉条件的，决定受理；对不符合起诉条件的，裁定驳回起诉。人民法院对起诉的审查主要是形式审查，只要符合起诉条件的，就应当受理。

最高法《解释》第 149 条规定："被害人或者其法定代理人、近亲属提起附带民事诉讼的，人民法院应当在七日内决定是否立案。符合刑事诉讼法第九十九条以及本解释有关规定的，应当受理；不符合的，裁定不予受理。”第150条规定：“人民法院受理附带民事诉讼后，应当在五日内将附带民事起诉状副本送达附带民事诉讼被告人及其法定代理人，或者将口头起诉的内容及时通知附带民事诉讼被告人及其法定代理人，并制作笔录。人民法院送达附带民事起诉状副本时，应当根据刑事案件的审理期限，确定被告人及其法定代理人提交附带民事答辩状的时间。”

（二）附带民事诉讼的审理

附带民事诉讼制度旨在提高诉讼效率，及时维护被害人的合法权益，因而附带民事诉讼原则上应与刑事诉讼一并审理。一并审理，是指附带民事诉讼部分与刑事诉讼部分在同一个诉讼程序中进行审理，即人民法院在开庭审理刑事案件时一并审理附带民事案件。

附带民事诉讼案件原则上与刑事诉讼一并审理，但是为了防止刑事案件过分延迟，也可以在刑事案件审判结束后再由同一审判组织继续审理附带民事诉讼。《刑事诉讼法》第102条规定：“附带民事诉讼应当同刑事案件一并审判，只有为了防止刑事案件审判的过分迟延，才可以在刑事案件审判后，由同一审判组织继续审理附带民事诉讼。”最高法《解释》第159条规定：“附带民事诉讼应当同刑事案件一并审判，只有为了防止刑事案件审判的过分迟延，才可以在刑事案件审判后，由同一审判组织继续审理附带民事诉讼；同一审判组织的成员确实不能继续参与审判的，可以更换。”

根据《刑事诉讼法》与最高法《解释》的规定，在审理刑事附带民事案件中应当遵循的特殊规定有：

1. 附带民事诉讼案件的当事人对自己提出的主张，有责任提供证据。最高法《解释》第151条规定：“附带民事诉讼当事人对自己提出的主张，有责任提供证据。”

2. 附带民事诉讼的原告人经人民法院传票传唤，无正当理由拒不到庭，或者未经法庭许可中途退庭的，应当按自行撤诉处理。最高法《解释》第158条规定：“附带民事诉讼原告人经传唤，无正当理由拒不到庭，或者未经法庭许可中途退庭的，应当按撤诉处理。刑事被告人以外的附带民事诉讼被告人经传唤，无正当理由拒不到庭，或者未经法庭许可中途退庭的，附带民事部分可以缺席判决。”

3. 审理附带民事诉讼案件，除人民检察院提起的以外，可以调解。《刑事诉讼法》第 101 条规定:“人民法院审理附带民事诉讼案件,可以进行调解,或者根据物质损失情况作出判决、裁定。”最高法《解释》第 153 条规定:“人民法院审理附带民事诉讼案件,可以根据自愿、合法的原则进行调解。经调解达成协议的,应当制作调解书。调解书经双方当事人签收后,即具有法律效力。调解达成协议并及时履行完毕的,可以不制作调解书,但应当制作笔录,经双方当事人、审判人员、书记员签名或者盖章后即发生法律效力。”第 154 条规定:“调解未达成协议或者调解书签收前当事人反悔的,附带民事诉讼应当同刑事诉讼一并判决。”

4. 人民法院审理附带民事诉讼案件,在必要的时候,可以决定查封或者扣押被告人的财产。《刑事诉讼法》第 100 条规定:“人民法院在必要的时候,可以采取保全措施,查封、扣押或者冻结被告人的财产。附带民事诉讼原告人或者人民检察院可以申请人民法院采取保全措施。人民法院采取保全措施,适用民事诉讼法的有关规定。”最高法《解释》第 152 条规定:“人民法院对可能因被告人的行为或者其他原因,使附带民事判决难以执行的案件,根据附带民事诉讼原告人的申请,可以裁定采取保全措施,查封、扣押或者冻结被告人的财产;附带民事诉讼原告人未提出申请的,必要时,人民法院也可以采取保全措施。有权提起附带民事诉讼的人因情况紧急,不立即申请保全将会使其合法权益受到难以弥补的损害的,可以在提起附带民事诉讼前,向被保全财产所在地、被申请人居住地或者对案件有管辖权的人民法院申请采取保全措施。申请人在人民法院受理刑事案件后十五日内未提起附带民事诉讼的,人民法院应当解除保全措施。人民法院采取保全措施,适用民事诉讼法第一百条至第一百零五条的有关规定,但民事诉讼法第一百零一条第三款的规定除外。”

5. 人民法院认定公诉案件被告人的行为不构成犯罪的,对已经提起的附带民事诉讼,经调解不能达成协议的,应当一并作出刑事附带民事判决。最高法《解释》第 160 条规定:“人民法院认定公诉案件被告人的行为不构成犯罪,对已经提起的附带民事诉讼,经调解不能达成协议的,应当一并作出刑事附带民事判决。人民法院准许人民检察院撤回起诉的公诉案件,对已经提起的附带民事诉讼,可以进行调解;不宜调解或者经调解不能达成协议的,应当裁定驳回起诉,并告知附带民事诉讼原告人可以另行提起民事诉讼。”

(三)附带民事诉讼的裁判

最高法《解释》第 155 条规定:“对附带民事诉讼作出判决,应当根据犯罪行为造成的物质损失,结合案件具体情况,确定被告人应当赔偿的数额。犯罪行为造成被害人人身损害的,应当赔偿医疗费、护理费、交通费等为治疗和康复支付的合理费用,以及因误工减少的收入。造成被害人残疾的,还应当赔偿残疾生活辅助具费等费用;造成被害人死亡的,还应当赔偿丧葬费等费用。驾驶机动车致人伤亡或者造成公私财产重大损失,构成犯罪的,依照《中华人民共和国道路交通安全法》第 76 条的规定确定赔偿责任。附带民事诉讼当事人就民事赔偿问题达成调解、和解协议的,赔偿范围、数额不受第二款、第三款规定的限制。"第 156 条规定:"人民检察院提起附带民事诉讼的,人民法院经审理,认为附带民事诉讼被告人依法应当承担赔偿责任的,应当判令附带民事诉讼被告人直接向遭受损失的单位作出赔偿;遭受损失的单位已经终止,有权利义务继受人的,应当判令其向继受人作出赔偿;没有权利义务继受人的,应当判令其向人民检察院交付赔偿款,由人民检察院上缴国库。"

最高法《解释》第 162 条规定:"人民法院审理附带民事诉讼案件,不收取诉讼费。"

三、附带民事诉讼的中止和终结

附带民事诉讼的中止,是指在处理附带民事诉讼过程中,由于存在或者发生了某种特定的情况,使附带民事诉讼无法继续进行而暂时停止诉讼。参照我国《民事诉讼法》第 150 条的规定,有下列情形之一的,中止诉讼:

(1)一方当事人死亡,需要等待继承人表明是否参加诉讼的;

(2)一方当事人丧失诉讼行为能力,尚未确定法定代理人的;

(3)作为一方当事人的法人或者其他组织终止,尚未确定权利义务承受人的;

(4)一方当事人因不可抗拒的事由,不能参加诉讼的;

(5)本案必须以另一案的审理结果为依据,而另一案尚未审结的;

(6)其他应当中止诉讼的情形。

中止诉讼的原因消除后,恢复诉讼。

附带民事诉讼的终结,是指在处理附带民事诉讼过程中,由于存在或者发生了某种特定情况,使附带民事诉讼根本不能继续进行,或者继续进行已无实际意义,因而宣告诉讼结束。参照我国《民事诉讼法》第 151 条规定,有下列情形之一的,终止诉讼:

(1)原告死亡,没有继承人,或者继承人放弃诉讼权利的;

(2)被告死亡,没有遗产,也没有应当承担义务的人的;

(3)离婚案件一方当事人死亡的;

(4)追索赡养费、扶养费、抚育费以及解除收养关系案件的一方当事人死亡的。

终结附带民事诉讼,就是附带民事诉讼结案,所以,当然也就不存在再恢复诉讼程序的问题。

第四节 附带民事诉讼的赔偿原则和判决、裁定的执行

附带民事诉讼赔偿的原则,应当以被告人本人的财产为限。成年的被告人没有经济赔偿能力的,不能让其家属承担赔偿责任,也不应当让被告人服刑期满后,再用自己的劳动收入来赔偿。有的成年被告人家属主动要求代被告人承担赔偿责任,当然不应当拒绝。在一些特殊的案件中,如交通肇事案等,在判决被告人负责赔偿损失时,除根据民法的规定外,还应参照其他有关规定。

在共同犯罪的案件中,被害人的经济损失是几个被告人共同造成的,只要被害人等提起附带民事诉讼,就可将刑事案件的几个被告人作为附带民事诉讼的被告人。人民法院在处理时,应当根据物质损失的情况,各被告人在犯罪中的地位和作用,并考虑他们各自的经济赔偿能力,可以决定由有赔偿能力的其他被告人承担。因为在共同犯罪的案件中,共同犯罪人对他们的犯罪行为造成的物质损失,应当负有连带的民事赔偿责任。

附带民事赔偿的判决、裁定生效后,应按照我国《民事诉讼法》执行程序执行。根据《民事诉讼法》236 条规定,发生法律效力的民事判决、裁定,当事人必须履行。一方拒绝履行的,对方当事人可以向人民法院申请执行,也可以由审判员移送执行员执行。由于附带民事诉讼中的被告人多为刑事被告人,而刑事被告人又多是被判处徒刑以上刑罚,需要送监狱或者其他场所执行。要求被告人主动履行,或附带民事诉讼当事人提出申请的才执行,都是比较困难的,因此,附带民事诉讼的执行,一般应在判决、裁定生效后,由审判员直接移交执行员执行。如果被告人被判处拘役、徒刑缓刑、管制或免予刑

事处分的，仍可按《民事诉讼法》第236条的规定办理。

在执行中，如果遇到特殊情况，使判决、裁判无法执行时，应由人民法院依法裁定终结执行。

【深度阅读】

1. 刘为波："刑事附带民事诉讼制度修改内容的理解与适用"，载《法律适用》2013年第7期。

2. 朱登宽、张永超、贾阳阳："刑事附带民事诉讼制度的现实缺陷及完善思考"，载《中国检察官》2013年第15期。

【课后思考】

1. 关于附带民事诉讼案件诉讼程序中的保全措施，下列哪一说法是正确的：（单选题）

A. 法院应当采取保全措施

B. 附带民事诉讼原告人和检察院都可以申请法院采取保全措施

C. 采取保全措施，不受《民事诉讼法》规定的限制

D. 财产保全的范围不限于犯罪嫌疑人、被告人的财产或与本案有关的财产

2. 人民法院审理刑事附带民事诉讼案件：（单选题）

A. 按照民事诉讼法规定收取诉讼费

B. 参照民事诉讼法规定收取诉讼费

C. 适当收取诉讼费

D. 不收取诉讼费

3. 关于附带民事诉讼，下列哪一选项是正确的：（多选题）

A. 在侦查、审查起诉阶段，被害人提出赔偿要求经记录在案的，公安机关、检察院可以对民事赔偿部分进行调解

B. 在侦查、审查起诉阶段，经调解当事人达成协议并已给付，被害人又向法院提起附带民事诉讼的，法院不再受理

C. 法院审理刑事附带民事诉讼案件，可以进行调解

D. 附带民事诉讼经调解达成协议并当庭执行完毕的，无需制作调解书，也不需记入笔录

4. 下列哪些案件法院审理是可以调解：（多选题）

A.《刑法》规定告诉才处理的案件

B. 被害人有证据证明的轻微刑事案件

C. 检察院决定不起诉后被害人提起自诉的案件

D. 刑事诉讼中的附带民事诉讼案件

5. 附带民事诉讼与普通民事诉讼有何区别和联系?

6. 哪些人可以成为附带民事诉讼的原告和被告?

第八章　期间与送达

本章要点

法定期间
期间的计算
期间的延长
期间的恢复
送达的种类

迟到的正义为非正义。

——[英]威廉·格拉德斯

韩某原系某村村民。2013年7月的一天上午，韩某在本村农民张某家帮工，吃中午饭时与本村陈某发生冲突，并厮打起来，后被人劝开。下午1时左右，陈某找到韩某家讲理，随后陈某的母亲和两个弟弟也赶到韩某家。陈某的二弟上前将韩某的父亲推倒在地，韩某见状便和陈家三兄弟厮打起来。在厮打过程中，韩某被陈的二弟用菜刀砍伤头部、胸部，造成轻伤。后来，在邻居的劝解下，陈某等人返回自家。韩某手持木棍追到陈某家，将陈某家的电视机等物品砸坏，造成经济损失3000元。后陈某向公安机关报案，此案经侦查、起诉、审理，一审人民法院以故意毁坏他人财物罪判处韩某有期徒刑1年，赔偿陈某经济损失3000元。韩某接到判决书后，认为自己也被陈某家人砍伤，法院判决过重，因此，找人写了上诉状，准备向上级法院上诉，在准备起诉的前一晚上，由于连天暴雨，冲坏了铁路，邮局停业，上诉状无法寄出。等到铁路恢复正常，邮局恢复营业时，已超过法定上诉期限。被告人韩某在铁路通车的第三天直接找到上级法院说明了情况，上级法院审查了被告人上诉

超过期限的原因，最后接受了韩某的上诉，并对案件进行了审理。

第一节　期　　间

一、期间的概念

刑事诉讼的期间，是指公安机关、人民检察院、人民法院进行刑事诉讼，以及当事人及其他诉讼参与人参加刑事诉讼必须遵守的时间期限。刑事诉讼期间分为法定期间和指定期间两种。所谓法定期间，是指一般由法律明确规定的刑事诉讼期间。而指定期间，是指由公安司法机关指定的刑事诉讼期间。

刑事诉讼期间的确定需要考虑以下因素：(1)保证查明犯罪事实，正确处理案件；(2)能够及时惩罚犯罪，尽快实现刑罚效应；(3)保障公民依法行使诉讼权利；(4)督促公安司法机关提高办案效率，保障公民的合法权利。

在刑事诉讼中，除了期间外，还有期日。期日，是指公安司法机关和诉讼参与人共同进行刑事诉讼活动的特定时间。我国刑事诉讼法对于期日还未作具体的规定，在司法实践中，由公安司法机关根据案件的具体情况和法律关于期间的一般规定予以指定。期间与期日关系是紧密的，它们同为诉讼中规范时间的重要概念，但两者有很大的区别，主要表现在：

1. 期日是一个特定的时间单位，如某日、某时；期间则是指一定期限内的时间，即由一个期日起至另一个期日止的一段时间，既含有时间的数量，又含有时间的限度。

2. 期日是公安司法机关和诉讼参与人共同进行某项刑事诉讼活动的时间；期间则是指公安司法机关和诉讼参与人各自单独进行某项诉讼活动的时间。

3. 期日由公安司法机关指定，遇有重大理由时，可以变更或者延后；期间一般由法律明确规定，不得任意变更。

4. 期日只规定了开始的时间，不规定终止的时间，以诉讼行为的开始为开始，以诉讼行为的实行完毕为结束；期间在具体案件中一旦确定开始时间，终止的时间也随之确定。

5. 期日开始后，必须立即实施某项诉讼行为或开始某项诉讼活动；期间开始后不要求立即实施诉讼行为，只要是在期间届满之前，任何时候实施都是有效的。

二、期间的意义

期间是刑事诉讼法从时间上严格诉讼程序、规范诉讼行为的重要措施。其意义主要表现在以下几个方面：

1. 有利于及时惩处罪犯，维护法律的严肃性。我国《刑法》是惩罚犯罪，保护人民的武器。对于触犯刑法的犯罪分子，必须及时绳之以法，使其受到应得的惩罚，才能充分发挥刑法的作用。如果案件久拖不决，犯罪分子迟迟得不到惩罚，就会损害法律的严肃性。刑事诉讼法有了期间的规定，就可以减少这种情况的发生。

2. 有利于诉讼当事人及其他诉讼参与人参加诉讼活动，保证其及时行使法律赋予的诉讼权利，履行诉讼义务。《刑事诉讼法》对已被羁押的犯罪嫌疑人、被告人规定办案期限，如果未能在法定期限内办结，犯罪嫌疑人、被告人及其法定代理人、近亲属、委托的辩护人，都有权要求解除或变更强制措施，这就有利于防止发生久押不决，以捕代罚，侵犯犯罪嫌疑人、被告人合法权益的情况。有了上诉期限的规定，当事人提出上诉，只要未逾这一期限，就是有效的，即使他们在宣判时未表示上诉，也不影响其上诉的法律效力。这种上诉期限的规定就具有保障上诉权的作用。某些通知、送达期限的规定，如起诉书副本至迟应在开庭 10 日以前送达被告人，也有保障其行使辩护权等诉讼权利的作用。

3. 能够保护诉讼活动的顺利进行。刑事诉讼是一个由一系列诉讼活动组成的过程，只有及时进行，才有利于准确查明犯罪事实，正确处理案件。我国《刑事诉讼法》根据实践经验，明确规定各主要诉讼阶段的办案期限以及进行诉讼行为的期限，要求公安司法机关和诉讼参与人在法定期限内完成相应的诉讼活动，促使他们及时办理，为刑事诉讼的顺利进行提供了重要保证。

三、法定期间

法定期间，是指由法律明确作出规定的诉讼时间期间。基于某种法律事实的发生而开始的法定期间内的任何时候都可以实施诉讼行为，同时，也只有在此期间内所进行的诉讼活动才是有效的。概括起来主要有：

（一）强制措施期间

强制措施期间主要包括：

1. 一次拘传持续的时间不得超过 12 小时；案情特别重大、复杂，需要采取拘留、逮捕措施的，拘传持续的时间不得超过24小时。两次拘传间隔的时间一般不得少于12小时，不得以连续拘传的形式变相拘禁犯罪嫌疑人。

2. 取保候审最长不得超过12个月，监视居住最长不得超过6个月。

3. 拘留后，应当立即将被拘留人送看守所羁押，至迟不得超过24小时。除无法通知或者涉嫌危害国家安全犯罪、恐怖活动犯罪通知可能有碍侦查的情形以外，应当在拘留后24小时以内，通知被拘留人的家属。有碍侦查的情形消失以后，应当立即通知被拘留人的家属。

4. 公安机关对被拘留的人认为需要逮捕的，应当在拘留后3日内提请人民检察院审查批准。特殊情况下，可以将提请审查批准的时间延长1日至4日；对于流窜作案、多次作案、结伙作案的重大嫌疑分子，提请审查批准的时间可以延长至30日。人民检察院应当在接到公安机关提请批准逮捕书的7日以内，作出批准逮捕或者不批准逮捕的决定。

5. 人民检察院对直接受理的案件中被拘留的人，认为需要逮捕的，应当在14日以内作出决定。在特殊情况下，决定逮捕的时间可以延长1日至3日。

（二）侦查羁押期间

侦查羁押期间，是将被拘留、逮捕的人收押于看守所监管，剥夺其人身自由的期限。这种期间对被拘留、逮捕的人来说，是剥夺其人身自由的期限；对侦查机关来说，则是其办理侦查工作应遵守的期限，也是对犯罪嫌疑人被羁押案件的办案期限。

对犯罪嫌疑人逮捕后的侦查羁押期限不得超过2个月。案情复杂、期限届满不能终结的案件，可以经上一级人民检察院批准延长1个月。对于交通十分不便的边远地区的重大复杂案件，重大的犯罪集团案件，流窜作案的重大复杂案件以及犯罪涉及面广、取证困难的重大复杂案件，在上述的3个月侦查羁押期限内不能侦查终结的，经省、自治区、直辖市人民检察院批准或者决定，可以延长2个月。对于犯罪嫌疑人可能判处10年有期徒刑以上刑罚，在上述的5个月内仍不能侦查终结的，经省、自治区、直辖市人民检察院批准或决定，可以再延长2个月。因为特殊原因，在较长时间内不宜交付审判的特别重大复杂的案件，由最高人民检察院报请全国人民代表大会常务委员会批准延期审理。法律规定的侦查羁押期限，既适用于公安机关负责立案侦查的案件，也适用于人民检察院直接立案侦查的案件。

（三）审查起诉期间

人民检察院对于公安机关移送起诉的案件，应当在1个月以内作出决定,重大、复杂的案件,可以延长半个月。

(四)对不起诉决定的申诉期间

被害人对于人民检察院作出的不起诉决定不服的,可以在收到决定书后7日以内向上一级人民检察院提出申诉。被不起诉人对于人民检察院因"犯罪情节轻微,依照刑法规定不需要判处刑罚或者免除刑罚"而作出的不起诉决定不服的,可以在接到决定书后7日以内向人民检察院申诉。

(五)一审程序期间

1. 庭前告知期间。人民法院应当在开庭10日以前将人民检察院的起诉书副本送达被告人;应当在开庭3日以前将开庭的时间、地点通知人民检察院;至迟应当在开庭3日以前将传票、通知书送达当事人、辩护人、诉讼代理人、法定代理人、证人、鉴定人等;公开审判的案件,在开庭3日以前先公布案由、被告人姓名、开庭时间和地点。

2. 补充侦查期间。检察人员在庭审中发现提起公诉的案件需要补充侦查并提出建议的,人民检察院应当在1个月以内补充侦查完毕。

3. 公诉案件审理期间。人民法院审理公诉案件,应当在受理后2个月内宣判,至迟不得超过3个月。对于可能判处死刑的案件或者附带民事诉讼的案件,以及交通十分不便的边远地区的重大复杂案件,重大的犯罪集团案件,流窜作案的重大复杂案件,犯罪涉及面广、取证困难的重大复杂案件,经上一级人民法院批准,可以延长3个月;因特殊情况还需要延长的,报请最高人民法院批准。

4. 自诉案件审理期间。人民法院审理自诉案件,被告人被羁押的,适用公诉案件的规定;未被羁押,应当在受理后6个月以内宣判。

5. 简易程序审理期间。适用简易程序审理案件,人民法院应当在受理后20日以内审结;对可能判处的有期徒刑超过3年的,可以延长至一个半月。

6. 判决宣告时间。人民法院当庭宣告判决的,应当在5日以内将判决书送达当事人和提起公诉的人民检察院;定期宣告判决的,应当在宣告后立即将判决书送达当事人和提起公诉的人民检察院。判决被告人无罪、免除刑事处罚的,如果被告人在押,在宣判后应当立即释放。

(六)上诉、抗诉期间

不服判决的上诉、抗诉的期限为10日;不服裁定的上诉、抗诉的期限为5日。被害人及其法定代理人不服地方各级人民法院一审判决,有权自收到判决书后5日内请求人民检察院提出抗诉;人民检察院应在收到请求后5日内作出是否抗诉的决定并且答复请求人。

（七）二审程序期间

通过原审人民法院提出上诉的，原审人民法院应当在3日以内将上诉状连同案卷、证据移送上一级人民法院，同时将上诉状副本送交同级人民检察院和对方当事人；直接向第二审人民法院提出上诉的，第二审人民法院应当在3日以内将上诉状交原审人民法院送交同级人民检察院和对方当事人。第二审人民法院必须在开庭10日以前通知人民检察院查阅案卷。

第二审人民法院受理上诉、抗诉案件，应当在2个月以内审结。对于可能判处死刑的案件或者附带民事诉讼的案件，以及交通十分不便的边远地区的重大复杂案件，重大的犯罪集团案件，流窜作案的重大复杂案件，犯罪涉及面广、取证困难的重大复杂案件，经省、自治区、直辖市高级人民法院批准或者决定，可以延长2个月，因特殊情况还需要延长的，报请最高人民法院批准。最高人民法院受理上诉、抗诉案件的审理期限，由最高人民法院决定。

（八）再审程序期间

人民法院按照审判监督程序重新审判的案件，应当在作出提审、再审决定之日起3个月以内审结，需要延长期限的，不得超过6个月。接受抗诉的人民法院按照审判监督程序审判抗诉的案件，审理期限适用前款规定；对需要指令下级人民法院再审的，应当自接受抗诉之日起1个月以内作出决定，下级人民法院审理案件的期限适用前款规定。

（九）死刑执行期间

下级人民法院接到最高人民法院执行死刑的命令后，应当在7日以内交付执行。

（十）变更执行的监督期间

人民检察院认为暂予监外执行不当的，应当自接到通知之日起1个月以内将书面意见送交决定或者批准暂予监外执行的机关，决定或者批准暂予监外执行的机关接到人民检察院的书面意见后，应当立即对该决定进行重新核查。

人民检察院认为人民法院减刑、假释的裁定不当，应当在收到裁定书副本后20日以内，向人民法院提出书面纠正意见。人民法院应当在收到纠正意见后1个月以内重新组成合议庭进行审理，作出最终裁定。

（十一）申请恢复期间的期间

当事人由于不能抗拒的原因或者其他正当理由而耽误期限的，在障碍清除后5日以内,可以申请继续进行应当在期满以前完成的诉讼活动。

四、期间的计算

(一)计算单位

《刑事诉讼法》第103条第1款规定:“期间以时、日、月计算。”据此,期间的计算单位有时、日、月三个。以时计算的,都是公安司法机关发送通知和进行个别诉讼行为的期间,如在拘留或逮捕人以后,应当在24小时以内通知其家属,并对被拘留或被逮捕的人进行讯问。以日为计算标准的期间比较多,例如,将起诉书副本送达被告人的期间;当庭宣告判决的,将判决书送达当事人的期间;下级人民法院接到执行死刑命令后交付执行的期间等。以月为计算标准的期间,包括犯罪嫌疑人已被逮捕的侦查羁押期限和审查起诉、一审、二审、按照审判监督程序重新审判的办案期限。月的计算是从开始月的某日到期满月的同日为一个月。

(二)计算方法

《刑事诉讼法》第103条第2款规定:“期间开始的时和日不算在期间以内。”最高法《解释》第165条规定:“以月计算的期限,自本月某日至下月同日为一个月。期限起算日为本月最后一日的,至下月最后一日为一个月。下月同日不存在的,自本月某日至下月最后一日为一个月。半个月一律按十五日计算。”

对于法定期间的计算,《刑事诉讼法》第103条第3款规定:“法定期间不包括路途上的时间。上诉状或者其他文件在期满前已经交邮的,不算过期。”

《刑事诉讼法》第103条第4款规定:“期间的最后一日为节假日的,以节假日后的第一日为期满日期,但犯罪嫌疑人、被告人或者罪犯在押期间,应当至期满之日为止,不得因节假日而延长。”

(三)期间的重新计算

期间的重新计算是指在法定的情况下,诉讼过程中的某种期限应当重新计算,已过的时间不计入期间以内。根据《刑事诉讼法》的规定,应当重新计算的期间,都是公安司法机关的办案期限。

1. 因发现另有重要罪行时侦查羁押期限的重新计算。《刑事诉讼法》第158条第1款规定,在侦查期间,发现犯罪嫌疑人另有重要罪行的,自发现之日起依照本法第154条的规定重新计算侦查羁押期限。

2. 因案件改变管辖的,审查起诉期限和一审办案期限的重新计算。公诉案件改变管辖后,为了保证办案质量,不应将原承办案件的人民检察院或者人民法院的办案期限计入在内,因此改变管辖后承办案件的人民检察院、人民法院,应当重新计算办案期限。

3. 补充侦查完毕移送审查起诉或审理的案件,审查起诉和审理期限应当重新计算。经过补充侦查,常常会补充一些新事实和新证据,甚至可能改变原来认定的犯罪性质和罪名等,所以有必要重新计算审查起诉期限或审理期限。

4. 第二审人民法院发回原审人民法院重新审判的案件,原审人民法院从收到发回案件之日起,重新计算审理期限。这是完全必要、非常合理的,因为原审人民法院在前次审判时,一般情况下已基本用去了法定的审理期限。而且,发回原审人民法院重新审判,就是使该案件重新进入第一审程序。

五、期间的延长

期间的延长,是指在原定期间内未能完成应予完成的诉讼任务,可以依法自行延长该期间,或者在期间届满前,报经上一级机关批准,延长该法定期间。《刑事诉讼法》规定可以延长的期间是司法机关的办案期限。

1. 可以依法自行延长的期间,如《刑事诉讼法》第 169 条第 1 款规定,人民检察院对于公安机关移送起诉的案件,应当在 1 个月内作出决定,重大、复杂的案件,可以延长半个月。《刑事诉讼法》第 165 条规定,人民检察院对直接受理的案件中被拘留的人,认为需要逮捕的,应当在 14 日以内作出决定。在特殊情况下,决定逮捕的时间可以延长 1 日至 3 日。对不需要逮捕的,应当立即释放;对需要继续侦查,并且符合取保候审、监视居住条件的,依法取保候审或者监视居住。

2. 应报经一定机关批准才能延长的期间,如《刑事诉讼法》第 154 条规定,对犯罪嫌疑人逮捕后的侦查羁押期限不得超过 2 个月。案情复杂、期限届满不能终结的案件,可以经上一级人民检察院批准延长 1 个月。

六、期间的恢复

刑事诉讼期间的恢复,是指诉讼当事人因某种特殊原因未能在法定期间内进行特定的诉讼活动,经人民法院许可,可以继续进行这种诉讼活动。设立期间恢复制度是为了解决诉讼过程中可能发生的特殊情况,维护当事人的合法权益,保障诉讼活动的顺利进行。

《刑事诉讼法》第 104 条规定:"当事人由于不能抗拒的原因或者有其他正当理由而耽误期限的,在障碍消除后五日以内,可以申请继续进行应当在期满以前完成的诉讼活动。前款申请是否准许,由人民法院裁定。"

最高法《解释》第166条规定:"当事人由于不能抗拒的原因或者有其他正当理由而耽误期限,依法申请继续进行应当在期满前完成的诉讼活动的,人民法院查证属实后,应当裁定准许。"

根据这一规定,期间恢复的条件是:

1. 只有当事人提出恢复诉讼期间的申请,其他诉讼参与人无权提出这种申请。

2. 期间的耽误是由于不能抗拒的原因或有其他正当理由。例如,发生地震、洪水、台风、滑坡、泥石流、战争、大火等当事人本身无法抗拒的自然和社会现象或者是当事人发生车祸、突患严重疾病等情况,使当事人无法进行诉讼行为。

3. 当事人的申请应当在障碍消除后的5日以内向审理本案的人民法院提出。这是对当事人申请恢复期间的时间要求。

4. 期间恢复的申请必须经人民法院裁定批准。当事人的申请是否准许,需经人民法院裁定。对有些当事人的申请,人民法院可能认为不符合法定条件,于是作出裁定不予批准。由此可见,当事人只有申请权,而人民法院有批准权。根据《刑事诉讼法》规定,对于申请是否批准,只能由人民法院裁定。最高法《解释》第166条规定:"当事人由于不能抗拒的原因或者有其他正当理由而耽误期限,依法申请继续进行应当在期满前完成的诉讼活动的,人民法院查证属实后,应当裁定准许。"

第二节 送 达

一、送达的概念

刑事诉讼中的送达,是指人民法院、人民检察院和公安机关依照法定程序和方式,将诉讼文件送交诉讼参与人、有关机关和单位的诉讼活动。

送达作为一项诉讼活动,具有以下特点:

1. 送达的主体是公安司法机关。送达是发生在送达主体与送达对象之间的一种法律关系,在这一法律关系中,发件人只能是公安机关、人民检察院、人民法院;收件人可以是诉讼参与人,也可以是有关的机关或单位。诉讼参与人向司法机关送交的自诉状、上诉状、答辩状等诉讼文件的行为,不属于法定的送达。

2. 送达的内容是各种诉讼文件。刑事诉讼中需要送达的诉讼文件是多种多样的，如传票、通知书、起诉书、不起诉决定书、裁定书、判决书等。

3. 送达必须依照法定的程序和方式进行。刑事诉讼法对送达的程序和方式有具体的规定。送达机关违反法定程序和方式送达诉讼文件的，不能产生法律效力。

送达是办理刑事案件不可缺少的一种诉讼活动，其意义是：第一，有利于刑事诉讼的顺利进行。例如，将起诉书副本送达被告人，使被告人知道被控告的内容，便于其针对控告进行供述和辩解；将传票送达当事人，将开庭通知书送达提起公诉的人民检察院和辩护人、证人等诉讼参与人，能保证开庭审判按时进行等。第二，有利于诉讼参与人行使诉讼权利和履行诉讼义务。如将起诉书副本送达被告人，便于被告人为自己辩护作准备和委托辩护人；将一审的判决书、裁定书送达当事人，他们才能行使上诉权利；向证人送达开庭通知书，才便于其及时出庭作证。所以，送达与保障当事人的诉讼权利是紧密相联的。凡是依法应当送达的诉讼文件，司法机关都应当按时予以送达。

二、送达的种类和规则

根据《刑事诉讼法》和最高法《解释》规定，送达的种类和规则有：

1. 直接送达。直接送达是指公安司法机关派员将诉讼文件直接交给收件人。直接送达的特点是承办案件的公安司法机关将诉讼文件直接送达收件人，而不通过中介人或中间环节。《刑事诉讼法》第 105 条第 1 款规定："送达传票、通知书和其他诉讼文件应当交给收件人本人；如果本人不在，可以交给他的成年家属或者所在单位的负责人员代收。"最高法《解释》第 167 条规定："送达诉讼文书，应当由收件人签收。收件人不在的，可以由其成年家属或者所在单位负责收件的人员代收。收件人或者代收人在送达回证上签收的日期为送达日期。"

2. 留置送达。留置送达是指收件人本人或者代收人拒绝接收诉讼文件或者拒绝签名、盖章时，送达人员将诉讼文件放置在收件人或代收人的住处的一种送达方式。留置送达必须具备一定条件，即收件人或代收人拒绝接受诉讼文件或者拒绝签名、盖章时才能采用。找不到收件人，同时也找不到代收人时，不能采用留置送达。留置送达的程序是在收件人本人或者代收人拒绝接收或者拒绝签名、盖章的情况下，送达人员邀请他的邻居或者其他见证人到场，说明情况，在送达回证上记明拒收的事由和日期，由送达人、见证人签名或者盖章,并将诉讼文书留在收件人或者代收人住处或者单位后,即视为送达。诉讼文件的留置送达与交给收件人或代收人具有同样的法律效力。《刑事诉讼法》第105条第2款规定:“收件人本人或者代收人拒绝接收或者拒绝签名、盖章的时候,送达人可以邀请他的邻居或者其他见证人到场,说明情况,把文件留在他的住处,在送达证上记明拒绝的事由、送达的日期,由送达人签名,即认为已经送达。”

最高法《解释》第167条第3款规定:“收件人或者代收人拒绝签收的,送达人可以邀请见证人到场,说明情况,在送达回证上注明拒收的事由和日期,由送达人、见证人签名或者盖章,将诉讼文书留在收件人、代收人的住处或者单位;也可以把诉讼文书留在受送达人的住处,并采用拍照、录像等方式记录送达过程,即视为送达。”

3.委托送达。委托送达是指承办案件的司法机关委托收件人所在地的司法机关代为送达的一种方式。委托送达一般是在收件人不住在承办案件的司法机关所在地,而且直接送达有困难的情况下所采用的送达方式。其程序是,委托送达的司法机关应当将委托函、送达的诉讼文件及送达回证,送收件人所在地的司法机关。受委托的司法机关收到委托送达的诉讼文件,应当登记,并由专人及时送交收件人,然后将送达回证及时退回委托送达的司法机关。受委托的司法机关无法送达时,应当将不能送达的原因及时告知委托的司法机关,并将诉讼文件及送达回证退回。最高法《解释》第168条规定:“直接送达诉讼文书有困难的,可以委托收件人所在地的人民法院代为送达,或者邮寄送达。”第169条规定:“委托送达的,应当将委托函、委托送达的诉讼文书及送达回证寄送受托法院。受托法院收到后,应当登记,在十日内送达收件人,并将送达回证寄送委托法院;无法送达的,应当告知委托法院,并将诉讼文书及送达回证退回。”

4.邮寄送达。邮寄送达是司法机关将诉讼文件挂号邮寄给收件人的一种送达方式。邮寄送达一般是在直接送达有困难的情况下采用的送达方式。司法机关将诉讼文件、送达回证挂号邮寄给收件人,收件人签收挂号邮寄的诉讼文件后即认为已经送达。挂号回执上注明的日期为送达的日期。最高法《解释》第170条规定:“邮寄送达的,应当将诉讼文书、送达回证挂号邮寄给收件人。挂号回执上注明的日期为送达日期。”

5.转交送达。转交送达是指对特殊的收件人由有关部门转交诉讼文件的送达方式。最高法《解释》第171条规定:“诉讼文书的收件人是军人的,可以通过其所在部队团级以上单位的政治部门转交。收件人正在服刑的，可以通过执行机关转交。收件人正在被采取强制性教育措施的，可以通过强制性教育机构转交。由有关部门、单位代为转交诉讼文书的，应当请有关部门、单位收到后立即交收件人签收，并将送达回证及时寄送人民法院。”

三、送达回证

送达回证，又称送达证、送达证书，是指公安司法机关制作的用以证明送达行为以及其结果的诉讼文书。送达回证的内容包括：送达机关和送达文书的名称，被送达人姓名、职业、职务、住所地或者经常居住地，送达方式，送达人和被送达人签名、盖章，签收日期等。

送达回证是送达人完成送达任务的凭证，也是被送达人接收或者拒收所送达的诉讼文书的证明；同时，也是检查公安司法机关是否按照法定程序和方式送达诉讼文书，认定当事人以及其他诉讼参与人的诉讼行为是否有效的依据。

【深度阅读】

魏建文、王生寨：“刑事诉讼期间的规定亟须修改完善”，载《中国检察官》2010年第7期。

【课后思考】

1. 南门县公安局在对陈某的盗窃案侦查终结时发现陈某另有杀人嫌疑；但此时对陈某的侦查羁押期限已届满。鉴于需对该杀人案进行侦查，公安局决定对陈某继续羁押，并重新计算侦查羁押期限。此时公安局应如何履行法律手续：（单选题）

A. 报经人民检察院批准

B. 报人民检察院备案

C. 不必告知人民检察院

D. 报上级公安机关批准

2. 根据《刑事诉讼法》及有关司法解释的规定，下列哪一项办案期限是不能重新计算的：（单选题）

A. 补充侦查完毕后的审查起诉期限

B. 发现犯罪嫌疑人另有重要罪行后的侦查羁押期限

C. 处理当事人回避申请后的法庭审理期限

D. 检察院补充侦查完毕移送法院继续审理的审理期限

3. 期间与期日的区别和联系

4. 诉讼文书的送达有几种方式？

第九章　其 他 规 定

本章要点

本法重点用语的含义

自然公平的第一个原则是:必须给予诉讼当事人各方充分的机会来陈述本方的理由。这意味着必须将诉讼程序告知他们,并及时通知其任何可能受到的指控,以便于他们行使权利。

——[英]彼得·斯坦

根据《刑事诉讼法》第106条规定,本法下列用语的含义是:

(一)"侦查"是指公安机关、人民检察院在办理案件过程中,依照法律进行的专门调查工作和有关的强制性措施;

(二)"当事人"是指被害人、自诉人、犯罪嫌疑人、被告人、附带民事诉讼的原告人和被告人;

(三)"法定代理人"是指被代理人的父母、养父母、监护人和负有保护责任的机关、团体的代表;

(四)"诉讼参与人"是指当事人、法定代理人、诉讼代理人、辩护人、证人、鉴定人和翻译人员;

(五)"诉讼代理人"是指公诉案件的被害人及其法定代理人或者近亲属、自诉案件的自诉人及其法定代理人委托代为参加诉讼的人和附带民事诉讼的当事人及其法定代理人委托代为参加诉讼的人;

(六)"近亲属"是指夫、妻、父、母、子、女、同胞兄弟姊妹。

第三编
立案、侦查和提起公诉

第一章　立　　案

本章要点

立案
立案的材料来源
立案的条件
立案的程序

“实事”就是客观存在着的一切事物，“是”就是客观事物的内部联系，即规律性，“求”就是我们去研究。

——毛泽东

法律如果没有法院来阐说和界定其真正含义和实际操作就是一纸空文。

——[美]汉密尔顿

华中科技大学原教授肖传国因对被害人方是民(笔名方舟子)、方玄昌等人在互联网和其他媒体上质疑其学术成果不满，便接受了戴建湘找人殴打方是民和方玄昌的提议。2010年6月24日22时许，许立春、龙光兴打伤方玄昌，经鉴定为轻微伤。8月29日17时许，许立春、龙光兴打伤方是民，导致其腰骶部皮肤挫伤。相关公安机关对这一案件进行了立案调查。一个是“打假斗士”，一个是学术名人，两人的碰撞本身就足以吸引世人的眼球，何况是因学术而起的雇凶伤人。名人效应使得本案一开始就成为舆论关注的热点，司法机关亦特事特办，神速办理，很快以寻衅滋事罪去回复公众的期待。然而，雇凶伤人的行为性质从一开始就注定了本案的复杂性，更何况还有即使当事双方也争论不休、无法说清的犯罪情节。在故意杀人、故意伤害、一般殴打和寻衅滋事之间发生激烈的争执，不仅把一个在理论上看似简单的区分问题摆到了学术研究的高度，而且在证据搜集、诉讼程序等多方面带给我们深入的思索。

第一节 概 述

一、立案的概念

刑事诉讼中的立案，是指公安机关、人民检察院发现犯罪事实或者犯罪嫌疑人，或者公安机关、人民检察院、人民法院对于报案、控告、举报和自首的材料，以及自诉人起诉的材料，按照各自的管辖范围进行审查后，决定作为刑事案件进行侦查或者审判的一种诉讼活动。

根据我国《刑事诉讼法》的规定，立案具有以下特征：

1. 立案是刑事诉讼活动开始的标志，是刑事诉讼活动的一个必经的、独立的阶段。刑事诉讼程序一般包括立案、侦查、起诉、审判、执行等诉讼阶段，其中并不是每个刑事案件都要完整的经过这些阶段，但是都必须要经过立案这个阶段。所以，“必经程序”以此体现为公安司法机关办理任何刑事案件都必须经过立案程序。立案是刑事诉讼程序开启的源头，不经过立案，刑事诉讼程序就无法正式启动。

2. 立案是刑事诉讼程序中特定主体具有的专属职权。我国《宪法》和《刑事诉讼法》明确设立了由承担侦查和审判职能的公安司法机关行使立案职权。例如，《刑事诉讼法》第 107 条规定：“公安机关或者人民检察院发现犯罪事实或者犯罪嫌疑人，应当按照管辖范围，立案侦查。”第 110 条规定：“人民法院、人民检察院或者公安机关对于报案、控告、举报和自首的材料，应当按照管辖范围，迅速进行审查，认为有犯罪事实需要追究刑事责任的时候，应当立案；认为没有犯罪事实，或者犯罪事实显著轻微，不需要追究刑事责任的时候，不予立案，并且将不立案的原因通知控告人。控告人如果不服，可以申请复议。”据此，立案是法律赋予公安机关、人民检察院、人民法院特有的权力和职责，其他任何机关、团体、企事业单位和个人都无立案权。在我国，只有公安司法机关才有权决定将某一事件作为刑事案件纳入诉讼轨道，进而展开侦查或审判程序。

二、立案的意义

《刑事诉讼法》将立案确立为刑事诉讼的独立和必经程序，对于实现刑事诉讼的任务，保障刑事诉讼活动的有效进行具有十分重要的意义，也是惩罚犯罪和保障人权这两大刑事诉讼根本任务的具体体现：

1. 保护公民合法权益不受非法侵犯，保障无罪的人不受刑事追究是立案这一阶段最重要的意义之一。我国作为世界上少数几个将立案作为刑事诉讼必经程序并且是独立阶段的国家，设立立案程序的重要目的在于从程序上防止公安司法机关滥用权力，从而侵犯公民合法权益的情况发生。所以立案这一专门程序的启动是用来严格控制侦查以及刑事诉讼程序的开启，要求将要进行刑事侦查以及刑事诉讼的公安司法机关，必须严格审查有关线索和材料，确保刑事诉讼程序只有在确有犯罪事实发生并需要追究刑事责任时，方得以启动。

2. 准确、及时地揭露、证实和惩罚犯罪是立案程序的另一重要意义所在。公安司法机关一旦发现已经实施、预备实施或正在实施并需要追究刑事责任的犯罪行为，必须准确、及时地立案，迅速组织力量进行必要的侦查行为，采取必要的强制措施，开展侦查活动，以及时发现、收集和保全案件证据，从而有效地揭露、证实和惩罚犯罪分子。公安司法机关只有及时、有效地立案，才能保证一切依法需要追究刑事责任的犯罪行为受到及时有效的追究。反之，如果该立案而不立案或者立案不及时，就会贻误时机，放纵犯罪分子，甚至可能导致犯罪分子继续实施犯罪而给社会造成新的危害。

3. 在宏观上准确把握和评价社会治安形势，为制定刑事法律和政策提供有力依据，是立案程序存在的第三个意义。立案程序的存在，为国家进行司法统计提供了条件，通过司法统计，国家能够及时、准确地了解、掌握各个时期、各个地区刑事案件的具体情况、不同犯罪的活动规律、特点和发展情况，有助于准确评价社会治安形势，从而为我国制定相关刑事法律和政策提供客观依据。

三、外国刑事诉讼启动程序

基于打击犯罪与保障人权理念设计的刑事立案程序，作为我国刑事诉讼的启动程序，经历了较长时间的实践运用发现其立法价值与司法效果出现背离的情况，刑事立案程序的存废已成为我国刑事诉讼法学界讨论的热点问题之一。对于这一热点问题的讨论我们不仅要立足国情，还应关注其他各个国家刑事诉讼的启动程序。

英美法系国家刑事诉讼的启动程序属于“对人模式”，即以人作为诉讼活动的基本单位，是否启动刑事诉讼程序取决于是否能够对特定公民提出指控，单单有犯罪事实的发生并不能启动刑事诉讼程序，即“无控诉就无法官”。在法律意义上,英美国家刑事诉讼程序的启动通常是从逮捕开始的。[1] 美国的刑事诉讼启动程序是以逮捕为标志的。美国的逮捕有无证逮捕和有证逮捕两种。从法律上讲,逮捕以有证逮捕为原则、以无证逮捕为例外。但实践中大多数逮捕往往是无证进行的。无证逮捕,是指未经司法官事先批准,在没有逮捕证的情况下进行的逮捕。无证逮捕可以由警察或私人进行。私人进行无证逮捕只能针对重罪现行犯;警察无证逮捕的对象除本人当场目睹的犯罪人(包括轻罪)外,还可以是任何有“合理根据”相信犯了重罪的人,并非必须存在紧急情况不可。有证逮捕,指司法官根据控告书或其他书面申请,经过审查确认符合逮捕条件而签发逮捕证,侦查官员凭有效逮捕证进行的逮捕。在美国,多数案件是通过被害人或第三人的报案而引起侦查官员注意的。但也有一些犯罪是警察在执行公务时现场发现的,或者是通过告密、电子窃听、监控甚至是诱惑方法发现的。[2] 警察接到报案中心的通知到达现场后,应当进行初步的调查,“如果怀疑某人身上可能携带武器,警察可以在案发现场或公共场所拦住这个人,以便对其进行‘拍身’检查,如果发现了武器,有‘合理根据’相信其实施了犯罪时,便可无证加以逮捕”。由此可见,在英美法系国家中,侦查并不作为一个独立程序阶段。在司法实践中,只要有犯罪信息就随机发动侦查,其侦查的启动和刑事诉讼的启动不是同步的。英国刑事诉讼启动属于“对人模式”。根据英国《1964 年警察法》的规定,对于被告人接触,确定已经发生了犯罪事件,警察可以以此为根据申请治安法官签发传票或逮捕证,对被告人进行传讯或逮捕,开始刑事诉讼。由此可见,英国以对特定公民的逮捕为其刑事诉讼启动的标志。逮捕之后,特定的公民将受到指控而与国家处于对抗状态;此时,司法力量开始介入,正式的刑事诉讼程序开始启动。英国侦查程序的启动是随机性的。在英国的司法实践中,只要有犯罪信息,就应随机启动侦查。根据英国《1964 年警察法》的规定,凡是从公民的告发中发现了犯罪,或者是根据执勤警察或警方侦探发现了犯罪,就认为具备了开始刑事诉讼的根据,就可以开始侦查。[3] 英国的刑事诉讼中,除少数涉及严重欺诈犯罪的案件外,绝大多数案件都是由警察机构单独负责侦查的,检察机构一般负责审查起诉和提起公诉。因此,其侦

---

〔1〕［美］彼得·G. 伦斯特洛姆:《美国法律辞典》,贺卫方等译,中国政法大学出版社 1998 年版,第 139 页。

〔2〕王以真主编:《外国刑事诉讼法学》,北京大学出版社 2004 年版,第 361 页。

〔3〕陈光中主编:《外国刑事诉讼程序比较研究》,法律出版社 1988 年版,第 72 页。

查与起诉程序总体上是分离的。大陆法系国家的刑事诉讼属于“对事模式”,即只要有证据证明犯罪事实已经发生,即使是尚未查明应当承担刑事责任的特定公民,也应当启动刑事诉讼程序。德国刑事诉讼程序分为调查程序、居间程序和审理程序。调查程序是州检察官作出是否提起指控的决定而进行的准备工作,具有侦查和起诉的功能。《德国刑事诉讼法典》第160条至第177条规定许多程序始于犯罪。检察机关一旦了解到犯罪已经发生,预先程序就开始启动。具体而言,其调查是基于以下3种情况而启动:第一,检察当局掌握了某些犯罪行为的信息,即检察院和警察机关自行发现犯罪;第二,犯罪信息的记载,即普通公民告发犯罪,警察机关和检察当局制作笔录予以登记;第三,受害人提出了控诉申请。据此可见,其调查程序的启动以获悉犯罪为前提,无需经过专门的案件处理程序,直接由检察官及其领导下的警察机关根据犯罪行为的信息而启动。[1] 德国刑事诉讼的启动程序事实上已消解在侦查程序中,只要发现犯罪嫌疑,追诉人员有权自行启动刑事追诉活动。启动程序仅意味着案件进入刑事诉讼的途径,对案件的过滤和排除则随着追诉活动的发展,由以后的诉讼程序逐步完成。

当今世界的刑事诉讼启动程序,无论是英美法系的“对人模式”,还是大陆法系的“对事模式”,都有一个共同点:侦查程序都采取随机性启动。而我国的刑事诉讼启动程序,虽然从立法模式上说属于大陆法系的“对事模式”,但其侦查的启动却是程序性启动方式,只有经过立案程序才能启动侦查。究其原因,除学习苏联外,另一个重要原因是在司法审查缺位的现状下,立法者企图设置静态的立案程序在源头上约束侦查权的应用空间,从而想一劳永逸地防止因侦查权扩张而威胁到公民的正常生活。而事实上,在立案程序这一静态壁垒的分界线处,一方面,侦查权失去了在分界线的另一边发挥积极作用的可能,不利于打击犯罪;另一方面,被追诉人以及涉诉公民的权利却完全置于侦查权的控制下,不利于保障人权。这是立案程序出现诸多问题的根源所在。当今有学者提议采用随机性的侦查程序作为刑事诉讼的启动程序,在司法权的动态控制下,将侦查权适用于一切适当的场合,这不仅能保障人权,而且能更有效地打击犯罪。其实打击犯罪和保障人权在刑事诉讼的不同阶段应有所侧重,就刑事诉讼程序的启动而言,因犯罪的隐蔽性和突发性特点,

---

〔1〕 万毅著:《程序如何正义——中国刑事诉讼制度改革纲要》,中国人民公安大学出版社2004年版,第20页。

应优先考虑打击犯罪,以保证侦查启动的主动性和随机性。在侦查程序的运行和终结阶段,则应优先关注保障人权,注意通过相应的司法审查制度来规范和制约侦查权。当然,取消立案程序,由随机性的侦查程序作为刑事诉讼的启动程序,司法审查制度贯穿于侦查程序的过程,这一改革设想,不可能一蹴而就,要保证各种配套措施的到位与相关制度的落实,要转变人们对固有的立案程序所持的观念。固有的立案程序背后的价值观念可能长期存在,并制约着新的刑事诉讼启动程序的实施。得不到价值观念的支持,再好的制度也不会按照法律的设计得以执行。

第二节　立案的材料来源和条件

一、立案的材料来源

刑事诉讼立案程序中的立案材料,是指启动立案程序的依据,根据《刑事诉讼法》的规定和司法实践的基本情况材料。立案的材料来源,是指公安司法机关获取有关犯罪事实以及犯罪嫌疑人情况的材料的渠道或途径。根据我国《刑事诉讼法》的规定和司法实践,立案材料主要有以下几方面的来源:

(一)公安机关或者人民检察院自行发现的犯罪事实或者获得的犯罪线索

《刑事诉讼法》第107条规定:“公安机关或者人民检察院发现犯罪事实或者犯罪嫌疑人,应当按照管辖范围,立案侦查。”公安机关是国家的治安保卫机关,处在同犯罪作斗争的第一线,在日常的执勤和执行任务过程中有可能发现犯罪,在侦查、预审工作中也有可能发现犯罪事实、犯罪线索,这些都是公安机关立案的材料来源。人民检察院作为公诉机关,其本身也承担侦查职能,在审查批捕、审查起诉等活动中发现有犯罪事实并需要追究刑事责任的,也应当按照管辖范围迅速立案侦查。国家安全机关、军队内部的保卫部门、监狱等执行职务过程中,发现犯罪事实或者犯罪线索,对于符合立案条件的,也应当立案。

(二)单位和个人的报案或者举报

《刑事诉讼法》第108条第1款规定:“任何单位和个人发现有犯罪事实或者犯罪嫌疑人,有权利也有义务向公安机关、人民检察院或者人民法院报案或者举报。”单位和个人的报案或者举报,是公安司法机关决定是否立案的最主要、最普遍的材料来源。其中,报案是指单位和个人以及被害人发现有犯罪事实发生,但尚不知犯罪嫌疑人为何人时,向公安机关、人民检察院、人民法院告发的行为;举报则是指单位和个人对其发现的犯罪事实或者犯罪嫌疑人向公安机关、人民检察院和人民法院进行告发、揭露的行为。和报案相比,举报的案件事实以及证据材料要更详细、具体。为维护国家、集体、单位或个人合法权益,惩罚犯罪,伸张正义,有关单位和公民个人在发现有犯罪事实或者犯罪嫌疑人时应当及时向公安司法机关报案或者举报。所以,向公安司法机关报案或者举报,既是任何单位和个人依法享有的权利,也是其依法应当履行的义务。

(三)被害人的报案或者控告

《刑事诉讼法》第108条第2款规定:“被害人对侵犯其人身、财产权利的犯罪事实或者犯罪嫌疑人,有权向公安机关、人民检察院或者人民法院报案或者控告。”第112条规定:“对于自诉案件,被害人有权向人民法院直接起诉。被害人死亡或者丧失行为能力的,被害人的法定代理人、近亲属有权向人民法院起诉。人民法院应当依法受理。”根据这一规定,自诉案件的被害人及其法定代理人、近亲属向人民法院起诉,也是立案材料的来源之一。

被害人是犯罪行为的直接受害者,一方面,其具有揭露犯罪、惩罚犯罪的强烈愿望和积极主动性;另一方面,在许多案件中,又因为被害人与犯罪嫌疑人有过接触,能够提供较为详细、具体的有关犯罪事实和犯罪嫌疑人的情况,所以其控告对于追究犯罪具有重要的价值。因此,被害人的报案或者控告也是重要的立案材料来源。

控告,是指被害人(包括自诉人和被害单位)就其人身权利、财产权利遭受不法侵害的事实及犯罪嫌疑人的有关情况,向公安司法机关揭露和告发,要求依法追究其刑事责任的诉讼行为。

报案、控告和举报是公民的民主权利,受国家法律保护,任何单位或个人都不得以任何借口对报案人、控告人、举报人进行阻止、压制或者打击报复。对报案人、控告人、举报人进行报复、陷害构成犯罪的,依法追究刑事责任。

(四)犯罪人的自首

自首,是指犯罪人作案以后自动投案,如实供述自己罪行,并接受公安司法机关的审查和裁判的行为。犯罪人的自首也是立案的材料来源之一。《刑事诉讼法》第108条第4款规定:“犯罪人向公安机关、人民检察院或者人民法院自首的，适用第三款规定。”也就是说，公安机关、人民检察院或者人民法院对于犯罪人的自首，都应当接受。对于不属于自己管辖的，应当移送主管机关处理；对于不属于自己管辖而又必须采取紧急措施的，应当先采取紧急措施，然后移送主管机关。由于自首能得到依法从轻、减轻或者免除处罚，因此，有不少犯罪人实施犯罪后即投案自首。刑事诉讼法将自首作为立案材料的重要来源之一，含有鼓励犯罪分子主动投案自首，争取宽大处理的旨意。

（五）立案材料的其他来源

在我国司法实践中，立案的材料来源还有以下几种：（1）上级机关交办的案件。（2）公民对现行犯的扭送。（3）纪检监察部门查处违纪违法行为后移送追究刑事责任的案件；在我国，纪检、监察机关对于查处公职人员的违纪、违法案件具有特殊职能，但由于纪检、监察机关并不具备对职务犯罪行为的侦查权，因此，对于认为构成职务犯罪的，应当将涉嫌构成犯罪的犯罪嫌疑人移送公安司法机关处理。（4）行政执法部门移送的涉嫌犯罪、需要追究刑事责任的案件。

二、立案的条件

立案的条件，亦称立案的理由，是指能够作出立案决定的法定理由，有了立案的材料来源，尚需要看是否具备立案的条件，才能进行立案从而启动刑事诉讼程序。《刑事诉讼法》第 110 条规定：“人民法院、人民检察院或者公安机关对于报案、控告、举报和自首的材料，应当按照管辖范围，迅速进行审查，认为有犯罪事实需要追究刑事责任的时候，应当立案；认为没有犯罪事实，或者犯罪事实显著轻微，不需要追究刑事责任的时候，不予立案，并且将不立案的原因通知控告人。控告人如果不服，可以申请复议。”据此，立案必须具备三个条件：一是有犯罪事实发生；二是需要追究刑事责任；三是符合管辖的规定。

（一）有犯罪事实发生

有犯罪事实发生，一是指客观上存在着某种危害社会的犯罪行为，包括已经发生、正在发生的犯罪和预备犯罪。只有犯罪思想和动机，甚至将其予以表露，均不能认为有犯罪事实发生。二是指该犯罪事实有可靠材料证明，而绝非任何人的猜测、想象或者凭空捏造的事实。当然，在立案阶段所要求的犯罪事实与刑法犯罪构成诸要件的事实应该有所不同。立案只是刑事诉讼开始的第一道程序，尚不可能要求具备能够证实犯罪的一切情节和犯罪人是谁的证据才可以立案侦查。这就说明犯罪的诸要件在立案阶段往往不清楚,需要经过侦查才能进一步查实。如果经过侦查,举报的犯罪事实并不存在,则可以撤销案件。司法实践中存在的“不破不立”、“先破后立”的做法,颠倒了立案和侦查的顺序,是绝对不可取的。有犯罪事实发生是立案条件的事实条件。

(二)需要追究刑事责任

这是立案必须具备的法律条件。如果仅有犯罪事实的发生还不能作出立案的决定,只有当这种犯罪事实依法还应当追究行为人刑事责任的时候,才能决定立案。有犯罪事实发生但情节显著轻微,不需要追究刑事责任,或者罪行虽然严重,但依法不应当追究刑事责任的,就不能立案。

根据《刑事诉讼法》第 15 条的规定,有下列情形之一的,不追究刑事责任:(1)情节显著轻微,危害不大,不认为是犯罪的;(2)犯罪已过追诉时效期限的;(3)经特赦令免除刑罚的;(4)依照刑法告诉才处理的犯罪,没有告诉或者撤回告诉的;(5)犯罪嫌疑人、被告人死亡的;(6)其他法律规定免予追究刑事责任的。既然《刑事诉讼法》明文规定具备上述情形,不追究刑事责任。那么,实践中如果公安司法机关在立案审查中发现存在上述情形,即不应当立案。

(三)符合管辖的规定

《刑事诉讼法》第 107 条规定:“公安机关或者人民检察院发现犯罪事实或者犯罪嫌疑人,应当按照管辖范围,立案侦查。”第 108 条第 3 款规定:“公安机关、人民检察院或者人民法院对于报案、控告、举报,都应当接受。对于不属于自己管辖的,应当移送主管机关处理,并且通知报案人、控告人、举报人;对于不属于自己管辖而又必须采取紧急措施的,应当先采取紧急措施,然后移送主管机关。”据此,特定的公安司法机关对某个刑事案件是否具有管辖权是立案的又一程序条件。公安司法机关对刑事诉讼案件管辖的确定性便于公安司法机关正确掌握和执行法定的立案条件,严格统一执法。

第三节　立案的程序

立案程序,是刑事案件立案所要经过的一系列具体流程,根据我国《刑事诉讼法》的规定,立案程序包括对立案材料的接受、审查、处理以及监督。

一、立案材料的接受

根据《刑事诉讼法》的规定，对立案材料的接受应当遵守以下几点：

《刑事诉讼法》第109条第1款规定："报案、控告、举报可以用书面或者口头提出。接受口头报案、控告、举报的工作人员，应当写成笔录，经宣读无误后，由报案人、控告人、举报人签名或者盖章。"据此，报案、控告、举报既可以用书面，也可以口头方式提出。如果是口头报案、控告、举报的，应当制作笔录，笔录经宣读无误以后，应由报案、控告、举报人签名或盖章，必要的时候可以录音，以固定证据资料。单位的书面报告、控告、举报，应由单位盖上公章，并由单位负责人签名或盖章，防止事后无人负责和诬告陷害。书面的报案、控告或举报可以面交，也可以邮寄。

《刑事诉讼法》第109条第2款规定："接受控告、举报的工作人员，应当向控告人、举报人说明诬告应负的法律责任。但是，只要不是捏造事实，伪造证据，即使控告、举报的事实有出入，甚至是错告的，也要和诬告严格加以区别。"由此可知，我国法律规定接受控告或举报的工作人员应当向控告人、举报人说明诬告应当负法律责任。为了保证控告、举报的真实性，准确地揭露犯罪，既防止诬告、陷害好人，又能充分保障单位或公民行使控告、举报的权利，本款说明诬告应负法律责任。也就是说，工作人员在接受控告举报时，应当向控告人、举报人说明控告、举报应当实事求是，不得诬告陷害他人，违法者依照刑法关于诬告陷害罪的规定追究刑事责任。这是司法机关工作人员接受控告、举报必须履行的程序。该条文同时也明确规定了工作人员要注意严格区别错告与诬告。对报案失实的甚至是错告，只要不是故意捏造事实，伪造证据，就不能认为是诬告。将错告与诬告严加区别，有利于解除报案人、控告人、举报人的思想顾虑，鼓励知情人报案、控告、举报，有利于依靠群众打击犯罪。

《刑事诉讼法》第109条第3款规定："公安机关、人民检察院或者人民法院应当保障报案人、控告人、举报人及其近亲属的安全。报案人、控告人、举报人如果不愿公开自己的姓名和报案、控告、举报的行为，应当为他保守秘密。"其主要指公安机关、人民检察院、人民法院对于报案人、控告人、举报人正处于危险之中的，或因报案、控告、举报行为可能遭受侵害的，应及时采取保护性措施，如及时拘捕具有社会危险性的犯罪嫌疑人，为报案、控告人、举报人保密等。这样有利于更好地保障报案人、控告人、举报人的安全，保障群众揭露犯罪的积极性，确保侦查工作的顺利进行。同样，规定"报案人、控告人、举报人如果不愿意公开自己的姓名和报案、控告、举报的行为，应当为他保守秘密。”也是因为这样更有利于保护群众与犯罪作斗争的积极性，有利于保护报案人、控告人、举报人及其近亲属的安全。

二、立案材料的审查

根据《刑事诉讼法》的规定，人民法院、人民检察院、公安机关对于报案、控告、举报和自首的材料，应当按照管辖范围，迅速进行审查。通过审查，应当查明：材料所反映的事件是否属于犯罪行为；如果属于犯罪行为，有无确实可靠的证据材料证明；依法是否需要追究行为人的刑事责任；有无法定不应追究刑事责任的情形。在司法实践中，公安、检察或者审判机关对立案材料进行审查时，可以要求报案、控告、举报的机关、团体、企业、事业单位和公民提供补充材料，或者要求他们作补充说明，也可以进行必要的调查。

立案前的审查，按其性质来说，是一般性的材料审查和调查工作，因此，在一般情况下，只能使用一般的调查方法，而不能使用《刑事诉讼法》所规定的强制性的侦查措施。只有在紧急情况下，为了查明是否有犯罪事实发生，或者犯罪事实已经明显存在，但由于情况紧急而来不及立案，为了防止犯罪毁灭或转移罪证，继续犯罪、逃跑或自杀等情况的发生，才可以采取勘验、检查、鉴定、搜查、扣押、拘留等类似于侦查的方法和措施。立案审查中必要时采用的这些措施，属于《刑事诉讼法》规定的“紧急措施”的概念范围，但不属于侦查措施。公安司法机关通过对立案材料的审查，只要所取得的事实材料足以证明有犯罪事实发生，并且依法需要追究刑事责任的时候，立案前的审查工作就应当结束，作出立案的决定，然后开始侦查或者审判。那种要把主要犯罪事实和犯罪人查清以后再立案的做法，实际上是混淆了立案审查与侦查的界限，用侦查来代替立案前的审查工作，是违反《刑事诉讼法》规定的。

总之，立案前的审查仅仅是为了查明是否确有犯罪事实发生，以便判明是否需要立案追究犯罪行为人刑事责任，而不是要求查明犯罪的目的、动机、手段、过程等全部的犯罪事实；也不要求在这一阶段查清谁是犯罪嫌疑人，因为这是立案以后侦查阶段的任务。因此，司法实践中存在的“不破不立”、“先破后立”等“提高”刑事案件破案率的做法都是错误的，应予以纠正。

三、立案材料的处理

立案材料的处理，是指公安机关、人民检察院或者人民法院对报案、控告、举报和自首的材料进行审查后，根据事实和法律作出立案或不立案的决定。

根据《刑事诉讼法》的规定，公安机关、人民检察院、人民法院经过对立案材料的审查，认为符合立案条件，即确有犯罪事实发生，对犯罪行为人依法需要追究刑事责任的，应当作出立案的决定。决定立案的，应当先由承办人员写出《立案报告书》或者填写《立案报告表》。《立案报告书》中的内容必须写明：立案机关的名称；立案的材料来源和案由；发案的时间、地点、犯罪事实；现有的证据材料；立案的法律根据和初步意见；立案的时间；承办人姓名等。然后，承办人员将制作好的《立案报告书》或《立案报告表》连同有关证据材料报送本机关主管领导审批。经批准后，填写《立案决定书》并由负责审批人签名或盖章，以标志正式立案。至于自诉案件，经过审查，如果认为符合立案条件的，人民法院应当在收到自诉状或者口头告诉第二日起 15 日以内作出立案决定，并书面通知自诉人。

接受立案材料的公安司法机关，经审查如果认为不符合立案条件，即没有犯罪事实发生，或者不需要追究刑事责任的，应当作出不立案的决定。决定不予立案的，应当制作《不立案决定书》，写明案件的材料来源、决定不立案的理由和法律依据、决定不立案的机关等。《不立案决定书》也必须经过主管机关或者主管部门的负责人批准。根据《刑事诉讼法》、公安部《规定》以及最高检《规则》的有关规定，如果案件材料来源于控告人提出的控告，公安机关决定不立案的，还应当制作《不予立案通知书》，在 7 日内送达控告人，并告知控告人如果不服，可以申请复议。控告人对公安机关不立案决定不服的，在收到《不予立案通知书》后 7 日以内，有权向原作出决定的公安机关申请复议。接受复议的公安机关应当在收到复议申请后 10 日以内作出决定，并将复议结果书面通知控告人。控告人如果对公安机关不立案的决定不服，还有权向人民检察院提出申诉，请求人民检察院按立案监督程序要求公安机关立案。控告人对人民检察院不立案决定不服的，可以在收到不立案通知书后 10 日以内申请复议。人民检察院应当在收到复议申请后 15 日以内作出答复。对于自诉案件，经审查不符合立案条件的，人民法院应当在 15 日以内作出不立案决定，书面通知自诉人并说明不立案的理由和根据。

对于某些控告、举报的材料，虽不够立案条件，但被控告人、被举报人的行为有严重错误或者属于违法行为，需要作党纪、政纪处分，或者需要给予行政处罚的，应当将被控告、举报的材料移送有关主管机关进行处理。

四、立案监督

根据《刑事诉讼法》、六部门《规定》和最高检《规则》的有关规定，检察机关进行刑事立案监督工作，一般是按照下列程序进行：刑事立案监督案件的受理、要求刑事立案主体说明不立案的理由、认为刑事立案主体说明的不立案的理由不成立时通知刑事立案主体立案侦查、对有刑事立案侦查权的案件审查决定直接立案侦查、报上级检察机关备案与审查。

具体来说，刑事立案监督案件的受理有两种情况：

第一种情况是积极的，即人民检察院在具体办理审查批准逮捕和审查起诉案件时，受理公民、组织的报案、举报时，以及进行调查研究时，发现公安机关对应当立案侦查的案件而不立案侦查的，由侦查监督部门审查；侦查监督部门经过调查、核实有关证据材料，认为需要公安机关说明不立案理由的，经检察长批准，应当要求公安机关在7日内书面说明不立案理由。人民检察院侦查监督部门经审查，认为公安机关不立案的理由不能成立，经检察长或者检察委员会讨论决定，应当通知公安机关立案。公安机关在收到人民检察院《要求说明不立案理由通知书》后7日内应当将说明情况书面答复人民检察院；人民检察院认为公安机关不立案理由不能成立，应当向公安机关发出《通知立案书》；公安机关应当在《通知立案书》发出后15日内决定立案，并将立案决定书送达人民检察院。

第二种情况是消极的，即公安机关对应当立案侦查的案件而作出不立案决定，被害人不服，要求追究行为人的刑事责任，为此向人民检察院提出的，由人民检察院的控告部门受理，不得以任何理由予以拒绝。人民检察院根据事实和法律进行必要的调查后，认为需要公安机关说明不立案理由的，应当将案件移送侦查监督部门办理。如果人民检察院认为公安机关说明的不立案理由不能成立，应当通知公安机关立案，方式和时间与前一种情况相同。如果人民检察院审查公安机关说明不立案的理由，认为确实不符合法律规定的立案条件，应当由控告部门在10日内将不立案的理由和根据告知被害人，并做好解释和说服工作。

人民检察院通知公安机关立案应当制作《通知立案书》，送达公安机关，同时抄报上一级人民检察院备案。公安机关应当在15日内立案，将立案决定书送达人民检察院。对于通知公安机关立案的，人民检察院还应当依法对通知立案的执行情况进行监督。对于公安机关不应当立案而立案侦查的，人民检察院应当向公安机关提出纠正违法意见。对于由公安机关管辖的国家机关工作人员利用职权实施的重大犯罪案件，人民检察院通知公安机关立案，公安机关不予立案的，经省级以上人民检察院决定，人民检察院可以直接立案侦查。

此外,根据最高检《规则》,人民检察院侦查监督部门或者审查起诉部门发现本院侦查部门对应当立案侦查的案件不报请立案侦查的,应当建议侦查部门报请立案侦查;如果建议不被采纳的,应当报请检察长决定。

而从长远来看,要想彻底走出立案监督的困境,需从根本上改变立案的功能,将立案简化成单纯的启动程序而不再承担审查是否需要追究刑事责任的功能。

在实践中,由于立法规定粗疏、缺失,导致立案监督工作在具体实施中遇到了诸多困境,主要包括:第一,立法没有明确检察机关行使立案监督权的范围、后果,立案监督缺乏刚性和可操作性,效果一般;第二,立法规定不合理,使刑事立案这一程序性审查变成了实质性审查,立案监督陷入困惑;第三,立案监督缺少知情权,信息来源有限;第四,办案人员人手短缺,立案监督无力顾及;第五,立案监督手段单调、措施乏力。针对上述困境,现有研究多从立法完善方面提出建议,可以归纳为四点:(1)赋予检察机关立案知情权,拓宽立案监督线索的来源渠道;(2)拓宽立案监督的范围,如增加对法院自诉案件立案情况的监督等;(3)赋予检察机关立案监督调查权;(4)加强立案监督的强制力,明确规定不执行监督意见的法律后果。但是,在2012年《刑事诉讼法》保持原有规定的情况下,如何让检察机关的立案监督走出目前的困境,成为当前理论研究的关键,同时更具有实践指导的价值。首先,可以立法规定为依据,充分发挥现有线索的功能,检察院机关应妥善处理接到的控告、举报或通过批捕发现的违法立案现象;其次,在立法规定的监督范围内,积极开展监督工作;再次,在办理案件中检察机关内部各部门之间应互相配合、人员互相调剂,人员短缺问题也可以通过整合检察机关内部各部门的人力资源予以缓解;最后,以最高检《规则》为指导,充分发挥现有监督权的功能。[1]

实践中,存在着刑事立案主体不执行检察机关发出的监督指令的情形。刑事立案监督软弱无力,这也是原因之一。有人认为,应该赋予检察机关立案监督方面一定的处分权,即检察机关对在立案活动中严重违法的侦查机关及其工作人员,可以决定停止违法人员的立案侦查权;并有权要求侦查机关另行指定人员对案件进行立案侦查;还有权建议侦查机关或纪检监察机关对违法人员给予一定的党纪政纪处分,如果构成犯罪,则移送有关司法部门处

---

〔1〕 季美君、单民:“论刑事立案监督的困境与出路”,载《法学评论》2013年第2期。

理。还有人认为,改变实践中立案监督的被动状况,应从立法上授予检察机关对通过立案监督程序立案的案件的侦查权。也就是说,检察机关对立案监督的案件可监督公安机关进行侦查,在公安机关不予侦查的情况下,可自行侦查,这也被称为代位侦查权。就目前宪法和相关法律所规定的公安机关和检察机关的关系来看,不宜规定检察机关的代位侦查权。因为监督的本意在于以第三者的立场察看,如果发现监督对象应该做而未做或不应该做而做了,作为监督者就应该提醒督促它改正或纠正。对方不接受监督意见,只能采取其他方法,而不能越俎代庖亲自去做。另外,无隶属关系的部门之间的监督和有隶属关系的部门之间的监督以及部门的自我监督不一样。有隶属关系的部门之间的监督由于存在领导和被领导的关系,对于下级部门的违法行为可以直接纠正,并且有权直接追究责任人的行政责任;但无隶属关系的部门之间只是监督和被监督的关系,监督者发现监督对象的违法行为,只能提出建议,无权直接纠正,也无权直接追究责任人的行政责任。这是权力配置和制衡的基本原则。监督只是启动纠错程序,而不是直接纠正错误。对于公安机关拒不接受刑事立案监督的,检察机关可以采取以下措施:构成滥用职权、玩忽职守或徇私舞弊等渎职犯罪或构成受贿犯罪或属于利用职权实施的重大犯罪案件的,移交渎职侦查或反贪部门进行立案侦查;向上一级公安机关通报其下属机关在刑事立案中的违法情况和不接受刑事立案监督的情况;刑事立案主体存在一般违法行为的,向当地纪检监察部门提出检察建议,建议给予立案主体及其直接责任人员党纪行政处分;对于屡不接受刑事立案监督的,向同级人民代表大会或其常委会通报刑事立案主体在刑事立案中的违法情况和不接受刑事立案监督的情况。如果这些措施能够有效运用,基本上能够解决公安机关拒不接受监督的问题。[1]

【深度阅读】

1. 季美君、单民:“论刑事立案监督的困境与出路”,载《法学评论》2013年第2期。

2. 孙琴、邓勇:“刑事立案监督的困境及破解路径”,载《中国刑事法杂志》2013年第5期。

---

〔1〕 周洪波、单民:“关于刑事立案监督的几个问题”,载《人民检察》2004年第4期。

【课后思考】

卢某坠楼身亡,公安机关排除他杀,不予立案。但卢某的父母坚称他杀可能性大,应当立案,请求检察院监督。检察院的下列哪一做法是正确的?(单选题)

A. 要求公安机关说明不立案理由

B. 拒绝受理并向卢某的父母解释不立案原因

C. 认为符合立案条件的,可以立案并交由公安机关侦查

D. 认为公安机关不立案理由不能成立的,应当建议公安机关立案

第二章 侦　　查

本章要点

刑事侦查
讯问犯罪嫌疑人
询问证人、被害人
勘验、检查
搜查
查封
扣押物证、书证
鉴定
技术侦查
通缉
侦查终结

每一个刑案现场都埋藏着独特的线索，也都遵循共同的经验法则。刑案现场就是一个人的脸。所有人的脸都有共同的人类特征，但是没有两张脸是一模一样的……现场是非常珍贵的，一旦破坏了，就再也没有机会拼回原来的样貌。我总是开玩笑说："你可以结婚两、三次，但是你在刑案现场，却只有一次机会！"

——李昌钰

如果某一个材料被认为是真实的、可信的和具有充分的相关性，能够说服法院，认定其为证据就是适当的。

——[美]摩菲

2009年8月14日,被害人董珊珊因浑身是伤而住院治疗。8月19日,董珊珊病情恶化,被转入ICU(重症加强护理病房)。8月22日,董珊珊休克。其母亲张秀芬当即报警。当晚,施暴人其丈夫王光宇被抓,次日被刑拘。10月19日,董珊珊经医院抢救无效死亡。其死亡原因为多发伤、腹膜后巨大血肿、多脏器功能衰竭。2010年1月12日,北京市朝阳区公安分局侦查终结后,以王光宇涉嫌故意伤害罪移送朝阳区人民检察院审查起诉。2010年7月2日,北京市朝阳区人民法院一审判决认定王光宇犯虐待罪,判处有期徒刑6年6个月,判令其赔偿死者家属医疗费、死亡赔偿金等共计81万余元。在家庭伦理关系的支配下,基于家庭暴力的特殊性,立法者通过设置虐待罪来规制一般的家庭暴力行为,但是这不意味着对施暴者的袒护,更不意味着家庭成员的特殊身份能够成为故意伤害罪名适用的特殊障碍。在此案中,侦查环节任务严峻,严格按照刑事诉讼程序进行,才使得行凶者人性泯灭的行为得到法律的制裁。

第一节 一般规定

作为国家专门机关同犯罪作斗争的有力手段,侦查是刑事诉讼程序中的一个独立诉讼阶段,在刑事诉讼中具有非常重要的地位。由于在侦查过程中极易发生侵犯公民权利的行为,故而侦查必须严格依照法定程序来进行。

一、侦查的概念

侦查,是指公安机关、人民检察院在办理案件过程中,依照法律进行的专门调查工作和有关的强制性措施。

在我国,侦查在刑事诉讼中具有非常重要的地位,是国家专门机关同犯罪作斗争的强有力的手段;是查明犯罪事实、抓获犯罪嫌疑人,依法进行的专门调查工作和采用有关强制性措施的活动。侦查活动一般从立案开始,到案件作出是否移送起诉的决定时止。

要确立侦查的概念,必须明确侦查的一些基本构成要素:

1. 侦查的主体。侦查是具有特定主体资格的机构和人员的活动,这种特定的主体资格由法律规定和认可。《刑事诉讼法》第4条规定:“国家安全机关依照法律规定,办理危害国家安全的刑事案件时,行使与公安机关相同的职权。”第290条规定:“军队保卫部门对军队内部发生的刑事案件行使侦查权。对罪犯在监狱内犯罪的案件由监狱进行侦查。”由此可见,在我国,能够进行侦查的机关只能是公安机关、人民检察院、国家安全机关、监狱、军队保卫部门,其他任何机关、团体或者公民个人都无权行使侦查权。

2. 侦查的对象。侦查只能针对刑事犯罪案件。没有刑事案件,就没有侦查活动。这些刑事犯罪案件是指除人民法院直接受理的自诉犯罪案件以外的所有刑事案件。

3. 侦查的中介。侦查中介是指联结侦查主体和侦查对象的侦查行为,即指侦查的各种措施、手段和方式,包括公开的和秘密的两种手段,并对犯罪嫌疑人采取限制人身自由的强制措施。这些手段和方式同一般性的调查工作是有原则区别的。

4. 侦查的依据。侦查是侦破刑事案件的诉讼活动,必须依法进行。侦查中采取的侦查措施,有的是由《刑事诉讼法》明确规定的,有的是由侦查机关根据国家法律法规的精神制定的。采取任何侦查措施,或进行任何侦查活动,不论是公开的,还是秘密的,都必须依法进行。

5. 侦查的目的。侦查的目的,就是通过侦查破案,及时查明犯罪事实,收集犯罪证据,揭露、证实、防范和打击犯罪分子的各种破坏活动,维护社会稳定。

二、侦查工作的原则

侦查工作的原则,是指侦查机关在刑事诉讼活动中应当遵守的基本原则。它是一系列的基本行为准则。侦查人员在侦查活动中,除了必须遵守《刑事诉讼法》规定的基本原则外,根据侦查工作的特点,还必须遵守下列各项工作原则:

1. 迅速及时原则(快速反应原则)

这一原则要求侦查机关接到报案后要立即组织侦查力量,制定侦查方案,及时采取侦查措施,收集案件的各种证据。侦查工作必须迅速及时,这是由侦查工作本身的特点所决定的。侦查工作迅速及时,是顺利完成侦查任务的一个极其重要的条件。侦查工作是一项时间性很强的诉讼活动。犯罪分子作案以后,为了掩盖罪行,逃避罪责,总是想方设法隐匿、毁灭、伪造证据,或者与同案人订立攻守同盟,有的还可能继续危害社会。另外,由于自然的或者其他一些原因,证据难以收集,因此,为了顺利完成侦查工作,侦查人员必须贯彻迅速及时原则。

2. 客观全面原则

所谓客观，就是指一切从实际情况出发，尊重客观事实、按照客观事实的本来面目去认识并如实反映它。所谓全面，就是要全面地调查了解和反映案件的情况，不能仅仅根据案件的某个情节或部分材料就下结论。这一原则要求侦查人员一切从案件的实际情况出发，实事求是地收集证据，既要收集能够证明犯罪嫌疑人有罪、罪重的证据，又要收集能够证明犯罪嫌疑人无罪、罪轻的证据。

3. 深入细致原则

刑事案件千变万化，十分复杂。在侦查过程中，为了准确查明案件的真实情况，侦查人员还必须坚持深入细致的原则。这一原则要求侦查人员必须做深入细致的调查研究，对犯罪的具体情节要全部查清，并要求有相应的证据证明。

4. 依靠群众原则

这一原则要求在侦查工作中，不仅要充分发挥专门机关的作用，而且要善于依靠群众的力量。犯罪嫌疑人生活在广大人民群众之间，群众对于犯罪嫌疑人的经历、表现都比较了解，可以为侦查人员提供线索；并且由于人民群众对犯罪的深恶痛绝，人民群众也会主动同犯罪作斗争。所以在侦查工作中，侦查人员应当充分注意依靠人民群众的力量。

5. 遵守法治原则

程序法治原则是刑事诉讼的一项基本原则，旨在将刑事诉讼活动纳入法制的轨道，以防止国家专门机关滥用职权，恣意妄为，保证刑事诉讼的民主性、公开性，从而顺利实现刑事诉讼的目的和任务。侦查是一项严肃的执法活动，侦查机关和侦查人员进行侦查活动，必须严格遵守法定的程序。侦查机关所适用的各种专门侦查手段和采取的强制性措施，稍有不慎，就会侵犯公民的人身权利、民主权利或者其他诉讼权利。因此，在侦查工作中，侦查人员必须增强法制观念，严格依照刑事诉讼法的规定收集证据。严禁刑讯逼供，严禁以威胁、引诱、欺骗、允诺以及其他非法方法收集证据。采取逮捕、拘留等强制措施，也必须依照法定的条件和程序进行。根据《刑事诉讼法》第115条的规定，当事人和辩护人、诉讼代理人、利害关系人对于司法机关及其工作人员有下列行为之一的，有权向该机关申诉或者控告：(1)采取强制措施法定期限届满，不予以释放、解除或者变更的；(2)应当退还取保候审保证金不退还的；(3)对与案件无关的财物采取查封、扣押、冻结措施的；(4)应当解除查封、扣押、冻结不解除的；(5)贪污、挪用、私分、调换、违反规定使用查封、扣押、冻结的财物的。受理申诉或者控告的机关应当及时处理。对处理不服的，可以向同级人民检察院申诉；人民检察院直接受理的案件，可以向上一级人民检察院申诉。人民检察院对申诉应当及时进行审查，情况属实的，通知有关机关予以纠正。

6. 保守秘密原则

侦查是同各种犯罪嫌疑人进行尖锐而复杂的斗争。侦查与反侦查的矛盾，存在于整个侦查的过程。侦查工作的这种性质和特点，决定了在侦查工作中要注意保守侦查工作的秘密，严格禁止将案情、证据、当事人及诉讼参与人的情况向无关人员泄露，以保证侦查活动的顺利进行。

7. 比例原则

比例原则，是指侦查权在侵犯公民权利时，必须在法律规定范围内选择侵害公民权利最小的方式。侦查阶段是刑事诉讼中国家权力与公民基本权利对抗最重要的一个阶段。在这一阶段中，侦查权的行使可能涉及对公民个人权利和自由的限制或者剥夺，国家权力与公民个人权利之间的对抗比其他领域更为尖锐。基于侦查阶段的这一特性，现代法治国家普遍确立了比例原则，将侦查权对公民个人权利的侵犯设定在合理的范围之内。我国《刑事诉讼法》体现了比例原则，如第79条规定："对有证据证明有犯罪事实，可能判处徒刑以上刑罚的犯罪嫌疑人、被告人，采取取保候审尚不足以防止发生下列社会危险性的，应当予以逮捕。"

三、侦查的意义

侦查在刑事诉讼程序中处于极为重要的诉讼地位，在刑事诉讼中具有重要意义。

(一)侦查是提起公诉案件的必经程序

立案是刑事诉讼的开始，但是在此阶段，犯罪事实还没有查清，犯罪嫌疑人也没有确定。关于犯罪事实的查清以及犯罪嫌疑人的确定和被查获，则要通过一系列侦查行为才能够完成。对犯罪行为提起刑事控诉所需要的证据，基本上都要通过侦查行为来获得。因此，对于需要侦查的刑事案件，侦查阶段起着承上启下的重要作用，是公诉案件立案后和提起公诉前的必经程序。

(二)侦查是同犯罪作斗争的重要手段

公安司法机关进行刑事诉讼的目的之一，是准确、及时地惩罚犯罪，保护人民。犯罪是一种极其复杂的社会现象，罪犯作案后又往往采用多种手段来掩盖真相,逃避制裁。如果没有强有力的侦查活动,就不可能准确、及时地揭露和打击犯罪。因此,侦查是公安司法机关有效地同犯罪行为作斗争的强有力的手段。

(三)侦查是提起公诉和审判的基础和前提

侦查作为刑事诉讼的一个重要阶段,是公安机关、检察机关进行刑事诉讼的第一道"工序"。虽然刑事诉讼活动是从立案开始的,但是全面收集证据,揭露和证实犯罪等实质性活动却是从侦查阶段才开始的,所以它是以后各个诉讼阶段活动的基础。从侦查阶段在刑事诉讼中的作用来看,侦查是在为起诉和审判做准备。因此,侦查工作进行得如何,对案件能否得到正确、合法、及时的处理,有着直接的影响。如果侦查工作进行得好,收集的证据确实、充分,就会有利于起诉和审判工作的顺利进行;如果侦查工作有疏漏或者偏差,往往会给起诉或者审判工作带来更大的困难,有的不得不退回补充侦查,有的甚至可能给办案工作造成不可弥补的损失。

(四)侦查是预防犯罪的重要措施,有助于促进社会治安综合治理

通过侦查活动,不仅能够查明已经发生的犯罪事实,还可以发现可能发生犯罪的隐患和漏洞,发现社会治安管理和社会上各机关、单位内部管理方面存在的问题,建议或者协同有关部门和单位采取有效措施,消除隐患,堵塞漏洞,加强安全防范工作,预防和减少犯罪的发生。并且,通过侦查活动还可以教育群众,强化群众的法治观念,提高守法的自觉性以及同犯罪作斗争的积极性。

四、关于刑事侦查一般规定的新条文规定

侦查的核心任务是收集证据和查获犯罪嫌疑人。侦查工作的质量直接决定着刑事诉讼的成败。侦查阶段又是公开程度相对较低的阶段,因此,对公权力的约束和对诉讼参与人权利的保障均显得格外重要。打击犯罪与保障人权的平衡在侦查活动中体现得也最为充分。我国《刑事诉讼法》对侦查一章作了较大的修改,其中,增加了对于公安司法机关及其工作人员侵权行为的申诉或者控告。《刑事诉讼法》第115条规定:"当事人和辩护人、诉讼代理人、利害关系人对于司法机关及其工作人员有下列行为之一的,有权向该机关申诉或者控告:(一)采取强制措施法定期限届满,不予以释放、解除或者变更的;(二)应当退还取保候审保证金不退还的;(三)对与案件无关的财物采取查封、扣押、冻结措施的;(四)应当解除查封、扣押、冻结不解除的;(五)贪污、挪用、私分、调换、违反规定使用查封、扣押、冻结的财物的。受理

申诉或者控告的机关应当及时处理。对处理不服的，可以向同级人民检察院申诉；人民检察院直接受理的案件，可以向上一级人民检察院申诉。人民检察院对申诉应当及时进行审查，情况属实的，通知有关机关予以纠正。”这是新增条文，要点有以下三个：(1)有权向司法机关进行申诉或者控告的主体；(2)可以进行申诉或者控告的事项；(3)申诉或者控告的途径。

根据《刑事诉讼法》的规定，有权向司法机关进行申诉或者控告的主体包括：当事人、辩护人、诉讼代理人和利害关系人。“当事人”是指被害人、自诉人、犯罪嫌疑人、被告人、附带民事诉讼的原告人和被告人；“辩护人”是指在刑事诉讼中接受犯罪嫌疑人、被告人及其法定代理人的委托，或者接受司法机关的指定，依法为犯罪嫌疑人、被告人进行辩护，以维护其合法权益的人；“诉讼代理人”是指公诉案件的被害人及其法定代理人或者近亲属、自诉案件的自诉人及其法定代理人委托代为参加诉讼的人和附带民事诉讼的当事人及其法定代理人委托为参加诉讼的人；这里的“利害关系人”主要是指财物被司法机关和办案人员在办案过程中非法查封、扣押、冻结的案外人以及在本案办理过程和最后处理结果直接涉及利害关系的人，如财产被非法扣押、住宅被非法搜查的人等。关于可以进行申诉或者控告的事项，本条列举规定了五种，其中的任何一种情况均可进行申诉或者控告：采取强制措施法定期限届满，不依法予以释放、解除或者变更强制措施的；应当退还取保候审保证金不退还的；对与案件无关的财物采取搜查、查封、扣押、冻结措施的；应当解除查封、扣押、冻结不解除的；贪污、挪用、私分、调换查封、扣押、冻结的财物的。申诉或者控告的途径也在此新增条文中体现。受理申诉或者控告的机关应当及时处理，对处理不服的，可以向同级人民检察院申诉；人民检察院直接受理的案件，可以向上一级人民检察院申诉。人民检察院对申诉应当及时进行审查，情况属实的，通知有关机关予以纠正。本条规定了两个申诉或者控告的途径：首先，向侵犯其合法权益的司法机关申诉或者控告，受理申诉或者控告的机关应当及时处理。其次，对受理申诉或者控告的机关的处理不服的，可以向同级人民检察院申诉；人民检察院直接受理的案件，可以向上一级人民检察院申诉。人民检察院对申诉应当及时进行审查，情况属实的，通知有关机关予以纠正。从条文的规定来看，第一个途径是必经的，即向“侵权机关”申诉或者控告是向人民检察院申诉的前提。如果申诉或者控告人对“侵权机关”的处理结果认可就终结了；如果对“侵权机关”的处理不服，才可以进入第二条途径，即向人民检察院申诉。人民检察院对申诉应当及时进行审查，情况属实的，通知有关机关予以纠正。新增的本条是《宪法》第41条在刑事诉讼领域的具体体现，有利于约束司法机关及其工作人员依法行使职权，有利于保护当事人和辩护人、诉讼代理人、利害关系人的人身权和财产权，是加强人权保障的一个具体体现。但是，该条规定还存在不足之处，因为实践中情况复杂，所以，应当在列举“采取强制措施法定期限届满，不依法予以释放、解除或者变更强制措施的；应当退还取保候审保证金不退还的，对与案件无关的财物采取搜查、查封、扣押、冻结措施的；应当解除查封、扣押、冻结不解除的；贪污、挪用、私分、调换查封、扣押、冻结的财物”的基础上另加一项“其他”来加以规定和完善。

第二节 讯问犯罪嫌疑人

一、讯问犯罪嫌疑人的概念及意义

讯问犯罪嫌疑人，是指侦查人员依照法定程序，以言词方式就案件事实和其他与案件有关的问题向犯罪嫌疑人进行查问的一种侦查方式。

犯罪嫌疑人可能就是实施犯罪行为的人，其对案发原因以及案发情况有着最直接的了解，因此，讯问犯罪嫌疑人是查清案件事实和查获证据的重要手段和方式，在侦查程序中具有十分重要的意义：一方面，讯问是侦查刑事案件的必经程序。讯问犯罪嫌疑人有利于侦查人员收集、核实证据，查明案件事实，查清犯罪情节，并发现新的犯罪线索和其他应当追究刑事责任的犯罪分子。因此，《刑事诉讼法》第114条规定：“公安机关经过侦查，对有证据证明有犯罪事实的案件，应当进行预审，对收集、调取的证据材料予以核实。”另一方面，讯问犯罪嫌疑人使侦查机关通过听取犯罪嫌疑人陈述和申辩，在保护犯罪嫌疑人合法权益的同时，保障无罪的人和其他依法不应追究刑事责任的人免受刑事追诉，而犯罪嫌疑人也可以坦白交代罪行或检举揭发他人的罪行，从而获得于己有利的处理结果。所以，讯问可以为犯罪嫌疑人如实供述罪行或充分行使辩护权提供机会。

二、讯问犯罪嫌疑人的程序

根据《刑事诉讼法》规定，讯问犯罪嫌疑人必须严格遵守下列程序：

1. 讯问主体。《刑事诉讼法》第116条第1款规定：“讯问犯罪嫌疑人必须由人民检察院或者公安机关的侦查人员负责进行。讯问的时候,侦查人员不得少于二人。"在侦查阶段只能由人民检察院或公安机关的侦查人员依法行使讯问犯罪嫌疑人的权力,其他任何单位和个人除经法律授权(如国家安全机关、军队保卫部门等)外,都无权对犯罪嫌疑人进行讯问。同时,规定讯问犯罪嫌疑人的侦查人员不得少于2人,主要是考虑:一是讯问工作的需要,有利于客观、真实获取和固定证据;二是有利于互相配合、监督,防止个人徇私舞弊或发生刑讯逼供、诱供等非法讯问行为,同时也有利于防止一些犯罪嫌疑人诬告侦查人员有人身侮辱、刑讯逼供等行为。

2. 讯问的地点、时间。《刑事诉讼法》第116条第2款规定:"犯罪嫌疑人被送交看守所羁押以后,侦查人员对其进行讯问,应当在看守所进行。"据此,犯罪嫌疑人被送交看守所羁押后,侦查人员对其进行讯问的地点只能是在看守所内,而不允许以任何理由在看守所外进行讯问。根据《刑事诉讼法》第117条的规定,对不需要逮捕、拘留的犯罪嫌疑人,可以传唤到犯罪嫌疑人所在市、县内的指定地点或者到他的住处进行讯问,但是应当出示人民检察院或者公安机关的证明文件。对在现场发现的犯罪嫌疑人,经出示工作证件,可以口头传唤,但应当在讯问笔录中注明。传唤、拘传持续的时间不得超过12小时;案情特别重大、复杂,需要采取拘留、逮捕措施的,传唤、拘传持续的时间不得超过24小时。不得以连续传唤、拘传的形式变相拘禁犯罪嫌疑人。传唤、拘传犯罪嫌疑人,应当保证犯罪嫌疑人的饮食和必要的休息时间。

3. 讯问的步骤、方法。侦查人员在第一次讯问时,应当问明犯罪嫌疑人的姓名、别名、曾用名、出生年月日、户籍所在地、暂住地、籍贯、出生地、民族、职业、文化程度、家庭情况、社会经历、是否受过刑事处罚或者行政处理等情况。在讯问时,应当首先讯问犯罪嫌疑人是否有犯罪行为,让他陈述有罪的情节或者无罪的辩解,然后向他提出问题。我国《刑事诉讼法》没有赋予犯罪嫌疑人沉默权。犯罪嫌疑人对侦查人员的提问,应当如实回答。但是对与本案无关的问题,犯罪嫌疑人有权拒绝回答。至于怎样判断与本案无关,应当以是否对查明本案的全部事实情节有实际意义或证据价值为标准。

4. 讯问聋、哑和未成年等犯罪嫌疑人的特殊要求。《刑事诉讼法》第119条规定:"讯问聋、哑的犯罪嫌疑人,应当有通晓聋、哑手势的人参加,并且将这种情况记明笔录。"对于未成年人的讯问,应当通知未成年犯罪嫌疑人的法定代理人到场。无法通知、法定代理人不能到场或者法定代理人是共犯的,也可以通知未成年犯罪嫌疑人的其他成年亲属,所在学校、单位、居住地基层组织或者未成年人保护组织的代表到场,并将有关情况记录在案。到场的法定代理人可以代为行使未成年犯罪嫌疑人的诉讼权利。到场的法定代理人或者其他人员认为办案人员在讯问中侵犯未成年人合法权益的,可以提出意见。讯问笔录应当交给到场的法定代理人或者其他人员阅读或者向他宣读。讯问女性未成年犯罪嫌疑人,应当有女工作人员在场。

5. 讯问笔录的制作。讯问笔录应当交犯罪嫌疑人核对,对于没有阅读能力的,应当向他宣读。如果记载有遗漏或者差错,犯罪嫌疑人可以提出补充或者改正。犯罪嫌疑人承认笔录没有错误后,应当签名或者盖章。侦查人员也应当在笔录上签名。犯罪嫌疑人请求自行书写供述的,应当准许。必要的时候,侦查人员也可以要犯罪嫌疑人亲笔书写供词。

6. 讯问时录音、录像的规定。《刑事诉讼法》第 121 条规定:"侦查人员在讯问犯罪嫌疑人的时候,可以对讯问过程进行录音或者录像;对于可能判处无期徒刑、死刑的案件或者其他重大犯罪案件,应当对讯问过程进行录音或者录像。录音或者录像应当全程进行,保持完整性。"这一规定是为了防止侦查人员以刑讯逼供等非法方法获取犯罪嫌疑人的供述,保证讯问行为的合法性。本条规定使讯问犯罪嫌疑人录音录像制度首次载入我国的《刑事诉讼法》。这经历了一个借鉴与试点的过程。英国是最早进行讯问犯罪嫌疑人录音录像的国家。从 1994 年开始,英国法律明文要求警察在对嫌疑人进行讯问时,必须实行同步录音,并且要用双卡录音机同时录制两盘录音带,不允许拷贝。从 1999 年以后,其进一步要求在讯问时必须同步录像,同样要制作两盘录像带,其中一盘在讯问完毕后当即封存,另一盘随案移送,最后提交法院作为证据。如果在法庭上播放时,当事人对录音、录像的内容提出异议,可在法官主持下打开封存的另一盘进行比对,以杜绝删剪或篡改供词内容等弊端。英国的这一做法对英美法系国家及世界其他国家,包括中国产生了影响。

在我国,由于刑事诉讼中侦查人员采用刑讯逼供等非法手段收集证据的现象时有发生,英国讯问犯罪嫌疑人录音录像制度多年前就受到了法学界的关注和推介,同步录音录像试点在实践中迅速开展。浙江省检察机关自 1999 年起就探索尝试在职务犯罪首次讯问中采用同步录音录像,2003 年又推广到全部职务犯罪讯问工作中。2003 年至 2005 年,中国政法大学诉讼法学研究院承担联合国审前程序改革示范项目,运用实验的方法在我国试点了录音录像制度,也取得了成功经验。最高人民检察院于 2005 年 12 月发布《人民检察院讯问职务犯罪嫌疑人实行全程同步录音录像的规定(试行)》,提出了在全国推行讯问职务犯罪嫌疑人同步录音录像的“三步走”计划;到 2007 年 10 月 1 日,全国检察机关办理职务犯罪案件讯问犯罪嫌疑人必须全程同步录音录像。2010 年 7 月 1 日起施行的两院三部《办理死刑案件证据规定》第 18 条规定:“对被告人供述和辩解应当着重审查以下内容:……对于上述内容,侦查机关随案移送有录音录像资料的,应当结合相关录音录像资料进行审查。”2010 年 7 月 1 日起施行的两院三部《非法证据排除规定》第 7 条第 1 款规定:“经审查,法庭对被告人审判前供述取得的合法性有疑问的,公诉人应当向法庭提供讯问笔录、原始的讯问过程录音录像或者其他证据,提请法庭通知讯问时其他在场人员或者其他证人出庭作证,仍不能排除刑讯逼供嫌疑的,提请法庭通知讯问人员出庭作证,对该供述取得的合法性予以证明。公诉人当庭不能举证的,可以根据刑事诉讼法第一百六十五条的规定建议法庭延期审理。”从上述规定的条文来看,虽然原《刑事诉讼法》还没有明确规定讯问犯罪嫌疑人时的录音录像制度,但是,经过一段时间的试点,讯问犯罪嫌疑人录音录像制度已经得到有关部门的认可。

近年来,一些冤假错案的曝光是促使我国将讯问犯罪嫌疑人录音录像制度纳入《刑事诉讼法》的一个重要动因。云南杜培武杀妻案、湖北佘祥林杀妻案、河北唐山李久明案、云南省丘北县王树红案、陕西丹凤徐梗荣案、河南赵作海杀人案等案件的曝光在全社会引起强烈反响。现在人们的法律意识与人权保障观念发生了很大的变化,公众无法忍受刑事犯罪带来的社会不安定,同样无法容忍为了追诉犯罪而发生侵犯人权的事件。从公众的需求层面来看,其既希望我们的公安司法机关打击犯罪,同时,又希望他们保障犯罪嫌疑人的合法权益。从国家层面来看,立法者与司法者同样既要打击犯罪,又要保障犯罪嫌疑人的合法权益。因此,加强对侦查讯问的监督制约就成为重点,那么《刑事诉讼法》将已经经过试点的讯问犯罪嫌疑人录音录像制度规定纳入其中便是水到渠成的事情。

三、讯问犯罪嫌疑人的策略

讯问策略的内容包括讯问方式、讯问内容、使用证据的方式方法、运用策略的时机、方法、手段,以及讯问人员所持的态度、言行举止等。讯问策略应当具有针对性、灵活性、计谋性和合法性等。常见的讯问策略有:“思想教育、攻心为上”,“由浅入深、迂回渐进”,“正面强攻、重点突破”,“发现矛盾、利用矛盾”,“把握时机、出示证据”等。各种讯问策略的使用有利于从思想认识上给被讯问人造成心理上的影响,打消其对于交待违法犯罪事实这一问题上存在的各种侥幸心理;有利于侦查讯问人员揭露犯罪嫌疑人的虚伪陈述,从而加速讯问进程,扩大讯问效果,最大限度地获取真实口供;有利于侦查机关收集证据,查清案情,分清罪与非罪,从而保障无罪的人不受刑事追究;有利于司法机关稳、狠、准地打击犯罪,惩治罪犯,保护人民,维护社会秩序,维护社会主义法制的威严,从而为社会主义的改革开放事业保驾护航。

策略原则在实际侦查工作中的具体运用,通过下面这一案例进行体现:某工厂一名女工在宿舍与其男友谈话时,突然被男方用手掐死。侦查人员在讯问时,男方虽然承认其掐死了女友,但动机是双方均对女方父母不准他们结婚而产生了绝望情绪,因而是自愿殉情。他先将女友掐死,然后自己再去投河自杀,结果在途中就被公安人员抓获而未死成。侦查讯问人员在经过充分的调查分析后,摸清了其隐瞒杀人的真实动机是为了减轻罪责,不判死刑,但又怕女友被救活,这就是他内心矛盾的心理弱点。但其赖以顽抗的依据是"死无对证",且作案现场又没有留下其他的犯罪痕迹。侦查人员根据这些特点,在讯问过程中就采用了虚虚实实的策略方法来。当犯罪嫌疑人反问到"女友死了没有"时,讯问人员模棱两可地回答:"你做的事自己明白,对于被害人,公安机关总是尽力抢救的。"这不是假话而是事实,因为抢救后可能死,也可能活。利用他害怕女友活着的心理弱点,即自觉选择"女友还活着"的这种可能性,再进一步选用女方生前向团支部汇报思想中的话,促使他丢掉最后的幻想。于是,侦查人员说:"你和女友到中山公园游玩时,曾对她说:'既然你家里不同意,我们就借钱到南方旅行结婚。'是吗?"他听了此话后,非常震惊,更进一步"证明"女友还活着。心想,讯问人员怎么知道我们在公园里的"私房话"呢?最后,侦查人员又引用一句女方写给男方信中的话——"如果家长不同意,我们就算了",并质问犯罪嫌疑人,她怎么会自愿让你掐死呢?这时,犯罪嫌疑人反审讯的心理防线全面崩溃,随即就交待了其杀人的动机是恨女友听从父母之言而与他断绝恋爱关系。显然,这种讯问策略方法完全合乎"利用心理弱点"和"击破顽抗依据"的策略原则,而这正是用"依法有据、有理、有利、有节"等所无法解释的。

综上所述,"依法有据、有理、有利、有节"是整个讯问工作的一般原则,而利用"心理弱点、击破顽抗依据"则是指导众多讯问策略方法的策略原则。作为策略原则,它能概括具体策略方法的共性,指出其一般规律。侦查人员在选择具体策略方法对犯罪嫌疑人进行讯问之前,既不能违背"依法有据、有理、有利、有节”等原则，也不能选用“刑讯逼供”、“车轮大战”等违法方法，同时，更不能“无休止”地与犯罪嫌疑人进行智斗。但侦查人员对各种具体的案情，要有针对性的考虑，且必须掌握研究犯罪嫌疑人的心理弱点，让其暴露，从而扩大和利用其中的薄弱环节。同时，对受讯问人的顽抗依据，也要使之全线崩溃。这种把讯问当做心理战的策略原则，既是我国《刑事诉讼法》有关精神的具体体现，又贯彻了我国社会主义法制原则和人道主义精神。

讯问犯罪嫌疑人还涉及了多种讯问方式和策略，有学者提出“谈判策略理论”便是其中有效讯问犯罪嫌疑人的理论方式之一。所谓谈判理论，指的是人们深入认识、规划与他人之间的互动性活动提供了一种复杂的思维方式；所有的互动行为——无论是两个主体之间，还是两个以上主体之间的互动行为都可以应用谈判理论来加以考察与分析。侦查讯问从某种意义上说，也是一种发生在侦查人员与讯问对象之间的特殊谈判；应用谈判理论来考察与研究侦查讯问，有助于侦查人员加深对侦查讯问的认识、并正确地制定讯问策略。谈判的本质是两个主体为实现各自利益而参与的一种互动性活动；从这种意义上讲，侦查讯问是一种谈判，一种特殊的谈判。谈判理论对侦查讯问具有重要的理论借鉴与实践指导价值。

侦查讯问是一种谈判活动，谈判是两个或两个以上主体之间为达成某项协议或解决某个问题而进行的协商活动。谈判的实质是不同主体在遇到依靠任何一方都无法解决某个问题时而与他方进行的一种互动活动，其目的是通过与对方达成某项协议以获得利益。侦查讯问，也称审讯，是犯罪侦查中的一种常见措施；其同时也是一种重要的侦查方法，尤其体现在侦查那些没有收集到有价值物证的犯罪案件过程中。侦查人员需要通过侦查讯问，以从审讯对象口中获得其关于犯罪事实的供述或其他有价值的情报。侦查讯问是一种发生在侦查人员与讯问对象之间的谈判活动。侦查人员与讯问对象都期望从侦查讯问中获得利益或减少损失，但这种利益的获得是任何一方无法单独实现的，因而需要参与互动性活动。从这种意义上说，侦查讯问也是一种谈判，一种侦查人员与讯问对象之间的谈判。在侦查讯问过程中，侦查人员向讯问对象提出问题，讯问对象则依据自己的利益与策略，作出如实回答、撒谎或保持沉默等回应；侦查人员根据讯问对象的反应，再次提出问题，这样周而复始，直到获得讯问对象的如实供述或其他有价值的情报。因此，侦查讯问也是一种发生在侦查人员与讯问对象之间的互动性活动。

谈判理论对侦查讯问有较高的价值。侦查人员需要通过侦查讯问从讯问对象那里获得关于犯罪的供述或有关情报；因而侦查讯问也是一种谈判，一种发生在侦查人员与讯问对象之间的特殊谈判。经过多年的积淀，谈判理论已经成为一种比较成熟的理论，并能够用来考察与分析两个或两个以上主体间的任何互动性活动。其中谈判理论中的谈判策略、谈判筹码、谈判利益等，能够帮助参与互动性活动的任何一方采取恰当的谈判行为以实现其谈判利益或使其谈判利益最大化。谈判理论对侦查讯问理论研究具有借鉴与学习价值，同时对侦查讯问实践具有指导价值。西方一些国家已经有专家学者从谈判理论视角来研究侦查讯问了。

国内占主流地位的侦查讯问理论认为，常见的讯问策略主要包括攻心夺气、避实就虚、重点突破、引而不发等；这些策略理论具有较强的理论概括性，但在实践中往往不容易被侦查人员所掌握。而谈判理论在阐述谈判策略时则借鉴了数学等相关学科的研究成果，为谈判者在谈判中获得谈判利益提供了重要帮助。例如，美国学者肯尼思在其《冲突与冲突管理》一文中借用博弈论的相关理论，将冲突双方的策略概括为积极策略与消极策略，并进一步将积极策略细分为竞争、合作、回避、妥协等策略。借鉴和学习谈判策略理论，有助于侦查人员加深对侦查讯问活动的认识，并有助于侦查人员在侦查讯问前制定科学的讯问策略、在侦查讯问中科学地应用讯问策略。

要了解讯问对象的谈判利益与谈判筹码，参与谈判的双方对于正在进行的谈判都有各自的利益；谈判的任何一方都不会轻易放弃其利益的。聪明的谈判者总会在谈判开始前通过各种途径来搜集有关谈判对手的情报，以判断谈判对手对于谈判的态度和谈判筹码、谈判利益等情况，为制定正确的谈判策略提供依据。侦查讯问中，侦查人员也需要多途径搜集讯问对象的各方面情报，尤其是讯问对象对于讯问的态度、讯问对象对抗讯问的“筹码”以及讯问对象所关心的利益。通常情况下，讯问对象都明白他们一旦在讯问中作出了有罪供述，就不得不承受相应的损失（如受到刑罚处罚、个人名誉受损、失去就业机会等），因而他们在讯问中的有形利益就是不让侦查机构顺利地获得其有罪供述、以避免其招供所带来的损失。讯问对象在侦查讯问中作为“谈判者”同样也有其个人的无形利益，如在侦查讯问中个人尊严是否得到尊重等。讯问对象的筹码，就是拒绝供述。讯问对象在侦查讯问中拒绝供述的形式，则包括保持沉默、装疯卖傻、激怒侦查人员、谎供或假供。侦查人员的利益，则是及时获取讯问对象的如实供述或相关情报；侦查人员的无形利益，也包括侦查人员个人及侦查机构的名声等。侦查人员手中的筹码，既包括了前期侦查所获得的各种证据，也包括了法律所赋予的采取各项措施的权力等。侦查讯问中，侦查人员、讯问对象也会自觉或不自觉地选择一种或几种策略：如果讯问对象选择合作策略，对侦查人员最为有利；相反，如果讯问对象选择竞争策略，则侦查讯问将进行得非常艰苦。讯问对象在侦查讯问中也会根据自己的谈判利益来选择不同的策略。许多讯问对象认为，一旦自己招供，则无法获得自己的利益，因而选择竞争策略。竞争策略是一种零和游戏，一旦讯问对象选择竞争策略，侦查讯问情势也容易陷入僵局；在这种情况下，即使侦查人员采取持续压力甚至第三级讯问手段也未必见效。在侦查讯问陷入僵局时，侦查人员可以利用嫌疑对象潜在的利益来引导讯问对象转换其在讯问中的策略。侦查人员可以使用以下方法：(1)激发讯问对象对其无形利益的关注，以引导、促使讯问对象与侦查人员保持合作：例如侦查人员利用犯罪团伙成员间的利益矛盾，激发讯问对象对其同伙的报复，从而使得讯问对象与侦查人员在查明其同伙犯罪事实上的合作；(2)迫使讯问对象与侦查人员达成某种程度的妥协：例如在某盗窃犯罪当中讯问对象所关心的某位亲人也涉嫌包庇或销赃等轻罪，侦查人员以追究或免予追究该亲人法律责任为由，迫使讯问对象妥协以招供等；(3)扩大讯问对象的利益面，转移讯问对象谈判利益的焦点：例如侦查人员明确告诉讯问对象不可能逃脱法律的惩罚，但与政府合作、如实供述，则可以在羁押期间获得生活上的某些优待等，以转移嫌疑人“谈判利益”的焦点、在侦查讯问过程中选择妥协策略或放弃对抗(竞争策略)。在侦查讯问中积极运用策略，采取单一的策略往往不能够帮助侦查人员高效率地获取讯问对象的如实供述或其他情报；因此，要在制定侦查讯问策略之前通过多种途径来了解讯问对象的有关情况，尤其是对方对于侦查讯问的态度，然后制定出由多种策略综合起来的特定策略。

在侦查讯问中，侦查人员在应用讯问策略时既要关注自己一方的“谈判利益”，同时也要关注讯问对象的“谈判利益”，尤其是要考虑到讯问对象的“无形利益”(例如讯问对象的人格尊严)。如果侦查人员在侦查讯问过程中损害了讯问对象的尊严或脸面等无形利益，势必会引发讯问对象的报复，甚至可能会让有些讯问对象不惜伤害其自身利益来损害侦查人员的利益。由于侦查讯问过程中侦查讯问情势的发展可能会超出侦查人员的意料，因此，侦查人员在讯问过程中要善于根据讯问情势的发展及时调整其讯问策略，以实现高效率获取嫌疑人如实供述的讯问目标。[1]

第三节 询问证人、被害人

一、询问证人的概念及意义

询问证人、被害人,是指侦查人员依照法定程序以言词方式,就案件有关情况向证人、被害人进行调查了解的一种侦查活动。我国《刑事诉讼法》第60条规定,凡是知道案情之人都有作证的义务,因而,询问证人、被害人也是一项有强制性的侦查行为。

其意义主要是:首先,可以查明案件的有关情况。通过询问证人,能够获得他们看到或听到的与案件有关的情况,如犯罪分子犯罪的时间、地点、手段、结果以及犯罪的原因等案件情况。其次,可以查获犯罪嫌疑人。通过询问证人,能够得知是谁作案或者可能是谁作案以及犯罪嫌疑人逃跑、隐匿的地点,从而查明和抓获犯罪嫌疑人。最后,可以核对其他证据。通过询问证人,可以进一步发现案件线索或者获取证据材料,核对其他证据的真实性,同时帮助侦查人员排除矛盾、弄清疑点,保证准确地查明案件事实。

证人证言是刑事诉讼中的重要证据形式。询问证人是侦查人员依照法定程序,向证人调查案情的一项侦查活动,是获取证人证言的主要渠道。侦查人员询问证人应当从有利于查明案情,获取证据,保护证人提供证据积极性的角度出发,根据实际情况确定询问地点。同时,为了防止证人之间相互影响,确保证人证言真实可信,保守案情秘密,询问证人应当个别进行。2012年《刑事诉讼法》增加了侦查人员可以在场,以及在证人提出的地点询问证人的规定。这是根据案件取证工作的实际情况和需要,为及时获取证人证言,方便证人作证的补充修改。其次,《刑事诉讼法》规定,凡是知道案件情况的人都有作证的义务。为确保证人履行作证义务,如实提供证据,《刑法》规定了伪证罪、包庇罪,对违反法律规定的证人将依法追究其刑事责任。侦查人员询问证人时,告知其如实提供证据的义务和故意作伪证的法律责任,有利于证人了解相关法律政策,积极提供证言。2012年《刑事诉讼法》修改

---

〔1〕 姜南:"谈判策略理论在侦查讯问中的应用",载《中国检察官》第2012年第5期。

将未成年人犯罪案件诉讼程序作为一种特殊程序，独立成章予以规定，其中对询问未成年证人如何适用法律专门作了规定。

二、询问证人、被害人的程序

根据我国《刑事诉讼法》的规定和实践经验，询问证人应当遵守下列程序和要求：

1. 询问的主体。询问证人、被害人只能由侦查人员进行，询问时侦查人员不得少于2人。

2. 询问的地点。《刑事诉讼法》第122条第1款规定："侦查人员询问证人，可以在现场进行，也可以到证人所在单位、住处或者证人提出的地点进行，在必要的时候，可以通知证人到人民检察院或者公安机关提供证言。在现场询问证人，应当出示工作证件，到证人所在单位、住处或者证人提出的地点询问证人，应当出示人民检察院或者公安机关的证明文件。"《刑事诉讼法》规定了四种询问证人的地点：(1)在犯罪现场询问证人。在犯罪现场询问证人，可以第一时间迅速获得现场证人的证言。"犯罪现场"既包括实施犯罪的现场、产生犯罪结果的现场，也包括与犯罪案件相关联的现场。(2)到证人所在单位或者住处询问。这样可以节省证人的时间，不影响其正常的生活、工作，也有利于及时得到证人单位的支持，便于了解证人的情况，从而对证人证言作出分析判断。(3)到证人提出的地点进行询问。根据证人要求，到证人提出的地点询问，更有利于消除证人的种种顾虑，充分调动证人提供证人证言的积极性。(4)必要的时候，可以通知证人到人民检察院或者公安机关提供证言。到人民检察院、公安机关提供证言，有利于保证证人的安全，也可以避免证人单位、亲属或者其他人的干扰，有利于证人如实提供证言。

3. 询问证人、被害人应当个别进行。这是《刑事诉讼法》关于侦查人员询问证人方式的规定和要求。为了避免证人之间相互影响，保证证言的真实性，同一案件若有几个证人时，应当分别进行、个别询问，既不能采用"座谈会"的方式将多名证人召集在一起进行询问，更不能让多名证人共同出具一份书面证明。

4. 询问证人、被害人的步骤、方法。首先，询问前应当了解证人、被害人的身份，证人、犯罪嫌疑人、被害人之间的关系。其次，《刑事诉讼法》第123条规定："询问证人，应当告知他应当如实地提供证据、证言和有意作伪证或者隐匿罪证要负的法律责任。"在《刑事诉讼法》中，证人对与案件有重要关系的情节,故意作虚假证明,意图陷害他人或者隐匿罪证的,处三年以下有期徒刑或者拘役;情节严重的,处三年以上七年以下有期徒刑。《刑法》第310条规定:"明知是犯罪的人而为其提供隐藏处所、财物,帮助其逃匿或者作假证明包庇的,处三年以下有期徒刑、拘役或者管制;情节严重的,处三年以上十年以下有期徒刑。"最后,2012年《刑事诉讼法》的相关规定,进一步强化了对侦查人员取证规范性的要求。我国不仅严禁非法取供,也严禁非法取证,即严禁使用威胁、引诱和其他非法方法收集证人证言、被害人陈述。

5. 询问笔录的制作。询问证人、被害人,应当制作笔录。询问笔录是重要的证据材料,应当客观、真实和详细,力求反映证人作证的原意。《刑事诉讼法》第124条规定:"本法第一百二十条的规定,也适用于询问证人。"由此可知,询问笔录应当交证人、被害人核对,对于没有阅读能力的,应当向他宣读。如果记载有遗漏或者差错,证人、被害人可以提出补充或者改正。证人、被害人承认笔录没有错误后,应当签名或者盖章。侦查人员也应当在笔录上签名。证人、被害人请求自行书写供述的,应当准许。必要的时候,侦查人员也可以要证人、被害人亲笔书写证人证言、被害人陈述。

证人的辨认是侦查阶段重要的环节之一。根据徐立根教授《侦查学》中关于辨认的内容以及刊登在《人民检察》上的文章《如何使目击证人进行有效辨认》可以体现辨认的重要性和必要性。辨认,是侦查机关为查明案件事实或审查犯罪嫌疑人,而组织安排的有关人员对与案件有关的人、物、场所进行识别的一种措施。

公安部《规定》和最高检《规则》对辨认作了简单的规定,但在侦查实践中我们可从以下方面着手辨认的侦查程序进一步提高:

1. 适时采取双盲辨认。双盲辨认指辨认的主持者与辨认人均不知道辨认对象里有没有犯罪嫌疑人或谁是犯罪嫌疑人的一种辨认方式。这是1998年美国心理学会任命的某课题小组向司法部门提出的一个简便易行的建议。心理学研究表明:人们都喜欢把自己的言行向着自己所认同或比自己更权威的人的方向靠拢。辨认过程中,辨认活动的组织者与辨认人之间存在着高度的人际影响和加工。无论组织者是否故意对辨认人施加影响,其下意识、不经意的一些行为都有可能为辨认人所"意会",并严重影响辨认人的注意和自信,以使自己的辨认结论"趋向"主持者的要求。当主持人与辨认人双方均不知辨认对象里有没有犯罪嫌疑人或谁是犯罪嫌疑人时,就能够有效避免辨认人在辨认阶段受到此类影响，而只能依靠于辨认者自身的判断，因而结果会更加客观、公正。

2. 辨认中的侦查人员与辨认人的对话应仅限于必不可少的交谈，并考虑在这一过程中引入律师和心理专家在场制度。侦查人员在辨认过程中的任何情况下，都不得以各种形式暗示犯罪嫌疑人。应在辨认开始前就明确告知辨认人，犯罪嫌疑人不一定在该组辨认对象中，其他人也不知道谁是犯罪嫌疑人。辨认人的任务仅仅是从辨认队列中自行发现有无某人是他先前所感知的犯罪嫌疑人。而且，辨认者本人并不一定要作出确切的结论，也有可能出现难以作出结论的情况。重要的是该过程不应受任何明示或暗示的影响，而只是依靠辨认人自己的判断来完成。为了完善这一过程，可以引入律师和心理专家作为辨认的见证人。律师和心理专家在场，有利于监督辨认程序的进行，及时排除和纠正违规操作，实现对辨认的外部监督。由此提高辨认活动的透明度，增强公开性，确保辨认的合法进行。

3. 除非紧急情况或基于侦查的特殊要求，才可以采取单人辨认或照片辨认。而通常情况下必须坚持混杂辨认并合理地组织被辨认者。辨认时，若待认定的对象混杂于人数较多、形态相似的人群之中，势必会加大辨认者认定的难度，但可以提高辨认结论的可靠性。

根据公安部《规定》的要求，辨认犯罪嫌疑人时，被辨认的人数不得少于7人；对犯罪嫌疑人照片进行辨认的，不得少于10人的照片。该数量下限的规定已经可以达到合理设定混杂数量的要求。然而并非人数或照片数目越多越好，设置过多的数量会极大地增加辨认难度，增大辨认投入的成本，而实际效果并不明显甚至还有可能达不到原有的目的。

4. 在辨认开始前即询问辨认人有关犯罪嫌疑人的基本特征，并请辨认人在辨认过程中而不是在辨认结束后陈述其对辨认结论的信心。辨认前询问辨认人很重要，内容应涉及犯罪嫌疑人的典型特征。询问结论与辨认结论的差异越小，则辨认结论的可靠性越高。而辨认人在辨认进行中的信心强弱能够较为真实的体现其对辨认结果的确切性。若在辨认结束后才要求辨认人陈述，则不能排除辨认过程中的一些因素对辨认人产生影响的可能性。

5. 只要条件许可就应该及时展开辨认工作并制作完整规范的辨认笔录。及时展开辨认，缩短从案发到辨认的时间间隔，能够最大限度地减少辨认人在记忆环节发生的缺损和遗忘，有助于提高辨认准确率。而规范的辨认笔录至少应包括：辨认的时间、地点，辨认场所的基本条件，辨认人员的基本情况，包括对辨认人智力水平、利害关系、精神状态的审查,辨认对象各自的基本情况,辨认结果及辨认的依据,辨认人员及组织者、见证人签名盖章,其他有必要说明的情况。

6. 如果视以上规则之确立和完备为"软件上的升级",那么,还需要同步实现"硬件上的升级",即设立专业的辨认场所、添置必要的辅助设备。例如,设立单方向透光可视的玻璃隔窗可以避免辨认人因被嫌疑人同时看见而增加不必要的心理负担。用电脑管理犯罪嫌疑人的照片档案,可以提高辨认效率,实现多个侦查机关的资源共享。辨认过程中使用录音录像设备全程监控,对规范辨认既是一种有效监督,同步生成的录音录像资料又可以作为辨认笔录的组成部分以印证其合法性和可靠性。

7. 提升辨认措施的立法层次,由刑事诉讼法统一规范辨认程序。现有关于辨认的法律规制依旧是位于部门规章的层面,其效力的范围和力度均有不足,在一些具体规定上甚至发生冲突。将其统一规定,纳入刑事诉讼法能够提升其法律效力的等级,促使侦查人员在司法实践中对规范辨认予以足够的重视。

影响证人辨认的因素有很多,并且它们彼此间相互影响、相互作用。我们不可能穷尽各种因素并制定与之精确对应的规则以解决辨认中出现的种种问题。以上只能顾及相关的一些问题,作为对现有辨认规则的一些完善与补充,以利于辨认工作的规范性开展和辨认结论准确度的提高。

第四节　勘验、检查

一、勘验、检查的概念及意义

勘验、检查,是指侦查人员对与犯罪有关的场所、物品、尸体、人身等进行勘查和检验,以发现和收集犯罪活动所遗留下来的各种痕迹和物品的一种侦查行为。勘验、检查是侦查中常用的侦查方法,是发现和取得第一手证据的重要途径,是分析研究罪犯作案情况、作案手段和动机,判断案件性质,确定侦查方向和范围,揭露、证实犯罪分子的重要手段。

勘验与检查二者性质是相同的,只是适用对象有所区别:勘验的对象是现场、物品和尸体,而检查的对象则是活人的身体。勘验、检查并不一定需要强制进行，但若抗拒，就得使用强制压制抗拒，强制进行勘验、检查。因此，法治国家往往将勘验、检查也视为一种强制处分措施。

二、勘验、检查的种类和程序

侦查人员是勘验、检查的实施主体，包括公安机关和人民检察院对案件行使侦查权的工作人员。根据公安部《规定》的相关要求，公安机关进行的勘验、检查由县级以上公安机关侦查部门负责，一般案件的现场勘查，由侦查部门负责人指定的人员现场指挥；重大、特别重大案件的现场勘查由侦查部门负责人现场指挥。必要时，案发地公安机关负责人应当亲自到现场指挥。勘验、检查的对象是与犯罪有关的场所、物品、人身和尸体。“与犯罪有关的场所”主要是指犯罪现场、现场外围及其他可能留有犯罪痕迹和物品的地方；与犯罪有关的“物品”是指犯罪的工具及现场遗留物，包括犯罪嫌疑人及被害人遗留的衣物、毛发、血迹、书信等可见物；与犯罪有关的“人身”主要是指犯罪嫌疑人或被害人的身体；与犯罪有关的“尸体”是指死因与犯罪有关的尸体，多属于被害人，也可能是犯罪嫌疑人。

犯罪现场遗留的物品和痕迹包含着大量与犯罪行为和犯罪嫌疑人相关的信息，保护犯罪现场对于及时、有效地发现案件线索、查获犯罪分子具有十分重要的意义。因此我国《刑事诉讼法》第 127 条规定：“任何单位和个人，都有义务保护犯罪现场，并且立即通知公安机关派员勘验。”本条规定有两层含义：一是保护犯罪现场是每个单位和公民的义务。任何单位和个人发现犯罪现场，应当立即将发现犯罪现场的时间、地点、犯罪情况报告给公安机关，通知其派员进行勘验，并且在公安机关派人到达现场之前设法保护好现场。除出现抢救伤员、灭火等特殊的紧急情况外，应尽量防止移动、损毁现场的物品和原始痕迹，并阻止其他人进入现场、触摸现场及其附近物品。二是公安机关在接到报案后，应当迅速派员赶赴犯罪现场，同时组织有关部门和人员采取相应保护措施，如封锁现场、布置警戒，防止无关人员进入现场；勘验人员进行勘验之前，除对需要抢救的被害人应当及时送医院抢救外，禁止任何人搬动、触摸犯罪现场的任何物品和痕迹；对现场发现的可疑人员或者其他妨害勘验进行的人员进行控制等。

现场勘验、检查是一项重要的侦查措施，根据相关法律规定，只有侦查人员能够行使此项职权。执行现场勘验、检查的侦查人员也必须依法履行此项职责。而侦查人员所属单位为其开具的证明文件则是其依法履行职责的有效凭证。我国《刑事诉讼法》第 128 条规定：“侦查人员执行勘验、检查，必须持有人民检察院或者公安机关的证明文件。”由此可见，侦查人员在执行勘验、检查任务时，必须持有人民检察院或者公安机关的证明文件，以证明检察人员或公安人员的身份及执行勘验、检查任务的程序合法性，防止勘验、检查权被滥用，干扰或破坏侦查活动的顺利进行。本条规定的侦查人员包括公安机关的侦查人员和人民检察院执行自行侦查任务的检察人员。公安机关的侦查人员进行勘验、检查，应当持公安机关的证明文件；人民检察院的检察人员侦查直接受理的案件，进行勘验、检查时，应当持人民检察院的证明文件。这里的“证明文件”是指人民检察院或公安机关开具的允许执行勘验、检查任务的证明文件，而不是指侦查人员的个人身份证件。

根据《刑事诉讼法》的规定，勘验、检查的种类包括：现场勘验、物证检验、尸体检验、人身检查和侦查实验。

（一）现场勘验

现场勘验，是侦查人员对犯罪现场，与犯罪有关的场所、物品和痕迹进行勘验和检查的一种侦查活动。现场勘查主要包括以下几项工作：对现场、被害人、证人进行现场调查；勘验犯罪场所；制作勘验笔录；对现场进行处理，发现和提取犯罪证据等。其中应当遵守下列程序：（1）案发后的现场保护。《刑事诉讼法》第127条规定，任何单位和个人，都有义务保护犯罪现场，并且立即通知公安机关派员勘验。（2）对现场勘验情况应制成笔录，并由侦查人员、参加勘验的其他人员和见证人在笔录上签名或盖章。（3）根据公安部《规定》，勘查现场，应当按照现场勘查规则的要求拍摄现场照片，制作《现场勘查笔录》和现场图。对重大案件、特别重大案件的现场，应当录像。计算机犯罪案件的现场勘查，应当立即停止应用，保护计算机及相关设备，并复制电子数据。

（二）物证检验

物证检验，是指在侦查过程中，对收集到的与案件有关的物品和痕迹进行检查、验证和研究，以确定该物证与案件事实之间关系的一种侦查活动。物证检验应当制作笔录，详细记载检验的过程，物品的特征、形状、材料、尺寸、大小、性质等事项，参加检验的侦查人员、鉴定人和见证人均应签名或者盖章。

（三）尸体检验

在勘验中遇到有死因不明的尸体，必须由侦查人员指派、聘请法医或医师对其进行尸体检验。其目的在于确定死亡的原因和时间，死亡的手段和方法以及凶器的类型,以便分析研究案情,为查明案件事实和查获犯罪嫌疑人提供线索和证据。尸体检验的情况,应当制作笔录,并由侦查人员、法医或医师签名或者盖章。

在案发现场或其他场所发现的与案件有关的尸体必须认真检查。尸体解剖是尸体检验中经常使用的手段,目的在于确定判断凶器的种类,死亡的原因,判明死亡的时间,致死的手段和方法,以便于认定案件的性质,分析研究案情,为侦查破案提供线索和证据。在尸体检验的过程中,相关人员不仅需要依法及时对尸体进行检查、解剖,以防尸体上的痕迹因尸体的变化和腐烂而消失,同时还应尽量尊重死者家属的感情,争取理解和支持,以确保侦查活动的正常进行。《刑事诉讼法》第 129 条规定,对于死因不明的尸体,公安机关有权决定解剖,并且通知死者家属到场。决定对死因不明的尸体解剖的权力属于公安机关,而且只能由公安机关行使,其他任何单位、个人都无权决定对死因不明的尸体进行解剖,也无权进行干涉。根据《刑事诉讼法》的相关规定,进行尸体解剖检查,在必要的时候,可以在侦查人员的主持下,由具有专业知识的法医或者医生进行。尸体解剖要进行尸表检验,即详细察看尸体的位置、姿态、尸体周围的环境和情况,注意发现尸体周围痕迹和物品的情况,以免在尸体检验时对其他痕迹、物品造成破坏,影响其证据价值的发挥;对尸体的衣着、身长、体格状况、皮肤颜色等特征进行观察、测量;观察尸体是否已出现尸斑、尸僵现象,尸体是否已开始腐坏,腐坏的程度如何。另外,还需要察看尸体各部位是否有损伤,损伤的具体位置、形状、大小、深浅和方向等。如果通过尸表检验尚不能确定死因的,或者对死因有疑问的,公安机关可以决定进行尸体解剖。解剖尸体可根据案件的不同要求进行局部解剖或者系统解剖。解剖应在特定场所进行,如公安机关的解剖室以及医学院校附设的法医科室等;如情况紧急,需在现场解剖的,必须采取必要的防护、隔离措施。解剖后应当作出解剖结论,写明死亡原因、死亡时间、损伤位置、特征、病史等。检验尸体的一切情况,应详细写成笔录,并由侦查人员和实施检验的法医或医师签名或盖章。公安机关决定解剖尸体,应当通知死者家属到场。家属在场有以下两种益处:一是家属目睹解剖情况,有利于家属配合公安机关查明案情,使侦查活动得以顺利进行;二是客观上起到了对公安机关解剖尸体进行监督的作用,有利于促使公安机关依法行使职权。

(四)人身检查

人身检查,是指侦查人员为了确定被害人、犯罪嫌疑人的某些特征、伤害情况或者生理状态,依法对其人身进行检查的一种侦查活动。《刑事诉讼法》第130条规定:“为了确定被害人、犯罪嫌疑人的某些特征、伤害情况或者生理状态,可以对人身进行检查,可以提取指纹信息,采集血液、尿液等生物样本。犯罪嫌疑人如果拒绝检查,侦查人员认为必要的时候,可以强制检查。”人身检查的情况应当制作笔录,并由侦查人员和进行检查的法医或医师签名或盖章。

虽然二者同为针对人身的侦查措施,但是人身检查与人身搜查是有区别的:二者目的不同,人身检查是为了确定被害人、犯罪嫌疑人的某些生理特征和状态,搜查是为了收集可能隐藏于人身的犯罪证据;二者主体不同,人身检查可由侦查人员或者受指派、聘请的医师进行,而搜查只能由侦查人员进行;人身检查笔录可以直接作为证据使用,在人身搜查中,笔录只是侦查人员依法履行职责的记载和凭证,其本身并不用于证明案件事实,而在搜查中获取的物证、书证等则可以作为案件相关证据使用。

由于人身检查涉及公民基本人身权利和自由,因此必须严格按照法定程序进行。根据《刑事诉讼法》的规定,对被害人、犯罪嫌疑人进行人身检查,必须由侦查人员进行。必要时也可以在侦查人员的主持下,聘请法医或医师严格依法进行,不得有侮辱被害人、犯罪嫌疑人人格或侵害其他合法权益的行为。对犯罪嫌疑人进行人身检查,如果有必要,可以强制进行。但对于被害人的人身检查,应征得本人同意,不得强制进行。检查妇女的身体,应当有女工作人员或者医师进行。人身检查对于发现线索,及时提取与案件相关证据具有重要意义。但是,对人身的检查,特别是针对人身的强制性检查,与保护公民人身自由权、隐私权等基本权利存在一定冲突,因此,侦查人员行使此项权利,必须经过法律授权,严格依照法定程序进行,文明执法,规范执法,在履行职责的同时,充分尊重和保障当事人的各项权利。而针对女性的人身检查由女性工作人员进行的规定,既体现了对女性群体的尊重和特殊保护,同时也是国际社会的通行做法。2012年《刑事诉讼法》规定在人身检查过程中可以提取指纹信息,采集血液、尿液等生物样本。

《刑事诉讼法》第130条第1款规定,对人身检查的目的是确定被害人、犯罪嫌疑人的某些特征、伤害情况或者生理状态,以查明案件事实。其中,“某些特征”主要是指被害人、犯罪嫌疑人的体表特征,如相貌、皮肤颜色、特殊痕迹、机体有无缺损等;“伤害情况”主要是指伤害的位置、程度、伤势形态等,实践中检查人身伤害情况多是针对被害人进行的;“生理状态”主要是指有无生理缺陷,如智力发育情况,各种生理机能等。通过人身检查,确定上述问题,有利于查明案件性质、犯罪手段和方法、犯罪工具及犯罪其他相关情节,这对认定犯罪事实,查明犯罪嫌疑人,具有重要意义。2012 年《刑事诉讼法》对提取指纹信息、采集生物样本作了规定。在人身检查过程中,必要时提取被害人或者犯罪嫌疑人的指纹信息、采集血液、尿液以及其他出自或者附着于人身的生物样本,是刑事侦查中经常使用的一种措施手段。由此提取的指纹信息、采集的生物样本,经化验、鉴定,可以与其他证据相互印证,形成证据链,有的生物样本甚至可以直接作为证据使用,如犯罪嫌疑人的指纹、DNA 等。增加这一规定为在从人身检查中提取指纹信息、采集生物样本提供了必要的法律依据,更有利于侦查工作的开展。实践中的生物样本多种多样,比如唾液、毛发等其他多种生物样本,在法律中不能一一列举,因此,在法律规定了"等",即在侦查活动中,为了确定被害人、犯罪嫌疑人的特征、伤害情况、生理状态,对有关生物样本都可采集。应当注意的是,在采集上述生物样本时,操作不当会侵犯公民的合法权利,侦查人员必须严格遵守相关法律规定。例如,采集的主体只能是依法对案件行使侦查权的侦查人员或者经授权的义务人员;采集样本的范围仅限于查明案件事实,确定被害人、犯罪嫌疑人某些生物特征的需要;除此之外,不得随意采集。《刑事诉讼法》第 130 条第 2 款是关于强制检查的规定。实践中,对犯罪嫌疑人进行人身检查遭到拒绝时,侦查人员应当根据具体情况采取有效措施。一般情况下,侦查人员应当首先说明原因,向其讲明检查目的、意义,让其接受检查,如果犯罪嫌疑人经教育仍拒绝检查的,侦查人员应当采取强制手段进行检查。其中规定的"必要的时候",是指不进行强制检查,人身检查的任务无法完成,侦查活动无法正常进行,而经教育,犯罪嫌疑人仍拒不接受检查等。需要注意的是,强制性人身检查只适用于犯罪嫌疑人;对于被害人,如果其拒绝接受人身检查,侦查人员不得使用本款规定的强制检查措施。而对于妇女进行人身检查有特殊规定:根据本款规定,对妇女的人身进行检查,应当由女性工作人员或者医师进行。这一规定体现了对妇女的特殊保护,有利于保护被害妇女或者女性犯罪嫌疑人的人身权利和人格尊严不受侵犯,防止不必要的误解,保证侦查活动的顺利进行。执行本条规定,还应当注意:进行人身检查必须由侦查人员或者在侦查人员的主持下,由聘请的法医或医师严格依法进行,期间不得有任何侮辱人格或其他损害公民合法权益的行为;对被害人进行人身检查,不得使用强制手段。如果被害人不愿意检查,侦查人员应当耐心地说服教育,必要的时候,应当请其家属配合做好被害人的思想工作;为保证检查工作的正常进行,检查前,侦查人员应当熟悉已有的案件材料,明确检查部位和要求,严格履行相关法律手续。

(五)侦查实验

侦查实验,是指侦查人员为了确定和判明与案件有关的某一事实或现象在某种情况下能否发生或怎样发生,而模拟案件原有条件,将该事实或现象实验性地重新加以演示的一种侦查活动。侦查实验应当由侦查人员进行,并应当邀请2名以上见证人在场。在涉及专门问题时,可以聘请具有专门知识的人参加。

侦查实验的经过和结果,应当制作侦查实验笔录,由参加侦查实验的侦查人员和见证人签名或者盖章。同时,为了保证勘验、检查的质量,防止和纠正其中的差错,《刑事诉讼法》第132条规定:“人民检察院审查案件的时候,对公安机关的勘验、检查,认为需要复验、复查时,可以要求公安机关复验、复查,并且可以派检察人员参加。”复验、复查可以多次进行,但每次都要制作笔录,人民检察院在具备条件的情况下,也可以自行复验、复查。复验、复查应当遵守的法律程序和规则与勘验、检查相同。

《刑事诉讼法》第133条规定:“为了查明案情,在必要的时候,经公安机关负责人批准,可以进行侦查实验。侦查实验的情况应当写成笔录,由参加实验的人签名或者盖章。侦查实验,禁止一切足以造成危险、侮辱人格或者有伤风化的行为。”本条是对侦查实验规定的修改,将“公安局长”修改为“公安机关负责人”。公安机关是各级人民政府的组成部分,是武装性质的治安行政力量和刑事司法力量,负责社会治安和国家安全保卫。在刑事诉讼中,公安机关是国家的主要侦查机关,负责绝大多数刑事案件的立案侦查工作,行使国家的侦查权。公安机关实行统一领导、分级管理、条块结合和以块为主的管理体制,其组织机构设置如下:国务院设立公安部;各省、自治区设公安厅,直辖市设公安局;各省辖市、自治州、地区、盟设公安局(处);各县、自治县、县级市设公安局;各直辖市和其他设区的市辖区设公安分局;基层公安机关根据需要,在乡、镇、城市街道和其他必要的地方设立公安派出所,作为派出机构;在铁路、民航、交通、林业、大型厂矿企业内部等设立公安局;新疆生产建设兵团公安局,新疆生产建设兵团是计划单列的一个省级机构。经国务院批准,在新疆生产建设兵团设立公安局,兵团所属师、团设立公安处(局)。公安机关实行双重领导体制。地方公安机关隶属于同级人民政府,受同级人民政府的领导，同时在业务上受上级公安机关领导。公安机关负责人，单纯从字面上来看，是指上述不同层级的公安机关的负责人。但是具体到本条中有权批准进行侦查实验的公安机关负责人应当是指县级以上公安机关的负责人。因为，侦查实验是指侦查人员为了确定和判明与案件有关的某一事实或现象在某种情况下能否发生或怎样发生，而模拟案件原有条件，将该事实或现象实验性地重新加以演示的一种侦查活动。进行侦查实验的主要目的是确定在一定条件下能否听到或者看到；确定在一定时间内能否完成某一行为；确定在什么条件下能够发生某种现象；确定某种条件下某种行为和某种痕迹是否吻合一致；确定在某种条件下使用某种工具可能或者不可能留下某种痕迹；确定某种痕迹在什么条件下会发生变异；确定某种事件是怎样发生的等。侦查实验是分析研究犯罪手段和某些事实、情节，审查判明犯罪嫌疑人供述和辩解、证人证言、被害人陈述是否合乎客观实际情况的一种方法。由于进行侦查实验有可能产生一定的不良后果，因此，侦查实验不宜广泛采用。当对案件重要情节非经侦查实验难以查明时，或者对案件是否发生以及如何发生难以确定时，才允许进行侦查实验。公安部《规定》第 216 条第 1 款规定："为了查明案情，在必要的时候，经县级以上公安机关负责人批准，可以进行侦查实验。"因此，公安机关实施侦查实验的，办案部门需报县级以上公安机关负责人批准，而不能由更低级别的公安机关负责人批准；将"公安局长"修改为"公安机关负责人"可以更加准确地涵盖县级以上公安机关的负责人，便于高级别的公安机关领导下级公安机关工作。

第五节　搜　　查

一、搜查的概念及意义

搜查，是指侦查人员依法对于犯罪嫌疑人以及可能隐藏罪犯或者罪证的人的身体、物品、住处和其他有关地方进行搜查、检查的一种侦查行为。

搜查是侦查机关同犯罪作斗争的一项重要手段，它对侦查机关及时收集证据，查获犯罪嫌疑人、防止其逃跑、毁灭、转移证据，揭露、证实犯罪，保证诉讼的顺利进行具有十分重要的意义。

二、搜查的程序

侦查人员为了收集犯罪证据、查获犯罪人，对犯罪嫌疑人及可能隐藏罪犯或者犯罪证据的人的身体、物品、住处和其他有关的地方进行强制性搜查，直接关系公民的人身和居住等基本的公民权利，因此必须严格按照法律规定进行：

1. 侦查人员搜查人身或住处，必须是为了收集犯罪证据，查获犯罪嫌疑人的目的。搜查的范围必须是与罪犯和隐匿罪犯或罪证有关的地方，也就是犯罪嫌疑人的人身、物品和住处，以及其他可能隐藏罪犯或犯罪证据的人的人身、物品和住处，如亲友、邻居或工作单位等。

2. 搜查必须由人民检察院和公安机关的侦查人员进行，其他任何人或单位都无权进行搜查。侦查人员在进行搜查时，被搜查的单位或个人应当积极配合。被搜查的单位或个人应当交出的证据包括侦查机关已经掌握的，也包括侦查机关没有掌握但在搜查中新发现的。对于事先已经确定搜查的物证、书证和视听资料，搜查人员可以先动员被搜查者自动交出来；如果拒不交出，侦查人员可以强行搜寻、查找，任何人不得以任何理由进行阻拦。对于故意隐匿罪证的应当依照法律规定追究法律责任，对构成犯罪的，应当依照《刑法》的有关规定追究刑事责任；对于以暴力、威胁方法妨碍搜查的应当依照刑法关于阻碍执行公务罪追究刑事责任；对于以其他方法妨碍搜查顺利进行的，依照《治安管理处罚法》的有关规定，给予治安处罚。侦查人员发现被搜查的单位或个人交出的物品与本案无关的，应当及时退回。

3. 进行搜查必须向被搜查人出示搜查证。搜查证，是侦查人员依法进行搜查的法律凭证。出示搜查证是为了证明执行搜查的人员的身份和履行搜查职责，防止非法搜查，保证公民的人身权利、财产权利和住宅不受侵犯。只有在执行拘留、逮捕的时候，遇有紧急情况，才可以不用搜查证进行搜查。搜查可以单独进行，也可以与执行拘留、逮捕同时进行。如被执行拘留、逮捕的人身藏凶器或爆炸物、剧毒物品或在其住处放有爆炸物品等，可能发生自杀、凶杀以及其他危害他人或公共安全的情况，或者有毁弃、转移罪证等反侦查迹象的，都应当立即进行搜查，以防止给社会带来危害，失去获取证据的时机，以保证侦查活动的顺利进行。如果没有遇到上述紧急情况，进行搜查必须出示搜查证，不得以拘留证或逮捕证代替搜查证。搜查证应当写明被搜查人的姓名、性别、职业、住址、搜查的处所、搜查的目的、搜查的机关、执行搜查的人员及搜查日期。

4. 搜查时，应当有被搜查人或他的家属，邻居或者其他见证人在场。这样有利于证实搜查情况，增强所取得的证据的真实性、可靠性，也便于群众监督，同时也可以防止一些被搜查人诬告搜查人员违法搜查，保证搜查活动的顺利进行。

5. 搜查妇女的身体应当由女工作人员进行。见证人也必须是女性，其他无关的人不得在场。这体现了对妇女的特殊保护，可以防止在检查过程中出现侮辱妇女等违法行为，有利于确保被搜查妇女的人身安全；同时也可以防止被搜查人诬告陷害侦查人员，保证搜查的顺利进行。

6. 进行搜查必须制作搜查笔录。搜查是侦查中获得证据的重要手段，搜查的情况直接关系到证据取得的是否合法，证据材料是否真实可靠，捕获犯罪嫌疑人的方案是否可行，以及下一步的侦查方案如何确定等问题。为了解决上述问题，保证侦查活动的顺利进行，必须将搜查的情况，按照搜查的顺序如实地记录下来，制成笔录，把搜查的时间、地点、过程，发现的证据，提取和扣押的证据的名称、数量、特征及发现的其他有关犯罪的线索等，一一写清楚，以便侦查和分析案情。制作好的搜查笔录应当由侦查人员和被搜查人或他的家属，邻居或者其他见证人签名、盖章。这样有利于保证搜查笔录的准确性，便于核实查对；也只有这样才能证明搜查取得的证据的真实性、有效性。如果被搜查人或者他的家属逃跑或者拒绝签名、盖章，应当在笔录上注明，以证明搜查时的情况和向法庭表明搜查笔录上没有被搜查人或他的家属的签名、盖章的原因，并可以防止被搜查人或他的家属无理纠缠，以保证侦查活动的顺利进行。

我国 1996 年《刑事诉讼法》110 条规定："任何单位和个人，有义务按照人民检察院和公安机关的要求，交出可以证明犯罪嫌疑人有罪或者无罪的物证、书证、视听资料。"2012 年《刑事诉讼法》第 135 条规定："任何单位和个人，有义务按照人民检察院和公安机关的要求，交出可以证明犯罪嫌疑人有罪或者无罪的物证、书证、视听资料等证据。"本条规定的是单位和个人按人民检察院和公安机关的要求提交其所持有的对证明案件事实有作用的证据的义务。本条在 1996 年《刑事诉讼法》第 110 条的基础上增加了"等证据"三个字。"等证据"，指除《刑事诉讼法》第 48 条规定的物证、书证、视听资料之外的其他证据，主要指实物证据，如电子数据等。这样的修改是因为《刑事诉讼法》第 48 条对法定证据的种类作了修改，两者相互呼应和配合，且都是基于我国刑事诉讼的司法实践。

第六节　查封、扣押物证、书证

一、查封、扣押物证、书证的概念及意义

查封、扣押物证、书证，是指侦查机关依法强制提取、留置和封存与案件有关的物品、文件的一种侦查行为。在侦查实践中，查封往往针对的是不动产，而扣押往往针对的是动产。《刑事诉讼法》第139条规定，侦查机关只能查封、扣押能够证明犯罪嫌疑人有罪或者无罪的财物、文件，与案件无关的财物、文件，不得查封、扣押。

查封、扣押物证、书证的目的在于取得和保全证据。因此侦查机关及时通过扣押行为，能够防止证明犯罪嫌疑人有罪或无罪，罪重或罪轻的物品和文件被毁弃、丢失或被隐藏等现象，从而保证侦查人员依法扣押的物证、书证在认定案件事实，揭露、证实犯罪，保障无罪公民不受刑事追诉方面发挥其应有的证据作用。

在刑事诉讼法学中，书证与物证两种类型的证据被规定为同一种表现形式，因为两者之间存在着一定的联系；但如果再具体细化地对刑事证据进行分类，物证和书证则可以区分开来，因为两者之间也有着一定的区别。物证被定义为，能够证明案件事实的一切物品和痕迹。而书证则是指用文字、符号、图画等所表达的思想内容来证明案件事实的实物证据。两者之间存在着四点区别：第一，两者的证明方式不同。物证的证明方式是以其自身属性、外部特征或存在状况来证明案情，而书证的证明方式则是以文字、符号、图像等所表达的思想内容来证明案情。一个是具体的，一个是抽象的，这是两者最为显著的区别。第二，物证具有易变、易失性，而书证具有稳定性。物证容易受到自然因素的影响，由于风吹、日晒、雨淋、沙埋、水淹、车碾等或者时过境迁，物证很容易变形、变质甚至灭失。书证则内容明确，其载体通常也比较轻薄，相对来说易于保存，因而书证的稳定性较强。第三，物证是间接性的，而书证是直接性的。任何一个物证所包含的信息内容都只能反映案件事实的某个片段，而不能反映案件的主要事实。而书证则是以记载的思想内容来证明案情，它与案件事实的联系往往是直接的。第四，物证具有较强的客观真实性，而书证则具有一定的人为主观想法。物证就是强调其自身的客观的外

在状态,不用人为的加以猜想,书证是强调其表达的思想内容,就必然需要人为的联想与揣摩;物证的客观真实性强于书证。物证和书证虽有着一定的区别,但也有着不可忽视的联系。联系即物质性,两者都需要一定的物质载体,这也正是将两种证据归为一类的原因。两者作为正确进行刑事诉讼活动的事实根据,都是刑事诉讼中重要的证据,与刑事诉讼法的本质、任务紧密联系着。

二、查封、扣押物证、书证的程序

为保障公民、法人和其他组织的财产权利和其他权利不受侵犯,我国《刑事诉讼法》对查封、扣押物证、书证规定了严格的程序。

1. 查封、扣押物证、书证只能由侦查人员进行;侦查人员如果是在勘验、检查和搜查中发现需要查封、扣押的物品、文件时,凭勘查证和搜查证即可予以扣押;如果是单独进行扣押,则应持有侦查机关的证明文件。

2. 查封、扣押的范围仅限于与查明案件有关的具有证据意义的各种物品、文件。对违禁品,无论是否与本案有关,都应先行扣押,然后交有关部门处理。

3. 对于查封、扣押的物品和文件,应当会同在场见证人和被扣押物品、文件的持有人查点清楚,当场开列清单一式二份,由侦查人员、见证人和持有人签名或者盖章。持有人及其家属在逃或者拒绝签名时,不影响扣押的进行,但应当在清单上注明。

4. 对于扣押的物品、文件,侦查机关应当妥善保管或者封存,不得使用、损毁或丢弃。

5. 侦查人员认为需要扣押犯罪嫌疑人的邮件、电报时,经公安机关或人民检察院的批准,即可通知邮电机关将有关的邮件、电报检交扣押。不需要继续扣押时,应当立即通知邮电机关。据此,侦查人员认为需要扣押邮件(包括电子邮件)、电报时应当经县级以上侦查机关负责人批准,签发扣押通知书,然后通知邮电机关或者网络服务单位检交扣押。当案情发生变化或者其他原因不需要继续扣押时,应当经县级以上侦查机关负责人批准,签发解除扣押通知书,立即通知邮电机关或者网络服务单位停止扣押。

6. 公安机关、人民检察院根据侦查犯罪的需要,可以依照规定查询、冻结犯罪嫌疑人的存款、汇款、债券、股票、基金份额等财产。犯罪嫌疑人的存款、汇款已被债券、股票、基金份额等财产冻结的,不得重复冻结,但可以要求有关银行、邮电部门在解冻前通知公安机关和人民检察院。

7. 对于扣押的物品、文件、邮件、电报或者冻结的存款、汇款,经查明确实与案件无关的,应当在3日以内解除扣押、冻结,退还原主或者原邮电机关。

查封、扣押物证、书证还应当着重审查的内容:(1)物证、书证是否为原物、原件,是否经过辨认、鉴定;物证的照片、录像、复制品或者书证的副本、复制件是否与原物、原件相符,是否由2人以上制作,有无制作人关于制作过程以及原物、原件存放于何处的文字说明和签名。(2)物证、书证的收集程序、方式是否符合法律有关规定;经勘验、检查、搜查提取、扣押的物证、书证,是否附有相关笔录、清单,笔录、清单是否经侦查人员、物品持有人、见证人签名,没有物品持有人签名的,是否注明原因;物品的名称、特征、数量、质量等是否注明清楚。(3)物证、书证在收集、保管、鉴定过程中是否受损或者改变。(4)物证、书证与案件事实有无关联;对现场遗留与犯罪有关的具备鉴定条件的血迹、体液、毛发、指纹等生物样本、痕迹、物品,是否已作DNA鉴定、指纹鉴定等,并与被告人或者被害人的相应生物检材、生物特征、物品等比对。(5)与案件事实有关联的物证、书证是否全面收集。据以定案的物证应当是原物。原物不便搬运,不易保存,依法应当由有关部门保管、处理,或者依法应当返还的,可以拍摄、制作足以反映原物外形和特征的照片、录像、复制品。物证的照片、录像、复制品,不能反映原物的外形和特征的,不得作为定案的根据。物证的照片、录像、复制品,经与原物核对无误、经鉴定为真实或者以其他方式确认为真实的,可以作为定案的根据。

关于查询、冻结财产的规定,《刑事诉讼法》有明确规定,主要目的是查明犯罪、证实犯罪和保护国家、集体、公民利益。同时,采取这种措施有利于防止证据转移、赃款转移,也可以防止这些款项再次被用于犯罪。根据侦查的需要,由于这种侦查措施直接影响到当事人的权益,有必要通过立法加以规范。《商业银行法》明确规定,对个人、单位存款,商业银行有权拒绝任何单位或者个人查询、冻结、扣划,但法律另有规定的除外。《邮政法》明确规定,用户交汇的汇款和储蓄的存款受法律保护。除法律另有规定外,任何组织或者个人不得检查、扣留。《刑事诉讼法》规定的人民检察院、公安机关为了侦查犯罪的需要,规定可以查询、冻结犯罪嫌疑人的存款、汇款,就是《商业银行法》和《邮政法》所规定的"法律另有规定",为在侦查工作中查询、冻结犯罪嫌疑人的存款、汇款提供了法律依据。2012年《刑事诉讼法》有两处修改:一是根据社会情况变化和侦查工作的需要,将查询、冻结犯罪嫌疑人的财产范围由存款、汇款扩大为存款、汇款、债券、股票、基金份额等财产;二是规定对于查询、冻结存款、汇款等财产，有关单位和个人应当配合。随着资本市场的改革开放和稳定发展，越来越多的人通过购买股票、债券、基金等方式参与到资本市场的运作，个人的财产有相当一部分是以股票、债券、基金的形式存在，根据现实的发展及司法实践的需要，2012年《刑事诉讼法》修改将可以查询、冻结犯罪嫌疑人的财产范围由存款、汇款扩大为存款、汇款、债券、股票、基金份额等财产，并规定有关单位和个人在人民检察院、公安机关依照规定查询、冻结犯罪嫌疑人的上述财产时予以配合，这也是有关单位和个人应尽的法律义务。

第七节　鉴　　定

一、鉴定的概念及意义

鉴定，是指侦查机关指派或聘请具有专门知识的人就案件中某些专门性问题进行科学鉴别和判断并作出鉴定意见的一种侦查行为。

在侦查中，鉴定的使用范围极其广泛，凡是与刑事案件有关的能够证明犯罪嫌疑人有罪、无罪的各种物品、文件、痕迹、人身、尸体等都可以进行鉴定。因此，鉴定对于侦查机关及时收集证据，准确揭示物证、书证在诉讼中的证明作用，鉴别案内其他证据的真伪，查明案件事实真相，查获犯罪嫌疑人具有重要作用。

在我国，鉴定的范围，包括刑事技术鉴定、人身伤害的医学鉴定、精神病的医学鉴定、扣押物品的价格鉴定、文物鉴定、珍稀动植物及其制成品鉴定、违禁品和危险品鉴定、电子数据鉴定等。

二、鉴定的程序及要求

根据《刑事诉讼法》及相关司法解释的规定，鉴定应当依照如下程序进行：

1. 侦查机关指派或者聘请的鉴定人，必须具备与案件中所要求解决的专门性问题相适应的专门知识和技能，并且鉴定人应与本案或本案当事人没有利害关系或其他可能影响客观、公正的鉴定意见作出的情况。“专门知识”是指某一专门研究领域的理论和实践经验，如法医学、弹道研究、指纹研究等。

2. 侦查机关应当为鉴定人提供必要的有关原始材料和鉴定需要了解的有关案件情况，并且明确提出要求鉴定解决的问题，但不得暗示或者强迫鉴定人作出某种鉴定意见。

3. 鉴定人应当按照鉴定规则，运用科学方法进行鉴定。鉴定后应当出具鉴定意见，并由鉴定人签名。如果是多名鉴定人共同进行鉴定的，可以互相讨论，达成一致后提出共同的鉴定意见，每一位鉴定人都应当签名；如果意见不能一致，则可以分别提出自己的意见，并各自签名。鉴定只能涉及案件中的专门性事实问题，无权对案件的法律问题作出评判。

4. 对于人身伤害的医学鉴定有争议需要重新鉴定或者对精神病的医学鉴定，由省级人民政府指定的医院进行。鉴定人进行鉴定后，应当写出鉴定意见，并由鉴定人签名，加盖医院公章。同时，《刑事诉讼法》第 147 条规定，对犯罪嫌疑人作精神病鉴定的期间不计入办案期限。

5. 侦查机关应当将用作证据的鉴定意见告知犯罪嫌疑人、被害人，如果犯罪嫌疑人、被害人申请补充鉴定或重新鉴定，可以补充。用作证据的鉴定意见，直接关系到对案件事实的认定，对犯罪嫌疑人和被害人有着直接的利害关系，所以将鉴定意见告知犯罪嫌疑人、被害人，使其有机会申请补充鉴定或者重新鉴定，体现了对犯罪嫌疑人、被害人诉讼权利的保障。

6. 鉴定人故意作虚假鉴定，情节严重构成犯罪的，应当依法追究其作伪证的刑事责任；尚不够刑罚处罚的，则依法予以行政处分。

7. 关于鉴定意见：鉴定意见是指各行业的专家对案件中的专门性问题所出具的专门性意见。鉴定意见一词最早是在美国使用，其实质是一种证人证言。在当代各国的司法实践中，司法鉴定的使用日益广泛，鉴定意见在帮助执法者查明事实方面也有着无可替代的作用。但是，我国司法鉴定的相关制度并不完善，相当一部分法官和当事人把鉴定意见当做科学结论，忽视了其言词证据的本质，因而疏于对其证据能力和证明力进行审查。应从鉴定机构、鉴定人、鉴定意见三方面完善立法，以促使司法鉴定更好地发挥功效。

形式多样的司法鉴定是以科学为依据的，正因为如此，司法鉴定具有一定的局限性：第一，科学本身的不确定性问题。科学大体可以分为自然科学和社会科学。我们一向所笃信的自然科学有时并不能对法庭中存在的重大问题提供明确的答案。与自然科学相比，社会科学的不确定性更加突出。第二，伪科学问题。科学的发展是累积性的，科学家们提出的理论中，有些能够经过时间的考验，有些执法者则只能依据现在人们所认为的科学作出裁判。

其中，有些可能是经不起时间考验的“伪科学”。因此，在刑事司法中，我们应当对鉴定意见的应用持中立的怀疑态度，使其接受不断地批评和监督。从立法的角度，健全司法鉴定制度起着至关重要的作用。我国目前的司法鉴定制度存在不少的问题。我们应当通过完善对司法监督机构的管理，加强对司法鉴定人的资质控制，赋予当事人自行委托鉴定人的权利，加强对鉴定意见的质证制度，发挥司法鉴定、行业协会的作用，完善司法鉴定机构和司法鉴定人违反责任追究制度等。消除或缓解我国刑事司法活动中所面临的鉴定意见的地位日益提高与现行鉴定制度相对滞后之间的矛盾，促进司法裁判的公正性和可接受性。

鉴定意见的审查判断这种说法容易造成误会，以为执法者审查判断的只是鉴定意见证据本身，执法者的审查判断实际上要包括整个鉴定过程，鉴定意见只不过是鉴定结果的记录载体而已。这样在鉴定报告中就鉴定过程书写过于简略或者遗漏重要内容或者当事人对鉴定报告具有异议的情况下，执法者应当具有以下认识：不能仅凭鉴定主体签名盖章的形式真实性来认定鉴定报告内容的实质正确性，在鉴定意见这种证据方法当中，形式有效与实质正确是可以分开的。它们具有不同的判断标准：前者标准是法律规范，后者标准是知识规范。我国目前刑事鉴定的主要问题是具有合法资质的鉴定机构和鉴定人在缺乏权威统一的技术标准规范的情况下，在机关专业领域内从事鉴定活动。这些鉴定主体出具的鉴定报告，形式上都是合法有效的，但是鉴定报告的实质正确性如何，难以确定一个比较明确的判断标准。再加上我国刑事鉴定的侦查行为定位，刑事鉴定机构法律地位的不中立，鉴定程序启动缺乏相应的规则，一个案件中出现多头鉴定、多份鉴定，鉴定报告难于有效质证的情况还比较普遍，相关专业领域没有统一的检验鉴定规则和统一的技术方法，但鉴定机构仍然在相关专业领域内出具了鉴定报告，执法者如何作实质审查，如笔迹鉴定、精神病鉴定、车速检测与计算、醉酒检测等社会公众较为熟悉的检测项目并没有权威统一的技术检测标准。

2012 年《刑事诉讼法》第 145 条规定：“鉴定人进行鉴定后，应当写出鉴定意见，并且签名。鉴定人故意作虚假鉴定的，应当承担法律责任。”这是在 1996 年《刑事诉讼法》第 120 条基础上修改而形成的，该条作了两处修改：一是将“鉴定结论”修改为“鉴定意见”，在 1996 年《刑事诉讼法》的其他章节中表述为“鉴定结论”的，在《刑事诉讼法》中全部修改为“鉴定意见”，这样表述更科学、准确，更符合鉴定活动的本质特征。在刑事诉讼过程中，是通过鉴定活动对案件中涉及的某些专门性问题作出鉴别与判断，鉴定结果对案件的认定往往会起到决定性的作用。但鉴定只是鉴定人依据其个人掌握的专门知识对有关专门性问题作出的检验、鉴别和判断，是鉴定人提供鉴定意见的一种服务行为，鉴定人应当对由其签名的鉴定意见负责。鉴定意见是案件中诸多证据的一种证据，需要办案人员认真审查和核实后，方可作为证据使用。将“鉴定结论”修改为“鉴定意见”，可摆正此类证据在诉讼活动中的位置，转变办案人员的观念，发挥主动性和能动性，提高办案质量。二是删除了原文中的第 2 款：“对人身伤害的医学鉴定有争议需要重新鉴定或者对精神病的医学鉴定，由省级人民政府指定的医院进行。鉴定人进行鉴定后，应当写出鉴定结论，并且由鉴定人签名，医院加盖公章。”删除该款的原因是，在人大常委会《司法鉴定管理决定》出台之前，县级公、检、法机关各自指定本部门认可的医院和法医进行鉴定，政出多门，标准不一，经常出现鉴定意见不一致的现象，难以协商，因鉴定不准确而导致错案时常发生，案件当事人的合法权益得不到保障，严重损害了司法机关的形象。2005 年出台的人大常委会《司法鉴定管理决定》明确规定，国务院司法行政部门主管全国鉴定人和鉴定机构的登记管理工作；省级人民政府司法行政部门依照本决定的规定，负责对鉴定人和鉴定机构的登记、名册编制和公告；申请从事司法鉴定业务的个人、法人或者其他组织，由省级人民政府司法行政部门审核，对符合条件的予以登记，编入鉴定人和鉴定机构名册并公告；侦查机关根据侦查工作的需要设立的鉴定机构，不得面向社会接受委托从事司法鉴定业务；人民法院和司法行政部门不得设立鉴定机构。从此，鉴定工作由“九龙治水”的局面，转变成司法行政部门独家管理，鉴定标准日趋完善统一，经过多年的实践证明，这种管理体制有效遏制了多头鉴定现象，鉴定质量和公信力明显提高。本条第 2 款是对鉴定人故意作虚假鉴定应当承担法律责任的规定。“故意作虚假鉴定”是指故意出具不符合事实的鉴定意见。由于在诉讼活动中的虚假鉴定会直接影响到司法公正，因此，作出虚假鉴定的原因不论是出于利害关系，还是受到外界不当干扰，都会承担法律责任，构成伪证罪、受贿罪等犯罪行为的，将受到刑事处罚；尚不够刑事处罚的，将受到行政处分。但如果是因为技术水平或者设备达不到鉴定的要求而导致鉴定意见不准确甚至完全错误，则不应以“故意作虚假鉴定”论处。

《刑事诉讼法》第 146 条规定：“侦查机关应当将用作证据的鉴定意见告知犯罪嫌疑人、被害人。如果犯罪嫌疑人、被害人提出申请，可以补充鉴定或者重新鉴定。”本条是1996年《刑事诉讼法》的第121条，仅将“鉴定结论”相应地修改为“鉴定意见”。根据前段的规定，侦查机关应当将用作证据的鉴定意见告知犯罪嫌疑人、被害人。“用作证据的鉴定意见”是指经侦查机关审查核实后，认为可以作为诉讼证据的鉴定意见，不论是用作证明犯罪嫌疑人有罪，还是证明其无罪的鉴定意见。之所以要将鉴定意见告知犯罪嫌疑人、被害人，是因为鉴定意见对于认定案件事实具有极其重要的作用，对犯罪嫌疑人、被害人有直接的利害关系，告知后，使犯罪嫌疑人、被害人有机会申请补充鉴定或者重新鉴定，这是对其诉讼权利的一种保障。然而，条文中并没有规定以何种方式进行告知，鉴于这一证据的重要性，还是应当以书面形式告知，可以将鉴定意见的结论部分转述给犯罪嫌疑人、被害人，也可以提供鉴定意见的复印件，这样更有利于犯罪嫌疑人、被害人对鉴定意见进行审查，以决定是否行使申请补充鉴定或者重新鉴定的权利。根据后段的规定，如果犯罪嫌疑人、被害人提出申请，可以补充鉴定或者重新鉴定。这里未规定申请的方式和时间，因此，不论是口头还是书面申请，只要是在侦查终结之前应当均可。申请“补充鉴定”是指犯罪嫌疑人或者被害人认为鉴定意见有疑点或者遗漏，或者是鉴定意见对于案件的有关专门性问题涉及的因果关系没有作出明确的回答等，可能影响案件事实的认定，从而使自己的合法权益受到损害时提出的申请。申请“重新鉴定”是指犯罪嫌疑人或者被害人认为鉴定意见确有错误，或者鉴定人应当回避而没有回避，或者其他原因导致鉴定意见不准确，可能影响案件公正处理时提出的申请。对于犯罪嫌疑人、被害人提出补充鉴定或者重新鉴定的申请，侦查机关应当及时进行认真审查，认为申请理由成立的，应当指派或聘请原鉴定人进行补充鉴定，或者另行指派或聘请鉴定人进行重新鉴定；认为申请理由不成立的，应当驳回申请，并说明理由。

《刑事诉讼法》第147条规定：“对犯罪嫌疑人作精神病鉴定的期间不计入办案期限。”所谓“不计入办案期限”，是指犯罪嫌疑人及其法定代理人或者辩护人向侦查机关提出确认犯罪嫌疑人在实施犯罪过程中精神状态的申请，或者侦查机关办理案件中认为需要对犯罪嫌疑人作精神病鉴定时，依照法定程序开始对犯罪嫌疑人进行精神病鉴定到出具鉴定意见的期间不计入侦查羁押期限和审查起诉、审判期限。

关于鉴定人参与刑事诉讼活动，《刑事诉讼法》也体现了对其的特殊规定：一是要严格把好鉴定质量关，确保鉴定意见的科学、客观和公正。在司法实践中，对行为人在实施犯罪时是否有精神病的认定、对人身伤害案件中的受害者是否造成轻伤以上，以及对涉案物品价格多少的认定等，对于决定是否追究行为人的刑事责任以及如何量刑至关重要。我国《刑法》第 18 条规定，精神病人在不能辨认或不能控制自己行为的时候造成危害结果，经法定程序鉴定确认的，不负刑事责任；间歇性精神病人在精神正常的时候犯罪，应当负刑事责任；尚未完全丧失辨认或控制自己行为能力的精神病人犯罪的，应当负刑事责任，但是可以从轻或者减轻处罚。因此，严格把好刑事诉讼活动中的鉴定质量关，是服务司法公正的前提条件。二是鉴定人应当遵守回避的相关规定。《刑事诉讼法》第 28 条规定，鉴定人有下列情形之一的，应当自行回避，当事人及其法定代理人也有权要求他们回避：(1)是本案的当事人或者是当事人的近亲属的；(2)本人或者他的近亲属和本案有利害关系的；(3)担任过本案的证人、鉴定人、辩护人、诉讼代理人的；(4)与本案当事人有其他关系，可能影响公正处理案件的。三是鉴定人应当履行出庭作证义务。《刑事诉讼法》第 187 条第 3 款规定："公诉人、当事人或者辩护人、诉讼代理人对鉴定意见有异议，人民法院认为鉴定人有必要出庭的，鉴定人应当出庭作证。经人民法院通知，鉴定人拒不出庭作证的，鉴定意见不得作为定案的根据。"也就是说，无论鉴定人的鉴定意见是如何完美无缺，只要鉴定人经法院通知仍未出庭作证的，那么再准确的鉴定意见也将会被视作一纸空文，无任何使用价值，不作为案件证据使用。这是硬性规定，鉴定人应当高度重视。否则，因此而造成被鉴定人损失的，鉴定人将承担赔偿责任。四是严格遵守人大常委会《司法鉴定管理决定》和《司法鉴定程序通则》的相关规定。鉴定人从事司法鉴定业务，应当遵守法律、法规，遵守职业道德和职业纪律，尊重科学，遵守技术操作规范；鉴定人应当在一个鉴定机构中从事司法鉴定业务；司法鉴定实行鉴定人负责制度；司法鉴定人应当依法独立、客观、公正地进行鉴定，并对自己作出的鉴定意见负责；司法鉴定人应当保守在执业活动中知悉的国家秘密、商业秘密，不得泄露个人隐私；未经委托人的同意，不得向其他人或者组织提供与鉴定事项有关的信息，但法律、法规另有规定的除外等等。五是鉴定人可以适时申请人身保护。《刑事诉讼法》第 62 条第 2 款规定："证人、鉴定人、被害人认为因在诉讼中作证，本人或者其近亲属的人身安全面临危险的，可以向人民法院、人民检察院、公安机关请求予以保护。"这不是说鉴定人只要出庭作证就有必要申请人身保护，只是对于危害国家安全犯罪、恐怖活动犯罪、黑社会性质的组织犯罪、毒品犯罪等案件，鉴定人因在诉讼中出庭作证,本人或者其近亲属的人身安全面临危险的,才有必要向司法机关申请保护,在作证时也可以采取不公开真实姓名、住址和工作单位等个人信息和不暴露外貌、真实声音出庭作证等措施来规避打击报复风险。

从我国《刑事诉讼法》的修改中,可以看出在刑事鉴定中对正当程序和程序的人道价值的追求。程序的人道价值作为一个独立的价值,属于程序的内在价值和正当程序的范畴。并非一切程序都是正当的,此中包含着价值问题。程序必须最大限度地理性化从而体现形式公正,程序必须人道是现代正当程序的理念要求。程序的人道价值始终把维护所有刑事程序参加人的尊严、真心承认和努力维护他们的程序主体地位置于其首要和核心地位。特别是对犯罪嫌疑人、被告人、被害人等相对弱势的个体,强调公安司法机关的诉讼关照义务,即国家机关在刑事程序中对相对弱势的诉讼参加人进行必要的扶助,为其实现权利、维护权益提供必要帮助的义务。刑事鉴定的正当程序化在司法实践中的发展必然要求程序的人道价值的体现。在很多案件中,法庭的裁判结论是否公正,在很大程度上取决于司法鉴定意见的可靠性。无论是鉴定人的选任和出庭、鉴定意见的制作和告知、公检法机关的诉讼关照义务,还是鉴定辅助人制度的设置、针对鉴定费用和鉴定辅助人的法律援助制度等这些程序人道化的举措,都大大促进了司法鉴定制度的理性化、民主化、文明化程度,也都构成了司法鉴定程序正当化程度的提升。

鉴定程序中人道价值在当今被较大程度的重视。在英美法系国家中,控辩双方都可以直接委托鉴定,提出自己的“鉴定人”——专家证人——出庭并接受控辩双方的交叉询问。而大陆法系国家则承认所有的当事人都有要求进行鉴定的权利,只要在程序过程中有技术方面的问题,即可请求进行鉴定。预审法官只有在其接到有关进行鉴定的请求之后1个月期限内,以说明理由的裁定,始能驳回进行鉴定的申请。对预审法官驳回鉴定申请的裁定,可以向上诉法院起诉审查庭提出上诉。如果上述期限未得到遵守,提出鉴定申请的当事人可以直接向上诉法院起诉审查庭庭长提出请求。[1] 以上便体现了需要赋予当事人对刑事鉴定程序的启动权。除控诉机关和法院有权提起鉴定程序,刑事程序的当事人也应有权启动鉴定程序。其次,没有充分的知悉情形,就无法作出理性的选择和决定。从程序人道的角度,鉴定程序当

---

〔1〕［法］卡斯东·斯特法尼著等:《法国刑事诉讼法精义》,罗结珍译,中国政法大学出版社1998年版,第646页。

事人在鉴定之前应有权获知鉴定机构和鉴定人的必要信息，包括鉴定机构的名称、业务范围、人员情况、设备情况、鉴定人的学历、工作经历、职称和执业范围等。据此，当事人有权自主选择有相关资质的鉴定机构、鉴定人进行司法鉴定，刑事鉴定程序主体对于司法鉴定机构和鉴定人的知情权和选择权由此可以体现。在法庭审查司法鉴定的过程中，当事人应当有权向司法鉴定人提出质证。此外，如果当事人对司法鉴定意见存在确有理由的异议，他们应当有权申请重新鉴定。当然，这种申请并非没有数量和理由限制，从而当事人针对鉴定意见的质证权和重新鉴定权得到保障。其次，司法鉴定往往涉及一些专门性的问题和技术，当事人普遍缺乏鉴定的有关知识，对鉴定意见正确与否只停留在感性认识的基础上，提不出有实质性的质疑。为了维护当事人的权益，从程序人道的价值出发，应当允许司法鉴定当事人聘请具有专门知识和技能的人担任鉴定辅助人。但是我国强职权主义的刑事诉讼模式构成了影响司法鉴定制度最深刻的制度原因，当事人没法自主选择司法鉴定主体，申请回避权存在重大缺陷。在司法鉴定体制改革之前，长期存在着公检法三机关对鉴定事业进行垄断经营，自侦自鉴、自检自鉴、自审自鉴的现象相当普遍。在实践中，司法鉴定机构的负责人或者法定代表人对司法鉴定人形成司法鉴定意见有着不可小觑的影响作用，一旦其与案件有某种利害关系，就可能对公正鉴定产生不良影响。[1] 因此，我国刑事鉴定制度至少应考虑到一些改进措施，例如，保障当事人及其辩护人、代理人享有委托鉴定前的知情权，规定公检法机关的诉讼告知义务；规定犯罪嫌疑人、被告人有权直接申请委托鉴定；细化和完善鉴定人相关的程序性权利等。

第八节 技术侦查措施

一、技术侦查措施的概念及意义

2012年《刑事诉讼法》在技术侦查措施的立法技术上，采取了“概括授权”的方式，即仅笼统规定侦查机关对于危害国家安全犯罪、恐怖活动犯罪、

---

〔1〕 肖晋、冯斌：“程序人道与中国刑事鉴定制度的迈进”，载《中国司法鉴定杂志》2006年第4期，第12页。

黑社会性质的组织犯罪、重大毒品犯罪或者其他严重危害社会的犯罪案件，根据侦查犯罪的需要，经过严格的批准手续，有权采取技术侦查措施。技术侦查措施，是指由设区的市一级以上公安机关负责技术侦查的部门实施的记录监控、行踪监控、通信监控、场所监控等措施。

为打击严重犯罪，采取相应的技术侦查措施，是各国的通行做法，也是追究犯罪的需要。我国1993年制定的《国家安全法》、1995年制定的《人民警察法》都规定，侦查机关因侦查犯罪的需要，根据国家有关规定，经过严格的批准手续，可以采取技术侦查措施。但1996年《刑事诉讼法》对于技术侦查措施没有作出规定。考虑到技术侦查措施是侦破案件的重要侦查手段，特别是工业化、信息化社会发展过程中，这一手段对惩罚犯罪，维护社会公共利益具有越来越重要的作用，在法律中加以规定是必要的。

二、技术侦查措施的程序及要求

考虑到技术侦查措施在执行中可能涉及公民个人隐私和公共利益，必须在法律中予以明确的规范，加以必要的限制。因此，为规范技术侦查措施的适用，2012年《刑事诉讼法》修改增加了技术侦查措施一节，对其适用的时间、范围、条件、程序、期限等作出了规定。

（一）技术侦查措施的适用时间限制

《刑事诉讼法》第148条规定，公安机关、检察机关只有在立案之后才可以采取技术侦查措施。这里的“立案”，是指根据《刑事诉讼法》第107条的规定，发现犯罪事实或者犯罪嫌疑人，按照管辖范围立案侦查。这就意味着，尚不符合立案条件的案件不得申请采取技术侦查措施，防止侦查人员以办案为借口侵犯他人隐私权。

（二）技术侦查措施的适用范围限制

技术侦查措施在案件适用范围上有着严格的限制，只有重罪才可以适用，轻罪不得适用。

《刑事诉讼法》第148条规定，只有“危害国家安全犯罪、恐怖活动犯罪、黑社会性质的组织犯罪、重大毒品犯罪或者其他严重危害社会的犯罪案件”以及“重大的贪污、贿赂犯罪案件以及利用职权实施的严重侵犯公民人身权利的重大犯罪案件”才可以采取技术侦查措施。至于“其他案件”的判断标准，应坚持“同质性”的原则，即和所列举的案件具有同等程度的社会危害性。例如，公安部《规定》第254条规定，公安机关在立案后，根据侦查犯罪的需要，可以对下列严重危害社会的犯罪案件采取技术侦查措施：

（1）危害国家安全犯罪、恐怖活动犯罪、黑社会性质的组织犯罪、重大毒品犯罪案件；

（2）故意杀人、故意伤害致人重伤或者死亡、强奸、抢劫、绑架、放火、爆炸、投放危险物质等严重暴力犯罪案件；

（3）集团性、系列性、跨区域性重大犯罪案件；

（4）利用电信、计算机网络、寄递渠道等实施的重大犯罪案件，以及针对计算机网络实施的重大犯罪案件；

（5）其他严重危害社会的犯罪案件，依法可能判处 7 年以上有期徒刑的。

公安机关追捕被通缉或者批准、决定逮捕的在逃的犯罪嫌疑人、被告人，可以采取追捕所必需的技术侦查措施。

最高检《规则》第 263 条规定："人民检察院在立案后，对于涉案数额在十万元以上、采取其他方法难以收集证据的重大贪污、贿赂犯罪案件以及利用职权实施的严重侵犯公民人身权利的重大犯罪案件，经过严格的批准手续，可以采取技术侦查措施，交有关机关执行。本条规定的贪污、贿赂犯罪包括刑法分则第八章规定的贪污罪、受贿罪、单位受贿罪、行贿罪、对单位行贿罪、介绍贿赂罪、单位行贿罪、利用影响力受贿罪。本条规定的利用职权实施的严重侵犯公民人身权利的重大犯罪案件包括有重大社会影响的、造成严重后果的或者情节特别严重的非法拘禁、非法搜查、刑讯逼供、暴力取证、虐待被监管人、报复陷害等案件。"第 264 条规定："人民检察院办理直接受理立案侦查的案件，需要追捕被通缉或者批准、决定逮捕的在逃的犯罪嫌疑人、被告人的，经过批准，可以采取追捕所必需的技术侦查措施，不受本规则第二百六十三条规定的案件范围的限制。"

（三）技术侦查措施的适用条件限制

技术侦查措施的适用必须坚持必要性原则，只有对犯罪嫌疑人已经实施严重犯罪存在理由充分的怀疑，而且无法采用其他侦查手段时，才可以采取技术侦查措施。《刑事诉讼法》第 148 条规定，技术侦查措施不得任意为之，只有确实存在侦查犯罪的必要时才可以适用。

（四）技术侦查措施的适用程序限制

根据《刑事诉讼法》第 148 ~ 150 条规定，技术侦查措施必须经过严格的批准手续才可以适用，未经批准不得自行适用。批准决定应当根据侦查犯罪的需要，确定采取技术侦查措施的种类和适用对象。采取技术侦查措施，必须严格按照批准的措施种类、对象和期限执行。至于具体的批准程序、措施种类和对象范围,《刑事诉讼法》并未明确,但公安部《规定》第 255 条规定:“技术侦查措施是指由设区的市一级以上公安机关负责技术侦查的部门实施的记录监控、行踪监控、通信监控、场所监控等措施。技术侦查措施的适用对象是犯罪嫌疑人、被告人以及与犯罪活动直接关联的人员。”

(五)技术侦查措施的适用期限限制

根据《刑事诉讼法》第 149 条的规定,技术侦查措施的批准决定自签发之日起 3 个月内有效。对于不需要继续采取技术侦查措施的,应当及时解除;对于复杂、疑难案件,期限届满仍有必要继续采取技术侦查措施的,经过批准,有效期可以延长,每次不得超过 3 个月。技术侦查措施不得无限期适用,否则会使公民的隐私处于持续的暴露和不安全的状态。技术侦查措施的有效期限为 3 个月。有效期内,如果不需要继续采取的,应当及时解除;有效期满,如果认为仍有必要继续采取的,必须经过批准,而且每次延长的期限也不得超过 3 个月。

(六)技术侦查措施的保密要求

技术侦查措施正是通过对隐私权的侵犯来实现侦破犯罪的目的,手段本身就有一定的危险性,所以说它是一柄双刃之剑,在授权并限制其适用的同时,也要加强对公民隐私权的保护。根据《刑事诉讼法》第 150 条的规定,侦查人员对于采取技术侦查措施过程中知悉的国家秘密、商业秘密和个人隐私,应当保密;对于采取技术侦查措施获取的与案件无关的信息和事实材料,应当及时销毁。采取技术侦查措施获取的材料,只能用于对犯罪的侦查、起诉和审判,不得用于其他用途。有关单位和个人配合公安机关采取技术侦查措施,应当对有关情况予以保密。

(七)控制下交付

“控制下交付”是国际上常用并且行之有效的侦破毒品等违禁品案件的侦查手段,是指侦查机关发现有关线索或查获毒品等违禁品,在保密的前提下对毒品等违禁品或有关人员进行严密监视、控制,按照犯罪分子事先计划或约定的方向、路线、地点和方式,顺其自然,将毒品等违禁品“交付”给最终接货人,使侦查机关能够发现和将涉案的所有犯罪分子一网打尽的特殊侦查措施。

根据《刑事诉讼法》第 151 条第 2 款的规定,控制下交付应当遵守以下程序和要求:

1. 控制下交付只能由公安机关依照规定实施,其他侦查机关(如海关缉私部门)需要采取控制下交付措施,应当由公安机关负责人决定。

2. 控制下交付只适用于涉及给付毒品等违禁品或者财物的犯罪活动。换言之,控制下交付只能适用于非法买卖枪支弹药、贩毒、走私、出售或购买假币、倒卖文物等涉及给付毒品等违禁品或者财务的犯罪案件。对于不涉及给付毒品等违禁品或者财物的犯罪案件,公安机关不得采取控制下交付措施。

(八)秘密侦查

秘密侦查是指人民检察院、公安机关、国家安全机关等侦查机关,为了侦查某些特殊犯罪,从而揭露及证实侦查对象的犯罪事实,主观上希望不为对方所知,具有强烈的秘密性,客观上采取秘密的跟踪、监听、诱捕等合法的保密措施且不为对方所知,同时经过严格的审批程序和监督程序的一种侦查方式。

秘密侦查作为一项特殊侦查手段,有其自身的独特之处,具体而言其特征主要包括:

1. 侦查主体身份的隐蔽

在一般的侦查方式中,侦查机关往往都必须主动向侦查对象出示相关的证明文件。而秘密侦查则必须隐瞒其侦查主体的身份。根据主客观相统一学说,从主观态度上来讲,侦查机关对其侦查方式具有强烈的保密性。从客观行为上来讲,侦查机关采取的各种秘密侦查手段都会以极其隐蔽的方式来迷惑侦查对象,实现对侦查主体身份的隐蔽及保护,从而进行秘密取证活动。

2. 侦查目的的隐蔽

一般来说,常规侦查措施中,侦查机关往往不会隐瞒侦查意图,而会主动告知侦查对象其侦查目的,让对方予以配合。与之相反,侦查机关为了查明案情,在一般侦查措施难以完成取证任务的情况下,通过隐秘性手段采取秘密侦查,隐瞒侦查目的,能较好地获得侦查效果。在刑事诉讼中,由于侦查的特殊性,当侦查程序处于某些特殊时期,若侦查意图被侦查对象所知,后果将不堪设想。秘密侦查目的的隐蔽性是十分重要的。

3. 侦查方式的隐蔽

(1)秘密性

秘密侦查措施的许多侦查方式往往会带有一定的隐蔽性,如卧底侦查中的虚构身份、监听过程中借助相关科学仪器拉开侦查人员与侦查对象的接触距离、控制下交付过程的外围远距离监控等。[1] 在秘密侦查整个程序中,侦查机关都是在极端隐蔽的环境下进行的,不仅侦查对象无从知晓,而且除少数批准人员和实施人员外,第三人也不得而知。侦查机关通过这类手段来迷惑侦查对象,从而实现其秘密性。

(2)欺骗性

欺骗是秘密侦查的一大特征:隐瞒他人,不想让对方知道,通过欺骗来造成一种假象从而迷惑对方。秘密侦查措施本身就具有一定程度上的欺骗性,如跟踪监视中的化装就带有较强的欺骗色彩。有国外学者认为,在秘密搜查过程中也存在一定的欺骗:在秘密搜查过程中秘密搜查行为的实施在事先和事后都没有告知搜查对象,因此该行为欺骗了包括被搜查人、被搜查的看管人员等相对人。[2]

(3)主动性

秘密侦查的秘密性是一种主观上的能动性,即有意识而为之。徐静村教授认为,秘密侦查之"秘密"特别强调的是行为实施之时,侦查相对人处于一种不知情的状态。[3] 因此,秘密侦查相对于常规侦查更为主动。该学者曾提出,回应型侦查通常是在犯罪实施终了之后,侦查机关得知犯罪结果或相关信息,认为确有犯罪事实发生,需要追究刑事责任,因而作出启动侦查程序开展侦查活动的反应。[4]

因此,秘密侦查并非"回应型侦查"。例如在毒品犯罪中,该类犯罪隐蔽性极强,侦破难度较大,在实际调查过程中,侦查机关往往会采取秘密侦查措施。一般来说,毒品犯罪有较强的隐蔽性,故而侦查机关会采取主动贴靠手段。主动贴靠是指在毒品案件的预谋阶段,为进一步摸清贩毒分子的活动情况,取得犯罪证据,选择条件合适的隐蔽力量主动进攻,贴靠贩毒分子,以便随时了解贩毒活动的有关情况。[5]

(4)侵害性

无论哪种侦查措施都会对公民的权益造成损害。而秘密侦查与常规侦

---

〔1〕 艾明著:《秘密侦查制度研究》,中国检察出版社 2006 年版,第 30 页。

〔2〕 Jean-Paul Brodeur, "Undercover Policing in Canada: A Study of it Consequences", in *Police Surveillance in Comparative Perspective*, edited by Cyrille Fijnaut and Gary T. Marx, Kluwer Law International 1995, p. 77.

〔3〕 徐静村主编:《刑事诉讼前沿研究》(第 6 卷),中国检察出版社 2007 年版,第 401 页。

〔4〕 徐静村:"诱惑侦查的应用与控制",载《人民检察》2011 年第 14 期。

〔5〕 李波阳主编:《刑事侦查学》,中国民主法制出版社 2005 年版,第 310 页。

查的一项重要区别就在于,其侵犯权益程度较大。

例如,秘密侦查措施的应用容易造成对公民隐私权的侵害。具体而言,如电话监听、电子监控等侦查方式使侦查人员在不被他人发现的情况下获得有关信息。因此,在这种隐蔽的环境下,为了使对公民权益的侵害降到最小,必须对其进行严格的审批和监督程序。

(5)不可替代性

在某些特殊案件中,犯罪分子作案手段极其复杂,一般的侦查手段难以有效及时地打击犯罪。由于秘密侦查具有常规侦查方式所不具备的秘密性等特征,在实际应用中,不仅可以及时获取有效可靠的证据,还能节省司法资源,免去一些不必要的人力及物力的投入。因此,在侦查实践过程中秘密侦查比一般的侦查方式更具有不可替代性。例如,控制下交付已成为了毒品犯罪案件侦破的常规模式。

(6)兼容性

传统的公开侦查行为在实施过程中具有排斥性,即两种公开侦查行为可能会互相牵制,不利于案件的侦查。与此相反,秘密侦查行为在应用过程中则具有兼容性的特点,即多种秘密侦查方式可同时使用,有的甚至因此而获得出乎意料的效果。例如,在跟踪监视措施过程中,往往要应用到秘密监控的相关具体方法来加以配合。

(7)程序性

秘密侦查具有强烈的秘密性,带有一定的神秘色彩,在应用过程中若被滥用,就极易侵犯公民的权益,故不能随意适用。国外对秘密侦查的使用制定了严格的法律程序。例如,美国的《综合犯罪控制与街道安全法》、《关于对联邦调查局秘密侦查行动的指引》、《爱国者法》、《联邦犯罪审查程序规范》等,德国的《德国刑事诉讼法》、《德国对抗组织犯罪法案》等在内的诸多法律法规都对秘密侦查的使用作出了严格的审批程序。我国 2012 年《刑事诉讼法》也规定要经过严格的批准手续;公安部《规定》第 256 条规定:“需要采取技术侦查措施的,应当制作呈请采取技术侦查措施报告书,报设区的市一级以上公安机关负责人批准,制作采取技术侦查措施决定书。人民检察院等部门决定采取技术侦查措施,交公安机关执行的,由设区的市一级以上公安机关按照规定办理相关手续后,交负责技术侦查的部门执行,并将执行情况通知人民检察院等部门。”

（8）强制性

秘密侦查方式是一种强制侦查方式，即在主观上带有强烈的自主性，不征求被侦查人员的意思而强制进行的侦查。秘密侦查主观上希望不为受侦查人所知，具有强烈的秘密性；同时，其客观行为也是在受侦查人不知情的情况下而进行的，因而具有强制性。

（9）技术性

电子科技的发展促进了社会的发展，但也被犯罪分子所利用，给社会带来了危害。秘密侦查的应用需要利用科学技术收集证据。在秘密侦查的监控措施中就包含了许多技术性的侦查方式，例如秘密监听与秘密拍摄措施就要使用电子装置对特定的人、物或场所进行监视录音录像等。

除了对电子科技的技术性利用外，还需要某些专业技能，例如，跟踪盯梢的准确应用，对脱梢、反盯梢的合理处置等。

秘密侦查作为一种侦查手段在我国流传久远。清朝人朱逢甲在《间书》中说："用间始至于夏王少康，使女艾间浇。"而朱逢甲的话可以在《左传·哀元年》中找到确切的记载："……使女艾谍浇。"[1]在夏朝少康时期，少康为了报杀父之仇，派心腹女艾去浇所统治的地方，骗取浇的信任，从而进行秘密活动，打探浇的行踪。女艾通过跟踪监视收集了确切的情报，与少康制定了灭浇的计划，最终消灭了浇。"少康用谍"大概就是我国最早出现的秘密侦查措施。

当前在我国，由于科技的发展，犯罪方式不断更新，使得罪犯作案更加隐蔽及各种反侦查活动的应用，传统的侦查手段往往实现不了打击一些特殊犯罪的效果，而秘密侦查措施则能有效地解决这一问题。

由于秘密侦查秘密性特征的要求，秘密侦查措施只有在一般的侦查措施难以完成侦查取证的情况下，通过特殊且严格的审批程序后方可实施。在侦查实践中，秘密侦查措施在某些案件中被广泛使用。

例如，在毒品案件的侦查过程中，往往会应用到某些秘密侦查措施。在我国，由于毒品犯罪的形势较严峻，"控制下交付"这种侦查方式对案件的调查有着相当显著的效果。

我国贩毒活动的主要特点之一就是"多头在外、过境贩毒"，各贩毒集团纷纷以我国境内为跳板，将毒品向四周辐射；特别是在我国云南、广西及广东

---

〔1〕唐学雷主编：《中国古典名著·图文版》，宗教文化出版社 2002 年版，第 246 页。

边境,毒品案件常常发生。而近20年来,我国政府积极参加国际间、区域间以及国与国之间的禁毒合作,从中充分认识到"控制下交付"在打击毒品犯罪中所起到的重要作用。诸如"11·8"特大国际贩毒案(我国广东、广西、香港警方联手)、"4·12"特大国际贩毒案(中国内地、中国香港、泰国、缅甸等多方联手)。[1]

又如在洗钱犯罪中,由于该类犯罪的专业性、复杂性,使得常规侦查措施面临了一系列困境,难以及时、有效地打击洗钱犯罪,而秘密侦查措施能有效地打击该类犯罪。例如,在一起贩毒洗钱案中,为了掌握犯罪分子具体的犯罪事实,警方使用卧底侦查手段,打入敌人内部,最终将毒贩一网打尽,随即侦破该案。因此,卧底侦查在某些案件中的作用也是不容忽视的,许多重大的刑事案件的侦破,无不依赖于卧底侦查的使用。

而在有组织犯罪中,由于侦查机关面对的是一个庞大的犯罪实体,一般的侦查措施很难完成对多个犯罪对象进行情报与证据的收集,因此秘密侦查的应用就起到了关键的作用。在实践中电子监听、邮件控制等秘密侦查措施的应用成为了打击犯罪分子的有力武器。此外,秘密拍摄、乔装跟踪、狱内侦查等秘密侦查措施在实践中也为成功侦破犯罪案件提供了一定的帮助。

秘密侦查作为特殊侦查手段之一,在侦查实践中被广泛应用。但若使用不当会对公民的合法权益造成损害,因此,必须对其进行严格的法律规制。然而综观我国现行立法对秘密侦查的规定只是笼统地散布于几部法律之中。

我国《宪法》第40条规定了公民的通信自由和通信秘密权,受法律保护。只有侦查机关在特殊情况下经过严格的程序才能对其进行调查。该条文的设计明显辐射到了秘密侦查的问题。该条文中侦查机关依照法律规定的程序对通信进行的"检查"既包括公开的检查,也包括秘密的监控。

由此观之,宪法中的某些条文规定的权利,例如,第37条的人身自由权和第40条通信自由及通信秘密权等,都为秘密侦查制度的健康发展提供了较好的条件和坚硬的基础。一方面确定了公民的某些权利如通信自由权及通信秘密权受宪法保护神圣而不可侵犯。同时,还规定了例外情况,侦查机关在追查案件时认为确有必要的,可依照法律规定的程序在一定范围内进行权利的限制。

而我国立法没有对秘密侦查作出具体的规定,仅在一些部门法或司法解

---

[1] 艾明著:《秘密侦查制度研究》,中国检察出版社2006年版,第245~247页。

释中列出几条予以规定而已，对秘密侦查措施的规定不够全面具体。

对邮件的搜查，1990 年实施的《邮政法实施细则》第 8 条以及 1996 年颁布的《刑事诉讼法》第 116 条规定了侦查机关有权扣押犯罪嫌疑人的邮件和物品。在 1999 年最高人民检察院发布的《人民检察院刑事诉讼规则》第 192 条也可看出，经检察长批准需扣押的物品，应通知邮电机关或者网络服务机构将有关的邮件、电报或者电子邮件检交扣押。

1993 年通过的《国家安全法》第 10 条规定："国家安全机关因侦察危害国家安全行为的需要，根据国家有关规定，经过严格的批准手续，可以采取技术侦察措施。"而在 1995 年通过的《人民警察法》第 16 条规定："公安机关因侦查犯罪的需要，根据国家有关规定，经过严格的批准手续，可以采取技术侦察措施。"这两部法律虽然规定了秘密侦查的合法使用权，但没有具体的条文来详细说明秘密侦查的范围。

2012 年《刑事诉讼法》新增加了相关条文来规定此类侦查措施，该法新增加了一节为技术侦查措施。技术侦查是指利用现代科学知识、方法和技术的各种侦查手段的总称。不仅包括秘密监听、监控等特殊侦查手段，也包括在一般侦查中存在技术运用的侦查手段。在与秘密侦查的关系上，两者是交叉关系。[1] 所以增加的条文当然适用于秘密侦查措施，具体包括第 148 ~ 152 条的规定。

第九节　通　　缉

一、通缉的概念及意义

通缉，是指公安机关发布通缉令并采取有效措施，将应当逮捕而在逃的犯罪嫌疑人追捕归案的一种侦查活动。通缉是公安机关内部通力合作，及时制止和打击犯罪的一种手段，并发动和依靠人民群众缉拿在逃的犯罪嫌疑人的有力措施，对于查明犯罪，抓获犯罪分子，进而有力地打击犯罪，具有十分重要的意义。

二、通缉的条件和对象

通缉应当具备以下两个条件：一是按照犯罪嫌疑人的犯罪行为应当逮

---

〔1〕 宋英辉主编：《刑事诉讼原理》，法律出版社 2003 年版，第 73 ~ 75 页。

捕,即实质条件;二是有犯罪证据证明犯罪嫌疑人确已逃跑,即形式条件。

根据《刑事诉讼法》第 153 条的规定,通缉的对象是应当逮捕而在逃的犯罪嫌疑人。具体包括:(1)已经批捕或决定批捕而在逃和在采取取保候审、监视居住期间逃跑的犯罪嫌疑人;(2)已经决定拘留而在逃的重大嫌疑分子;(3)从被羁押场所逃跑的犯罪嫌疑人;(4)在讯问或者在押解期间逃跑的犯罪嫌疑人。此外,对越狱逃跑的被告人或者罪犯,也可以通缉。在实践中,公安机关仅对犯罪行为比较严重而逃跑的犯罪嫌疑人采取通缉措施,对罪该逮捕但罪行不太严重而在逃的犯罪嫌疑人一般由公安机关发出协查通报,要求其他公安机关协助查获。

三、通缉的程序

根据我国《刑事诉讼法》以及公安部《规定》中的有关规定,通缉应当严格遵守下列程序:

1. 决定通缉。在侦查过程中需要通缉捉拿罪该逮捕而在逃的犯罪嫌疑人的,侦查人员应报经县级以上侦查机关负责人作出决定。

2. 制作通缉令。通缉令是公安机关根据本机关和其他侦查机关的通缉决定,向社会和本系统发布的缉拿应当逮捕而在逃的犯罪嫌疑人的书面命令。其内容包括:被通缉人的姓名、别名、曾用名、绰号、性别、年龄、民族、籍贯、出生地、户籍所在地、居住地、职业、身份证号码、衣着和体貌特征并附被通缉人近期的照片,还可以附指纹及其他物证的照片;除了必须保密的事项以外,应当写明犯案的时间、地点和简要案情;发布通缉令的机关、时间,并加盖公章。

3. 发布通缉令。县级以上公安机关在自己管辖的地区以内,可以直接发布通缉令;超出自己管辖的地区,应当报请有权决定的上级公安机关发布。通缉令发送范围,由签发通缉令的公安机关负责人决定。同时,为发现重大犯罪线索,追缴涉案财物、证据,查获犯罪嫌疑人,必要时,经县级以上公安机关负责人批准,可以发布悬赏通告。悬赏通告应该写明悬赏对象的基本情况和赏金的具体数额。通缉令、悬赏通告可通过广播、电视、报刊、计算机网络等媒体发布,也可以通过张贴等形式发布。

4. 补发通报。如果发现新的重要情况,发布通缉令的公安机关可以补发通报。通报必须注明原通缉令的编号和日期。

5. 布置查缉。有关公安机关接到通缉令后,应当及时布置查缉。其措施包括:控制被通缉人可能出入或者隐藏的地方,发动群众提供线索,围追堵截等。为防止犯罪嫌疑人逃亡境外，需要在边防口岸采取边控措施的，应当按照有关规定制作边控对象通知书，经县级以上公安机关负责人审核后，呈报省级公安机关批准，办理边控手续。需要在全国范围内采取边控措施的，应当呈报公安部批准。对需要边防检查站限制犯罪嫌疑人人身自由的，需要同时出具有关法律文书；紧急情况下，县级以上公安机关可以出具公函，先向当地边防检查站交控，但应当在7日内补办交控手续。有关公安机关抓获犯罪嫌疑人后，应当迅速通知通缉令发布机关，并报经抓获地县级以上公安机关负责人批准后，凭通缉令羁押。原通缉令发布机关应当立即进行核实，并及时依法处理。

6. 撤销通缉令。犯罪嫌疑人自首、被击毙或被抓获并经核实后，原发布机关应当在原通缉、通知、通告范围内，撤销通缉令、边控通知、悬赏通告。

第十节　侦查终结

一、侦查终结的概念

侦查终结，是指刑事案件立案后，侦查机关采取一系列侦查行为调查取证，认为案件事实已经查清，证据确实、充分，足以认定犯罪嫌疑人是否有罪和应否对其追究刑事责任而决定结束调查，并对案件依法决定移送起诉、不起诉或撤销案件，从而结束侦查活动的一种诉讼行为。

侦查终结程序是侦查程序的最后阶段，标志着侦查活动的最终结束，也意味着侦查机关将对整个案件作出事实和法律上的规定。它要求侦查机关通过对已经收集证据的审查判断，确定犯罪嫌疑人是否有罪并向检察机关提出起诉意见或者作出撤销案件的决定。因此，这一阶段的工作，对于准确及时地追究犯罪，有效地保护无辜，具有重要意义。

二、侦查终结的条件

根据《刑事诉讼法》第160条的规定，公安机关侦查终结的案件，应当做到犯罪事实清楚，证据确实、充分，并且写出起诉意见书，连同案卷材料、证据一并移送同级人民检察院审查决定；同时将案件移送情况告知犯罪嫌疑人及其辩护律师。

根据以上规定，侦查终结的案件必须具备以下条件：

1. 犯罪事实清楚。刑事案件的要素包括人的要素和物的要素。所谓人的要素，是指实施犯罪行为之人的具体情况；所谓物的要素，是指具体的犯罪事实，包括犯罪事实的详细经过以及犯罪的具体情节，如犯罪的时间、地点、动机、目的、情节、手段和危害结果等，共同犯罪的案件，还包括各个犯罪嫌疑人在共同犯罪中的作用和具体分工。所谓犯罪事实清楚，就是要求侦查机关查清犯罪行为人的具体情况以及犯罪事实的详细经过，包括犯罪的具体情节。犯罪事实清楚是侦查终结的事实条件，因为，侦查程序启动的目的就是查明案件事实真相，如果经过侦查程序，侦查机关认为刑事案件的两个要素已经查清的，则可以终结侦查。

2. 证据确实、充分。刑事案件事实是否查清，不是单纯凭侦查人员的主观判断，而是依赖客观的证据，即是否有确实、充分的证据表明犯罪事实已经查清，因此，证据确实、充分构成了侦查终结的证据条件。所谓证据确实、充分，就是证明犯罪事实成立的证据锁链是否已经形成。它具体包括以下几项要求：(1)证明犯罪事实、情节的每一项证据来源是否都是可靠的，是否经查证属实，尤其是要注意排除非法取得的证据；(2)各项证据之间是否能够相互印证，进而根据《刑法》规定的犯罪构成要件形成一个完整的证据锁链；(3)依靠现有的证据，能否排除合理怀疑，进而初步认定犯罪嫌疑人有罪或者无罪，罪重或者罪轻。

3. 拥有完备的法律手续，是指侦查机关进行各项侦查活动都必须有相应的法律手续，如拘留要有拘留证、搜查要有搜查证、扣押物证要开列扣押清单等。同时，进行侦查活动的各项手续还必须符合法律规定的要求，如讯问笔录要有被讯问人和侦查人员签名或盖章，搜查笔录要有侦查人员、被侦查人或者其家属和见证人签名或者盖章等。若发现法律手续不完备或不符合要求的，应采取适当措施予以补救。

4. 依法应当追究刑事责任。根据已经查明的事实和刑法规定，只有对犯罪嫌疑人应当追究刑事责任的，侦查机关才能作出移送人民检察院审查起诉的决定；如果发现对犯罪嫌疑人不应追究刑事责任的，则应作出撤销案件的决定。对于符合上述条件的案件，侦查机关应当写出起诉意见书，连同案卷材料、证据一并移送同级人民检察院审查决定。其中，共同犯罪案件的起诉意见书，应当写明每个犯罪嫌疑人在共同犯罪中的地位、作用、具体罪责和认罪态度，分别提出处理意见；被害人提出附带民事诉讼的，应当记录在案，在移送审查起诉时应当在起诉意见书末页注明。犯罪嫌疑人不讲真实姓名、住址，身份不明的，首先应当对其身份进行调查；经过调查，犯罪事实清楚，证据确实、充分，但确实无法查明其身份的，也可以按照其自报的姓名移送人民检察院审查起诉。《刑事诉讼法》第 159 条规定："在案件侦查终结前，辩护律师提出要求的，侦查机关应当听取辩护律师的意见，并记录在案；辩护律师提出书面意见的，应当附卷。"此外，为便于犯罪嫌疑人及其辩护律师在审查起诉阶段进行辩护，《刑事诉讼法》第 160 条规定："公安机关侦查终结的案件，应当做到犯罪事实清楚，证据确实、充分，并且写出起诉意见书，连同案卷材料、证据一并移送同级人民检察院审查决定；同时将案件移送情况告知犯罪嫌疑人及其辩护律师。"

三、侦查终结的程序

《刑事诉讼法》第 161 条规定："在侦查过程中，发现不应对犯罪嫌疑人追究刑事责任的，应当撤销案件；犯罪嫌疑人已被逮捕的，应当立即释放，发给释放证明，并且通知原批准逮捕的人民检察院。"所谓不应对犯罪嫌疑人追究刑事责任，是指犯罪嫌疑人的行为缺乏犯罪构成要件不构成犯罪、根本不存在犯罪事实或者有《刑事诉讼法》第 15 条规定的六种情形之一，而不追究刑事责任。侦查机关经过侦查，发现不应对犯罪嫌疑人追究刑事责任时，应当作出撤销案件决定，并制作撤销案件决定书。犯罪嫌疑人已经被捕的，应当立即释放，发给释放证明，并且通知原批准逮捕的人民检察院。需要指出的是，如果侦查证实本案有犯罪事实但非犯罪嫌疑人所为，则一方面应撤销对该犯罪嫌疑人的立案，另一方面应继续侦查以查获真正的犯罪分子。

第十一节 人民检察院对直接受理的案件的侦查

人民检察院对直接受理的案件的侦查，是指人民检察院对自己受理的案件，依法进行的专门调查工作和有关的强制性措施。《刑事诉讼法》第 162 条规定："人民检察院对直接受理的案件的侦查适用本章规定。"据此，人民检察院对直接受理的案件的侦查程序与公安机关的侦查程序完全相同。因此，人民检察院在讯问犯罪嫌疑人、询问证人或被害人、勘验、检查、侦查实验、搜查、扣押、查询、冻结存款、汇款、鉴定、辨认等活动中，都必须遵守《刑事诉讼法》的有关规定。但是,考虑到人民检察院的性质和其直接受理的案件的特殊性,我国法律又对其侦查权的行使作了如下特别规定:《刑事诉讼法》第163条规定:“人民检察院直接受理的案件中符合本法第七十九条、第八十条第四项、第五项规定情形,需要逮捕、拘留犯罪嫌疑人的,由人民检察院作出决定,由公安机关执行。”其中“规定情形”是指犯罪后企图自杀、逃跑或者在逃的;有毁灭、伪造或者串供可能的情形。《刑事诉讼法》第165条规定:“人民检察院对直接受理的案件中被拘留的人,认为需要逮捕的,应当在十四日以内作出决定。在特殊情况下,决定逮捕的时间可以延长一日至三日。对不需要逮捕的,应当立即释放;对需要继续侦查,并且符合取保候审、监视居住条件的,依法取保候审或者监视居住。”

《刑事诉讼法》第166条规定:“人民检察院侦查终结的案件,应当作出提起公诉、不起诉或者撤销案件的决定。”为提高办案质量,人民检察院由其侦查部门和审查起诉部门分别负责案件的侦查和审查起诉工作,实行内部制约。根据人民检察院侦查和审查起诉的实践经验,其侦查部门侦查终结的案件应分别按照以下程序进行处理:

(一)提起起诉意见并移送审查起诉部门审查

经过侦查,认为犯罪事实清楚,证据确实、充分,足以认定犯罪嫌疑人构成犯罪,依法应当追究刑事责任的,侦查人员应当写出侦查终结报告,并且制作起诉意见书,然后报送侦查部门负责人审核、检察长批准;经检察长批准提出起诉意见的,侦查部门应当将起诉意见书以及其他案卷材料,一并移送本院审查起诉部门审查。对于国家或者集体财产遭受损失的,侦查部门在提出起诉意见的同时,可以提起附带民事诉讼。

(二)提起不起诉意见并移送审查起诉部门审查

经过侦查,认为犯罪事实清楚、证据确实充分,足以认定犯罪嫌疑人构成犯罪,但犯罪情节轻微,依照《刑法》规定不需要判处刑罚或者免除刑罚的,侦查人员应当写出侦查终结报告,并且制作不起诉意见书,然后报送侦查部门负责人审核、检察长批准;经检察长批准提出不起诉意见的,侦查部门应当将不起诉意见书以及其他案卷材料,一并移送本院审查起诉部门审查。

(三)提出撤销案件意见并报请检察长或检察委员会决定

具有《刑事诉讼法》第15条规定情形之一的或者依照《刑法》规定不构成犯罪的;虽有犯罪事实,但不是犯罪嫌疑人所为的,在侦查过程中或侦查终结时侦查人员应当写出撤销案件意见书,经侦查部门负责人审核后,报请检察长或者检察委员会决定撤销案件。对于共同犯罪的案件，符合以上三种情形之一的犯罪嫌疑人，应当撤销对该犯罪嫌疑人的立案。

根据最高人民检察院的有关规定，人民检察院直接立案侦查的案件，对犯罪嫌疑人没有采取取保候审、监视居住、拘留或者逮捕措施的，侦查部门应当在立案后2年内提出移送审查起诉、移送审查不起诉或者撤销案件的意见；对犯罪嫌疑人采取上述强制措施的，侦查部门应当在解除或者撤销强制措施后1年内提出移送审查起诉、移送审查不起诉或者撤销案件的意见。

《刑事诉讼法》第165条规定："人民检察院对直接受理的案件中被拘留的人，认为需要逮捕的，应当在十四日以内作出决定。在特殊情况下，决定逮捕的时间可以延长一日至三日。对不需要逮捕的，应当立即释放；对需要继续侦查，并且符合取保候审、监视居住条件的，依法取保候审或者监视居住。"本条规定的是人民检察院对直接受理的案件审查批准逮捕的期限，修改要点包括将人民检察院对直接受理的案件审查批准逮捕的通常时间由10日延长至14日。对于贪污贿赂犯罪，国家工作人员的渎职犯罪，国家机关工作人员利用职权实施的非法拘禁、刑讯逼供、报复陷害、非法搜查的侵犯公民人身权利的犯罪以及侵犯公民民主权利的犯罪，以及经省级以上人民检察院决定立案侦查的国家机关工作人员利用职权实施的其他重大的犯罪案件，人民检察院有权立案侦查。由人民检察院立案侦查的案件统称"人民检察院直接受理案件。"人民检察院在办理直接受理的案件时，对于以下两种情形可以决定拘留：一是犯罪后企图自杀、逃跑或者在逃的；二是有毁灭、伪造或者串供可能的。人民检察院决定拘留后，应当进一步调查事实和收集证据，符合逮捕条件的，应当决定逮捕。在司法实践中，检察机关分设侦查部门承担对侦查活动进行监督和审查决定逮捕的具体工作，两个部门各有分工、各有职守，尽管都在检察长统一领导之下并服从同一检察委员会的决定，但各部门分工负责，具有检察机关内部制约关系。这种不同部门的制约关系属于检察机关内部的机构设置和分工制衡关系，《刑事诉讼法》在确定人民检察院对于直接受理案件审查决定逮捕的时限上，没有根据这种内部关系而区分侦查部门在拘留后提请审查决定逮捕的时间和侦查监督部门审查决定逮捕的时间，统一规定为14日。在人民检察院对直接受理的案件审查决定逮捕环节，由于存在内部分工，而且侦查监督部门为保障逮捕决定的质量，把关较严，因此不但自身要求较为宽裕的审查决定逮捕的时间，侦查部门为决定逮捕进行调查和取证的工作要达到决定逮捕的标准，也需要一定的时间保障，再加上人民检察院为决定逮捕需要提审犯罪嫌疑人和进行其他核实证据等活动，考虑到这些，立法机关在此次《刑事诉讼法》修正过程中，接受检察机关的建议，将原规定的人民检察院对直接受理的案件中被拘留的人，认为需要逮捕的，“应当在十日以内作出决定”，修改为“应当在十四日以内作出决定”。这里的“十四日”是通常时限，比原来规定的通常时限延长了4天。这14天的时限，等于原规定的“十日”加上“可以延长一日至四日”中最长延长的4天。

依照《刑事诉讼法》第165条规定，对于特殊情况下决定逮捕的时间可以延长1日至3日。人民检察院对于直接受理案件的审查决定逮捕的时间为14日，这里的“十四日”为通常时限。在这一通常时限的基础上，遇有特殊情形，还可以延长1日至3日，属于“延长时限”。延长时限只适用于“特殊情况”。《刑事诉讼法》对于哪些情况属于“特殊情况”没有作出明确规定。1999年颁布实施的最高检《规则》也没有就此作出明确规定。从本条规定可以看到：在司法实践中，由于法律规定得模糊，再加上没有确立把关审查机制，是否存在“特殊情况”完全交由具体办理案件的人民检察院自行衡量，延长拘留时间也由其自行决定，因此延长时限有可能演变为“通常时限”。值得注意的是，《刑事诉讼法》修正后，全面延长了诉讼时限，审查决定逮捕时限的延长包含在其中的修改内容之中。在我国，拘留期较长是《刑事诉讼法》强制措施制度中的突出特点，根本原因是我国刑事诉讼对于逮捕决定十分慎重，对于逮捕条件审查很严，案件收集的证据和达到的事实认定若没有达到相当程度，无法对已经拘留的人批准或决定逮捕，造成决定逮捕的期限在原来规定的基础上得以继续调整、延长。至于原来规定的时限是否不够长，为何确定14日为通常时限和1日至3日为延长时限，理由和依据只有所谓司法机关的要求和司法实践的需要，并无足够的说服力和科学依据。

【深度阅读】

1. 孙洪坤著：《刑事诉讼法的时代精神》，法律出版社2009年版。

2. 张建伟：“密闭侦查和形式审判：错案的深层次分析”，载《人民检察》2013年第20期。

3. 胡铭：“英法德荷意技术侦查的程序性控制”，载《环球法律评论》2013年第4期。

4. 胡铭：“技术侦查：模糊授权抑或严格限制——以《人民检察院刑事诉讼规则》第263条为中心”，载《清华法学》2013年第6期。

【课后思考】

1. 关于讯问犯罪嫌疑人的地点，下列选项正确的是：（任选题）

A. 对不需要逮捕、拘留的犯罪嫌疑人，可以传唤到犯罪嫌疑人所在市、县的公安局进行讯问

B. 对不需要逮捕、拘留的犯罪嫌疑人，可以传唤到犯罪嫌疑人所在市、县的公司内进行讯问

C. 对于已经被逮捕羁押的犯罪嫌疑人，应当在看守所内进行讯问

D. 犯罪现场发现的犯罪嫌疑人，可以当场口头传唤，但须出示工作证并在讯问笔录中注明

2. 关于询问被害人，下列选项正确的是：（任选题）

A. 侦查人员可以在现场进行询问

B. 侦查人员可以在指定的地点进行询问

C. 侦查人员可以通知被害人到侦查机关接受询问

D. 询问笔录应当交被害人核对，如记载有遗漏或者差错，被害人可以提出补充或者改正

3. 关于查封、扣押措施，下列选项正确的是：（任选题）

A. 查封、扣押犯罪嫌疑人与案件有关的各种财物、文件只能在勘验、搜查中实施

B. 根据侦查犯罪的需要，可以依照规定扣押犯罪嫌疑人的存款、汇款、债券、股票、基金份额等财产

C. 侦查人员认为需要扣押犯罪嫌疑人的邮件、电报的时候，可通知邮电机关将有关的邮件、电报检交扣押

D. 对于查封、扣押的财物、文件、邮件、电报，经查明确实与案件无关的，应当在3日以内解除查封、扣押，予以退还

4. 关于技术侦查，下列哪些说法是正确的：（多选题）

A. 适用于严重危害社会的犯罪案件

B. 必须在立案后实施

C. 公安机关和检察院都有权决定并实施

D. 获得的材料需要经过转化才能在法庭上使用

5. 在一起聚众斗殴案件发生时，证人甲乙丙丁四人在现场目睹事实经过，侦查人员对上述四名证人进行询问。关于询问证人的程序和方式，下列哪一选项是错误的：（单选题）

A. 在现场立即询问证人甲

B. 传唤证人乙到公安机关提供证言

C. 到证人丙租住的房屋询问证人丙

D. 到证人丁提出的其工作单位附近的快餐厅询问证人丁

6. 在侦查过程中,下列哪些行为违反我国刑事诉讼法的规定:(多选题)

A. 侦查人员拒绝律师讯问时在场的要求

B. 公安机关变更逮捕措施,没有通知原批准的检察院

C. 公安机关认为检察院不批准逮捕的决定有错误,提出复议前继续拘留犯罪嫌疑人

D. 侦查机关未告知犯罪嫌疑人家属指定居所监视居住的理由和处所

第三章　提起公诉

本章要点

起诉
审查起诉
提起公诉
不起诉
提起自诉

讼，有孚窒，惕，中吉，终凶，利见大人，不利涉大川。

——《易经·讼卦》

没有诉权，就没有法律。

——西方法谚

2010年11月15日，上海市静安区胶州路728号公寓大楼发生特别重大火灾事故，造成58人死亡，71人受伤，直接经济损失1.58亿元。事故发生后，国务院调查组经认真细致的调查，决定将对此次事故负有主要责任的静安区建设和交通委员会主任高某、副主任姚某、上海佳艺建筑装饰工程公司法定代表人、经理黄某及静安区建设总公司法定代表人、总经理董某等26人移交司法机关依法追究刑事责任。经上海市人民检察院第二分院审查终结，决定对高某、姚某、黄某、董某等26名犯罪嫌疑人分别以滥用职权罪、受贿罪、重大责任事故罪和行贿罪依法提起公诉。

第一节　概　　述

一、起诉的概念

刑事起诉，是指享有控诉权的国家机关和公民，依法向法院提起诉讼，要求法院对指控的犯罪进行审判，以确定被告人刑事责任并予以刑事制裁的诉讼活动。起诉是十分重要的刑事诉讼程序之一。

根据行使追诉的主体不同，刑事起诉可以分为两种方式分为：公诉和自诉。我国刑事起诉实行以公诉为主、自诉为辅的方式。公诉是指人民检察院对公安机关移送起诉或者人民检察院自行侦查终结认为应当起诉的案件，经全面审查，对事实清楚，证据确实、充分，依法应当处以刑罚的，提交人民法院进行审判的刑事诉讼活动。自诉则是指刑事被害人及其法定代理人、近亲属等，以个人的名义向法院起诉，要求保护自己的合法权益，追究被告人刑事责任的诉讼活动。

二、起诉的意义

起诉，是审判行为的驱动力，是刑事审判产生和存在的前提，没有起诉，也就没有审判。在现代诉讼程序中，起诉具有重要意义：

1. 发动审判程序。起诉，决定着对犯罪行为追诉机制的正式启动，是揭露犯罪、惩罚犯罪的必经程序。现代刑事诉讼实行“不告不理”的原则，即没有起诉就没有审判。自诉人的自诉及检察机关对犯罪的追诉，为审判和惩罚犯罪创造条件、奠定基础，以实现国家对犯罪的追究和制裁，从而保护国家、社会和人民的利益。在公诉案件中，起诉对发动审判程序的意义是：一方面，可以对侦查机关侦查终结后移送起诉的案件，从认定事实到适用法律进行全面审查，以监督侦查工作依法进行；另一方面，将构成犯罪需要追究刑事责任的人起诉到人民法院，以完成惩罚犯罪、保护无辜的任务。提起公诉是刑事诉讼的中间环节，处于侦查和审判之间。提起公诉阶段的活动，既是对侦查工作的审查，又是对审判活动的准备，起着十分重要的承上启下作用。

2. 起诉是控诉职能的履行方式。起诉正是通过将控诉犯罪与审判犯罪进行职能上的分工来调整控诉与审判的关系，从而在制度上和程序上保证正确处理案件。公诉的出现与完善是国家职能发达的结果，而公诉权与审判权的分离是国家权力合理分化以及刑事诉讼法民主化与科学化的体现，体现了控诉职能。

3. 起诉限制法院对案件的审判范围。控审分离和不告不理原则的确立使法院审判范围受起诉范围的制约，即法院不得审判未经起诉的被告人和未经起诉的犯罪，必须保持审判与起诉的一致性。

4. 起诉确定了刑事被告人的诉讼地位，使犯罪嫌疑人成为刑事被告人。起诉不仅启动了审判程序，在将被告人交付法庭审判接受可能的法律制裁的同时，也保障其应享有的合法权益。

第二节　审查起诉

一、审查起诉的概念和意义

审查起诉，是指人民检察院在提起公诉阶段，为了确定经侦查终结的刑事案件是否应当提起公诉，而对侦查机关确认的犯罪事实和证据、犯罪性质和罪名进行审查核实，并作出处理决定的一项诉讼活动。它是实现人民检察院公诉职能的一项最基本的准备工作，也是人民检察院对侦查活动实行法律监督的一项重要手段。因此，它对保证人民检察院正确地提起公诉，发现和纠正侦查活动中的违法行为，具有重要意义。

1. 对于侦查程序而言，审查起诉是对侦查工作成果进行质量检验和把关。人民检察院通过对案件的审查，对于在事实和证据等方面有遗漏、偏差的案件，自行或要求侦查机关补充侦查，从而为法庭查明案件事实、调查核实证据及正确定罪量刑创造条件和提供充分的依据。

2. 对审判程序而言，审查起诉是人民检察院实现提起公诉进行的最基本的准备工作。通过审查和必要的补充侦查，做到案件事实清楚，证据确实充分，符合起诉条件的依法提起公诉，为在法庭上揭露、证实犯罪，请求法院依法惩罚犯罪分子做好充分准备。

3. 通过审查起诉，正确作出起诉或不起诉的决定。审查起诉是保证案件质量，保证公民合法权益不受侵犯的重要阶段。检察机关通过审查起诉活动，了解案件事实和法律适用，正确作出起诉或不起诉的决定，从而保证公诉的准确性和程序的公正性，防止对依法不应当追究刑事责任的人以及指控犯罪证据不足的人提交审判，从而保障公民合法权益、提高诉讼效率。

二、审查起诉的程序

审查起诉是一项重要的诉讼活动，在整个刑事诉讼过程中处于承前启后的中间环节。为保证审查起诉得以顺利进行，各级人民检察院审查起诉的案件应与人民法院审判管辖相适应，人民检察院受理移送审查起诉案件，应当指定检察员或者经检察长批准代行检察员职务的助理检察员办理，也可以由检察长办理。审查起诉的具体方法和步骤应当符合如下要求：

1. 审阅案卷材料

办案人员接到案件后，应当及时地审查公安机关或其他刑事侦查部门移送的案件材料是否齐备，有无《起诉意见书》、证据材料和相关法律文书。例如，如果犯罪嫌疑人被拘留、逮捕和被搜查过，则审查有无拘留证、逮捕证和搜查证。然后仔细阅读起诉意见书，了解犯罪嫌疑人的犯罪事实、情节，犯罪性质和罪名以及要求起诉的理由，详细审阅案卷中的证据材料，按照法定审查起诉的五项内容，逐项进行审查。发现疑问，可以向侦查人员询问。审阅案卷要认真细致，并应制作阅卷笔录。

2. 讯问犯罪嫌疑人

讯问犯罪嫌疑人是人民检察院审查起诉的必经程序。这是人民检察院核实证据，正确认定案件事实，监督侦查活动是否合法所必需的。讯问犯罪嫌疑人还有助于直接了解犯罪嫌疑人的精神状态和悔罪态度，为其提供辩护的机会，倾听其辩解理由。因此，讯问犯罪嫌疑人意义重大，必须依法进行。根据《刑事诉讼法》的规定，讯问只能由检察人员进行，讯问犯罪嫌疑人时，应当告知其有申请回避的权利。检察人员在讯问时不得少于 2 人，并且首先应当讯问犯罪嫌疑人是否有犯罪行为，让其陈述有罪的情节或无罪的辩解，然后根据犯罪嫌疑人的陈述情况和阅卷确定复核证据的重点，向犯罪嫌疑人提出问题让其回答。除对质以外，讯问犯罪嫌疑人应当个别进行，并注意做好笔录。听取被害人和犯罪嫌疑人、被害人委托的人的意见，人民检察院自收到移送审查起诉的案件材料之日起 3 日内，应当告知犯罪嫌疑人有权委托辩护人，并应当告知被害人及其法定代理人或者近亲属有权委托诉讼代理人。询问被害人和犯罪嫌疑人、被害人委托的人，并听取他们的意见，这也是人民检察院审查起诉的必经程序。刑事案件中的被害人是犯罪行为的受害者，对案件情况比较了解，因而听取他的意见，既有助于查清案件事实，又有利于对被害人合法权益的保护。在司法实践中，有许多被害人、犯罪嫌疑人缺乏法律知识或受其文化水平限制，不能准确地陈述和回答检察人员的问题，需要委托他人代为诉讼。因此，《刑事诉讼法》规定人民检察院审查案件，应当听取被害人和犯罪嫌疑人、被害人委托的人的意见，这样更有助于检察人员核实证据，查明案件事实。询问被害人和犯罪嫌疑人、被害人委托的人时，应当由两名以上检察人员进行，并须出示人民检察院的证明文件，询问前还要告知其应当如实提供证据和陈述，询问时应个别进行，同时注意做好笔录。

3. 补充侦查

补充侦查，是指人民检察院对公安机关侦查终结移送起诉的案件，或者对自行侦查终结的案件，在审查起诉中，发现有事实不清、证据不足或者遗漏了罪行或同案人的情况，需要补充进行有关专门调查等工作的一项诉讼活动。补充侦查的目的在于查清有关事实和证据，以决定是否将犯罪嫌疑人交付人民法院审判。补充侦查有两种形式：一种是由人民检察院退回公安机关进行。这种形式一般适用于主要犯罪事实不清、证据不足，或者遗漏了重要犯罪事实及应追究刑事责任的同案犯的案件。人民检察院对需要退回补充侦查的案件，应当制作《退回补充侦查决定书》，写明退查的理由和需要补充查明的具体事项及要求。另一种是由人民检察院自行侦查。这种方式一般适用于只有某些次要的犯罪事实情节不清，证据不足，公安机关侦查活动中有违法情况，在认定事实和证据上与公安机关有较大分歧或者已经退查过但仍未查清的案件。自侦案件需要补充侦查的，人民检察院审查起诉部门应将案件退回本院侦查部门。

人民检察院在补充侦查中，对各种证据有疑问的都要进行重新收集或鉴定。比如人民检察院对鉴定意见有疑问或依照当事人的请求，应当自行对犯罪嫌疑人或被害人进行医学鉴定，必要时可以聘请医学机构或专门鉴定机构具有鉴定资格的人员参加。人民检察院对物证、书证、视听资料、勘验、检查笔录存在疑问的，应当要求办案人员提供物证、书证、视听资料、勘验、检查笔录获取、制作的有关情况，必要时应当重新收集和制作，对物证、书证、视听资料可以进行鉴定。对证人证言有疑问的，也应当重新进行询问。

对于补充侦查的案件，应当在1个月以内补充侦查完毕。补充侦查以两次为限。这一规定是为了防止拖延结案时间，避免对犯罪嫌疑人超期羁押、久押不决的情况，有利于保护犯罪嫌疑人的合法权益，督促侦查机关的侦查工作。

退回补充侦查的案件,如果在主要事实或证据上发生了重大变化,侦查机关就应当重新制作起诉意见书;如果只是在个别情节上补充了有关材料,可以书面意见的形式移送人民检察院;如果认为应当撤销案件的,应将决定通知人民检察院。

4. 作出决定

一般来说,人民检察院的检察人员审查起诉,应当首先全面阅卷,找出疑点、矛盾后,再有的放矢地讯问犯罪嫌疑人,听取被害人和犯罪嫌疑人、被害人委托的人的意见,以解决案卷中存在的问题。如果发现新情况,应根据需要作进一步的调查和补充侦查。检察人员对案件经过一系列审查活动,查清全部案件事实以后,应当拟写《案件审查意见书》,根据审查的具体情况,提出起诉或者不起诉以及是否需要提起附带民事诉讼的意见,报请审查起诉部门负责人审核,审查起诉部门负责人对案件进行审核后,应当提出审核意见,报请检察长或者检察委员会决定起诉或者不起诉。

三、审查起诉的内容

根据《刑事诉讼法》第 168 条的规定,人民检察院审查案件的时候,必须查明以下内容:

1. 犯罪事实、情节是否清楚,证据是否确实、充分,犯罪性质和罪名的认定是否正确

查明犯罪事实、情节,是正确定罪量刑的前提;查明证据是否确实、充分,是正确定罪量刑的依据和基础。在查明犯罪事实和取得确实、充分证据的基础上,应当对犯罪的性质和罪名的认定是否恰当进行鉴别。犯罪的性质与罪名互相联系,密不可分,如果只认定了犯罪性质,而不认定具体的罪名,性质也难以定准。因为在同一性质的犯罪中,法律又规定了若干罪名。可见,审查犯罪性质与审查具体的罪名,应当同时进行。

2. 有无遗漏罪行和其他应当追究刑事责任的人

人民检察院追诉犯罪应当客观、全面,因此,在审查起诉时要注意审查有无遗漏犯罪嫌疑人的罪行和其他应当追究刑事责任的人。要查清案件的全部犯罪事实,就必须查清犯罪嫌疑人的全部罪行,对共同犯罪案件要查获所有实施犯罪的人。例如,在审查盗窃、诈骗、走私案件时,要注意追查销赃犯和包庇、窝藏犯,对于已构成窝赃、销赃罪的,也应对窝赃、销赃者一并提起公诉;在审查未成年人犯罪案件时,要注意审查有无教唆犯;审查个人犯罪案件时要注意发现团伙犯罪活动;审查团伙犯罪时更应注意审查有无漏诉其他犯

罪成员。对此,最高人民法院、最高人民检察院、公安部于 1984 年 6 月 15 日在《关于当前办理集团犯罪案件中具体应用法律的若干问题的解答》中指出:办理共同犯罪案件特别是集团犯罪案件,除对其中已逃跑的成员可以另案处理外,一定要把全案事实查清,然后对应当追究刑事责任的同案人,全案起诉,全案判处。切不要全案事实还没有查清,就急于起诉首要分子或主犯,或者把案件拆散,分开处理。这样做,不仅可能造成定罪不准,量刑失当,而且会造成死无对证,很容易漏掉同案成员的罪行,甚至漏掉罪犯,难以做到依法"从重从快、一网打尽"。在共同犯罪案件中,还应审查共同犯罪嫌疑人在共同犯罪活动中责任的认定是否恰当。

3. 是否属于不应追究刑事责任的情形

保障无罪的人不受刑事追究是人民检察院的职责之一,因此,人民检察院在审查案件时,必须查明犯罪嫌疑人有无不应追究刑事责任的情形,《刑事诉讼法》第 15 条对不应追究刑事责任的情形作了明确的规定。

4. 有无附带民事诉讼

《刑事诉讼法》第 99 条规定:"被害人由于被告人的犯罪行为而遭受物质损失的,在刑事诉讼过程中,有权提起附带民事诉讼。如果是国家财产、集体财产遭受损失的,人民检察院在提起公诉的时候,可以提起附带民事诉讼。"刑事附带民事诉讼制度,对于全面追究被告人的刑事责任和民事责任,保护国家、集体利益和公民的合法权益,具有十分重要的意义。为此,人民检察院在审查起诉时,首先要审查犯罪嫌疑人的犯罪行为是否给被害人造成了经济损失,被害人是否提起了附带民事诉讼。已提起的,要保护被害人的这项权利,没有提起的,应主动告知被害人有权提起。其次,还要查明国家、集体财产是否因犯罪而遭受损失。如果造成了损失,人民检察院可以在提起公诉时一并提起附带民事诉讼。

5. 侦查活动是否合法

人民检察院审查起诉的过程,也是对侦查工作进行法律监督的过程。因此,人民检察院对案件进行审查时,要注意审查侦查人员的侦查活动是否符合法定程序,法律手续是否完备,特别要查明在讯问犯罪嫌疑人和询问证人的过程中是否有刑讯逼供和以威胁、引诱、欺骗以及其他非法方法收集证据的情况。一旦发现侦查活动中有违反法律的行为时,应当及时提出纠正意见。构成犯罪的,应依法追究刑事责任。在司法实践中,人民检察院在审查起诉过程中,还应当注意审查以下内容:(1)案件是否属于本院管辖。按照

《刑事诉讼法》关于管辖的规定,对于不属于自己管辖的案件,就不能提起公诉,而应该将案件移送有管辖权的检察机关审查起诉。(2)证据是否随案移送;不宜移送证据的清单、照片或者其他证明文件是否随案移送。人民检察院审查案件,决定是否起诉,需要确实充分的证据,因此,侦查机关或侦查部门移送案件时,应当将案件的所有证据一并移送,对不宜移送的证据,要附有不宜移送的证据的清单、照片或者其他证明文件。(3)与犯罪有关的财物及其孳息是否扣押、冻结并妥善保管,以供核查。对被害人合法财产的返还和对违禁品或者不宜长期保存的物品的处理是否妥当,移送的证明文件是否完备等。

第三节 提起公诉

一、提起公诉的概念和条件

提起公诉,是指人民检察院代表国家,对于公安机关侦查终结移送审查起诉的案件以及自行侦查终结的案件,经过全面审查,认为犯罪事实已经查清,证据确实、充分,依法应当追究刑事责任的,向人民法院提起诉讼的活动。

提起公诉的条件可分为实体条件、政策条件和程序条件。

1. 提起公诉的实体条件。实体条件包括两个:一是犯罪嫌疑人的犯罪事实已经查清,证据确实、充分;二是依法应当追究刑事责任。

所谓犯罪事实已经查清,是指检察机关对下列事实已经查证属实:(1)确定犯罪嫌疑人实施的行为是犯罪,而不是合法行为或者一般违法行为的事实;(2)确定犯罪嫌疑人应当负刑事责任,而不是不负刑事责任或者可以免除刑事责任的事实,如犯罪嫌疑人的年龄、精神状况等;(3)确定犯罪嫌疑人实施的是某一种或某几种性质的犯罪的事实;(4)确定对犯罪嫌疑人应当或者可以从轻、减轻或者从重处罚的量刑情节的事实。查清上述事实,就符合犯罪嫌疑人的事实已经查清的条件。

最高检《规则》规定,具有下列情形之一的,可以确认犯罪事实已经查清:(1)属于单一罪行的案件,与定罪量刑有关的事实已经查清,不影响定罪量刑的事实无法查清的;(2)属于数个罪行的案件,部分罪行已经查清并符合起诉条件,其他罪行无法查清的;(3)无法查清作案工具、赃物的去向,但有其他证据足以对犯罪嫌疑人定罪量刑的;(4)言词证据中主要情节一致,只有个别情节不一致且不影响定罪的。证据确实、充分,是指指控的犯罪事实都有相应的证据予以证明,且证据之间、证据与案件事实之间不存在矛盾,足以排除非犯罪嫌疑人作案的可能性。

2. 提起公诉的程序条件。根据法律规定和诉讼的实际需要,提起公诉必须具备两项程序条件:检察院对提起公诉的案件具有管辖权和犯罪嫌疑人在案。人民检察院作出起诉决定后,应当向有管辖权的法院提起公诉。公诉必须符合级别管辖、专门管辖、地域管辖的规定,向没有管辖权的法院提起公诉将不被受理,不能启动审判程序。

3. 提起公诉的政策条件。提起公诉的政策条件是实现公诉个别化的要求。当犯罪情节轻微、依法可以起诉也可以不起诉的情况下,检察机关应当贯彻国家的刑事政策,综合考虑犯罪的性质、情节、后果、被害人态度及社会影响等因素。如果认为提起公诉更符合公共利益,即应提起公诉;反之,应当不起诉。

二、起诉书的制作和移送

人民检察院作出起诉决定后,应当制作起诉书。起诉书是人民检察院代表国家正式向人民法院提出追究被告人刑事责任的重要司法文书,它是人民检察院代表国家提起公诉的书面依据,是人民法院对被告人行使审判权的前提,同时也是法庭调查和辩论的基础。因此,起诉书的制作是一项十分严肃细致的工作,必须严格按照案件事实和法律要求进行。其基本要求是:案件事实清楚,文字简练,表述准确、严谨,格式规范,引用法律全面、准确、恰当。

具体而言,根据有关规定,起诉书的内容主要包括以下部分:

(1)首部。首部主要是制作该文书的人民检察院名称、文书编号等。

(2)被告人的基本情况。包括姓名、性别、出生年月日、出生地、身份证号码、民族、文化程度、职业、住址,是否受过刑事处罚,采取强制措施的情况以及在押被告人的关押处所等;如果是单位犯罪,应写明犯罪单位的名称,所在地址,法定代表人或代表的姓名、职务;如果还有应负刑事责任的直接负责的主管人员或其他直接责任人员也应按上述被告人基本情况写明。如果被告人真实姓名、住址无法查清的,应当按其绰号或者自报的姓名、自报的年龄制作起诉书,并在起诉书中注明。被告人自报的姓名可能造成损害他人名誉、败坏道德风俗等不良影响的,可以对被告人编号并按编号制作起诉书,在起诉书中附具被告人的照片。

(3)案由和案件来源。案由通常是案件的内容提要,一般只写出犯罪主体和认定的罪名。案件来源,主要是指该案是由公安机关侦查终结移送起诉的,还是人民检察院侦查部门自行侦查终结的案件。人民检察院自行侦查终结的案件,一般写明"经本院侦查终结",公安机关侦查终结的应写明公安机关名称,案件移送的时间、要求、过程等。

(4)案件事实。包括犯罪的时间、地点、手段、动机、目的、危害后果等与定罪量刑有关的事实要素。起诉书叙述的指控犯罪事实的必备要素应当明晰、准确。被告人被控有多项犯罪事实的,应当逐一列举,对于犯罪手段相同的同一犯罪也可以概括叙写。

(5)起诉的根据和理由。包括被告人触犯的刑法条款、犯罪的性质、法定从轻、减轻或者从重处罚的情节、共同犯罪中被告人应负的罪责等。

(6)尾部。写明起诉书送达的人民法院名称,本案承办人的法律职务和姓名,制作起诉书的年、月、日,并加盖人民检察院公章。

(7)附项。这部分写明被告人住址或羁押场所,证人名单及其住址或单位地址,鉴定人的住址或单位地址,随案移送案卷的册数、页数,随案移送的赃物、证物。

人民检察院向人民法院提起公诉时,应当将案卷材料、证据移送给人民法院。

《刑事诉讼法》第172条规定:"人民检察院认为犯罪嫌疑人的犯罪事实已经查清,证据确实、充分,依法应当追究刑事责任的,应当作出起诉决定,按照审判管辖的规定,向人民法院提起公诉,并将案卷材料、证据移送人民法院。"本条是对起诉条件和起诉时移送全部案卷的规定。其修改要点是:增加规定人民检察院在起诉时将案卷材料、证据移送人民法院。本条中的"案卷"又称"卷宗",是指特定案件在诉讼过程中形成的全部文件和材料的汇编,是诉讼过程中公安司法机关、当事人及其他诉讼参与人诉讼活动内容的记录,反映案件事实、证据及其处理结果,反映案件从立案到终结的全部过程。案卷是"由互有联系的若干文件组合而成并放入卷夹、卷皮的档案保管单位,也是全宗内档案系统排列、编目和统计的基本单位",一般是"按性质分类整理具有内部联系的一组文件材料"。案卷通常根据文件来源、时间、内容等方面的异同点和联系组成,包括案卷封面、卷内文件目录、卷内文件等几个部分。案卷是档案的基本保管单位和统计单位,便于档案的保管、使用和统计。人们可以从案卷了解一项工作、一个问题或者一个案件的处理过程。

检察机关向法院提起公诉，关于案件材料和证据的移送主要存在三种制度：一是全面移送制度，即将全部案卷材料、证据移送法院，法官可以在开庭审判前接触到这些案卷材料和证据。全卷移送制度，可以使法官在开庭前接触到案卷材料和证据，对案件事实、证据和适用法律有了一定了解之后再进行开庭审判，这种制度的优点是法官基于对案件情况的预先了解，确定法庭审判的重点，避免审判活动节外生枝，可以更好地主持法庭调查和辩论活动，提高审判效率，也使法官处理案件更有信心。这一制度的缺陷是，法官预先了解案情和诉讼证据，容易产生先入为主的见解，形成预断，可能影响法官作出公正的裁判。二是起诉状一本主义，起诉时只移送一份起诉书，不得附送证据材料。起诉状一本主义是"在提出起诉书的时候，不得附加能够使法官预先对案件产生判断的任何文件或其他证据。另外，也不得在起诉书中引用这些内容。这是为了使法官在进入第一次开庭前对被告人的罪责不抱任何偏见，是未来实现'公平法院'的理念采取的措施"[1]。也就是说，起诉状一本主义是为了避免全卷移送制度而提出的主张，要求检察机关向人民法院提起公诉时不能在起诉书中对证据进行描述和评价，更不能随案移送证据，以切断侦查与审判的接续关系，让法官头脑像一张白纸一样开始对案件的审判。三是移送部分证据材料制度，如1996年《刑事诉讼法》确立的移送主要证据复印件或者照片的制度。六部门《规定》(2012年已修改)第36条对"主要证据"的解释是，"主要证据"包括：(1)起诉书中涉及的各种证据种类中的主要证据；(2)多个同种类证据中被确定为"主要证据"的；(3)作为法定量刑情节的自首、立功、累犯、中止、未遂、正当防卫的证据。最高法《解释》第116条将开庭前审查的内容详细列举为11项，包括"是否附有能够证明指控犯罪行为性质、情节等内容的主要证据复印件或者照片"。

1996年《刑事诉讼法》修改时，为了降低法官的审前预断，废除了原来实行的全卷移送制度，但又没有采行起诉状一本主义，顾虑的是法官的判断事实和驾驭法庭的能力，因此实行主要证据材料移送制度。该制度实行以后，在一定程度上对法官的程序意识有一定的强化作用，也在一定程度上发挥了降低法官预断的作用；但总体来说，制度运作的效果并不突出，反而因不进行全卷移送造成辩护人无法在审判前查阅全部案卷材料和预览证据，以及因复

---

〔1〕［日］松尾浩也著：《日本刑事诉讼法》(上)，丁相顺译，中国人民大学出版社2005年版，第192页。

印主要证据材料造成纸张的无谓浪费。所以2012年《刑事诉讼法》的修改，立法机关听取了人民法院和人民检察院的修改意见,恢复了原有的全卷移送制度。

三、提起公诉的证明标准问题

提起公诉的决定作出之后就会引起一系列的法律后果:法院对于所控案件享有具体的审判权,并限定其审判范围;政府针对涉及案件的公民的刑事追究程序正式启动也是重要后果,之后被告人便需要做好应诉的必要准备，且要基于事实上或法律上的理由需要,否则可能被合法地剥夺自由、财产甚至生命。所以,公诉决定是否正确,不仅关系到国家的法律能否得到正确实施,而且关系到每个公民的基本人权。各国普遍要求公诉的提起必须具有合法性和适当性。所谓合法性,即公诉的提起是否有正当根据,主要包括两项内容:(1)公诉是否符合法定的证据标准;(2)案件是否具有诉讼条件。“诉讼条件”即案件进入实体审理的条件,如犯罪追诉时效是否届满、对于同一犯罪是否已有合法的生效判决、告诉才处理的犯罪是否经过告诉权人的告诉等。即使公诉符合法定的证据标准,如果缺乏诉讼条件,案件仍然不能起诉。所谓公诉的适当性,指检察官根据案件情况认为以起诉为宜的,才能起诉,不是必须追究的案件,不应当起诉。基于“起诉便宜主义”的刑事政策,现代各国普遍赋予检察官一定的起诉裁量权。然而,起诉裁量权是以案件符合起诉的证据标准为前提的,即案件具有起诉所必要的证据时,检察官基于政策考虑可以裁量不起诉。如果案件的证据达不到起诉所必需的标准,检察官的唯一选择只能是不起诉;如果检察官明知证据不足,仍然要决定起诉,这不是“滥用裁量权”的行为,而是“职务违法行为”。

公诉证据标准的把握必须兼顾打击犯罪和保护人权的双重价值。标准过宽,对明显证据不足的案件提起公诉,不仅浪费国家司法资源,而且会严重损害当事人合法的权益;如果标准过严,检察机关对于那些应该打击的罪犯可能会因达不到证据标准而放纵罪犯,显然会造成对犯罪打击不力的后果。根据我国现行立法规定,公诉证据标准只有一个,不因犯罪情节与犯罪性质的不同而有所差别。但在实践中,案件的种类是多种多样的,犯罪的特点及危害程度也是不一样的,千篇一律都适用同一的公诉证据标准是不合理的。证据标准的单一性,没有体现刑事诉讼证明的层次性。现行公诉证据标准要求对案件所有事实情节的证明,都必须达到“确实、充分”的程度,没有考虑刑事诉讼证明对象的多样性及其证明的要求。在刑事案件中,作为证明对象的犯罪事实和情节是有不同层次的,这些不同层次的证明要求在我国刑事诉讼证据标准中应有所体现。越是关键重要的事实情节,越要从严掌握证据标准,而对于那些定罪量刑相对次要的事实和情节,则可以适当放宽。

在司法实践中,检察官在对证据是否"确实、充分"拿捏不定时,往往就会采取比较保守的做法,即与法官私下联系沟通,以确定将案件起诉到法院是否能作出有罪判决,如果法院一方认为可以作有罪判决就起诉,反之则放弃起诉。甚至有一些在社会上影响比较大的案件,检察机关有时会请来政法委帮忙与法院协调,或者施加压力,使法院被迫答应作有罪判决后方提起公诉。检察院的这种做法虽然保证了刑事案件的有罪判决率,但也带来了相当明显的负作用,例如,有悖于检察机关的法律监督职责。检察机关依法独立行使公诉权,不受行政机关、社会团体和个人的干涉,并对法院的审判活动实行监督。在起诉前与法院就现有证据能否定罪进行沟通、交流的做法,难以保障监督工作的合法合理的开展;其次,违背了控辩原则。任何证据只有在庭审中经过控辩双方的互相质证才具有证明的效力,检察官与法官在庭审前就案件的定罪问题先行沟通的行为,导致案件先定后审,使庭审流于形式;更重要的是对于被告人的合法权益来说,由于庭前的协调,使庭审中证据的质证失去意义,被告人的合法权益受到侵害。

检察机关所行使的公诉权在本质上与法院的审判权是不同的,公诉权是一种审判请求权,根据刑事诉讼的一般规律,公诉证据标准应当低于有罪判决的证据标准。在我国,检察机关在刑事诉讼中,尤其是在审查起诉及提起公诉中,其主要职能还是收集并审查判断证据,提出有理有据的指控,将案件交由审判机关依法裁判。但我国在诉讼程序上缺少类似于英美等国家"陪审团"或"预审法官"这样的"案件过滤环节",这决定了我国提起公诉的证据标准不宜定得过低。与世界多数国家普遍采用的两种公诉证据标准相比,我国现行立法对公诉证据标准的规定过高。立法这样规定的好处在于能够防止检察机关对公诉权的滥用,保证起诉案件的质量,不冤及无辜。尤其在刑事公诉权由检察机关独占,对犯罪嫌疑人权利保护相对弱化的情况下,对公诉权的行使要求严格一些是有积极意义的。同时,这也节约了国家有限的诉讼资源。然而,从另一方面来说,对公诉证据标准要求过高,将其等同于有罪判决的证据标准,又是违背诉讼规律的。此外,对公诉证据标准要求过高,还势必会导致检察机关在行使公诉权时,谨小慎微,求全责备,不敢冒任何风险,又将会使某些应该打击而且可能定罪的罪犯逃脱法网,这显然也有悖于检察机关的职责以及严格执法的要求。我国公诉证据标准应表述为“认为有充分证据足以证明指控并可能获得有罪判决”。该标准以与职权主义诉讼模式紧密相联的“有足够证据证明控诉”为主要标准,而且也适当考虑“定罪的可能性”,兼采“预期可予定罪”,且紧扣现有证据及其证明效果,在程度上略低于定罪标准,在很大程度上与有罪判决的证据标准已非常贴近;只不过前者是一种未经辩方反驳质证的、非终局性的证明,后者是经过辩方的反驳质证,而最终牢固确立在审判人员内心深处的心证状态。

四、不起诉

(一)不起诉的概念和适用条件

不起诉,是指人民检察院对公安机关侦查终结移送起诉的案件和自己侦查终结的案件进行审查后,认为犯罪嫌疑人的行为不符合起诉条件或者没有必要起诉的,依法作出不将犯罪嫌疑人交付人民法院审判的一种处理决定。不起诉是人民检察院对案件审查后依法作出的处理结果之一,其性质是人民检察院对其认定的不应追究、不需要追究或者无法追究刑事责任的犯罪嫌疑人所作的一种诉讼处分。

根据我国《刑事诉讼法》的规定,不起诉制度可以分为三种:法定不起诉、酌定不起诉和证据不足不起诉。

1. 法定不起诉,又可称为绝对不起诉。《刑事诉讼法》第 173 条第 1 款规定:“犯罪嫌疑人没有犯罪事实,或者有本法第十五条规定的情形之一的,人民检察院应当作出不起诉决定。”根据《刑事诉讼法》第 15 条和第 173 条的规定,法定不起诉有以下七种情形:

(1)犯罪嫌疑人没有犯罪事实的;

(2)情节显著轻微、危害不大,不认为是犯罪的;

(3)犯罪已过追诉时效期限的;

(4)经特赦令免除刑罚的;

(5)依照刑法告诉才处理的犯罪,没有告诉或者撤回告诉的;

(6)犯罪嫌疑人、被告人死亡的;

(7)其他法律规定免予追究刑事责任的。

2. 酌定不起诉,也称相对不起诉。《刑事诉讼法》第 173 条第 2 款规定:“对于犯罪情节轻微,依照刑法规定不需要判处刑罚或者免除刑罚的,人民检察院可以作出不起诉决定。”酌定不起诉有两个条件:一是犯罪情节轻微,二是依照刑法规定不需要判处刑罚或者免除刑罚的。酌定不起诉体现了人民检察院的起诉自由裁量权，在审查起诉阶段贯彻落实宽严相济的刑事司法政策，教育、挽救了犯罪嫌疑人，节约了诉讼资源，取得了很好的社会效果。

3. 证据不足不起诉。《刑事诉讼法》第 171 条第 4 款规定："对于二次补充侦查的案件，人民检察院仍然认为证据不足，不符合起诉条件的，应当作出不起诉的决定。"以上规定包含了两个条件：案件已经经过了补充侦查以及证据不足阶段，因而不符合起诉条件，如果起诉到法院可能会宣告被告人无罪。具有以下情形之一，不能确定犯罪嫌疑人构成犯罪和需要追究刑事责任的，属于证据不足，不符合起诉条件：(1)据以定罪的证据存在疑问，无法查证属实的；(2)作为犯罪构成要件的事实缺乏必要的证据予以证明的；(3)据以定罪的证据之间的矛盾不能合理排除的；(4)根据证据得出的结论具有其他可能性的。

（二）不起诉的程序

1. 不起诉决定书的制作和送达

人民检察院作出不起诉决定后，应当制作不起诉决定书。不起诉决定书是人民检察院代表国家依法确认不追究犯罪嫌疑人刑事责任的决定性法律文书，具有终止刑事诉讼的法律效力。其主要内容包括：

(1)被不起诉人的基本情况，包括姓名、出生年月日、出生地、民族、文化程度、职业、住址、身份证号码，是否受过刑事处罚，拘留、逮捕的年月日和关押处所等；如果是单位犯罪，应当写明犯罪单位的名称和组织机构代码、所在地址、联系方式，法定代表人和诉讼代表人的姓名、职务、联系方式；

(2)案由和案件来源；

(3)案件事实，包括否定或者指控被不起诉人构成犯罪的事实以及作为不起诉决定根据的事实；

(4)不起诉的根据和理由，写明作出不起诉决定适用的法律条款；

(5)查封、扣押、冻结的涉案款物的处理情况；

(6)有关告知事项。

对于不起诉决定书，人民检察院应当公开宣布，并且送达被不起诉人和他的所在单位。不起诉决定一经宣布，立即产生法律效力。如果被不起诉人的财物在侦查中被扣押、冻结的，人民检察院在宣布不起诉决定时，应解除扣押、冻结。

对于公安机关移送起诉的案件，人民检察院决定不起诉的，应当将不起诉决定书送达公安机关。公安机关认为不起诉的决定有错误时，可以要求复议，如果意见不被接受，可以向上一级人民检察院提请复核。《刑事诉讼法》第177条规定："对于人民检察院依照本法第一百七十三条第二款规定作出的不起诉决定，被不起诉人如果不服，可以自收到决定书后七日以内向人民检察院申诉。人民检察院应当作出复查决定，通知被不起诉的人，同时抄送公安机关。"

2. 被不起诉人和涉案财物的处理

《刑事诉讼法》第173条第3款规定，人民检察院决定不起诉的案件，应当同时对侦查中查封、扣押、冻结的财物解除查封、扣押、冻结。对被不起诉人需要给予行政处罚、行政处分或者需要没收其违法所得的，人民检察院应当提出检察意见，移送有关主管机关处理。有关主管机关应当将处理结果及时通知人民检察院。

3. 对不起诉决定的申诉、复议和复核

关于不起诉决定的申诉、复议和复核，《刑事诉讼法》第175～177条作了具体的规定。《刑事诉讼法》第175条规定，对于公安机关移送起诉的案件，人民检察院决定不起诉的，应当将不起诉决定书送达公安机关。公安机关认为不起诉的决定有错误的时候，可以要求复议，如果意见不被接受，可以向上一级人民检察院提请复核。

《刑事诉讼法》第176条规定："对于有被害人的案件，决定不起诉的，人民检察院应当将不起诉决定书送达被害人。被害人如果不服，可以自收到决定书后7日以内向上一级人民检察院申诉，请求提起公诉。人民检察院应当将复查决定告知被害人。对人民检察院维持不起诉决定的，被害人可以向人民法院起诉。被害人也可以不经申诉，直接向人民法院起诉。人民法院受理案件后，人民检察院应当将有关案件材料移送人民法院。"这是《刑事诉讼法》针对司法实践中老百姓"告状难"的问题，为切实保护被害人的合法权益，在保留原来被害人对人民检察院不起诉决定享有申诉权基础上新增加的规定。与这一规定相应的是《刑事诉讼法》第204条第3项规定的自诉案件，即"被害人有证据证明对被告人侵犯自己人身、财产权利的行为应当依法追究刑事责任，而公安机关或者人民检察院不予追究被告人刑事责任的案件"。赋予被害人对这部分公诉案件享有自诉权，从外部强化了对人民检察院不起诉决定的有效制约，有利于督促人民检察院正确行使权力、严格执法。《刑事诉讼法》第177条规定："对于人民检察院依照本法第一百七十三条第二款规定作出的不起诉决定，被不起诉人如果不服，可以自收到决定书后七日以内向人民检察院申诉。人民检察院应当作出复查决定，通知被不起诉的人，同时抄送公安机关。”

第四节 提起自诉

一、提起自诉的概念和条件

自诉是相对于公诉而言的。自诉，是指法律规定的享有自诉权的个人直接向有管辖权的人民法院提起刑事诉讼。自诉案件，是被害人及其法定代理人或近亲属，为追究被告人的刑事责任，自行向人民法院起诉，由人民法院直接受理的刑事案件。

根据我国《刑事诉讼法》的相关规定，提起自诉必须具备以下条件，否则人民法院将不受理：

1. 自诉人是本案的被害人或者其法定代理人、近亲属。《刑事诉讼法》第112条规定：“对于自诉案件，被害人有权向人民法院直接起诉。被害人死亡或者丧失行为能力的，被害人的法定代理人、近亲属有权向人民法院起诉。人民法院应当依法受理。”被害人是遭受犯罪行为直接侵害的人，对于法律规定允许自诉的案件，当然有权直接向人民法院提起自诉，要求追究被告人的刑事责任。在实际情况中，被害人死亡、丧失行为能力或者其他原因会导致自诉案件的起诉难以进行，因此，赋予被害人的法定代理人、近亲属直接向人民法院起诉的权利，是在被害人自诉机制受到阻却时的一种补救措施，有利于打击犯罪和保护无辜。

2. 自诉案件属于受理人民法院管辖。自诉人提起自诉必须向有管辖权的人民法院提起，对于不属于自己管辖的案件，即使具备自诉案件的其他条件，该人民法院也有权不予受理。因此，自诉人提起自诉时，应当遵守刑事诉讼法关于管辖的有关规定。

3. 自诉案件的范围在《刑事诉讼法》第204条有明确规定：自诉案件包括告诉才处理案件、被害人有证据证明的轻微刑事案件以及被害人有证据证明对被告人侵犯自己的人身权利、财产权利的行为应当追究刑事责任，而公安机关或者人民检察院不予追究被告人刑事责任的案件。其中告诉才处理的案件具体包括：(1) 侮辱、诽谤案，但是严重危害社会秩序和国家利益的除外;(2)暴力干涉婚姻自由案;(3)虐待案;(4)侵占案。被害人有证据证明的轻微刑事案件具体包括:(1)故意伤害案;(2)非法侵入住宅案;(3)侵犯通信自由案;(4)重婚案;(5)遗弃案;(6)生产、销售伪劣商品案,但是严重危害社会秩序和国家利益的除外;(7)侵犯知识产权案,但是严重危害社会秩序和国家利益的除外;(8)属于《刑法》分则第四章、第五章规定的,对被告人可能判处3年有期徒刑以下刑罚的案件。

4. 自诉案件要有明确的被告人、具体的诉讼请求和能证明被告人犯罪事实的证据。自诉案件的被告人,必须是被指控侵犯他人正当合法权益,已构成犯罪,并且应当追究刑事责任的人。被告人已经死亡或者被告人下落不明的,自诉将无法成立。提起自诉时,自诉人必须有具体的诉讼请求,并附有相应的证据。诉讼请求指自诉人对被告人应否承担刑事责任以及承担何种刑事责任的态度,应尽可能明确、具体,有理有据。由于自诉案件的举证责任主要由自诉人负担,因此,自诉人起诉时,应举出有关证据,以证明自己的诉讼请求和主张。

二、提起自诉的程序

自诉人应当向人民法院提交刑事自诉状。提起附带民事诉讼的,还应当提交刑事附带民事自诉状。自诉人书写自诉状确有困难的,可以口头告诉,由人民法院工作人员作出告诉笔录,向自诉人宣读,自诉人确认无误后,应当签名或者盖章。根据我国《刑事诉讼法》的相关规定,自诉状或者告诉笔录应当包括以下内容:

1. 自诉人、被告人、代为告诉人的姓名、性别、年龄、民族、出生地、文化程度、职业、工作单位、住址;

2. 被告人犯罪行为的时间、地点、手段、情节和危害后果等;

3. 具体的诉讼请求;

4. 致送人民法院的名称及具状时间;

5. 证人的姓名、住址及其他证据的名称、来源等。

如果被告人是2人以上的,自诉人在自诉时需按照被告人的人数提供自诉状副本。人民法院收到自诉人的起诉状或口头起诉后,应立即按受理条件进行立案前的初步审查,对于符合受理条件的,应立即立案审理,并告知自诉人。对于不符合受理条件的,应迅速通知自诉人并告知不受理的理由。自诉人坚持告诉的,人民法院可以裁定驳回起诉。

根据实践,提起自诉案件流程如下:

（一）自诉案件的范围

1. 告诉才处理的案件；

2. 被害人有证据证明的轻微刑事案件；

3. 被害人有证据证明对被告人侵犯自己人身、财产权利的行为应当依法追究刑事责任，而公安机关或者人民检察院不予追究被告人刑事责任的案件。

（二）自诉案件的具体类型

1. 纯自诉案件

（1）侮辱、诽谤案（危害社会秩序和国家利益的除外）；

（2）暴力干涉婚姻自由案（致人死亡的除外）；

（3）虐待案（致人重伤或死亡的除外）；

（4）侵占案。

2. 公诉与自诉交叉案件

（1）故意伤害案（轻伤害）；

（2）非法侵入住宅案；

（3）侵犯通信自由案；

（4）重婚案；

（5）遗弃案；

（6）生产、销售伪劣商品案（刑法分则第三章第一节规定的，但是严重危害社会秩序和国家利益的除外）；

（7）侵犯知识产权案（刑法分则第三章第七节规定的，但是严重危害社会秩序和国家利益的除外）；

（8）属于刑法分则第四章、第五章规定的，对被告人可能判处3年有期徒刑以下刑罚的案件。

对上述案件，既可公诉又可自诉：被害人直接向人民法院起诉的，人民法院应当依法受理。对于其中证据不足、可由公安机关受理的，或者认为对被告人可能判处3年有期徒刑以上刑罚的，应当移送公安机关立案侦查。

（三）提起自诉案件的特点

1. 人民法院可以进行调解。

2. 自诉人可以和被告人自行和解。

3. 可以撤回自诉。

4. 告诉才处理和被害人有证据证明的轻微刑事案件的被告人或者其法

定代理人可以对自诉人提起反诉:(1)反诉的对象是本案自诉人;(2)反诉的内容是与本案有关的行为;(3)反诉的案件属于自诉;(4)在自诉一审判决宣告前提出反诉,否则另行起诉;(5)属于自诉法院管辖。

5. 自诉人明知有其他共同侵害人,但只对部分侵害人提起自诉的,人民法院应当受理,并视为自诉人对其他侵害人放弃告诉权利。判决宣告后自诉人又对其他共同侵害人就同一事实提起自诉的,人民法院不予受理。共同被害人中只有部分人告诉的,人民法院应当通知其他被害人参加诉讼。被通知人接到通知后表示不参加诉讼或者不出庭的,即视为放弃告诉权利。第一审宣判后,被通知人就同一事实又提起自诉的,人民法院不予受理。但当事人另行提起民事诉讼的,不受本解释限制。

6. 两次合法传唤不到或中途退庭按撤诉处理。

7. 自诉案件的强制措施在调解或和解之后,应立即解除。

(四)当事人的权利

被告人有权随时委托辩护人,需具有被告人授权委托书、法律服务协议;自诉人及其法定代理人,附带民事诉讼的当事人及其法定代理人,有权随时委托诉讼代理人,需具有自诉人授权委托书、委托代理协议。

三、自诉制度存在的缺陷

第一,美国、日本、法国等国甚至采取国家垄断主义,刑事案件的起诉权由国家统一行使。即便是保留自诉制度的国家,如德国、奥地利、俄罗斯等,也是尽可能地对其范围进行限制。因为被视为犯罪的行为往往是严重违反法律的行为,犯罪行为不再仅仅被看做是对特定的个人利益的侵害,而是被看做对国家利益和社会秩序的严重损害与挑战。所以,刑事案件从其性质上看,应该由公诉机关来追诉。第二,刑事诉讼谋求实现国家刑罚权,与把私人利益作为基点的民事诉讼不同,应当将实现正义作为首要目标。因此,由公正的不受报复感情及利害关系所左右的国家机关行使追诉权,是最恰当的。第三,由于被害人源于自身固有的心理倾向和利益偏见,私人追究和惩罚犯罪常常缺乏公正性,有可能对其施予过高的惩罚,罚高于罪;而且被害人缺乏侦破技能和手段,很有可能把无罪者当成有罪之人看待和处罚。这些不公正的追诉行为有时不但无益于矛盾纠纷的解决,反而可能引起新的矛盾纠纷。在国家追诉制度下,公诉人并非冲突当事人一方,他与任何具体的冲突者都无直接利害关系,处于一个中立的地位,不仅在形式上给冲突各方及社会公众以公正感,而且实际也能做到追究和惩罚的公正性。第四,由于犯罪行为发生在过去,是不可恢复之已然事实,犯罪人出于逃避惩罚的目的,往往都采取较为隐蔽的方式实施犯罪,甚至有些犯罪根本就没有被害人。私人追诉由于能力、手段等方面的不足使一些犯罪无法得到追究。美国学者琼·雅各比指出:“在自诉制度的缺点中,最显著的一个是使许多犯罪行为没有受到惩罚,因为这些犯罪的被害人或者太软弱,或者太贫穷,无力提起诉讼。”[1]而且在部分犯罪中受害人已经被置于死地,以致无人去追究,还有些被害人因不能、不敢、不愿行使控诉权而导致犯罪得不到追究,如被害人因恐惧而不敢追诉,因贪图充分损害赔偿自行和解而不愿起诉,因时过境迁而懈怠起诉,因身体受到强制、身心存在疾患而不能起诉等。[2] 而国家作为社会公共权威,打击危害社会挑战其权威的犯罪,确保良好的社会公共秩序,可称得上是其天职和本能,更何况不少犯罪直指国家本身。因此,国家不应该放弃追究犯罪的权力和职责,因为国家拥有强大的犯罪追究和惩罚的机构,配有国家专门追究人员,拥有各种先进科学的追究手段和追究策略,完全可以有效地侦破、追究和惩罚犯罪。

我国针对自诉案件运用中的缺陷和困难已经出台了大量的公诉救济的立法规定。《刑法》第98条规定:“本法所称告诉才处理,是指被害人告诉才处理。如果被害人因受强制、威吓无法告诉的,人民检察院和被害人近亲属也可以告诉。”《刑法》分则第246条侮辱罪、诽谤罪条文第2款的但书规定“前款罪,告诉的才处理,但是严重危害社会秩序和国家利益的除外”,实际上指出了这两种罪名案件适用公诉的条件。《刑法》分则第257条暴力干涉婚姻自由罪条文第2款规定:“犯前款罪,致使被害人死亡的,处二年以上七年以下有期徒刑。”第260条虐待罪条文第2款规定:“犯前款罪,致使被害人重伤、死亡的,处二年以上七年以下有期徒刑。”这两款规定虽然没有明确指出适用公诉,但其情节显然已超出自诉案件范围关于“轻微”要件,从立法本意上讲也是适用公诉程序。六部门《规定》第4条第2款规定:“上述所列八项案件中,被害人直接向人民法院起诉的,人民法院应当依法受理,对于其中证据不足的,可由公安机关受理的,应当移送公安机关立案侦查。被害人向公安机关控告的,公安机关应当受理。”这一规定,说明对于自诉案件中的被害人有证据证明的轻微刑事案件,被害人可自主选择自诉和公诉,也可由自

[1] [美]琼·雅各比著:《美国检察官研究》,周叶谦等译,中国检察出版社1990年版,第10~11页。

[2] 陈光中主编:《刑事诉讼法实施问题研究》,中国法制出版社2000年版,第20页。

诉转为公诉。我国《刑事诉讼法》关于部门管辖转移的规定，即公安机关、人民检察院或者人民法院在立案时，对于不属于自己管辖的，应当移送主管机关处理。按照这一规定，人民法院受理自诉案件却发现属于公诉案件时，应当移送公诉机关。这也可以说是公诉救济的一个内容，体现出其变更控诉的特点。这些补救性的立法规定的出台，也证明了我国自诉案件的类型有待完善。

【深度阅读】

1. 韩红兴："论我国新刑事诉讼法下的公诉方式变革"，载《中国刑事法杂志》2013 年第 4 期。

2. 朱孝清："试论刑事撤诉"，载《人民检察》2013 年第 18 期。

3. 孙洪坤："检察权威研究"，载《东方法学》2014 年第 3 期。

【课后思考】

1. 只要有足够证据证明犯罪嫌疑人构成犯罪，检察机关就必须提起公诉。关于这一制度的法理基础，下列哪一选项是正确的：(单选题)

A. 起诉便宜主义

B. 起诉法定主义

C. 公诉垄断主义

D. 私人诉追主义

2. 检察院以抢夺罪向法院提起公诉，法院经审理后查明被告人构成抢劫罪。关于法院的做法，下列哪一选项是正确的：(单选题)

A. 应当建议检察院改变起诉罪名，不能直接以抢劫罪定罪

B. 可以直接以抢劫罪定罪，不必建议检察院改变起诉罪名

C. 只能判决无罪，检察院应以抢劫罪另行起诉

D. 应当驳回起诉，检察院应以抢劫罪另行起诉

3. 被告人徐某为未成年人，法院书记员到其住处送达起诉书副本，徐某及其父母拒绝签收。关于该书记员处理这一问题的做法，下列哪些选项是正确的：(多选题)

A. 邀请见证人到场

B. 在起诉书副本上注明拒收的事由和日期，该书记员和见证人签名或盖章

C. 采取拍照、录像等方式记录送达过程

D、将起诉书副本留在徐某住处

4. 检察机关对未成年人童某涉嫌犯罪的案件进行审查后决定附条件不起诉。在考验期间,下列哪些情况下可以对童某撤销不起诉的决定、提起公诉:(多选题)

A. 根据新的证据确认童某更改过年龄,在实施涉嫌犯罪行为时已满18周岁的

B. 发现决定附条件不起诉以前还有其他犯罪需要追诉的

C. 违反考察机关有关附条件不起诉的监管规定,情节严重的

D. 违反治安管理规定,情节严重的

第四编
审 判 程 序

第一章　刑事审判概述

本章要点

刑事审判的概念
刑事审判模式和原则
我国的刑事审判模式
审判组织
审级制度

讼，元吉，以中正也。

——《易经·讼卦》

一次不公的裁判比多次不平的举动为祸尤烈。因为这些不平的举动不过弄脏了水流，而不公的裁判则把水源败坏了。

——[英]培根

2014 年 2 月 28 日，曾世杰被控故意杀人一案，在成都市中级人民法院公开宣判，以故意杀人罪判处曾世杰死刑，缓期 2 年执行，剥夺政治权利终身，并对其限制减刑。

曾世杰是四川大学公共管理学院 2008 级信息资源管理专业本科生。2010 年 3 月 30 日晚，他用事先准备的尖刀在川大江安校区刺杀陌生人，致 1 名女生死亡，2 名男生受伤，曾世杰被当场抓获。在个人陈述中，其称，自己上大学后在相貌、经济等方面“受到很多人的嘲笑与歧视，加之性格内向，不爱与人交谈，遇到什么事都爱憋在心里，时间长了便产生了特别强烈的抑郁感与自卑心理”。

2010 年 12 月 29 日，法院以故意杀人罪判处曾世杰死刑，剥夺政治权利终身。一审判决后，曾世杰向四川省高院提起上诉。2012 年 3 月，四川省高院以“原判认定事实不清、证据不足”为由，作出发回重审的判决。成都法院重审认为，曾世杰的行为已构成故意杀人罪，应依法严惩。鉴于曾世杰有坦白情节，认罪悔罪态度较好，且该案重审期间，曾的亲属在经济条件极为困难的情况下尽最大可能进行赔付，故综合考虑相关情节因素，依法作出了上述判决。

第一节　刑事审判的概念和意义

一、刑事审判的概念

刑事审判，是指人民法院对案件进行审理并作出判断确定刑事责任的诉讼行为，包括“审理”和“判断”两个阶段。所谓审理，是指人民法院在控辩双方和诉讼参与人的参加下听取意见，审核证据，查明事实，包括开庭、法庭调查和法庭辩论等程序环节。所谓判断，是指人民法院在查清案件事实的基础上适用国家法律对案件的实体问题或某些程序问题作出权威性处理决定的活动，包括评议、作出判断和宣告判决等程序环节。在刑事审判中，审理和判断是不可分割的组成部分，审理是判断的前提和基础，判断是审理的目的和结果。

二、刑事审判的意义

审判是刑事诉讼的中心环节和决定性阶段，具有认定事实和适用法律的功能。作为刑事案件至关重要的最后一道关卡，在保护被告人辩护权、保证司法的公平公正、维护司法秩序等方面起着重要作用。法院通过审判，排除非法证据，能够起到纠正与遏制侦查机关、检察机关违法行为、维护追诉行为合法性与正当性的作用，从而达到维护法治的目的。为被告人提供了辩护的平台，充分呈现案件事实，使控辩双方获得地位上的平等，提高司法的社会公信力。法官通过审理，最大限度地了解案情，全面审查证据的合法性，准确适用法律，围绕“定罪”和“量刑”作出判决。刑事审判的合理进行彰显了程序正义，程序正义在形式上体现为严格按照刑事诉讼程序法的规定办案，实质上体现为通过程序保障人权，同时更好地保证判决的公正。

第二节 刑事审判的模式和原则

一、刑事审判模式

（一）刑事审判模式的概念和种类

刑事审判模式，是指控、辩、审三方在刑事审判程序中的诉讼地位和相互关系，以及与之相应的审判程序组合方式。历史上出现最早的是古罗马奴隶时期的弹劾式审判模式，中世纪欧洲又出现了纠问式审判模式。近现代刑事诉讼法中主要存在以下三种审判模式：当事人主义审判模式、职权主义审判模式与兼采当事人主义和职权主义的混合模式。当事人主义模式又称对抗制审判模式，是指法官居于中立且被动的裁判者地位，法庭审判的进行由控辩双方的举证、质证共同推进和控制的庭审模式，主要实行于英美法系国家。职权主义模式又称审问式审判模式，是指法庭审判以法官为中心，法官在审判程序中居于主导和控制地位，限制了控辩双方的积极性，主要实行于大陆法系国家。混合式审判模式又称“折衷主义”审判模式，兼采了当事人主义模式和职权主义模式的长处而形成，主要代表国家是日本和意大利。当事人主义模式在于通过双方辩论式诉讼呈现事实，充分发挥了控辩双方的积极性，体现了程序民主。但是法官的过于被动会导致控辩双方对庭审的控制权过大，从而影响庭审效率。同时职权主义审判模式则强调运用国家权力查明事实真相，法官积极主动的参与和对庭审程序的有效控制有利于案件事实的发现，继而提高庭审效率。但是，该模式使法官中立工作的形象受到了损害，影响社会公信力。在“二战”后出现了相互借鉴吸收的趋势。现在纯粹的当事人主义审判模式和职权主义审判模式已不复存在。除此之外，还有犯罪控制模式与正当程序模式。我国学者基于对刑事诉讼法的研究曾提出双重结构理论，即“三角结构”和“线形结构”。在“三角结构”中，控辩双方形成一定的诉讼对抗，法官则是居于其中、踞于其上的仲裁者，由此而形成一个等腰的正三角形结构。在“线性结构”中，侦查、起诉和审判前后相继进行，从不同公安司法机关工作及权力行使的相继性中可以抽象出一种线形结构。

（二）我国的刑事审判模式

1979 年《刑事诉讼法》第 114 条规定：“公诉人在审判庭上宣读起诉书

后，审判长开始讯问被告人。公诉人经审判长许可，可以讯问被告人。被害人、附带民事诉讼的原告人和辩护人，在审判人员审问被告人后，经审判长许可，可以向被告人发问。”由此可见，我国原来的刑事庭审采用职权主义模式。1996年修改《刑事诉讼法》时，鉴于这种方式容易导致“先判后审”，难以做到公正审判而进行了重大改革，吸收了英美法系当事人主义的对抗因素，并适当保留了职权主义的某些特征。其主要体现为，庭前审查由实质性审查改为程序性审查，为预防法官未审预断，开庭前公诉机关不再向法院移送全部案卷材料，而移送主要证据的复印件或照片以及证据目录、证人名单。法庭上对于被告人的讯问、对证人和鉴定人的询问、对书面证据材料的宣读和物证的出示等活动主要由控辩双方进行，但审判人员仍然有权对被告人、证人和鉴定人进行补充发问，有权决定休庭并在庭外调查核实证据，而这种发问和庭外调查仅仅具有补充性，对于案件事实的认定主要是基于控辩双方在法庭上的对抗式举证和辩论。但是，十多年的实践表明：如果不全卷移送，律师便无从查看全卷或者说至少难以查看有些重要的案卷（侦查机关可能由于各种原因而“有意、无意”地忽略），被告人辩护权受到阻滞。因此，恢复全卷移送制度有助于律师阅卷，能有效行使被告人的辩护权。[1] 有鉴于此，2012年《刑事诉讼法》恢复了全案移送制度，但保留了程序性审查，增设了庭前准备程序和量刑辩论的规定等，仍采用职权正义的刑事审判模式。

二、刑事审判原则

刑事审判原则，是指适用于刑事审判阶段的诉讼原则，主要指审判公开原则、直接言词原则和集中审理原则。

（一）审判公开原则

我国《宪法》第125条规定：“人民法院审理案件，除法律规定的特别情况外，一律公开进行。被告人有权获得辩护。”审判公开，是指人民法院对案件的审理和判决向社会公开，准许公众旁听，准许新闻媒体采访、报道，除休庭评议以外，法庭审理的全过程都应公之于众。凡是公开审理的案件，应当先期公布案由、被告人姓名、开庭时间和地点，定期宣判的案件应当先期公告。《刑事诉讼法》第11条规定：“人民法院审判案件，除本法另有规定的以外，一律公开进行。被告人有权获得辩护，人民法院有义务保证被告人获得

---

〔1〕 左卫民著：《现实与理想：关于中国刑事诉讼的思考》，北京大学出版社2013年版，第133页。

辩护。"由此可见,审判公开也有例外情况。例如,《刑事诉讼法》第 183 条规定:"人民法院审判第一审案件应当公开进行。但是有关国家秘密或者个人隐私的案件,不公开审理;涉及商业秘密的案件,当事人申请不公开审理的,可以不公开审理。"《刑事诉讼法》第 274 条规定的不满 18 周岁的未成年人刑事案件也属例外情况。一般而言,主要存在两种不公开审理的类型:一种为依法不公开;另一种为依申请不公开。人民法院应当对不公开审理的案件当庭宣布不公开审理的理由。依法公开审理的案件,旁听人员应当经过安全检查进入法庭旁听。因审判场所等客观因素所限,人民法院可以发放旁听证或者通过庭审视频、直播录播等方式满足公众和媒体了解庭审实况的需要。所有证据应当在法庭上公开,能够当庭认证的,应当当庭认证。除法律、司法解释规定可以不出庭的情形外,人民法院应当通知证人、鉴定人出庭作证。独任审判员、合议庭成员、审判委员会委员的基本情况应当公开,当事人依法有权申请回避。案件延长审限的情况应当告知当事人。人民法院对公开审理或者不公开审理的案件,一律在法庭内或者通过其他公开的方式公开宣告判决,以保障判决结果的透明、公开。

审判公开是以公开审理案件为核心,人民法院审判公开,是对宪法规定的公开审判原则的具体落实,是民主政治的要求,是在全社会实现公平和正义的重要保障。法院通过审判公开将审判过程置于社会监督之下,增加了司法的透明度,加强了民众的监督。同时,审判公开满足了公众的知情权,有利于提高司法的公信力。

现阶段,人民法院纷纷实施了新的改革措施。例如,允许 18 周岁以上的公民在持有和出示身份证的前提下,通过安检后进入法院旁听。另外还有一些电视台设置专栏邀请专业人士解读庭审现场。以薄熙来案件为例,其实现了庭审现场的全程直播。通过公开庭审,使社会各界了解案情,增强了公众的法治意识,对有预谋的犯罪分子起到威慑作用,防止犯罪的发生。同时向社会大众传播政府反腐倡廉的决心,改善法院在社会公众心目中的形象。

(二)直接言词原则

直接言词原则是直接原则和言词原则的总称,它要求法官必须在法庭上亲自听取当事人和其他诉讼参与人的陈述,案件事实和证据必须以口头方式向法庭提出,调查证据以口头举证、质证、辩论的方式进行。

直接原则又分为直接审理原则和直接采证原则。直接审理原则,是指法官必须亲自出席庭审,不能委托他人代为行使审判权。现实中出现的案件审批、审判委员会开会定案与该原则相违背,应当重新进行审判,防止权力的滥用。在法官审理案件时,公诉人、当事人和其他诉讼参与人应当在场,除特别规定以外,上述人员不在场时,不得进行法庭审理;否则,审判活动无效。直接采证原则,是指刑事庭审中证据的调查与采取,应当由法官亲自进行,尽可能运用最大限度接近事实的证据方法,通过法庭调查、双方辩论后采信的证据才能作为最后判决的依据。

言词原则,是指法庭审理应该以言词为载体,即要求被告人、被害人以口头方式陈述,证人、鉴定人以口头方式作证,控诉方与被告人及其辩护人以口头方式进行辩论、质证。凡是未经口头方式调查的证据,不得为法院采信,更不得作为判决的依据。凡由于特殊情况不能出庭的证人应当由书面证言代替出庭作证。

直接言词原则有利于及时查明案件事实真相,通过当庭调查、辩论明晰案件争议焦点,以便作出准确的判断。其同时有助于保护当事人的合法权利,实现控辩双方在同等的条件下进行举证、质证、辩论等活动,体现了诉讼的民主性。

(三)集中审理原则

集中审理原则,又称不间断审理原则,是指法院不间断开庭审理案件。每起案件的合议庭成员或法官不能更换,除因特殊原因外必须始终参加庭审。庭审时间不能中断,对一个案件的审判应该一次性持续完成,除因法定节假日以外,不应当有数日间隔。审判以庭审为中心,所有的事实、证据和法律适用都在庭审中一并提出,法庭调查、法庭辩论、审判结论也应在庭审中形成。

集中审理的意义在于:(1)审理拖延会导致法官对书面证据的依赖,影响法官的自由心证,集中审理原则使案件得到及时审结,有利于保障自由心证的准确性;(2)避免法院交叉审理多起案件,导致庭审思路不清晰,有助于提高司法效率;(3)保障审判独立,缩小外部干涉的空间,排除非司法因素的干扰,有助于作出公正的裁决。

第三节 审判组织

一、刑事审判组织的概念

刑事审判组织,是指人民法院审理和判决具体的刑事案件的内部组织形式。《刑事诉讼法》第3条规定，审判由人民法院负责，除法律特别规定的以外，其他任何机关、社会团体和个人都无权行使审判权。人民法院是审判权的法定主体，国家的司法权必须交由国家授权的专门机关统一、正确地行使。在司法实践中，人民法院要具体行使审判权，必须依托一定的审判组织代为行使，而审判组织则是特定的审判主体。

二、审判组织的种类和形式

《刑事诉讼法》第178条第1款规定："基层人民法院、中级人民法院审判第一审案件，应当由审判员三人或者由审判员和人民陪审员共三人组成合议庭进行，但是基层人民法院适用简易程序的案件可以由审判员一人独任审判。"据此，人民法院审判刑事案件的组织基本形式有两种：合议制和独任制。此外，《人民法院组织法》第10条规定："各级人民法院设立审判委员会，实行民主集中制。审判委员会的任务是总结审判经验，讨论重大的或者疑难的案件和其他有关审判工作的问题。"审判委员会对重大或者疑难案件的处理有最后的决定权，加强了审判集体的领导。因而，人民法院的审判组织形式主要包括以下三种：独任制、合议制和审判委员会。

（一）独任制

独任制，是指由1名审判员单独审判案件的审判制度。独任制适用于简易的民事案件、轻微的刑事案件和法律规定的案件。《刑事诉讼法》第210条规定，人民法院适用简易程序审理案件，对可能判处3年以下有期徒刑以下刑罚的，可以由审判员1人独任审判。为保证审判的独立性和公正性，审判员依法独任审判时，行使与审判长相同的职权，审判员认为有必要也可以提请院长决定提交审判委员会讨论决定。对于作出的决定，独任审判员应当执行，有不同意见的可以建议院长提交审判委员会复议。

（二）合议制

合议制，是指由3人以上审判人员组成合议庭进行集体审判的制度。根据《人民法院组织法》的规定，人民法院审判案件实行合议制，除法律特别规定外均可适用合议制。根据《刑事诉讼法》第210条的规定，适用简易程序审理案件，对可能判处3年以下有期徒刑以下刑罚的，可以由审判员1人独任审判。同时，人民法院审理上诉和抗诉的案件应当由审判员组成合议庭进行。合议庭由院长或者庭长指定审判员1人担任审判长。院长或者庭长参加审判案件的时候，自己担任审判长。合议庭可以由审判员组成，也可以由审判员和人民陪审员混合组成。合议庭的组成人员、人数因法院级别、管辖级别不同而作如下区分:基层人民法院、中级人民法院审理第一审案件,应当由审判员3人或者由审判员和人民陪审员共3人组成合议庭进行;高级人民法院、最高人民法院审判第一审案件应当由审判员3~7人或者由审判员和人民陪审员共3~7人组成合议庭进行;人民法院审判上诉和抗诉案件,应当由审判员3~5人组成合议庭进行。

人民陪审员在参与庭审时,同审判人员拥有同等的权利。《刑事诉讼法》第179条规定:"合议庭进行评议的时候,如果意见分歧,应当按多数人的意见作出决定,但是少数人的意见应当写入笔录。评议笔录由合议庭的组成人员签名。"人民陪审员同合议庭其他组成人员意见分歧,要求合议庭将案件提请院长决定是否提交审判委员会讨论决定的,应当说明理由;人民陪审员提出的要求及理由应当写入评议笔录。评议笔录由合议庭的组成人员在审阅确认无误后签名。

人民陪审制作为合议制的组成方式之一,由陪审法官和职业法官共同组成合议庭进行审判。人民陪审员在人民法院执行职务时,同审判员有同等的权利,共同决定被告人的定罪量刑。但是由于人民陪审法官并无独立的定罪权,而是参与职业法官的审判活动,故而也称为参审制。在实践中,人民陪审员由于专业水平的限制同时缺乏严格的遴选程序,对审判结果的影响微不足道,导致人民陪审员无法真正行使法律赋予他们的权利,往往是"陪而不审",沦为供人欣赏的花瓶。针对人民陪审员制度在实践中出现的种种问题与争议,2004年第十届全国人大常委会第11次会议通过了《关于完善人民陪审员制度的决定》,并于2005年5月1日实行。然而,在实施过程中逐渐发现,其本身仍然存在一些问题,以往实践中的诸多问题也没有得到根本性解决,人们现在对陪审制度有着一种近乎鸡肋的感觉:用之效能不彰,弃之不免可惜,人民陪审员制度的运行仍然举步维艰。

(三)审判委员会

审判委员会,是由人民法院院长、副院长和资深法官组成,对审判实行集体领导的组织形式。作为审判组织的一种形式,审判委员会的任务是总结审判经验,讨论重大的或者疑难的案件和其他有关审判工作的问题。对于拟判处死刑的案件、人民检察院抗诉的案件,合议庭应当提请院长决定提交审判委员会讨论决定。根据最高人民法院新出台的司法解释,审判委员会的决定,合议庭、独任审判员应当执行;有不同意见的,可以建议院长提交审判委员会复议。

根据我国《刑事诉讼法》的规定，对于疑难、复杂、重大的案件，合议庭认为难以作出决定的，由合议庭提请院长决定提交审判委员会讨论决定。据此，审判委员会不会直接主动干预案件的审理，而是由合议庭提请，再由院长决定是否提交审判委员会，针对讨论决定，合议庭应当执行，不得再有异议。这表明，审判委员会与合议庭之间是一种类似行政化的上下级关系。提交审判委员会讨论必然会导致法官丧失自身的审判独立权，审判委员会制度的存在对于普通法官确实有更深层次的意义。法官需要一种制度帮助他们排除人情关系，提高法官司法审判的素质和水平。

审判委员会制度是我国审判制度的一大特色，在总结审判经验，研究决定重大疑难案件，统一司法标准，保证办案质量以及抵制外界对公正司法的干扰等方面发挥了重要的作用。学者对该制度的争议很大，在现代司法实践中，一直强调司法的公平、公正和公开。审判委员会在没有参与直接审理的情况下，只听取庭审法官的口头汇报，不易作出客观公正的判决。违背现代司法的直接言词原则，不符合程序正义的基本理念。为了严格区分应当和可以的界限，最高法《解释》第178条第2款规定，对于拟判处死刑的案件、人民检察院抗诉的案件，合议庭应当提请院长决定提交审判委员会讨论决定。该条第3款规定，对合议庭成员意见有重大分歧的案件、新类型案件、社会影响重大的案件以及其他疑难、复杂、重大的案件，合议庭认为难以作出决定的，可以提请院长决定提交审判委员会讨论决定。

审判委员会制度推行的时间已久，对各级法院的影响深远持久。随着日渐暴露的不可化解的矛盾，改革趋势已深入人心。各地司法机关在积极反思审判委员会制度的基础上积极推动各种改革方案。其中包括设置当事人申请审判委员会回避制度。为确保断案无偏私，当案件在提交审判委员会讨论之前告知当事人，并赋予其申请审判委员会委员回避的权利。根据我国《刑事诉讼法》的相关规定，当事人在诉讼中可以申请与案件有利害关系的法官回避，但是参与讨论、决定重大疑难案件的审判委员会委员回避的制度并没有明文规定，由于配套设施的缺失，法院在执行方面陷入两难的境地。2010年1月最高人民法院发布的《关于改革和完善人民法院审判委员会制度的实施意见》明确规定："审判委员会委员发表意见不受追究，并应当记录在案。"该规定有利于保障审判委员会委员的言论权利，但是，其负面效果在于确认了审判权力与零责任承担后果的权责分离。审判委员会应被定位为重大疑难案件的权威咨询机构，而不是案件的裁判机构。按照最高人民法院的改革构想,藉由设置专职审判委员会委员一职,可以部分解决审判委员会“不审而判”的问题。但是,设置专职审判委员会委员一职,依然不能避免“不审而判”这一问题的实质和核心,这仍然是一种间接的审理。审判委员会的改革是必然趋势,但切忌矫枉过正,应当结合本国国情。

第四节 审级制度

一、审级制度的概念和意义

审级制度是一国司法制度的重要组成部分,是指法律规定的审判机关在组织体系上设置的等级,当事人可以上诉或检察机关可以抗诉几次,一个案件经过多少级法院审判后,裁判即发生法律效力的审判制度。

审级制度对于保障权利具有重要意义,具有权利救济和权力规制的功能,实现实体正义和程序正义。通过审级制度吸收不满,使裁判更加容易具有可接受性,对于增强裁判的权威性和公信力具有重要的意义。

二、我国的审级制度

《刑事诉讼法》第10条规定:“人民法院审判案件,实行两审终审制。”我国现行法律规定的审级制度为“两审终审制”,即一个案件至多经过两级人民法院审判即告终结的制度。地方各级人民法院按照第一审判程序对案件审理后所作出的判决、裁定,在法定期限内,有上诉权的主体提出上诉或者同级人民检察院提出抗诉,上一级人民法院就应当受理并按照第二审程序进行审判,所作出的终审判决和裁定立即发生法律效力,除依法应予以复核的死刑立即执行和死刑缓期2年执行的判决以及最高人民法院第一审案件的判决和裁定以外。对于已经发生法律效力的判决和裁定,当事人不服的,不能再上诉,只能提起申诉,按照审判监督程序进行处理。有学者将我国刑事审级制度概括为“以两审终审为主体,以死刑复核程序和审判监督程序为补充”的审级制度。第一,两审终审制符合我国的地域辽阔、交通欠发达的实际情况;第二,两审终审制保证绝大多数刑事案件能够得到正确处理;第三,两审终审制有利于上级人民法院对下级人民法院的审判工作进行监督。我国实行两审终审制能够基本上保证案件得到正确的处理,死刑复核程序和审判监督程序能进一步提高案件的质量,增加权利救济的通道。

两审终审制度并不意味着每个案件都要经过两级法院审理。最高人民法院对于第一审案件作出的判决和裁定具有终审效力,这是由最高人民法院是国家最高审判机关的法律地位所决定的。即使认为最高人民法院作出的第一审判决、裁定有错误,也不能提起上诉,只能按照审判监督程序处理。死刑立即执行的案件,经过两审终审后还需经过死刑复核程序。

对于大量上诉案件,法院多数采取不公开方式进行审理,使得诉讼当事人的辩护权不能得到很好的保障。为了以一种看得见的方式实现正义,2012年《刑事诉讼法》第223条对1996年《刑事诉讼法》第187条进行了修正,强调了不开庭审理应当讯问被告人,听取其他当事人、辩护人、诉讼代理人的意见。审级制度的推行在实践中遇到了一些障碍,当案件存在一定难度或对案件的处理有一定压力时,一审法院就会求助上一级人民法院,事先与上级法院的法官做好沟通协调,上级法官通过下级法官的汇报予以一个具体的判决方向。当提起二审程序时,原上级法院不会轻易改变事先所作的判决。由此,我们可以参鉴行政执法当中的异地执法,以规避二审流于形式这一问题。无限制的发回重审使得当事人寻求上级法院审判的权利遭到侵犯。《刑事诉讼法》第227条规定了发回重审的五种情形,这一规定所界定的内容不明确,容易导致上级法院权力的滥用,案件屡次被发回重审,上诉人在二审中的辩护权严重弱化。在二审不开庭审理、案件得不到公正判决的情况下,审判监督程序充当了最后的一道防线。近年引起普遍关注的佘祥林、杜培武、张氏叔侄等冤假错案,唤起了人们对审级制度的深刻反思。死刑复核程序是我国特有的为限制死刑而采取的一种诉讼程序。依照法律规定,死刑复核应当由最高人民法院行使,而死刑缓期2年执行的案件交由高级人民法院行使,死刑复核案件需要经过审判委员会批准。

【理论研究】

我国刑事审级制度的现状

我国的刑事审级制度主要以两审终审为主体,以死刑复核程序和审判监督程序为补充。司法实践中暴露出的问题引起了较多学者的关注。

主要问题表现在以下几个方面:

1. 一、二审程序的权利救济机制和权力规制功能弱化。这客观上造成了当事人大量寻求审判监督程序的权利救济。在现实中法官审理二审案件时,几乎很少有改判的案件。其主要存在的原因在于:上下级法院之间存在着共同利益,根据上诉不加刑原则,对于幅度较小的误差法官并不予以理会,同时也是为了维护判决的稳定性。二审程序在一定程度上被认为是“走过场”,不能对案件进行及时的纠正和对权利人进行救济。其次,二审案件大量实行不开庭审理。依照1996年《刑事诉讼法》第187条相关规定,我们可以看出,依据立法原意,开庭审理应当是二审程序的基本原则,不开庭审理才应当是例外。而在现实中的运行并不如此。通过不开庭审理失去了诉讼属性,没有控辩审三方的参与,上诉人在二审中的辩护权行使严重弱化,其已逐渐沦为一种行政审批程序。对于二审的结果,也不能为当事人信服,正义应当以一种看得见的方式实现。这样的审判不能给当事人带来程序上的正义。2012年《刑事诉讼法》中对开庭审理的情形进行了具体的规定,同时保留了不开庭审理,规定二审法院应当讯问被告人,听取其他当事人、辩护人、诉讼代理人的意见。但这一修改并不彻底,这可能跟我国的审判状况有关,存在案多人少、诉讼爆炸等问题。不开庭审理能加快诉讼进程,但是否能提高效率就不一定了。有些当事人的上诉目的并不是为了纠正判决,而是拖延剩余刑期不被移送到监狱。出于人道主义精神,我们可以满足他这个需求,但这对于诉讼资源无疑是一种浪费。或许我们可以设立一个制度,对于剩余刑期较短的罪犯,予以一定的选择权,可以留在当地的看守所。我国二审程序坚持全面审理原则,违背了不告不理原则,法院不得对当事人未有所求的事项有所作为。这固然体现了实事求是、有错必纠,但是这种司法理念的追求是以牺牲法官职业的被动性、中立性为代价的,必将影响到裁决者的公正形象,降低了诉讼效率,得不偿失。在刑事司法实践中存在着一种习惯性的做法,当案件有一定难度或对案件的处理有一定的外界压力时,一审法院甚至二审法院往往进行与上级法院的沟通、协调,上级法院的法官通过听取汇报或调阅案件、答复、请求等方式为下级法院出点子、定调子。这使得当事人的上诉在很多情况下流于形式,二审法院一般不会改变自己先前已经作出的“判决”的。

2. 死刑复核程序的运作存在问题。死刑复核程序是我国特有的一种诉讼程序,是我国为了严格限制死刑而采取的具有中国特色的制度。在2007年以前死刑核准权的下放带来较大的问题,由于部分死刑案件的核准权被授权给高级人民法院行使,而高级法院又是绝大多数死刑的二审法院,这使得死刑案件的二审和死刑复核程序合二为一。死刑核准权的长期下放导致全国对死刑案件没有统一的标准,这是国家对于极其严重犯罪行为的最严厉的惩罚,死刑的错判没有后悔的机会。2006 年 10 月 26 日发布的《人民法院第二个五年改革纲要》明确规定,将死刑核准权统一收归最高人民法院行使。10 月 27 日,全国人大常委会开始审议这一修正案草案,并于 10 月 31 日表决通过了关于修改人民法院组织法的决定,将《人民法院组织法》原 13 条修改为第 12 条:"死刑除依法由最高人民法院判决的以外,应当报请最高人民法院核准。"这一规定将死刑复核权下放的最后法律依据予以废止。同时,最高人民法院通过了《关于同意行使死刑案件核准权有关问题的决定》,该规定于 2007 年 1 月 1 日正式实施,标志着死刑核准权完全收归最高人民法院。死刑立即执行案件的核准权收归最高人民法院享有,也是出于对人权的保障。死刑缓期 2 年执行的核准权依然由高级人民法院拥有,死缓案件的核准程序和二审程序往往同属一个法院审判,仍然无法避免的还是流于形式。如何保障这类案件的权利救济依然还是一个尚待解决的问题。

3. 审判监督程序的不足。审判监督程序的提起方式由以下三种:再审、提审和抗诉。将提起审判监督程序的权力交由法院,有违不告不理原则。法律赋予了控方通过抗诉提起审判监督,但没有赋予被告人与之对等的申请再审权。只是规定可以享有申诉权,但没有相关的权利救济,现行法律对当事人的申诉没有明确具体的规定。正是法律缺乏具体的规定,导致现行法律对申诉缺乏有效的规制,能不能启动审判监督程序还是需要由人民法院决定。审判监督程序从特殊程序演变为一般程序,在现代法治发达国家,再审程序作为特殊救济程序是极少数被启动的。审判监督程序的提起势必破坏了司法终局性原则,任何一个刑事判决都可能被质疑。在裁判的正当性与裁判的终局性对立中,出于人权保障的需要,如发现已生效的判决或裁定中存在错误的,人民法院应当提起审判监督程序还被告人一个清白或将罪犯绳之以法。

借用一位学者的话,司法无终审权,不可能保证司法公正,更不能树立司法权威。也有不少声音提出要构建三审终审程序、实行司法判例制度、对个别案件实行一审终审制等。基于我国司法的现状,这些意见会对我国刑事诉讼的审级制度改革有着或多或少的影响。

【深度阅读】

1. 樊崇义:"我国刑事诉讼制度的进步与发展——2012 年刑事诉讼法修正案评介",载《中国政法大学学报》2013 第 2 期。

2. 陈卫东:"司法机关依法独立行使职权研究",载《中国法学》2014 第 2 期。

3. 孙洪坤著:《司法民主、公平正义与法官制度》,法律出版社2012年版。

【课后思考】

1. 审判长在法庭审理过程中突发心脏病,无法继续参加审判,需在庭外另行指派其他审判人员参加审判。法院院长的下列哪一做法是正确的?(单选题)

A. 指派一名陪审员担任审判长重新审理

B. 指派一名审判员担任审判长继续审理

C. 指派一名陪审员并指定原合议庭一名审判员担任审判长继续审理

D. 指派一名审判员担任审判长重新审理

2. 下列哪些选项体现了集中审理原则的要求?(多选题)

A. 案件一旦开始审理即不得更换法官

B. 法庭审理应当不中断地进行

C. 更换法官或者庭审中断时间较长的,应当重新审理

D. 法庭审理应当公开进行

3. 下列哪一选项体现直接言词原则的要求?(单选题)

A. 法官亲自收集证据

B. 法官亲自在法庭上听取当事人、证人及其他诉讼参与人的口头陈述

C. 法庭审理尽可能不间断地进行

D. 法庭审理应当公开进行证据调查与辩论

4. 某市法院审理本市第一起醉酒驾车刑事案件。下列哪一说法正确?(单选题)

A. 审判长可以提请庭长组织相关审判人员共同讨论

B. 法院院长可以主动组织相关审判人员共同讨论并作决定

C. 院长按照规定组织相关审判人员共同讨论

D. 法院院长可以指定庭长组织相关审判人员共同讨论

5. 陪审员王某参加一起案件审判。被告辩护人当庭提出被告有正当防卫和自首情节,公诉人予以否定。提请合议庭不予采信。审判长并没有就此进行调查。王某对审判长没有征询合议庭其他成员意见就决定不予调查,在评议时提出异议,但审判长不同意。对此,王某可以行使的权力,下列哪一个选项是正确的?(单选题)

A. 要求合议庭将案件提请院长决定是否展开调查

B. 要求合议庭将案件提交审判委员会讨论决定

C. 提请院长决定是否提交审判委员会讨论决定

D. 要求合议庭提请院长决定是否提交审判委员会讨论决定

6. 根据《最高人民法院关于进一步加强合议庭职责的若干规定》,关于合议庭,下列哪些说法是正确的?(多选题)

A. 合议庭是法院的基本审判组织,由审判员和人民陪审员随机组成

B. 合议庭成员因对案件事实和证据认识上的偏差而导致案件被改判或者发回重审的不承担责任

C. 合议庭成员因法律修订或者政策调整而导致案件被改判或者发回重审的不承担责任

D. 开庭审理时,合议庭成员从事与该庭审无关的活动,当事人提出异议合议庭不纠正的,当事人可以要求延期审理,并将有关情况记入庭审笔录

7. 张某系某基层法院陪审员,可以参与审判下列哪些案件?(多选题)

A. 所在区基层法院适用简易程序审理的案件

B. 所在市中级法院审理的一审案件

C. 所在市中级法院审理的二审案件

D. 所在省高级法院审理的一审案件

8. 关于合议庭的组成及活动原则。下列哪些选项是正确的?(多选题)

A. 在审判员不能参加合议庭时,经院长指定。助理审判员可以临时代行审判员职务担任审判长

B. 开庭审理和评议案件,必须由同一合议庭进行

C. 合议庭成员如有意见分歧,应当按照三分之二以上多数作出决定

D. 经审判委员会讨论决定的案件,合议庭有不同意见时,可以建议院长提交审判委员会复议

9. 下列关于人民陪审员的哪些表述是错误的?(多选题)

A. 人民陪审员不得担任审判长

B. 人民陪审员有权参加法院所有的审判活动

C. 人民陪审员参加中级人民法院审判活动的,应当从本院的人民陪审员名单中随机抽取确定

D. 合议庭评议案件时,对于法律适用问题,人民陪审员应当接受法官的指导

第二章　第一审程序

本章要点

公诉案件
庭前审查
审判阶段
审判障碍
自诉案件
简易程序

两造具备，师听五辞。

——《吕刑》

法官除了法律就没有别的上司。

——[德]马克思

台州市中级人民法院对备受关注的温岭“10·25”患者杀医案作出一审判决，以故意杀人罪判处被告人连恩青死刑，剥夺政治权利终身。

台州市中级人民法院审理查明，2012年3月18日至3月26日，连恩青在温岭市第一人民医院接受了鼻部手术治疗。因感到术后效果不佳，连恩青多次到医院投诉，并多次到其他医院就医，但均无进展。2013年10月25日上午8时20分许，连恩青携带事先准备的榔头和尖刀来到温岭市第一人民医院对医护人员行凶，致1死2伤。经司法鉴定，连恩青作案时意识清晰，作案动机现实，辨认和控制能力存在，有完全刑事责任能力。

台州市中级人民法院认为，连恩青事先预谋并持榔头和尖刀故意杀害他人，致1人死亡、1人重伤、1人受伤的严重后果，其行为已构成故意杀人罪，犯罪情节特别严重，依法应予严惩。依照《中华人民共和国刑法》第232条、第57条第1款之规定，以故意杀人罪，判处连恩青死刑，剥夺政治权利终身。

第一节 公诉案件的第一审程序

公诉案件的第一审程序，是指人民法院对人民检察院提起公诉的案件初次审判所进行的程序。主要包括庭前审查、庭前准备、法庭调查、法庭辩论、评议和宣判等诉讼环节。

一、庭前审查

根据宪法规定，人民法院是国家的审判机关，人民检察院是国家的法律监督机关。人民检察院向人民法院提起公诉，再由人民法院对案件进行审理，体现了在办理刑事案件中双方分工负责，相互配合，互相制约，以保证准确有效地执行法律。《刑事诉讼法》第181条规定："人民法院对提起公诉的案件进行审查后，对于起诉书中有明确的指控犯罪事实的，应当决定开庭审判。"最高法《解释》第180条规定："对提起公诉的案件，人民法院应当在收到起诉书（一式八份，每增加一名被告人，增加起诉书五份）和案卷、证据后，指定审判人员审查以下内容：

（一）是否属于本院管辖；

（二）起诉书是否写明被告人的身份，是否受过或者正在接受刑事处罚，被采取强制措施的种类、羁押地点，犯罪的时间、地点、手段、后果以及其他可能影响定罪量刑的情节；

（三）是否移送证明指控犯罪事实的证据材料，包括采取技术侦查措施的批准决定和所收集的证据材料；

（四）是否查封、扣押、冻结被告人的违法所得或者其他涉案财物，并附证明相关财物依法应当追缴的证据材料；

（五）是否列明被害人的姓名、住址、联系方式；是否附有证人、鉴定人名单；是否申请法庭通知证人、鉴定人、有专门知识的人出庭，并列明有关人员的姓名、性别、年龄、职业、住址、联系方式；是否附有需要保护的证人、鉴定人、被害人名单；

（六）当事人已委托辩护人、诉讼代理人，或者已接受法律援助的，是否

列明辩护人、诉讼代理人的姓名、住址、联系方式;

(七)是否提起附带民事诉讼;提起附带民事诉讼的,是否列明附带民事诉讼当事人的姓名、住址、联系方式,是否附有相关证据材料;

(八)侦查、审查起诉程序的各种法律手续和诉讼文书是否齐全;

(九)有无刑事诉讼法第十五条第二项至第六项规定的不追究刑事责任的情形。"

第181条规定:"人民法院对提起公诉的案件审查后,应当按照下列情形分别处理:

(一)属于告诉才处理的案件,应当退回人民检察院,并告知被害人有权提起自诉;

(二)不属于本院管辖或者被告人不在案的,应当退回人民检察院;

(三)不符合前条第二项至第八项规定之一,需要补充材料的,应当通知人民检察院在三日内补送;

(四)依照刑事诉讼法第一百九十五条第三项规定宣告被告人无罪后,人民检察院根据新的事实、证据重新起诉的,应当依法受理;

(五)依照本解释第二百四十二条规定裁定准许撤诉的案件,没有新的事实、证据,重新起诉的,应当退回人民检察院;

(六)符合刑事诉讼法第十五条第二项至第六项规定情形的,应当裁定终止审理或者退回人民检察院;

(七)被告人真实身份不明,但符合刑事诉讼法第一百五十八条第二款规定的,应当依法受理。

对公诉案件是否受理,应当在七日内审查完毕。"

2012年《刑事诉讼法》对公诉案件的移送方式进行了较大的改动。从"起诉复印件主义"重新恢复到1979年设立的"卷宗移送主义"。2012年《刑事诉讼法》规定在开庭审判前要对犯罪事实和证据进行审查,以判断是否符合"犯罪事实清楚、证据充分"的审判要求。为防止法官未审先断,保障当事人的辩护权,1996年《刑事诉讼法》对公诉案件移送方式进行了根本性变革。只要起诉书中有明确的指控犯罪事实并且附有证据目录、证人名单和主要证据复印件或者照片就应当决定开庭审判。经过十多年的实践,由于缺乏相关的配套制度,基于"避免法官先入为主,庭审流于形式,保证审判质量,实现审判客观公正"的目的设置的起诉复印件主义在我国的实施效果并不理想,既未能够有效防止被视为卷宗移送主义弊端的审判人员先入为主现象,反而滋生了新的问题。这种缺乏相应配套保障措施的改革方案，毕竟只是法院审判程序和方式的技术性调整，而并没有触及“公检法三机关”的关系和法院内部的审判评价体系。[1] 根据有关人员的调研，起诉复印件主义在司法实践中并未得到贯彻落实：检察机构对大部分公诉案件实行的是全案移送的方式；对极少部分案件采取了复印件移送主义的案件，也往往会在开庭时或者开庭之后、合议之前移送全部案卷材料。[2] 2012 年《刑事诉讼法》重新恢复了卷宗移送主义，起诉书中有明确指控犯罪事实的应当决定开庭审判。对公诉案件进行程序性审查，而不是实体审查，不再授权法官在开庭前提审被告人或者实施搜查、扣押、勘验、鉴定等调查活动，而以书面审查为主，如果起诉书中有明确的指控犯罪事实的应当开庭审判，对于证据材料不足的案件，应当通知人民检察院在 3 日内补送。

最高法《解释》第 181 条第 2 款规定：“对公诉案件是否受理，应当在七日内审查完毕。”审查期限应当计入人民法院的审理期限内。

二、庭前准备

人民法院在正式开庭审理前，为了提高庭审效率，应当进行准备工作。

《刑事诉讼法》第 182 条第 1 款规定：“人民法院决定开庭审判后，应当确定合议庭的组成人员，将人民检察院的起诉书副本至迟在开庭十日以前送达被告人及其辩护人。”人民法院审判第一审案件，可以由审判员组成合议庭或者由审判员和人民陪审员共同组成合议庭进行审判。合议庭由院长或者庭长指定审判员一人担任审判长，院长或者庭长参加审判案件的时候，自己担任审判长。在司法实践中人民陪审员制度不断被扭曲，大多数人民陪审员鱼龙混杂，只是法院的临时工、勤杂人员，陪而不审，没有实际的话语权。除少数个别特殊案件存在一些专家型的法官，或者邀请高校的专业老师进行指导外，其他现象并不容乐观。最高人民法院《关于人民陪审员参加审判活动若干问题的规定》第 4 条规定：“人民法院应当在开庭七日前采取电脑生成等方式，从人民陪审员名单中随机抽取确定人民陪审员。应当从源头改善人民陪审人员的专业素质，完善人民陪审员的遴选制度。适用简易程序的案件，可以由审判员一人独任审理。”

被告人及其辩护人对人民检察院的起诉状享有知情权，所以人民法院应

---

〔1〕 陈瑞华：“案卷移送制度的演变与反思”，载《政法论坛》2012 年第 5 期。

〔2〕 张军、江必新主编：《新刑事诉讼法及司法解释适用解答》，人民法院出版社 2013 年版，第 192 页。

当将人民检察院的起诉书副本至迟在开庭10日以前送达被告人及其辩护人,使其了解起诉的事实内容和法律依据,从而有针对性地进行辩护,明确的时间限制充分保证了辩护方用于庭审的准备时间,体现了对当事人辩护权的保护。

《刑事诉讼法》第182条第2款规定:“在开庭以前,审判人员可以召集公诉人、当事人和辩护人、诉讼代理人,对回避、出庭证人名单、非法证据排除等与审判相关的问题,了解情况,听取意见。”庭前会议是新刑事诉讼法修改中的亮点之一。庭前会议是由控辩审三方参与的庭前准备程序,就其启动的方式来看,庭前会议有依申请启动和依职权启动两种方式,既可依控辩双方中一方的申请并由法院决定启动,也可由法院直接依职权启动。控辩双方只是享有申请权和建议权,最终由法官决定是否召开庭前会议。最高人民法院根据新《刑事诉讼法》的规定出台了相应的司法解释,补充了立法的不足,规定了适用庭前会议的具体情形,包括当事人及其辩护人、诉讼代理人申请排除非法证据的,证据材料较多、案情重大复杂的,社会影响重大的以及其他需要召开庭前会议的其他情形。例如重大复杂案件,在正式庭审前整理证据,明晰争议点,以便在开庭时可以对争议不大的证据简化处理,着重处理案件的争议焦点,提高审判效率。《刑事诉讼法》第182条第2款对会议的内容作了规定,包括回避、出庭证人名单、非法证据排除等与审判相关的问题,同时司法解释作了相应的补充,但依然不能穷尽。在庭审中提出申请回避将导致庭审延期,回避问题的提前解决有利于保证庭审的顺利进行。在司法实践中,证人保护制度的不完善使出庭证人名单引起很大的争议,从而无法辨识证人证言的可靠性,但却仍作为断案的依据。所以,将出庭证人名单提到庭前会议中有利于促进双方交流,在证人证言方面做好充分的准备。庭前会议以一个会议的方式在三方共同参与下,在庭前对案件进行“预先审理”,是控辩双方相互“协商”的一个途径。新事物总会带来一些意想不到的负面影响。庭前会议程序在实践中也存在不少问题,庭前会议的本质是为了追求效率,应从以下方面加以完善:健全当事人权利救济机制,实现审判和庭前审查分离,合理安排非法证据排除启动时间,优化举证时限制度。保证庭审围绕“定罪”和“量刑”两大目标进行,从而促进庭审结果的优质与高效。

最高法《解释》第182条第1款第3项规定:“通知当事人、法定代理人、辩护人、诉讼代理人在开庭五日前提供证人、鉴定人名单,以及拟当庭出示的证据;申请证人、鉴定人、有专业知识的人出庭的,应当列明有关人员的姓名、性别、年龄、职业、住址、联系方式。”这一规定是为开庭通知和传唤做铺垫，人民法院开庭的日期确定后，应当最迟在开庭3日以前将通知书和传唤书送达至各方主体。为便于司法操作，最高法《解释》第182条第1款第5项规定：“通知有关人员出庭，也可以采取电话、短信、传真、电子邮件等能够确认对方收悉的方式。”据此，除对当事人传唤必须使用书面形式外通知辩护人、法定代理人、证人、鉴定人等出庭，可以选择使用书面形式外，也可以采取电话、短信、邮件等方式，以便及时获得对方的回应，做好准备参加庭审。同时，法院在确定开庭日期后，公开审理的案件应当在开庭3日以前先期公布案由、被告人姓名、开庭时间和地点，以方便社会大众对案件的关注，加强司法的社会公信力。依法公开审理的案件，18周岁以上的公民可以持身份证进入庭审现场旁听，为维护庭审秩序，根据相关法律规定，精神病人、醉酒的人、未经人民法院批准的未成年人以及其他不宜旁听的人不得旁听案件审理。

在开庭审理前，合议庭可以拟定法庭审理提纲，提纲一般包括下列内容：（1）合议庭成员在庭审中的分工；（2）起诉书指控的犯罪事实的重点和认定案件性质的要点；（3）讯问被告人时需要了解的案情要点；（4）出庭的证人、鉴定人、有专门知识的人、侦查人员的名单；（5）控辩双方申请当庭出示的证据的目录；（6）庭审中可能出现的问题及应对措施。

开庭前的准备工作是人民法院刑事审判权的一部分，所以对庭前准备活动应该做好记录工作，最后应当由审判人员和书记员签名。

庭审准备程序可以提升刑事审判的效率，确保刑事司法活动公正高效。

三、审判阶段

法庭审判是刑事审判的中心环节，指人民法院的审判组织通过开庭的方式，在公诉人、当事人和其他诉讼参与人的参加下，通过法庭调查、法庭辩论环节听取案件事实，正确适用法律，依法作出判决或裁定的诉讼活动。依据《刑事诉讼法》的规定，法庭审判程序包括开庭、法庭调查、法庭辩论、被告人陈述、评议和宣判五个环节。

（一）开庭

1. 在正式开庭审理前，书记员应当依此进行下列工作：（1）受审判长委托，查明公诉人、当事人、证人及其他诉讼参与人是否到庭。但最高法《解释》第188条规定：“被害人、诉讼代理人经传唤或者通知未到庭，不影响开庭审理的，人民法院可以开庭审理。辩护人经通知未到庭，被告人同意的，人民法院可以开庭审理，但被告人属于应当提供法律援助情形的除外。”（2）宣读法庭规则。(3)请公诉人及相关诉讼参与人入庭。(4)请审判长、审判员(人民陪审员)入庭。(5)审判人员就座后,向审判长报告开庭前的准备工作已经就绪。

2. 由审判长宣布开庭后,传被告人到庭后,应当查明被告人的下列情况:(1)姓名、出生日期、民族、出生地、文化程度、职业、住址或者被告单位的名称、住所地、诉讼代表人的姓名、职务;(2)是否受过法律处分及处分的种类、时间;(3)是否被采取强制措施及强制措施的种类、时间;(4)收到起诉书副本的日期;有附带民事诉讼的,附带民事诉讼被告人收到附带民事起诉状的日期。在被告人人数较多的情况下,审判长可以在开庭前查明上述情况,但需在开庭时作出说明。

3. 审判长宣布案件的来源、起诉的案由、附带民事诉讼当事人的姓名及是否公开审理。人民法院审理第一审案件应当公开进行,《刑事诉讼法》中规定了两种不公开审理的类型:(1)依申请不公开审理,主要涉及商业秘密的案件,当事人申请不公开审理的,可以不公开审理;(2)依法不公开审理,主要包括有关国家秘密或者个人隐私的案件,以及不满18周岁的未成年人刑事案件依照法律规定不公开审理。不公开审理的案件,审判长应当当庭宣布不公开审理的理由。

4. 审判长应当宣布合议庭的组成人员、书记员、公诉人、辩护人、诉讼代理人、鉴定人和翻译人员的名单。同时告知当事人有权对合议庭组成人员、书记员、公诉人、鉴定人和翻译人员申请回避,可以提出证据,申请通知新的证人到庭、调取新的证据,申请重新鉴定或者勘验、检查,被告人可以自行辩护,可以在法庭辩论终结后作最后陈述。

5. 审判长应当询问当事人及其法定代理人、辩护人、诉讼代理人是否申请回避、申请何人回避和申请回避的理由。申请回避的可以依照法律规定处理。同意或者驳回回避申请的决定及复议决定,由审判长宣布,并说明理由。必要时,也可以由院长到庭宣布。

(二)法庭调查

法庭调查,是在审判人员主持下,控、辩双方和其他诉讼参与人的参加下,当庭对案件事实和证据进行审查、核实的诉讼活动。其任务是查明案件事实、核实证据。由于刑事诉讼法规定,所有证据都必须在法庭上调查核实后才能作为定案根据,因此法庭调查是法庭审判的核心环节。法庭调查的成效,直接关系到案件处理的质量。

法庭调查的范围是人民检察院起诉书所指控的被告人的犯罪事实和证明有罪、无罪、罪重、罪轻的各种证据。

1. 公诉人宣读起诉书。审判长宣布法庭调查开始后，应当先由公诉人宣读起诉书，起诉书指控的被告人的犯罪事实为两起以上的，法庭调查一般应当分别进行。有附带民事诉讼的，再由附带民事诉讼原告人或者其法定代理人、诉讼代理人宣读附带民事起诉状。

2. 被告人、被害人陈述。在审判长的主持下，被告人、被害人可以就起诉书指控的犯罪事实分别陈述。被告人可以就起诉书指控的犯罪行为进行陈述或者辩护，而被害人可以最大限度地还原案件事实，维护其合法权益。

3. 讯问、询问被告人、被害人和附带民事诉讼原告人、被告人。在审判长的主持下，公诉人可以就起诉书指控的犯罪事实讯问被告人。经审判长准许，被害人及其法定代理人、诉讼代理人可以就公诉人讯问的犯罪事实补充发问；附带民事诉讼原告人及其法定代理人、诉讼代理人可以就附带民事部分的事实向被告人发问；被告人的法定代理人、辩护人，附带民事诉讼被告人及其法定代理人、诉讼代理人可以在控诉一方就某一问题讯问完毕后向被告人发问。经审判长准许，控辩双方可以向被害人、附带民事诉讼原告人发问。

审判长主持讯问、发问时，须注意以下几点：(1)起诉书指控的被告人的犯罪事实为两起以上的，法庭调查一般应当分别进行；(2)应当分别讯问同案审理的被告人，必要时可以传唤同案被告人等到庭对质；(3)控辩双方的讯问、发问方式不当或者内容与本案无关的，对方可以提出异议，申请审判长制止，审判长应当判明情况予以支持或者驳回；对方未提出异议的，审判长也可以根据情况予以制止；(4)审判人员认为未能展示案情或者有些问题仍然不清楚时，可以向被告人、被害人及附带民事诉讼原告人和辩护人补充发问，但仅限于必要情况。

4. 询问证人、鉴定人、有专门知识的人。《刑事诉讼法》第 187 条规定："公诉人、当事人或者辩护人、诉讼代理人对证人证言有异议，且该证人证言对案件定罪量刑有重要影响，人民法院认为证人有必要出庭作证的，证人应当出庭作证。人民警察就其执行职务时目击的犯罪情况作为证人出庭作证，适用前款规定。公诉人、当事人或者辩护人、诉讼代理人对鉴定意见有异议，人民法院认为鉴定人有必要出庭的，鉴定人应当出庭作证。经人民法院通知，鉴定人拒不到庭作证的，鉴定意见不得作为定案的根据。"《刑事诉讼法》第 189 条规定："证人作证，审判人员应当告知他要如实地提供证言和有意作伪证或者隐匿罪证要负的法律责任。公诉人、当事人和辩护人、诉讼代理人经审判长许可,可以对证人、鉴定人发问。审判长认为发问的内容与案件无关的时候,应当制止。审判人员可以询问证人、鉴定人。"控辩双方都有权提请审判长通知证人、鉴定人出庭作证,或者出示证据。控辩双方申请证人出庭作证,出示证据,应当说明证据的名称、来源和拟证明的事实。法庭认为有必要的,应当准许;对提出异议,认为有关证据与案件无关或者明显重复、不必要,法庭经审查异议成立的,可以不予准许。为了有效节约诉讼资源,证人出庭作证需要控辩双方对证人证言有异议,且对案件的定罪量刑有重大影响,同时满足审判长认为有出庭作证的必要。

证人、鉴定人到庭后,审判人员应当核实其身份、与当事人以及本案的关系,并告知其有关作证的权利义务和法律责任。证人、鉴定人作证前,应当保证向法庭如实提供证言、说明鉴定意见,并在保证书上签名。《刑事诉讼法》第188条规定:"经人民法院通知,证人没有正当理由不出庭作证的,人民法院可以强制其到庭,但是被告人的配偶、父母、子女除外。证人没有正当理由拒绝出庭或者出庭后拒绝作证的,予以训诫,情节严重的,经院长批准,处以十日以下的拘留。被处罚人对拘留决定不服的,可以向上一级人民法院申请复议。复议期间不停止执行。"据此,强制出庭只适用于证人,不能强制被害人、鉴定人等出庭作证。被告人的配偶、父母、子女虽然不能被强制出庭作证,但仍具有出庭作证的义务。从实践来看,虽然证人的出庭率一直较低,但应当慎用强制证人出庭措施,尽量通过说服教育解决问题。对于具有以下情况的证人,人民法院可以准许其不出庭:(1)在庭审期间身患严重疾病或者行动极为不便的;(2)居所远离开庭地点且交通极为不便的;(3)身处国外短期无法回国的;(4)有其他客观原因,确实无法出庭的。以上情形的,可以通过视频等方式作证。

为保护证人、鉴定人、被害人的人身安全,最高法《解释》第209条规定:"审判危害国家安全犯罪、恐怖活动犯罪、黑社会性质的组织犯罪、毒品犯罪等案件,证人、鉴定人、被害人因出庭作证,本人或者其近亲属的人身安全面临危险的,人民法院应当采取不公开其真实姓名、住址和工作单位等个人信息,或者不暴露其外貌、真实声音等保护措施。审判期间,证人、鉴定人、被害人提出保护请求的,人民法院应当立即审查,认为确有保护必要的,应当及时决定采取相应保护措施。"最高法《解释》第210条规定:"决定对出庭作证的证人、鉴定人、被害人采取不公开个人信息的保护措施的,审判人员应当在开庭前核实其身份,对证人、鉴定人如实作证的保证书不得公开,在判决书、裁定书等法律文书中可以使用化名等代替其个人信息。”证人保护原则有利于提高庭审的出庭率,有助于还原事实真相。

向证人、鉴定人发问的,应当先由提请通知的一方进行;发问完毕后,经审判长准许,对方也可以发问。审判人员认为必要时,可以询问证人、鉴定人、有专门知识的人。最高法《解释》第 213 条规定:“向证人发问应当遵守以下规则:(一)发问的内容应当与本案事实有关;(二)不得以诱导方式发问;(三)不得威胁证人;(四)不得损害证人的人格尊严。前款规定适用于对被告人、被害人、附带民事诉讼当事人、鉴定人、有专门知识的人的讯问、发问。”

引入有专门知识的人出庭是此次刑事诉讼法修改的一个亮点,有专门知识不需要具备鉴定人资格,主要包括科研单位的研究人员、大学教授、医生等,不局限在具有司法鉴定资格的人员。最高法《解释》第 217 条对有专门知识的人出庭人数做了适当的限制。公诉人、当事人及其辩护人、诉讼代理人申请法庭通知有专门知识的人出庭,就鉴定意见提出意见的,应当说明理由。法庭认为有必要的,应当通知有专门知识的人出庭。申请有专门知识人员的出庭人数,不得超过 2 人。有多种类鉴定意见的,可以相应增加人数。

5. 出示和核实各种证据材料。《刑事诉讼法》第 190 条规定:“公诉人、辩护人应当向法庭出示物证,让当事人辨认,对未到庭的证人的证言笔录、鉴定人的鉴定意见、勘验笔录和其他作为证据的文书,应当当庭宣读。审判人员应当听取公诉人、当事人和辩护人、诉讼代理人的意见。”鉴于检察机关在开庭前需要将全部案卷移送人民法院,如自身有需要,可以事先复印。已经移送人民法院的证据,控辩双方需要出示的,可以向法庭提出申请。法庭同意的,应当指令值庭法警出示、播放;需要宣读,由值庭法警交由申请人宣读。举证方当庭出示证据后,由对方进行辨认并发表意见。控辩双方可以互相质问、辩论。当庭出示的证据,尚未移送人民法院的,应当在质证后移交法院。

6. 调取新的证据。《刑事诉讼法》第 192 条规定:“法庭审理过程中,当事人和辩护人、诉讼代理人有权申请通知新的证人到庭,调取新的物证,申请重新鉴定或者勘验。”调取新证据的同时,当事人和辩护人、诉讼代理人应当提供证人的姓名、证据的存放地点,说明拟证明的案件事实,要求重新鉴定或者勘验的理由。理由成立并确有必要的应当同意申请,并宣布延期审理;不同意的,应当说明理由并继续审理。延期审理的案件,符合《刑事诉讼法》第

202条第1款规定的,可以报请上级人民法院批准延长审理期限。人民法院同意重新鉴定申请的,应当及时委托鉴定,并将鉴定意见告知人民检察院、当事人及其辩护人、诉讼代理人。在庭审中,公诉人申请出示开庭前未移送人民法院的证据,辩护方提出异议的,审判长应当要求公诉人说明理由;理由成立并确有出示必要的,应当准许。辩护方提出需要对新的证据作辩护准备的,法庭可以宣布休庭,并确定准备辩护的时间。辩护方申请出示开庭前未提交的证据,也适用以上的规定。这强化了控方举证的责任,使控、辩进一步分离,辩方职能得到较为充分发挥,法庭审判模式更加公正、合理。

7. 庭外调查核实证据。《刑事诉讼法》第191条规定:"法庭审理过程中,合议庭对证据有疑问的,可以宣布休庭,对证据进行调查核实。人民法院调查核实证据,可以进行勘验、检查、查封、扣押、鉴定和查询、冻结。"法庭对证据有疑问的,基于法官居中裁判的要求,可以告知公诉人、当事人及其法定代理人、辩护人、诉讼代理人补充证据或者作出说明,而非径直启动庭外调查核实程序。必要时,由法官依职权启动庭外调查权,宣布休庭,对证据进行调查核实。对公诉人、当事人及其法定代理人、辩护人、诉讼代理人补充的和法庭庭外调查核实取得的证据,应当经过当庭质证才能作为定案的根据。可以通过庭外征求控辩双方的意见或者开庭质证两种方式进行审查。在我国刑事诉讼中,控辩双方力量差距悬殊,控方在收集证据方面有明显优势。在被告人被羁押的情况下,仅仅依靠辩护律师自身力量调查收集证据,难以完全收集对被告人有利的证据。况且,当前在刑事诉讼中的律师聘请的比率仍然较低。因此,只有允许在必要的情况下由人民法院在庭外调查核实证据,才能真正查明案件,实现对被告人合法权益的有效保护。[1]

8. 法庭调查中的量刑程序。《刑事诉讼法》第193条第1款规定:"法庭审理过程中,对与定罪、量刑有关的事实、证据都应当进行调查、辩论。"因此,在法庭调查阶段,对与量刑有关的事实、证据应当进行调查,而且要进行相对独立的调查。如果仅由控辩双方在法庭辩论阶段就量刑发表意见,无法切实保证量刑程序的相对独立性。最高法《解释》第225条对量刑的情节进行了列举:(1)案件起因;(2)被害人有无过错及过错程度,是否对矛盾激化负有责任及责任大小;(3)被告人的近亲属是否协助抓获被告人;(4)被告人平时

---

〔1〕 张军、江必新主编:《新刑事诉讼法及司法解释适用解答》,人民法院出版社2013年版,第217页。

表现，有无悔罪态度；(5)退赃、退赔及赔偿情况；(6)被告人是否取得被害人或者其近亲属谅解；(7)影响量刑的其他情节。审判期间，合议庭对于发现被告人可能有自首、坦白、立功等法定量刑情节，而人民检察院移送的案卷中没有相关证据材料的，应当通知人民检察院移送。审判期间，被告人提出新的立功线索的，人民法院可以建议人民检察院补充侦查。对被告人认罪的案件，在确认被告人了解起诉书指控的犯罪事实和罪名，自愿认罪且知悉认罪的法律后果后，法庭调查可以主要围绕量刑和其他有争议的问题进行。对被告人不认罪或者辩护人作无罪辩护的案件，法庭调查应当在查明定罪事实的基础上，查明有关量刑事实。

(三)法庭辩论

《刑事诉讼法》第 193 条规定："法庭审理过程中，对与定罪、量刑有关的事实、证据都应当进行调查、辩论。经审判长许可，公诉人、当事人和辩护人、诉讼代理人可以对证据和案件情况发表意见并且可以相互辩论。"法庭辩论是在法庭调查的基础上，对案件有关的问题进行争论和辩驳。2012 年《刑事诉讼法》特别将量刑问题纳入法庭辩论的范围中，其目的在于使控辩双方有充分的机会阐述观点、证据和法律依据，从而在程序上保障法庭查明案件、依法作出公正的判决，充分体现兼听则明的诉讼原理。

合议庭认为案件事实已经调查清楚的，应当由审判长宣布法庭调查结束，开始就定罪、量刑的事实、证据和适用法律等问题进行法庭辩论。法庭辩论应当在审判长主持下，按照下列顺序进行：(1)公诉人发言；(2)被害人及其诉讼代理人发言；(3)被告人自行辩护；(4)辩护人辩护；(5)控辩双方进行辩论。附带民事诉讼部分的辩论应当在刑事诉讼部分的辩论结束后进行，先由附带民事诉讼原告人及其诉讼代理人发言，然后由被告人及其诉讼代理人答辩。

在司法实践中，公诉人的第一次发言通常称为发表公诉词，辩护人的第一次发言称作发表辩护词。发表公诉词时公诉人代表人民检察院，为揭露犯罪，在总结法庭调查的事实、证据和适用法律的基础上，集中阐明人民检察院对追究被告人刑事责任的意见。其重点是阐明指控被告人犯罪的根据和理由，指出犯罪的危害后果，说明犯罪的根源，提出有建设性的预防措施和意见，以达到支持公诉、宣传法制、教育群众的目的。发表辩护词时辩护人以法庭调查情况为基础，综合全案，从保护被告人的合法权益方面出发提出综合性辩护意见。其重点是指出指控的不实之处，说明被告人应当无罪、罪轻、从轻、减轻或者免除处罚的根据和理由，并在最后请求法庭采纳己方辩护意见。[1]

在法庭辩论中，控辩双方应当以事实为依据，以法律为准绳，围绕双方争议的重点进行论证与辩驳。审判长应该抓住双方辩论的焦点，引导控辩双方先辩论定罪问题，后辩论量刑问题。对控辩双方与案件无关、重复或者指责对方的发言应当提醒、制止。如果合议庭发现与定罪、量刑有关的新的事实，有必要调查的，审判长可以宣布暂停辩论，恢复法庭调查，在对新的事实调查后，继续法庭辩论。

被告人当庭拒绝辩护人为其辩护，要求另行委托辩护人或者指派律师的，合议庭应当准许。被告人拒绝辩护人辩护后，没有辩护人的，应当宣布休庭；仍有辩护人的，庭审可以继续进行。有多名被告人的案件，部分被告人拒绝辩护人辩护后，没有辩护人的，根据案件情况，可以对该被告人另案处理，对其他被告人的庭审继续进行。重新开庭后，被告人再次当庭拒绝辩护人辩护的，可以准许，但被告人不得再次另行委托辩护人或者要求另行指派律师，由其自行辩护。被告人属于应当提供法律援助的情形，重新开庭后再次当庭拒绝辩护人辩护的，不予准许。辩护人拒绝为被告人辩护的，应当准许；是否继续庭审，参照适用前述规定。

控辩双方进行充分反复辩论后，案情已经查明、罪责已经分清或者控辩双方的意见已经充分发表，审判长应当及时宣布辩论终结。从保障被告人权益出发，宣布辩论结束前，审判长应询问被告人和辩护人是否还有新的辩护意见。

（四）被告人最后陈述

《刑事诉讼法》第193条第3款规定："审判长在宣布辩论终结后，被告人有最后陈述的权利。"据此，被告人最后陈述是法庭审理的独立环节，法律赋予被告人的一项重要权利，也是被告人自行辩护权的重要组成部分。合议庭应当保证被告人充分行使最后陈述的权利，审判长在宣布法庭辩论终结后，应当告知被告人享有此项权利。在司法实践中，被告人的权利意识较弱，没有充分行使最后的陈述权利，往往以"没有陈述的"而告终。如果被告人在最后陈述中多次重复自己的意见的，审判长可以制止；陈述内容蔑视法庭、公

---

〔1〕 陈光中主编：《刑事诉讼法》（第5版），北京大学出版社、高等教育出版社2013年版，第343～344页。

诉人，损害他人及社会公共利益，或者与本案无关的，应当制止；在公开审理的案件中，被告人最后陈述的内容涉及国家秘密、个人隐私或者商业秘密的，应当制止。当被告人在最后陈述中提出新的事实、证据，合议庭认为可能影响正确裁判的，应当恢复法庭调查；被告人提出新的辩解理由，合议庭认为可能影响正确裁判的，应当恢复法庭辩论。

（五）评议和宣判

被告人最后陈述完毕后，审判长宣布休庭，合议庭进行评议，法庭审判进入评议和宣判阶段。

1. 评议。评议，是指合议庭组成人员在经过法庭调查、法庭辩论、被告人最后陈述的基础上，对案件事实、证据和法律适用进行讨论、分析、判断并依法对案件作出裁判的诉讼活动。合议庭根据已经查明的事实、证据和有关法律规定，在充分考虑控辩双方意见的基础上，确定被告人是否有罪、构成何罪，有无从重、从轻、减轻或者免除处罚情节，应否处以刑罚、判处何种刑罚，附带民事诉讼如何解决，查封、扣押、冻结的财物及其孳息如何处理等，并依法作出判决、裁定。

基层人民法院、中级人民法院审理一审案件的合议庭应当由审判员 3 人或者由审判员和人民陪审员共 3 人组成合议庭进行。在合议庭评议时由审判长主持，一律秘密进行。评议时，如果意见分歧，应当按多数人的意见作出决定，但是少数人的意见应当写入笔录，评议笔录由合议庭组成人员签名。一般情况下，合议庭经过开庭审理并且评议后，应当作出判决，但对于疑难、复杂、重大的案件，合议庭成员意见分歧较大，难以对案件作出决定的，由合议庭提请院长决定提交审判委员会讨论决定，审判委员会的决定，合议庭应当执行。最高法《解释》第 241 条第 1 款在对《刑事诉讼法》第 195 条规定的基础上进行了细化，对判决、裁定的情形作出了如下规定：对第一审公诉案件，人民法院审理后，应当按照下列情形分别作出判决、裁定：

（1）起诉指控的事实清楚，证据确实、充分，依据法律认定指控被告人的罪名成立的，应当作出有罪判决；

（2）起诉指控的事实清楚，证据确实、充分，指控的罪名与审理认定的罪名不一致的，应当按照审理认定的罪名作出有罪判决；

（3）案件事实清楚，证据确实、充分，依据法律认定被告人无罪的，应当判决宣告被告人无罪；

（4）证据不足，不能认定被告人有罪的，应当以证据不足、指控的犯罪不

能成立,判决宣告被告人无罪;

(5)案件部分事实清楚,证据确实、充分的,应当作出有罪或者无罪的判决;对事实不清、证据不足部分,不予认定;

(6)被告人因不满十六周岁,不予刑事处罚的,应当判决宣告被告人不负刑事责任;

(7)被告人是精神病人,在不能辨认或者不能控制自己行为时造成危害结果,不予刑事处罚的,应当判决宣告被告人不负刑事责任;

(8)犯罪已过追诉时效期限且不是必须追诉,或者经特赦令免除刑罚的,应当裁定终止审理;

(9)被告人死亡的,应当裁定终止审理;根据已查明的案件事实和认定的证据,能够确认无罪的,应当判决宣告被告人无罪。

人民法院通过审理认定的罪名与指控的罪名不一致的,应当按照认定的罪名作出有罪判决。基于对被告人辩护权的保护,最高法《解释》第 241 条第 2 款规定:“具有前款第二项规定情形的,人民法院应当在判决前听取控辩双方的意见,保障被告人、辩护人充分行使辩护权。必要时,可以重新开庭,组织控辩双方围绕被告人的行为构成何罪进行辩论。”如案件社会影响较大,拟认定的罪名重于指控罪名,双方争议分歧较大,可以考虑重新开庭,组织控辩双方围绕定罪进行辩论。

宣告审判前,人民检察院要求撤回起诉的,人民法院应当审查撤回起诉的理由,作出是否准许的裁定。在审判期间,人民法院发现新的事实,可能影响定罪的,可以建议人民检察院补充或者变更起诉;人民检察院不同意或者在 7 日内未回复意见的,人民法院应当就起诉指控的犯罪事实,依照最高法《解释》第 241 条的规定作出判决、裁定。对于人民法院曾以“证据不足,不能认定被告人有罪”为由而作出证据不足,指控的犯罪不能成立的无罪判决的案件,人民检察院依据新的事实、证据材料重新起诉的,人民法院对于前案作出的无罪判决不予撤销。但应当在判决中写明被告人曾被人民检察院提起公诉,因证据不足,指控的犯罪罪名不能成立,被人民法院依法判决宣告无罪的情况。

对以上评议活动,应该记录在案。合议庭成员应当在评议笔录上签名。

2. 宣判。宣判是人民法院将判决书的内容向当事人和社会公开宣告,使当事人和广大群众知道人民法院对案件的处理决定。宣判分为当庭宣判和定期宣判两种。

当庭宣判是在合议庭经过评议并作出决定后，立即复庭由审判长宣告判决结果。当庭宣告判决的，应当在五日以内将判决书送达当事人和提起公诉的人民检察院。定期宣判是合议庭经过评议后内部意见分歧较大，或者因案情疑难、复杂、重大，合议庭难以作出决定，而由合议庭提请院长决定提交审判委员会讨论决定，另行确定日期宣判。定期宣告判决的，应当在宣判前，先期公告宣判的时间和地点，传唤当事人并通知公诉人、法定代理人、辩护人和诉讼代理人，在宣告判决后立即将判决书送达当事人和提起公诉的人民检察院。在实践中一般以当天送达为主。判决书应当送达人民检察院、当事人、法定代理人、辩护人、诉讼代理人，并可以送达被告人的近亲属。判决生效后，还应当送达被告人的所在单位或者原户籍地的公安派出所，或者被告单位的注册登记机关。

宣告判决一律公开进行。公诉人、辩护人、诉讼代理人、被害人、自诉人或者附带民事诉讼原告人未到庭的，不影响宣判的进行。宣告判决结果时，法庭内全体人员应当起立。判决书应当由审判员和书记员署名，并且写上上诉的期限和上诉的法院。为更好地息诉服判，裁判文书应当写明判决依据，阐释判决理由，反映控辩双方的意见并说明采纳或者不予采纳的理由，加强文书的说理。

四、法庭秩序

法庭秩序，是指在人民法院审判案件时，所有的诉讼参与人和旁听人员都必须遵守的秩序和纪律。法庭审判是人民法院代表国家行使审判权的严肃法律行为，任何诉讼参与人、旁听人员或者采访的记者都必须维护法庭尊严，不得有妨碍法庭秩序的行为。良好的秩序是庭审正常进行的前提保障。

依据《刑事诉讼法》第 194 条的规定，对违反法庭秩序的行为应当按照下列情形分别处理：(1)在法庭审判过程中，如果诉讼参与人或者旁听人员违反法庭秩序，审判长应当警告制止。(2)对不听制止的，可以强行带出法庭；情节严重的，处以一千元以下的罚款或者 15 日以下的拘留。罚款、拘留必须经院长批准。被处罚人对罚款、拘留的决定不服的，可以向上一级人民法院申请复议。(3)复议期间不停止执行。对聚众哄闹、冲击法庭或者侮辱、诽谤、威胁、殴打司法工作人员或者诉讼参与人，严重扰乱法庭秩序，构成犯罪的，依法追究刑事责任。

关于法庭秩序的规定，最高法《解释》第 249 条对法庭审理过程中，诉讼参与人、旁听人员应当遵守的纪律作出如下规定：

（1）服从法庭指挥，遵守法庭礼仪；

（2）不得鼓掌、喧哗、哄闹、随意走动；

（3）不得对庭审活动进行录音、录像、摄影，或者通过发送邮件、博客、微博客等方式传播庭审情况，但经人民法院许可的新闻记者除外；

（4）旁听人员不得发言、提问；

（5）不得实施其他扰乱法庭秩序的行为。

在庭审中，诉讼参与人或者旁听人员扰乱法庭秩序的，审判长应当按照下列情形分别处理：

（1）情节较轻的，应当警告制止并进行训诫；

（2）不听制止的，可以指令法警强行带出法庭；

（3）情节严重的，报经院长批准后，可以对行为人处一千元以下的罚款或者 15 日以下的拘留；

（4）未经许可录音、录像、摄影或者通过邮件、博客、微博客等方式传播庭审情况的，可以暂扣存储介质或者相关设备。

诉讼参与人、旁听人员对罚款、拘留的决定不服的，可以直接向上一级人民法院申请复议，也可以通过决定罚款、拘留的人民法院向上一级人民法院申请复议。通过决定罚款、拘留的人民法院申请复议的，该人民法院应当自收到复议申请之日起 3 日内，将复议申请、罚款或者拘留决定书和有关事实、证据材料一并报上一级人民法院复议。复议期间，不停止决定的执行。担任辩护人、诉讼代理人的律师严重扰乱法庭秩序，被强行带出法庭或者被处以罚款、拘留的，人民法院应当通报司法行政机关，并可以建议依法给予相应处罚。辩护人被强行带出法庭或者被处以罚款、拘留，被告人自行辩护的，庭审继续进行；如果被告人要求另行委托辩护人，或者被告人属于应当提供法律援助情形的，应当宣布休庭。对于聚众哄闹、冲击法庭或者侮辱、诽谤、威胁、殴打司法工作人员或者诉讼参与人，严重扰乱法庭秩序，构成犯罪的，应当依法追究刑事责任。

五、审判障碍

审判障碍，主要指人民法院在受理刑事案件之后到评议之前，可能会遇到的使审判无法正常进行审理的情形。处理方法主要包括延期审理和中止审理。

（一）延期审理

延期审理，是指人民法院在法庭审理过程中，出现影响审判继续审理的情形，法庭决定将案件的审理推迟，待影响审理进行的原因消失后再继续开庭审理。根据《刑事诉讼法》第198条的规定，在法庭审判过程中，遇有下列情形之一，影响审判进行的，可以延期审理：(1)需要通知新的证人到庭，调取新的物证，重新鉴定或者勘验的；(2)检察人员发现提起公诉的案件需要补充侦查，提出建议的；(3)由于申请回避而不能进行审判的。延期审理只能发生在法庭审理阶段，延期审理前已进行的诉讼行为，对延期后的审理仍然有效。

法庭审理过程中，当事人及其辩护人、诉讼代理人申请通知新的证人到庭，调取新的证据，申请重新鉴定或者勘验的，应当提供证人的姓名、证据的存放地点，说明拟证明的案件事实，要求重新鉴定或者勘验的理由。人民法院同意重新鉴定申请的，应当及时委托鉴定，并将鉴定意见告知人民检察院、当事人及其辩护人、诉讼代理人。法庭认为有必要的，应当同意，并宣布延期审理；不同意的，应当说明理由并继续审理。对于以下案件，可以报请上级人民法院批准延长审理期限：(1)可能判处死刑的案件或者附带民事诉讼的案件；(2)交通十分不便的边远地区的重大复杂案件；(3)重大的犯罪集团案件；(4)流窜作案的重大复杂案件；(5)犯罪涉及面广，取证困难的重大复杂案件。因特殊情况还需要延长的，可以报请最高人民法院批准。

审判期间，公诉人发现案件需要补充侦查，建议延期审理的，合议庭应当同意，但建议延期审理不得超过两次。为了避免此种情形下延期审理的无限延期，《刑事诉讼法》第199条规定，根据人民检察院补充侦查建议决定延期审理的案件，人民检察院应当在1个月以内补充侦查完毕。人民检察院将补充收集的证据移送人民法院的，人民法院应当通知辩护人、诉讼代理人查阅、摘抄、复制。补充侦查期限届满后，经法庭通知，人民检察院未将案件移送人民法院，且未说明原因的，人民法院可以决定按人民检察院撤诉处理。

申请回避而引发的延期审理。根据《刑事诉讼法》的规定，当事人、辩护人、诉讼代理人均有权申请回避。由于当事人、辩护人、诉讼代理人申请回避导致审判缺乏必要的人员，无法进行的，法庭应当作出延期审理的决定。

(二)中止审理

中止审理，是指人民法院在审判过程中，出现了某些致使案件在较长时间内无法继续审理的情况时，决定暂时停止案件审理，待中止事由消失后，再行恢复审判的活动。

《刑事诉讼法》第200条规定，在审判过程中，有下列情形之一的，致使案件在较长时间内无法继续审理的，可以中止审理：(1)被告人患有严重疾病，无法出庭的；对于此处的“患有严重疾病”应当理解为：“因患严重疾病无法辨认、控制自己的行为，无法表达自己的真实意思，一旦出庭可能影响其生命安全等，而不是一患重病，即可中止审理。”[1] (2)被告人脱逃的；包括被羁押的被告人和未被羁押的被告人，其逃脱审判的行为都可能导致法庭审理在较长时间内无法正常进行。(3)自诉人患有严重疾病，无法出庭，未委托诉讼代理人出庭的。(4)由于不能抗拒的原因。主要指在审判过程中，出现的自然灾害、突发事件等不可抗力导致案件无法进行审理。

在共同犯罪案件中，有多名被告人的，如部分被告人因患严重疾病或者未委托诉讼代理人出庭的、被告人逃脱的，以及其他不可抗拒的原因无法出庭的，人民法院可以对全案中止审理；根据案件情况，如果共同犯罪案件因为中止审理的被告人身体情况等原因可能导致审判拖延较长时间，超过法定的审理期限，也可以针对该被告人中止审理，其他被告人的审理工作继续进行。[2] 对中止审理的部分被告人，可以根据案件情况另案处理。之后人民检察院不需要重新起诉或者变更起诉。

中止审理的原因消失后，应当恢复审理。中止审理的期间具有不确定性和长期性，因此不计入审理期限。

六、庭审笔录

法庭审判的全部活动，应当由书记员写成笔录，经审判长审阅后，由审判长和书记员签名。法庭笔录应当在庭审后交由当事人、法定代理人、辩护人、诉讼代理人阅读或者向其宣读。法庭笔录中的出庭证人、鉴定人、有专门知识的人的证言、意见部分，应当在庭审后分别交由有关人员阅读或者向其宣读。认为记录有遗漏或者差错的，可以请求补充或者改正；确认无误后，应当签名；拒绝签名的，应当记录在案，要求改变庭审中陈述的，不予准许。

七、审理期限

人民法院审理公诉案件，应当在受理后2个月以内宣判，最迟不得超过3个月。对于可能判处死刑的案件或者附带民事诉讼的案件，以及交通十分不便的边远地区的重大复杂案件、重大的犯罪集团案件、流窜作案的重大复杂

---

[1] 王尚新、李寿伟主编：《〈关于修改刑事诉讼法的决定〉解释与适用》，人民法院出版社2012年版，第199页。

[2] 张军、江必新主编：《新刑事诉讼法及司法解释适用解答》，人民法院出版社2013年版，第265页。

案件、犯罪涉及面广而且取证困难的重大复杂案件，经上一级人民法院批准，可以延长3个月；因特殊情况还需要延长的，报请最高人民法院批准。死刑案件涉及对公民生命权的剥夺，责任重大，对证据的要求较高，办案期限的延长有利于防止冤假错案的发生，保证审判公正。

人民法院改变管辖的案件，从改变后的人民法院收到案件之日起计算审理期限。

人民检察院补充侦查的案件，补充侦查完毕移送人民法院后，提请人民法院恢复法庭审理或者撤回起诉，人民法院重新计算审理期限。

第二节 自诉案件的第一审程序

自诉案件的第一审程序，是指被害人或者其法定代理人、近亲属为追究被告人的刑事责任直接向人民法院提起诉讼，由人民法院进行第一次审判的程序。根据《刑事诉讼法》规定自诉案件包括以下三类案件：(1)告诉才处理的案件；(2)被害人有证据证明的轻微刑事案件；(3)被害人有证据证明对被告人侵犯自己人身、财产权利的行为应当依法追究刑事责任，而公安机关或者人民检察院不予追究被告人刑事责任的案件。

一、提起自诉的条件和程序

(一)提起自诉的条件

自诉案件必须符合下列条件：(1)符合《刑事诉讼法》第204条规定，主要指告诉才处理的案件、被害人有证据证明的轻微刑事案件、被害人有证据证明对被告人侵犯自己人身、财产权利的行为应当依法追究刑事责任，而公安机关或者人民检察院不予追究被告人刑事责任的案件。(2)案件属于受诉人民法院管辖。(3)被害人告诉，自诉案件原则上由被害人提起，如果被害人死亡、丧失行为能力或者因受强制、威吓等无法告诉，或者是限制行为能力人以及因年老、患病、盲、聋、哑等不能亲自告诉，其法定代理人、近亲属告诉或者代为告诉的，人民法院应当依法受理。被害人的法定代理人、近亲属告诉或者代为告诉，应当提供与被害人关系的证明和被害人不能亲自告诉的原因证明。(4)有明确的被告人、具体的诉讼请求和证明被告人犯罪事实的证据。

（二）提起自诉的程序

自诉人提起自诉时，应当提交刑事自诉状；同时提起附带民事诉讼的，应当提交刑事附带民事自诉状。自诉状应当包括以下内容：（1）自诉人（代为告诉人）、被告人的姓名、性别、年龄、民族、出生地、文化程度、职业、工作单位、住址、联系方式；（2）被告人实施犯罪的时间、地点、手段、情节和危害后果等；（3）具体的诉讼请求；（4）致送的人民法院和具状时间；（5）证据的名称、来源等；（6）证人的姓名、住址、联系方式等。

同时对2名以上被告人提出告诉的，应当按照被告人的人数提供自诉状副本。

二、自诉案件的受理、审理

（一）自诉案件的受理

自诉人提起自诉后，案件要经过人民法院审查，符合条件的才能受理和进行审判。自诉案件的受理条件和提起自诉的条件相同，两者的区别在于，前者是从人民法院的角度予以界定，而后者是从自诉人的角度界定。根据《刑事诉讼法》第205条的规定，人民法院对于自诉案件进行审查后，按照下列情形分别处理：

1. 犯罪事实清楚，有足够证据的案件，应当开庭审判。符合受理条件的，应当决定立案，并书面通知自诉人或者代为告诉人。

2. 缺乏罪证的自诉案件，如果自诉人提不出补充证据，应当说服自诉人撤回自诉，或者裁定驳回。具体包括以下情形：（1）不属于自诉案件的范围；（2）缺乏罪证的；（3）犯罪已过追诉时效期限的；（4）被告人死亡的；（5）被告人下落不明的；（6）除因证据不足而撤诉的以外，自诉人撤诉后，就同一事实又告诉的；（7）经人民法院调解结案后，自诉人反悔，就同一事实再行告诉的。

自诉案件受理的特点：

1. 自诉人对不予受理或者驳回起诉的裁定不服的，可以提起上诉。第二审人民法院查明第一审人民法院作出的不予受理裁定有错误的，应当在撤销原裁定的同时，指令第一审人民法院立案受理；查明第一审人民法院驳回起诉裁定有错误的，应当在撤销原裁定的同时，指令第一审人民法院进行审理。

2. 自诉案件的受理即自诉案件的立案。人民法院对自诉案件要认真审查，对符合法律规定的案件，应当在收到自诉状或口头告诉之日起15日内立案，书面通知自诉人；对不符合立案要求的，应在15日内书面通知自诉人并说明不予受理的理由。自诉人坚持告诉的,人民法院应当裁定驳回起诉。

3. 缺乏罪证的自诉案件,如果自诉人提不出补充证据,应当说服自诉人撤回起诉,或者裁定驳回起诉。自诉人撤回起诉或者被驳回起诉后,又提出了新的足以证明被告人有罪的证据,再次提起自诉的,人民法院应当受理。

4. 自诉人明知有其他共同侵害人,但只对部分侵害人提起自诉的,人民法院应当受理,并告知其放弃告诉的法律后果;自诉人放弃告诉,判决宣告后又对其他共同侵害人就同一事实提起自诉的,人民法院不予受理。共同被害人中只有部分人告诉的,人民法院应当通知其他被害人参加诉讼,并告知其不参加诉讼的法律后果。被通知人接到通知后表示不参加诉讼或者不出庭的,视为放弃告诉。第一审宣判后,被通知人就同一事实又提起自诉的,人民法院不予受理。但是,当事人另行提起民事诉讼的,不受本解释限制。

5. 自诉人经两次依法传唤,无正当理由拒不到庭的,或者未经法庭许可中途退庭的,按撤诉处理。撤诉是指在人民法院受理案件之后,宣告判决之前,自诉人要求撤回其起诉的行为。撤诉包括申请撤诉和按撤诉处理两种。申请撤诉是指自诉人在法院立案受理后,进行宣判前,以书面或口头形式向人民法院提出撤回其起诉的要求。

(二)自诉案件的审理

人民法院对于决定受理的自诉案件,应当开庭审判。除适用简易程序审理的外,审判程序参照公诉案件第一审普通程序进行。

由于自诉案件本身的特殊性,自诉案件本质上仍然属于个人之间的矛盾纠纷,主体具有平等性,因而自诉案件的审理程序也有一些不同于公诉案件第一审程序,具有以下特征:

1. 人民法院审理自诉案件,可以在查明事实、分清是非的基础上,根据自愿、合法的原则进行调解。调解达成协议的,应当制作刑事调解书,由审判人员和书记员署名,并加盖人民法院印章。调解书经双方当事人签收后,即具有法律效力。调解没有达成协议,或者调解书签收前当事人反悔的,应当及时作出判决。判决宣告前,自诉案件的当事人可以自行和解,自诉人可以撤回自诉。人民法院经审查,认为和解、撤回自诉确属自愿的,应当裁定准许;认为系被强迫、威吓等,并非出于自愿的,不予准许。这种特殊的审理方式只能适用“纯粹的自诉案件”,即告诉才处理的案件和被害人有证据证明的轻微刑事案件。而对于被害人有证据证明对被告人侵犯自己人身、财产权利的行为应当依法追究刑事责任,而公安机关或者人民检察院不予追究被告人刑事责任的案件本质上仍属于公诉案件,因此不适用调解的方式进行处理,只能严格依法处理。

2. 被告人实施的 2 个以上的犯罪行为,分别属于公诉案件和自诉案件的,人民法院可以在审理公诉案件时,对自诉案件一并审理。但对自诉案件的处理仍然适用自诉案件的相关规定,当事人享有自诉案件规定的相应诉讼权利。

3. 对于被告人在自诉案件审判期间下落不明的情况,人民法院应当裁定中止审理。被告人到案后,应当恢复审理,必要时应当对被告人依法采取强制措施。此外,中止审理的期限不计入审判期限。

4. 自诉案件当事人因客观原因不能取得的证据,申请人民法院调取的,应当说明理由,并提供相关线索或者材料。人民法院认为有必要的,应当及时调取。这在很大程度上解决了自诉案件中自诉人收集证据能力差的困境,维护了当事人的合法权益。因客观原因不能取得证据才能向人民法院求助,有利于避免当事人权利的滥用,给人民法院造成不必要的负担。

三、自诉案件的反诉

反诉,是指在自诉案件审理过程中,自诉案件的被告作为被害人向受理自诉案件的人民法院控告自诉人犯有与本案有关的犯罪行为,要求人民法院追究其刑事责任的诉讼。反诉权是当事人诉讼地位平等原则的重要体现。反诉是一个独立的诉讼。

自诉案件包括以下三种类型:告诉才处理的案件;被害人有证据证明的轻微刑事案件;被害人有证据证明对被告人侵犯自己人身、财产权利的行为应当依法追究刑事责任而公安机关或者人民检察院不予追究被告人刑事责任的案件。其中告诉才处理的案件、被害人有证据证明的轻微刑事案件的被告人或者其法定代理人,在诉讼过程中,可以对自诉人提起反诉。而对于公诉转自诉的案件,原本属于公诉案件的范畴,因此,被告人在诉讼过程中不可以对自诉人提起反诉。此类案件的被告人如果认为自诉人侵犯其合法权益的行为构成犯罪的,应当请求公安机关或者人民检察院处理;符合自诉条件的,也可以向人民法院单独提出自诉。

告诉才处理和被害人有证据证明的轻微刑事案件的被告人或者其法定代理人在诉讼过程中,可以对自诉人提起反诉。但反诉必须符合下列条件:

(1)反诉的对象必须是本案自诉人;

(2)反诉的内容必须是与本案有关的行为,针对与本案无关的行为提起诉讼，均不能提起反诉；

（3）反诉的案件必须符合告诉才处理、被害人有证据证明的轻微刑事案件两类要求，公诉转自诉的案件除外。

由于反诉案件和自诉案件具有关联性，将二者一并审理有利于查明案件事实，也有利于提高诉讼效率。反诉案件适用自诉案件的规定，应当与自诉案件一并审理。

反诉是一个独立的诉讼，自诉人撤诉的，不影响反诉案件的继续审理。

四、自诉案件的审理期限

《刑事诉讼法》第206条第2款规定："人民法院审理自诉案件的期限，被告人被羁押的，适用本法第二百零二条第一款、第二款的规定；未被羁押的，应当在受理后六个月以内宣判。"人民法院审理自诉案件，被告人未被羁押的，应当在受理后6个月以内宣判；被告人被羁押的，应当按照审理公诉案件的期限进行，即应当在受理后2个月以内宣判，至迟不得超过3个月。有附带民事诉讼的案件，经过上一级人民法院的批准，审理期限可以再延长3个月。人民法院对自诉案件改变管辖的，从改变后的人民法院收到案件之日起重新计算审限。

第三节　简易程序

一、简易程序的概念和意义

简易程序，是指基层人民法院在审理第一审案件时所采取的相对普通程序较为简单的程序。目前，美国、英国、德国、日本、意大利等世界主要国家和中国台湾等地区都在其刑事诉讼法中设有简易程序。自1996年《刑事诉讼法》设置了简易程序，2012年在修改时对相关内容进行了增补和完善，扩大了简易程序适用的案件范围，完善了简易程序的适用条件。简易程序在刑事司法实务中起着非常重要的作用。

首先，简易程序提高了人民法院审判效率，有助于缓解人民法院面临的日益繁重的审判任务。目前，社会矛盾的不断增长，我国刑事案件的发案率呈上升趋势，人民法院受理的刑事案件数量逐年增长。因此，简易程序也是案件分流的重要方式，人民法院可以将人力、物力、财力投入到重大或复杂的案件中,节约诉讼资源。

其次,简易程序有利于保护当事人合法权益。审判迅速本身是刑事审判的一项基本要求,采用简易程序一方面使被告人早日摆脱缠讼之苦,另一方面也使自诉人能以简便有效的方式行使自诉权来维护自己的实体权益,不致因程序的繁琐望而却步、牺牲实体权益。

最后,简易程序使刑事审判程序更加科学化、合理化。从刑事案件本身的情况看,繁简轻重存在很大差异,对不同案件适用不同程序进行审理,才能使审判更为科学、合理。因而,采用简易程序处理那些案件事实清楚、证据确实充分、争议不大的案件,无疑会促进刑事审判程序的科学化。

二、简易程序的适用范围

《刑事诉讼法》第 208 条规定:"基层人民法院管辖的案件,符合下列条件的,可以适用简易程序审判:(1)案件事实清楚、证据充分的;(2)被告人承认自己所犯罪行,对指控的犯罪事实没有异议的;(3)被告人对适用简易程序没有异议的。人民检察院在提起公诉的时候,可以建议人民法院适用简易程序。"据此,适用简易程序审理的案件应符合以下条件:

1. 属于基层人民法院管辖。刑事案件数量和种类的不断增多导致"案多人少"矛盾的突出。基层人民法院的刑事案件大多数是事实清楚、证据较为充分且被告人认罪的案件,简易程序的适用有利于合理支配司法资源。

2. 案件必须事实清楚、证据充分。换言之,人民法院根据起诉书指控的事实,认为案件事实简单明确,易于审理,定罪量刑的证据客观全面,足以认定被告人有罪。

3. 被告人承认自己所犯罪行,对起诉书指控的犯罪事实没有异议。被告人对起诉书指控的犯罪行为供认不讳。

4. 被告人对适用简易程序没有异议。被告人在了解了简易程序的相关规定和适用该程序可能导致的后果后,仍同意适用简易程序。这充分保障了被告人的选择权。

为了使案件得到及时、公正的处理,我国《刑事诉讼法》第 209 条及最高法《解释》第 290 条对不适用简易程序的情形进行了规定:

(1)被告人是盲、聋、哑人;

(2)被告人是尚未完全丧失辨认或者控制自己行为能力的精神病人;

(3)有重大社会影响的;

(4)共同犯罪案件中部分被告人不认罪或者对适用简易程序有异议的;

(5)辩护人作无罪辩护的;

(6)被告人认罪但经审查认为可能不构成犯罪的;

(7)不宜适用简易程序审理的其他情形。

三、简易程序的庭前准备

(一)审判组织形式

《刑事诉讼法》第210条规定:"适用简易程序审理案件,对可能判处三年有期徒刑以下刑罚的,可以组成合议庭进行审判,也可以由审判员一人独任审判;对可能判处的有期徒刑超过三年的,应当组成合议庭进行审判。"对可能判处3年有期徒刑以下刑罚的,可以组成合议庭进行审判,也可以由审判员一人独任审判。对于被告人少、案情简单清楚、证据充分、被告人认罪、适用法律定罪量刑也较为清楚的案件,人民法院可以适用独任审判的方式。对案情相对复杂、证据之间存在疑问的案件可以组成合议庭进行审判。对可能判处的有期徒刑超过3年的,应当组成合议庭进行审判。有期徒刑超过3年的案件属于性质比较严重的犯罪案件,应当组成合议庭进行审理有利于对案件的充分讨论和公正审判。适用简易程序独任审判过程中,发现对被告人可能判处的有期徒刑超过3年的,应当转由合议庭审理。

(二)送达方式

适用简易程序审理案件,人民法院应当在开庭3日前,将开庭的时间、地点通知人民检察院、自诉人、被告人、辩护人,也可以通知其他诉讼参与人。通知可以采用简便方式,但应当记录在案。适用简易程序审理案件,不受普通程序中送达期限规定的限制。

四、简易程序的审理过程

(一)庭审程序简化

简化庭审程序是简易程序的主要特征。最高法《解释》第295条对简易程序作了如下规定:

(1)公诉人可以摘要宣读起诉书;

(2)公诉人、辩护人、审判人员对被告人的讯问、发问可以简化或者省略;

(3)对控辩双方无异议的证据,可以仅就证据的名称及所证明的事项作出说明;对控辩双方有异议,或者法庭认为有必要调查核实的证据,应当出示,并进行质证;

(4)控辩双方对与定罪量刑有关的事实、证据没有异议的,法庭审理可以直接围绕罪名确定和量刑问题进行。

适用简易程序审理案件，判决宣告前应当听取被告人的最后陈述。

(二)简易程序的转化

适用简易程序审理案件，在法庭审理过程中，有下列情形之一的，应当转为普通程序审理：

(1)被告人的行为可能不构成犯罪的；

(2)被告人可能不负刑事责任的；

(3)被告人当庭对起诉指控的犯罪事实予以否认的；

(4)案件事实不清、证据不足的；

(5)不应当或者不宜适用简易程序的其他情形。

转为普通程序审理的案件，审理期限应当从决定转为普通程序之日起计算。

(三)适用简易程序审理案件的决定主体

基层人民法院可以对符合法律规定条件的案件适用简易程序。采用何种方式审判和如何审判属于人民法院审判职权的范围，规定由人民法院决定是否适用简易程序，是人民法院独立行使审判权的体现。人民检察院具有适用简易程序的建议权。在提起公诉时，可以书面建议人民法院适用简易程序审理。最终是否适用简易程序由人民法院根据案情和被告人的意见作出决定。被告人同意是适用简易程序的一个必要条件。人民法院在决定适用前，告知被告人适用简易程序可能造成的不利后果，征求被告人的意见。

(四)人民检察院派员出席法庭

为更加清楚地了解案件情况，辨明是非，加强检察机关对简易程序的监督，在适用简易程序审理公诉案件时，人民检察院应当派员出席法庭。提起公诉并支持公诉是检察机关的法定职责。控辩双方出庭参加法庭活动是对抗式庭审模式的基本要求。检察机关出庭公诉有利于保障法院的中立地位，作出公正的裁判，树立司法的公信力。

(五)询问被告人意见

适用简易程序审理案件，审判人员应当询问被告人对指控的犯罪事实的意见，告知被告人适用简易程序审理的法律规定，确认被告人是否同意适用简易程序审理。审判人员需要询问被告人对起诉书指控的犯罪事实的意见，以了解是否认罪。被告人对指控的犯罪事实没有异议并同意适用简易程序的，可以决定适用简易程序，并在开庭前通知人民检察院和辩护人。

(六)宣判形式

适用简易程序审理案件,一般应当当庭宣判,不采用定期宣判形式。因为简易程序设置的最根本目的在于提高诉讼效率。

五、简易程序的审理期限

适用简易程序审理案件,人民法院应当在受理后20日以内审结;对可能判处的有期徒刑超过3年的,可以延长至1个半月。法院根据案件情况综合考虑,对可能判处有期徒刑超过3年的案件来说,其案件性质、对社会的危害程度等方面都较为严重,事实和证据的审查认定也要相对复杂些,为了保障案件的办理质量,对有特殊需要的案件可以延长至1个半月。这一规定符合了司法实践的实际需要。

第四节 判决、裁定和决定

公安机关、人民检察院、人民法院在办理刑事案件的过程中,依据事实和法律对有关案件的实体问题和程序问题作出的对当事人及其诉讼参与人具有约束力的处理决定,包括判决、裁定和决定。

一、判决

(一)判决的概念和种类

判决,是人民法院通过审理对案件的实体问题作出的处理决定。它是人民法院代表国家行使审判权,在个案适用法律上的具体体现。根据《刑事诉讼法》第195条的规定,人民法院所作的刑事判决分为有罪判决和无罪判决两种。

有罪判决,是指人民法院对案件事实清楚,证据确实充分,依据法律认定被告人有罪时的判决。进一步划分,有罪判决又可分为定罪处刑判决和定罪免刑判决。定罪处刑判决,是指人民法院作出的在认定被告人的行为构成犯罪的基础上,给予适当刑事处罚的判决;定罪免刑判决,是人民法院作出的确认被告人的行为构成犯罪,同时又基于被告人具有法定免除处罚情节而宣布对被告人免除刑事处罚的判决。

无罪判决,是人民法院作出的确认被告人的行为不构成犯罪或者因证据不足,不能认定被告人有罪的判决。无罪判决有两种:一种是案件事实清楚,证据确实、充分,依据法律认定被告人无罪的无罪判决;另一种是因证据不足,不能认定被告人有罪时作出的证据不足,指控的犯罪不能成立的无罪判决。后一种无罪判决是《刑事诉讼法》贯彻疑罪从无原则的具体体现。

另外,根据有无附带民事诉讼,判决还可以分为刑事判决和刑事附带民事判决两种。

(二)判决书的制作要求和内容

判决是人民法院行使国家审判权和执行国家法律的具体结果,具有权威性、强制性、严肃性和稳定性。因此,判决书作为判决的书面表现形式,其制作是一项严肃且慎重的活动,必须严格按照规定的格式和要求制作。总的要求是:格式规范;事实叙述清楚、具体,层次分明,重点突出;说理透彻,论证充分;结论明确,法律条文的引用正确、无误;逻辑结构严谨,无前后矛盾之处;行文通俗易懂,繁简得当,标点符号正确。根据《刑事诉讼法》第51条的规定,审判人员制作判决书时,必须忠实于事实真相。故意隐瞒事实真相的,应当追究责任。

具体而言,根据1999年4月6日最高人民法院审判委员会第1051次会议通过的《法院刑事诉讼文书样式(样本)》的规定,判决书的制作要求和内容有以下几方面:

1. 首部

首部包括人民法院名称、判决书类别、案号;公诉机关和公诉人、当事人、辩护人、诉讼代理人基本情况;案由和案件来源;开庭审理、审判组织的情况等。

2. 事实部分

事实是判决的基础,是判决理由和判决结果的根据。这部分包括四个方面的内容:人民检察院指控被告人犯罪的事实和证据,被告人的供述、辩护和辩护人的辩护意见,经法庭审理查明的事实,以及据以定案的证据。其中,对认定事实的证据必须做到:(1)依法公开审理查明的事实,除无须举证的事实外,证明案件事实的证据必须是指经过法庭公开举证、质证的,未经法庭公开举证、质证的不能认证;(2)要通过对证据的具体分析、认证来证明判决所确认的犯罪事实,防止并杜绝用“以上事实、证据充分,被告人也供认不讳,足以认定”等抽象、笼统的说法或简单地罗列证据的方法来代替对证据的具体分析、认证,法官认证和采证的过程应当在判决书中充分体现出来;(3)采纳证据的叙写要尽可能明确、具体。此外,叙述证据时,还应当注意保守国家秘密，保护报案人、控告人、举报人、被害人、证人的安全和名誉。

3. 理由部分

理由是判决的灵魂，是将事实和判决结果有机联系在一起的纽带，是判决书说服力的基础。其核心内容是针对具体案件的特点，运用法律规定、犯罪构成和刑事诉讼理论，阐明控方的指控是否成立，被告人的行为是否构成犯罪，犯什么罪，情节轻重与否，依法应当如何处理。书写判决理由时应注意：(1)理由的论述要结合具体案情，有针对性和个性，说理力求透彻，使理由具有较强的思想性和说服力。切忌说空话、套话。(2)罪名定性准确。一人犯数罪的，一般先定重罪，后定轻罪；共同犯罪案件应在分清各被告人在共同犯罪中的地位、作用和刑事责任的前提下，依次确定首要分子、主犯、从犯或者胁从犯、教唆犯的罪名。(3)被告人具有从轻、减轻、免除处罚或从重处罚情节的，应当分别或者综合予以认定。(4)控辩双方适用法律方面的意见应当表明是否予以采纳，并阐明理由。(5)法律条文(包括司法解释)的引用要完整、准确、具体。

4. 结果部分

判决结果是依照有关法律的具体规定，对被告人作出的定性处理的结论。书写时应当字斟句酌、认真推敲，力求文字精练、表达清楚、准确无误。其中有罪判决应写明判处的罪名、刑种、刑期或者免除刑罚；数罪并罚的应分别写明各罪判处的刑罚和决定执行的刑罚；被告人已被羁押的，应写明刑期折抵情况和实际执行刑期的起止时间；缓刑的应写明缓刑考验期限；附带民事诉讼案件，应写明附带民事诉讼的处理情况；有赃款赃物的，应写明处理情况。无罪判决要写明认定被告人无罪以及所根据事实和法律依据；对证据不足，不能认定被告人有罪的，应写明证据不足、指控的犯罪不能成立，并宣告无罪。

5. 尾部

这部分写明被告人享有上诉权利、上诉期限、上诉法院、上诉方式和途径；合议庭组成人员或独任审判员和书记员姓名；判决书制作、宣判日期；最后要加盖人民法院印章。

二、裁定

(一)裁定的概念和特征

裁定，是人民法院在审理案件和判决执行过程中，对诉讼程序问题和部分实体问题所作的决定。

裁定和判决的法律性质和特点基本相同，但两者也有区别，具体表现在：(1)在适用对象上，判决解决案件的实体性问题，而裁定主要解决程序问题，只解决部分实体问题。(2)在适用范围上，裁定比判决的适用要广泛得多。判决只适用于审判程序终结时，包括第一审、第二审和审判监督程序，而裁定则适用于整个审判程序和执行程序。(3)在适用方式上，判决必须采用书面形式，而裁定则可采用书面和口头两种形式。(4)在上诉、抗诉期限上，不服判决的上诉、抗诉期限为10日，而不服裁定的上诉、抗诉期限为5日。

裁定可根据不同标准进行分类。根据裁定解决的问题划分，裁定可分为程序性裁定和实体性裁定；根据诉讼阶段划分，可分为一审裁定、二审裁定、再审裁定和核准死刑裁定等；根据其适用方式划分，可分为口头裁定和书面裁定。

(二)裁定的适用

根据《刑事诉讼法》的规定，裁定适用于解决程序性问题，主要包括是否恢复诉讼期限、中止审理、维持原判、撤销原判并发回重审、驳回公诉或自诉、核准死刑等。适用裁定解决部分实体性问题，主要包括在执行期间，人民法院依法减刑、假释、撤销缓刑、减免罚金等。

裁定书是与判决书同等重要的法律文书，其制作要求、格式与判决书基本相同。但裁定书在内容上较判决书简单一些，因为裁定往往解决的问题比较单一，要么是一个专门的程序性问题，要么是一个较为简单的实体性问题。

三、决定

(一)决定的概念和分类

决定，是公安机关、人民检察院、人民法院在诉讼过程中，依法就有关诉讼程序问题和某些实体问题所作的一种处理。决定和判决、裁定的不同之处在于是否涉及上诉、抗诉问题。一般情况下，决定一经作出，立即发生效力，不能上诉或者抗诉。某些决定，如不起诉的决定、回避的决定、强制医疗的决定，为保护当事人的合法权益，纠正可能出现的错误，法律允许当事人或有关机关申请复议、复核。但判决、裁定则是在法定期限内可以上诉、抗诉的。

决定以其表现形式不同可分为口头决定和书面决定。书面决定应制作决定书，写明处理结论及理由。口头决定应记入笔录，它与书面决定具有同等效力。

(二)决定的适用

根据《刑事诉讼法》的规定，决定主要适用于解决以下一些问题：是否回避的决定;立案或者不立案的决定;采取各种强制措施或变更强制措施的决定;实施各种侦查行为的决定;撤销案件的决定;延长侦查中羁押犯罪嫌疑人的期限的决定;起诉和不起诉决定;开庭审判的决定;庭审中解决当事人和辩护人、诉讼代理人申请通知新的证人当庭、调取新的物证、申请重新鉴定或勘验的决定;抗诉的决定;提起审判监督程序的决定;强制医疗的决定等。

决定一经作出,立即生效,不准上诉、抗诉。某些决定,如《刑事诉讼法》第30条规定的驳回申请回避的决定,允许当事人及其法定代理人申请复议一次。

决定一般是用口头宣布,记入笔录;但也可以采用书面形式,书面决定应当制作决定书。

【案例赏析】

薄熙来案件

被告人薄熙来,1949年7月3日出生,山西省定襄县人,曾任大连市市长、市委书记,辽宁省委常委、省委副书记、省长,商务部部长,十七届中共中央政治局委员、重庆市委书记等职务。2012年4月10日,鉴于涉嫌严重违纪,中共中央决定停止薄熙来担任的中央政治局委员、中央委员职务,并由中央纪委对其立案检查。2012年9月28日,中共中央决定给予薄熙来开除党籍、开除公职处分,对其涉嫌犯罪问题及犯罪问题线索移送司法机关依法处理。同日,重庆市人大常委会罢免了薄熙来全国人大代表职务,最高人民检察院以其涉嫌受贿罪立案侦查并决定逮捕。案件由最高人民检察院侦查终结,经依法指定管辖,于2013年4月10日以被告人薄熙来涉嫌受贿罪、贪污罪、滥用职权罪移送济南市人民检察院审查起诉。

2013年7月25日,济南市人民检察院依法对薄熙来涉嫌犯罪提起公诉。起诉书指控,被告人薄熙来单独受贿和共同受贿共计折合人民币2179.0587万元,数额特别巨大;共同贪污公款人民币500万元,数额巨大;滥用职权,致使国家和人民利益遭受重大损失,情节特别严重,其行为触犯了《中华人民共和国刑法》第385条第1款,第386条,第382第1款,第383条第1款第①项、第2款,第397条第1款之规定,应以受贿罪、贪污罪、滥用职权罪追究其刑事责任,并予以数罪并罚。

庭审过程中,在审判长的主持下,被告人薄熙来对起诉书指控涉嫌犯罪的事实作了陈述,对指控予以否认。公诉人和辩护人分别讯(询)问了被告人。证人徐明、王正刚、王立军出庭作证,控辩双方对证人进行了交叉询问。公诉人当庭播放了检察机关询问证人唐肖林、薄谷开来的同步录音录像,并出示书证,证人证言,被告人供述和辩解、亲笔供词,视听资料、电子数据等证据,分组进行了举证。控辩双方针锋相对,进行了对抗性质证。公诉人指出,被告人没有提出否认指控事实的证据,陈述、辩解中还存在许多相互矛盾的地方。法庭对薄熙来及其辩护人的发言申请均给予了许可,保证了被告人及其辩护人有充分时间发表意见。薄熙来当庭表示,感谢审判长公平公正,法庭审理是人道的、文明的。法庭调查结束后,经审判长许可,控辩双方就案件事实、证据及法律适用等问题进行了法庭辩论。控辩双方就定罪、量刑的事实、证据和适用法律等问题发表了各自的意见。

济南市人民检察院在公诉意见书中指出,在几天的庭审中,被告人薄熙来不仅对有大量确凿证据证明的犯罪事实予以矢口否认,而且连自己庭前亲自书写的材料和亲笔供词也予以推翻;对滥用职权罪,被告人仅承认自己有错误、负有责任,但同样不承认犯罪。这足以说明其拒不认罪的态度。公诉人强调,犯罪事实是客观的,并不随被告人的主观意志而转移;认定犯罪事实,是以全案证据为依据,而不是以被告人的口供为依据。公诉人向法庭提出,根据"宽严相济"的刑事政策和中华人民共和国法律,被告人罪行极其严重,又拒不认罪,被告人没有自首、坦白、检举揭发的情节,不具有法定从轻处罚情节,必须依法从严惩处。薄熙来在法庭最后陈述时表示:"王立军叛逃在中外形成了恶劣的影响,给党和国家带来了国际影响上的损失,我在这个过程中严重误判,深感愧疚,但没有滥用职权之心。起诉书对我贪腐的指控是严重失实的,我没有管好家人和下属,我有大过。我自知我是很不完善的人,我主观主义,脾气暴躁,我有严重的过失和错误,我深感治家无方,给国家造成了不良影响。我诚恳地接受组织的审查,也接受司法机关的审查。过去16个月,办案部门工作人员对我的生活是照顾的,谈话文明,多数人有素养,当然在这个过程中我是有压力的。这次审判,让控辩双方都有机会充分发表意见,还有微博传送了信息,使我对中国司法的未来增添了信心。"

记者在庭审现场了解到薄熙来涉嫌受贿犯罪的主要事实包括:1999年至2006年,利用职务之便,为他人谋取利益。2000年至2012年,单独或者通过其妻薄谷开来(另案处理)、其子薄瓜瓜,收受他人给予的财物,共计折合人民币2179.0587万元。

起诉书指控,1999 年至 2006 年,被告人薄熙来利用其担任大连市人民政府市长、中共大连市委书记、辽宁省人民政府省长、商务部部长等职务上的便利,为他人谋取利益。2000 年至 2012 年,薄熙来单独或者通过其妻薄谷开来(另案处理)、其子薄瓜瓜,收受大连国际发展有限公司总经理唐肖林(另案处理)、大连实德集团有限公司董事长徐明(另案处理)给予的财物,共计折合人民币 2179.0587 万元。

审判长介绍庭前会议的情况:鉴于本案证据材料较多、案情重大复杂,为保证庭审顺利进行,公正高效地审理案件,根据法律规定,法庭组织控辩双方,于 2013 年 8 月 14 日召开了庭前会议。2013 年 8 月 22 日,济南市中级人民法院 8 时 43 分一审公开开庭审理被告人薄熙来受贿、贪污、滥用职权一案。

2013 年 8 月 23 日,薄熙来受贿、贪污、滥用职权一案在济南市中级人民法院继续进行,公诉人就薄熙来通过其妻薄谷开来、其子薄瓜瓜收受徐明给予巨额财物的事实进行举证。2013 年 8 月 24 日,薄熙来受贿、贪污、滥用职权案庭审进入第三天,法庭主要围绕公诉人指控的贪污罪、滥用职权罪进行调查。证人王正刚、王立军出庭作证。2013 年 8 月 25 日,薄熙来受贿、贪污、滥用职权案庭审进入第四天,全案法庭调查结束。公诉人出示证据说明薄熙来没有自首、坦白、检举揭发的情节。2013 年 8 月 26 日,被告人薄熙来涉嫌受贿、贪污、滥用职权案在山东省济南市中级人民法院继续开庭审理。法庭辩论开始后,公诉人对被告人薄熙来涉嫌受贿、贪污、滥用职权案发表了公诉意见。2013 年 8 月 26 日 13 时 4 分,审判长敲响法槌,宣布休庭。济南市中级人民法院对薄熙来案审理结束,择期宣判。2013 年 9 月 22 日 10 点 5 分,法院在其人民网官方微博发布消息,被告人薄熙来受贿、贪污、滥用职权案在山东省济南市中级人民法院第五法庭一审公开宣判。审判长王旭光宣读一审判决,法院通过官方微博播报相关情况。薄熙来案宣判结束后,济南市中级人民法院召开新闻通报会,由法院新闻发言人向媒体记者通报案件判决结果。据发言人透露,被告人薄熙来的三名亲属,媒体记者及各界群众一百余人旁听了宣判,薄熙来当庭未表示是否上诉。法庭对被告人薄熙来以受贿罪、贪污罪、滥用职权罪依法判处刑罚,数罪并罚,决定执行无期徒刑,剥夺政治权利终身。

薄熙来受贿、贪污、滥用职权一案,山东省济南市中级人民法院于 2013 年 9 月 22 日一审宣判。法庭对被告人薄熙来以受贿罪、贪污罪、滥用职权罪依法判处刑罚，数罪并罚，决定执行无期徒刑，剥夺政治权利终身。闭庭后，在上诉期限内，薄熙来不服一审判决，通过山东省济南市中级人民法院向山东省高级人民法院递交上诉状。10月8日上诉期满后，山东省高级人民法院经审查，依法决定予以受理。山东省高级人民法院于2013年10月21日发布公告，10月25日公开宣判上诉人薄熙来受贿、贪污、滥用职权一案，裁定驳回上诉，维持原判。

陈光中教授指出，重证据、不轻信口供，是中国刑事诉讼法的基本原则。薄熙来虽然在法庭上全面翻供，法庭也尊重了他的自我辩护权，让他充分表达，但这不等于薄翻供后法庭就不能定罪。

【深度阅读】

1. 陈瑞华："论彻底的事实审　重构我国刑事第一审程序的一种理论思路"，载《中外法学》2013年第4期。

2. 左卫民："简易程序中的公诉人出庭：基于实证研究的反思"，载《法学评论》2013第4期。

3. 龙宗智著："薄熙来审判中的若干证据法问题"，载《法学》2013年第10期。

4. 龙宗智：《上帝怎样审判》（增补本），法律出版社2006年版。

【课后思考】

1. 简述第一审程序的概念和意义。

2. 自诉案件的一审程序特点是什么？

3. 法院对检察院提起公诉的案件进行庭前审查，下列哪些做法是正确的？

A. 发现被告人张某在起诉前已经从看守所逃脱的，退回检察院

B. 法院裁定准许撤诉的抢劫案，检察院因被害人范某的不断上访重新起诉的，不予受理

C. 起诉时提供的一名外地证人石某没有列明住址和通信处的，通知检察院补送

D. 某被告人在被抓获后始终一言不发，也没有任何有关姓名、年龄、住址、单位等方面的信息或线索的，不予受理

4. 在某案件的法庭审理中，旁听的被害人亲属甲对辩护律师的辩护发言

多次表示不满,并站起来指责律师,经审判长多次警告制止无效。法院对甲可以作下列何种处理?(多选题)

A. 由审判长责令甲具结悔过

B. 由审判长决定将甲强行带出法庭

C. 经法院院长批准对甲处以500元罚款

D. 经法院院长批准对甲处以20日拘留

5. 在单位犯罪案件的审理程序中,如被告单位的诉讼代表人与被指控为单位犯罪直接负责的主管人员是同一个人,应当由下列哪一主体另行确定被告单位诉讼代表人?(单选题)

A. 被告单位

B. 被告单位的主管机关

C. 检察院

D. 法院

6. 法庭在审理被告人某甲入室盗窃案中发现,某甲在实施犯罪过程中,为逃避抓捕曾以暴力伤害被害人。关于法院的做法,下列哪个是正确的?(单选题)

A. 建议检察机关补充侦查

B. 建议检察机关变更起诉

C. 建议检察机关撤回起诉

D. 应当自行补充侦查

7. 刘某致使王某和李某轻伤,王某将案件起诉到法院,李某接到法院通知后表示不想追究刘的责任,没有参加诉讼。一审宣判后,李某反悔,就同一事实向法院提起自诉。法院应当如何处理?(单选题)

A. 接受李某的自诉

B. 在李某和刘某之间进行调解

C. 告知李某在当事人上诉的时向第二审法院提出其主张

D. 不受理李某的自诉

8. 关于自诉案件的和解和调解,下列哪些说法是正确的?(多选题)

A. 和解和调解适用于自诉案件

B. 和解和调解都适用于告诉才处理和被害人有证据证明的轻微案件

C. 和解和调解应当制作调解书、和解协议,由审判人员和书记员署名并加盖法院印章

D. 对于当事人已签收调解书或者法院裁定准许自诉人撤诉的案件，被告人被羁押的，应当予以解除

9. 关于适用简易程序审理刑事案件变更为适用普通程序，下列哪个说法是正确的？（单选题）

A. 法院可以决定直接变更为普通程序审理，不需要将案件退回检察院

B. 对于自诉案件变更为普通程序的，按照自诉案件程序审理

C. 自诉案件由简易程序转化为普通程序时原起诉仍有效，自诉人不必另行起诉

D. 在适用普通程序后又发现可适用简易程序时，可以再次变更为简易程序

10. 被告人谭某，男，1998 年 3 月 2 日生。2013 年 4 月 5 日，谭某因涉嫌故意杀人罪被某县人民检察院起诉至县基层人民法院。县人民法院认为该案不属本院管辖，遂决定将案件移送市中级人民法院。市中级人民法院受理案件后，在审查公诉时，认为检察院起诉的犯罪事实不清，证据不足，于是退回人民检察院补充侦查。依法由审判员李某、刘某、陈某及人民陪审员孙某、赵某组成合议庭。由于本案作案手段残忍，合议庭中多数人认为应当公开审判，以便更好地进行法制宣传，根据少数服从多数的原则，最终决定公开审判。4 月 27 日，市法院依法对被告人谭某故意杀人一案进行公开审理。审判过程中，被告人谭某趁人不备脱逃，案件在较长时间内无法继续审理，审判长宣布延期审理。6 月 6 日，谭某被抓获归案后，市法院对案件继续进行审理，以故意杀人罪当庭宣告判处被告人谭某无期徒刑。6 月 13 日将判决书送达了当事人和市检察院。

问：本案第一审程序有无不当之处？并说明理由。

第三章　第二审程序

本章要点

第二审程序的特点
第二审程序的提起主体
第二审程序的审判
全面审查原则
上诉不加刑原则

不克讼，归而逋也。自下讼上，患至掇也。

——《易经·讼卦》

虽然有了这些查核的规定和对不存在合理怀疑的证据的要求，但是数量惊人的对无罪者的千真万确的判决仍然存在。

——［美］罗·庞德

2013年2月19日，北京市海淀分局接到一女事主报警称，2月17日晚，其在海淀区一酒吧内与李某某等人喝酒后，被带至一宾馆内轮奸。2013年3月7日，李某某等人因涉嫌轮奸被依法批捕。7月8日，北京市海淀区人民检察院依法对李某某等人涉嫌强奸一案向海淀区人民法院提起公诉。2013年8月28日上午9时30分，李某某等人涉嫌强奸一案在海淀区法院第17法庭正式开庭审理。

2013年9月26日上午在北京市海淀区法院一审宣判：法院以强奸罪分别判处被告人李某某有期徒刑10年；王某（成年人）有期徒刑12年，剥夺政治权利2年；魏某某（兄）有期徒刑4年；张某某有期徒刑3年，缓刑5年；魏某某（弟）有期徒刑3年，缓刑3年。

2013年10月11日下午，北京一中院发布消息称已经收到李某某强奸案的上诉材料和相关卷宗，五名被告人中被告人李某某及其法定代理人、被告人王某提出上诉，一中院经过审查后发现移送的上诉材料齐全，符合法律规定的二审案件受理条件后，予以立案受理。2013年10月30日，法院宣布李某某等五人轮奸案二审开庭延期。上诉人向法院递交了申请，提出此案有被告人更换了辩护人，申请延期审理。而法院延期审理此案的原因是："上诉人一方在本院确定并通知开庭日期后，更换辩护律师，新更换的辩护律师申请延期审理。本院为充分保障被告人依法享有的辩护权和未成年被告人的合法权益，决定将本案开庭日期延后，具体时间另行确定。"

2013年11月2日上午9点，李某某等五人强奸上诉一案，在北京市第一中级人民法院依法公开宣判。二审裁定驳回上诉人上诉，维持原判。

第一节 第二审程序的概念和意义

一、概述

（一）第二审程序的概念

第二审程序，是指对于地方各级人民法院作出的一审裁判，有上诉权的人不服裁判或者同级人民检察院认为裁判确有错误的，可以在法定期限内向上一级人民法院提出上诉或抗诉，上一级人民法院按照二审程序对案件进行审理和裁判。第二审程序并不是审理刑事案件的必经程序，如果在法定期限内，上诉人没有上诉、人民检察院没有抗诉的，该裁判即发生法律效力。只有在法定期限内提出上诉或者抗诉才能启动第二审程序。

（二）第二审程序的特点

1. 第二审程序的审理对象是第一审人民法院尚未发生法律效力的判决和裁定。没有在法定期限内提起上诉或者抗诉的案件即发生法律效力。即使发现判决有错误的，也只能提起审判监督程序。

2. 第二审程序特有的审判原则，其中包括全面审查和上诉不加刑原则。如对附带民事诉讼部分提出上诉的，既要审查附带民事诉讼部分，也要审查刑事诉讼部分。

3. 第二审案件由原审人民法院的上一级人民法院审理，基层人民法院无权审判第二审案件。对于一些特殊的案件,由于被告人通常羁押在原审法院所在地,为了方便当事人、其他诉讼参与人参加诉讼,可以到案件发生地或者原审人民法院所在地进行,但审判人员由上一级人民法院组成。

4. 除死刑案件需要上报最高人民法院核准外,第二审人民法院作出的裁判即为终审裁判,立即生效并交付执行。

二、第二审程序的意义

第二审人民法院通过上诉人提起上诉或检察院提起抗诉,对第一审人民法院作出的判决或裁定进行全面审查和审理,并依法作出判决或裁定。其意义主要包括:

1. 纠正第一审人民法院的错误判决,保障当事人的合法权益。上诉权是当事人的一项重要权利,关系到当事人合法权益的维护。通过第二审可以及时纠正第一审法院的错误裁判,保证生效判决的正确性。这有利于提高结案的质量,使无罪的人免受刑罚处罚,有效保障被告人的合法权益。被害人可以请求检察机关提起抗诉,有利于保护被害人的人身权益和其他权益。

2. 有利于加强法律监督作用。人民检察院作为法律执行的监督者,对审判具有监督职能,对于判决或裁定有错误的案件提起抗诉,申请较高一级法院对案件进行重新审理,以保证案件结果的公正性。同时有利于上级人民法院监督和指导下级人民法院的审判工作,保证办案质量,如对于原判决事实不清楚或者证据不足的,可以发回原审人民法院重新审判,指出下级人民法院审判公正中存在的问题。同时,通过维护下级法院的正确判决有利于树立司法的公信力,有利于传播法治理念,消除当事人对原审裁判的疑虑和不满。

第二节 第二审程序的提起

一、第二审程序的提起主体

(一)提起上诉的主体

《刑事诉讼法》第216条规定:“被告人、自诉人和他们的法定代理人,不服地方各级人民法院第一审的判决、裁定,有权用书状或者口头向上一级人民法院上诉。被告人的辩护人和近亲属,经被告人同意,可以提出上诉。附带民事诉讼的当事人和他们的法定代理人,可以对地方各级人民法院第一审的判决、裁定中的附带民事诉讼部分,提出上诉。对被告人的上诉权,不得以任何借口加以剥夺。”依据本条规定,依法享有上诉权的主体包括两类:一是被告人、自诉案件的自诉人、附带民事诉讼的当事人和他们的法定代理人,这类主体与法院的判决有直接利害关系;二是被告人的辩护人和近亲属,只有经过被告人同意才可以代为提起上诉。

1. 被告人、自诉案件的自诉人和他们的法定代理人享有独立的上诉权。自诉人和被告人分别处于原告或者被告一方,人民法院作出的判决、裁定与他们有直接的利害关系。无行为能力人或者限制行为能力人不能正常行使法律赋予他们的独立上诉权,为维护当事人的合法权益,其法定代理人可以代为行使上诉权。

2. 附带民事诉讼的当事人及其法定代理人可以行使上诉权。附带民事诉讼的当事人和他们的法定代理人,可以对地方各级人民法院第一审的判决、裁定中的附带民事诉讼部分,提出上诉。刑事附带民事诉讼本质上是民事诉讼,具有相对独立性和不同于刑事诉讼的审判原则。对附带民事诉讼部分提出上诉的,既要审查民事诉讼部分,也要审查刑事诉讼部分,以正确认定民事责任。但是这种上诉不影响刑事判决的法律效力。

3. 被告人的辩护人和近亲属,只有经过被告人同意才可以代为提起上诉。近亲属包括夫、妻、父、母、子、女、同胞兄弟姊妹。辩护人和近亲属的上诉必须经被告人同意,写明其与被告人的关系,并应当以被告人作为上诉人。由于被告人对上诉有所顾虑,而且通常又被羁押,允许辩护人和近亲属代为上诉可以更好地保护被告人的合法权益。

上诉权是刑事诉讼中被告人享有的一项基本权利,任何机关和个人不得以任何借口加以剥夺。为了保障被告人上诉权的充分行使,我国立法对上诉理由不加任何限制。对被告人上诉的理由是否充分、合法不作要求,只要求程序上符合法律规定。第一审人民法院在宣告判决、裁定时应明确告知他们应有的上诉权以及上诉的方式、期限、途径等问题。原则上上诉应当采用书面形式,依法递交上诉状;对于书写确有困难的,可以口头提出上诉,由第一审人民法院对上诉的请求和理由制作笔录,上诉人确认后签字盖章。任何剥夺或者侵犯被告人上诉权的行为应被视为严重违反诉讼程序。

(二)提起抗诉的主体

《刑事诉讼法》第217条规定:“地方各级人民检察院认为本级人民法院第一审的判决、裁定确有错误的时候,应当向上一级人民法院提出抗诉。”人民检察院是国家法律监督机关，在刑事诉讼中，对人民法院的审判活动是否合法，依法进行法律监督。对于地方各级人民法院作出的一审未生效裁判，检察机关认为确有错误的，可以提起抗诉。抗诉的主体具有特定性和单一性。抗诉通常分为对第一审未生效裁判的抗诉和对已生效裁判的抗诉两种，前者成为上诉审程序的抗诉，后者称为再审程序的抗诉。《刑事诉讼法》第217条所指的是对第一审未生效判决、裁定的抗诉，其主体是地方各级人民检察院，最高人民检察院不能成为上诉审抗诉的主体。[1]

（三）公诉案件被害人的请求抗诉权

公诉案件的被害人是被犯罪行为直接侵害的人，与案件的审判结果有直接关系。被害人及其法定代理人不服地方各级人民法院第一审的判决的，自收到判决书后5日以内，有权请求人民检察院提出抗诉。人民检察院自收到被害人及其法定代理人的请求后5日以内，应当作出是否抗诉的决定并且答复请求人。

二、提起第二审程序的条件

我国《刑事诉讼法》对于提出上诉的理由没有规定任何限制，只要上诉人具有上诉资格、以书状或者口头等意思表示形式、在法定期限内向第一审人民法院或者直接向第二审人民法院提出，不论诉讼理由是否合法、充分，均不影响其上诉的效力。而检察机关作为法律监督机关，司法行为具有一定权威性，所以对于其抗诉行为必须具有法定的理由和特定的形式。《刑事诉讼法》第217条规定："地方各级人民检察院认为本级人民法院第一审的判决、裁定确有错误的时候，应当向上一级人民法院提出抗诉。"检察机关提出抗诉的法定事由包括以下六种情况：(1)认定事实不清、证据不足的；(2)有确实、充分证据证明有罪而判无罪，或者无罪判有罪的；(3)重罪轻判，轻罪重判，适用刑罚明显不当的；(4)认定罪名不正确，一罪判数罪、数罪判一罪，影响量刑或者造成严重社会影响的；(5)免除刑事处罚或者适用缓刑、禁止令、限制减刑错误的；(6)人民法院在审理过程中严重违反法律规定的诉讼程序的。

上诉人或者人民检察院可以在提出上诉状或抗诉后，甚至在二审法庭审理中提出新的证据和理由，第二审法院不应加以限制。

---

〔1〕 孙长永主编：《刑事诉讼法学》，法律出版社2012年版，第301页。

三、上诉、抗诉的方式和程序

（一）上诉的方式和程序

上诉人应当以书状或者口头形式提出。人民法院受理的上诉案件，一般应当有上诉状正本及副本。上诉状内容应当包括：第一审判决书、裁定书的文号和上诉人收到的时间，第一审人民法院的名称，上诉的请求和理由，提出上诉的时间。被告人的辩护人、近亲属经被告人同意提出上诉的，还应当写明其与被告人的关系，并应当以被告人作为上诉人。因书写上诉状确有困难而口头提出上诉的，只能向一审人民法院提出，第一审人民法院应当根据其所陈述的理由和请求制作笔录，由上诉人阅读或向其宣读后，上诉人应当签名、盖章或者捺指印。

上诉人可以向原审人民法院提出或者直接向第二审人民法院提出。通过原审人民法院提出上诉的，原审人民法院应当在上诉期满后3日以内将上诉状连同案卷、证据移送上一级人民法院，并将上诉状副本送交同级人民检察院和对方当事人。上诉人直接向第二审人民法院提出上诉的，第二审人民法院应当在收到上诉状后3日以内将上诉状交原审人民法院。

（二）抗诉的方式和程序

检察机关对于地方各级人民法院作出的一审未生效裁判，认为确有错误的，可以提出抗诉，应当通过原审人民法院提出抗诉书，并且将抗诉书抄送上一级人民检察院。原审人民法院应当将抗诉书连同案卷、证据移送上一级人民法院，并且将抗诉书副本送交当事人。上级人民检察院在接到抗诉书后，就抗诉的理由和法律依据进行审查；如果认为抗诉不当，可以直接向同级人民法院撤回抗诉，并且通知下级人民检察院。人民检察院在抗诉期限内撤回抗诉的，第一审人民法院不再向上一级人民法院移送案件；在抗诉期满后第二审人民法院宣告裁判前撤回抗诉的，第二审人民法院可以裁定准许，并通知第一审人民法院和当事人。在抗诉期满前撤回抗诉的，第一审判决、裁定在抗诉期满之日起生效。在抗诉期满后要求撤回抗诉，第二审人民法院裁定准许的，第一审判决、裁定应当自第二审裁定书送达上诉人或者抗诉机关之日起生效。

四、上诉、抗诉的期限

上诉人或者检察机关应当在地方各级人民法院第一审判决、裁定未生效前提起上诉或者抗诉。不服判决的上诉和抗诉的期限为10日，不服裁定的上诉和抗诉的期限为5日，从接到判决书、裁定书的第2日起算。对于附带民事判决或者裁定的上诉、抗诉期限，应当按照刑事部分的上诉、抗诉期限确定。附带民事部分是另行审判的，上诉期限也应当按照《刑事诉讼法》规定的期限确定。

上诉、抗诉期限的规定是为了保障上诉人有足够的准备时间行使上诉权，同时可以提高诉讼效率，使得确有错误的判决、裁定能够尽早得以纠正，使得被告人的权利早日得到救济。

第三节　第二审程序的受理和审判

一、第二审程序的审查

第二审人民法院对第一审人民法院移送的上诉、抗诉案卷、证据，应当审查是否包括下列内容：(1)移送上诉、抗诉案件函；(2)上诉状或者抗诉书；(3)第一审判决书、裁定书八份(每增加一名被告人增加一份)及其电子文本；(4)全部案卷、证据，包括案件审理报告和其他应当移送的材料。前款所列材料齐全的，第二审人民法院应当收案；材料不全的，应当通知第一审人民法院及时补送。由此可见，第二审人民法院对上诉、抗诉案件奉行形式审查。

二、第二审程序的审查原则

《刑事诉讼法》第 222 条规定："第二审人民法院应当就第一审判决认定的事实和适用法律进行全面审查，不受上诉或者抗诉范围的限制。共同犯罪的案件只有部分被告人上诉的，应当对全案进行审查，一并处理。"全面审查原则自 1979 年《刑事诉讼法》中确立以来一直占据重要地位。二审的审理范围分为部分审查和全面审查，部分审查是指二审的审理范围仅限于上诉或要求复审请求中声明不服的部分，对于上诉或要求复审请求中未涉及的部分，即使其存有错误，上诉审也不作重新审理和改正。我国实行全面审查原则，也称实质审查，二审的审理范围不限于上诉或抗诉请求。二审法院既要审查原审裁判认定事实是否正确，还要审查适用法律有无错误；既要审查已经上诉或抗诉的部分，又要审查未上诉、抗诉的部分以及共同犯罪案件中涉及未上诉被告人的部分。在共同犯罪案件中，上诉的被告人死亡，其他被告人未上诉的，第二审人民法院仍应对全案进行审查。经审查，死亡的被告人不构成犯罪的，应当宣告无罪；构成犯罪的，应当终止审理。对其他同案被告人仍应作出判决、裁定。对附带民事诉讼部分提出上诉的，既要审查附带民事诉讼部分，也要审查刑事诉讼部分，以正确认定民事责任。

最高法《解释》第315条对上诉、抗诉案件应当着重审查的内容作了如下规定：(1)第一审判决认定的事实是否清楚，证据是否确实、充分；(2)第一审判决适用法律是否正确，量刑是否适当；(3)在侦查、审查起诉、第一审程序中，有无违反法定诉讼程序的情形；(4)上诉、抗诉是否提出新的事实、证据；(5)被告人的供述和辩解情况；(6)辩护人的辩护意见及采纳情况；(7)附带民事部分的判决、裁定是否合法、适当；(8)第一审人民法院合议庭、审判委员会讨论的意见。在对案件进行程序性审查后，第二审人民法院对案件的实体性问题进行全面审查。

三、第二审案件的审判方式和程序

根据《刑事诉讼法》第223条的规定，第二审人民法院对于下列案件，应当组成合议庭，开庭审理：(1)被告人、自诉人及其法定代理人对第一审认定的事实、证据提出异议，可能影响定罪量刑的上诉案件；(2)被告人被判处死刑的上诉案件；(3)人民检察院抗诉的案件；(4)其他应当开庭审理的案件。第二审人民法院决定不开庭审理的，应当讯问被告人，听取其他当事人、辩护人、诉讼代理人的意见。2012年《刑事诉讼法》在原有的基础上明确了必须开庭审理案件的范围。由此可见，人民法院对第二审案件的审判方式主要有开庭审理和不开庭审理。人民检察院抗诉的案件以及部分上诉案件应当以开庭审理的方式进行，而对于其他案件可以不开庭审理，但应当讯问被告人，听取其他当事人、辩护人、诉讼代理人的意见。

(一)开庭审理的方式

开庭审理，是指在合议庭的主持下，由检察人员、诉讼参与人参与，人民法院依照法定程序和方式在法庭上对案件进行审理。开庭审理和口头辩论有利于体现程序的公开性，加深当事人对裁判结果的信服力；同时，开庭审理充分保障了当事人的辩护权，为被告人提供了充分的权利救济途径。

依据《刑事诉讼法》的规定，开庭审理的案件主要包括：(1)对一审认定的事实、证据提出异议，可能影响定罪量刑的上诉案件；(2)被告人被判处死刑的上诉案件；(3)人民检察院抗诉的案件；(4)其他应当开庭审理的案件。最高法《解释》进一步进行阐明，被判处死刑立即执行的被告人没有上诉，同案的其他被告人上诉的案件，第二审人民法院应当开庭审理。被告人被判处死刑缓期执行的上诉案件，有条件的，也应当开庭审理。

人民法院对于第二审案件的调查、辩论，除参照适用第一审程序的有关规定外，应当按下列规定进行：

1. 法庭调查阶段，审判人员宣读第一审判决书、裁定书后，上诉案件由上诉人或者辩护人先宣读上诉状或者陈述上诉理由，抗诉案件由检察员先宣读抗诉书；既有上诉又有抗诉的案件，先由检察员宣读抗诉书，再由上诉人或者辩护人宣读上诉状或者陈述上诉理由。

2. 法庭辩论阶段，上诉案件，先由上诉人、辩护人发言，后由检察员、诉讼代理人发言；抗诉案件，先由检察员、诉讼代理人发言，后由被告人、辩护人发言；既有上诉又有抗诉的案件，先由检察员、诉讼代理人发言，后由上诉人、辩护人发言。

同时，最高法《解释》根据案件情况对开庭审理作了如下规定：

开庭审理上诉、抗诉案件，可以重点围绕对第一审判决、裁定有争议的问题或者有疑问的部分进行。根据案件情况，可以按照下列方式审理：(1)宣读第一审判决书，可以只宣读案由、主要事实、证据名称和判决主文等；(2)法庭调查应当重点围绕对第一审判决提出异议的事实、证据以及提交的新的证据等进行；对没有异议的事实、证据和情节，可以直接确认；(3)对同案审理案件中未上诉的被告人，未被申请出庭或者人民法院认为没有必要到庭的，可以不再传唤到庭；(4)被告人犯有数罪的案件，对其中事实清楚且无异议的犯罪，可以不在庭审时审理。同案审理的案件，未提出上诉、人民检察院也未对其判决提出抗诉的被告人要求出庭的，应当准许。出庭的被告人可以参加法庭调查和辩论。

二审程序特别之处还包括：

1. 第二审人民法院开庭审理上诉、抗诉案件，可以到案件发生地或者原审人民法院所在地进行。因为被告人通常羁押在原审法院所在地，这样规定能方便当事人、其他诉讼参与人参加诉讼。

2. 人民检察院提出抗诉的案件或者第二审人民法院开庭审理的公诉案件，同级人民检察院都应当派员出席法庭。第二审人民法院应当在决定开庭审理后及时通知人民检察院查阅案卷。人民检察院应当在 1 个月以内查阅完毕。人民检察院查阅案卷的时间不计入审理期限。提前了检察机关阅卷的时间，使得人民检察院有充足的时间进行审理前的准备，有利于抗诉权的正确行使。

3. 第二审期间，被告人除自行辩护外，还可以继续委托第一审辩护人或者另行委托辩护人辩护。共同犯罪案件，只有部分被告人提出上诉，或者自诉人只对部分被告人的判决提出上诉，或者人民检察院只对部分被告人的判决提出抗诉的，其他同案被告人也可以委托辩护人辩护。强调了在二审期间对被告人辩护权的保障。

4. 第二审期间，人民检察院或者被告人及其辩护人提交新证据的，人民法院应当及时通知对方查阅、摘抄或者复制。人民检察院进行重新鉴定或者补充鉴定的，作出的鉴定意见应当及时提交人民法院，人民法院应当在开庭前将鉴定意见告知当事人及其诉讼代理人、辩护人；被害人及其诉讼代理人或者被告人及其辩护人申请重新鉴定、补充鉴定并经第二审人民法院同意的，作出的鉴定意见应当及时提交人民法院，人民法院应当在开庭前将鉴定意见告知对方当事人及其诉讼代理人、辩护人，并通知人民检察院。

（二）不开庭审理方式

不开庭审理的方式，是指第二审人民法院的合议庭依照法律规定决定不开庭审理，应当经过阅卷，讯问被告人，听取其他当事人、辩护人、诉讼代理人的意见，作出判决或裁定的审理方式。此种调查讯问的方式有利于提高二审法院的办案效率、节约司法资源，但只适用一些事实清楚、证据确实、充分的案件。

人民法院在审判上诉和抗诉案件时，由审判员 3 人至 5 人组成的合议庭进行阅卷，必要时应当提交书面阅卷意见。阅卷的目的是全面了解案件的事实、证据，以便查明案件事实是否清楚，证据是否确实、充分，一审适用法律是否正确，定罪量刑是否适当，诉讼程序是否合法。之后合议庭通过直接讯问和听取被告人对一审判决的意见，以及其对案件事实的供述和辩解，分析被告人前后供述、辩解中的矛盾点和疑点，运用事实和证据核查被告人的口供。同时合议庭要认真听取案中其他当事人、辩护人、诉讼代理人、检察人员的意见。最后，经过合议庭评议，根据案件事实作出相应的判决或裁定。

四、第二审案件的处理结果

（一）对上诉、抗诉案件的裁判

1. 维持原判。原判决认定事实和适用法律正确、量刑适当的，应当裁定驳回上诉或者抗诉，维持原判。

2. 依法改判。原判决认定事实没有错误，但适用法律有错误，或者量刑不当的，例如混淆了罪与非罪、此罪和彼罪的界限，量刑畸轻畸重，或者重罪轻判、轻罪重判等，二审法院应当撤销原判，重新作出新判决，并在判决书中阐明改判的理由和根据。

3. 依法改判或发回重审。原判决事实不清楚或者证据不足的，可以在查清事实后改判；也可以裁定撤销原判，发回原审人民法院重新审判。发回重审以一次为限，对于发回重审的案件作出判决后，被告人提出上诉或者人民检察院提出抗诉的，第二审人民法院应当依法作出判决或者裁定，不得再发回重审。

4. 第二审人民法院发现第一审人民法院的审理有下列违反法律规定的诉讼程序的情形之一的，应当裁定撤销原判，发回原审人民法院重新审判：(1)违反本法有关公开审判的规定的；(2)违反回避制度的；(3)剥夺或者限制了当事人的法定诉讼权利，可能影响公正审判的；(4)审判组织的组成不合法的；(5)其他违反法律规定的诉讼程序，可能影响公正审判的。违反以上情形不受发回重审一次的限制，二审法院经审理，认为一审法院在再审中违反程序性事项的可以再次发回。公开审判、回避、合议制是我国刑事诉讼法中最基本的诉讼原则和制度，违反这些原则和制度必然影响到案件的公正审理，应当一律发回原审法院重新审判。对于一些较轻的违反法定诉讼程序的行为，且未影响案件公正审理的，二审法院可以酌情确定是否发回重审，并辅之以审判监督函等形式予以纠正。

发回原审人民法院重新审判的案件，按照第一审程序进行审理，对其判决、裁定仍可上诉或抗诉；发回重审的案件，应当另行组成合议庭审理。第二审人民法院作出的判决或者裁定，除死刑案件外，均是终审的判决和裁定，一经宣告即发生法律效力，上诉人及其法定代理人等不得再行上诉，人民检察院也不得再按第二审程序提起抗诉。

（二）对附带民事诉讼案件的处理

第二审人民法院对刑事附带民事诉讼上诉、抗诉案件的处理，可分为如下四种情形：

1. 第二审法院审理对刑事附带民事诉讼全案上诉的，审理期间，刑事部分和附带民事部分均不生效，第二审人民法院发现两者均有错误的，应当一并发回原审人民法院重新审判或者改判。

2. 第二审人民法院审理对刑事部分提出上诉、抗诉，附带民事部分已经发生法律效力的案件，发现第一审判决、裁定中的附带民事部分确有错误的，应当依照审判监督程序对附带民事部分予以纠正。

3. 第二审人民法院审理对附带民事部分提出上诉，刑事部分已经发生法律效力的案件，发现第一审判决、裁定中的刑事部分确有错误的，应当依照审判监督程序对刑事部分进行再审，并将附带民事部分与刑事部分一并审理。

4. 第二审人民法院审理期间,第一审附带民事诉讼原告人增加独立的诉讼请求或者第一审附带民事诉讼被告人提出反诉的,第二审人民法院可以根据自愿、合法的原则进行调解;调解不成的,告知当事人另行起诉。

（三）对自诉案件的裁判

第二审人民法院对于自诉案件,可以作出如下处理:

1. 对第二审自诉案件,必要时可以调解,当事人也可以自行和解。调解结案的,应当制作调解书,第一审判决、裁定视为自动撤销;当事人自行和解的,应当裁定准许撤回自诉,并撤销第一审判决、裁定。第二审人民法院对于调解结案或者当事人自行和解的案件,如果被告人已被采取强制措施的,应当立即予以解除。

2. 第二审期间,自诉案件的当事人提出反诉的,应当告知其另行起诉。

（四）对扣押、冻结财物的处理

根据《刑事诉讼法》第 234 条和最高法《解释》的规定,公安机关、人民检察院和人民法院对查封、扣押、冻结的犯罪嫌疑人、被告人的财物及其孳息,应当妥善保管,以供核查,并制作清单,随案移送。任何单位和个人不得挪用或者自行处理。

对被害人的合法财产,应当及时返还,但需经拍照、鉴定、估价,并在案卷中注明返还的理由,将原物照片、清单和被害人的领取手续附卷备查。对违禁品或者不宜长期保存的物品,应当依照国家有关规定处理。

对作为证据使用的实物应当随案移送,开庭审判时,经法庭出示、质证后交付法庭。休庭或者闭庭时办理证据交接手续,清点、核对无误的,由经手人在清单上分别签字后予以封存。对因上诉、抗诉引起第二审程序的,第一审人民法院应当将上述证据移送第二审人民法院并办理证据交接手续。对不宜移送的,如大宗的、不便搬运的物品,或者易腐烂、霉变、不易保管的物品,以及违禁品、危险品等,人民法院受理或者审理案件时,应当审查是否附有或者出示了相关证据材料;需要鉴定、估价的,应当附有或者出示鉴定意见,并应随案移送原物照片、清单或其他证明文件。

人民法院作出的判决,应当对查封、扣押、冻结的财物及其孳息作出处理。人民法院作出的判决生效以后,有关机关应当根据判决对查封、扣押、冻结的财物及其孳息进行处理。对查封、扣押、冻结的赃款赃物及其孳息,除依法返还被害人的以外,一律上缴国库。

司法工作人员贪污、挪用或者私自处理查封、扣押、冻结的财物及其孳息的，依法追究刑事责任；不构成犯罪的，给予处分。

六部门《规定》对涉案财产的处理作出进一步明确规定。对于依照刑法规定应当追缴的违法所得及其他涉案财产，除依法返还被害人的财物以及依法销毁的违禁品外，必须一律上缴国库。查封、扣押的涉案财产，依法不移送的，待人民法院作出生效判决、裁定后，由人民法院通知查封、扣押机关上缴国库，查封、扣押机关应当向人民法院送交执行回单；冻结在金融机构的违法所得及其他涉案财产，待人民法院作出生效判决、裁定后，由人民法院通知有关金融机构上缴国库，有关金融机构应当向人民法院送交执行回单。对于被扣押、冻结的债券、股票、基金份额等财产，在扣押、冻结期间权利人申请出售，经扣押、冻结机关审查，不损害国家利益、被害人利益，不影响诉讼正常进行的，以及扣押、冻结的汇票、本票、支票的有效期即将届满的，可以在判决生效前依法出售或者变现，所得价款由扣押、冻结机关保管，并及时告知当事人或者其近亲属。

五、审理期限

2012年《刑事诉讼法》对审理期限作出了较大的修改，主要表现为：

（1）第二审人民法院受理上诉、抗诉案件，应当在2个月以内审结。由于我国的审级制度是两审终审制，第二审即为终审程序，责任重大，而且第二审奉行全面审查原则，不受上诉、抗诉请求的限制，审理时间的延长有利于审理质量的保证。

（2）对于可能判处死刑的案件或者附带民事诉讼的案件，以及交通十分不便的边远地区的重大复杂案件、重大的犯罪集团案件、流窜作案的重大复杂案件、犯罪涉及面广而取证困难的重大复杂案件，经省、自治区、直辖市高级人民法院批准或者决定，可以延长2个月。

（3）因特殊情况还需要延长的，报请最高人民法院批准。

（4）最高人民法院受理上诉、抗诉案件的审理期限，由最高人民法院决定。

第四节　上诉不加刑原则

一、上诉不加刑原则的概念和意义

（一）上诉不加刑原则的概念

上诉不加刑原则始于1877年《德国刑事诉讼法典》，后相继为西方国家、东欧国家、中国等采纳，成为现代世界绝大多数国家从立法上明确认可、在司法上遵循的一项重要刑事审判原则。资产阶级登上历史舞台后，为实现自由平等、保障人权，必须废除野蛮、落后的封建司法制度。我国刑事诉讼法首次确认上诉不加刑原则（也称为“不利益变更之限制”）体现在1928年南京国民政府制定的《刑事诉讼法》第459条“为受刑人利益起见提起再审之案件，谕知科刑之判决者，不得重于原审判决抽谕知之刑”。上诉不加刑是指第二审人民法院审判被告人一方上诉的案件，不得以任何理由加重被告人刑罚的一项审判原则。作为民主、自由、人道精神在刑事诉讼中的体现，上诉不加刑原则旨在被告人能够无所顾忌得行使上诉权，保证其诉讼地位不因为上诉而更加恶化。我国《刑事诉讼法》第226条规定：“第二审人民法院审理被告人或者他的法定代理人、辩护人、近亲属上诉的案件，不得加重被告人的刑罚。第二审人民法院发回原审人民法院重新审判的案件，除有新的犯罪事实，人民检察院补充起诉的以外，原审人民法院也不得加重被告人的刑罚。人民检察院提出抗诉或者自诉人提出上诉的，不受前款规定的限制。”根据本条规定，上诉不加刑仅适用于被告人一方提起上诉的案件，包括被告人本人或者其法定代理人、辩护人及其近亲属，不适用于抗诉和自诉人上诉。但对于既有被告人一方上诉又有人民检察院提出抗诉或者自诉人提出上诉的案件不适用上诉不加刑原则。上诉不加刑原则同样适用于共同犯罪案件中未提起上诉的其他被告人，即不得加重共同犯罪中未提起上诉的被告人的刑罚。上诉不加刑原则只适用于第二审程序。为使上诉不加刑原则落到实处，在法院审理二审案件时，不得以事实不清、证据不足为借口而将仅仅是量刑较轻的案件发回原审法院重审。第二审人民法院发回重审的案件，除非有新的犯罪事实，人民检察院补充起诉的以外，原审人民法院不得加重被告人的刑罚。只有同时满足“新的犯罪事实”和“人民检察院补充起诉”两个条件才可促成原审法院加重刑罚。这一规定明确限制了原审法院加重被告人刑罚的条件，能够有效避免上级人民法院利用发回重审的方式变相加重被告人刑罚的情况发生，使得上诉不加刑原则能够有效的贯彻落实，保障被告人一方的上诉权。

（二）上诉不加刑的意义

1. 有利于保障被告人的上诉权。上诉权是被告人的一项重要的诉讼权利，其能否充分行使直接关系到被告人合法权益的维护。被告人上诉的目的是为了申请上级人民法院纠正其认为原审裁判中存在的错误，宣告无罪或者从轻定罪量刑。如果他们在提出上诉后，二审法院没有宣告无罪或从轻定罪量刑，则必然增加被告人一方上诉的思想顾虑，使其即使在一审法院确有错误的情况下也不敢上诉。这在一定程度上限制了被告人行使上诉权，实行上诉不加刑原则可以消除上诉人的顾虑。上诉不加刑的施行有利于提升被告人的地位，保障被告人的话语权。

2. 有利于检察机关履行审判监督职责。检察机关是国家的法律监督机关，如一审法院存在重罪轻判的情况，检察机关不抗诉，就极有可能放纵犯罪。同时上级人民检察院监督下级人民检察院提起抗诉的案件，抗诉不当的，可以向同级人民法院撤回抗诉，并且通知下级人民检察院。上诉不加刑有助于加强检察机关的办案责任心，避免因个人感情对案件的审理造成影响，遏制检察人员先入为主的办案观念。

3. 有利于提高人民法院的办案质量。在抗诉和上诉的压力下有利于第一审法院作出正确的裁判，避免为了提高结案率对被告人量刑过轻，化解审判人员的顾虑，从而建立相关的制度来保障权力的顺畅运行。2013 年出台的《关于切实防止冤假错案的指导意见》，强调不能因舆论炒作、当事人及其近亲属闹访和“限时破案”的压力，作出违反法律规定的裁判和决定。应建立健全科学合理、符合司法规律的办案绩效考评制度，不能片面追求破案率、结案率、定罪率等指标。

4. 有利于避免上诉制度流于形式，促进诉讼文明、民主进程。我国实行二审终审制度，二审程序大部分由被告人的上诉引起。上诉不加刑原则的推行有利于消除被告人因怕被重新置于不利境地而不敢上诉的顾虑，满足被告人趋利避害、信赖国家的诉讼心理，使被告人的正当权利得到切实的保障，推进社会法制建设，保护人权。

二、上诉不加刑的适用

根据最高法《解释》第 325 ~ 326 条的规定，审理被告人或者其法定代理人、辩护人、近亲属提出上诉的案件，不得加重被告人的刑罚，并应当执行下列规定：(1)同案审理的案件，只有部分被告人上诉的，既不得加重上诉人的刑罚，也不得加重其他同案被告人的刑罚；人民检察院只对部分被告人的判决提出抗诉，或者自诉人只对部分被告人的判决提出上诉的，第二审人民法院不得对其他同案被告人加重刑罚；(2)原判事实清楚，证据确实、充分，只是认定的罪名不当的，可以改变罪名，但不得加重刑罚；(3)原判对被告人实行数罪并罚的，不得加重决定执行的刑罚，也不得加重数罪中某罪的刑罚；

(4)原判对被告人宣告缓刑的,不得撤销缓刑或者延长缓刑考验期;(5)原判没有宣告禁止令的,不得增加宣告;原判宣告禁止令的,不得增加内容、延长期限;(6)原判对被告人判处死刑缓期执行没有限制减刑的,不得限制减刑;(7)原判事实清楚,证据确实、充分,但判处的刑罚畸轻、应当适用附加刑而没有适用的,不得直接加重刑罚、适用附加刑,也不得以事实不清、证据不足为由发回第一审人民法院重新审判。必须依法改判的,应当在第二审判决、裁定生效后,依照审判监督程序重新审判。人民检察院抗诉或者自诉人上诉的案件,不受上诉不加刑原则的限制。

被告人或者其法定代理人、辩护人、近亲属提出上诉的案件,第二审人民法院发回重新审判后,除有新的犯罪事实,人民检察院补充起诉的以外,原审人民法院不得加重被告人的刑罚。原判事实不清、证据不足,第二审人民法院发回重新审判的案件,原审人民法院重新作出判决后,被告人上诉或者人民检察院抗诉的,第二审人民法院应当依法作出判决、裁定,不得再发回重新审判。避免在实践中一个案件反复、多次发回重审。

【深度阅读】

1. 张建伟:“司法体制改革中的利益纠葛”,载《东方法学》2014 年第 5 期。

2. 孙洪坤著:《刑事诉讼法的时代精神》,法律出版社 2009 年版。

【课后思考】

1. 简述第二审审判方式。

2. 引起二审程序的上诉和抗诉有什么区别?

3. 如何正确理解全面审理原则?

4. 如何理解上诉不加刑原则?

5. 案例题:2013 年 5 月,某县人民法院经过公开审理,以盗窃罪分别判处共同犯罪的被告人黄某(17 岁)、李某(19 岁)、蒋某(31 岁)有期徒刑 1 年 6 个月并处罚金 1000 元、有期徒刑 3 年并处罚金 2000 元、有期徒刑 6 年并处罚金 5000 元。判决宣告后,黄某和蒋某都以量刑过重为由向中级人民法院上诉,被害人方某在法定期限内以“对被告人判刑太轻”为由也提出上诉。二审人民法院组成合议庭,发现一审人民法院对黄某进行公开审理有违法律规定,便在案件发生地对共同犯罪案件中黄某和蒋某的盗窃事实进行了不公开审理，发现对黄某的认定事实清楚，证据确实、充分，但量刑确实过轻，遂裁定将该案发回原审人民法院重审。原审人民法院的原审合议庭对该案再次进行审理，审理中发现本应在押的被告人李某在逃，遂对其犯罪事实不予认定，将其案卷材料退回人民检察院，只对黄某和蒋某的犯罪事实进行审理，对黄某判处有期徒刑2年并处罚金，对蒋某判处有期徒刑6年并处罚金8000元。判决生效后，人民法院将黄某、蒋某连同有关法律文书一同送交监狱执行，人民法院应监狱的要求，将二人的羁押场所通知其家属。执行期间，监狱又发现蒋某在判决时没有发现的抢劫罪，经劳改机关报请司法行政机关审查后，移送该案发生地A区人民法院处理。

问题：

(1)黄某、蒋某和方某的上诉是否合法？请说明理由。

(2)二审人民法院对上诉的处理在程序上有哪些不当之处？为什么？

(3)原审人民法院对案件的处理在程序上有哪些不符合法律规定的地方？请说明理由。

(4)原审人民法院的判决是否违背上诉不加刑原则？为什么？

(5)发现漏罪后，本案中有关机关的处理是否妥当？为什么？

6. 不服地方各级法院第一审未生效判决时，哪类人有权请求检察院提起抗诉？(单选题)

A. 被害人及其近亲属

B. 被害人及其诉讼代理人

C. 被害人及其法定代理人

D. 被害人以及附带民事诉讼原告人

7. 某市中级人民法院对张三(21岁)被控强奸一案进行了公开审理，判处张三死刑立即执行。张三认为量刑过重，提出上诉。二审法院的哪种做法是正确的？(单选题)

A. 应当公开开庭审理

B. 可以不开庭审理

C. 应当裁定撤销原判、发回重审

D. 应当提审

8. 董某因强奸罪被Z县人民法院判处有期徒刑8年。判决宣告后，董某以量刑过重为理由提出上诉，但在上诉期满后又要求撤回上诉。对于董某撤回上诉，二审法院应当如何处理？(多选题)

A. 允许董某撤回上诉

B. 对上诉案件进行审查，如果原判认定事实和适用法律正确，量刑适当，应当裁定准许董某撤回上诉

C. 对上诉案件进行审查，如果原判认定事实不清，证据不足或适用法律错误、量刑不当，应当不允许撤回上诉

D. 如果原判认定事实不清，证据不足或适用法律错误、量刑不当而不允许撤回上诉的，应当按照上诉程序进行审理

9. 被告人李阳，因故意杀人罪、间谍罪被中级人民法院一审判处死刑缓期二年执行。在上诉期间内，人民检察院认为人民法院的量刑不当，依法提起抗诉。二审法院不开庭审理后，认为一审法院认定事实没有错误，量刑过轻，依法撤销原判，改判为死刑立即执行，并核准执行死刑立即执行。该案中哪些做法是违法的？（多选题）

A. 二审法院改判被告人死刑立即执行

B. 二审法院核准执行死刑

C. 二审法院没有发回重审

D. 二审法院不开庭审理本案

10. 检察院办理死刑上诉、抗诉案件，应当在开庭前对案卷材料进行全面审查，并进行相关工作。依照有关规定，下列哪些工作是应当进行的？（多选题）

A. 应当讯问被告人，听取被告人的上诉理由或者辩解

B. 根据案件情况，必要时应当听取辩护人的意见

C. 对鉴定意见有疑问的，可以重新鉴定或者补充鉴定

D. 有被害人的，必须听取被害人的意见

11. 法院对一起共同犯罪案件审理后分别判处甲死缓、乙无期徒刑。甲没有提出上诉，乙以量刑过重为由提出上诉，同时检察院针对甲的死缓判决以量刑不当为由提起抗诉。下列关于第二审程序的何种表述是错误的？（不定项）

A. 二审法院可以不开庭审理

B. 二审法院应当开庭审理

C. 因上诉和抗诉都不是针对原审事实认定，二审法院对本案不能以事实不清为由撤销原判，发回重审

D. 因本案存在抗诉，二审法院不受上诉不加刑原则的限制

第四章　死刑复核程序

本章要点

死刑复核程序的概念
死刑复核程序的特点
死刑复核程序的意义
报请复核的基本要求
死刑复核程序的监督

死者不可复生，绝者不可复属。

——路温舒《尚德缓刑书》

对公民的荣誉、财富、生命与自由越重视，诉讼程序也就越多。

——[法]孟德斯鸠

被告人吴英于2003年至2005年在东阳市开办美容店、理发休闲屋期间，以合伙或投资等为名，向徐玉兰、俞亚素、唐雅琴、夏瑶琴、竺航飞、赵国夫等人高息集资，欠下巨额债务。为还债，吴英继续非法集资。2005年5月至2007年1月间，吴英以给付高额利息为诱饵，采取隐瞒先期资金来源真相、虚假宣传经营状况、虚构投资项目等手段，先后从林卫平、杨卫陵、杨卫江（均另案处理）等11人处非法集资人民币7.7亿余元，用于偿付集资款本息、购买房产、汽车及个人挥霍等，实际诈骗金额为3.8亿余元。2009年12月，浙江省金华市中级人民法院一审判决以集资诈骗罪判处被告人吴英死刑，剥夺政治权利终身，并处没收其个人全部财产。被告人吴英不服，提出上诉。2012年1月，浙江省高级人民法院经公开开庭审理后，裁定驳回被告人吴英的上诉，维持原判，并报请最高人民法院复核。

2012年4月,最高人民法院经复核后认为,第一审判决、第二审裁定认定被告人吴英犯集资诈骗罪的事实清楚,证据确实、充分,定性准确,审判程序合法,综合全案考虑,对吴英判处死刑,可不立即执行,裁定发回浙江省高级人民法院重新审判。2012年5月21日,浙江省高级人民法院作出终审判决,以集资诈骗罪判处吴英死刑,缓期2年执行,剥夺政治权利终身,并处没收其个人全部财产。

第一节 我国死刑复核程序的历史变迁

一、我国古代死刑复核复奏制度

我国死刑复核制度萌芽于汉朝,汉代郡守即有权决定判处死刑。为了检查下级司法机关对案件的审判是否有失公正,并纠正冤假错案,汉朝专门有录囚制度,包括皇帝录囚、刺史录囚以及郡守录囚。这种录囚制度中包括对死刑案件的复核。同时对于两类死刑案件,则必须奏请皇帝核准:一是案情重大的死刑案件,例如《汉书·王温舒传》记载,河内太守王温舒,"捕郡中豪猾,相坐连千家。上书请,大者至族,小者乃死,家尽没入偿臧。奏行不过二日,得可,事论报,至流血十余里"。二是两千石以上官吏的死刑案件,例如《汉书·无后传》记载,汉武帝时,绣衣御史暴胜之等"奏杀二千石,诛千石以下"。师古注:"二千石者,奏而杀之。其千石以下,则得专诛。"[1]

地方行政官员的死刑决定权在三国时期得到了一定的限制。魏明帝曾下诏:"诸有死罪具狱以定,非谋反及手杀人,亟语其亲治,有乞恩者,使与奏。"而至北魏时,法律明确规定:"当死者,部案奏闻,诸州国之大辟,皆先谳报,乃施行。"[2]从此,地方的死刑决定权收归中央,死刑奏报制度正式确立。

隋朝时,死刑复奏制度进一步发展。据《隋书·文帝本纪》记载,"开皇十六年秋八月丙戌诏:决死罪者,三奏而行刑"。由此可见,隋朝在北魏死刑奏报制度上对复奏的次数作出了明确的规定,即在死刑行刑之前,再奏请皇上核准三次。唐朝时,死刑复奏制度已十分完善。凡是各地方的死刑判决作

---

〔1〕 周国均、巩富文:"我国古代死刑复核制度的特点及其借鉴",载《中国法学》2005年第1期。

〔2〕 曾宪义主编:《中国法制史》,中国人民大学出版2006年版,第113页。

出后，必须三次奏报皇帝批准，待批准的诏令下达三日后方可执行。若未经三次奏报或批准期未满3日或者超过3日执行的，均应处以相应的惩罚。对京师地区判决死刑的案件要求更加严格，需经“五复奏”。但对犯忤逆以上的罪行和部曲、奴隶杀害主人这两种案件，只需要经过“一复奏”。

宋初期下放死刑案件定判权，规定死刑案件可以不向中央报请，待死刑执行完毕后才由中央进行复查。到北宋中期，死刑案件由提刑司复查后才能判处。由此形成了一种制度并延续至南宋时期。宋朝实行“三复奏”制度，取消了“五复奏”。[1] 同时，为了提高效率，缩短审判时间，宋朝将死刑案件分成两种：“凡有证有据，不难判决的死刑案件”，这种非疑难案件直接由地方掌控，无需报中央刑部复核；第二种为“狱疑者谳”，即对有疑难的案件不能立决，应报中央决。

明朝时，有关死刑审判的制度越发完善，有会官审录及朝审等制度。会官审录是由皇帝直接任命中央各机构官吏审理重大案件的制度。洪武三十年，令五军都督府、六部、都察院、六科给事中、通政司、詹事府及驸马都尉等共同审理大案。死罪及冤案需奏闻皇帝，其他依律判决。而朝审始于天顺三年，英宗命每年于霜降后，三法司会同公侯、伯爵，在吏部尚书的主持下会审重案犯罪。如会审官员认为案件事实不清或者死囚不应被处决，则可奏请皇帝暂不予以处决，再加以详细审讯。若案件无误者，直接在秋末处死。

清朝初期实行“三复奏”，后于乾隆十四年改为“一复奏”。在明朝朝审制度的基础上，清朝发展为“秋审”和“朝审”。清朝的死刑分为“立决”与“监候”，纳入秋审的案件主要为地方上报的斩监候与绞监候。秋审前各省督巡抚须对案件先行审核或者审理，拟定出初步的审理或审核意见，并“刊刷检册”，准备相关文书证词，分送九卿詹事科道，供秋审参阅。至当年的八月，在天安门金水桥西会同审理。朝审的程序同秋审大致相同，但复核的案件为京师地区的监候案件，且在霜降后十日进行。经过秋审或者朝审的案件，分为情实、缓决、可矜、留养承嗣这四种情况。除情实案件以外，其他三类均可以免除死刑。

综上所述，死刑复核制度萌芽于汉朝，确立于北魏，定型于隋唐，完善于明清。其历史悠久，特色明显，功能完备，影响深远。我国现行的死刑复核制度对其亦有许多可以借鉴之处。

---

〔1〕 刘宏、熊丹：“古代死刑复核复奏制度的借鉴意义”，载《人民论坛》2011年第26期。

二、我国古代死刑复核复奏制度的特点

1. 复核权限集中

自秦朝上设三公九卿，下设郡县，确立了专制主义中央集权的政治制度，该项制度就不断发展。中央集权亦包括司法层面。除宋朝外，死刑复核的权力一直由皇帝交由自己信赖的相关机构集中行使或由自己专门行使。

2. 死刑复核模式双轨性

复核制度与复奏制度相结合。我国古代的统治者，大多时期普遍通过死刑复核与死刑复奏制度将死刑决定权控制于自己手中。这两种模式的结合，发挥了极大的积极作用，在很大程度上避免了冤假错案的发生。

3. 书面审理与言辞审理相结合

我国疆域辽阔，虽然交通不便利，但皇帝大都会"亲鞠狱案"，从而操"生杀之柄"。北魏太武帝时，对于死刑案件，必须一律上报皇帝，由皇帝亲自审讯，直到犯人没有怨言同时言辞证据相印证时才可以被判处死刑。而唐朝三司推事，九卿议刑都会命令相关人员亲自参加案件审讯，并当庭提审犯人，审核案件的真实性。

虽然我国古代死刑复核复奏制度是封建帝王为了巩固政权，牢牢把生杀大权掌握在手中的一种手段，但其毕竟对防止冤假错案也起到过一定的积极作用。从历史唯物主义出发，我们应当取其精华、去其糟粕。对于古代死刑复核制度的精华，我们应当借鉴并学习。

第二节　死刑复核程序的特点和意义

一、死刑复核程序的特点

死刑复核程序，是指最高人民法院或者高级人民法院对判处死刑的案件进行复审核准所进行的特别审判程序。死刑，是指剥夺犯罪人生命的刑罚，是刑法所规定的刑种中最为严厉的，也称极刑。我国立法一方面将死刑作为惩治犯罪的有力武器，另一方面也强调要严格控制死刑的适用。死刑复核程序要求享有复核权的人民法院对下级人民法院报请复核的死刑判决、裁定在事实认定和法律适用方面进行全面审查，依法作出是否核准死刑的决定。同时，死刑复核程序是我国两审终审制度的例外，多数死刑案件实际上进行的

是“三审终审制”。

围绕死刑复核程序的性质，主要有“行政审批说”、“特别程序说”以及“审判程序说”三种观点。“行政审批说”认为死刑复核案件重在“核”而不在“审”，是一种行政审批程序。与之相类似的“特别程序说”则认为死刑复核程序是死刑裁决和裁定进行审查核准的程序，是刑事诉讼的特殊制度，但是没有指出死刑复核程序的具体操作程序。“审判程序说”认为死刑复核程序既处理程序问题又处理实体问题，从程序的正当性出发，应当具备司法程序的基本特性，进行诉讼化改造。有学者认为收回死刑复核程序只能是一个权宜之计，它应当是向三审终审制改造的过渡，长远目标应当定位为建立三审终审的审级制度，确立判例制度，更好地指导司法实践。[1]

死刑复核程序是我国《刑事诉讼法》规定的一项特殊审判程序，具有以下特点：(1)审理对象的特殊性，即该程序仅适用于判处死刑的案件，包括判处死刑立即执行和判处死刑缓期二年执行的案件。未经过死刑复核程序，这些案件判决都不发生法律效力，不受上诉、抗诉期限以及审级制度的限制。(2)程序启动的主动性。根据《刑事诉讼法》的规定，第一审程序和第二审程序都遵循不告不理的原则。如需通过检察机关提起公诉或者自诉人及其法定代理人、近亲属的起诉引起第一审审判程序，只有通过上诉或者抗诉才能引起第二审程序。审判监督程序需要由原裁判法院院长提交审判委员会讨论决定，或由其上级的人民法院提审、指令再审，上级人民检察院提出抗诉而引起。死刑复核案件在启动方式上具有主动性，由作出死刑判决、裁定的人民法院逐级上报复核，无须附加任何条件。(3)死刑复核程序具有特殊性，是我国二审终审制的一个例外。被判处死刑的案件，经过一审、二审之后，还必须经过死刑复核程序，才能交付执行。最高人民法院判决的除外。(4)死刑复核的权力主体具有专属性，由于案件的性质、审结案件的人民法院不同，因而最高人民法院和高级人民法院在死刑复核程序中的地位和权限不同。最高人民法院对被判死刑立即执行的案件享有最终的核准权。对于中级人民法院上报的死刑立即执行案件，高级人民法院享有复核权：如果高级人民法院不同意中级人民法院的死刑立即执行的判决可以提审改判，也可以发回重新审判；如果同意中级人民法院死刑立即执行的判决，仍要报请最高人民

---

〔1〕 陈卫东：“关于完善死刑复核程序的几点意见”，载《环球法律评论》2006 年第 5 期，第 546 页。

法院。高级人民法院对死刑立即执行的案件享有复核权,而没有核准权,对于复核不通过的案件可以作出提审改判、发回重审的决定。高级人民法院对被判处被告人死刑缓期2年执行的案件享有核准权,无需报批最高人民法院通过。(5)死刑复核程序需要履行特定的任务,享有死刑复核权的最高人民法院和高级人民法院在对案件进行复核时,需要全面审查死刑判决或裁定,确定该判决或裁定认定的事实是否清楚,证据是否确实、充分,罪名是否正确,判处死刑是否适当,并且在正确适用法律的基础上作出核准死刑的裁定,制作相应的法律文书。

虽然死刑复核程序有诸多的特殊性,但它只是二审终审制的例外程序,为充分保障被判处死刑人的权利而设置的特别审核监督程序,所以它介于正规的审判程序与行政性的核准程序之间。有学者提倡对死刑复核程序进行改良,赋予具体的司法程序,对死刑案件实行三审终审制改造。

二、死刑复核程序的意义

死刑复核程序作为一项特殊的审判程序,同时鉴于废除死刑是国际刑法上的一大趋势,我国必须在适用上慎用死刑。在死刑的适用上进行程序限制对保证少杀慎杀,防止错杀,保障人权和实现社会的长治久安具有重要意义。具体意义体现为:

1. 死刑复核程序有利于提高死刑适用的准确性,维护社会秩序。一般案件在经过二审程序后便生效交付执行,而为了确保死刑的正确适用,必须由最高人民法院或高级人民法院进行审查复核,查明原判决认定的事实是否清楚、证据是否确实充分、罪名的认定是否准确、量刑是否适当。最高人民法院审核后认为原判认定事实不清、证据不足的,裁定不予核准,并撤销原判,发回重新审判;认为原判认定事实正确,但依法不应当判处死刑的,裁定不予核准,并撤销原判,发回重新审判。在适用死刑方面,人民法院表现出极为谨慎的态度。

2. 死刑复核程序有利于严格控制死刑的适用。在对原判决进行全面审查后依法作出不同的处理,例如对于事实不清、证据不足的案件裁定不予核准,并撤销原判发回重审,防止发生错判。我国在无法做到废除死刑的前提下,通过死刑复核程序严格控制死刑的适用,对于那些罪该处死,但还不至于立即执行的犯罪分子,予以2年的考察期,实行劳动改造,给予最后的悔罪机会。体现了对生命的尊重,防止无辜错杀和死刑滥用。

3. 死刑复核程序有利于统一死刑的适用标准。死刑核准权的下放,标准也随之下放,死刑标准因地区的差异而变异。在罪大恶极的罪犯得到应有惩罚的同时,一些不足以构成死刑的案件,被告人也被核准死刑。为了统一死刑的适用标准,最高人民法院收回了对死刑立即执行案件的核准权。死刑核准权和死缓核准权只能由最高人民法院和高级人民法院行使,在诉讼程序和权力归属上保证统一死刑适用的执法尺度,避免不同地区刑罚轻重不一的状况,体现了法律的尊严和统一。

第三节 判处死刑立即执行案件的复核程序

一、死刑复核权归属的演变过程

《刑事诉讼法》第235条规定:"死刑由最高人民法院核准。"同时,《人民法院组织法》规定:"死刑除依法由最高人民法院判决的以外,应当报请最高人民法院核准。"据此表明,我国对死刑案件核准权的行使较为严格,死刑立即执行的案件必须经由最高人民法院判决或者核准,最高人民法院拥有死刑核准权。

死刑案件核准权限的归属,自1954年中华人民共和国第一部宪法通过以来经历了较大的变化。随着历史背景以及社会治安形势的变化,死刑核准权在我国有一个较长的历史发展阶段。

死刑核准权最早出现在1954年颁布的《人民法院组织法》中。其第11条第5款规定:"死刑案件的判决和裁定,一般由高级人民法院核准后执行,但在当事人对高级人民法院死刑案件终审裁定不服,申请最高人民法院复核的,最高人民法院应当复核。"1957年第一届全国人民代表大会第四次会议通过的决议规定"今后一切死刑案件,都由最高人民法院判决或者核准",从而实现了最高人民法院核准死刑的第一次回收。该决议将死刑核准权统一收归最高人民法院行使。1958年最高人民法院又将死缓案件的核准权交由高级人民法院行使。显然,立法者在这一阶段的"收"和"放"的举措都表明其在该程序所要达到的公正和效率两大诉讼目标之间的抉择和倾向。1979年《刑事诉讼法》和《刑法》中均对死刑案件的核准权进行了严格控制,规定由最高人民法院统一行使。后来随着社会治安的恶化,依法需判处死刑的案件日益增多,为及时高效地打击恶性刑事犯罪,全国人大常委会分别于1981

年5月第五届全国人大常委会第19次会议通过了《关于死刑案件核准问题的决定》，规定除反革命和贪污等判处死刑的案件由最高人民法院核准外，在1981～1983年之间对杀人、抢劫、强奸、放火、投毒、决水和破坏交通、电力设备等罪行，由高级人民法院判处死刑或者中级人民法院一审判处死刑，被告人不上诉的，不必报最高人民法院核准。授权各地高级人民法院对部分严重暴力犯罪需判处死刑的案件行使核准权。最高人民法院依此决议进行了授权。1991～1997年为打击日益猖狂的毒品犯罪，最高人民法院又先后授权云南、广东等五省、自治区高级人民法院对部分毒品死刑案件行使核准权。立法者的"放权"决定似乎只考虑了实体问题而未顾及程序上的协调，使得高级人民法院判处死刑的一审案件如被告人不上诉，检察院不抗诉的，以及二审判处死刑案件均不再经高级人民法院死刑复核程序加以复核。

中央在司法体制和工作机制改革的初步意见中进一步明确提出："改革授权高级人民法院行使部分死刑案件核准权的做法，将死刑案件核准权统一收归最高人民法院。"从2005年开始，最高人民法院着手准备对死刑核准权的收回。2005年10月，最高人民法院发布《人民法院第二个五年改革纲要》，明确表示："最高人民法院根据党和国家关于尊重与保障人权及严格限制死刑的政策精神，决定改变目前授权高级人民法院行使部分死刑案件核准权的做法，将死刑核准权统一收归最高人民法院行使。"2006年10月26日，最高人民法院发布《人民法院第二个五年改革纲要》，明确规定，将死刑核准权统一收归最高人民法院行使。10月27日，全国人大常委会开始审议这一修正案草案，并于10月31日表决通过了关于修改人民法院组织法的决定，将《人民法院组织法》原13条修改为第12条："死刑除依法由最高人民法院判决的以外，应当报请最高人民法院核准。"这一规定将死刑复核权下放的最后法律依据予以废止。同时，最高人民法院通过了《关于同意行使死刑案件核准权有关问题的决定》，该规定于2007年1月1日正式实施，标志着死刑核准权完全归最高人民法院行使。

二、死刑立即执行案件的报请复核

《刑事诉讼法》第236条规定："中级人民法院判处死刑的第一审案件，被告人不上诉的，应当由高级人民法院复核后，报请最高人民法院核准。高级人民法院不同意判处死刑的，可以提审或者发回重新审判。高级人民法院判处死刑的第一审案件被告人不上诉的，和判处死刑的第二审案件，都应当报请最高人民法院核准。"中级人民法院报请最高人民法院核准的死刑案件，先由高级人民法院复核，再由最高人民法院核准。这样做，可以通过高级人民法院的复核及时发现和纠正中级人民法院所作的错误判决，保证办案质量和减轻最高人民法院的工作量。同时最高法《解释》规定，报请最高人民法院核准死刑案件，应当按照下列情形分别处理：

1. 中级人民法院判处死刑的第一审案件，被告人未上诉、人民检察院未抗诉的，在上诉、抗诉期满后10日内报请高级人民法院复核。高级人民法院同意判处死刑的，应当在作出裁定后10日内报请最高人民法院核准；不同意的，应当依照第二审程序提审或者发回重新审判；

2. 中级人民法院判处死刑的第一审案件，被告人上诉或者人民检察院抗诉，高级人民法院裁定维持的，应当在作出裁定后10日内报请最高人民法院核准；

3. 高级人民法院判处死刑的第一审案件，被告人未上诉、人民检察院未抗诉的，应当在上诉、抗诉期满后10日内报请最高人民法院核准；

4. 依法判处死刑缓期2年执行的罪犯，在死刑缓期执行期间，如果故意犯罪，查证属实，应当执行死刑的，由高级人民法院报请最高人民法院核准。

遇有判处死刑的共同犯罪案件，下级人民法院在上报复核时，应当适用全面审查原则，全案上报最高人民法院核准。

三、报请复核的基本要求

报请死刑复核（包括死刑缓期二年执行）案件，需符合以下要求：

1. 坚持一案一报。在审结一起死刑案件时需要单独将其报请复核，不能将两个或两个以上的死刑案件交叉一起上报复核，更不能等凑齐一批死刑案件后，再报请复核。坚持一案一报原则，体现了死刑复核的严肃性和及时性，同时有利于保证死刑复核的质量。

2. 报送的材料包括报请复核的报告，第一、二审裁判文书，死刑案件综合报告各五份以及全部案卷、证据。死刑案件综合报告，第一、二审裁判文书和审理报告应当附送电子文本。同案审理的案件应当报送全案案卷、证据。曾经发回重新审判的案件，原第一、二审案卷应当一并报送。

报请复核的报告、死刑案件综合报告还应当符合以下要求：报请复核的报告，应当写明案由、简要案情、审理过程和判决结果。死刑案件综合报告应当包括以下内容：(1)被告人、被害人的基本情况。被告人有前科或者曾受过行政处罚的，应当写明。(2)案件的由来和审理经过。案件曾经发回重新审判的，应当写明发回重新审判的原因、时间、案号等。(3)案件侦破情况。

通过技术侦查措施抓获被告人、侦破案件,以及与自首、立功认定有关的情况,应当写明。(4)第一审审理情况。包括控辩双方意见,第一审认定的犯罪事实,合议庭和审判委员会意见。(5)第二审审理或者高级人民法院复核情况。包括上诉理由、检察机关意见,第二审审理或者高级人民法院复核认定的事实,证据采信情况及理由,控辩双方意见及采纳情况。(6)需要说明的问题。包括共同犯罪案件中另案处理的同案犯的定罪量刑情况,案件有无重大社会影响,以及当事人的反应等情况。(7)处理意见。写明合议庭和审判委员会的意见。

四、审查核准的程序及处理

(一)审查核准的组织

《刑事诉讼法》第 238 条规定:"最高人民法院复核死刑案件,高级人民法院复核死刑缓期执行的案件,应当由审判员三人组成合议庭进行。"依据本条,无论是最高人民法院复核死刑立即执行案件,还是高级人民法院复核死刑缓期执行案件,都应当组成合议庭审理,而非独任审判。由审判员组成合议庭,陪审员除外,对死刑进行复核的合议庭成员必须是具有丰富的司法实践经验和专业水准,而且坚持回避的原则,对于曾经参加过本案的侦查、起诉、辩护及审判工作的人员,均不得参加合议庭。

(二)审查核准的方式

《刑事诉讼法》第 240 条及最高法《解释》对死刑复核的审查方式进行了具体的规定:最高人民法院复核死刑案件,应当讯问被告人;辩护律师提出要求的,应当听取辩护律师的意见。讯问被告人,可以当面讯问,也可以采取视频方式讯问。辩护律师要求当面反映意见的,最高人民法院有关合议庭应当在办公场所听取其意见,并制作笔录;辩护律师提出书面意见的,应当附卷。在复核死刑案件过程中,最高人民检察院可以向最高人民法院提出意见。最高人民法院应当将死刑复核结果通报最高人民检察院。最高人民法院在复核过程中,讯问被告人、听取律师意见、接纳最高人民检察院的意见,具有兼听则明的意义,有助于防止冤假错案。1996 年《刑事诉讼法》对于死刑复核采用何种方式并未没有明确规定,相关的司法解释只是提及高级人民法院必须提审被告人。可见复核死刑案件时,最高人民法院既不必开庭审理,亦不必提审被告人,而完全以书面的方式进行核准,复核与核准实际上是一种行政方式,而非诉讼方式。2012 年《刑事诉讼法》增加了最高人民法院核准死刑案件讯问被告人和听取辩护律师意见的内容,有利于贯彻落实尊重和保障人权原则、保证死刑核准权的正确适用。最高人民法院将死刑复核的结果通报最高人民检察院,检察机关的介入增强了死刑复核案件的外部监督和制约,有利于完善死刑复核的程序和贯彻落实慎杀、少杀原则。

阅卷是一直沿袭的死刑复核方式。所谓阅卷,是指查阅报请复核法院报送的所有法律文书、诉讼材料及证据。阅卷时,首先应审查诉讼文件、各种证据及死刑案件综合报告等材料是否齐全;其次要逐一分析它们是否符合法律的要求;最后要将死刑案件综合报告与各类诉讼文书、证据作对比分析,审查它们之间有无矛盾。通过审阅全案卷宗材料,最高人民法院和高级人民法院可以发现死刑复核案件审理过程中存在的事实或法律错误,确保死刑案件准确认定事实,正确适用法律。

(三)审查的内容

根据最高法《解释》第348条的规定,复核死刑、死刑缓期执行案件,应当全面审查以下内容:

1. 被告人的年龄,被告人有无刑事责任能力、是否系怀孕的妇女;针对不同情形作出不同的决定:(1)犯罪的时候不满18周岁的人,不适用死刑;(2)审判的时候怀孕的妇女,不适用死刑,也不能判处死刑缓期二年执行;(3)审判的时候已满75周岁的人,一般不适用死刑;(4)必须查清被告人有无刑事责任能力;

2. 原判认定的事实是否清楚,证据是否确实、充分;

3. 犯罪情节、后果及危害程度;

4. 原判适用法律是否正确,是否必须判处死刑,是否必须立即执行;

5. 有无法定、酌定从重、从轻或者减轻处罚情节;

6. 诉讼程序是否合法;

7. 应当审查的其他情况。

(四)死刑案件复核后的处理

最高人民法院复核死刑案件,应当作出核准或者不核准死刑的裁定。经审查,认为原判认定事实和适用法律正确、量刑适当、诉讼程序合法的,裁定予以核准。原判判处被告人死刑并无不当,但具体认定的某一事实或者引用的法律条款等不完全准确、规范的,可以在纠正后作出核准死刑的判决、裁定;对于不核准死刑的,最高人民法院对于特殊的情况可以裁定不予核准,并撤销原判,发回重新审判。最高法《解释》对下列情形分别进行了规定:

1. 原判认定事实和适用法律正确、量刑适当、诉讼程序合法的,应当裁定核准；

2. 原判认定的某一具体事实或者引用的法律条款等存在瑕疵，但判处被告人死刑并无不当的，可以在纠正后作出核准的判决、裁定；

3. 原判事实不清、证据不足的，应当裁定不予核准，并撤销原判，发回重新审判；

4. 复核期间出现新的影响定罪量刑的事实、证据的，应当裁定不予核准，并撤销原判，发回重新审判；

5. 原判认定事实正确，但依法不应当判处死刑的，应当裁定不予核准，并撤销原判，发回重新审判；

6. 原审违反法定诉讼程序，可能影响公正审判的，应当裁定不予核准，并撤销原判，发回重新审判；

7. 对一人有两罪以上被判处死刑的数罪并罚案件，最高人民法院复核后，认为其中部分犯罪的死刑判决、裁定事实不清、证据不足的，应当对全案裁定不予核准，并撤销原判，发回重新审判；认为其中部分犯罪的死刑判决、裁定认定事实正确，但依法不应当判处死刑的，可以改判，并对其他应当判处死刑的犯罪作出核准死刑的判决；

8. 对有两名以上被告人被判处死刑的案件，最高人民法院复核后，认为其中部分被告人的死刑判决、裁定事实不清、证据不足的，应当对全案裁定不予核准，并撤销原判，发回重新审判；认为其中部分被告人的死刑判决、裁定认定事实正确，但依法不应当判处死刑的，可以改判，并对其他应当判处死刑的被告人作出核准死刑的判决。

最高人民法院裁定不予核准死刑的，根据案件情况，可以发回第二审人民法院或者第一审人民法院重新审判。第一审人民法院重新审判的，应当开庭审理。第二审人民法院重新审判的，可以直接改判；必须通过开庭查清事实、核实证据或者纠正原审程序违法的，应当开庭审理。

高级人民法院依照复核程序审理后报请最高人民法院核准死刑，最高人民法院裁定不予核准，发回高级人民法院重新审判的，高级人民法院可以依照第二审程序提审或者发回重新审判。最高人民法院裁定不予核准死刑，发回重新审判的案件，原审人民法院应当另行组成合议庭审理，但上述第4、5两种情形的案件除外。

最高人民法院应当根据有关规定向最高人民检察院通报死刑案件复核结果。

五、死刑复核程序的监督

2012年《刑事诉讼法》增加了一项内容："在复核死刑案件过程中，最高人民检察院可以向最高人民法院提出意见。最高人民法院应当将死刑复核结果通报最高人民检察院。"因此，最高人民检察院有权依法监督死刑复核程序，但如何监督死刑复核程序只是一个原则规定，为进一步改革留下了空间。目前学界对死刑复核法律监督的路径有三种设计：一为诉讼模式下的死刑复核法律监督，二为书面复核模式下的死刑复核法律监督，三为听证模式下的死刑复核法律监督。最高人民检察院主要从实体、程序上对死刑复核程序进行监督。在收到下级人民法院移送的有关卷宗后，最高人民法院应当立即通知最高人民检察院，并应当在一定期限内移送卷宗及相关材料副本至最高人民检察院。同时，最高人民检察院有权自行查阅与案件有关的材料，最高人民法院应当配合。最高人民检察院对合议庭组成人员是否合法进行监督。在死刑复核的合议庭组成中仍需要坚持回避制度，确保死刑案件得到客观公正的对待。如果合议庭组成人员与其复核的死刑案件有着某种利害关系或者其他关系，那么其可能对案件产生先入为主的偏见，甚至徇私舞弊、枉法裁判，这样很有可能造成冤假错案。其次，对死刑复核的期限应进行监督。我国《刑事诉讼法》对死刑复核期限未作出明确规定。通过对死刑案件复核期限上的监督，可以使最高人民法院及时高效地复核死刑案件。迟来的正义为非正义，若死刑复核案件久拖不决，被告人长期羁押，活在等待死刑复核结果的恐惧之中，对被告人来说是非人道的，对冤假错案中的无辜人来说更是非人道的。

第四节　判处死刑缓期二年执行案件的复核程序

一、死缓案件复核权的归属

死刑缓期两年执行，是我国特有的刑罚执行制度，其并非独立的刑罚种类，而是死刑的一种特殊执行方式。《刑事诉讼法》第237条规定："中级人民法院判处死刑缓期二年执行的案件，由高级人民法院核准。"由此可见，死刑缓期2年执行的案件的核准权主要由高级人民法院统一行使。

1957年7月15日全国人民代表大会通过的一个决议,曾规定死缓案件的核准权由最高人民法院行使。实践证明,由最高人民法院核准死缓案件没有必要。我国领土辽阔,经济发展正处于一个过渡期,社会矛盾较为复杂,最高人民法院作为国家最高审判机关,担负着制定、发布司法解释、死刑复核、监督全国法院的审判工作等多种职能,将死缓案件交由最高人民法院,只会增加最高人民法院的工作量,不利于复核的效率提高。另外,死缓案件虽然也属于死刑案件,但由于不立即执行,即使判决有错,也有时间纠正。对于缓刑期满后决定执行死刑的,必须再经过死刑立即执行的核准程序,因此,不必由最高人民法院核准死缓案件。

在司法实践中,对于中级人民法院审结的判处被告人死缓的案件,当事人上诉或人民检察院提起抗诉,由高级人民法院进行第二审审判的案件,要不要再经过一次死缓复核程序,学界争议较大。另外,高级人民法院审结的第一审死缓案件,在过了上诉、抗诉期限后当事人未提出上诉、人民检察院也未提出抗诉的,要不要再依死刑复核程序对案件进行复核,学界的争议也比较大。此外,对于最高人民法院一审判决的死缓案件,法律都未明确地规定。为了简化程序,多数法院将二审程序和死刑缓期执行的复核程序合二为一。由于欠缺具体的司法操作,死缓复核程序流于形式。

二、死缓案件的复核程序

(一)报请复核

中级人民法院判处死刑缓期2年执行的第一审案件可以分为两种情况:一是中级人民法院判处死刑缓期执行的第一审案件,被告人未上诉、人民检察院未抗诉的,应当报请高级人民法院核准。二是被告人提出上诉或者人民检察院提出抗诉的,高级人民法院应当按照第二审程序予以处理。高级人民法院第二审同意判处死刑缓期2年执行的,作出维持原判的裁定;不同意判处死刑缓期2年执行的,直接改判或者发回重新审判。在司法实践中,多数法院往往将二审程序和死刑复核程序合二为一,不再组织合议庭对案件进行复核审理。中级人民法院判处死刑的第一审案件,高级人民法院第二审或者复核提审后所作的改判为死刑缓期2年执行的判决的,该判决即为终审判决。

中级人民法院在报送死缓案件时,应当一案一报,不能多案一报。报送的材料包括报请复核的报告,第一、二审裁判文书,死缓案件综合报告各五份以及全部案卷、证据。死缓案件综合报告,第一、二审裁判文书和审理报告应当附送电子文本。同案审理的案件应当报送全案案卷、证据。曾经发回重新审判的案件，原第一、二审案卷应当一并报送。

（二）复核

死刑缓期2年执行案件的复核，根据《刑事诉讼法》第238条的规定，高级人民法院复核死刑缓期执行的案件，应当由审判员3人组成合议庭进行。高级人民法院复核死缓案件，也应当讯问被告人。

（三）复核后对案件的处理

高级人民法院复核死刑缓期执行案件，应当按照下列情形分别处理：

1. 原判认定事实和适用法律正确、量刑适当、诉讼程序合法的，应当裁定核准；

2. 原判认定的某一具体事实或者引用的法律条款等存在瑕疵，但判处被告人死刑缓期执行并无不当的，可以在纠正后作出核准的判决、裁定；

3. 原判认定事实正确，但适用法律有错误，或者量刑过重的，应当改判；

4. 原判事实不清、证据不足的，可以裁定不予核准，并撤销原判，发回重新审判，或者依法改判；

5. 复核期间出现新的影响定罪量刑的事实、证据的，可以裁定不予核准，并撤销原判，发回重新审判，或者依照本解释第二百二十条规定审理后依法改判；

6. 原审违反法定诉讼程序，可能影响公正审判的，应当裁定不予核准，并撤销原判，发回重新审判。

高级人民法院复核死刑缓期执行案件，不得加重被告人的刑罚。

【深度阅读】

1. 王伟、高若辰："清朝秋审与当前死刑复核程序的比较研究"，载《法学杂志》2013年第9期。

2. 胡铭："大区巡回法院：一个现实主义的进路——以死刑复核程序为例的分析"，载《浙江社会科学》2012年第9期。

【课后思考】

1. 简述死刑复核程序的概念、任务和意义。

2. 对判处死刑立即执行的案件应当怎样进行复核？

3. 对判处死刑缓期2年执行的案件应当怎样进行复核？

4. 案例题：李某、王某故意杀人一案被某市人民检察院提起公诉。市人民法院经审理后作出如下判决：以故意杀人罪判处李某死刑缓期2年执行，以故意伤害罪判处王某无期徒刑。在上诉、抗诉期内，王某以量刑过重为由提起上诉，人民检察院以量刑过轻为由对王某的判决部分提起抗诉。二审法院经过阅卷审查、听取当事人及律师的意见后，认为一审判决认定事实没有错误，但量刑不当，于是在阅卷后撤销一审判决，判处李某有期徒刑10年，判处王某死刑立即执行。二审法院将有关王某的案卷移送省高级人民法院复核，高级人民法院安排审判员小刘复核此案。尽管没有见过王某，但小刘在审查完案卷材料后认为，判决认定事实和适用法律正确、量刑适当，核准对王某的死刑判决。

问：在本案的诉讼过程中有哪些地方违反了刑事诉讼程序？

5. 李某因犯故意杀人罪被某市中级人民法院一审判处死刑，缓期2年执行。判决后，李某没有上诉，检察机关也没有抗诉。省高级人民法院在复核该案时认为，一审判决认定事实清楚，适用法律正确，但量刑不当，因为李某杀人后先奸尸又碎尸，情节恶劣，应当判处死刑立即执行。省高级人民法院应当如何处理该案？（单选题）

A. 裁定撤销原判，直接改判李某死刑立即执行

B. 裁定撤销原判，发回市中级人民法院重新审判

C. 裁定撤销原判，由省高级人民法院进行第一审，依法判处李某死刑立即执行

D. 裁定维持一审判决

6. 高级人民法院对中级人民法院报请核准死刑缓期2年执行的第一审案件，如果被告人不上诉，检察院不抗诉的，可以作出下列哪些处理？（多选题）

A. 同意判处死刑缓期2年执行的，裁定予以核准

B. 认为原判量刑过重的，对被告人的量刑依法改判

C. 认为原判量刑过轻的，对被告人的量刑依法改判

D. 认为原判事实不清、证据不足的，裁定发回原一审法院重新审判

7. 最高人民法院复核死刑案件时，裁定不予核准，发回重审的案件，应当如何处理？（多选题）

A. 既可以发回二审法院重新审判，也可以发回一审法院重新审判

B. 发回二审法院重新审判的案件，除法律另有规定外，二审法院可以不

经开庭直接改判

C. 发回一审法院重新审判的案件,一审法院应当开庭审理

D. 最高人民法院复核后认为原判认定事实正确,但依法不应当判处死刑的,裁定不予核准,并撤销原判,发回重新审判的案件,重新审判的法院应当另行组成合议庭进行审理

8. 关于死刑复核程序,下列哪些选项是正确的?(多选题)

A. 赵某因故意杀人罪和贩毒罪分别被判处死刑,最高人民法院对案件进行复核时,认为张某贩毒罪的死刑判决认定事实和适用法律正确、量刑适当、程序合法,但故意杀人罪的死刑判决事实不清、证据不足,遂对全案裁定不予核准,撤销原判,发回重审

B. 钱某因绑架罪和抢劫罪分别被判处死刑,最高人民法院在对案件进行复核时,发现钱某绑架罪的死刑判决认定事实和适用法律正确、量刑适当、诉讼程序合法,抢劫罪的死刑判决认定事实清楚,但依法不应当判处死刑,遂对绑架罪作出核准死刑的判决,对抢劫罪的死刑判决予以改判

C. 孙某伙同李某持枪抢劫银行被分别判处死刑,最高人民法院进行复核时发现孙某的死刑判决认定事实和适用法律正确、量刑适当、程序合法,李某的死刑判决认定事实不清、证据不足,遂对全案裁定不予核准

D. 周某伙同吴某劫持航空器致人重伤被分别判处死刑,最高人民法院在复核时发现周某的死刑判决认定事实和适用法律正确,量刑适当,程序合法,吴某的死刑判决认定事实清楚,但依法不应当判处死刑,遂对周某作出核准死刑的判决,对吴某的死刑判决予以改判

第五章　审判监督程序

本章要点

审判监督程序的概念和特点
审判监督程序的提起主体
重新审判的方式、程序
强制措施的适用
重新审判案件的审理期限

天网恢恢，疏而不失。

——老子

法令承认提供的事实并根据事实来宣布制定的法律后果。但是事实并不是现成地提供给我们的。确定事实是一个充满着可能出现许许多多错误的过程。错误认定曾导致过许多错案。

——[美]罗斯科·庞德

据当事人张高平回忆，2003 年 5 月 18 日晚上 9 点左右，他和侄子张辉驾驶皖 J－11260 解放牌货车去上海。17 岁的王某经别人介绍搭他们的顺风车去杭州。“王某本来是到杭州西站，她姐夫来接她，我们一般到上海，都走绕城高速。就是一个小女孩，我不放心，我就叫我侄子把她送到杭州西站，结果到了杭州西站没人来接，对方又叫她自己再打的到钱江三桥一个某某地方，再与他联系，到那个立交桥让她下车了，我们就到上海去了。”这之后，张高平和张辉驾驶货车进入了沪杭高速，前往上海。但几天后，二人却突然被警方抓捕。原来，2003 年 5 月 19 号杭州市公安局西湖区分局接到报案，在杭州市西湖区一水沟里发现一具女尸，而这名女尸正是 5 月 18 日搭乘他们便车的

女子王某。公安机关初步认定是当晚开车搭载被害人的张辉和张高平所为。后在公安侦查审讯中，张高平与张辉交代，当晚在货车驾驶座上对王某实施强奸致其死亡，并在路边抛尸。2004 年 4 月 21 日，杭州市中级人民法院以强奸罪判处张辉死刑，张高平无期徒刑。半年后，2004 年 10 月 19 日，浙江省高院终审改判张辉死缓、张高平有期徒刑 15 年。在监狱中，张高平发现了自己案件的若干疑点，经过他本人及家属的申诉，2012 年 2 月 27 日，浙江省高级人民法院对该案立案复查。张辉、张高平叔侄奸杀冤案于 2013 年 3 月 26 日，经浙江省高级人民法院依法再审公开宣判，认定原判定罪、适用法律错误，宣告张辉、张高平无罪。2013 年 3 月 28 日晚，浙江省公安厅针对张辉、张高平错案在官方微博上作出表态，向当事人及家属致歉，并表示要调查公安在案件中的相关执法问题。至此，此案两名被告因发生在杭州的一起“强奸致死案”被错误羁押已近 10 年。2013 年 4 月，浙江省政法委已成立调查组，彻查“女神探”聂海芬等该冤案侦查、起诉、审判等全部司法过程中的涉案人员。

第一节　审判监督程序的概念、特点和意义

一、审判监督程序的概念

审判监督程序，又称再审程序，是指人民法院、人民检察院对已经发生法律效力的判决和裁定，发现在认定事实或适用法律上确有错误，依法提起并对案件进行重新审判的特殊审判程序。审判监督程序并非每一案件的必经程序，在纠正确有错误的生效判决、裁定时适用。

审判监督程序与审判监督是两个不同的法律概念。审判监督泛指有关机关、团体和公民对刑事审判活动及司法裁判是否符合法定程序和法定标准进行审查监督，贯穿于审判的各个阶段，不仅针对生效裁判，也可以适用未生效的裁判与诉讼行为，既可以针对案件本身，亦可以针对审判作风或法院行政及其他与审判有关的问题。而审判监督程序作为一项特别救济程序，作出生效裁判的各级人民法院院长和审判委员会、最高人民检察院和上级人民检察院、最高人民法院和上级人民法院为了纠正错误裁判而提起的诉讼监督程序，即仅对已经发生法律效力的判决和裁定，经审查发现确有错误的，才依法

提起并进行重新审判的程序,往往需要人民检察院提出抗诉或者人民法院以决定再审、决定提审或指令再审等方式启动。审判监督程序是审判监督的一个方面或一种表现形式,任何案件都有审判监督,但未必存在审判监督程序。

审判监督程序也称再审程序,这一概念容易与重审造成混淆。重审与再审的区别主要如下:

1. 所处的诉讼阶段不同。再审是审判监督程序的一部分,但重新审判可以发生在审判监督程序、二审程序和死刑复核程序之中。

2. 两者的程序有时不尽一致。理论上而言,重审意味着对审判准备、证据调查、法庭辩论、最后陈述等诉讼行为重新为之。通常情况下,再审案件必须从头到尾重新审判,此时重审就是再审的内容、但在原审被告人死亡、原审自诉人死亡或者丧失行为能力的例外情形下,再审就并非意味着彻底的重审。

3. 次数限制不同。根据《刑事诉讼法》第 225 条第 2 款的规定,原审人民法院对于发回重新审判的案件作出判决后,被告人提出上诉或者人民检察院提出抗诉的,第二审人民法院应当依法作出判决或者裁定,不得再发回原审人民法院重新审判。但再审目前并无启动次数的严格限制。

4. 审限不同。重审的期限一般与之前作出判决的法院所对应审级的诉讼期限一致。例如经二审发回第一审法院重审的案件,审理期限即为一审期限;再如经高级人民法院二审维持死刑的裁定却经最高人民法院不予核准,发回到高级人民法院重审的期限,与二审期限一致。但是,《刑事诉讼法》第 247 条对再审的期限进行了明确的规定,即作出再审决定之日起 3 个月内审结,需要延长的不得超过 6 个月。

二、审判监督程序的特点

审判监督程序是刑事诉讼中的特殊审判程序,虽然是对案件进行重新审判,对原判决、裁定所认定的事实和适用法律进行全面审查,使错误的裁判得到纠正,是一种为纠正错判而设立的补救性程序,但却不同于第二审程序、死刑复核程序,主要表现为:

1. 审理的对象不同。审判监督程序审理的对象必须是已经发生法律效力的判决、裁定,包括正在执行和已经执行完毕的判决、裁定。在接到判决书第 2 日起 10 日内、裁定书第 2 日起 5 日内没有上诉或抗诉的,一审判决与裁定生效。二审的终审判决和裁定自宣告之日起发生法律效力。二审程序只限于一审尚未生效的判决和裁定,而死刑复核程序则适用于未生效的死刑

（含死缓）案件。

2. 提起程序的主体不同。各级人民法院院长对本院已经发生法律效力的判决和裁定，如果发现在认定事实上或者在适用法律上确有错误，必须提交审判委员会处理。最高人民法院对各级人民法院已经发生法律效力的判决和裁定，上级人民法院对下级人民法院已经发生法律效力的判决和裁定，如果发现确有错误，有权提审或者指令下级人民法院再审。最高人民检察院对各级人民法院已经发生法律效力的判决和裁定，上级人民检察院对下级人民法院已经发生法律效力的判决和裁定，如果发现确有错误，有权按照审判监督程序向同级人民法院提出抗诉。二审程序中的上诉可以由被告人、自诉人及其法定代理人，或经被告人同意的近亲属、辩护人提起，也可以由作出一审判决的人民法院同级的人民检察院提出抗诉。死刑复核案件（包括死缓案件）则是由下级人民法院逐级上报，主动报请高级人民法院或最高人民法院复核。

3. 提起程序的条件不同。为了避免随意破坏程序的安定性与司法权威，审判监督程序的提起必须符合法定的条件，不取决于当事人等的申诉，即必须经过法定主体对已生效的判决、裁定认真审查，认定事实、适用法律、审判程序上确有错误的才能依法提起审判监督程序。而二审程序则对上诉的实体问题不作审查，只要满足程序上的规定，对第一审判决、裁定不服，就可以上诉。检察机关在提起抗诉的同时需要接受上级检察机关的监督，相对于上诉较为严格。鉴于对死刑案件的重视，凡是判处死刑（含缓刑）的案件都必须逐级上报核准，死刑复核程序启动不需要任何条件。

4. 提起程序有无时间限制。提起审判监督程序没有明确的法律规定，只在发现新罪或者需要将无罪改为有罪时，才受追诉时效期限的限制，一般而言，可以在任何时候提起审判监督程序。二审中存在明确的时间限制，提起第二审的上诉、抗诉的期限，判决为 10 日、裁定为 5 日；超过法定的期限，一审判决、裁定即发生法律效力，不能引起二审，而只能提起审判监督程序；死刑案件需要经过核准才能产生法律效力。

5. 审理案件的法院不完全相同。按照审判监督程序进行再审的法院，既可以是原来的一审法院或二审法院，也可以是提审的任何上级法院，还可以是由上级人民法院依法指令与原审同级的任何法院。而按照第二审程序审理案件的，只限于第一审人民法院的上一级人民法院。只有最高人民法院和高级人民法院有权对死刑案件进行复核。

6. 适用刑罚有无加刑限制不完全相同。根据最高法《解释》，除人民检察院抗诉的以外，再审一般不得加重原审被告人刑罚。而二审程序的案件，必须严格遵守上诉不加刑原则，即在只有被告人一方提出上诉的情况下，第二审人民法院不得加重被告人的刑罚。

7. 审理作出的判决、裁定效力不同。再审原来是第一审案件，应当依照第一审程序进行审判，所作的判决、裁定可以上诉、抗诉；如果原来是第二审案件，或者是上级人民法院提审的案件，应当依照第二审程序进行审判，所作的判决、裁定是终审判决、裁定。按照二审程序作出的判决、裁定是终审判决、裁定。死刑案件由最高人民法院或者高级人民法院核准后生效，立即执行死刑的，由最高人民法院院长签发执行死刑命令后才能执行。

三、审判监督程序的意义

审判监督程序是刑事诉讼程序的重要组成部分，其设立是我国一贯倡导的“实事求是，有错必纠”的刑事政策在刑事诉讼中的充分体现，在刑事诉讼法中具有十分重要的意义。具体表现在：

1. 审判监督程序是刑罚得以正确行使的前提保障，有利于保障当事人的合法权益。在刑事诉讼法中实行的一般规则是已经发生法律效力的判决、裁定，一经宣告即具有既判力，未经法定程序，不得擅自更改或撤销。但是在实践中存在个别的错案因为主、客观的一些原因致使最终的判决和案件的事实产生一些偏差。人民法院作为国家审判机关，代表国家行使刑罚权，其判决和裁定以国家强制力保护其严肃性和权威性。检察机关作为法律监督机关更是不容懈怠。然而刑事案件的错综复杂、侦查技术的缺陷、办案人员的权力滥用、不合理的工作考察机制等因素导致了冤假错案的层出不穷。生效裁判的稳定性应当建立在正确认定事实和适用法律的基础之上。当事人及其法定代理人、近亲属及案外人（认为受到生效裁判侵害的），不服已生效的判决、裁定有权向司法机关提出申诉。由于刑事判决和裁定是对被告人生命、自由、政治和财产等权利的处分，事关重大，处分不当势必造成案件当事人的权利受到侵害，所以在判决、裁定产生法律效力后，如发现有错误判决的，应当按照司法公正的要求，依据审判监督程序予以纠正。审判监督程序应当在法的稳定性与公正性、保护被判刑人与保护被害方利益的对立中寻找平衡点，保障人权，惩罚犯罪。

2. 审判监督程序有利于实现上级人民法院对下级人民法院、人民检察院对人民法院审判工作依法实行监督。按照法律规定，最高人民法院对各级人民法院已经发生法律效力的判决和裁定,上级人民法院对下级人民法院已经发生法律效力的判决和裁定,有权提审或者指令下级人民法院再审。最高人民检察院对各级人民法院、上级人民检察院对下级人民法院已经发生法律效力的判决和裁定,有权按照审判监督程序向同级人民法院提出抗诉。上级人民检察院与人民法院通过提出抗诉或提审、指令再审等方式,对下级人民法院的审判公正实行监督,纠正错误,有利于原审法院或重新审理的其他人民法院发现在认定事实和适用法律上存在的问题及其原因,从中总结经验教训,改进审判工作,提高办案质量。

3. 审判监督程序有利于消除公众对司法的不良看法。佘祥林、杜培武、张氏叔侄等冤假错案的披露致使人们对审判机关断案的真实性产生了怀疑。由于证据鉴定技术的缺失,不少无辜者蒙受冤屈。鉴于此,审判监督程序虽不能从源头遏制错案,但在程序的最后设置救济性权利,保障当事人的申诉权,有利于维护审判机关的司法公信力,消除社会不安定因素,增强人民生活的安全感。

第二节　审判监督程序的提起

一、提起审判监督程序的材料来源

提起审判监督程序的材料来源,是指对已发生法律效力的判决、裁定发现有错误而提出有关证据及其材料等的渠道、途径。根据我国《刑事诉讼法》及相关的法律、司法解释和司法实践,这些材料主要包括:

(一)当事人及其法定代理人、近亲属和具有利害关系的案外人的申诉

《刑事诉讼法》第241条规定:"当事人及其法定代理人、近亲属,对已经发生法律效力的判决、裁定,可以向人民法院或者人民检察院提出申诉,但是不能停止判决、裁定的执行。"这一规定表明,当事人等对人民法院的生效裁判认为有错误的,可以以书状或口头形式向人民法院或者人民检察院提出该裁判在认定事实或适用法律上的错误并要求重新审判。当事人及其法定代理人、近亲属不仅是这些判决、裁定的直接、间接利害关系人,而且是最了解案件情况、最有条件提出申诉的人。此外,最高法《解释》对申诉主体进行了补充:案外人认为已经发生法律效力的判决、裁定侵害其合法权益,提出申诉

的，人民法院应当审查处理。这也表明在保护直接相对人的权益时，为具有利害关系的第三方提供救济性权利。此外，申诉可以委托律师代为进行。这些都是法律赋予他们的权利，也是提起审判监督程序的主要材料来源，还是使确有错误的裁判得以纠正的重要途径。人民法院和人民检察院对待申诉，应当积极受理并认真对待，做到件件有着落。

（二）各级人民代表大会代表提出的纠正错案的议案

人民代表大会作为权力机关，代表人民行使权力。基于"从群众中来到群众中去"的工作路线，人大代表与人民群众有着密切联系，在视察工作和调查访问过程中，能够了解到群众对人民法院判决、裁定正确与否的意见；在人民代表大会会议期间，可以针对性地提出议案，因此也是审判监督程序提起的重要材料来源。各级人民法院对人大代表提出的议案，应当认真审查，并将处理结果报告给权力机关。

（三）人民群众的来信来访

我国《宪法》第 41 条规定："中华人民共和国公民对于任何国家机关和国家工作人员的违法失职行为，有向有关国家机关提出申诉、控告或者检举的权利。"人民群众来信来访虽然不同于法律规定的当事人等提出的申诉，但是由《宪法》保护是一项宪法权利的行使，它不是泛指人民群众对诉讼和非诉讼问题的一般反映，也不同于群众向党政机关反映情况和提出要求，而是他们对已生效的裁判认为有错误而提出的材料和意见。这些材料和意见，同样是提起审判监督程序的重要材料来源，是人民群众监督司法工作的重要方式。所以，人民法院和人民检察院对人民群众的来信来访应当重视，并认真审查及时处理。

（四）公安司法机关通过办案或者复查案件对错案的发现

公安司法机关在办案过程中，经常发生"办一案破一片"或"办此案发现彼案"的情况，这既是发现犯罪案件、抓获犯罪人的重要途径，同时也是纠正错案的重要渠道。特别是公安机关为了保证办案质量，要在定期或不定期主动自查、互查或依上级批示进行总结检查、复查过程中发现错案。因此，公安司法机关通过办案、复查案件发现的错案，也是提起审判监督程序的重要材料来源。

（五）机关、团体、企业、事业单位和新闻媒体等对生效裁判反映的意见

党政领导部门、各级党的纪检组织、国家监察机关和国家经济管理机关（海关、税务、工商）等，在社会调查和履行职责中，发现生效裁判可能有错

误，向有关司法机关所作的建议复查案件的文件及材料等，都是提起审判监督程序的材料来源。律师协会、律师事务所等在履行职务中发现有错误的生效裁判，并以法律意见书等形式向司法机关提出意见，当然也是提起再审的重要材料来源。网络媒体以其传播速度开启了一个新的时代，这是民众参与司法监督的重要形式之一。同时，新闻媒体的介入提高了司法机关对裁判公正性的关注。对于各种材料、意见，司法机关都应予以充分的重视，及时进行审查。

二、申诉的理由和效力

（一）申诉的理由

提起申诉不仅要符合程序要求，同时要对申诉的理由进行审核。只有当申诉符合法定事由，人民法院才会对案件进行再审。申诉的理由主要如下：

1. 有新的证据证明原判决、裁定认定的事实确有错误，可能影响定罪量刑的。对于新的证据，最高法《解释》第 376 条规定：(1) 原判决、裁定生效后新发现的证据；(2) 原判决、裁定生效前已经发现，但未予收集的证据；(3) 原判决、裁定生效前已经收集，但未经质证的证据；(4) 原判决、裁定所依据的鉴定意见，勘验、检查等笔录或者其他证据被改变或者否定的。

2. 据以定罪量刑的证据不确实、不充分、依法应当予以排除，或者证明案件事实的主要证据之间存在矛盾的。

3. 原判决、裁定适用法律确有错误的。主要表现为适用法律不当、定罪错误和量刑畸轻畸重。适用法律不当是指错用了法律、法规，或者定罪量刑违反了政策原则、违反了法律关于溯及力的规定等情况。定罪错误是指混淆了罪与非罪、此罪和彼罪以及一罪与数罪的界限。量刑畸轻畸重是指原判决的刑罚超出了法定的量刑幅度。

4. 违反法律规定的诉讼程序，可能影响公正审判的。

5. 审判人员在审理该案件的时候，有贪污受贿，徇私舞弊，枉法裁判行为的。这里的审判人员包括原审合议庭成员及参与本案讨论的庭长、副庭长和所有审判委员会成员，只要有确定证据证明其中之一人有上述行为并造成错误裁判的，即可引起再审。

（二）申诉的效力

申诉的效力，是指已经发生法律效力的判决或裁定因申诉人不服而提出申诉后原裁判应否停止执行的效力。

对申诉的效力，世界上大多数国家的法律规定，申诉或请求（申请）虽经提出,但不能立即停止对原裁判的执行。例如《日本刑事诉讼法》规定,请求再审不具有停止执行刑罚的效力(法院作出开始再审裁定的除外)。《德国刑事诉讼法》明确规定,判决的执行不得因申请再审而停止,但法院命令延期或暂停执行的除外。我国《刑事诉讼法》第241条规定:"当事人及其法定代理人、近亲属,对已经发生法律效力的判决、裁定,可以向人民法院或者人民检察院提出申诉,但是不能停止对判决、裁定的执行。"如此规定,一方面是因为要保持生效裁判的稳定性、严肃性,不能轻易改判;另一方面是因为这些案件情况复杂,而且时过境迁(如刑罚正在执行或已执行完毕),审查原判是否正确很不容易,仅凭一纸申诉就判断出原判确有错误是不可能的,因此,在未作出改判之前,不能停止对生效裁判的执行。与此同时,这也是在牺牲错案当事人的合法权益来保障法律的一致性和稳定性。

同时,我国《刑事诉讼法》第246条第2款规定:"人民法院按照审判监督程序审判的案件,可以决定中止原判决、裁定的执行。"这一规定考虑到再审案件中,原裁判很有可能存在错误,为了避免错误扩大,可以暂时停止原判决、裁定的执行,更加维护了当事人等的诉讼权利和裁判的威严。最高法《解释》第382条规定:"对决定依照审判监督程序重新审判的案件,除人民检察院抗诉的以外,人民法院应当制作再审决定书。再审期间不停止原判决、裁定的执行,但被告人可能经再审改判无罪,或者可能经再审减轻原判刑罚而致刑期届满的,可以决定中止原判决、裁定的执行,必要时,可以对被告人采取取保候审、监视居住措施。"

三、对申诉的受理和审查处理

(一)受理

对申诉的受理,是指人民法院或者人民检察院经对申诉材料进行初步审查后,认定符合重新审判条件而决定立案复查的活动。受理条件主要如下:

1. 申诉材料主要包括:(1)申诉状。应当写明当事人的基本情况、联系方式以及申诉的事实与理由。(2)原一、二审判决书、裁定书等法律文书。经过人民法院复查或者再审的,应当附有驳回通知书、再审决定书、再审判决书、裁定书。(3)其他相关材料。以有新的证据证明原判决、裁定认定的事实确有错误为由申诉的,应当同时附有相关证据材料;申请人民法院调查取证的,应当附有相关线索或者材料。同时,申诉不符合前述规定的,人民法院应当告知申诉人补充材料;申诉人对必要材料拒绝补充且无正当理由的,不予审查。

2. 申诉案件的管辖。(1)申诉由终审人民法院审查处理。但是,第二审人民法院裁定准许撤回上诉的案件,申诉人对第一审判决提出申诉的,可以由第一审人民法院审查处理。(2)上一级人民法院对未经终审人民法院审查处理的申诉,可以告知申诉人向终审人民法院提出申诉,或者直接交终审人民法院审查处理,并告知申诉人;案件疑难、复杂、重大的,也可以直接审查处理。(3)对未经终审人民法院及其上一级人民法院审查处理,直接向上级人民法院申诉的,上级人民法院可以告知申诉人向下级人民法院提出。(4)对死刑案件的申诉,可以由原核准的人民法院直接审查处理,也可以交由原审人民法院审查。原审人民法院应当写出审查报告,提出处理意见,层报原核准的人民法院审查处理。

3. 受理申诉的期限。对立案审查的申诉案件,应当在 3 个月内作出决定,至迟不得超过 6 个月。

(二)审查处理

人民法院按照审判监督程序重新审判的案件,应当在作出提审、再审决定之日起 3 个月以内审结,需要延长期限的,不得超过 6 个月。对需要指令下级人民法院再审的,应当自接受抗诉之日起 1 个月以内作出决定。人民法院受理申诉后,经审查不具有我国《刑事诉讼法》第 242 条和最高法《解释》第 375 条规定的情形之一的,应当说服申诉人撤回申诉;对仍然坚持申诉的,应当书面通知驳回。申诉人对驳回申诉不服的,可以向上一级人民法院申诉。上一级人民法院经审查认为申诉不符合受理条件的,应当说服申诉人撤回申诉;对仍然坚持申诉的,应当驳回或者通知不予重新审判。

人民检察院对受理案件的申诉审查后,认为人民法院已生效的判决、裁定确有错误需要提出抗诉的,由刑事申诉检察部门报请检察长提交检察委员会讨论决定。对人民检察院依照审判监督程序提出抗诉的案件,人民法院应当在收到抗诉书后 1 个月内立案。人民检察院的抗诉一经提出,即具有法律效力,人民法院必须再审。因抗诉决定再审的案件,人民法院必须组成合议庭审理。但是,有下列情形之一的,应当区别情况予以处理:(1)对不属于本院管辖的,应当将案件退回人民检察院。(2)按照抗诉书提供的住址无法向被抗诉的原审被告人送达抗诉书的,应当通知人民检察院在 3 日内重新提供原审被告人的住址;逾期未提供的,将案件退回人民检察院。(3)以有新的证据为由提出抗诉,但未附相关证据材料或者有关证据不是指向原起诉事实的,应当通知人民检察院在 3 日内补送相关材料;逾期未补送的,将案件退回人民检察院。决定退回的抗诉案件，人民检察院经补充相关材料后再次抗诉，经审查符合受理条件的，人民法院应当受理。

四、提起审判监督的程序的主体

根据《刑事诉讼法》相关的规定，提起审判监督程序的主体包括人民法院和人民检察院。提起审判监督程序的途径主要有：法院决定再审和检察院抗诉再审。各级人民法院院长及审判委员会、最高人民法院和上级人民法院、最高人民检察院和上级人民检察院都享有提起审判监督程序的权力。

（一）各级人民法院院长及审判委员会

《刑事诉讼法》第243条第1款规定：“各级人民法院院长对本院已经发生法律效力的判决和裁定，如果发现在认定事实上或者在适用法律上确有错误，必须提交审判委员会处理。”

1. 对本院已经发生法律效力的判决、裁定提起审判监督程序的权力，由院长和审判委员会共同行使，各级人民法院院长只有提交权而无决定权，经审判委员会讨论后决定是否对案件进行重新审理。本院院长和审判委员会有权提起审判监督程序，而院长本人不能自行决定对案件的处理。

2. 各级人民法院院长和审判委员会提起审判监督程序的对象只能是本院生效的判决、裁定，包括一审生效、二审终审或者核准的裁判。如果原一审属于本院，后来又经过上一级人民法院第二审的判决、裁定确有错误的，则不能直接提起审判监督程序，第一审法院院长只能向第二审法院提出意见，由第二审法院决定是否提起再审。如果第二审人民法院经依法提交和讨论并决定提起再审的，既可以由本院重新审判也可以发回原审人民法院重新审判。

3. 审判委员会对院长提交讨论的本院生效判决、裁定，讨论后决定再审的案件，应当另行组成合议庭。对于发现新的犯罪事实需要补充调查的，可以自行调查。对于原属于本院第二审的案件，也应当另行组成合议庭再审。

4. 上级人民法院对经终审法院的上一级人民法院依照审判监督程序审理后维持原判或者经两级人民法院依照审判监督程序复查均驳回的申请再审或申诉案件，一般不予受理。这样规定严格限制了提起审判监督程序案件的次数。

（二）最高人民法院和上级人民法院

《刑事诉讼法》第243条第2款规定：“最高人民法院对各级人民法院已经发生法律效力的判决和裁定，上级人民法院对下级人民法院已经发生法律效力的判决和裁定,如果发现确有错误,有权提审或者指令下级人民法院再审。”最高人民法院对于各级人民法院已经发生法律效力的判决、裁定,如果发现确有错误的,有权提起审判监督程序。其他人民法院则只能对其所属的下级人民法院行使审判监督权,发现下级人民法院已经发生法律效力的判决、裁定确有错误时,有权提起审判监督程序。提审和指令再审,是审判监督程序的两种形式。

1. 最高人民法院和上级人民法院提审。所谓提审,是指最高人民法院或上级人民法院认为确有错误的案件不需要或不宜由原审人民法院重新审判,而决定由本院进行审判的方式。人民检察院抗诉的案件,接受抗诉的人民法院应当组成合议庭重新审理,对于原判决事实不清楚或证据不足的,可以指令下级人民法院再审。如果属于重大、疑难案件或不宜再由原审人民法院审理的,或者原判决认定事实正确但适用法律有误的案件,最高人民法院或上级人民法院可提审该案件。

2.《刑事诉讼法》第244条规定:“上级人民法院指令下级人民法院再审的,应当指令原审人民法院以外的下级人民法院审理;由原审人民法院审理更为适宜的,也可以指令原审人民法院审理。”该规定表明上级人民法院可以指令原审或者本级人民法院的其他下级人民法院进行重新审判,指令再审以指令其他下级人民法院审理为原则,以指令原审人民法院审理为补充。考虑到有些情况下,案件确实由原审人民法院审理更为合适,那么也可以指令原审人民法院审理。

3. 提审或指令下级人民法院再审的应制作决定书。下级人民法院收到最高人民法院或上级人民法院的提审或指令再审决定书后,必须将案件依法移送或组成合议庭重新审理,无需由审判委员会对此再作讨论。

(三)最高人民检察院和上级人民检察院

《刑事诉讼法》第243条第3款规定:“最高人民检察院对各级人民法院已经发生法律效力的判决和裁定,上级人民检察院对下级人民法院已经发生法律效力的判决和裁定,如果发现确有错误,有权按照审判监督程序向同级人民法院提出抗诉。”这一规定表明,最高人民检察院和上级人民检察院是提起审判监督程序的主体。人民检察院是国家的法律监督机关,对人民法院已经发生法律效力的判决、裁定,如果发现确有错误,有权按照审判监督程序提出抗诉,对审判结果进行监督。

1. 只有最高人民检察院和其他原审人民法院的上级人民检察院有权通

过审判监督程序,对已经生效判决、裁定确有错误的提出抗诉。地方各级人民检察院发现同级人民法院和上级人民法院生效裁判确有错误的,无权提出抗诉,只能报请上级检察院决定是否抗诉,请求上级人民检察院向同级人民法院提出抗诉,是否提出抗诉,由接到请求的上级人民检察院决定。在司法实践中,地方人民检察院也可以向同级人民法院提出检察建议,要求重审。这种检察建议虽然不具备抗诉的法律效力,但对人民法院及时发现和纠正错误的判决、裁定具有重大意义。

2. 人民检察院的抗诉一经提出,即具有法律效力,所以人民法院无须制作再审决定书,必须重审。最高人民法院的判决和裁定,一经宣布立即生效,但是,如果最高人民检察院发现裁判确有错误的,有权按照审判监督程序直接向最高人民法院提出抗诉;最高人民法院对于最高人民检察院提出的抗诉,应当接受并作出相应的处理。对于人民检察院抗诉的案件,接受抗诉的人民法院应当组成合议庭重新审理,对于原判决事实不清楚或证据不足的,可以指令下级人民法院再审。

3. 审判监督程序中的抗诉不同于二审程序中的抗诉。虽然都是人民检察院对审判活动的监督,但是两者抗诉的对象、有权抗诉的机关、抗诉的期限、接受抗诉的人民法院和抗诉的作用及法律后果等方面均有区别。

五、提起审判监督程序的理由

我国《刑事诉讼法》第243条对提起审判监督程序的理由进行了规定,即对已发生法律效力的判决和裁定在认定事实上或者在适用法律上确有错误的,可以依法提起审判监督程序并进行重新审判。"确有错误"实际上包括在认定事实上或者在适用法律上确有错误两项内容。

(一)认定事实确有错误

原裁判在认定事实上的错误包括事实不清和证据不确实、充分两个方面。主要有以下几种情况:(1)原判决、裁定认定的主要事实有明显错误,与实际情况不符。(2)原判决、裁定认定的主要事实或重大情节不清;案内的证据不确实、不充分,主要证据之间存在矛盾,不足以证明主要犯罪事实或重大情节。(3)在证据不确实、不充分的情况下,据以认定的事实明显错误。(4)发现足以证明原判决、裁定认定的事实错误的新证据、新事实,如发现原判决、裁定依据的证据是伪造的。(5)发现原判决、裁定所依据的证据属于应当被排除的。(6)主要事实依据被依法变更或者撤销的,等等。符合以上情况之一者,均属于原裁判在认定事实上确有错误。

(二)适用法律确有错误

原裁判适用法律确有错误,主要表现为适用法律不当、定罪错误和量刑畸轻畸重。适用法律不当,是指错用了法律条款,或者定罪量刑违反了政策原则等情况。定罪错误,指混淆了罪与非罪的界限,或者将此罪定为彼罪以及一罪与数罪的界限。量刑畸轻畸重,指原判决的刑罚超出了法定的量刑幅度,主要表现为轻罪定为重罪,重罪定为轻罪,从而造成量刑畸轻畸重,甚至错判无辜。

适用法律上的错误不仅包括适用实体法错误,同时也包括适用程序法的错误。根据《刑事诉讼法》第227条的规定,第二审人民法院发现第一审人民法院的审理有违反公开审判、回避制度、审判组织不合法及剥夺或限制当事人的法定权利可能会影响公正审判等形式,应当裁定撤销原判,发回原审人民法院重新审判。在裁判生效后发现有上述情形之一的,当然也应当理解为适用法律上确有错误,作为提起审判监督程序的理由或条件。原审严重违反诉讼程序可作为提起审判监督程序的理由,不仅是为了纠正错误的判决、裁定,同时也是严肃执法、提高司法人员对程序法重要性的认识,改变重实体轻程序的观念,使刑事诉讼目的得以实现。

六、提起审判监督的方式

提起审判监督的方式包括再审、提审和抗诉。

再审包括决定再审和指令再审。决定再审,是指各级人民法院院长对本院已经发生法律效力的判决和裁定,如果发现在认定事实上或者在适用法律上确有错误,必须提交审判委员会处理,原审人民法院根据本院审判委员会作出的对原审判决、裁定提出审判监督程序的决定。指令再审,是指最高人民法院或者上级人民法院要求原审或者其他下级人民法院对案件进行再审的指令,另行组成合议庭,对案件进行重新审理。

提审,是最高人民法院或者上级人民法院经过审查,发现原审人民法院已经发生法律效力的判决、裁定确有错误,需要提起审判监督程序的,直接组成合议庭,调取原审案卷和材料,对案件进行审理。

审判监督程序中的抗诉,是指最高人民检察院对各级人民法院、上级人民检察院对下级人民法院已生效的判决、裁定,发现确有错误,提请同级人民法院重新审理的一种检察监督行为。对于人民检察院抗诉的案件,经提出即为生效。接受抗诉的人民法院应当组成合议庭重新审理;对于原判决事实不清或证据不足的,亦可以指令下级人民法院再审。

第三节 按照审判监督程序对案件的重新审判

一、重新审判的方式

人民法院的审判方式分为两种:开庭审理和不开庭审理。不开庭审理在学理上又分为:调查询问式和书面审理。出于司法实践的需要,对再审案件的审理方式应当以开庭审理即直接审理为主,以不开庭审理为辅。

根据《刑事诉讼法》第245条第1款的规定,如果原审是第一审案件,应当依照第一审程序进行审判,所作的判决、裁定,可以上诉、抗诉;如果原审是第二审案件,或者是上级人民法院提审的案件,应当依照第二审程序进行审判,所作的判决、裁定,是终审的判决、裁定。虽然原则上要求应当依照第一审、第二审程序开庭进行,但在司法实践中,难以做到一律开庭审理。因此,依照最高法《解释》相关规定,依照审判监督程序重新审判的案件,人民法院应当重点针对申诉、抗诉和决定再审的理由进行审理;必要时,应当对原判决、裁定认定的事实、证据和适用法律进行全面审查。

1. 开庭审理

开庭审理,是指审判人员直接调查核实事实和证据,传唤当事人,通知证人、鉴定人、辩护人、公诉人到庭,经法庭调查和辩论后进行评议和宣判。根据最高人民法院2001年12月26日《关于刑事再审案件开庭审理程序的具体程序》的规定,对下列案件应当开庭审理:(1)依照第一审程序审理的;(2)依照第二审程序需要对事实或证据进行审理的;(3)人民检察院按照审判监督程序提出抗诉的;(4)可能对原审被告人(原审上诉人)加重刑罚的;(5)有其他应当开庭审理情形的。

2. 不开庭审理

不开庭审理包括:书面和调查询问式审理。

书面审理,是指人民法院采用调阅案卷,书面审查核实各种证据和适用法律等情形后,由合议庭直接评议作出裁判。书面审理方式一般适用于:(1)原判决、裁定认定事实清楚,证据确实、充分,但适用法律错误,量刑畸重的;(2)旧《刑事诉讼法》实施以前裁判的;(3)原审被告人(原审上诉人)、原审自诉人已经死亡或者丧失行为能力的;(4)原审被告人(原审上诉人)在交通十分不便的边远地区监狱服刑，提押到庭确有困难的，但人民检察院提出抗诉的，人民法院征得人民检察院同意的；(5)人民法院按照审判监督程序决定再审，经两次通知，人民检察院不派员出庭的。

调查询问式，一般指对事实清楚，经过阅卷、讯问被告人的意见，同时将讯问被告人与调查新事实、收集新证据、审查原判决、裁定、询问有关诉讼参与人等方法有机结合起来。人民法院开庭审理的再审案件，同级人民检察院应当派员出席法庭。人民法院应听取人民检察院对原判决、裁定的看法以及如何纠正错误裁判的意见，必要时，应当通知检察院派员旁听合议庭对案件的评议。

综上，对存在事实、证据意见分歧较大、可能作出不利被判刑人改判以及检察院提起抗诉的案件，应当开庭审理；而对于适用法律错误、原审时间较为久远等情节较轻的案件可以采用不开庭审理方式进行。对那些原审被告人、原审自诉人已经死亡或者丧失行为能力的案件，也可以不开庭审理，必要时可以终止审理。

二、重新审判案件的程序

《刑事诉讼法》第245条第1款规定："人民法院按照审判监督程序重新审判的案件，由原审人民法院审理的，应当另行组成合议庭进行。如果原来是第一审案件，应当依照第一审程序进行审判，所作的判决、裁定，可以上诉、抗诉；如果原来是第二审案件，或者是上级人民法院提审的案件，应当依照第二审程序进行审判，所作的判决、裁定，是终审的判决、裁定。"该规定表明，重新审判案件的程序，应当按照第一审还是第二审程序进行，由于再审案件有其特殊的提起主体、诉讼文书、诉讼期限及原审被告人的不同处境等情况，所以对其重新审理的具体程序也不相同，但是，基本上是按原审的程序进行。对人民检察院提出抗诉的案件，受理抗诉的人民法院决定提审的，应按第二审程序进行审判，所作的判决、裁定是终审的判决、裁定。人民法院开庭审理的再审案件，同级人民检察院应当派员出席法庭。这同时也是人民检察院履行法律监督职责的要求，保障被判刑人的辩解、辩护和对证据质证、辩论等诉讼权利的实现。

再审案件审理过程中，应当注意以下几点：(1)根据"不加刑原则"，除人民检察院抗诉的以外，再审一般不得加重原审被告人以及其他没有提出申诉的同案原审被告人的刑罚。(2)人民法院审理人民检察院抗诉的再审案件，人民检察院在开庭审理前撤回抗诉的，应当裁定准许；人民检察院接到出庭通知后不派员出庭,且未说明原因的,可以裁定按撤回抗诉处理,并通知诉讼参与人。(3)人民法院审理申诉人申诉的再审案件,申诉人在再审期间撤回申诉的,应当裁定准许;申诉人经依法通知无正当理由拒不到庭,或者未经法庭许可中途退庭的,应当裁定按撤回申诉处理,但申诉人不是原审当事人的除外。(4)开庭审理的再审案件,系人民法院决定再审的,由合议庭组成人员宣读再审决定书;系人民检察院抗诉的,由检察人员宣读抗诉书;系申诉人申诉的,由申诉人或者其辩护人、诉讼代理人陈述申诉理由。

三、再审中强制措施的适用

在已生效的裁判中,被判刑人往往已交付执行。"需要对被告人采取强制措施的"应当包括强制措施的适用和变更。强制措施的适用是对于刑罚已经执行完毕或者原判无罪释放的人;变更是对正在服刑可能改判为无罪的人,将羁押变更为取保候审等强制措施。被提起审判监督抗诉的个人在面临重新审判并有可能被加重刑罚之时,不乏逃避抗诉审查和审判的现象。依据最高人民法院的司法解释,人民法院接到人民检察院再审抗诉书后,在最终无法找到原审被告人(原审上诉人)的情况下,应将案卷退回人民检察院。《刑事诉讼法》第246条第1款规定:"人民法院决定再审的案件,需要对被告人采取强制措施的,由人民法院依法决定;人民检察院提出抗诉的再审案件,需要对被告人采取强制措施的,由人民检察院依法决定。"该规定表明,由哪一机关启动的再审程序并需要对被告人采取强制措施的,即由哪一机关决定。如果由人民法院依职权自行决定再审的,由人民法院决定适用;如果是人民检察院抗诉启动再审的,由人民检察院决定适用。在司法实践中,主要有以下几种情形需要适用强制措施:(1)被告人服刑期满或已被减刑、假释,有逃避、妨碍诉讼的可能;(2)被告人的主刑已经执行完,正在服附加刑期间;(3)被告人单独被判处附加刑的,正在服刑期间;(4)在边远地区监狱等监禁刑执行机关服刑,提押到庭困难。如果原审被告人被采取逮捕羁押的强制措施后,人民检察院或人民法院最终又没有提起审判监督抗诉或案件经再审宣布原审被告人无罪的,作出逮捕决定的机关应承担国家赔偿责任。

《刑事诉讼法》第246条第2款规定,人民法院按照审判监督程序审判的案件,可以决定中止原判决、裁定的执行。在司法实践中,人民法院在决定再审之际对案件事实和证据有了充分的了解,可能有相当的证据表明原判可能需要改判。如果在再审审理阶段原判决、裁定继续执行,可能会侵犯原审被告人的基本权利或者可能会放纵犯罪。因此,人民法院可以根据案件具体情况，变更强制措施，对正在服刑可能改判为无罪的人，将羁押变更为取保候审等强制措施。如果人民法院认为应当中止原判决、裁定执行的，应当制作书面的决定书。中止只是暂时停止法律效力，只有改判或者撤销原判、发回重审的裁定之后，原判决才失去法律效力。

四、重新审判后的处理

人民法院按照审判监督程序重新审判案件，经过审理以后，根据案件的不同情况，应当分别作出如下处理：

(1)原判决、裁定认定事实和适用法律正确、量刑适当的，应当裁定驳回申诉或者抗诉，维持原判决、裁定；

(2)原判决、裁定定罪准确、量刑适当，但在认定事实、适用法律等方面有瑕疵的，应当裁定纠正并维持原判决、裁定；

(3)原判决、裁定认定事实没有错误，但适用法律错误，或者量刑不当的，应当撤销原判决、裁定，依法改判；

(4)依照第二审程序审理的案件，原判决、裁定事实不清或者证据不足的，可以在查清事实后改判，也可以裁定撤销原判，发回原审人民法院重新审判。

另外，原判决、裁定事实不清或者证据不足，经审理事实已经查清的，应当根据查清的事实依法裁判；事实仍无法查清，证据不足，不能认定被告人有罪的，应当撤销原判决、裁定，判决宣告被告人无罪。对于被提出抗诉的原审被告人已经死亡或者在审理过程中死亡的，人民法院应当裁定终止审理；但对能够查清事实，确认原审被告人无罪的，应当予以改判。原判决、裁定认定被告人姓名等身份信息有误，但认定事实和适用法律正确、量刑适当的，作出生效判决、裁定的人民法院可以通过裁定对有关信息予以更正。

对再审改判宣告无罪并依法享有申请国家赔偿权利的当事人，人民法院宣判时，应当告知其在判决发生法律效力后可以依法申请国家赔偿。再审程序同时适用“不加刑”原则，除人民检察院抗诉的以外，再审一般不得加重原审被告人的刑罚。再审决定书或者抗诉书只针对部分原审被告人的，不得加重其他同案原审被告人的刑罚，以防止被告人担心加重刑罚而不敢申诉，保障被告人的申诉权。

五、重新审判案件的审理期限

重新审判案件的审理期限，是指人民法院从确定对生效裁判重新审判开始到审理终结之间所必须遵守的法定期限。为了提高审判监督程序的工作效率,保障有关当事人的合法权益,防止案件久拖不决,及时纠正错误的判决、裁定,保护公民的合法权益,《刑事诉讼法》第 247 条第 1 款规定:“人民法院按照审判监督程序重新审判的案件,应当在作出提审、再审决定之日起三个月以内审结,需要延长期限的,不得超过六个月。”

为了更好地使抗诉案件的接受与审理方式相衔接,《刑事诉讼法》第 247 条第 2 款规定:“接受抗诉的人民法院按照审判监督程序审判抗诉的案件,审理期限适用前款规定;对需要指令下级人民法院再审的,应当自接受抗诉之日起一个月以内作出决定,下级人民法院审理案件的期限适用前款规定。”由于人民检察院按照审判监督程序提出抗诉,人民法院无须再作出再审决定书,因而审理期限应当自人民法院收到人民检察院抗诉书的次日起计算。

【深度阅读】

1. 孙洪坤著:《刑事诉讼法的时代精神》,法律出版社 2009 年版。

2. 刘计划:“检察机关刑事审判监督职能解构”,载《中国法学》2012 年第 5 期。

3. 胡铭等著:《错案是如何发生的:转型期中国式错案的程序逻辑》,浙江大学出版社 2013 年版。

【课后思考】

1. 有权提起审判监督程序的主体有哪些?

2. 简述提起审判监督程序的条件。

3. 比较审判监督程序与二审程序的异同。

4. 法院依照审判监督程序对案件进行重新审理后,如何作出裁决?

5. 案例题:佘祥林因涉嫌“杀妻”被荆门地区中级人民法院一审判处死刑,佘祥林不服提出上诉。后该案被省高级人民法院二审撤销原判发回重审后,经市、县两级政法委多次协商,改由京山县人民法院一审判处有期徒刑 15 年,荆门市中级人民法院于 1998 年 9 月 22 日裁定驳回上诉,维持原判(此为终审裁定)。2005 年 3 月 4 日,佘祥林的“死妻”复活。荆门市中级人民法院于 2005 年 3 月 29 日召开院党组会,启动再审程序,重组合议庭对该案进行审查,紧急撤销原一审判决和终审裁定,发回京山县人民法院重新审判。京山县人民法院于 2005 年 4 月 13 日对佘祥林宣告无罪。

问:此案在诉讼程序上有何错误?为什么?

6. 某直辖市人民检察院分院发现本市中级人民法院以挪用公款罪判处被告人李某有期徒刑15年的第二审生效判决在适用法律上确有错误，该检察分院按下列哪一个程序处理是正确的？（单选题）

A. 向本市中级人民法院提起抗诉

B. 向本市高级人民法院提起抗诉

C. 报请市人民检察院，由市人民检察院向市高级人民法院提起抗诉

D. 向本市中级人民法院提出纠正意见

7. 某市人民法院审理市人民检察院依照审判监督程序提出抗诉的案件时，原审被告人王某收到抗诉书后下落不明。该法院应当作出什么处理？（单选题）

A. 驳回抗诉

B. 中止审理

C. 终止审理

D. 裁定维持原判

8. 某市中级人民法院判处被告人死缓。被告人没有上诉，检察机关没有抗诉。该案经省高级人民法院核准后，被害人不服，提出申诉。如果提起审判监督程序，下列哪一选项是正确的？（单选题）

A. 由市人民检察院提出抗诉

B. 由省人民检察院提起审判监督程序

C. 由市中级人民法院院长提交本院审判委员会处理

D. 由省高级人民法院院长提交本院审判委员会处理

9. 下列哪些情况可以导致审判监督程序的提起？（多选题）

A. 证明案件事实的主要证据之间存在矛盾

B. 适用缓刑错误

C. 违反回避制度

D. 审判人员在审判该案件时有贪污、受贿、徇私舞弊、枉法裁判的行为

10. 甲因犯贪污罪经一审程序被判处死刑缓期2年执行，判决生效后发现本案第一审的合议庭成员在审理此案时，收受甲的贿赂。对于本案，下列哪些机关有权提起审判监督程序？（多选题）

A. 审判该案的第一审中级人民法院

B. 该省高级人民法院

C. 该省人民检察院

D. 最高人民检察院

11. 下列再审案件，哪些可以不开庭审理？（多选题）

A. 李某抢劫案，原判事实清楚、证据确实、充分，但适用法律错误，量刑畸重

B. 葛某受贿案，葛某已死亡

C. 张某、卞某为同案原审被告人，张某在交通十分不便的边远地区监狱服刑，提审到庭确有困难，但未经抗诉的检察院同意

D. 陈某强奸案，原生效裁判于1979年之前作出

第五编
执 行 程 序

本部分要点

执行依据
死刑执行
执行变更
暂予监外执行
减刑、假释的审理程序
执行监督

以折狱致刑。

——《易经·丰卦》

执行乃法律之终局及果实。

——拉丁法谚

周某、赵某和贾某因涉嫌强奸、抢劫（共同犯罪），程某因涉嫌包庇贾某被人民法院依法判刑。周某被判处死刑立即执行；赵某被判处无期徒刑；贾某被判处有期徒刑 10 年；程某被判处有期徒刑 1 年，缓刑 2 年。判决生效后，下级人民法院在接到对周某执行死刑的命令后，发现裁判可能有错误，遂停止执行，并立即报请核准死刑的人民法院裁定。核准死刑的人民法院作出死刑裁判没有错误的裁定后，下级人民法院立即对周某执行了死刑。在执行死刑时，只有法院的指挥人员、执行人员及维持秩序的公安人员到场，执行前为避免混乱未予公布，在闹市区执行注射。某监狱在对赵某、贾某的执行过程中，因赵某患有严重疾病而将其保外就医，对贾某则在其服刑满 5 年后向某法院提出了假释建议。程某在缓刑考验期间，因违反公安部门有关缓刑的监督管理规定，负责执行的公安机关向原作出缓刑裁判的人民法院提出了撤销程某缓刑的建议书。该法院认为程某在缓刑考验期间并未犯罪，未接受公安机关的建议。

第一节 执行的概念及意义

一、执行的概念

刑事诉讼中的执行，是指人民法院将已经发生法律效力的判决和裁定交付执行机关，以实施其确定的内容，以及处理执行中的变更问题而依法进行的诉讼活动。

判决和裁定在发生法律效力后，应立即予以执行。这是由刑事诉讼的任务和生效判决和裁定的特点决定的。判决和裁定发生法律效力后，一般具有稳定性、排他性、强制性三大特点。

执行是刑事诉讼的最后一个诉讼程序，但是并非判决、裁定的整个执行过程和一切活动都属于刑事诉讼的范围。刑事执行中，属于刑事诉讼范畴的，仅限两个方面：一是人民法院将已经发生法律效力的判决和裁定交付执行；二是解决执行过程中所发生的诉讼问题。简言之，就是交付执行和变更执行。交付执行，是指人民法院将已发生法律效力的判决和裁定，交付有关刑罚执行机关的活动，或者是人民法院自己实现生效判决和裁定的内容的活动，如自己实现判处罚金、没收财产的判决。变更执行，是指判决和裁定在执行过程中，由于出现了法定情形，人民法院将原判决、裁定依法予以变更的活动。其他执行活动则属于司法行政活动。

二、执行的依据和机关

（一）执行的依据

人民法院发生法律效力的判决和裁定，是执行机关对罪犯实施惩罚和改造的法律依据。根据《刑事诉讼法》第248条的规定，人民法院发生法律效力的刑事判决和裁定，是指以下几种：

1. 已过法定期限没有上诉、抗诉的判决和裁定；
2. 终审的判决和裁定；
3. 最高人民法院核准的死刑的判决和高级人民法院核准的死刑缓期2年执行的判决。

（二）执行的机关

执行机关又被称为执行主体。生效判决和裁定因内容不同，执行机关也不相同。主要的执行机关有以下几种:(1)法院;(2)监狱;(3)未成年犯管教所;(4)公安机关;(5)社区矫正机构。

根据《刑事诉讼法》第249条、第250条、第260条和第261条的规定,死刑、罚金和没收财产的判决和裁定,以及无罪或免除刑罚的判决,均由人民法院自己执行。

《刑事诉讼法》第253条规定:"对于被判处死刑缓期二年执行、无期徒刑、有期徒刑的罪犯,由公安机关依法将该罪犯送交监狱执行刑罚。对被判处有期徒刑的罪犯,在被交付执行刑罚前,剩余刑期在三个月以下的,由看守所代为执行。对于被判处拘役的罪犯,由公安机关执行。未成年犯应当在未成年犯管教所执行刑罚。"

1996年《刑事诉讼法》第214条、第217条和第218条规定:暂予监外执行、徒刑缓刑、假释以及管制、剥夺政治权利的判决和裁定,由公安机关执行或考察监督。在交付有关部门执行时,人民法院应当按照案件的性质和刑罚的不同,把判决或裁定交付法律所规定的有关部门执行。而2012年《刑事诉讼法》第258条、第259条规定,对被判处管制、宣告缓刑、假释或者暂予监外执行的罪犯,依法实行社区矫正,由社区矫正机构负责执行。对被判处剥夺政治权利的罪犯,由公安机关执行。执行期满,应当由执行机关书面通知本人以及所在单位、居住地基层组织。

比较前后两部《刑事诉讼法》,我们不难发现,2012年《刑事诉讼法》将社区矫正上升到了法律的高度,规定了社区矫正为管制、宣告缓刑、假释或者暂予监外执行的执行方式。社区矫正具有惩罚性和恢复性双重作用:一方面,通过强制要求罪犯参与社区矫正,强迫罪犯进行社区矫正方面的工作,要求其按照相关社区矫正的制度规定,遵守法律法规,完成矫正任务;另一方面,通过"行刑社会化",弱化监狱的封闭性、放宽罪犯自由度、增加罪犯与社会的联系,提高改造效果,使得罪犯能够尽快回归社会,同时促进社会和谐。2012年《刑事诉讼法》将这一制度用法律加以强固,其行为是值得肯定的。

三、执行的意义

判决和裁定的执行,是刑事诉讼的最后一个阶段。在这一阶段中,人民法院和执行机关采取法定措施,将判决和裁定中所宣告的刑罚和其他决定付诸实施。因此,执行在整个刑事诉讼过程中占有重要的地位,其意义是:

1. 准确、及时、迅速地执行判决和裁定,可以使被判处刑罚的犯罪分子受到应得的法律制裁。这不仅打击了他们的犯罪活动,保护了国家和人民的利益,同时对被判处刑罚的犯罪分子本人,通过惩罚和教育进行改造,使其改恶从善,重新做人。

2. 准确、及时地执行判决和裁定,不仅可以使被判处刑罚的犯罪分子受到应得的法律制裁,而且可以使无罪和被免除刑事处罚的在押被告人得到立即释放。特别是对依照法律被认定为无罪的被告人,可以使其名誉得到恢复,合法利益得到保护。

3. 通过正确地执行判决和裁定,可以教育公民遵守法律,并使他们进一步认识到,任何犯罪行为,都逃脱不了法律的制裁,以增强公民的法制观念,提高同违法犯罪行为作斗争的自觉性。同时,对那些违法尚未构成犯罪,或者对于那些有犯罪企图的社会不稳定分子,也可以使其认识到,只要进行犯罪活动,就会被揭露和受到法律的惩罚,从而起到预防和减少犯罪的作用,有效地推动社会治安综合治理方针的贯彻落实,实现社会秩序的长治久安。

第二节 各种判决、裁定的执行

一、死刑立即执行判决的执行

死刑是依法剥夺犯罪分子生命的刑罚,是刑罚中最严厉的刑种。为了防止无法挽回的错杀,我国《刑事诉讼法》第250~252条以及最高法《解释》在死刑执行程序上作了严格而周密的规定。

(一)死刑执行命令

《刑事诉讼法》第250条规定:“最高人民法院判处和核准的死刑立即执行的判决,应当由最高人民法院院长签发执行死刑的命令。”

最高法《解释》第341条规定:“最高人民法院的执行死刑命令,由最高人民法院交付原审人民法院执行,原审人民法院接到死刑执行命令后,应当在7日内执行。”

(二)停止执行

根据《刑事诉讼法》第251条的规定,下级人民法院接到最高人民法院执行死刑的命令后,应当在7日以内交付执行。但是发现有下列情形之一的,应当停止执行,并且立即报告最高人民法院,由最高人民法院作出裁定:(1)在执行前发现判决可能有错误的;(2)在执行前罪犯揭发重大犯罪事实或者有其他重大立功表现，可能需要改判的；(3)罪犯正在怀孕。前款第1项、第2项停止执行的原因消失后，必须报请最高人民法院院长再签发执行死刑的命令才能执行；由于前款第3项原因停止执行的，应当报请最高人民法院依法改判。

下级人民法院接到最高人民法院停止执行死刑的裁定后，应当会同有关部门调查核实停止执行死刑的事由，并及时将调查结果和意见层报最高人民法院审核。对下级人民法院报送的停止执行死刑的调查结果和意见，由最高人民法院原作出核准死刑判决、裁定的合议庭负责审查，必要时，另行组成合议庭进行审查。同时，最高人民法院对停止执行死刑的案件，应当按照下列情形分别处理：

1. 确认罪犯怀孕的，应当改判；

2. 确认罪犯有其他犯罪，依法应当追诉的，应当裁定不予核准死刑，撤销原判，发回重新审判；

3. 确认原判决、裁定有错误或者罪犯有重大立功表现，需要改判的，应当裁定不予核准死刑，撤销原判，发回重新审判；

4. 确认原判决、裁定没有错误，罪犯没有重大立功表现，或者重大立功表现不影响原判决、裁定执行的，应当裁定继续执行死刑，并由院长重新签发执行死刑的命令。

(三)死刑执行的监督

《刑事诉讼法》第252条规定："人民法院在交付执行死刑前，应当通知同级人民检察院派员临场监督。"

人民检察院接到通知后，要查明同级人民法院是否收到最高人民法院核准死刑的裁定或者作出的死刑判决、裁定和执行死刑的命令，并派检察人员临场监督。临场监督执行死刑的检察人员应当依法监督执行死刑的活动是否合法。此外，若是临场监督人员发现执行死刑的过程中有其他严重违法情况的，也应及时提出纠正意见。根据需要，临场监督人员应检查罪犯是否确已死亡，并填写临场监督笔录，签名后入卷归档。

(四)执行死刑的方法和场所

1. 执行死刑的方法

《刑事诉讼法》第252条规定："死刑采用枪决或者注射等方法执行。""枪决"，是用枪弹射击罪犯致其死亡的执行死刑的方法，世界上用枪决方式执行死刑的国家并不多，大多数保留死刑的国家都是采用绞刑来处决犯人。

枪决也曾经是我国采用的死刑执行方式,但已逐渐被注射死刑所取代。“注射”,是指通过注射致命性药物使罪犯死亡的执行方法,是1996年《刑事诉讼法》新设立的一种行刑方法。用注射方法执行死刑,具有执行方便、痛苦小、死亡迅速等特点,是更为人道、先进、文明的执行死刑方法。至于立法中“注射等方法”中的“等方法”,是指比枪决、注射更为人道、科学、文明的方法。

2. 执行死刑的场所

根据《刑事诉讼法》的规定,死刑可以在刑场或者指定的羁押场所内执行。所谓“刑场”,是指传统意义上由执行机关设置的执行死刑的场所。刑场不得设在繁华地区、交通要道和旅游区附近。所谓“指定的羁押场所”,是指人民法院指定的监狱或者看守所。执行死刑应严格控制刑场,除依法执行死刑的司法工作人员以外,其他任何人不准进入刑场。

在这里需要注意的是,指挥执行的审判人员,对罪犯应当验明正身,讯问有无遗言、信札,然后交付执行人员执行死刑。在执行前,如果发现可能有错误,应当暂停执行,报请最高人民法院裁定。

3. 执行死刑后的事宜

执行死刑应当公布,不应示众。处决罪犯的布告要选择在适当范围内,适当地点张贴,以使人民群众了解情况。

执行死刑后,应当由法医验明罪犯确实死亡,在场书记员制作笔录。负责执行的人民法院应当在执行死刑后15日内将执行情况,包括罪犯被执行死刑前后的照片,上报最高人民法院。

执行死刑后,负责执行的人民法院应当办理以下事项:

(1)对罪犯的遗书、遗言笔录,应当及时审查;涉及财产继承、债务清偿、家事嘱托等内容的,将遗书、遗言笔录交给家属,同时复制附卷备查;涉及案件线索等问题的,抄送有关机关;

(2)通知罪犯家属在限期内领取罪犯骨灰;没有火化条件或者因民族、宗教等原因不宜火化的,通知领取尸体;过期不领取的,由人民法院通知有关单位处理,并要求有关单位出具处理情况的说明;对罪犯骨灰或者尸体的处理情况,应当记录在案;

(3)对外国籍罪犯执行死刑后,通知外国驻华使、领馆的程序和时限,根据有关规定办理。

二、死刑缓期2年执行、无期徒刑、有期徒刑和拘役判决的交付执行

(一)执行法律文书的交付

《刑事诉讼法》第253条第1款规定:“罪犯被交付执行刑罚的时候,应当

由交付执行的人民法院在判决生效后10日以内将有关的法律文书送达公安机关、监狱或者其他执行机关。”我国《监狱法》第16条规定：“罪犯被交付执行刑罚时，交付执行的人民法院应当将人民检察院的起诉书副本、人民法院的判决书、执行通知书、结案登记表同时送达监狱。监狱没有收到上述文件的，不得收监；上述文件不齐全或者记载有误的，作出生效判决的人民法院应当及时补充齐全或者作出更正；对其中可能导致错误收监的，不予收监。”上述这四种法律文书对于刑罚执行机关对罪犯正确执行刑罚，对罪犯进行教育改造，具有重要意义。人民法院交付执行的时候，以上四种法律文书必须齐备，缺一不可。对于一案有多名罪犯的，交付执行的人民法院应当按他们的人数送达法律文书，切不可共用。

（二）交付执行的期限

根据《刑事诉讼法》第253条和《监狱法》第15条的规定，对于被判处死刑缓期2年执行、无期徒刑、有期徒刑的罪犯，交付执行的人民法院应当在判决生效后10日之内将执行通知书、判决书及时送达羁押该罪犯的公安机关，公安机关应当自收到执行通知书、判决书之日起1个月内将该罪犯送交监狱或其他执行机关执行；对于被判处拘役的罪犯，由公安机关立即交付执行。执行通知书回执经看守所盖章后，应当附卷备查。

2012年《刑事诉讼法》明确规定了交付执行的时限为判决生效后10日以内，这体现了交付执行的有效性和及时性，有利于判决所规定的内容尽快得到实施，同时有利于减少羁押场所的压力。

（三）交付执行的场所

死刑缓期2年执行、无期徒刑、有期徒刑、拘役虽然都属于剥夺人身自由的刑罚，但由于犯罪性质、刑种、刑期、犯罪人是否成年的不同，各种刑罚在执行方式、执行场所等方面都有所不同。

2012年《刑事诉讼法》第253条第2款、第3款规定，对被判处死刑缓期2年执行、无期徒刑、有期徒刑的罪犯，由公安机关依法将该罪犯送交监狱执行刑罚。对被判处有期徒刑的罪犯，在被交付执行刑罚前，剩余刑期在3个月以下的，由看守所代为执行。对被判处拘役的罪犯，由公安机关执行；对于未成年犯应当在未成年犯管教所执行刑罚。

对未成年犯应在未成年犯管教所执行，是因为：（1）未成年犯管教所在管理上比监狱相对宽松，使未成年犯在生理上和心理上能够承受；（2）将未成年犯与成年犯分别关押于不同场所进行教育改造，可以避免成年犯对未成年犯的传授、教唆,同时也便于对未成年犯采取有针对性的教育改造措施,使其能够更好地进行文化知识、基础技能的教育;(3)未成年犯管教所在名称上与监狱相区别,有利于避免对未成年犯造成过深的“监狱烙印”和心理伤害。

(四)交付执行中应遵守的规定

1. 分管分押

监狱、看守所等执行机关应当将罪犯分管分押,按照惩罚和改造相结合、教育和劳动相结合的原则对罪犯进行改造。执行机关应当依法对罪犯进行法制、道德、文化、职业技术等方面的教育。有劳动能力的罪犯必须参加劳动。罪犯的劳动时间及报酬,应按照国家的有关规定执行。对于判处拘役的服刑罪犯,每月可允许其回家1~2天,路费自理。对于未成年犯的改造,应按照“教育改造为主,轻微劳动为辅”的原则进行。《监狱法》第75条规定:“对未成年犯执行刑罚应当以教育改造为主。未成年犯的劳动,应当符合未成年人的特点,以学习文化和生产技能为主。监狱应当配合国家、社会、学校等教育机构,为未成年犯接受义务教育提供必要的条件。”

2. 收押后通知罪犯家属

罪犯收监后,监狱应当通知罪犯家属。通知书应当自收监之日起5日内发出。

3. 对罪犯死亡、脱逃、犯新罪等情况的处理

刑罚执行机关对于罪犯死亡、脱逃已满2个月尚未捕回及捕回的变动情况,应当书面通知交付执行的人民法院和担负监所检察的人民检察院。

对于在死刑缓期执行期间故意犯罪的,应当由人民检察院提起公诉,服刑地的中级人民法院审判,所作的判决可以上诉、抗诉。认定构成故意犯罪的判决、裁定发生法律效力后,应当层报最高人民法院核准执行死刑。核准后,交罪犯服刑地的中级人民法院执行。

4. 刑期的计算

有期徒刑、拘役的刑期,从判决执行之日起计算。判决前被拘留和逮捕而予以先行羁押的,羁押1日折抵刑期1日。被判处有期徒刑、拘役的罪犯服刑期满,刑罚执行机关应当按期释放并发给释放证明书。

三、有期徒刑缓刑、拘役缓刑判决的执行

《刑事诉讼法》第258条规定:“对被判处管制、宣告缓刑、假释或者暂予监外执行的罪犯,依法实行社区矫正,由社区矫正机构负责执行。”

(一)有期徒刑缓刑、拘役缓刑的适用条件

缓刑,是指在具备一定的法定条件下,对被判处一定刑罚的罪犯,在一定期间内暂缓执行刑罚,如果罪犯在暂缓执行期间未犯新罪,则原判刑罚就不再执行的一种制度。缓刑不是刑种,而是刑罚具体运用的一种特殊执行方式。

《刑法》第72条规定,对于被判处拘役、3年以下有期徒刑的犯罪分子,同时符合下列条件的,可以宣告缓刑,对其中不满18周岁的人、怀孕的妇女和已满75周岁的人,应当宣告缓刑:

1. 犯罪情节较轻;

2. 有悔罪表现;

3. 没有再犯罪的危险;

4. 宣告缓刑对所居住社区没有重大不良影响。

宣告缓刑,可以根据犯罪情况,同时禁止犯罪分子在缓刑考验期限内从事特定活动,进入特定区域、场所,接触特定的人。被宣告缓刑的犯罪分子,如果被判处附加刑,附加刑仍须执行。同时,《刑法》第74条规定:"对于累犯和犯罪集团的首要分子,不适用缓刑。"

(二)有期徒刑缓刑、拘役缓刑的考验期限

对于被判处有期徒刑、拘役宣告缓刑的罪犯,在宣告缓刑时,应当同时宣告缓刑的考验期。《刑法》第73条规定:"拘役的缓刑考验期限为原判刑期以上一年以下,但是不能少于二个月。有期徒刑的缓刑考验期限为原判刑期以上五年以下,但是不能少于一年。缓刑考验期限,从判决确定之日起计算。"

罪犯在缓刑考验期内,应当遵守下列规定:(1)遵守法律、行政法规,服从监督;(2)按照考察机关的规定报告自己的活动情况;(3)遵守考察机关关于会客的规定;(4)离开所居住的市、县或者迁居,应当报经考察机关批准。

被宣告缓刑的犯罪分子,在缓刑考验期限内没有再犯新罪,考验期满,原判刑罚就不再执行,公安机关应当公开向罪犯和有关群众和组织宣布终止考察,不必再另办法律手续;在缓刑考验期限内犯新罪或者发现判决宣告以前还有其他罪没有判决的,应当撤销缓刑,由审判新罪的人民法院对新犯的罪或者新发现的罪作出判决,把前罪和后罪所判处的刑罚,依照《刑法》第69条规定,决定执行的刑罚。如果原来是上级人民法院判决宣告缓刑的,审判新罪的下级人民法院也可以撤销原判决宣告的缓刑。

被宣告缓刑的犯罪分子,在缓刑考验期限内,违反法律、行政法规或者国务院有关部门关于缓刑的监督管理规定,或者违反人民法院判决中的禁止令,情节严重的,应当撤销缓刑,执行原判刑罚。

缓刑考验期从判决之日起计算。判决确定前先行羁押的日期,不能折抵缓刑考验期。如果又犯新罪或发现未被判处的漏罪,则撤销缓刑,判处实刑,已执行的缓刑考验期也不能折抵刑期。但是判决执行前先行羁押的日期,应予折抵刑期。

（三）缓刑和死缓的区别

1. 适用前提不同。缓刑的适用以犯罪分子被判处拘役、3 年以下有期徒刑为前提;死缓的适用,以犯罪分子被判处死刑为条件。

2. 执行方法不同。被宣告缓刑的犯罪分子不予关押,而是由社区矫正机构负责矫正;而宣告死缓的罪犯必须予以关押,并实行劳动改造。

3. 考验期限不同。缓刑的考验期必须依所判刑种和刑期而确定,所判刑种和刑期的差别决定了其具有不同的法定考验期;死刑缓期执行法定期限为 2 年。

4. 法律后果不同。缓刑的法律后果,依犯罪分子在考验期内是否发生法定情形而分别为:原判的刑罚不再执行,或者撤销缓刑,把前罪与后罪所判处的刑罚按照数罪并罚的原则处理,或收监执行原判刑罚;死刑缓期执行的后果为:在死缓期限届满时,根据犯罪人的表现,或予以减刑,或在死缓执行期间因故意犯罪而执行死刑。

四、管制、剥夺政治权利判决的执行

（一）管制判决的执行

《刑事诉讼法》第 258 条规定:“对被判处管制、宣告缓刑、假释或者暂予监外执行的罪犯,依法实行社区矫正,由社区矫正机构负责执行。”由此可知,管制是指对罪行较轻的犯罪分子不实行关押,在社区矫正机构的管理和监督下进行矫正,并限制其一定自由的刑罚方法。

对被判处管制的犯罪分子,在判决发生法律效力后,由人民法院交付公安机关执行。实际执行中,执行机关应当根据人民法院的判决书、执行通知书,向罪犯所在单位或居住地群众,宣告罪犯的犯罪事实、管制期限、必须遵守的规定以及是否剥夺政治权利等情况,以便人民群众对罪犯实行监督,加强对罪犯的改造。

《刑法》第 38 条规定:“管制的期限,为三个月以上二年以下。判处管制，可以根据犯罪情况，同时禁止犯罪分子在执行期间从事特定活动，进入特定区域、场所，接触特定的人。”

被判处管制的罪犯，在管制期间，必须遵守法律、行政法规，服从监督；未经执行机关批准，不得行使言论、出版、集会、结社、游行、示威自由的权利；按照执行机关规定报告自己的活动情况；遵守执行机关关于会客的规定；离开所居住的市、县或者迁居，应当报经执行机关批准。对于被判处管制的犯罪分子，在劳动中应当同工同酬。

管制的刑期，从判决执行之日起计算；判决执行以前先行羁押的，羁押1日折抵刑期2日。管制期满，执行机关应及时解除对犯罪分子的管制，同时向罪犯本人和有关群众公开宣布，并且发给本人解除管制通知书。被附加剥夺政治权利的，应同时宣布恢复政治权利。

（二）剥夺政治权利判决的执行

《刑事诉讼法》第259条规定：“对被判处剥夺政治权利的罪犯，由公安机关执行。执行期满，应当由执行机关书面通知本人及其所在单位、居住地基层组织。”

剥夺政治权利是指依法剥夺犯罪分子一定期限参加国家管理和政治活动权利的刑罚方法。剥夺的是下列四项权利：（1）选举权和被选举权；（2）言论、出版、集会、结社、游行、示威自由的权利；（3）担任国家机关职务的权利；（4）担任国有公司、企业、事业单位和人民团体领导职务的权利。

剥夺政治权利既可以附加适用，也可以独立适用。法律规定附加适用剥夺政治权利的，一般是较重的犯罪；独立适用剥夺政治权利的，一般都适用于较轻的犯罪。例如，对于危害国家安全的犯罪分子应当附加剥夺政治权利；对于故意杀人、强奸、放火、爆炸、投毒、抢劫等严重破坏社会秩序的犯罪分子，可以附加剥夺政治权利。

对犯罪分子判处剥夺政治权利的时候，应当根据犯罪的性质、危害程度以及情节轻重，决定剥夺政治权利的期限，尤其是附加剥夺政治权利的刑期，应与所判处的主刑轻重相适应。根据《刑法》的规定，剥夺政治权利的期限有定期与终身之分，包括以下四种情况：

1. 判处管制附加剥夺政治权利，剥夺政治权利的期限与管制的期限相等，同时执行，即3个月以上2年以下；

2. 判处拘役、有期徒刑附加剥夺政治权利或者单处剥夺政治权利的期限，为1年以上5年以下；

3. 判处死刑、无期徒刑的犯罪分子，应当剥夺政治权利终身；

4. 死刑缓期执行或者无期徒刑减为有期徒刑的，附加剥夺政治权利的期限改为 3 年以上 10 年以下。

独立适用剥夺政治权利的，其刑期从判决确定之日起计算并执行。附加剥夺政治权利的刑期，从徒刑、拘役执行完毕之日或者从假释之日起计算；剥夺政治权利的效力当然施用于主刑执行期间。

被剥夺政治权利的犯罪分子，在执行期间，应当遵守法律、行政法规和国务院公安部门有关监督管理的规定，服从监督。执行期满，公安机关应当通知罪犯本人，并向所在单位或者基层组织及居住地等有关群众公开宣布，恢复其政治权利。

五、罚金、没收财产判决的执行

（一）罚金判决的执行

《刑事诉讼法》第 260 条规定："被判处罚金的罪犯，期满不缴纳的，人民法院应当强制缴纳；如果由于遭遇不能抗拒的灾祸缴纳确实有困难的，可以裁定减少或者免除。"

罚金，是人民法院依法判决犯罪公民或犯罪单位，向国家缴纳一定数额金钱的刑罚方法，不得以其他刑罚代替罚金。罚金作为一种财产刑，是以剥夺犯罪人金钱为内容的，这是罚金与其他刑罚方法显著区别之所在。

根据《刑事诉讼法》第 260 条的规定，罚金判决应由人民法院负责执行。人民法院在判处罚金时，应当根据犯罪情节决定罚金数额，即罚金数额应当与犯罪情节相适应。这是罪刑均衡原则在罚金裁量上的具体体现。

被判处罚金的罪犯或者犯罪单位，应按照判决确定的数额在判决规定的期限内一次或分期缴纳。期满无故不缴纳的，人民法院应当强制缴纳。例如，对于被判处罚金的自然人，期满无故不缴纳的，人民法院可以通知其所在单位扣发工资或采取查封、变卖罪犯个人财产等方式执行；对被判处罚金的犯罪单位，人民法院可以通知银行从其账户上直接划拨。罪犯缴纳的罚金，应按规定及时上缴国库，任何机关、个人都不得挪作他用或者私分。

被判处罚金的罪犯，如果由于遭遇不能抗拒的灾祸缴纳罚金确有困难的，可以向人民法院申请减少或者免除。申请时应当提交相关证明材料。人民法院应当在收到申请后 1 个月内作出裁定，若是查证属实的，可以裁定对判决确定的罚金数额予以减少或者免除。这种裁定不是对原判决的改判，而是根据实际情况作出的变通处理。

（二）没收财产判决的执行

《刑事诉讼法》第261条规定："没收财产的判决，无论附加适用或者独立适用，都由人民法院执行；在必要的时候，可以会同公安机关执行。"

没收财产，是指把犯罪人个人所有财产的一部或者全部依法强制无偿地收归国有的一种刑罚方法。没收财产也是一种财产刑，但它不同于罚金，是适用于罪行严重的犯罪分子的刑罚方法。没收财产可以附加适用，也可以独立适用。

没收财产刑适用对象主要包括以下两种：(1)危害国家安全罪是适用没收财产刑的首要对象；(2)经济犯罪及贪利性的犯罪是没收财产刑的重要对象。为防止执行前罪犯或其他人将财产转移等影响判决执行的情况发生，人民法院可以先采取查封、扣押、冻结被告人财产的措施。

没收财产只限于没收犯罪分子个人所有的部分或者全部财产。没收全部财产的，应当对犯罪分子个人及其扶养的家属保留必需的生活费用。在判处没收财产的时候，不得没收属于犯罪分子家属所有或者应有的财产。如果在没收的财产中，有罪犯利用犯罪手段获得的他人财产，经原主申请，并经人民法院查证属实后，应将原物退还原主。

关于需要以没收的财产偿还债务的问题，《刑法》第60条规定："没收财产以前犯罪分子所负的正当债务，需要以没收的财产偿还的，经债权人请求，应当偿还。"根据这一规定我们可知，只有同时具备了以下三个条件，才能以没收的财产偿还债务：(1)必须是没收财产以前犯罪分子所负债务，包括所负国家、集体和个人的债务。(2)必须是合法的债务。非法债务，如赌债、高利贷超出合法利息部分的债务，不在此列。(3)必须经债权人提出请求。偿还犯罪分子所负债务，仅限于没收财产的范围内，并按我国《民事诉讼法》规定的清偿顺序偿还。

对于没收的财产，应按有关规定及时上缴国库或财政部门，任何机关、个人都不得私自挪用、调换、压价私分或变相私分。

对于附带民事判决中财产部分的执行，应依照《民事诉讼法》和最高人民法院的有关规定办理。

六、无罪判决和免除刑罚判决的执行

《刑事诉讼法》第249条规定："第一审人民法院判决被告人无罪、免除刑事处罚的，如果被告人在押，在宣判后应当立即释放。"

无罪判决，是指人民法院依法确认被告人的行为不构成犯罪或者依法不予以追究或无法追究其刑事责任的一种判决。《刑事诉讼法》第 195 条规定，无罪判决可分为“依据法律认定被告人无罪”和“证据不足、指控的犯罪不能成立”两种。对于这两种无罪判决，人民法院都应当立即释放被关押的被告人。

《刑法》第 37 条规定：“对于犯罪情节轻微不需要判处刑罚的，可以免予刑事处罚，但是可以根据案件的不同情况，予以训诫或者责令具结悔过、赔礼道歉、赔偿损失，或者由主管部门予以行政处罚或者行政处分。”

免除刑罚，是指对行为作有罪宣告，但对行为人免除刑罚处罚，即不判处任何刑罚。免除刑罚包括两种情况：一是对行为作有罪宣告，不判处刑罚，但给予一定的非刑罚处罚；二是对行为作有罪宣告，既不判处刑罚，也不给予其他非刑罚处罚，即单纯宣告有罪。

《刑事诉讼法》规定，无罪、免除刑事处罚的判决，都由人民法院执行。为了保护不应受到刑罚处罚的被告人的合法权益，这类判决一经宣布，首先要将被关押的被告人立即释放，由人民法院将无罪或免除刑事处罚的判决书连同执行通知书送交看守所，看守所在接到上述法律文书后应当立即释放被关押的被告人。即使当事人及其法定代理人提出上诉或者人民检察院提出抗诉，一审判决尚未生效也不影响被告人的立即释放，不得等待判决生效后才予以执行。这是针对无罪判决和免除刑事处罚判决的执行问题所作出的特殊法律规定。

第三节　执行的变更程序

一、死刑、死缓执行的变更

根据《刑法》、《刑事诉讼法》以及相关司法解释的有关规定，我国的刑罚执行变更程序主要包括以下内容：

（一）死刑执行的变更

1. 停止死刑

根据《刑事诉讼法》第 251 条和最高法《解释》的相关规定，下级人民法院接到最高人民法院执行死刑的命令后，应当在 7 日以内交付执行。但是发现有下列情形之一的，法院应当停止执行，并且立即报告最高人民法院，由最高人民法院作出裁定：

（1）在执行前发现判决可能有错误的。这里的有错误是可能而不是确实，即发现判决在认定事实上或者适用法律上可能有错误，这种错误足以影响死刑判决的正确性。如果死刑判决在认定事实或者适用法律方面可能存在错误，就有可能错杀无辜。为了避免发生错杀，就必须停止执行死刑，对案件进行审查。经过审查，原判确有错误，适用死刑不当，即应层报请核准死刑的最高人民法院审核。

（2）在执行前罪犯揭发重大犯罪事实或者有其他重大立功表现，可能需要改判的。我国《刑法》第68条规定："犯罪分子有揭发他人犯罪行为，查证属实的，或者提供重要线索，从而得以侦破其他案件等立功表现的，可以从轻或者减轻处罚；有重大立功表现的，可以减轻或者免除处罚。"

（3）罪犯正在怀孕。在执行死刑前发现罪犯正在怀孕的，即应停止执行，报请核准死刑的最高人民法院依法改判其他刑罚。对于怀孕罪犯在羁押期间人工流产的，应视同正在怀孕。

在执行死刑的程序中规定停止执行死刑的变更执行情况。这充分体现了我国在适用死刑上的慎重态度。其目的，一是为了防止错杀，二是为了更好地体现我国一贯的"可杀可不杀的不杀"的刑事政策。

2. 暂停执行死刑

《刑事诉讼法》第252条第4款规定："指挥执行的审判人员，对罪犯应当验明正身，讯问有无遗言、信札，然后交付执行人员执行死刑。在执行前，如果发现可能有错误，应当暂停执行，报请最高人民法院裁定。"

所谓"发现可能有错误"，应包括《刑事诉讼法》第251条"应当停止执行死刑"的三项情形在内的一切可能的错误。例如，在验明正身时出现张冠李戴等情况，此类情况一经发现，指挥执行的审判人员及临场监督的检察人员应当立即决定暂停执行，以防错杀滥杀。

无论是停止执行死刑或暂停执行死刑，一旦作出决定，执行死刑的人民法院应当立即层报最高人民法院。第一审人民法院在接到执行死刑命令后、执行前，发现有下列情形之一的，应当暂停执行，并立即将请求停止执行死刑的报告和相关材料层报最高人民法院：

（1）罪犯可能有其他犯罪的；

（2）共同犯罪的其他犯罪嫌疑人到案，可能影响罪犯量刑的；

（3）共同犯罪的其他罪犯被暂停或者停止执行死刑，可能影响罪犯量刑的；

（4）罪犯揭发重大犯罪事实或者有其他重大立功表现，可能需要改判的；

（5）罪犯怀孕的；

（6）判决、裁定可能有影响定罪量刑的其他错误的。

最高人民法院经审查，认为可能影响罪犯定罪量刑的，应当裁定停止执行死刑；认为不影响的，应当决定继续执行死刑。

下级人民法院接到最高人民法院停止执行死刑的裁定后，应当会同有关部门调查核实停止执行死刑的事由，并及时将调查结果和意见层报最高人民法院审核。

对下级人民法院报送的停止执行死刑的调查结果和意见，由最高人民法院原作出核准死刑判决、裁定的合议庭负责审查；必要时，另行组成合议庭进行审查。

最高人民法院对停止执行死刑的案件，应当按照下列情形分别处理：

（1）确认罪犯怀孕的，应当改判；

（2）确认罪犯有其他犯罪，依法应当追诉的，应当裁定不予核准死刑，撤销原判，发回重新审判；

（3）确认原判决、裁定有错误或者罪犯有重大立功表现，需要改判的，应当裁定不予核准死刑，撤销原判，发回重新审判；

（4）确认原判决、裁定没有错误，罪犯没有重大立功表现，或者重大立功表现不影响原判决、裁定执行的，应当裁定继续执行死刑，并由院长重新签发执行死刑的命令。

（二）死刑缓期2年执行的变更

死刑缓期2年执行不是独立的刑罚种类，而是我国刑罚中死刑的一种特殊执行制度。《刑事诉讼法》第250条第2款规定："被判处死刑缓期二年执行的罪犯，在死刑缓期执行期间，如果没有故意犯罪，死刑缓期执行期满，应当予以减刑，由执行机关提出书面意见，报请高级人民法院裁定；如果故意犯罪，查证属实，应当执行死刑，由高级人民法院报请最高人民法院核准。"

同时，《刑法》第50条规定："判处死刑缓期执行的，在死刑缓期执行期间，如果没有故意犯罪，二年期满以后，减为无期徒刑；如果确有重大立功表现，二年期满以后，减为二十五年有期徒刑；如果故意犯罪，查证属实的，由最高人民法院核准，执行死刑。"因此，被判处死缓的罪犯在缓期执行期间能否得以减刑或判处立即执行死刑的唯一条件，便是有无故意犯罪。

二、暂予监外执行

暂予监外执行，是指对于被判处有期徒刑或者拘役的罪犯，本应在监狱或其他执行场所服刑，由于出现了法定的客观情形，不宜以监禁方式执行刑罚，而暂时采取放到监外执行刑罚的一种变通执行方法。

（一）暂予监外执行的适用条件

根据《刑事诉讼法》第254条的规定，对被判处有期徒刑或者拘役的罪犯，有下列情形之一的，可以暂予监外执行：

1. 有严重疾病需要保外就医的；

2. 怀孕或者正在哺乳自己婴儿的妇女；

3. 生活不能自理，适用暂予监外执行不致危害社会的。

对于符合监外执行条件的罪犯，如果认为保外就医可能有社会危险性的，或者为了达到暂予监外执行的目的而自伤自残的欺骗方法谋得保外就医，不能予以监外执行。对其中情节恶劣的，视情况还应追究其刑事责任。

（二）暂予监外执行的决定、批准与执行

《刑事诉讼法》第254条第5款规定："在交付执行前，暂予监外执行由交付执行的人民法院决定；在交付执行后，暂予监外执行由监狱或者看守所提出书面意见，报省级以上监狱管理机关或者设区的市一级以上公安机关批准。"

对于发现罪犯确实身患严重疾病或正在怀孕需要保外就医和生活不能自理需要暂予监外执行的，必须履行法定程序，由省级人民政府指定的医院开具证明文件，再进行之后的审批。证明文件应由医院业务院长签字，加盖公章，并附化验单、照片等有关病历档案。审批应由监狱或者其他执行机关提出书面意见，报省、自治区、直辖市的监狱管理机关批准。批准机关批准后，应当将批准的暂予监外执行决定通知公安机关和原判人民法院，并抄送人民检察院。

人民检察院认为暂予监外执行不当的，应当自接到通知之日起1个月以内将书面意见送交决定或者批准暂予监外执行的机关，决定或者批准暂予监外执行的机关接到人民检察院的书面意见后，应当立即对该决定进行重新核查。

对生效判决、裁定交付执行前，人民法院认为罪犯符合监外执行条件而作出暂予监外执行决定的，根据最高法《解释》的规定，应当制作《暂予监外执行决定书》，载明罪犯基本情况、判决确定的罪名和刑罚、决定暂予监外执行的原因、依据等内容，并抄送人民检察院和罪犯居住地的公安机关。

对于暂予监外执行的罪犯，社区矫正机构负责执行。

根据《刑事诉讼法》第257条的规定，对暂予监外执行的罪犯，有下列情形之一的，应当及时收监：

1. 发现不符合暂予监外执行条件的；

2. 严重违反有关暂予监外执行监督管理规定的；

3. 暂予监外执行的情形消失后，罪犯刑期未满的。

对于人民法院决定暂予监外执行的罪犯应当予以收监的，由人民法院作出决定，将有关的法律文书送达公安机关、监狱或者其他执行机关。不符合暂予监外执行条件的罪犯通过贿赂等非法手段被暂予监外执行的，在监外执行的期间不计入执行刑期。罪犯在暂予监外执行期间脱逃的，脱逃的期间不计入执行刑期。罪犯在暂予监外执行期间死亡的，执行机关应当及时通知监狱或者看守所。

2012年《刑事诉讼法》明确了暂予监外执行执行刑期的排除条件，以防止罪犯利用暂予监外执行制度逃避惩罚。这种规定既符合法律精神，也符合实际工作需要，否则罪犯暂予监外执行后没有任何约束。

2012年《刑事诉讼法》同时还明确了暂予监外执行不同阶段的审批机关。在以往的司法实践中，对应当负刑事责任但无服刑能力罪犯，无论是处理程序上，还是法律措施、制度落实上，都较为混乱，一定程度上影响了执行效果，乃至影响了司法机关的形象。2012年《刑事诉讼法》规定了暂予监外执行两种适用程序，增加对交付执行前人民检察院对暂予监外执行行使检察监督权的规定，是检察机关行使检察监督职权应赋予之基本内涵。

最后，2012年《刑事诉讼法》明确了暂予监外执行的病残诊断证据条件。1996年《刑事诉讼法》规定对必须暂予监外执行的罪犯须提供由省级人民政府指定的医院开具证明罪犯确有严重疾病的文件。在以往的实践中，部分暂予监外执行罪犯有医学证明文件但材料不齐或者证明由一般的（区）县医院作出，诊断结论的科学性缺乏保障。这种随意认可医院疾病证明文件法律效力的做法，难以实现对病残诊断的监督和制约。2012年《刑事诉讼法》规定，对必须暂予监外执行的罪犯，除在1996年《刑事诉讼法》基础上须提供由省级人民政府指定的医院开具证明罪犯确有严重疾病的文件外，尚须省级人民政府指定的医院同时出示诊断证明。这一规定无疑严格控制了暂予监外执行的证据资格,在确保暂予监外执行证明更具真实性的前提下,也更有利于暂予监外执行活动的检察监督和社会监督。

三、减刑和假释

《刑事诉讼法》第262条第2款规定:"被判处管制、拘役、有期徒刑或者无期徒刑的罪犯,在执行期间确有悔改或者立功表现,应当依法予以减刑、假释的时候,由执行机关提出建议书,报请人民法院审核裁定,并将建议书副本抄送人民检察院。人民检察院可以向人民法院提出书面意见。"

(一)减刑

根据《刑法》第78条的规定,减刑,是指被判处管制、拘役、有期徒刑、无期徒刑的犯罪分子,在执行期间,如果认真遵守监规,接受教育改造,确有悔改表现的,或者有立功表现的,可以依法适当减轻刑罚的一种制度。

1. 减刑的条件

"可以"减刑的条件不外乎两种:一是确有悔改表现的,二是有立功表现的。这两者作为"可以"减刑的实质条件,具体表现为犯罪分子在刑罚执行期间认真遵守监规,接受教育改造。一般地说,犯罪分子在服刑中的悔改表现和立功表现是统一的。但也有些犯罪分子有悔改表现而无立功表现,或者有立功表现而无突出的悔改表现。《刑法》规定,有悔改或者立功表现都是减刑的条件,犯罪分子只要具备了其中之一,就可以减刑。当然,如果既有悔改表现又有立功表现,则可以在法定的减刑限度内给予更大幅度的减刑。

"应当"减刑的条件即符合下列重大立功表现之一的:(1)阻止他人重大犯罪活动的;(2)检举监狱内外重大犯罪活动,经查证属实的;(3)有发明创造或者重大技术革新的;(4)在日常生产、生活中舍己救人的;(5)在抗御自然灾害或者排除重大事故中,有突出表现的;(6)对国家和社会有其他重大贡献的。

2. 减刑后实际的执行刑期

减刑可以由较重的刑罚减为较轻的刑罚,也可以由较长的刑期减为较短的刑期。但减刑以后实际执行的刑期不能少于下列期限:(1)判处管制、拘役、有期徒刑的,不能少于原判刑期的1/2;(2)判处无期徒刑的,不能少于13年;(3)人民法院依照《刑法》第50条第2款规定限制减刑的死刑缓期执行的犯罪分子,缓期执行期满后依法减为无期徒刑的,不能少于25年;缓期执行期满后依法减为25年有期徒刑的,不能少于20年。

(二)假释

根据《刑法》第81条的规定,假释,是指被判处有期徒刑的犯罪分子,执行原判刑期1/2以上，被判处无期徒刑的犯罪分子，实际执行13年以上，如果认真遵守监规，接受教育改造，确有悔改表现，没有再犯罪的危险的，而附条件地将其予以提前释放的制度。被假释的犯罪分子，在假释考验期间再犯新罪的，不构成累犯。

假释是我国刑法中一项重要的刑罚执行制度，正确地适用假释，把那些经过一定服刑期间确有悔改表现、没有必要继续关押改造的罪犯放到社会上进行改造，可以有效地鼓励犯罪分子服从教育和改造，使之早日复归社会。这有利于化消极因素为积极因素，也有利于减轻执行机关的压力与负担，便于狱政部门对其他罪犯的改造，是刑罚经济原则的具体体现。

1. 假释的条件

犯罪分子认真遵守监规，接受教育改造，确有悔改表现，没有再犯罪的危险，这是适用假释的实质条件或者关键条件。犯罪分子同时具备以下四个方面情形的，应当认为"确有悔改表现"：认罪服法；遵守罪犯改造行为规范和监狱纪律；积极参加政治、文化、技术学习；积极参加劳动，爱护公物，完成劳动任务。

为了使假释制度的运用有必要的灵活性，我国《刑法》第81条规定，如果有特殊情况，经最高人民法院核准，可以不受上述执行刑期的限制。其中，"特殊情况"应包括如下情形：(1)罪犯在服刑期间有重大发明创造或突出的立功表现；(2)罪犯已经基本丧失活动能力，并有悔改表现，假释后不会再危害社会；(3)罪犯有专门技能，有关单位急需使用；(4)罪犯家庭有特殊困难，需本人照顾，请求假释的，在司法实践中，须由县级以上公安机关或者人民政府有关部门提供证明，但对犯罪集团的首犯、惯犯和罪行特别严重的罪犯除外；(5)为了进一步贯彻未成年人保护法，执行对未成年罪犯实行教育、感化、挽救的方针，对犯罪时未成年，在刑罚执行期间确有悔改表现，不致再危害社会的；(6)为了政治斗争的需要，对某些具有外国国籍或不属于大陆籍的罪犯而适用假释；(7)其他特殊情况。

对累犯以及因故意杀人、强奸、抢劫、绑架、放火、爆炸、投放危险物质或者有组织的暴力性犯罪被判处10年以上有期徒刑、无期徒刑的犯罪分子，不得假释。

对犯罪分子决定假释时，应当考虑其假释后对所居住社区的影响。

2. 假释的执行与撤销

《刑事诉讼法》第258条规定："对被判处管制、宣告缓刑、假释或者暂予监外执行的罪犯,依法实行社区矫正,由社区矫正机构负责执行。”

被假释的罪犯在假释考验期内,必须遵守国家法律、行政法规和公安机关制定的具体监督管理的规定,定期向执行机关报告自己的活动情况,遵守监督机关关于会客的规定,迁居或者离开居住区域必须经公安机关批准。

被假释的罪犯,在假释考验期内没有违反国家法律、行政法规和公安机关制定的具体监督管理规定的行为,则认为原判刑罚已执行完毕,公安机关应当向本人宣布并通报原裁定假释的人民法院和原关押罪犯的刑罚执行机关,无需另办释放手续。

但同时最高法《解释》第458条规定,罪犯在缓刑、假释考验期限内,有下列情形之一的,原作出缓刑、假释判决、裁定的人民法院应当在收到执行机关的撤销缓刑、假释建议书后1个月内,作出撤销缓刑、假释的裁定:(1)违反禁止令,情节严重的;(2)无正当理由不按规定时间报到或者接受社区矫正期间脱离监管,超过1个月的;(3)因违反监督管理规定受到治安管理处罚,仍不改正的;(4)受到执行机关3次警告仍不改正的;(5)违反有关法律、行政法规和监督管理规定,情节严重的其他情形。

罪犯在缓刑、假释考验期限内犯新罪或者被发现在判决宣告前还有其他罪没有判决,应当撤销缓刑、假释的,由审判新罪的人民法院撤销原判决、裁定宣告的缓刑、假释,并书面通知原审人民法院和执行机关。

人民法院应当将撤销缓刑、假释裁定书送交罪犯居住地的县级司法行政机关,由其根据有关规定将罪犯交付执行。撤销缓刑、假释裁定书应当同时抄送罪犯居住地的同级人民检察院和公安机关。

(三)减刑、假释的审理程序

原判刑罚的不同,提出减刑、假释建议及对案件进行审判的机关也随之不同。最高法《解释》第449条规定,对减刑、假释案件,应当按照下列情形分别处理:

1. 对被判处死刑缓期执行的罪犯的减刑,由罪犯服刑地的高级人民法院根据同级监狱管理机关审核同意的减刑建议书裁定;

2. 对被判处无期徒刑的罪犯的减刑、假释,由罪犯服刑地的高级人民法院,在收到同级监狱管理机关审核同意的减刑、假释建议书后1个月内作出裁定,案情复杂或者情况特殊的,可以延长1个月;

3. 对被判处有期徒刑和被减为有期徒刑的罪犯的减刑、假释,由罪犯服刑地的中级人民法院,在收到执行机关提出的减刑、假释建议书后1个月内

作出裁定,案情复杂或者情况特殊的,可以延长1个月;

4. 对被判处拘役、管制的罪犯的减刑,由罪犯服刑地中级人民法院,在收到同级执行机关审核同意的减刑、假释建议书后1个月内作出裁定。

对暂予监外执行罪犯的减刑,应当根据情况,分别适用前款的有关规定。

监狱等刑罚执行机关在报请人民法院审核裁定减刑、假释时,必须做到材料完备、手续齐全,以保证人民法院审理活动的顺利进行。应申报的材料包括:减刑、假释建议书;终审法院的裁判文书、执行通知书、历次减刑裁定书的复制件;证明罪犯确有悔改、立功或者重大立功表现具体事实的书面材料;罪犯评审鉴定表、奖惩审批表等;罪犯假释后对所居住社区影响的调查评估报告等,经审查,材料不全的,应当通知提请减刑、假释的执行机关补送。

审理减刑、假释案件,应当审查财产刑和附带民事裁判的执行情况,以及罪犯退赃、退赔情况。罪犯积极履行判决确定的义务的,可以认定有悔改表现,在减刑、假释时从宽掌握;确有履行能力而不履行的,在减刑、假释时从严掌握。

人民法院审理减刑、假释案件,应当组成合议庭进行,监狱等刑罚执行机关提出的材料和意见应当认真审查核实。审判可以采用书面审理的方式,但2014年4月29日最高人民法院《关于减刑、假释案件审理程序的规定》第6条规定对6类减刑、假释案件,应当开庭审理:(1)因罪犯有重大立功表现提请减刑的;(2)报请减刑的起始时间、间隔时间或者减刑幅度不符合司法解释一般规定的;(3)公示期间收到不同意见的;(4)人民检察院有异议的;(5)被报请减刑、假释犯罪系职务犯罪罪犯,组织(领导、参加、包庇、纵容)黑社会性质组织犯罪罪犯,破坏金融秩序和金融诈骗犯罪罪犯及其他在社会上有重大影响或社会关注度高的;(6)人民法院认为其他应当开庭审理的。对经查证核实,具备法定条件的,应予以减刑、假释。对不符合法律规定的减刑、假释条件的罪犯,不得以任何理由将其减刑、假释。

人民法院应当自收到减刑建议书或者假释建议书之日起1个月之内予以审核裁定;案情复杂或者情况特殊的,可以延长1个月。人民法院作出减刑、假释裁定后,应当在7日内送达提请减刑、假释的执行机关、同级人民检察院以及罪犯本人。人民检察院认为减刑、假释裁定不当的,应当在收到裁定书副本后20日以内,向人民法院提出书面纠正意见。人民法院应当在收到纠正意见1个月以内重新组成合议庭进行审理,作出最终裁定。

人民法院的减刑或者假释裁定,一般由作出裁定的人民法院直接宣告,直接宣告有困难的，也可以委托罪犯服刑地的人民法院或者执行机关代为宣告。减刑、假释裁定不准上诉。对于人民法院裁定假释的罪犯，监狱等刑罚执行机关应当按期假释并发给释放证明书。

四、对新罪和漏罪的追诉

《刑事诉讼法》第 262 条规定："罪犯在服刑期间又犯罪的，或者发现了判决的时候所没有发现的罪行，由执行机关移送人民检察院处理。"

新罪，是指罪犯在服刑期间又犯的新罪行。漏罪，是指人民法院对犯罪分子的判决生效后在执行过程中发现的罪犯在判决宣告以前所犯的尚未判决的罪行。在服刑期间，不论是犯新罪还是发现漏罪，都应当执行数罪并罚原则。其中，新罪适用数罪并罚中的"先减后并"原则，而漏罪采取"先并后减"原则。这是因为，犯罪分子在刑罚执行期间又犯新罪的，说明其主观恶性和人身危险性大，应当给予重处。

同时，根据《刑事诉讼法》及《监狱法》第 60 条的相关规定，应当分为不同的情况予以处理：

1. 在刑罚执行期间，如果发现了罪犯在判决宣告以前所犯的尚未判决的漏罪，或者罪犯实施了脱逃、组织越狱、伤害等新罪，由监狱等有管辖权的机关进行侦查。侦查终结后，写出起诉意见书，连同案卷材料、证据一并移送人民检察院。如果认为需要追究刑事责任，人民检察院应当按管辖分工的不同，向有管辖权的基层人民法院或者中级人民法院起诉。

2. 对罪犯脱逃后又犯新罪的，如果是在犯罪地捕获并发现的，由犯罪地人民法院管辖；如果是被缉捕押解回监狱后发现的，由罪犯服刑地的人民法院管辖。判决后，原则上仍送回原所在监狱执行。

人民法院对新罪、漏罪审理后制作的判决书，除应送达罪犯交付执行监狱外，还应送达原审人民法院和担负监所检察任务的人民检察院。

五、对错判的反映和申诉的处理

《刑事诉讼法》第 264 条规定："监狱和其他执行机关在刑罚执行中，如果认为判决有错误或者罪犯提出申诉，应当转请人民检察院或者原判人民法院处理。"

监狱或其他执行机关在执行过程中若发现原判决错误的，应及时提出书面意见，并附有关调查材料，转请人民检察院或原判人民法院处理。发现原判有错的材料来源包括：被执行人的申诉；执行机关发现或法院、检察机关、公安部门发现；其他公民的申诉。

罪犯的申诉,是指罪犯认为对自己所作的刑事判决有错误,在执行期间,向执行机关提出撤销或变更原判刑罚的请求。对于罪犯的申诉,执行机关应当及时转递,不得以任何形式或借口加以阻碍或扣压,更不能因罪犯提出申诉而视为抗拒改造表现不好而加以处罚。

人民检察院或人民法院对执行机关转请的有关材料,应迅速审查。对于原判决确有错误的,应当按照审判监督程序对原案进行重审。对于罪犯的申诉,也应及时审查,对于符合下列情形之一的,应当按照审判监督程序处理:有新的证据足以证明原判决、裁定认定的事实确有错误的;据以定罪量刑的证据不确实、不充分或者证明案件的主要事实依据之间存在矛盾的;原判决、裁定适用法律有错误的。

经审查,如果认为判决没有错误的,人民检察院或人民法院应当具函通知移送材料的监狱或其他执行机关;如果认为罪犯的申诉没有根据的,可以驳回申诉。

申诉期间,原判决不得停止执行。人民检察院或者人民法院应当自收到监狱提请处理意见书之日起6个月内将处理结果通知要求审查的监狱。

第四节 人民检察院对执行的监督程序

刑事执行监督,是指人民检察院依法对执行机关执行判决、裁定的活动是否合法进行监督。人民法院对刑事案件作出的刑事判决和裁定一旦发生法律效力必须依法执行,刑罚的执行则成了刑事案件在整个司法过程中的最后一个环节。根据《刑事诉讼法》和《人民检察院组织法》的规定,刑事执行监督是我国检察机关的一项重要职权,对于保障刑事诉讼任务的实现,保护罪犯的合法权益,维护社会秩序和社会安定有着重要的作用。

执行监督,是指人民检察院对人民法院已经发生法律效力的判决、裁定的执行是否合法实行法律监督的活动。人民法院的判决和裁定发生法律效力后,若是在执行中不能依法加以执行,就会破坏或影响刑事诉讼的结果,违背刑罚的目的。开展执行监督,有利于维护生效判决和裁定的严肃性和稳定性,纠正冤假错案,保护公民的合法权益,从而保障刑事诉讼任务的实现。

一、人民检察院对执行死刑的监督

《刑事诉讼法》第252条第1款规定:“人民法院在交付执行死刑前,应当通知同级人民检察院派员临场监督。”通常在司法实践中，人民法院应当在交付执行死刑3日以前，通知同级人民检察院派员临场监督。人民检察院收到同级人民法院执行死刑临场监督通知后，应当查明同级人民法院是否收到最高人民法院审核死刑的判决或裁定和执行死刑的命令。

临场监督执行死刑的检察人员应当依法监督执行死刑的场所、方法和执行死刑的活动是否合法。在执行死刑前，发现有下列情形之一的，应当建议人民法院立即停止执行：(1)被执行人并非应当执行死刑的罪犯的；(2)罪犯犯罪时不满18周岁，或者审判的时候已满75周岁，依法不应当适用死刑的；(3)判决可能有错误的；(4)在执行前罪犯检举揭发他人重大犯罪行为等重大立功表现，可能需要改判的；(5)罪犯正在怀孕的。

在执行死刑的过程中，人民检察院临场监督人员可以进行拍照、摄像；执行死刑后，人民检察院临场监督人员应检查罪犯是否确已死亡，并填写死刑临场监督笔录，签字后入卷归档。

二、人民检察院对暂予监外执行的监督

《刑事诉讼法》第255条规定：“监狱、看守所提出暂予监外执行的书面意见的，应当将书面意见的副本抄送人民检察院。人民检察院可以向决定或者批准机关提出书面意见。”第256条规定：“决定或者批准暂予监外执行的机关应当将暂予监外执行决定抄送人民检察院。人民检察院认为暂予监外执行不当的，应当自接到通知之日起1个月以内将书面意见送交决定或者批准暂予监外执行的机关，决定或者批准暂予监外执行的机关接到人民检察院的书面意见后，应当立即对该决定进行重新核查。”

根据规定，人民检察院在接到批准对罪犯暂予监外执行的决定后，应当迅速指派检察人员进行审查。为了解情况，承办人员可以向罪犯所在单位和有关人员进行调查，可以向有关机关调阅有关资料。

人民检察院经审查认为暂予监外执行不当的，应当自接到通知之日起1个月内将书面纠正意见呈报批准或者决定暂予监外执行机关的同级人民检察院送交批准或者决定暂予监外执行的机关。人民检察院向批准或者决定暂予监外执行的机关送交不同意暂予监外执行的书面意见后，应当监督其立即对批准或者决定暂予监外执行的结果进行重新核查，并监督其重新核查的结果是否符合法律规定。对核查不符合法律规定的，应当依法提出纠正意见。

2012年《刑事诉讼法》明确了检察机关对暂予监外执行的同步监督机

制。根据1996年《刑事诉讼法》第215条的规定，人民检察院仅仅是在接到相应的批准决定后，对暂予监外执行程序所涉及的各种法律文书进行事后的书面审查，显然是一种事后监督，难以预防执法人员的腐败和可能发生的纰漏，很难实现检察监督的实际效果。而2012年《刑事诉讼法》将暂予监外执行的意见呈报、批准和决定过程确立同步检察监督的模式，检察机关对暂予监外执行的监督变事后监督、结果监督为全程同步监督，从程序上确保暂予监外执行工作的全过程置于法律监督之下，这无疑是进步的。

三、人民检察院对减刑、假释的监督

《刑事诉讼法》第263条规定："人民检察院认为人民法院减刑、假释的裁定不当，应当在收到裁定书副本后二十日以内，向人民法院提出书面纠正意见。人民法院应当在收到纠正意见后一个月以内重新组成合议庭进行审理，作出最终裁定。"

人民检察院在接到人民法院减刑、假释的裁定书副本后，应当立即指派检察人员进行审查。为了解情况，承办人员可以向罪犯服刑机关和有关人员进行调查，可以向法院和罪犯服刑机关调阅有关资料等。经审查，人民检察院认为人民法院减刑、假释的裁定不当，应当在收到裁定书副本后20日以内，向作出减刑、假释裁定的人民法院提出书面纠正意见。

对人民法院减刑、假释裁定的纠正意见，由作出减刑、假释裁定的人民法院的同级人民检察院向该人民法院书面提出。人民检察院对人民法院减刑、假释的裁定提出纠正意见后，应当监督人民法院是否在收到纠正意见后1个月内重新组成合议庭进行审理，并监督其重新作出的最终裁定是否符合法律规定。对最终裁定不符合法律规定的，应当向同级人民法院提出纠正意见。

2012年《刑事诉讼法》强化了检察机关对减刑、假释的监督。减刑和假释的程序具有过渡性，具有行政和司法的双重属性，在其执行过程中，可能出现徇私枉法等情况，严重削弱了刑事执行的实际效果。2012年《刑事诉讼法》规定监狱、看守所提出减刑、假释建议或者暂予监外执行的书面意见的，应当同时抄送人民检察院。人民检察院可以向人民法院或者批准机关提出书面意见；同时还规定被判处管制、拘役、有期徒刑或者无期徒刑的罪犯，在执行期间确有悔改或者立功表现，应当依法予以减刑、假释的时候，由执行机关提出建议书，报请人民法院审核裁定，并将建议书副本抄送人民检察院，人民检察院可以向人民法院提出书面意见。这在一定程度上确保了国家刑罚权的公信力和权威性。

四、人民检察院对执行机关执行刑罚活动的监督

《刑事诉讼法》第 265 条规定："人民检察院对执行机关执行刑罚的活动是否合法实行监督。如果发现有违法的情况，应当通知执行机关纠正。"

人民检察院对执行机关执行刑罚活动的监督，是指除刑事诉讼法已有专条规定以外的一切执行刑罚活动的监督。主要包括以下几点：

(1)人民法院判决被告人无罪、免除刑罚处罚的，在押被告人是否被立即释放；

(2)人民法院将罪犯交付执行时，据以交付执行的刑事判决、裁定是否已经发生法律效力，交付执行的手续、程序是否合法，执行机关是否符合法律规定；

(3)监狱和其他刑罚执行机关收押罪犯的活动是否合法；

(4)对于死刑缓期 2 年执行的罪犯，2 年期满是否依法及时予以减刑；

(5)对于被判处管制、剥夺政治权利的罪犯和宣告缓刑、假释的罪犯，暂予监外执行的罪犯，公安机关是否依法进行监督、考察；对于罚金、没收财产判决的执行是否合法，罚没钱物是否依法处理；

(6)对于服刑中的罪犯又犯新罪或者发现了漏罪，是否依法进行了追究；对于服刑罪犯的申诉是否及时转送，并作出正确处理；

(7)监狱、未成年犯管教所、看守所、拘役所的执行活动是否符合刑事诉讼法、监狱法、看守所条例等有关法律法规，是否保障了罪犯依法享有的各项权利，是否有利于罪犯改造，对于刑期届满的罪犯是否按期释放等。

人民检察院在对执行机关活动进行监督的过程中，发现有违法情况的，应当通知执行机关纠正。对于情节较轻的违法行为，可以以口头方式向违法人员或者执行机关负责人提出纠正，并及时向监所检察部门的负责人汇报；必要时，由部门负责人提出。对于比较严重的违法行为，应当报请检察长批准后，向监狱或者公安机关发出《纠正违法通知书》。对于造成严重后果、构成犯罪的，应当依法追究责任人的刑事责任。

人民检察院发出《纠正违法通知书》的，执行机关应当回复对监督的落实情况；没有回复的，人民检察院应当督促执行机关回复，纠正违法的情况，及时向上一级人民检察院报告，并抄报执行机关的上级主管机关。人民检察院认为下级人民检察院意见正确的，应与同级执行机关共同督促下级执行机关纠正；上级人民检察院认为下级人民检察院纠正违法的意见有错误，应当通知下级人民检察院撤销发出的《纠正违法通知书》，并通知同级执行机关。

【深度阅读】

1. 黄兴瑞:“刑罚执行变更程序改革考察”,载《国家检察官学院学报》2012年第5期。

2. 屈学武:“中国社区矫正制度设计及其践行思考”,载《中国刑事法杂志》2013年第10期。

【课后思考】

1. 暂予监外执行的适用条件?

2. 简述人民检察院的监督方式及内容。

3. (1)关于减刑、假释的适用,下列哪些选项是错误的?(多选题)

A. 对所有未被判处死刑的犯罪分子,如认真遵守监规,接受教育改造,确有悔改表现,或者有立功表现的,均可减刑

B. 无期徒刑减为有期徒刑的刑期,从裁定被执行之日起计算

C. 被宣告缓刑的犯罪分子,不符合“认真遵守监规,接受教育改造”的减刑要件,不能减刑

D. 在假释考验期限内犯新罪,假释考验期满后才发现的,不得撤销假释

(2)下列哪一选项是2012年《刑事诉讼法修正案》新增加的规定内容?(多选题)

A. 怀孕或者正在哺乳自己婴儿的妇女可以暂予监外执行

B. 监狱、看守所提出暂予监外执行的书面意见的,应当将书面意见的副本抄送检察院

C. 决定或者批准暂予监外执行的机关应当将暂予监外执行决定抄送检察院

D. 检察院认为暂予监外执行不当的,应当在法定期间内将书面意见送交决定或者批准暂予监外执行的机关

4. 2014年1月30日,某市中级人民法院对李某抢劫案进行了公开审理。法庭查明,李某抢劫一案事实清楚,证据确实、充分,抢劫数额特别巨大,社会影响极坏,依法判处李某死刑立即执行,剥夺政治权利终身,并处没收全部财产。判决后4日,该市中级人民法院报请高级人民法院复核,为防止李某家人转移财产,依据《刑事诉讼法》的规定,没收财产的判决由人民法院执行,遂于当日没收李某的全部财产。

高级人民法院指派一名审判员对李某抢劫一案进行审理后认为,李某用

自制的炸药包作为抢劫工具抢劫该市银行的事实,有市中级人民法院一审判开庭时宣读、出示和查证属实的证人证言、物证、鉴定结论等证据证实,李某本人亦曾供述,足以认定。李某的行为社会影响极坏,犯罪情节特别恶劣,应依法严惩。此案一审判决认定事实清楚,证据确实、充分,定罪准确、量刑适当,审判程序合法,遂判决同意判处李某死刑立即执行,剥夺政治权利终身。高级人民法院报请最高人民法院核准,经核准认为,原判决认定事实和适用法律正确,量刑适当,诉讼程序合法,裁定予以核准死刑。最高人民法院院长于4月3日签发了死刑命令,原审人民法院于4月6日接到命令。李某提出想会见妻子和女儿,并提供了具体地址和联系方式。

死刑执行前,李某揭发了其原任职单位某一领导的重大行贿、受贿犯罪事实(后经查证属实),但原审人民法院认为李某主观恶性很大,仍决定于4月18日执行死刑,在司法警察的现场指挥下,对李某游街示众后在闹市区用杀猪刀完成了死刑执行。

问题:

(1)该市中级人民法院的做法有哪些不符合刑事诉讼法规定?为什么?

(2)高级人民法院的做法有哪些不符合刑事诉讼法规定?为什么?

(3)最高人民法院未讯问李某,是否违反了刑事诉讼法的规定?为什么?

(4)对于李某的会见请求,人民法院应该如何处理?

(5)原审人民法院在死刑执行过程中,有哪些做法违反了刑事诉讼法规定?

(6)若停止执行,原审人民法院应该如何处理?

(7)对李某执行死刑的方法是否违反了刑事诉讼法规定?为什么?

(8)执行死刑后,应当如何处理?

第六编

特 别 程 序

第一章　未成年人刑事案件诉讼程序

本章要点

未成年人刑事诉讼程序的特有原则
未成年人刑事诉讼程序的特点
未成年人附条件不起诉制度
未成年人犯罪记录封存制度

勿以恶小而为之，勿以善小而不为。

——刘备

永远把人当作目的而不要当作手段来对待——无论你亲自所为，还是代表他人。

——[德]康德

16岁的中学生刘某是某中学高二学生，家庭条件很好，刘某从小就娇生惯养，在学校不求上进，几乎每天都出入网吧并染上了赌博的恶习，花钱如流水，时间长了，父母知道他的恶习，便严格控制他的经济来源。由于找父母要钱这条路走不通，又实在渴望出去潇洒一下，一天，他趁父母外出之机，将家里的5000元现金偷走。1个多月后，刘某的父母发现5000元现金被盗，很快就怀疑到他，于是追问儿子有没有拿家里的钱。此时，5000元钱都快被他挥霍光了，刘某害怕家长责备，便一再说自己没有拿，其父亲便向公安机关报了案。公安机关经过缜密的侦查后将犯罪目标锁定在刘某身上。在大量事实面前刘某不得不承认钱是自己偷的，公安机关遂将其刑事拘留，后转为逮捕。父母知道窃贼是自家的儿子后，认为儿子偷拿父母的钱财不犯罪，他们也不想追究责任，要求公安机关释放刘某，但公安机关认为刘某已涉嫌犯罪，因此，对于刘某父母的请求未予允许。

第一节　未成年人刑事案件诉讼程序概述

一、未成年人刑事案件诉讼程序的概念和特点

随着我国未成年人犯罪的日益增多，教育、矫正未成年人已成为当今社会亟待解决的热点问题。但由于未成年人在心理以及生理上区别于成年人，故此未成年人犯罪的处理不能等同于一般的普通犯罪。国家在处理未成年人犯罪时不仅要在定罪量刑上与成年人犯罪有所区别，而且应当针对未成年人犯罪的特点，适用有别于普通刑事诉讼程序的特别程序。

（一）未成年人刑事案件诉讼程序的概念

未成年人刑事案件诉讼程序，是指专门适用未成年人刑事案件的侦查、起诉、审判、执行等程序的一种特别刑事诉讼程序。

在我国，未成年人刑事案件，是指犯罪嫌疑人、被告人实施被指控的犯罪时已满14周岁不满18周岁的案件，从周岁生日的第2天起算。

（二）未成年人刑事案件诉讼程序的特点

未成年人的心理和生理特点决定了未成年人刑事案件诉讼程序应当与成年人的刑事诉讼程序区别开来。这是因为与成年人相比，未成年人在心理和生理上具有如下特征：一是生理变化明显。未成年人正值青春发育期，身体各组织、器官发育很快，第二性征也日见明显，新陈代谢加剧，显得精力旺盛。二是心理上进入了由幼稚转向成熟的过渡时期，具有半儿童、半成人的特点，表现为有较强的模仿欲和好奇心，对外界反应敏感。三是独立意识提升，自尊心较强。但由于其思想相对幼稚、不成熟，所以辨别是非的能力较弱，情绪不稳定，容易冲动，也容易受外界环境的不良影响。未成年人生理上、心理上的这些特点，决定了他们易感情冲动，缺乏自控能力，犯罪动机一般都比较简单，犯罪行为带有很大的盲目性和随意性。而他们的个性心理尚未成型，教育改造的有利因素也比成年人多，容易挽救。[1]

---

〔1〕 陈卫东主编：《刑事诉讼法》（第3版），中国人民大学出版社2012年版，第369页。

基于上述未成年人区别于成年人的种种条件,未成年人刑事案件诉讼程序的主要特点是:突出教育改造的方针,寓教育、感化、挽救于各个诉讼阶段之中;从侦查、起诉、审判到执行,均采取适合未成年人特点的诉讼制度和程序;对证据的运用要有较高的证明要求,不仅要求案件事实清楚,证据确实、充分,而且还要证明未成年人走上犯罪道路的家庭、社会、教育等方面的原因;采取相对和缓的办案方式,赋予未成年人更多诉讼权利的同时严格限制强制措施的适用。

二、未成年人刑事案件诉讼程序的法律依据

(一)刑事诉讼法的规定

2012年《刑事诉讼法》第五编特别程序中以专章的形式对未成年人刑事案件诉讼程序进行了明确规定,其中包括:对未成年人的诉讼原则、法律援助、社会调查、办案人员的资格、附条件不起诉、不公开审理等。

(二)未成年人保护法和预防未成年人犯罪法的规定

第11届全国人民代表大会常务委员会2012年10月26日修改通过、2013年1月1日起开始施行的《未成年人保护法》和《预防未成年人犯罪法》都对未成年人刑事案件的处理作了专门规定。

《未成年人保护法》是我国一部旨在全面保护未成年人合法权益,保障未成年人健康成长的专门法律。该法确定了保护未成年人工作的基本原则和内容,明确了国家机关、社会、学校、家庭和成年公民等主体在未成年人保护方面的应尽义务,同时也规定了侵犯未成年人合法权益的法律责任,从而将涉及面广、内容繁多的未成年人保护工作纳入了规范化、法制化的轨道。而《预防未成年人犯罪法》是继《未成年人保护法》之后,我国又一部旨在保护青少年身心健康、促进青少年健康成长的重要法律。该法的制定和实施,标志着我国未成年人保护工作进一步走向法制化,对进一步引导、推动全社会共同做好预防未成年人犯罪工作,维护社会稳定,保障未成年人身心健康,优化青少年成长环境,具有十分重要的意义。

两部法律都规定,对违法犯罪的未成年人,实行教育、感化、挽救的方针,坚持教育为主、惩罚为辅的原则。司法机关办理未成年人犯罪案件,应当保障未成年人行使其诉讼权利,保障未成年人得到法律帮助,并根据未成年人的生理、心理特点和犯罪的情况,有针对性地进行法制教育。对被拘留、逮捕和执行刑罚的未成年人与成年人应当分别关押、分别管理、分别教育等。

（三）最高人民法院的司法解释

2000年11月15日最高人民法院通过了《最高人民法院关于审理未成年人刑事案件的若干规定》，并规定于2001年4月12日起开始施行。该司法解释对未成年人刑事案件的诉讼程序进行了明确规定，如审判组织的组成、开庭前的审判准备工作、审判程序、执行程序等，各级人民法院审理未成年人刑事案件都应依照该规定执行。最高人民法院于2005年12月12日通过的《关于审理未成年人刑事案件具体应用法律若干问题的解释》中也有关于未成年人刑事案件的程序性规定。除了关于未成年人刑事案件的专门司法解释外，最高人民法院其他的司法解释中也规定了相关的未成年人刑事案件诉讼程序的内容，比如最高法《解释》等。

（四）最高人民检察院的司法解释

最高人民检察院于2002年3月25日通过并于2013年12月31日修订了《人民检察院办理未成年人刑事案件的规定》。这一规定作为各级检察机关办理未成年人刑事案件的依据，从基本原则、审查批准逮捕、审查起诉与出庭支持公诉、刑事诉讼法律监督以及刑事申诉检察等方面对检察机关办理未成年人刑事案件的诉讼程序作了规定。

（五）公安部的有关规定

公安部于1995年10月23日颁布了《公安机关办理未成年人违法犯罪案件的规定》，该规定对办理未成年人犯罪案件的立案、调查、侦查、强制措施的适用、处理、执行等问题作了较为详细的规定。

三、未成年人刑事案件诉讼程序的意义

未成年人犯罪虽然与成年人犯罪一样都造成了社会危害，都应当追究刑事责任。但是由于未成年人犯罪案件有着与成年人犯罪案件不同的特点，因此，在刑事诉讼活动中适用与成年人不同的特别程序有着特别的意义。具体来看，未成年人刑事案件诉讼程序的意义表现为以下几个方面：

（一）有助于教育、挽救违法犯罪的未成年人

未成年人因为在生理上、心理上都处于正在发育成长的时期，自控能力较差，容易冲动，行为不计后果。与成年人相比，未成年人犯罪时的主观恶性不大，动机相对简单，带有很大程度的盲目性和随意性。因此，未成年人具有较强的可塑性，矫正起来比较容易，更易于接受教育改造。在刑事诉讼中，采用适用于未成年人特点的程序，有利于教育、挽救年龄尚小、人生道路漫长的未成年人。

（二）有助于解决未成年人刑事案件增多的社会问题

近年来，未成年人犯罪案件日益增多，这已经成为突出的社会问题。在欧美、日本等国，也面临着青少年违法犯罪日益增多的现象。解决这个问题涉及许许多多方面的因素，通过特殊的司法程序来处理未成年人案件即一个良好的方式。立法应当充分考虑到未成年人的生理、心理特点，设立更适合于未成年人特点的专门诉讼程序。司法机关在诉讼过程中也应当尽可能地教育、挽救、感化未成年人，从而有助于在整体上使未成年人违法犯罪的日益增多的社会问题得到矫正和预防。

（三）符合国际上未成年人立法的发展趋势

自1899年美国的伊利诺伊州出现第一个少年法庭和少年法院之后，目前世界上许多国家和地区都制定了专门的少年法规，建立了少年法院。虽然各个国家的情况并不相同，具体的司法制度和诉讼程序也不尽相同，但有关未成年人犯罪的司法制度的基本精神都大体相似，都是专门针对未成年人的特点，立足于对未成年人的教育、挽救和保护，以利于他们能够改邪归正、健康成长。这也是人类法律制度随着人类文明的进步而相应发展的体现。

（四）有利于我国刑事诉讼程序的发展和完善

我国自1979年颁布《刑事诉讼法》之后，刑事诉讼制度和诉讼程序得以确立和不断发展。1996年《刑事诉讼法》的修改，进一步完善了相关制度和诉讼程序。我国2012年《刑事诉讼法》设专门一章规定成年人刑事案件的诉讼程序问题。因此，加快未成年人刑事案件诉讼程序的立法完善，不仅有助于处理未成年人刑事案件，而且必将促进我国刑事诉讼程序的进一步发展和完善。

第二节　未成年人刑事案件诉讼程序的特有原则

一、教育为主、惩罚为辅的原则

《刑事诉讼法》第266条规定："对犯罪的未成年人实行教育、感化、挽救的方针，坚持教育为主、惩罚为辅的原则。"同时，我国《未成年人保护法》第54条、《预防未成年人犯罪法》第44条、最高法《未成年解释》第45条都作了同样的规定。可见,教育为主、惩罚为辅原则在整个未成年人案件诉讼中起着重要的指导作用,是处理未成年人刑事案件的主导思想,未成年人刑事案件的其他诉讼原则基本上都围绕此原则展开。

该原则要求司法机关在未成年人刑事诉讼各个阶段都必须坚持教育为主、惩罚为辅,对未成年人不失时机的进行教育、挽救。“司法人员应当照顾未成年人的身心特点,尊重其人格尊严,保障其合法权益。教育他们认清自己所犯的错误和罪行及其严重性、危害性,唤醒他们的悔罪意识和忏悔心理,教育他们认罪服法,接受改造,重新做人。”[1]

二、分案处理原则

《刑事诉讼法》第269条第2款规定:“对被拘留、逮捕和执行刑罚的未成年人与成年人应当分别关押、分别管理、分别教育。”《未成年人保护法》第57条规定:“公安机关、人民检察院、人民法院对羁押、服刑的未成年人,应当与成年人分别关押。”

分案处理作为进行未成年人刑事诉讼所必须遵循的又一重要原则,即在处理未成年人刑事案件时,应当在时间上和地点上都与成年人犯罪的案件分开进行。分案处理的原因在于,倘若将未成年人与成年人关押在一起,可能会使他们受到成年人的伤害,不利于未成年人的安全。同时,未成年人的心理、生理各方面都还不够成熟,如果将其与成年人共同关押,可能会使未成年人受到成年人的不良影响,不仅得不到及时的改造,甚至会受到更为严重的“污染”,离正道越来越远。

三、不公开审理原则

《刑事诉讼法》第274条规定:“审判的时候被告人不满十八周岁的案件,不公开审理。但是,经未成年被告人及其法定代理人同意,未成年被告人所在学校和未成年人保护组织可以派代表到场。”

最高法《解释》第467条规定:“开庭审理时被告人不满十八周岁的案件,一律不公开审理。经未成年被告人及其法定代理人同意,未成年被告人所在学校和未成年人保护组织可以派代表到场。到场代表的人数和范围,由法庭决定。到场代表经法庭同意,可以参与对未成年被告人的法庭教育工作。”《未成年人保护法》和《预防未成年人犯罪法》也规定,对未成年人犯罪案件,新闻报道、影视节目、公开出版物不得披露该未成年人的姓名、住所、照

---

[1] 陈卫东主编:《刑事诉讼法》(第3版),中国人民大学出版社2012年版,第373页。

片及可能推断出该未成年人的资料。未成年人案件不公开审理,有利于保护未成年被告人的名誉、自尊心和人格尊严,防止公开审理给他们造成的不必要的心灵创伤和过大的精神压力。

四、及时、和缓原则

及时原则,是指在诉讼进行的每个阶段,公安司法机关及其人员都应当及时对案件作出处理,不拖拉、不延误。诉讼及时本来是任何诉讼都应当遵循的原则,但鉴于未成年人刑事案件的特殊性,强调未成年人诉讼程序的及时性显得尤为必要。诉讼及时原则要求刑事诉讼的进行不能过快或太慢。诉讼进行得过快,控辩双方就难以充分地收集材料和证据,难以充分地提出主张和举证,案件事实的查明和法律的正确适用就会受到影响;诉讼进行得太慢,容易造成诉讼延误,不仅可能造成证据灭失、毁损等,更会使当事人的权利受到损害,同时也会造成司法资源的浪费。而且,由于未成年人犯罪案件大部分是属于初犯、偶犯或者冲动型犯罪,未成年人生理、心理上都还不尽成熟,诉讼时间过长、特别是羁押时间过长将会给其未来带来长期的影响,因此,对于未成年人刑事案件的审理更应当及时进行。

和缓原则要求对未成年人犯罪的案件,一定要注意结合未成年犯罪嫌疑人、被告人的身心特点,尽量不采用激烈、严厉的诉讼方式。比如,尽量不用或者少用强制措施,在传唤、讯问以及审判的时候;应当尽可能通知其法定代理人到场;必要的时候,可以邀请其老师参加等。在讯问时,应注意以教育式、启发式进行耐心细致地开导,语气尽量温和。在审判时,应当采用少年法庭的形式,注意给法庭创设温情、和缓的气氛。在实践中,有些地方法院采用"圆桌法庭"的形式审理未成年人刑事案件,收到了较好的效果。

五、全面调查原则

全面调查原则,是指司法机关在办理未成年人案件时,除对案件事实和证据进行调查、审查外,还应就导致未成年人犯罪之主客观因素及其形成、发展、演变过程,以及对未成年人特殊性格的形成产生过重要影响的人和事件的详细情况进行全面、彻底的调查,必要时还可以进行医学、心理学及精神病学等方面的鉴定。其目的在于找出诱发未成年人犯罪的主客观根源,并予以拆除,确保未成年人得到彻底的矫治,不再犯罪。全面调查的范围因案而异,不宜太宽,以免延误诉讼,不利于对未成年人的教育和改造。

全面调查的内容主要包括:(1)能够证明未成年被告人是否有罪及犯罪轻重的一切事实情况,如犯罪构成要件、犯罪情节、犯罪未成年人个人情况及犯罪后的表现等证据,其中查清未成年人的犯罪动机、目的至为重要;(2)调查未成年人的生活环境和相关的各种社会关系,如家庭情况、父母管教方式、在校学习情况、社交往来等;(3)重点调查在未成年人成长过程中对其步入犯罪泥潭产生过重要影响的人和事件的详细情况,主要指案件事实以外的其他相关的因素及社会关系;(4)重点调查未成年人的兴趣爱好、智力能力、身心发育成熟程度、情感类型等个性特征;(5)查明未成年人生理心理上有无畸形变态等情况,以及是否属于医学上的病态或思想认识上的偏激、反常等。

六、充分保障未成年犯罪嫌疑人、被告人诉讼权利原则

该原则是指公安司法机关在处理未成年人刑事案件的过程中,应当充分保障未成年犯罪嫌疑人、被告人依法享有的各项诉讼权利。

1. 充分保障未成年犯罪嫌疑人、被告人诉讼权利原则的内容一般包括,未成年犯罪嫌疑人、被告人除享有成年被告人的一切诉讼权利外,还享有以下特殊的诉讼权利:(1)法定的辩护权利。被告人有权获得辩护,人民法院有义务保证被告人获得辩护。对于没有委托辩护人的未成年被告人,人民法院应当为其指定辩护人。这是对未成年被告人辩护权的特别保障。(2)法定代理人参加诉讼的权利。对于不满 18 周岁的未成年人犯罪的案件,公安机关、人民检察院讯问未成年犯罪嫌疑人,应当通知监护人到场;开庭审判时,少年法庭应在辩护台靠边旁听区一侧,为未成年被告人的法定代理人设置座位;应向未成年被告人的法定代理人送达起诉书副本,并告知其享有的各项诉讼权利。考虑上述因素的原因主要在于:一方面,消除未成年人进入诉讼程序后的紧张恐惧心理,保证对案件的顺利调查审理;另一方面,加强法定代理人对被代理人合法权益的保护。并且能够督促司法机关加强对未成年人诉讼权利的特别保护及自身工作的不断完善。

2. 确立充分保障未成年犯罪嫌疑人、被告人诉讼权利原则的目的在于:督促司法机关履行保护未成年犯罪嫌疑人、被告人诉讼权利的义务,尽职尽责地排除诉讼过程中阻碍未成年人行使诉讼权利的各种障碍,确保未成年人刑事案件的公正审理。

第三节　未成年人刑事案件诉讼程序的特点

一、必须查明犯罪嫌疑人、被告人的准确出生日期

对于未成年人的刑事案件，在立案、侦查、起诉及审判活动阶段，都必须重点查明犯罪嫌疑人、被告人确切的出生时间，因为年龄因素很有可能决定了犯罪嫌疑人、被告人是否应当追究刑事责任。《人民检察院办理未成年人刑事案件的规定》（以下简称最高检《未成年规定》）第 8 条规定："审查批准逮捕未成年犯罪嫌疑人，应当把是否已满 14、16、18 周岁的临界年龄，作为重要事实予以查清。对难以判断犯罪嫌疑人实际年龄，影响案件认定的，应当作出不批准逮捕的决定，需要补充侦查的，同时通知公安机关。"这是由未成年人刑事案件的特殊性所决定的。最高人民法院《关于审理未成年人刑事案件具体应用法律若干问题的解释》（以下简称最高法《未成年解释》）第 4 条规定："对于没有充分证据证明被告人实施被指控的犯罪时已经达到法定刑事责任年龄且确实无法查明的，应当推定其没有达到相应法定刑事责任年龄。相关证据足以证明被告人实施被指控的犯罪时已经达到法定刑事责任年龄，但是无法准确查明被告人具体出生日期的，应当认定其达到相应法定刑事责任年龄。"

二、由专门机构或专职人员承办

《未成年人保护法》第 55 条规定："公安机关、人民检察院、人民法院办理未成年人犯罪案件和涉及未成年人权益保护案件，应当照顾未成年人身心发展特点，尊重他们的人格尊严，保障他们的合法权益，并根据需要设立专门机构或者指定专人办理。"其他有关的司法解释和部门文件对此也作了明确的规定。例如，《公安机关办理未成年人违法犯罪案件的规定》（以下简称公安部《未成年规定》）第 6 条规定："公安机关应当设置专门机构或者专职人员承办未成年人违法犯罪案件。办理未成年人违法犯罪案件的人员应当具有心理学、犯罪学、教育学等专业基本知识和有关法律知识，并具有一定的办案经验。"最高检《未成年规定》第 5 条规定："人民检察院一般应当设立专门工作机构或者专门工作小组办理未成年人刑事案件，不具备条件的应当指定

专人办理。未成年人刑事案件一般应当由熟悉未成年人身心发展特点，善于做未成年人思想教育工作的检察人员承办。”最高法《未成年解释》第6条规定：“中级人民法院和基层人民法院可以建立未成年人刑事审判庭。条件尚不具备的地方，应当在刑事审判庭内设立未成年人刑事案件合议庭，或者由专人负责办理未成年人刑事案件。高级人民法院可以在刑事审判庭内设立未成年人刑事案件合议庭。未成年人刑事审判庭和未成年人刑事案件合议庭统称少年法庭。最高人民法院和高级人民法院设立少年法庭指导小组，指导少年法庭的工作，总结和推广未成年人刑事审判工作的经验。少年法庭指导小组应当有专人或者设立办公室负责具体指导工作。”

三、诉讼工作的全面性和细致性

在办理未成年人刑事案件时，除了必须完成与成年人案件一样的查明案情、收集证据和确认犯罪人等之外，还应当注意诉讼工作的全面性和细致性，即必须更加注意案件细节问题的调查取证和确认。公安部《未成年规定》第10条规定：“对违法犯罪未成年人的讯问应当采取不同于成年人的方式。讯问前，除掌握案件情况和证据材料外，还应当了解其生活、学习环境、成长经历、性格特点、心理状态及社会交往等情况，有针对性地制作讯问提纲。”最高检《未成年规定》第16条规定：“人民检察院审查起诉未成年人刑事案件，自收到移送审查起诉的案件材料之日起3日以内，应当告知该未成年犯罪嫌疑人及其法定代理人有权委托辩护人，告知被害人及其法定代理人有权委托诉讼代理人，告知附带民事诉讼的当事人及其法定代理人有权委托诉讼代理人。对未成年犯罪嫌疑人、未成年被害人或者其法定代理人提出聘请律师意向，但因经济困难或者其他原因没有委托辩护人、诉讼代理人的，应当帮助其申请法律援助。未成年犯罪嫌疑人被羁押的，人民检察院应当审查是否有必要继续羁押。审查起诉未成年犯罪嫌疑人，应当听取其父母或者其他法定代理人、辩护人、未成年被害人及其法定代理人的意见。可以结合社会调查，通过学校、社区、家庭等有关组织和人员，了解未成年犯罪嫌疑人的成长经历、家庭环境、个性特点、社会活动等情况，为办案提供参考。”最高法《未成年解释》第21条规定：“开庭审理前，控辩双方可以分别就未成年被告人的性格特点、家庭情况、社会交往、成长经历以及实施被指控的犯罪前后的表现等情况进行调查，并制作书面材料提交合议庭。必要时，人民法院也可以委托有关社会团体组织就上述情况进行调查或者自行进行调查。”

此外，在制作诉讼文书时应尽量详细和全面。在制作诉讼文书时，公安司法人员除了应当在文书上载明案件来源、发案时间、地点、犯罪事实、现有的证据材料、法律依据和处理意见外，还应当着重写明犯罪嫌疑人、被告人的确切出生时间即年、月、日，生活居住环境，心理性格特征，走上犯罪道路的原因等情况。这些内容应当尽量详细、全面。

四、未成年犯罪嫌疑人、被告人享有特别的诉讼权利

在刑事诉讼过程中，未成年人除其享有《刑事诉讼法》所规定的任何犯罪嫌疑人、被告人共同享有的诉讼权利以外，还享有一些特别的诉讼权利。《刑事诉讼法》第270条规定："对于未成年人刑事案件，在讯问和审判的时候，应当通知未成年犯罪嫌疑人、被告人的法定代理人到场。"未成年人在各方面，特别是心理尚未成熟，法定代理人在讯问、审判时到场，有利于稳定未成年人的情绪，也有利于诉讼的顺利进行。司法机关在没有妨碍诉讼进行的例外情况时，一般应通知其法定代理人到场。《刑事诉讼法》的这一规定对于保障未成年被告人诉讼权利的实现具有重要意义。依照《刑事诉讼法》的规定和相关的司法解释，未成年人或聋哑被告人除享有同其他公民一样的诉讼权利外，还享有一些特殊的诉讼权利。例如，未成年被告人在接受讯问和审判前，应当通知他的法定代理人到场，人民法院应当在辩护台靠近旁听区一侧为未成年被告人的法定代理人设置席位；未成年被告人受到开庭审判时，享受不公开审理的权利；未成年被告人没有委托辩护人的，有权要求人民法院为其指定辩护人。人民法院有义务保障他们获得辩护。

五、严格限制强制措施的适用

在刑事诉讼中，对未成年犯罪嫌疑人应当慎重适用强制措施。对于可捕可不捕的，一般不要逮捕。公安部《未成年规定》第15条规定："办理未成年人违法犯罪案件，应当严格限制和尽量减少使用强制措施。严禁对违法犯罪的未成年人使用收容审查。"最高检《未成年规定》第8条规定："审查批准逮捕未成年犯罪嫌疑人，应当把是否已满14、16周岁的临界年龄作为重要事实予以查清。"第13条规定："对于罪行较轻，具备有效监护条件或者社会帮教措施，没有社会危险性或者社会危险性较小，不会妨害诉讼正常进行的未成年犯罪嫌疑人，一般不予批准逮捕。对于罪行比较严重，但主观恶性不大，有悔罪表现，具备有效监护条件或者社会帮教措施，不具有社会危险性，不会妨害诉讼正常进行，并具有下列情形之一的未成年犯罪嫌疑人，也可以依法不予批准逮捕：(1)初次犯罪、过失犯罪的；(2)犯罪预备、中止、未遂的；(3)有自首或者立功表现的；(4)犯罪后能够如实交待罪行，认识自己行为的危害性、违法性，积极退赃，尽力减少和赔偿损失，得到被害人谅解的；(5)不是共同犯罪的主犯或者集团犯罪中的首要分子的；(6)属于已满14周岁不满16周岁的未成年人或者系在校学生的；(7)其他没有逮捕必要的情形。"

六、区别对待的起诉政策

为充分体现宽严相济、区别对待的刑事政策，最高检《未成年规定》将"可诉可不诉的不诉"这一原则进一步具体化。第20条规定："对于犯罪情节轻微，并具有下列情形之一，依照刑法规定不需要判处刑罚或者免除刑罚的未成年犯罪嫌疑人，一般应当依法作出不起诉决定：(1)被胁迫参与犯罪的；(2)犯罪预备、中止的；(3)在共同犯罪中起次要或者辅助作用的；(4)是又聋又哑的人或者盲人的；(5)因防卫过当或者紧急避险过当构成犯罪的；(6)有自首或者重大立功表现的；(7)其他依照刑法规定不需要判处刑罚或者免除刑罚的情形。"这一规定细化了法律的相关规定，有利于及时、妥善处理未成年人案件，最大限度地教育、挽救未成年犯罪嫌疑人。

第四节　未成年人附条件不起诉制度

一、未成年人附条件不起诉制度的现状

(一)我国未成年人附条件不起诉制度的历史发展

我国早在西周时期，就有了"以德配天，明德慎刑"的法律思想。汉代以后，儒家官学一直占据统治地位，宣扬仁政，这些"仁"的法律文化传统与当今的未成年人附条件不起诉制度的精神不谋而合。

从20世纪90年代起，各地基层检察机关逐渐针对未成年人犯罪嫌疑人的特殊性试行了附条件不起诉制度，并形成了初步的规章制度。上海市长宁区人民检察院于1992年在实践中首开先河。一时间，未成年人附条件不起诉制度在各地兴起，武汉、北京等地也在办理未成年人刑事案件的实践中引入了未成年人附条件不起诉制度。但由于法律在附条件不起诉制度方面并未明确规定，地方规定难成体系，界限模糊，在适用方面也是束手束脚的，难以展开。由此，对未成年人犯罪的规定呼之而出。2012年修正的《刑事诉讼法》，对于我国而言，使得未成年人附条件不起诉制度才真正有了法律的明确界定，不仅有利于现今未成年人刑事诉讼法制的完善，而且符合当今刑事诉讼法的发展趋势，是我国未成年人附条件不起诉制度的起点和里程碑。

（二）我国未成年人附条件不起诉制度的现状

当前，我国未成年犯罪现状相当严峻，引起了社会高度重视。据有关数据显示，近五年来，中国青少年犯罪增加一半以上，未来很可能继续增加，其中未成年人犯罪数量的增长尤为突出。

未成年人由于年龄、心智等共同特性，其犯罪的类型是相对集中的，并且具有自身的特点和共性。本书主要对侵犯财产类、扰乱社会治安类、性犯罪、校园伤害类作简要阐述。首先，侵犯财产类犯罪在未成年人犯罪中占据绝对比重，一方面，未成年人的日常开支由其家庭资助，存在收支矛盾；另一方面，随着城市化进程的不断加快，外来人口占城镇人口比重逐渐上升。据统计，目前，我国跨地区流动的农民工已达1.39亿人，连同随其流动的子女近2000万，总共占到全国人口的1/10。这些未成年人面临巨大的生存压力，使得其成为犯罪的易感群体、高危群体。其次，未成年人血气方刚、崇尚"暴力"，好"拉帮结伙"，在交叉影响之中很容易进行犯罪活动，故扰乱社会治安类犯罪屡见不鲜。再次，未成年人性犯罪主要是由于其正处于对性的朦胧期，加上网络资讯发达，易接触淫秽暴力信息，同时对未成年人的性教育启蒙总是"犹抱琵琶半遮面"，导致了猥亵、强奸等性犯罪案件屡见不鲜。最后，近年来，校园伤害案件频频进入公众视线，这也是由于未成年人其活泼好动的个性，加之其不会正确处理矛盾而造成。

但是众所周知，虽然该制度具有自身独特的无法忽视的优越性，对未成年犯罪嫌疑人具有良好的教育作用，但在这方面，直到2012年《刑事诉讼法》才开始有了立法指导。一直以来，我国法律对于未成年人是统一参照成年人标准，未把未成年人的特殊性考虑进去而给予其单独的参照标准。在司法实践中，参照这个统一的标准，对未成年人来说是比较严格的，对其挽救、教育、感化十分不利。

针对未成年人犯罪案件的这种特殊性，2012年《刑事诉讼法》对未成年人犯罪案件规定了特别程序，第271条第1款规定："对于未成年人涉嫌刑法分则第四章、第五章、第六章规定的犯罪，可能判处一年有期徒刑以下刑罚，符合起诉条件，但有悔罪表现的，人民检察院可以作出附条件不起诉的决定。"

（三）我国未成年人附条件不起诉制度的反思

在构建和谐社会和法治社会的过程中，未成年人附条件不起诉制度符合时代的发展要求，与此同时也存在很多问题，引人深思。

1. 未成年人附条件不起诉制度本身就存在一定的不确定性。正如《刑事诉讼法》中所规定的“有悔罪表现的”，这很明显是一个很主观的标准，存在诸多不确定的裁量因素，很有可能导致原本就有很大裁量权的检察官的权力进一步滥用，不同的认知可能导致诉与不诉的天壤之别，进而影响未成年犯罪嫌疑人的一生。

2. 未成年人附条件不起诉制度存在一个很严重的现实问题，虽然法律已经通过，但是这项附条件不起诉制度目前没有赢得社会的普遍支持，尤其是受害方的赞同，在法学界也看法不一。自古以来，社会已形成一种普遍的社会观念：“杀人偿命，欠债还钱——天经地义。”在当今这个法治思想还未普及的社会，犯了罪却不惩罚，对于广大的非法律出身的民众来说是难以接受的，相反，甚至会以为这个制度的确立就是为富人服务的。此种观念虽然是对立法的误解，但法律是以普通民众为基础的，不被民众认可的法律是没有任何意义的。再者，对受害人而言，如若未成年人附条件不起诉制度不被其认可就启动，亦是对他们的二次伤害。

3. 未成年人附条件不起诉制度的存在，使得审判权遭受打击。未成年人附条件不起诉制度实际上就是有罪不追溯。在我国，法院是定罪的唯一机关，检察机关在起诉阶段就把案件分流到不起诉，严重侵犯了法院的定罪权。虽说西方国家也有未成年人附条件不起诉制度的存在，但是其国情与我国截然不同，且不论其法治观念已经深入人心，就单凭程序而言就存在很大区别，例如在西方国家，拘留、保释等程序都是经过法院批准的，而在我国，很多时候法院是被这些程序排除在外的。检察机关已经拥有很大的裁量权，并且法律已经规定酌定不起诉，规定缓刑、拘役等，再从法律上下放权力到检察机关，会从根本上导致权力的滥用。

4. 2012 年《刑事诉讼法》也存在着过度狭窄的规定，即“可能判处一年有期徒刑以下刑罚”。我国本就有重刑主义倾向，刑法更是为了维护社会稳定、惩治犯罪而存在的，在刑法适用上“判处一年有期徒刑以下”的规定仅有 3 条，一条是《刑法》第 252 条规定的侵犯通信自由罪，一条是第 322 条规定的偷越国（边）境罪，另一条是《刑法修正案（八）》规定的危险驾驶罪。未成年人附条件不起诉在这样一个前提下，能否广泛实施是一个问题。

二、未成年人附条件不起诉制度的完善

（一）未成年人附条件不起诉制度的适用主体

通常而言，未成年人是一个社会学或者法学概念，一般是指未成年的人。

在法律上,通常以一定的年龄来划分成年或者未成年,管辖和适用的不同在一定程度上又决定了年龄的不同划分。在当今国际上,通常是以18周岁为界来划分的。然凡事都有例外,有许多国家在年龄上又有不同的规定,例如在日本、韩国等国家,未成年人就是一个20周岁以下的概念。

根据刑事责任年龄不同,我国刑法将未成年人分为三类:(1)不满14周岁的未成年人;(2)已满14周岁不满16周岁的未成年人;(3)已满16周岁不满18周岁的未成年人。对于不满14周岁的未成年人,刑法规定其不负刑事责任,因而未成年人附条件不起诉制度对其没有适用的必要。因此,在我国,未成年人附条件不起诉制度适用的主体是已满14周岁未满18周岁的未成年人。同时值得注意的是,受虚岁计龄法等的影响,很多人对周岁计算有各种误解,认为计算时间时的年份减去出生时的年份即周岁,这是受了计算虚岁时不考虑生日的影响。这种计算方法是错误的。应该是在周岁的基础上,推迟一天计算,其是出于人情上及尽量减少麻烦的考虑。

就我国而言,"未成年人",在刑法上对其定义又是有所缺陷的。已满14周岁不满16周岁可以成为故意杀人、故意伤害致人重伤或死亡、强奸、抢劫、贩卖毒品、放火、爆炸、投毒罪的犯罪主体;然而,已满16周岁未满18周岁亦可以成为此类犯罪主体。换句话说,"已满14周岁不满16周岁"与"已满16周岁未满18周岁"的未成年人犯此八种罪在法律上同等对之,着实让人难以接受。

总而言之,"未成年人"这个词可以说是妇孺皆知,但对其法律概念的正确理解,对于发挥司法工作人员办案的主动性具有极其重要的作用,"未成年人"概念的明晰对司法工作人员自主适用未成年人附条件不起诉制度,避免法律成为一纸空文同样具有重大而深远的意义。

(二)未成年人附条件不起诉制度适用条件

未成年人附条件不起诉制度应该适用以下条件:

1. 案件事实清楚,证据确实充分,符合起诉条件;

2. 犯罪情节较轻。"涉嫌刑法分则第四章、第五章、第六章规定的犯罪,可能判处一年有期徒刑以下刑罚",在此这个"一年有期徒刑以下刑罚"既是相对于法定刑而言,也是相对于裁判刑而言的。依据《刑法》分则规定,法定最高刑为一年以下有期徒刑的罪名只有三个,一是"侵犯公民通信自由罪",二是"偷越国边境罪",三是《刑法修正案(八)》规定的"危险驾驶罪";至于裁判刑,虽然未成年人有从轻、减轻的规定,但是在实践中,很少有判处一年以下有期徒刑的犯罪。

再者,因为要求犯罪情节较轻,排除第一、二章危害国家安全、危害公共安全罪是合理的;刑法分则第八章、第九章、第十章的罪名大都需要特殊身份,去除第八章、第九章、第十章亦是合理的。然而2012年《刑事诉讼法》的这种规定把刑法分则第三章、第七章排除在外,在原本就很狭窄的附条件不起诉制度下更加缩小了范围。总而言之,第一,未成年人附条件不起诉制度设立的本意就是为了挽救失足的有悔罪表现的未成年人的,应在排除第一章、第二章严重犯罪,第八章、第九章、第十章不适用犯罪罪名的情况下,适用于其他章节罪名。第二,在此基础上,排除累犯、惯犯、有前科劣迹、属瘾癖性犯罪的人以及共同犯罪中的主犯,因其犯罪的主观恶性较大,是不符合适用条件的。第三,“可能判处一年有期徒刑以下刑罚的案件”其应改为“可能被判处三年以下有期徒刑、拘役或者管制的刑罚”比较适合。

3. 犯罪后有悔罪表现。然而,是否确实有悔罪表现,不致危害社会,是一个主观状态,如果纯粹由人民检察院来主观决定这个“悔罪”尺度,很容易滋生腐败温床,得不偿失。何为“悔罪表现”应该有一个客观化的标准,比如赔礼道歉、赔偿损失、积极补救,比如不得有毁灭证据、企图逃跑、贿赂证人等不法行为。

4. 应听取公安机关、被害人的意见;公安机关是刑事案件的侦查机关,对案件有着直接的接触了解,同时也有利于公安机关与检察机关保持节奏上的一致性。

被害人是案件的受害者,如果对未成年犯罪人在法律上不合理的宽恕,就是对受害人的二次伤害,不仅破坏了这个制度设置的宗旨,而且也不利于社会的稳定和谐。当然这并不意味着一旦被害人提出意见就要无条件接受,如果其起诉意见不被接受,其依然可以通过申诉来进行权利的救济。而且,公安机关不服不起诉决定的,也可以要求复议,提请复核。

5. 未成年犯罪嫌疑人及其法定代理人对人民检察院决定附条件不起诉有异议的,人民检察院应当作出起诉的决定。该制度的设定是为了保护未成年人的权益,从理论上来说,不起诉对未成年人犯罪嫌疑人是相当有利的,既避免了前科,也避免了败诉的风险,未成年犯罪嫌疑人及其法定代理人对不起诉完全没有必要提出异议。但作为法治国家,这项权利的设置体现了法治的民主,有利于保障人权,同时对于未成年人犯罪嫌疑人来说也一定程度上隔绝了社会的“有色眼镜”。

（三）未成年人附条件不起诉制度的适用程序

1. 提起

未成年人附条件不起诉的提起主体应为两类：

一是检察机关依据案件具体情况提出。依法律规定，检察机关拥有起诉的权利，认为应当依法追究刑事责任，但又符合上述附条件不起诉条件的，可以自由裁量，在未成年犯罪嫌疑人的监护人未为提出的前提下，主动适用这个制度。这有利于减轻轻微刑事案件对审判活动的压力，节省司法资源。

二是作为犯罪嫌疑人的未成年人的监护人提出。作为犯罪嫌疑人的未成年人在行为能力上有所欠缺，并且其是刑法可能处罚的对象，当认为其符合附条件不起诉时，可以向检察机关提出未成年人附条件不起诉的申请。这有利于保护当事人合法权益，维护社会的和谐稳定。

2. 审查决定

为了避免事后当事人因对附条件不起诉的不满，从而向人民法院提起诉讼或者向检察机关提出复议、复核，而造成不良影响以及诉讼拖累等，有必要进行不起诉审查。

在犯罪事实清楚，证据确实、充分，依法应当追究刑事责任的前提下，同时又符合未成年人附条件不起诉的条件的并有悔罪表现的，检察机关办案人员可以提出意见，报部门负责人审查，并且由检察委员会集体讨论通过，同时应听取被害人以及公安机关的意见，必要时可以举办听证会。2012 年《刑事诉讼法》只规定了“有悔罪表现”，并未提及实际的条件；笔者认为，应对决定附条件不起诉的未成年人给予一定的义务，比如赔款、赔礼道歉，参加一定的社区活动等。如果被附条件不起诉人违背义务的，其应当被警告或者变更义务，严重时，应提起公诉。此外，“未成年犯罪嫌疑人及其法定代理人对人民检察院决定附条件不起诉有异议的，人民检察院应当作出起诉的决定。”

3. 考察

考察，主要是指对附条件不起诉未成年人的监督以及考验期满后是否作出起诉决定。根据《刑事诉讼法》第 272 条的规定，在附条件不起诉的考验期内，由人民检察院对被附条件不起诉的未成年犯罪嫌疑人进行监督考察。未成年犯罪嫌疑人的监护人，应当对未成年犯罪嫌疑人加强管教，配合人民检察院做好监督考察工作。附条件不起诉的考验期为 6 个月以上 1 年以下，从人民检察院作出附条件不起诉的决定之日起计算。被附条件不起诉的未成年犯罪嫌疑人，应当遵守下列规定：（1）遵守法律法规，服从监督；（2）按照考察机关的规定报告自己的活动情况;(3)离开所居住的市、县或者迁居,应当报经考察机关批准;(4)按照考察机关的要求接受矫治和教育。根据最高检《规则》第498条的规定,人民检察院可以要求被附条件不起诉的未成年犯罪嫌疑人接受下列矫治和教育:(1)完成戒瘾治疗、心理辅导或者其他适当的处遇措施;(2)向社区或者公益团体提供公益劳动;(3)不得进入特定场所,与特定的人员会见或者通信,从事特定的活动;(4)向被害人赔偿损失、赔礼道歉等;(5)接受相关教育;(6)遵守其他保护被害人安全以及预防再犯的禁止性规定。同时,被附条件不起诉并不意味着惩罚到此终了,当未遵守监督规定或者还有其他罪名要追溯的,是完全可以撤销附条件不起诉的。在《刑事诉讼法》中,只规定由检察院监督考察,监护人配合,但最高检《规则》第496条规定:"在附条件不起诉的考验期内,由人民检察院对被附条件不起诉的未成年犯罪嫌疑人进行监督考察。未成年犯罪嫌疑人的监护人,应当对未成年犯罪嫌疑人加强管教,配合人民检察院做好监督考察工作。人民检察院可以会同未成年犯罪嫌疑人的监护人、所在学校、单位、居住地的村民委员会、居民委员会、未成年人保护组织等的有关人员,定期对未成年犯罪嫌疑人进行考察、教育,实施跟踪帮教。"

4. 撤销

《刑事诉讼法》第273条规定,被附条件不起诉的未成年犯罪嫌疑人,在考验期内有下列情形之一的,人民检察院应当撤销附条件不起诉的决定,提起公诉:(1)实施新的犯罪或者发现决定附条件不起诉以前还有其他犯罪需要追诉的。(2)违反治安管理规定或者考察机关有关附条件不起诉的监督管理规定,情节严重的。被附条件不起诉的未成年犯罪嫌疑人,在考验期内没有上述情形,考验期满的,人民检察院应当作出不起诉的决定。根据最高检《规则》第500条规定,被附条件不起诉的未成年犯罪嫌疑人,在考验期内有下列情形之一的,人民检察院应当撤销附条件不起诉的决定,提起公诉:(1)实施新的犯罪的;(2)发现决定附条件不起诉以前还有其他犯罪需要追诉的;(3)违反治安管理规定,造成严重后果,或者多次违反治安管理规定的;(4)违反考察机关有关附条件不起诉的监督管理规定,造成严重后果,或者多次违反考察机关有关附条件不起诉的监督管理规定的。

第五节　未成年人犯罪记录封存制度

一、适用对象

2012年《刑事诉讼法》第275条对未成年人犯罪记录封存制度的适用对象作了明确规定，即犯罪的时候不满18周岁，被判处5年有期徒刑以下刑罚的人。

其中，“5年有期徒刑以下刑罚”，包括5年以下有期徒刑、拘役、管制、单处罚金、驱逐出境等。之所以如此规定，一方面是因为五年有期徒刑以下刑罚通常被认为是轻罪，其社会危害性和主观危险性较低，可塑造性较强；另一方面是为了与刑法规定的未成年人免除前科报告义务制度相协调。

二、适用内容

未成年人刑事犯罪记录封存制度适用的内容为“犯罪记录”。对于犯罪记录的封存，有两重含义。

一是记载犯罪事实及刑事诉讼过程的载体。在司法办案实践过程中，每一个案件的具体办理都需要经过侦查、审查起诉和审理判决等环节，在每个环节针对特定案件都会出现侦查卷宗、检察卷宗、审判卷宗等多种对犯罪事实和案件办理情况进行记载的客体及各种法律文书。司法机关封存符合条件的未成年人犯罪记录，不仅要对未成年犯罪嫌疑人、被告人的材料采取保密措施，妥善保存，非因法定事由不得向外界提供；在有关方面要求为未成年人出具有无犯罪记录证明时，司法机关不应当提供有犯罪记录的证明。

二是未成年人发生犯罪事实的信息。对未成年人进行犯罪记录封存，除了对其犯罪档案材料进行严格保密，还需要对其曾经发生犯罪、接受刑事判决的事实进行封存保密。除法律规定的特殊情况外，任何单位和个人对未成年犯罪人的相关情况进行调查时，不得透露其曾经犯罪的这一信息，这同样是犯罪记录封存制度适用内容的重要组成部分。

此外，依照《刑事诉讼法》第15条规定免予追究刑事责任的未成年人刑事案件记录，也应当予以封存。

三、封存法律效力

2012年《刑事诉讼法》明确规定了未成年人犯罪记录封存的法律效力，

即犯罪记录被封存的，不得向任何单位和个人提供，但司法机关为办案需要或者有关单位根据国家规定进行查询的除外。依法进行查询的单位，应当对被封存的犯罪记录的情况予以保密。据此，未成年人的犯罪记录封存后，不得向任何单位和个人提供。

未成年人犯罪记录封存的效力主要体现在以下几个方面：

（一）犯罪记录限制查询

犯罪记录封存并不是将犯罪记录在司法档案的记述载体上简单地予以消灭，而是在适用记录封存制度的情况下，对于符合犯罪记录封存条件的，在被查询时给予否定性回答，具体答复为“无犯罪记录”。对未成年人犯罪启动犯罪记录封存后，公检法等保留未成年人档案的相关机关，除法律特殊规定的情况外，不得向任何单位和个人提供或披露未成年人曾经的犯罪记录。

（二）前科报告义务免除

有关刑事污点的档案材料，只能保存在司法机关，其个人或其他单位人事档案及记录均不得显示其刑事污点的存在，本人有拒绝向任何部门、个人陈述的权利，在填写各种表格时，不再填写“曾受过刑事处罚”的字样。犯罪记录封存的人和普通人一样依法平等地享有各种权利，免除在求学、就业等阶段因曾有前科而遭受歧视。

（三）封存效力持续原则

封存效力的持续原则主要是指对未成年人犯罪记录的封存不因任何原因而终结，在法律特殊规定的情况下，司法机关因办案需要或有关单位根据国家规定有对未成年人犯罪记录进行查询的权利，但在查询之后，原有犯罪记录仍保持封存状态，查询后了解相关情况的单位也同时具有保密的义务。

四、适用例外

《刑事诉讼法》第275条第2款规定：“犯罪记录被封存的，不得向任何单位和个人提供，但司法机关为办案需要或者有关单位根据国家规定进行查询的除外。”前科封存制度也是有限制的，行为人前科被封存后，司法机关为办案需要，或者有关单位根据国家规定，可以提请查询。这里的“国家规定”有严格的限定，必须按照《刑法》第96条的规定把握，即仅指全国人民代表大会及其常委会制定的法律和决定，国务院制定的行政法规、规定的行政措施、发布的决定和命令，不包括部门规章和地方性法规。需要说明的是，对行为人的犯罪记录进行封存，并非消灭犯罪记录；司法机关在办案过程中，为更清楚查明案件事实，更全面掌握行为人的人身危险性、行为特点等，需要查询行为人前科情况的,可以查询。现行有效的公务员法、法官法、检察官法、警察法、律师法、教师法、职业医师法等法律以及相关法规、规定,对曾受过刑事处罚的人就业作出严格的限制性规定,上述职业都涉及重要的社会公共利益,从而对从业人员提出更高要求。因此,对免除报告义务的行为人权益保护不能与现行有效的法律冲突,保护行为人权益与保护社会公共利益要并重,不得有失偏颇。[1]

【深度阅读】

1. 王敏远:"论未成年人刑事诉讼程序",载《中国法学》2011 年第 6 期。

2. 张友好:"功能 · 主体 · 程序:附条件不起诉制度省察",载《政法论坛》2013 年第 6 期。

3. 程晓璐:"附条件不起诉制度的适用",载《国家检察官学院学报》2013 年第 4 期。

【课后思考】

检察机关对未成年人童某涉嫌犯罪的案件进行审查后决定附条件不起诉。在考验期间,下列哪些情况下可以对童某撤销不起诉的决定、提起公诉?(多选题)

A. 根据新的证据确认童某更改过年龄,在实施涉嫌犯罪行为时已满 18 周岁的

B. 发现决定附条件不起诉以前还有其他犯罪需要追诉的

C. 违反考察机关有关附条件不起诉的监管规定,情节严重的

D. 违反治安管理规定,情节严重的

---

〔1〕 张军、江必新主编:《新刑事诉讼法及司法解释适用解答》,人民法院出版社 2013 年版,第 414 ~415 页。

第二章　当事人和解的公诉案件诉讼程序

本章要点
刑事和解
适用范围
适用程序
效力认定

终凶，讼不可成也。

——《易经·讼卦》

调解（和解）为最适当之强制执行。

——古罗马法谚

上海市普陀区人民检察院以沪普检刑诉[2013]759号起诉书指控被告人马某某犯故意伤害罪，于2013年10月8日向上海市普陀区人民法院提起公诉。本院依法适用简易程序，实行独任审判，公开开庭审理了本案。上海市普陀区人民检察院指派代理检察员郭全忠出庭支持公诉，被告人马某某到庭参加诉讼。现已审理终结。

上海市普陀区人民检察院指控，2013年2月3日8时许，被告人马某某驾驶出租车行驶至本市白丽路、竹柳路路口时，因出租车与被害人李某某乘坐的三轮残疾车碰擦，而与被害人李某某发生争执过程中，被告人马某某挥拳击打被害人李某某面部致其受伤。经司法鉴定，被害人李某某遭受外力作用致左眼眶内侧壁骨折，构成轻伤。2013年5月3日，被告人马某某至公安机关投案自首。

上述事实,被告人马某某在开庭审理过程中亦无异议,并有被害人李某某的陈述,证人郭某某、陆某某的证言,上海市公安局验伤通知书,华东政法大学司法鉴定中心司法鉴定意见书,刑事和解协议、和解协议履行情况记录,户籍资料,工作情况记录等证据证实,足以认定。

上海市普陀区人民法院认为,被告人马某某故意伤害他人身体,致一人轻伤,其行为已构成故意伤害罪,依法应予处罚。公诉机关指控被告人马某某的犯罪事实及罪名成立。被告人马某某有自首情节,依法可从轻处罚。鉴于在法院审理期间,被告人马某某真诚悔罪,通过向被害人李某某赔偿经济损失、赔礼道歉的方式获得被害人谅解,被害人自愿和解,双方达成和解协议,且被告人马某某在被司法机关取保候审期间能遵纪守法,确有悔罪表现,故依法可对其从宽处罚并适用缓刑予以考验。公诉机关提出的量刑建议,予以采纳。根据被告人马某某犯罪的事实、性质、情节和对于社会的危害程度,依照《中华人民共和国刑法》第 234 条第 1 款,第 67 条第 1 款,第 72 条第 1 款,第 73 条第 1 款,第 3 款以及最高人民法院《关于处理自首和立功具体应用法律若干问题的解释》第 1 条,《中华人民共和国刑事诉讼法》第 277 条第 1 款第①项,第 279 条,最高人民法院《关于适用〈中华人民共和国刑事诉讼法〉的解释》第 505 条第 1 款之规定,判决如下:

被告人马某某犯故意伤害罪,判处拘役 2 个月,缓刑 2 个月(缓刑考验期限,从判决确定之日起计算)。

被告人马某某回到社区后应当遵守法律、法规,服从监督管理,接受教育,完成公益劳动,做一名有益社会的公民。

一、当事人和解的公诉案件诉讼程序的概述

(一)当事人和解的公诉案件诉讼程序的概念

当事人和解的公诉案件诉讼程序,是指在公诉案件刑事诉讼程序进行过程中,犯罪嫌疑人、被告人真诚悔罪,并通过向被害人赔偿损失、赔礼道歉等方式获得被害人谅解后,被害人自愿和解的,司法机关可以对犯罪嫌疑人、被告人进行从宽处罚的一种处理案件的特别程序。

2012 年《刑事诉讼法》第五编特别程序中对当事人和解的公诉案件的和解范围、和解的条件、和解的程序以及法律效力都作出了明确规定,对于规范我国刑事和解的司法实践,保证刑事和解案件的处理效果,具有相当重要的意义。

(二)当事人和解的公诉案件诉讼程序的适用范围

根据《刑事诉讼法》第 277 条规定,下列公诉案件,犯罪嫌疑人、被告人真

诚悔罪，通过向被害人赔偿损失、赔礼道歉等方式获得被害人谅解，被害人自愿和解的，双方当事人可以和解：

1. 因民间纠纷引起，涉嫌《刑法》分则第四章、第五章规定的犯罪案件，可能判处3年有期徒刑以下刑罚的

因民间纠纷引起，是指犯罪的起因，是公民之间因财产、人身等问题引发的纠纷，既包括因婚姻家庭、邻里纠纷等民间矛盾激化引发的案件，也包括因口角、泄愤等偶发性矛盾引发的案件。因民间纠纷引起的，涉嫌刑法分则第四章规定的侵犯公民人身权利、民主权利罪和第五章规定的侵犯财产罪，无论是故意犯罪还是过失犯罪，可能判处3年有期徒刑以下刑罚的，双方当事人都可以和解。

2. 除渎职犯罪以外的可能判处7年有期徒刑以下刑罚的过失犯罪案件

过失犯罪案件，是指《刑法》分则中规定的除第九章渎职罪以外，可能判处7年有期徒刑以下刑罚的过失犯罪案件。

此外，犯罪嫌疑人、被告人在5年以内曾经故意犯罪的，不适用本章规定的程序。

因此，适用刑事和解的必须同时满足以下几个条件：犯罪嫌疑人、被告人真诚悔罪；犯罪嫌疑人、被告人通过向被害人赔偿损失、赔礼道歉等方式获得被害人谅解；被害人自愿和解三个条件，三者缺一不可。其中，“真诚悔罪”是指犯罪嫌疑人、被告人出于自己的意愿，发自内心地意识到自己的行为给被害人带来的伤害，对自己的罪行真诚悔过，诚恳地希望得到被害人的谅解。“谅解”，是指被告人通过各种方式真诚悔罪，使被害人体察并同情其处境和错误。需要注意的是，犯罪嫌疑人、被告人向被害人赔偿损失、赔礼道歉只是法条文中列举的两种表明其真诚悔罪和获得被害人谅解的方式，司法实践中并不局限于这两种方式。刑事和解协议内容不得超越现有法律规定，应符合现有法律法规，不得损害国家、集体和第三人的合法权利和利益、不得违背公序良俗。“自愿和解”，是指被害人不受外力的干扰，在谅解犯罪嫌疑人、被告人的基础上，出于自己的意愿，与犯罪嫌疑人、被告人和解。

（三）当事人和解的公诉案件诉讼的程序规则

《刑事诉讼法》第278条规定：“双方当事人和解的，公安机关、人民检察院、人民法院应当听取当事人和其他有关人员的意见，对和解的自愿性、合法性进行审查，并主持制作和解协议书。”该规定体现了宽严相济的刑事原则，在打击与保护的双重层面上，既降低了案件成本，又有力地保证了司法公正，

符合当前司法实践的需要,也在一定程度上起到了维护社会稳定的作用。

当事人和解需要经过以下程序:(1)由双方当事人提出和解;(2)公安机关、人民检察院、人民法院听取当事人和其他有关人员的意见;(3)公安机关、人民检察院、人民法院对和解的自愿性、合法性进行审查;(4)公安机关、人民检察院、人民法院主持双方当事人制作和解协议书。

公、检、法机关在处理和解案件时,应以不激化矛盾,维护社会稳定为目的,秉承正确、及时、妥善处理的原则,只要双方当事人愿意和解,便尽力调处,告知双方权利义务,使双方当事人自愿达成和解。这样既利于被告人改过自新,又利于社会稳定。对于缓和社会矛盾,解决社会问题具有积极意义,实现了法律效果和社会效果的和谐统一。

(四)对达成和解协议案件从宽处理的法律效力认定

《刑事诉讼法》第279条规定:"对于达成和解协议的案件,公安机关可以向人民检察院提出从宽处理的建议。人民检察院可以向人民法院提出从宽处罚的建议;对于犯罪情节轻微,不需要判处刑罚的,可以作出不起诉的决定。人民法院可以依法对被告人从宽处罚。"

根据该规定,当事人达成和解的案件,在不同的诉讼阶段由不同的机关作出不同的处理,对当事人会产生不同的法律效果:(1)在侦查阶段双方当事人达成和解的案件,公安机关可以向人民检察院提出从宽处理的建议;(2)在审查起诉阶段双方当事人达成和解的案件,人民检察院可以向人民法院提出从宽处罚的建议;对于犯罪情节轻微,不需要判处刑罚的,可以作出不起诉的决定;(3)在审判阶段双方当事人达成和解案件,人民法院可以依法对被告人从宽处罚。

需要注意的是,公诉案件和解程序的适用,不能因为双方达成和解协议就从轻或减轻甚至免除刑罚。有些犯罪虽然法定刑不高,但仍会造成社会利益与国家利益的损害,这部分案件应排除在适用刑事和解的案件之外,必须注意到刑事和解的消极作用,防止引发潜在的不良因素。

此外,由于2012年《刑事诉讼法》只规定了人民检察院可以提出从宽处罚的建议,情节轻微的可以作出不起诉决定,人民法院可以依法对被告人从宽处罚。这其中,对于不起诉应当属于何种类型并无相应根据。对于从宽处罚的范围是作为从轻还是减轻处罚的情节,法律也没有作出明确说明,这有可能导致在司法实践中具体适用刑事和解时出现问题。

(五)自诉案件的和解与公诉案件的和解之间的区别

1. 和解主体在诉讼中的地位不同。自诉案件的和解是在起诉方与被起诉方之间进行的，是诉讼的当事人双方主体之间的协商；公诉案件的和解是在被诉方与作为诉讼参与人的被害人之间进行的，不是追诉主体与犯罪嫌疑人、被告人之间的协商。

2. 和解协议的内容不同。自诉案件的和解协议不仅包括赔偿损失、赔礼道歉等内容，还可以涉及诉讼的进程，起诉方可以处置诉讼权利；公诉案件的和解协议针对赔偿损失、赔礼道歉等内容，不能涉及公权力的处置。

3. 和解协议的法律效果不同。在自诉案件中，起诉方与被起诉方达成和解后，起诉方可以据此决定撤回起诉，从而终止诉讼；在公诉案件中，和解协议只能作为在诉讼各个阶段从宽处罚的依据，人民检察院也可以作出不起诉的决定，但前提是符合刑事诉讼法有关不起诉的规定，不能单独据此决定诉讼的进程。

二、关于当事人和解的公诉案件的诉讼程序的深入思考

2012年《刑事诉讼法》将当事人和解的公诉案件的诉讼程序设置为一个新的程序，无疑是本次修改的一大亮点，这表明刑事和解制度的正式建立，在给予刑事和解以法律上的名分的同时也为今后进行公诉案件的刑事和解提供了法律依据。但该程序规定仍存在原则粗疏、过于简单的问题，在某种程度上无法有效地服务于司法实践，还需要对当事人和解的公诉案件的诉讼程序的立法、司法解释及司法实践等层面进行进一步的完善，以增强其实用性。

（一）应当进一步明确公诉案件和解适用的诉讼阶段

关于公诉案件和解适用的诉讼阶段，学界观点不一，有主张“审查起诉阶段或者审判阶段说”的，亦有主张“审判阶段说”、“侦查、起诉和审判阶段说”、“审查起诉和一审审判阶段说”的，甚至有人主张“刑事诉讼所有阶段说”。

从《刑事诉讼法》第269条规定来看，公诉案件和解适用于侦查、审查起诉、审判阶段，而不适用于立案阶段。此外，侦查机关不具有对公诉案件和解的处置权，无权自行处理达成和解协议的案件。“只有到了审查起诉或审判阶段，因刑事和解引起的诉讼程序的终结才可能出现。”

至于当事人和解的公诉案件的诉讼程序是否只适用于一审，抑或一审、二审、再审皆可，法律没有明确规定。但有学者认为，二审、再审程序中不能进行和解。“二审和再审程序主要是法律审程序，对法律问题本身不允许变通、和解。二审和再审程序设置的目的是为了对一审过程中出现的违法和违规行为进行纠正，如果允许在二审和再审程序中进行和解，无异于允许对法律

问题进行协商、变通,这是法律稳定性和严肃性所不允许的。再者,二审和再审程序中设置和解环节必将摧毁一审和解的稳定性,最终将损害和解制度本身。”[1]

(二)应当进一步明确公诉案件和解的次数、时间、方式等,出台统一标准

当今社会,公民法律意识参差不齐,对刑事和解的理解程度不一,在具体实践时,易造成因双方当事人理解偏差而导致不同的法律后果,抑或产生同类型案件在协议内容上存在较大差别,个案间难以平等等现象,“刑事和解的内容等同于经济赔偿,刑罚与赔偿协议画上等号”等。因而,《刑事诉讼法》在和解的细节上不够明确,而恰恰是制度上的随意性造成了同罪不同罚,甚至不平等现象的发生。在司法实践中,容易出现当事人或者公、检、法机关滥用刑事和解的情况,导致刑事和解的积极作用的下降。

为避免认识不一,导致当事人和解的公诉案件的诉讼程序的操作不规范,公、检、法机关应对适用刑事和解的案件范围、适用条件、适用刑事和解机制的具体程序进行规范,对刑事和解在各个环节的具体适用、参与人员、双方所必需遵守的规则、达成的刑事和解方式及终结等步骤制定统一的适用规则,使之更加规范化,以防止出现被告人的赔偿能力成为能否和解的最关键因素,造成赔偿等于免责的简单操作程序,应结合被告人的赔偿意愿、赔偿能力、赔偿结果等来确定被告人的主观恶性是否减弱,综合考虑物质赔偿和被告人认罪悔罪的内在主观因素,来决定从轻或减轻处罚。

对刑事案件当事人可以达成刑事和解协议的时间和次数进行合理的限制,如刑事案件当事人最迟应当在刑事诉讼中什么时间之前达成刑事和解协议,刑事案件当事人最多可以达成几次和解协议等。倘若不对此加以规定则有可能对司法的严肃性、权威性和公正性造成损害,同时也可能会降低诉讼效率,不符合通行的诉讼经济原则。

虽然从《刑事诉讼法》的规定看,具体的和解协商的程序和过程应当由当事人双方自己来把握,这看似不在法律考虑的范围,但从规范角度看,国家应当对此制定相关的指导意见,以引导当事人合法有序地进行和解。有必要对和解的启动方式、启动程序、和解方式的选择、如系第三人促和如何委托、

---

〔1〕 孙春雨:“公诉案件和解程序需要明确五个问题”,载《检察日报》2012 年 7 月 23 日版。

当事人双方如何进行和解协商、和解的内容、和解内容的履行、和解后反悔或不履行和解协议如何处理等问题作出细致规定，以便当事人进行和解时参照适用，避免走弯路。

（三）应当进一步规定刑事和解协议无效情形的处理

在司法实践中，导致刑事和解协议无效的情形一般分为以下两种情况：一是加害人欺骗被害人而导致被害人与其签订刑事和解协议，在得到公安司法机关的从宽处罚或者不处罚结果之后，而故意拖延履行或者不履行该和解协议；二是被害人对加害人作出谅解的真正目的是为了尽早得到加害人给予的大量金钱赔偿，而不是真正对加害人的行为进行原谅，待得到加害人给予的金钱赔偿后再以某种借口向主持刑事和解的公安司法机关表示反悔，仍要求公安司法机关从严继续追究加害人的刑事责任；三是被害人迫于来自外界的各种压力，违心地表示同意与加害人和解，一旦压力缓解，被害人有了自主意识，就必然向公安司法机关提出反悔，要求从严追究加害人刑事责任。

2012年《刑事诉讼法》虽然明确规定了刑事和解协议的法律效力，但对司法实践中可能存在的刑事和解协议无效的问题如何处理却没有进行规定，这就需要我们来进一步规定，在刑事和解协议无效的情况下，刑事和解当事人该如何维护自身的利益和公安司法机关该如何合理行使自己的权力。

（四）应当进一步明确检察机关对公诉案件和解的监督权，确保公平正义

为了防止刑事和解滥用现象的出现，2012年《刑事诉讼法》规定公安机关可以向检察机关提出从宽处理的建议，检察机关可以向人民法院提出从宽处罚的建议，人民法院可以依法对被告人从宽处罚。检察机关在此程序中可以不接受公安机关的建议，人民法院也可以不接受检察机关从宽处罚的建议。这在一定程度上体现着公、检、法三机关的相互监督与制约的关系。但是，《刑事诉讼法》却未规定刑事和解当事人或第三方的监督。在刑事和解过程中，如果没有第三方的有效监督，就有可能在司法实践过程中导致权力的滥用，使某一方当事人的权益受损。故此，采取公示或者公开听证程序等方式对其和解过程予以监督是有必要的。

《刑事诉讼法》第8条规定："人民检察院依法对刑事诉讼实行法律监督。"《刑事诉讼法》第289条也明确授权人民检察院对强制医疗的决定和执行实行监督，然而在当事人和解的公诉案件诉讼程序中检察机关是否有权监督则没有明确的规定。

有学者认为，对刑事诉讼活动的监督是检察机关法律监督权的一项重要内容，公诉案件和解作为一种刑事案件的处理方式，依赖于侦查、公诉、审判程序，检察机关既然对侦查、审判活动享有监督权，那么自然有权对公诉案件和解予以监督。监督的范围不仅包括程序上是否合法，也包括和解的内容是否合法、合理。具体而言：

1. 对侦查阶段和解的监督。凡是侦查阶段达成和解的案件，侦查机关应当将和解协议、被害人申请和处理建议等随案移送检察机关审查，主动接受检察机关的监督。人民检察院进行审查，必要时可以联系当事人了解情况，发现侦查机关有擅自对不符合和解条件的案件适用和解、强迫当事人接受和解等违法情形，应当依法行使法律监督权，责令纠正。公安人员在和解过程中如有滥用权力牟利行为的，应当根据情节严重程度，建议给予行政处分或追究刑事责任。对于和解过程中出现的违法行为，当事人随时可以向负有法律监督职责的检察机关进行申诉、控告。

2. 对审查起诉阶段和解的监督。在审查起诉阶段，应当借鉴日本的检察审查会制度，通过人民监督员对因和解而作出不起诉决定的案件进行必要的监督。检察人员在案件和解过程中如有滥用职权、徇私舞弊行为的，应当根据情节严重程度，给予行政处分或追究刑事责任。

3. 对审判阶段和解的监督。在审判阶段，法院应当公布影响判决的和解因素，在裁判书中列明案件和解的过程和情况以及采信的情况，接受检察机关的监督。检察机关对于审判阶段违反法律规定的和解有权提出抗诉或提请纠正。审判人员在案件和解过程中如有滥用职权、徇私舞弊行为的，应当根据情节严重程度，建议给予行政处分或追究刑事责任。[1]

同时，应当赋予检察机关对无效和解的撤销权，以防止在和解过程中出现以钱买刑、花钱赎罪、被害人漫天要价、威胁、利诱以及弄虚作假等问题。检察机关作为国家的法律监督机关，有责任、也有权力对明显不合法、不合理的和解协议行使撤销权，促使案件重新进入诉讼程序。

【深度阅读】

1. 陶伯进、孙洪坤："刑事司法场域内当事人和解程序的法社会学分

〔1〕 孙春雨："公诉案件和解程序需要明确五个问题"，载《检察日报》2012年7月23日版。

析”,载《江淮论坛》2013 年第 3 期。

2. 陈卫东、程晓璐:“当事人和解的公诉案件诉讼程序配套规定之评析与建议”,载《中国刑事法杂志》2013 年第 7 期。

【课后思考】

1. 什么是公诉案件和解？与自诉案件的和解有何区别？

2. 简述当事人和解的公诉案件诉讼程序的适用条件。

第三章　犯罪嫌疑人、被告人逃匿、死亡案件违法所得的没收程序

本章要点

没收程序的概念和法律界定
没收程序的适用范围
没收程序的处理原则

仓廪实则知礼节，衣食足则知荣辱。

——《管子·牧民》

人们在利用法律所给予的保护他们权利的机会时，财产是一个决定的因素。

——［英］拉基斯

赖昌星，厦门远华特大走私案主犯；曾担任厦门远华（集团）国际有限公司董事长，福建省第八届政协委员（2001年1月11日被撤销）；1999年案发后逃往加拿大，一直滞留在温哥华。2011年7月初，赖昌星被加拿大边境服务局（CBSA）拘留，加拿大联邦法院驳回其关于暂缓执行遣返令的申请。2011年7月23日，赖昌星被遣返回国，随后，中国公安机关依法向其宣布了逮捕令。2012年2月，检察机关依法向审判机关提起公诉。2012年4月，厦门市中级人民法院依法公开开庭审理赖昌星案；2012年5月18日，判处赖昌星无期徒刑，并处没收个人全部财产，赖昌星未提出上诉。

一、犯罪嫌疑人、被告人逃匿、死亡案件违法所得的没收程序概述

（一）犯罪嫌疑人、被告人逃匿、死亡案件违法所得的没收程序的概念和特点

《刑事诉讼法》第280条规定："对于贪污贿赂犯罪、恐怖活动犯罪等重

大犯罪案件,犯罪嫌疑人、被告人逃匿,在通缉一年后不能到案,或者犯罪嫌疑人、被告人死亡,依照刑法规定应当追缴其违法所得及其他涉案财产的,人民检察院可以向人民法院提出没收违法所得的申请。”

犯罪嫌疑人、被告人逃匿、死亡案件违法所得的没收程序,是指当某些案件中犯罪嫌疑人、被告人逃匿或者死亡时,不经过定罪程序而没收违法所得及其他涉案财产的特殊程序。

犯罪嫌疑人、被告人逃匿、死亡案件违法所得的没收只是针对违法所得进行的没收,而不涉及犯罪嫌疑人、被告人定罪量刑的刑事责任认定。它没收的对象是违法所得及其他涉案财产,而不是犯罪嫌疑人、被告人合法享有的个人财产。

(二)犯罪嫌疑人、被告人逃匿、死亡案件违法所得的没收程序的法律界定

就程序法律性质而言,违法所得没收程序是不涉及定罪量刑的财产没收程序,不同于普通刑事诉讼程序中的审判程序。违法所得没收程序属于在刑事诉讼法中设置的犯罪人与违法所得分离处理的特别程序,不能以刑事审判程序的标准对其进行评价。此外,它是在犯罪主体不在场的条件下所采用的,适用的前提是刑事犯罪案件部分已经中止或者终止,追究犯罪嫌疑人、被告人的刑事诉讼已经无法正常进行。而刑事诉讼中其他违法所得没收程序则是犯罪主体在案的情况下,人民法院在正常的审判程序中,其程序与犯罪嫌疑人、被告人的定罪量刑程序紧密联系在一起,且最终体现在定罪量刑的刑事判决书中,故此,两者也是不同的。

就程序适用范围而言,违法所得没收程序并不具有普适性,即它并不能适用于所有具有违法所得的犯罪形态,2012 年《刑事诉讼法》仅将其限定于贪污贿赂犯罪和恐怖活动犯罪等重大犯罪案件。

就程序效力问题而言,违法所得刑事没收程序具有程序适用的不确定性及作出裁定的非终局性。《刑事诉讼法》第 283 条规定:“在审理过程中,在逃的犯罪嫌疑人、被告人自动投案或者被抓获的,人民法院应当终止审理。”犯罪嫌疑人、被告人逃匿后又重新出现,可以成为法院审理这类案件的终止理由。在法院的其他一般判决或者裁定中,只要属于一审裁决后没有上诉或者抗诉的判决、裁定,或者二审作出的判决、裁定,都具有终结性。对这些判决、裁定所确定的内容,都应当执行。而根据违法所得没收程序则不一样。《刑事诉讼法》第 283 条第 2 款规定:“没收犯罪嫌疑人、被告人财产确有错误

的，应当予以返还、赔偿。”因此，从某种意义上讲，人民法院对类似案件作出的裁决，在相当多的情况下将处于不确定的状态，随时都会因新证据的出现等因素而有所变更。

（三）犯罪嫌疑人、被告人逃匿、死亡案件违法所得的没收程序的意义

1. 有利于挽回国家巨额经济损失

根据《刑事诉讼法》相关规定，当犯罪嫌疑人逃匿或者死亡无法到案时，已经开始的诉讼程序自动终止。司法实践中大量腐败犯罪、恐怖犯罪等类型案件犯罪嫌疑人逃匿或者死亡后，其犯罪所得的巨额财产无法追缴的现实，造成国家的巨额损失，一定程度上削弱了国家的财政力量和经济建设能力。2012 年《刑事诉讼法》增设这一特殊程序正好弥补了这个漏洞，这意味着即使相关案件的犯罪嫌疑人潜逃或者死亡不能到庭受审，不能追究其刑事责任，人民检察院或者公安机关只要查明涉案人员具有违法所得或者其他涉案财产就可以根据这一规定，由人民检察院启动没收违法所得的程序并通过这一程序没收犯罪分子因犯罪行为所得的财产。

2. 对潜在的犯罪分子起到震慑作用

刑罚目的的实现在于刑罚带来的恶果应大于犯罪所带来的好处。就现行法律来说，由于没有设立没收违法所得的程序，不能强制剥夺潜逃、死亡犯罪分子的财产。惩罚对贪污贿赂等相关犯罪分子来说并不是十分可怕的事，因为在他们看来，因犯罪行为而获得的收益和因潜逃所失去的前途、自由相比，其收益要远远大于风险。在这种侥幸、低成本高收益心理的支配下，许多人铤而走险、置国家法律于不顾，在犯罪的道路上越走越远，如果在该类案件涉案人员潜逃或者死亡后，没收其违法所得，就会削弱犯罪人员的经济条件，剥夺其再犯罪的能力，使其在经济上没有出头之日，从而对现实和潜在的犯罪分子形成强大的威慑作用。

3. 向外逃涉案人员追缴境外财产提供了依据

实践中，贪污贿赂犯罪、恐怖活动犯罪、黑社会性质组织犯罪、走私犯罪、邪教组织犯罪等涉案人员外逃后涉案财产也大量流落到国外。近年来，我国加强了反腐败国际合作力度，对流失境外的资金有过成功追回的案例，但这些只是个案国际合作的成功，并不具有普遍意义，且其成本过大，不利于我国追回大量的被非法转移的腐败犯罪所得资产。《联合国反腐败公约》为了解决在被追诉者失踪、逃跑、死亡或者缺席的情况下，最大限度地追回腐败犯罪所得问题，要求各成员国根据本国法律采取必要措施，能够不经过对其犯罪

行为的刑事定罪而没收其犯罪所得，创设一个独立于对人的审判程序，对违法犯罪所得进行没收的制度。我国设立这一程序不仅符合《联合国反腐败公约》的要求，而且为我国向国外追缴赃款和违法所得扫除了障碍，提供了法律依据，有利于我国司法机关依法向境外追缴相关案件涉案人员的违法所得。

二、犯罪嫌疑人、被告人逃匿、死亡案件违法所得的没收程序的适用范围

（一）犯罪嫌疑人、被告人逃匿、死亡案件违法所得的没收程序适用案件的范围

根据《刑事诉讼法》第280条的规定，该程序必须适用于贪污贿赂犯罪、恐怖活动犯罪等重大犯罪案件。“贪污贿赂犯罪”，主要是指刑法分则第八章中贪污贿赂罪中的罪名，具体包括贪污罪、挪用公款罪、受贿罪、行贿罪等；“恐怖活动”，根据《全国人大常委会关于加强反恐怖工作有关问题的规定》，是指以制造社会恐慌、危害公共安全或者胁迫国家机关、国际组织为目的，采取暴力、破坏、恐吓等手段，造成或者意图造成人员伤亡、重大财产损失、公共设施损坏、社会秩序混乱等严重社会危害的行为，以及煽动、资助以其他方式协助实施上述活动的行为。“恐怖活动犯罪”，主要是指《刑法》分则第二章危害公共安全罪中的第120条规定的组织、领导参加恐怖组织罪、资助恐怖活动罪。此外，其他重大犯罪案件除上述两类案件外，还包括洗钱罪、毒品犯罪等案件，但应同时符合以下条件：(1)案情重大；(2)犯罪嫌疑人、被告人逃匿，在通缉1年后不能到案，或者犯罪嫌疑人、被告人死亡；(3)有追缴其违法所得及其他涉案财产的需要。

（二）犯罪嫌疑人、被告人逃匿、死亡案件违法所得的没收程序的没收对象

根据《刑事诉讼法》第280条的规定，该程序的没收对象是犯罪嫌疑人、被告人的违法所得及其他涉案财产。此处的“违法所得及其他涉案财产”包括犯罪嫌疑人、被告人在犯罪过程中非法获取的财物和产生的收益以及其他与案件有关联的财产，包括动产、不动产、存款、汇款、债券、股票、基金份额等。而且公安机关在向人民检察院递交违法所得意见书前，可以对犯罪嫌疑人、被告人的违法所得及其他涉案财产进行查封、扣押和冻结。人民法院在必要的时候，也可以查封、扣押、冻结申请没收的财产。

（三）犯罪嫌疑人、被告人逃匿、死亡案件违法所得的没收程序的阶段

根据《刑事诉讼法》第280～283条的规定，犯罪嫌疑人、被告人逃匿、死亡案件违法所得的没收程序主要分为以下四个阶段：第一阶段是公安机关向

人民检察院提出没收违法所得的申请。公安机关发现侦查过程中出现犯罪嫌疑人、被告人逃匿、死亡的情形且符合条件时，应当写出没收违法所得意见书，移送人民检察院。没收违法所得的申请应当提供与犯罪事实、违法所得相关的证据材料，并列明财产的种类、数量、所在地及查封、扣押、冻结的情况。第二阶段是人民检察院经审查后向人民法院提出没收违法所得的申请。第三阶段是人民法院审理前的公告程序。人民法院受理没收违法所得的申请后，应当发出公告。公告期间为6个月。犯罪嫌疑人、被告人的近亲属和其他利害关系人有权申请参加诉讼，也可以委托诉讼代理人参加诉讼。第四阶段是人民法院的审判程序。人民法院经审理，对经查证属于违法所得及其他涉案财产，除依法返还被害人的以外，应当裁定予以没收；对不属于应当追缴的财产的，应当裁定驳回申请，解除查封、扣押、冻结措施。对于人民法院依照前款规定作出的裁定，犯罪嫌疑人、被告人的近亲属和其他利害关系人或者人民检察院可以提出上诉、抗诉。需要注意的是，在审理过程中，在逃的犯罪嫌疑人、被告人自动投案或者被抓获的，人民法院应当终止审理。没收犯罪嫌疑人、被告人财产确有错误的，应当予以返还、赔偿。

三、犯罪嫌疑人、被告人逃匿、死亡案件违法所得的没收程序的处理原则

（一）案件的审理应当贯彻正当程序原则

法院作为中立者，始终贯彻程序正义原则。法院只能在检察院提出正式申请之后才能立案审理，在程序正义基础之上实行不告不理的原则。《刑事诉讼法》第281条对违法所得没收程序内容进行了具体的规定：(1)必须由中级法院进行审理，基层法院没有审理权；(2)应当组成合议庭审理，即不能采用审判员一人独任审判；(3)必须遵循特定的审理期间，如必须经过6个月的公告期间；(4)特别的参与诉讼主体，即犯罪嫌疑人、被告人的近亲属和其他利害关系人有权申请参加诉讼，利害关系人参加诉讼的，人民法院应当开庭审理等。上述程序都是法院在审理违法所得没收案件时必须严格遵循的规则。

（二）刑事处罚和民事处理兼顾适用的原则

法院审理犯罪嫌疑人、被告人逃匿、死亡案件违法所得的没收案件，与审理刑事附带民事诉讼案件都兼具刑事程序和民事程序的特点。一般刑事犯罪案件中，嫌疑人、被告人的近亲属和其他利害关系人与案件的处理结果没有直接关系。当犯罪主体逃亡或者死亡时，案件要么中止、要么终止，犯罪嫌疑人、被告人的近亲属和其他利害关系人不可能继续参与到刑事诉讼程序之

中。而刑事违法所得没收程序却不一样，即使犯罪嫌疑人、被告人已经逃匿或者死亡，他们的近亲属甚至包括其他利害关系人同样可以参与诉讼。根据《刑事诉讼法》第 282 条的规定，针对法院就案件作出的有关裁定，犯罪嫌疑人、被告人的近亲属和其他利害关系人还可以提出上诉。该规定将罪与责、权利和义务关系由刑事法律关系扩展到了民事法律关系领域。

四、犯罪嫌疑人、被告人逃匿、死亡案件违法所得的没收程序适用中应注意的几个问题

（一）违法所得没收程序与违法所得范围认定问题

违法所得的合理界定是违法所得没收程序的核心，它的认定直接涉及犯罪人、国家、被害人与善意第三人等各方面利益的兼顾与平衡。有学者认为，认定违法所得应当遵循相当性原则，即确定违法所得的范围应当以犯罪的社会危害性为基础，全面、充分考虑犯罪的性质、情节、损害后果、财物在犯罪中所起的作用，以及财物处理后可能造成的影响，合理界定现行《刑法》第 64 条所规定的“供犯罪所用的本人财物”与“违法所得的一切财物”的范围。例如犯罪人所获取的利益与没收犯罪工具的价值悬殊不宜太大；对一些社会危害性相对较小的轻微犯罪，没收犯罪人大宗财物就可能有失公平、公正，这取决于特别没收在性质上是一种强制措施，不具有刑罚后果，其目的是为了预防犯罪，一旦没收物价值较大，刑事没收也会起到刑罚意义上的惩罚效果。

基于上述原则，根据有关法律法规、司法解释，违法所得的适用范围可以概括为以下几个方面：

1. 违法犯罪分子采用非法手段直接获得的现金及物资，如犯罪分子诈骗、走私、生产、销售伪劣商品等获取的现金和财物。

2. 由违法所得转换成的其他财产，如违法犯罪分子利用赃款或赃物变现后所得货币购置的房地产、交通工具、有价证券等。

3. 第三人非善意取得的赃款赃物。因对于非善意取得第三人而言，其本身取得赃款赃物也不存在支付对价的情况，追赃无非使赃款赃物恢复其本来的归属关系。

4. 犯罪分子利用赃款赃物或其转换形式的财产作为资本通过合法经营途径所得的收益。虽然这种收益是通过合法经营途径取得，但它所用的资本是非法所得，它的基础和前提是非法的。换言之，这种合法经营的收益是由非法所得的赃款派生出来的，因此，也应予以追缴，如犯罪分子利用贷款诈骗所获的赃款作为资本通过合法经营所获得的利润，利用职务侵占的赃款存入

银行所获得的利息等。

(二)违法所得没收程序与第三人善意取得问题

违法所得没收本质上是国家对公民财产权的剥夺,而财产权作为人类谋求生存,建立家园的权利已被视为生命权利的延伸,并与生命权、自由权一道被看做最基本的人权。而尊重和保障人权已被写入2012年《刑事诉讼法》中。违法所得没收程序可能涉及第三人合法财产的保护,尤其是善意第三人经支付对价取得赃物的保护问题,即对于赃物能否适用善意取得制度。

我国《物权法》明确规定了善意取得制度,但对于赃物能否适用善意取得没有明确规定。相关刑事司法解释或规范性文件在不同时期所持立场亦不一致。有学者认为,赃物能否适用善意取得,关键取决于所有权保护与交易安全两者间的利益衡量与价值判断,当前我们可侧重于交易安全和效率价值,强调对善意第三人的保护,并兼顾财产所有权的“静的安全”。事实上,对交易安全的保护也是相关国际公约的要求,目前我国批准通过且规定有没收内容的国际刑事公约,均要求在追缴没收过程中,注重对善意第三人权利的保护。第三人是在善意情况下取得赃物的,被害人不得再有请求恢复的权利,国家也不宜将其认定为违法所得予以没收。当然,赃物适用善意取得至少应满足如下基本条件:(1)第三人不知道所获财物系违法所得,即主观上是善意的;(2)取得之物须为法律所允许流通,且须在公开市场并经合理的交易方式取得。公开市场是指公共市场或贩卖同种类之物品的商业场所;合理的方式是正当交易、拍卖等不可能对财产的非法来源产生怀疑的方式;若非由此种方式进行的交易,可径行否定其善意;(3)必须支付合理的对价;(4)物品已经交付给第三人,需要登记的,已经办理相关登记手续。

在坚持赃物一般适用善意取得制度的同时,还应注意以下几点:(1)行为人将赃款用于归还债务或相关经济活动的,必须是合法的正当债务以及正当经济活动,否则取得赃款的第三人不能认定为善意,不能适用赃物之善意取得原则;(2)行为人将赃款用于购买保险等情形的,适用善意取得,但可通过退保等相关民事手段予以追偿;(3)典当物品受到有偿恢复请求权的限制,不适用善意取得。

(三)违法所得没收程序与公检法机关的职责定位问题

违法所得没收程序是2012年《刑事诉讼法》新规定的一种特别程序,作为诉讼程序的一部分,它的启动、运行与终结必须由法定的主体依各自的法定职权来展开,这在司法实践中就涉及公检法机关的各自职权分工与定位问题。从《刑事诉讼法》第281条中可以看出以下几点内容：

1. 侦查机关不具有对刑事犯罪案件中违法所得进行处理的权力。公安机关或者检察院侦查部门在案件的侦查过程中，倘若发现犯罪嫌疑人逃匿或者死亡，无论是对于已经采取侦查措施被查封、扣押、冻结的财产，还是尚未采取侦查措施的违法所得，都无权作出实质性的处理决定，只能根据案件情况，写出没收违法所得意见书，移送检察院公诉部门处理。但侦查机关对于已经采取查封、扣押、冻结等侦查措施的财物，应当继续维持原状，等待法院最后作出处理裁决。

2. 检察院是违法所得没收程序的唯一启动主体。违法所得没收与刑事诉讼中其他违法所得没收不同的是，它是在犯罪主体已经不存在的条件下所采用的，适用前提是刑事犯罪案件部分已经中止或者终止，追究犯罪嫌疑人、被告人的刑事诉讼已经无法正常进行。在这种情况下，应当没收的财物既不能随案件主体移送到法院审判环节，又不能放弃对违法所得的处理，必须采用特别的起诉方式。它在本质上是一种特别的起诉程序。既然是起诉程序，就只能由提起公诉的检察机关来提起违法所得没收程序诉讼，因而检察机关当然地成为这一特别起诉程序的合法主体。

3. 法院是违法所得没收程序的审判机关，只能在检察院提出正式申请之后，才能立案审理。法院应当遵循不告不理的原则，唯如此才能实现程序正义。

(四) 违法所得特别没收与定罪量刑的关系

首先，违法所得特别没收程序的设定表明对涉案款物的没收并不以对具体行为人的定罪为前提。在犯罪嫌疑人、被告人死亡或者长期潜逃的情况下，侦查机关查清涉案款物的去向往往会遇到各种障碍，因而事实上难以满足事实清楚、证据确实充分的要求，所以刑事审判对证明标准的要求无须像对被告人定罪那样严格，只需满足“优势证据”的证明标准即可。

其次，违法所得特别没收程序的结果与具体行为人的定罪无必然联系。该违法所得特别没收程序启动后，无论法院裁定涉案款物没收与否，法律对其均设定了救济程序，即犯罪嫌疑人、被告人的近亲属和其他利害关系人或者人民检察院可以提出上诉、抗诉。

(五) 对涉案款物的特别没收与侦查机关的关系

违法所得特别没收程序结果存在以下两种情况：一是法院裁定对涉案款物予以没收；二是法院裁定驳回申请。针对第二种不利于检察机关的后果，侦查机关要解除查封、扣押、冻结措施，在一定程度上对检察机关反贪部门的侦查行为存在影响，但仅是对现有情况下证据的一种否定。当犯罪嫌疑人、被告人归案后，或证据发生变化，检察机关依然可以提出没收申请。由于前期涉案款物已经法院公告，其保管地点、保管人员已经予以公示，所以犯罪嫌疑人、被告人或其家属即使转移财产，但是其原有的登记记录无法消除，所以追赃仅是时间的问题，对检察机关反贪部门后续侦查行为的影响不大；对于因侦查机关取证问题导致没收裁定作出错误的，要承担财产返还及赔偿的责任，这是对检察机关启动该程序的一种限制。

【深度阅读】

1. 吴光升："我国违法所得没收程序的若干检讨——基于2012年《刑事诉讼法》相关规定的分析"，载《浙江工商大学学报》2012年第3期。

2. 印波："犯罪嫌疑人被告人逃匿死亡案件违法所得没收程序的定性分析"，载《中国检察官》2012年第3期。

3. 周晓永："检察机关适用违法所得特别没收程序的思考"，载《人民检察》2013年第6期。

【课后思考】

1. 什么是犯罪嫌疑人、被告人逃匿、死亡案件违法所得没收程序？犯罪嫌疑人、被告人逃匿、死亡案件违法所得没收程序有何特点？

2. 简述犯罪嫌疑人、被告人逃匿、死亡案件违法所得没收程序的适用条件。

第四章　依法不负刑事责任的精神病人的强制医疗程序

本章要点

强制医疗程序的概念和特征
强制医疗程序的适用条件
强制医疗的程序规则

君子成人之美，不成人之恶。

——《论语》

好的法律应该提供的不只是程序正义。它应该既强有力又公平；应该有助于界定公众利益并致力于达到实体正义。

——［美］诺内特　塞尔兹尼克

精神病人冯某是35岁男子，因涉嫌犯敲诈勒索罪被海淀警方刑事拘留，后经鉴定被认定为无刑事责任能力人，被警方送北京市安康医院采取临时的保护性约束措施。因冯某涉嫌在精神病发病期间实施敲诈勒索行为，海淀公安分局向海淀区人民检察院移送强制医疗意见书认定：冯某以非法占有为目的，以打电话发短信的方式，对被害人林某进行威胁，敲诈勒索35万元，后被抓获。经鉴定，冯某被诊断为偏执性精神障碍，无刑事责任能力。2013年1月1日正式实施的新《刑事诉讼法》第五编特别程序第四章规定了对依法不负刑事责任的精神病人适用强制医疗的相关条件，即要求曾实施暴力行为、危害公共安全或者严重危害公民人身安全、同时有继续危害社会可能的不负刑事责任的精神病人，才可予以强制医疗。本案中，涉案精神病人冯某虽使用发短信的方式,对被害人及其家属进行人身威胁,但他并未实际实施暴力行为,更未造成严重危害公民人身安全的客观结果,因此,本案不符合《刑事诉讼法》第284条规定强制医疗的相关条件。最终,海淀区人民检察院依法决定不提出强制医疗申请。

一、依法不负刑事责任的精神病人的强制医疗程序概述

(一)依法不负刑事责任的精神病人的强制医疗程序的概念

《刑事诉讼法》第284条规定:“实施暴力行为,危害公共安全或者严重危害公民人身安全,经法定程序鉴定依法不负刑事责任的精神病人,有继续危害社会可能的,可以予以强制医疗。”

《刑法》第18条第1款规定:“精神病人在不能辨认或者不能控制自己行为的时候造成危害结果,经法定程序鉴定确认的,不负刑事责任,但是应当责令他的家属或者监护人严加看管和医疗;在必要的时候,由政府强制医疗。”

强制医疗,是出于避免社会危害和保障精神疾病患者健康利益的目的,而采取的一项对精神疾病患者的人身自由予以一定限制,并对其所患精神疾病进行治疗的特殊的刑事强制性处遇措施。它是针对精神病人的一种社会防卫措施,而非刑罚措施。

(二)依法不负刑事责任的精神病人的强制医疗程序的特征

1. 适用对象的特殊性

根据我国《刑事诉讼法》第284条规定,我国强制医疗的适用对象是实施暴力行为,危害公共安全或者严重危害公民人身安全,经法定程序鉴定依法不负刑事责任的精神病人。

2. 适用措施的强制性

与自愿性住院医疗不同,强制医疗的适用具有显著的强制性特征,即如果行为人符合法定的强制医疗的适用条件,不论其本人或其家属是否同意,只要经人民法院决定都应强制入院,在专门的医疗机构中接受监护隔离和康复治疗。

3. 适用目的的双重性

强制医疗的目的具有双重性:一是通过积极康复治疗,使被强制对象恢复健康、改善精神状况,从而达到维护精神病人身体健康利益的目的;二是通过强制性医疗,消除被强制对象的人身危险性,使其不再对社会公众构成威胁,从而实现保障公众安全、维护社会和谐有序的目的。

二、依法不负刑事责任的精神病人的强制医疗程序的适用条件

依据我国《刑事诉讼法》相关规定，行为人如果同时满足以下三个条件，无论家属是否能够或同意履行监护职责，都应入院接受强制治疗。

(一)行为条件

“实施暴力行为，危害公共安全或者严重危害公民人身安全”，是适用强制医疗程序的行为条件。立法将强制医疗的适用对象局限于具有暴力倾向以及主动攻击意识的精神病人，这在客观上要求行为人实施了暴力行为并造成了一定的危害结果，即对公共安全造成了危害或者严重危害了公民的人身安全。具体应从如下两个方面来理解：第一，行为人须已经着手实施了暴力行为，且该行为符合犯罪的客观违法性特征，该行为若是由有刑事责任能力的人实施则已经构成犯罪。第二，该行为侵犯的法益：一是公共安全，即行为人实施的是危害不特定或者多数人的生命、健康或者公共生活的平稳与安宁的行为，并造成了相应的危险和侵害结果；二是公民人身安全，即行为人实施的行为危害特定人的生命、健康、人身自由、性的决定权等权利及其生活的平稳与安宁。该类行为要求行为造成具体的侵害结果，并达到严重的程度，比如造成被害人死亡、重伤等。

(二)对象条件

“经法定程序鉴定不负刑事责任的精神病人”，是强制医疗程序适用的对象条件。该条件包括三个方面：第一，适用对象是不负刑事责任的精神病人，即无刑事责任能力人。包括：(1)完全不能辨认自己行为的，完全不负刑事责任的精神病人；(2)实施行为时不能辨认自己行为的间歇性精神病人。第二，确定行为人是否为不负刑事责任的精神病人必须经过法定程序鉴定。第三，行为人的暴力行为发生在丧失刑事责任能力之后，如果行为人在精神正常情况下实施了犯罪行为，其后由于患上精神病而实施暴力行为，不属于该特别程序的适用范围。也就是说，不包括实施犯罪行为后患精神病、无受审能力和受刑能力的精神病人。

依据相关法律规定，在侦查、审查起诉阶段，公安机关、人民检察院有权启动精神病鉴定程序。在审判阶段，针对控辩双方有争议的鉴定意见进行核实时，法院可以启动重新鉴定或者补充鉴定。犯罪嫌疑人的辩护人、近亲属在审查起诉阶段有权申请启动精神病鉴定程序，对于侦诉机关已经进行的鉴定应当将鉴定意见告知犯罪嫌疑人或者被害人，被害人死亡或者丧失诉讼行为能力的，应当告知被害人的近亲属或法定代理人，犯罪嫌疑人或者被害人

有权申请重新鉴定或者补充鉴定。

（三）危险性条件

“有继续危害社会可能”，是强制医疗程序的危险性条件。危险性是指强制医疗程序适用对象的人身危险性。具体到强制医疗程序，是指已经实施了暴力行为的精神病人再次实施危害行为的可能性。

对于精神病人的社会危险性，可以从主观状态和客观表现两个方面来作出衡量和判断。首先，精神状况作为影响主观状态认定的主要因素，应由精神病鉴定人在精神病鉴定过程中附加作出相应的评估。其次，行为人实施的危害行为和造成的危害结果可以被视为社会危害性的客观表现。最后，应由法院在综合考虑上述两方面的基础上，对精神病人是否具有继续危害社会的可能作出判断和认定。

危险性条件具体可以通过如下表征进行判定：第一，精神病人的基本情况，包括性别、年龄、身体状况等生理状况、精神病的性质、有无危害社会行为史等。第二，精神病人实施暴力行为的情况，包括精神病人暴力行为的性质，暴力行为的手段、方式、对象以及造成的危害程度等。

三、依法不负刑事责任的精神病人的强制医疗程序的决定程序

（一）强制医疗的决定主体

《刑事诉讼法》第285条和第286条专门规定了精神病强制医疗的决定主体，即对实施暴力行为精神病人的强制医疗，由人民法院组成合议庭审理并作出决定，这明确规定强制医疗的决定主体为人民法院。

（二）法律援助制度

《刑事诉讼法》第286条专门规定了法律援助制度，即如果被申请人或者被告人没有委托诉讼代理人的，人民法院应当通知法律援助机构指派律师为其提供法律帮助。

（三）临时的保护性约束措施

《刑事诉讼法》第285条第3款规定：“对实施暴力行为的精神病人，在人民法院决定强制医疗前，公安机关可以采取临时的保护性约束措施。”

（四）强制医疗的审理时限

人民法院经审理，对于被申请人或者被告人符合强制医疗条件的，应当在1个月内作出强制医疗的决定。

四、依法不负刑事责任的精神病人的强制医疗程序的启动程序

《刑事诉讼法》第285条第2款规定：“公安机关发现精神病人符合强制

医疗的，应当写出强制医疗意见书，移送人民检察院。对于公安机关移送的或者在审查起诉过程中发现的精神病人符合强制医疗条件的，人民检察院应当向人民法院提出强制医疗的申请。人民法院在审理案件过程中发现被告人符合强制医疗条件的，可以作出强制医疗的决定。”本条规定了强制医疗程序启动的两种方式：一是检察院的申请启动制，即对于公安机关移送的强制医疗意见书或者在审查起诉过程中发现的精神病人符合强制医疗条件的，人民检察院应当向人民法院提出强制医疗的申请；二是法院的决定启动制，即人民法院在人民检察院未申请的情况下，依职权启动强制医疗程序。上述启动方式确立了检察院和法院强制医疗启动主体的法律地位，从而明确排除了公安机关、精神病人的监护人、法定代理人以及被害人的程序启动权。这充分说明强制医疗程序不像普通程序那样，依诉权的行使而启动。其目的既是为了彻底防止精神病人继续危害他人人身和社会公众安全，又体现了对涉案精神病人的人文关怀。

五、依法不负刑事责任的精神病人的强制医疗程序的审理程序

《刑事诉讼法》第 286 条第 1 款规定了强制医疗的审判组织，即“人民法院受理强制医疗的申请后，应当组成合议庭进行审理”。第 2 款规定了庭审中的诉讼参与人，即“人民法院审理强制医疗案件，应当通知被申请人或者被告人的法定代理人到场。被申请人或者被告人没有委托诉讼代理人的，人民法院应当通知法律援助机构指派律师为其提供法律援助”。第 287 条第 1 款还对审理期限作了规定，即“人民法院经审理，对于被申请人或者被告人符合强制医疗条件的，应当在 1 个月以内作出强制医疗的决定”。这些规定说明，强制医疗本身虽非诉讼性质，但仍然要按照司法程序而不是行政审批程序来进行；而司法程序的核心就在于要以开庭的方式，在各方的参与下进行，而不是单方决定。

六、依法不负刑事责任的精神病人的强制医疗程序的救济程序

（一）强制医疗的复议程序

《刑事诉讼法》第 287 条第 2 款规定：“被决定强制医疗的人、被害人及其法定代理人、近亲属对强制医疗决定不服的，可以向上一级人民法院申请复议。”

（二）强制医疗的解除制度

根据《刑事诉讼法》第 288 条的规定，强制医疗解除的申请程序可以概括为以下两种方式：一是由医疗机构提出解除申请，即强制医疗机构应当定期

对被强制医疗的人进行诊断评估。对于已不具有人身危险性，不需要继续强制医疗的，应当及时提出解除意见。二是由被强制医疗的人及其近亲属申请解除强制医疗。无论哪种启动方式，都必须由决定强制医疗的人民法院批准。

七、检察机关对强制医疗程序的监督

《刑事诉讼法》第 289 条规定："人民检察院对强制医疗的决定和执行实行监督。"

（一）对公安机关适用强制医疗程序的监督

检察机关对公安机关的监督主要通过审查公安机关移送的强制医疗意见书及案卷材料实现，主要包括以下两个方面：

1. 对公安机关适用强制医疗程序的实体认定进行监督。首先，检察机关对公安机关认定的犯罪嫌疑人实施暴力行为，危害公共安全或者严重危害公民人身安全的行为事实进行实体审查，对于不符合要件的，应当作出不提出强制医疗申请的决定。其次，检察机关对公安机关提供的精神病鉴定意见应当进行实质审查。对公安机关提供的鉴定意见有异议的，可以进行重新鉴定。对重新鉴定后，行为人依法应当负刑事责任的，应当作出不提出强制医疗申请的决定。

2. 对公安机关提出强制医疗意见的程序进行监督。（1）检察机关对公安机关侦查行为的合法性进行监督，对于公安机关在侦查活动中出现的刑讯逼供等违法行为应当提出纠正意见。（2）对公安机关提供的精神病鉴定的程序进行监督，检察机关发现鉴定程序违法的，可以进行重新鉴定。（3）对公安机关采取的临时的保护性约束措施进行监督。对公安机关不当适用临时的保护性约束措施，或者在采取临时的保护性约束措施过程中变相拘禁、体罚、虐待犯罪嫌疑人的，检察机关依法提出检察建议或者纠正意见。（4）对公安机关应当移送强制医疗意见书而未移送的行为进行监督。检察机关发现公安机关应当移送强制医疗意见书而没有移送的，可以要求公安机关书面说明不移送的理由，认为公安机关不移送理由不能成立的，应当通知公安机关移送。

（二）对人民法院适用强制医疗程序的监督

根据《刑事诉讼法》第 285 条的规定，人民法院对强制医疗的处理方式是"决定"，而非判决或者裁定，这也就意味着人民检察院不能够以抗诉的形式来履行监督职责，只能够"提出纠正意见，通知有关机关予以纠正"。对人民法院适用强制医疗程序的监督主要包括：

1. 对人民法院审理强制医疗案件的活动进行监督。检察机关对开庭审理的强制医疗案件应当派员出庭支持本院的申请。原因有三个：其一，出庭是对强制医疗程序进行法律监督的有效手段。其二，《刑事诉讼法》规定人民法院审理强制医疗案件应当通知被申请人或者被告人的法定代理人到场，若检察机关不派员出庭，则打破了刑事诉讼控辩力量的平衡。其三，检察机关不出庭，将导致强制医疗程序演变成人民法院直接向精神病人作出决定的行政程序，容易滋生权力滥用。

2. 对人民法院在审理案件过程中直接决定强制医疗的活动进行监督。由于该种情形处于刑事案件审理过程中，应当由检察机关派员出庭支持公诉，对人民法院作出强制医疗决定的意见进行审查，认为不符合强制医疗条件的，应当向法庭提出不宜强制医疗的意见。

3. 对人民法院作出的解除强制医疗的决定进行监督。应通过司法解释明确人民法院收到强制医疗机构的解除意见或被强制医疗的人及其近亲属的解除申请后，有义务通知检察机关；检察机关应对解除意见或解除申请进行审查，并向人民法院提出同意解除或不宜解除强制医疗的意见。

（三）对强制医疗执行的监督

对强制医疗执行的监督重点包括如下内容：第一，对被强制医疗的精神病人生活待遇的监督，包括对强制医疗机构是否为强制医疗对象提供适当的饮食、休息条件，是否提供适当的文化教育和社会活动机会等进行监督；第二，对被强制医疗的精神病人医疗状况的监督，包括对强制医疗机构的诊断和医疗手段是否适当，是否及时转换医疗措施，是否定期对被强制医疗的人进行诊断评估，是否对已不具有人身危险性，不需要继续强制医疗的对象及时提出解除意见等进行监督；第三，对被强制医疗的精神病人权利保障的监督，包括对强制医疗对象的人权是否受到侵犯，是否根据其治疗和恢复状况依照规定享有会见、通信权利等进行监督。

对强制医疗执行的监督可以分为现场监督和非现场监督的方式进行。现场监督的方式主要有：(1)通过信息联网等信息沟通机制建设，实现对强制医疗机构的实时、实地监督；(2)建立独立巡视制度，即通过检察官或者人民监督员对强制医疗场所进行定期但事先不通知的巡视、访问的方式进行监督；(3)通过参与强制医疗机构对被强制医疗的人进行的定期诊断评估进行监督。非现场监督主要是对强制医疗机构的诊断报告、评估记录等书面材料进行定期或者不定期的检查监督。

【深度阅读】

1. 汪海燕、王迎龙："我国刑事强制医疗程序研究"，载《江淮论坛》2012年第5期。

2. 李娜玲："刑事强制医疗程序适用对象之研究"，载《法学杂志》2012年第10期。

3. 刘延祥、李兴涛："检察机关强制医疗法律监督问题研究"，载《中国刑事法杂志》2013年第5期。

4. 纵博、陈盛："强制医疗程序中的若干证据法问题解析"，载《中国刑事杂志》2013年第7期。

【课后思考】

1. 公安机关在案件侦查中，发现打砸多辆机动车的犯罪嫌疑人何某神情呆滞，精神恍惚。经鉴定，何某属于依法不负刑事责任的精神病人。关于公安机关对此案的处理，下列哪一选项是正确的？（单选题）

A. 写出强制医疗意见书，移送检察院向法院提出强制医疗申请

B. 撤销案件，将何某交付其亲属并要求其积极治疗

C. 移送强制医疗机构对何某进行诊断评估

D. 何某的亲属没有能力承担监护责任的，可以采取临时的保护性约束措施

2. 简答题：依法不负刑事责任的精神病人的强制医疗程序的适用条件有哪些？

主要参考书目

教材

1. 陈光中主编:《刑事诉讼法》(第 5 版),北京大学出版社、高等教育出版社 2013 年版。

2. 徐静村主编:《刑事诉讼法学》,法律出版社 2012 年版。

3. 陈卫东主编:《刑事诉讼法》(第 3 版),中国人民大学出版社 2012 年版。

4. 张建伟:《刑事诉讼法通义》,清华大学出版社 2007 年版。

5. 孙长永主编:《刑事诉讼法学》,法律出版社 2012 年版。

6. 宋英辉、甄贞主编:《刑事诉讼法学》,中国人民大学出版社 2013 年版。

7. 曾宪义主编:《中国法制史》,中国人民大学出版 2006 年版。

8. 卞建林、谭世贵主编:《证据法学》(第 2 版),中国政法大学出版社 2010 年版。

9. 樊崇义主编:《证据法学》(第 5 版),法律出版社 2012 年版。

著作

10. 张军、陈卫东主编:《新刑事诉讼法疑难释解》,人民法院出版社 2012 年版。

11. 张军、江必新主编:《新刑事诉讼法及司法解释适用解答》,人民法院出版社 2013 年版。

12. 王尚新、李寿伟主编:《〈关于修改刑事诉讼法的决定〉解释与适用》,人民法院出版社 2012 年版。

13. 孙谦主编:《人民检察院刑事诉讼规则(试行)理解与适用》,中国检察出版社 2012 年版。

14. 李德顺:《价值论》,中国人民大学出版社 2013 年版。

15. 孙洪坤:《程序与法治》,中国检察出版社 2008 年版。

16. 孙洪坤:《刑事诉讼法的时代精神》,法律出版社 2009 年版。

17. 孙洪坤:《司法民主、公平正义与法官制度》,法律出版社 2012 年版。

18. 宋英辉:《刑事诉讼原理导读》,法律出版社 2003 年版。

19. 陈瑞华:《刑事审判原理论》,北京大学出版社 1997 年版。

20. 陈瑞华:《刑事诉讼中的问题与主义》(第 2 版),中国人民大学出版社 2013 年版。

21. 张建伟:《刑事司法体制原理》,中国人民公安大学出版社 2002 年版。

22. 张建伟:《论检察》,中国检察出版社 2014 年版。

23. 左卫民:《现实与理想:关于中国刑事诉讼的思考》,北京大学出版社 2013 年版。

24. 夏勇:《人权概念起源——权利的历史哲学》,中国政法大学出版社 2001 年版。

25. 谭世贵:《司法改革的理论探索》,法律出版社 2003 年版。

26. 龙宗智:《上帝如何审判》(增补本),法律出版社 2006 年版。

27. 佀化强:《形式与神韵:基督教良心与宪政、刑事诉讼》,上海三联书店 2012 年版。

28. 徐朝阳:《中国古代诉讼法 · 中国诉讼法溯源》,中国政法大学出版社 2012 年版。

29. 王利明:《法学方法论》,中国人民大学出版社 2012 年版。

30. 胡铭等:《错案是如何发生的:转型期中国式错案的程序逻辑》,浙江大学出版社 2013 年版。

译著

31. [美]约翰 · 罗尔斯:《正义论》,何怀宏、何包刚、廖申白译,中国社会科学出版社 1988 年版。

32. [美]E. 博登海默:《法理学:法律哲学与法律方法》,邓正来译,中国政法大学出版社 1999 年版。

33. [美]爱伦 · 豪切斯泰勒 · 斯黛丽、南希 · 弗兰克:《美国刑事法院诉讼程序》,陈卫东、徐美君译,中国人民大学出版社 2002 年版。

34. [美]艾伦 · 德肖维茨:《最好的辩护》,唐交东译,法律出版社 2014 年版。

35. [日]松尾浩也:《日本刑事诉讼法(上)》,丁相顺译,中国人民大学出版社 2005 年版。

图书在版编目(CIP)数据

刑事诉讼法学/孙洪坤著. —北京:法律出版社,
2014.11(2015.7重印)
ISBN 978-7-5118-6945-6

Ⅰ.①刑… Ⅱ.①孙… Ⅲ.①刑事诉讼法—法的理论
—中国—高等学校—教材 Ⅳ.①D925.201

中国版本图书馆CIP数据核字(2014)第227307号

刑事诉讼法学 | 孙洪坤 著 | 责任编辑 郑 导
装帧设计 汪奇峰

开本 720毫米×960毫米 1/16
印张 37 **字数** 600千
版本 2014年11月第1版
印次 2015年7月第2次印刷
出版 法律出版社
编辑统筹 独立项目策划部
总发行 中国法律图书有限公司
经销 新华书店
印刷 三河市兴达印务有限公司
责任印制 张建伟

法律出版社/北京市丰台区莲花池西里7号(100073)
电子邮件/info@ lawpress. com. cn
销售热线/010-63939792/9779
网址/www. lawpress. com. cn
咨询电话/010-63939796

中国法律图书有限公司/北京市丰台区莲花池西里7号(100073)
全国各地中法图分、子公司电话:
第一法律书店/010-63939781/9782 西安分公司/029-85388843 重庆公司/023-65382816/2908
上海公司/021-62071010/1636 北京分公司/010-62534456 深圳公司/0755-83072995

书号:ISBN 978-7-5118-6945-6
定价:59.00元
(如有缺页或倒装,中国法律图书有限公司负责退换)